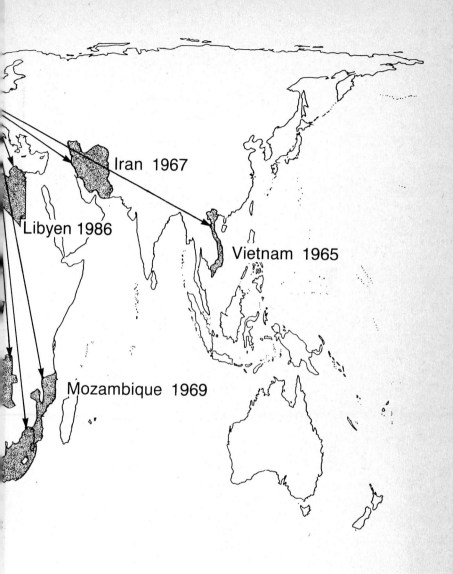

Stationen der Solidaritätsarbeit

HOCH DIE INTERNATIONALE
SOLIDARITÄT

WERNER BALSEN · KARL RÖSSEL

HOCH DIE INTERNATIONALE
SOLIDARITÄT

Zur Geschichte
der Dritte Welt-Bewegung
in der Bundesrepublik

KÖLNER VOLKSBLATT VERLAG

CIP-Kurztitelaufnahme der Deutschen Bibliothek

Balsen, Werner:
Hoch die internationale Solidarität: zur
Geschichte d. Dritte-Welt-Bewegung in d.
Bundesrepublik / Werner Balsen; Karl Rössel. –
1. Aufl. – Köln: Kölner Volksblatt-Verlag;
1986.
ISBN 3-923243-21-9

NE: Rössel, Karl:

IMPRESSUM

Lektorat Rainer Osnowski
Umschlaggestaltung Eusebius Wirdeier
Layout Eusebius Wirdeier, Axel Krause, Jan Krauthäuser
Karte Jan Krauthäuser
Fotos Cordelia Dilg; Rolf Hens; Gernot Huber, Axel Krause,
Schwarz-Weiß-Verlag, Köln; Helene Jungclas; laif Presseagentur, Köln;
Anita Schiffer-Fuchs; Eusebius Wirdeier; Günter Zint, Pan-Foto, Hamburg
Satz Ingrid Horlemann, Köln
Umschlaglithos Iller GmbH, Köln
Druck Farbo GmbH, Köln

1. Auflage Juni 1986

© Kölner Volksblatt Verlags GmbH & Co Betriebs KG
Karolingerring 27, 5000 Köln 1, Telefon 0221 / 31 70 87

Alle Rechte vorbehalten, auszugsweise Veröffentlichungen nur mit
Genehmigung des Verlages, Quellenangabe und Belegexemplar.

ISBN 3-923243-21-9

INHALT

EINLEITUNG 13

HOCH DIE INTERNATIONALE SOLIDARITÄT ...
MIT DEN DEUTSCHEN 21
Ein Tageslohn in Kuba, ein Kongreß in Paris,
eine Demonstration in Buenos Aires

DIE STUNDE NULL DES INTERNATIONALISMUS ... 31
1945-1949: ,,Ärmel hoch" und ,,Augen zu"
Klaus Vack: ,,Apathie und Verdrängung" 40

STILLSTAND STATT BEWEGUNG 43
Die fünfziger Jahre:
Nickneger, Nabelschau und Neokolonialismus
Hoch die internationale Solidarität ... mit den USA 48
   Der Korea-Krieg oder: Als die Gewerkschaften zum
   internationalen Wirtschaftsboykott aufriefen
Und sie bewegt sich doch? 50
   Innenpolitische Opposition der fünfziger Jahre
Das KPD-Verbot 51
   Wie Adenauer den Korea-Krieg vor der eigenen
   Haustür weiterführte
Die ,,Ohne-Uns-Bewegung" 53
   Bomben auf Helgoland und ein erschossener Demonstrant
Kampf dem Atomtod 56
   Kein Krieg in Europa ... aber vielleicht anderswo
Klaus Vack: ,,Konformismus und 400 Jahre KZ
in einem Raum" 60

DIE ALGERIEN-SOLIDARITÄT 63
1957-1962:
Von Deserteuren, Falschmünzern und Schmugglern
Der schmutzige Algerienkrieg 64
   Über das Objekt der ersten Solidaritätsbewegung
Klaus Vack: ,,Si Mustafa, die rote Hand
und 4.000 Deserteure" 75

Das Algerienprojekt der Linken 79
   Zur „Urgeschichte" des bundesdeutschen
   Internationalismus
Klaus Vack: „Wir konnten doch nicht sagen:
Laßt euch abschlachten" 87
Die Fluchtversuche 89
   Über Hoffnung und Illusionen
Klaus Vack: „Die algerische Botschaft lädt heute zum
Urlaub in der Villa" 91
Algerien heute 92
   Keine Diskussion mehr wert?

VON ALGERIEN BIS VIETNAM 95
Die erste Hälfte der sechziger Jahre:
Nur die Regierung „kümmert" sich um die Dritte Welt
Kuba oder: Still ruhte die Solidarität 100
   Wie in den fünfziger Jahren, so auch heute...
Klaus Vack: „Als Deutscher die kubanische Revolution
mit Algeriern in Marokko gefeiert" 107
Notstandsgesetze, formierte Gesellschaft und
große Koalition 110
   Die politischen Rahmenbedingungen in den
   sechziger Jahren

VIETNAM IST DEUTSCHLAND 115
Die Vietnam-Bewegung der sechziger Jahre
Die Ostermarsch-Bewegung 116
   Von der Bombe zu den Bomben
Der sozialistische Studentenbund (SDS) 121
   Von der SPD-Nachwuchszucht zur sozialistischen Vorhut
Klaus Vack: „Mit Vietnam ist etwas explodiert" 127
Vietnam — „Vorposten der Völker der Welt" 130
   Kurzer Abriß der Geschichte des Vietnamkrieges
Schafft zwei, drei, viele Vietnam 142
   Der Internationalismus der Studentenbewegung
Für den Schah von Persien wird scharf geschossen ... 157
   Der 2. Juni und der Tod von Benno Ohnesorg
Klaus Vack: „Der Todesschuß auf Benno Ohnesorg
war ein Auslöser" 181
„Für den Sieg der Weltrevolution" 181
   Der Höhepunkt der Vietnam-Solidarität

Drei Kugeln auf Rudi Dutschke 206
　Die Folgen des Vietnam-Kongresses
Die Suche nach dem proletarischen Objekt der
studentischen Begierde 219
　Auflösung des SDS und Spaltung der Vietnam-Bewegung
Die Vietnam-Solidarität nach 1969 224
　Eine Zeugin aus My Lai, eine Manifestation in der
　Paulskirche, ein Rathaussturm
Sozialismus zwischen 26 Millionen Bombenkratern 238
　Vietnam zehn Jahre nach der Befreiung
Vietnam — Heute keine Diskussion mehr wert? 241
　Vietnam-Solidarität nach 1975
Vietnam, Internationalismus und Protestbewegung 242
　Aktivisten von gestern blicken zurück
Twenty Years after 248
　Gespräch mit Peter Gäng

VOM POLITISCHEN FRÜHLING
ZUM DEUTSCHEN HERBST 263
Die sozialliberale Koalition der siebziger Jahre
Klaus Vack: ,,Hoffnungen, Berufsverbote und
Kaderdisziplin'' 270
Wie in Brasilien, so auch in Berlin 272
　Der Import der ,,Stadtguerilla'' durch die RAF
Klaus Vack: ,,Pfingstkongreß und Russelltribunal
gegen die Repressionsmaßnahmen der SPD-Regierung'' ... 280
Die Dritte Welt wird in den Kirchen lebendig 282
　Die Entstehung der christlich orientierten
　Dritte Welt-Gruppen in den siebziger Jahren
Deutsches Geld für Südafrikas Strom im
,,portugiesischen'' Mozambique 285
　Das Cabora-Bassa-Projekt
Von der entwicklungspolitischen Lobby zur
Imperialismuskritik 290
　Der Politisierungsprozeß der ,,Aktion Dritte Welt''
Klaus Vack: ,,Wichtige Erkenntnisse —
zerschlagene Hoffnungen'' 298

GEMEINSAM TRAUERN,
GETRENNT DEMONSTRIEREN 301
Die Chile-Solidarität der siebziger Jahre

Ein halber Liter Milch für Kinder und ein
Putschversuch der CIA 302
    Das Chile der Unidad Popular
Allende — Wer ist das? 310
    1970: Chile war noch kein Thema
Allende ist tot — die Linke wacht auf 319
    1973: Chile war das Thema
Wunsch und Wirklichkeit 355
    1980: Chile war kein Thema mehr
Der Putsch und die Piff-Paff-Solidarität 367
    Gespräch mit Erich Süssdorf
Klaus Vack: „Bewegung kommt auch von bewegt sein" ... 371

FRIEDENSBEWEGUNG UND WENDEREGIERUNG .. 375
Der Hintergrund der Mittelamerika-Solidarität
in den achtziger Jahren
Frieden schaffen — mit und ohne Waffen? 378
    Zum Verhältnis von Friedens- und Dritte Welt-Bewegung
Klaus Vack: „Die alten Parolen blieben aktuell" 380
1. Oktober 1982 384
    Die Wenderegierung übernimmt die Macht
Klaus Vack: „Eigenbrödeleien und Borniertheit" 390

FREIES VATERLAND ODER TOD 393
Nicaragua und El Salvador — die Mittelamerika-Solidarität
der achtziger Jahre
Vier US-Invasionen, drei Diktatoren und
zwei Guerillabewegungen 398
    Zur Geschichte Nicaraguas
Eine Revolution für alle 401
    Die Nicaragua-Solidarität bis 1979
Sandinisten, Bourgeoisie und Contra 406
    Der Aufbau des freien Nicaragua
Mit Widersprüchen leben 413
    Die Nicaragua-Solidarität seit 1979
Solidarität auf dem Prüfstand 420
    Der Konflikt mit den Miskito-Indianern in Nicaragua
Unsere Schule, unser Krankenhaus, unsere Wasserleitung 426
    Die Projektunterstützung für Nicaragua
Zwischen Front und Kaffeeplantage 429
    Brigadisten in Nicaragua

„Die Heimat ist weit, doch wir sind bereit" 441
   Zur Tradition der Internationalen Brigaden

WAHLEN, WAFFEN, WIDERSPRÜCHE 455
Die El Salvador-Solidarität der achtziger Jahre
Militärs, Terror und ein ermordeter Bischof 456
   Zur Lage in El Salvador
Von der katholischen jungen Gemeinde bis zu
den Hausbesetzern 459
   Der Aufschwung der El Salvador-Solidarität
Vom Freundeskreis zur Dombesetzung 479
   Der Politisierungsprozeß der „Kinderhilfe
   Lateinamerika" in Köln
„Hier dafür sorgen, daß keine Ruhe im Land herrscht" ... 493
   Gespräch mit Mitgliedern des
   El Salvador-Komitees Berlin

3000 AKTIONSGRUPPEN ZU 30 LÄNDERN 501
Dritte Welt-Solidarität heute
Dritte Welt im Hohen Haus 507
   Entwicklungspolitische Initiativen der GRÜNEN
   im Bundestag

MODE, MYTHOS ODER MASSENBEWEGUNG 523
Zur Kritik der Dritte Welt-Bewegung
Analysen, Thesen und Provokationen 540
   Eine subjektive Auswahl von Texten zum Thema
Zehn Gründe für Dritte Welt-Arbeit vor der
eigenen Haustür 577
Klaus Vack: „Resignation — Nein Danke" 580

ANHANG 585
Anmerkungen 585
Verzeichnis der Dokumente 602
Register 605
Die Autoren 616

EINLEITUNG

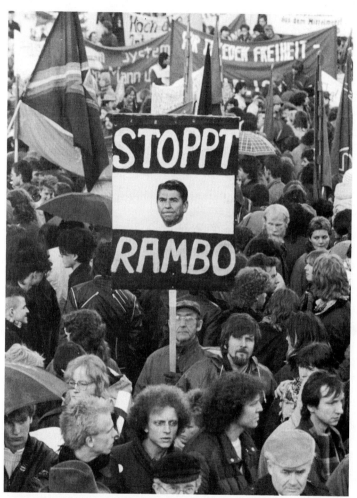

April 1986: Nachdem die USA die libyschen Städte Tripolis und Benghasi bombardiert hatten, gingen in der Bundesrepublik spontan Zehntausende auf die Straße. Die Solidarität galt Libyen, einem Land, über das kaum jemand genaueres weiß.

Geschichte besteht aus Geschichten. Bewegung kommt von bewegt sein. Welche Vor-Geschichte uns dazu bewegt hat, über die Geschichte der Dritte Welt-Bewegung[1] zu schreiben, das wurden wir gleich zu Anfang eines Treffens mit verschiedenen Vertretern[2] von Solidaritätsgruppen gefragt, als wir unsere Ideen für dieses Buch zur Diskussion stellten. Hier eine kurze Antwort:
Wie für viele, so begann auch unsere Beschäftigung mit Dritte Welt-Themen zur Zeit des Vietnamkrieges in den sechziger Jahren. Wir waren damals noch Schüler und diskutierten — aufgebracht von den Schreckensbildern dieses Krieges in den Medien — mit unseren Lehrern. Wir verkauften ,,Blumen für vietnamesische Kinder" und veranstalteten mit der Kirchenjugend ,,Messen gegen den Vietnamkrieg".
Bei der Auseinandersetzung um den Bau des Cabora-Bassa-Staudammes in der ehemaligen portugiesischen Kolonie Mozambique hörten wir Ende der sechziger Jahre zum ersten Male etwas über bundesdeutsche Wirtschaftsinteressen in der Dritten Welt.
An der Universität engagierten wir uns für Chile — nach dem Putsch der Militärs und nach der Ermordung Salvador Allendes 1973.
Unser zunächst nur auf moralischer Empörung beruhendes Engagement wurde dabei zwar politischer, aber nicht beständiger.
1974 interessierte schon Portugal, 1978, im Jahr der Fußball-Weltmeisterschaft, war Argentinien an der Reihe und schon bald Mittelamerika.
Anfang der achtziger Jahre, nach dem Studium, verbrachten wir längere Zeit in Lateinamerika und Südostasien. Seit der Rückkehr von diesen Reisen wurden Dritte Welt-Themen zu einem inhaltlichen Schwerpunkt unseres Journalistenbüros. Seit zwei Jahren arbeiten wir an einer Dritte Welt-Sendereihe für den Hörfunk. Wir haben dafür immer wieder Solidaritätsgruppen gesucht, die zu den Ländern arbeiten, über die wir berichten wollten. Es war dabei schon schwierig, aktive Gruppen zu finden, die sich heute noch mit Mozambique oder Argentinien beschäftigen. Zu Algerien konnten wir im gesamten Bundesgebiet keine einzige Solidaritätsgruppe mehr ausfindig machen. Dabei wußten wir, daß es zu Algerien hierzulande in den fünfziger Jahren die erste internationalistische Solidaritätsbewegung nach dem Krieg gege-

ben hatte und daß die Aktivisten von damals Geld und Waffen für die algerische Befreiungsfront aus der Bundesrepublik geschmuggelt und politisch verfolgte Algerier nachts bei abenteuerlichen Fahrten über die Grenze geschleust hatten...

Letztlich machte uns die Chile-Solidaritäts-Veranstaltung zum 12. Jahrestag des Militärputsches im September 1985 in Köln deutlich, daß es an der Zeit ist, der Geschichte und den Konjunkturverläufen der Solidaritätsbewegung hierzulande nachzugehen: Es gab kein überfülltes Chile-Solidaritätskonzert in einem großen Saal in der Kölner Innenstadt wie noch zehn Jahre zuvor. Es kamen nur noch etwa 50 Leute in ein Jugendzentrum in einem Kölner Vorort, davon waren die Hälfte Exilchilenen. Chile war offensichtlich nicht mehr ,,in'', obwohl doch General Pinochet dort weiterhin seine diktatorische Macht ausübt.

Als wir den Gedanken, über die Geschichte der Dritte Welt-Bewegung in der Bundesrepublik zu schreiben, mit Aktivisten aus der Solidaritätsszene diskutierten, wurden wir vor allem von denen, die schon mehrere Solidaritätskonjunkturen hatten kommen und gehen sehen, bestärkt, die begonnenen Recherchen fortzusetzen.

So entstand die Idee zu dem vorliegenden Buch.

Uns war von vorneherein klar, daß wir keine ,,Theorie des Internationalismus'' und auch keine politikwissenschaftliche ,,Analyse der Konjunkturanfälligkeit der Dritte Welt-Bewegung'' schreiben wollten. Wir wollten ein Lesebuch zur Geschichte der Bewegung schreiben, vor allem: ein lesbares Buch, auch für diejenigen verständlich, die mit der Solidaritätsarbeit gerade erst anfangen oder anfangen wollen.

Unser Anspruch ist nicht, *die* Rezepte für eine bessere Dritte Welt-Arbeit zu liefern. Wir wollen vielmehr notwendige Informationen zur Verfügung stellen, damit die Diskussion über eine Verbesserung der Solidaritätsarbeit in Gang kommt.

Es war uns im vorgegebenen Rahmen natürlich nicht möglich, eine umfassende Geschichte über alle Bereiche der Dritte Welt-Bewegung zu schreiben. Denn inzwischen gibt es immerhin einige tausend Solidaritätsgruppen, die zu einer Vielzahl von Ländern und Themen arbeiten.

Wir haben uns deshalb auf die Hauptströmungen der Dritte

Welt-Arbeit in der Geschichte der Bundesrepublik konzentriert: auf die Algerien-, Vietnam-, Chile- und Mittelamerika-Solidarität. Selbst dabei erheben wir keinerlei Anspruch auf Vollständigkeit. Viele Materialien sind einfach nicht zugänglich. Sie lagern nicht in den üblichen Archiven oder Bibliotheken, sondern verstauben in den Aktenordnern von ehemaligen Aktivisten. Die meisten, die in der Solidaritätsarbeit schon länger engagiert sind, werden sich sicher bei jedem Kapitel über die erwähnten Ereignisse hinaus an weitere Details, Aktionen oder auch Demonstrationen erinnern.

Dennoch war es uns möglich, grundsätzliche Probleme der Solidaritätsarbeit an den ausgewählten Schwerpunkten deutlich zu machen. Vieles, was dabei beschrieben und — oft von den Aktivisten selbst — auch kritisiert wird, läßt sich problemlos auf andere Solidaritätsgruppen und auf die Beschäftigung mit anderen Ländern übertragen.

Daß eine kritische Geschichtsschreibung auch Kontroversen über mögliche politische Fehler auslöst, die manche Gruppe lieber still im Verborgenen hätte ruhen lassen, wurde schon bei den Recherchen zu diesem Buch deutlich...

Wir mußten leider darauf verzichten, die Arbeit der bundesdeutschen Solidaritätsbewegung durch Betroffene aus Dritte Welt-Ländern, denen diese Solidarität gilt, kommentieren zu lassen. Wir befragten zwar einige Vertreter von Befreiungs- und Widerstandsorganisationen in der Bundesrepublik, doch die antworteten nur äußerst diplomatisch. Sie hielten sich deutlich mit jeder Kritik an einer Bewegung zurück, auf deren Solidarität sie angewiesen sind. Wir mißtrauten diesen freundschaftlichen Höflichkeiten, andererseits fehlten uns jedoch die Mittel, um in Afrika, Asien oder Lateinamerika nach ,,Gegenreden'' zu recherchieren.

Wir skizzieren in diesem Buch kurz die politischen Entwicklungen in Algerien, Vietnam, Chile, Nicaragua und El Salvador, damit die Hintergründe und Probleme der Solidaritätsarbeit mit diesen Ländern verständlich werden.

Parallel dazu beschreiben wir immer auch den innenpolitischen Rahmen, in dem die Solidaritätsarbeit stattfand. Denn die Geschichte der Dritte Welt-Bewegung und gerade ihre Konjunktur-

anfälligkeit ist nur als Teil der Gechichte der politischen Kultur hierzulande zu verstehen.

Deutlich wird bei der Beschreibung der Solidaritätsarbeit in vier Jahrzehnten neben allen Problemen allerdings auch, wieviel Lust, Phantasie und Kreativität in der Solidaritäts- und Widerstandsarbeit im Laufe der Zeit entwickelt worden sind.

Die wichtigste Informationsquelle für dieses Buch waren Gespräche mit dutzenden Aktivisten, die wir im Verlauf des Jahres 1985 geführt haben. Das Interview mit Klaus Vack fanden wir dabei besonders spannend. Denn in ihm fanden wir einen Menschen, der schon über 30 Jahre in der außerparlamentarischen Bewegung aktiv ist und alle Solidaritätsströmungen von Algerien bis Nicaragua nicht nur miterlebt, sondern aktiv mitgestaltet hat.

Dabei ist Klaus Vack einer der wenigen, der auch immer in den innenpolitischen Auseinandersetzungen engagiert war: von der Kampagne „Kampf dem Atomtod" in den fünfziger Jahren über die Ostermarschbewegung ab 1960 bis zur Friedensbewegung in den achtziger Jahren, von der SDS-Förderer-Gesellschaft über die Organisation des Anti-Repressionskongresses und des Russel-Tribunals gegen Berufsverbote und „Terroristen-Gesetze", vom Sozialistischen Büro bis zur heutigen Sekretärstätigkeit für das „Komitee für Grundrechte und Demokratie".

Klaus Vack steht als Zeitzeuge für die vier zentralen Solidaritätsbewegungen ebenso wie für die innenpolitische Entwicklung in der Bundesrepublik. Er wurde so zu einer Art „Moderator" in unserem Text. Seine Antworten auf unsere Fragen ziehen sich — *kursiv gedruckt* — wie ein roter Faden durch das Buch.

Denn Geschichte besteht aus Geschichten, und die können diejenigen am besten erzählen, die sie selbst miterlebt haben.

Werner Balsen, Karl Rössel (Rheinisches Journalistenbüro)
Köln, im Mai 1986

P.S.: Neben Klaus Vack danken wir auch allen anderen, die uns als Gesprächs- oder Diskussionspartner geholfen haben, die uns ihr Material geschickt und zur Verfügung gestellt haben, die mit Rat und Tat dazu beigetragen haben, daß dieses Buch erscheinen konnte. Vor allem sind das:

Christa Aretz, Oswaldo Bayer, Rolf Behnke, Rainer Bothe, Gabi Brandt, Rolf Breuer, Ralf Classen, Tommy Didier, Cordelia Dilg, Lothar Fend, Ferdos Forudastan, Michael Franke, Peter Gäng, Dieter Gawora, Günter Giesenfeld, Gabi Gottwald, Ursula Gottwald, Thomas Hax, Gabriele Heinrich, Christel Herkenrath, Günter Hopfenmüller, Jürgen Horlemann, Heinz Hülsmeier, Bärbel Jandral, Joachim Jäger, Christian Klemke, Norbert Klinkenberg, Axel Krause, Brigitte Lang, Werner Ley, Claus Leggewie, Maria Lingens, Gela Linne, Klaus Ludwig, Thorsten Maass, Dieter Maier, Leopoldo Marmora, Joachim Martin, Mechthild Maurer, Enid Mejia, Brigitte Melms, Uli Mercker, Bernhard Merk, Walter Molt, Leo Müller, Michael Müller, Erik Nohara, Siegfried Pater, Reimar Paul, Urs Müller-Plantenberg, Bernd Rabehl,

Ernesto Richter, Christoph Rosenthal, Stefan Sack, Graziela Salsamendi, Martin Schaedel, Reinhild Schepers, Petra Schlagenhauf, Henry Schmahlfeld, Achim Schmitz-Forte, Jürgen Schneider, Mechthild Schoelen, Andreas Schüßler, Paul Schulder, Trudi und Heinz Schulze, Gisela Schur, Ingrid Spiller, Doris Stankiewitz, Edda Stelck, Erich Süßdorf, Ulla Theisling, Sybille Weger, Lothar Werner, Peter Will, Almut Wilms-Schröder ...

Dem Kölner Volksblatt-Verlag danken wir dafür, daß er sich trotz des wirtschaftlichen Risikos auf eine — notwendige — Ausdehnung des ursprünglich geplanten Buchumfanges eingelassen hat. Beim Bundesministerium für wirtschaftliche Zusammenarbeit, bei der Aktion Selbstbesteuerung e.V. (asb) und beim Solidaritätsfond der GRÜNEN bedanken wir uns für eine finanzielle Unterstützung.

HOCH DIE INTERNATIONALE SOLIDARITÄT... MIT DEN DEUTSCHEN!

Ein Tageslohn in Kuba,
ein Kongreß in Paris,
eine Demonstration in Buenos Aires

Bei den Stichworten „Solidarität" oder „Internationalismus" denken wir an Kampagnen gegen Militärdiktaturen und Folterregimes in Afrika, Asien oder Lateinamerika. Wir denken an unsere Unterstützung für andere Völker in ihrem Kampf gegen alte und neue Kolonialherren, Diktatoren und Faschisten. Uns fallen die Objekte unserer Solidarität ein: Algerien und Kuba, Vietnam und Chile, Angola und Zimbabwe, Nicaragua und El Salvador, Südafrika und die Philippinen. Wir denken an die Methoden unserer Solidaritätsarbeit: an Flugblätter und Boykottaufrufe, an Filmveranstaltungen und Kongresse, an Demonstrationen und Blockaden, an Sammlungen für Projekte und den bewaffneten Widerstand, an Exilanten, Entwicklungshelfer und Brigadisten. Vor allem aber denken wir an das, was WIR in der sogenannten „Ersten" Welt für die in der sogenannten „Dritten" Welt tun. Selten kommt uns in den Sinn, daß wir selbst einmal zum Objekt der Solidarität anderer werden und sich Menschen aus aller Welt für unsere Freiheit einsetzen könnten. Noch weniger können wir uns vorstellen, daß andere dafür gar kämpfen und mit dem Leben bezahlen könnten. Dabei ist es gerade vier Jahrzehnte her, daß Brigadisten und Partisanen aus vielen Ländern im Kampf gegen den deutschen Faschismus fielen, und sich Menschen aus allen Kontinenten für die Zerschlagung der grausamsten und folgenschwersten Diktatur der Geschichte opferten: im Kampf gegen den deutschen Nationalsozialismus.
Vor nur zwei, drei Generationen fanden in anderen Ländern große internationale Kongresse gegen ein deutsches Regime statt (siehe Dokument 1), baten deutsche Exilanten anderswo um politisches Asyl und um Unterstützung gegen die Faschisten. Damals gingen deutsche Hilferufe nach „internationaler Solidarität" in alle Welt.

DOKUMENT 1:
„WIR BITTEN EUCH, UNS ZU HÖREN!"
BUND PROLETARISCH-REVOLUTIONÄRER SCHRIFTSTELLER, 1934:

Zu euch, denen die Begriffe Fortschritt, Kultur und Menschlichkeit mehr sind als freundliche Ruheplätze für unverbindliche Gefühle, sprechen wir hier. Zu euch, die ihr in aller Welt an den Fronten des Alltags den Kampf führt gegen Beschränktheit und Vorurteile, gegen Lüge und

Dummheit, gegen die wilde Bereitschaft zur Kriegsbegeisterung und gegen alles, was mit Gewalt und Unterdrückung den Fortschritt aufzuhalten versucht, zu euch reden wir und bitten euch, uns zu hören.
Wir wollen von Deutschland sprechen, von den Qualen unserer gefangenen Brüder — aber befürchtet nicht, wir würden euch zum Mitleid aufrufen.
Wir wollen von dem Schreckbild des Faschismus sprechen, das blutig über unserem Lande aufgegangen ist — aber erwartet von uns nicht einen papierenen Appell an das Gewissen der Welt.
Von überall her dringt der Schrei der gequälten Kreatur an eure Ohren. Wir wissen: das Maß der sittlichen Empörung, das die Natur dem fühlenden Menschen mit auf den Lebensweg gab, wird bald ausgeschöpft sein. Wir wissen: in aller Welt zucken diejenigen, die guten Willens sind, in der schmerzenden Erkenntnis ihrer vermeintlichen Ohnmacht die Achseln und fragen: ,,Was können wir denn tun?". Und doch reden wir zu euch und bitten euch, uns zu hören.
Wir rufen die Tatsache in euer Bewußtsein, daß heute in Deutschland Hunderttausende aufrechter Menschen in Gefängnissen und Konzentrationslagern der hemmungslosen Willkür ihrer nationalsozialistischen Kerkermeister preisgegeben sind, Menschen, deren einzige Schuld in ihrem ehrlichen Willen bestand, für die Beseitigung der Unterdrückung und für die Freiheit des Geistes einzutreten. Wir erinnern euch daran, daß neben Zehntausenden deutschen Arbeitern auch viele Tausende von Geistesarbeitern eingekerkert sind, ohne Gerichtsverhandlung, ohne Urteil und ohne vom Ausmaß ihrer Strafe eine Ahnung zu haben.
Ärzte und Advokaten, Wissenschaftler und Schriftsteller werden unter ständigen Mißhandlungen von Unteroffizieren der braunen Garde zum militärischen Exerzieren kommandiert, unter irrsinnigen Peinigungen werden sie zum Absingen naziotischer Lieder, zum Herleiern von Gebeten, zur Verspottung ihrer Gesinnung und zur Lobpreisung dessen angehalten, wogegen sie kämpften. Man hetzt sie über Bretterwände, prügelt sie zu sinnlosen Zwangsarbeiten und zwingt sie zu unbeschreiblichen Demütigungen, so daß viele von ihnen ihrem Leben freiwillig ein Ende gemacht haben, andere an den Folgen der erlittenen Mißhandlungen gestorben, Hunderte ,,auf der Flucht erschossen" worden sind und viele dem Wahnsinn verfielen. Hier verblassen alle Mandschureien, alles Massensterben am Jangtsekiang, hier verblassen die Schrecken der rumänischen Siguranza und Bulgariens Blutstrom. Und zwar nicht etwa deswegen, weil die Ereignisse in jenen Ländern weniger grausam, weniger bestialisch, weniger umfangreich gewesen wären.
Hier verblassen alle Mandschureien ... weil euch diese Länder fern und exotisch schienen, weil ihr zu den Metzeleien eine Distanz hattet und —

so ihr für jene Opfer und gegen die Henker das Wort ergriffen habt — es für „Fremde" getan habt. Nur die politisch weiter Denkenden sahen, daß die Sache der fernen Mandschurei auch die ihre war...
Laßt die Zeit nicht ungenutzt verstreichen. Denn der Kampf gegen den Faschismus ist der Kampf um euer geistiges Dasein, der Kampf für die Kultur, für die Menschheit.[1]

DOKUMENT 2:
„GEMEINSAM GEGEN DEN FASCHISMUS"
MAXIM GORKI, 1935:

Im Juni 1935 fand in Paris der „Internationale Schriftstellerkongreß zur Verteidigung der Kultur" statt, bei dem 250 Schriftsteller und Intellektuelle aus 38 Ländern zusammenkamen, um demonstrativ für die Verteidigung der politischen und kulturellen Freiheit und gegen den Faschismus aufzutreten. Dies war zugleich eine internationale Manifestation der Solidarität mit den verfolgten Schriftstellern und Demokraten im Deutschland der Nazis. Maxim Gorki (Sowjetunion) sandte dem Kongreß folgende Erklärung:
Es stimmt mich sehr traurig, daß mein Gesundheitszustand es mir verbietet, auf dem Internationalen Schriftstellerkongreß persönlich anwesend zu sein — unter Menschen zu sein, die tief empfinden, wie beleidigend das Aufkommen des Faschismus für sie ist, die sehen, daß seine todbringenden, vergifteten Ideen eine immer größere Wirkung ausüben und daß seine Verbrechen immer seltener bestraft werden.
Nicht als neuester, wohl aber als letzter Schrei der bürgerlichen Weisheit (einer Weisheit der Verzweiflung) gibt der Faschismus immer frecher zu verstehen, daß es ihm um die Negierung alles dessen geht, was wir die europäische Kultur nennen.
Was steckt dahinter, wenn dieser „humanitären" Kultur, auf deren Errungenschaften man vor kurzem noch stolz war, mit denen man sich gebrüstet hat, der Krieg erklärt wird? Wir wissen, daß sich Luther nicht vom Katholizismus, von der Religion der Feudalherren, losgesagt hätte, wenn dies nicht für die Wucherer und Krämer seiner Epoche von Nutzen gewesen wäre. Unsere heutigen nationalen Gruppen von Bankiers, Waffenfabrikanten und sonstigen Parasiten rüsten zu einem neuen Kampf um die Macht in Europa, um die Freiheit, Kolonien auszuplündern und das ganze arbeitende Volk zu bestehlen. Das wird ein nationaler Vernichtungskrieg sein. Dieser Krieg macht nicht nur eine totale Absage an die „Grundlagen der Kultur" erforderlich, an den bürgerlichen Humanismus, der ja ohnehin für die Bourgeoisie praktisch immer nur eine Tar-

nung und ein ,,Mittel zur Abwerbung der besten Kleinbürger in die Reihen der Großbourgeoisie" gewesen ist — nein, der Faschismus, der das neue Menschengemetzel vorbereitet, muß im Humanismus eine Idee sehen, die seinen Hauptzielen unversöhnlich entgegengesetzt ist.
Auf Initiative Frankreichs protestieren die ehrlichen Schriftsteller der ganzen Welt gegen den Faschismus und all seine Schandtaten."[2]

Über die Geschichte der Dritte Welt-Bewegung zu schreiben, heißt auch: sich die politische Geschichte der Bundesrepublik in Erinnerung zu rufen. Und die beginnt ja nicht erst 1949.
Unerläßlich für das Verständnis der Nachkriegsentwicklung ist die Berücksichtigung der Jahre vorher, der Zeit des Faschismus von 1933 bis 1945 und des Zweiten Weltkrieges. Dies gilt gerade, wenn es um die wirtschaftlichen und politischen Beziehungen zu Ländern der Dritten Welt geht. Schließlich befanden sich 1945 noch folgende Dritte-Welt-Länder im Kriegszustand mit dem Deutschen Reich: Ägypten, Argentinien, Äthiopien, Bolivien, Brasilien, China, Costa Rica, Dominikanische Republik, Ecuador, El Salvador, Guatemala, Haiti, Honduras, Irak, Iran, Kolumbien, Kuba, Libanon, Liberia, Mexiko, Nicaragua, Panama, Paraguay, Peru, Saudi-Arabien, Südafrikanische Union, Syrien, Türkei, Uruguay und Venezuela.
Sicher — es gab südamerikanische Präsidenten, wie Argentiniens Peron, die mit den Nazis sympathisierten und sich nur aufgrund des Drucks der Alliierten gegen Hitler-Deutschland stellten. Es gab Befreiungsbewegungen in Asien und Afrika, die sich der Illusion hingaben, im Bündnis mit den deutschen Faschisten ihre französischen und britischen Kolonialherren loswerden zu können.
Aber es gab vor allem antifaschistische Solidaritätsgruppen und Komitees — in allen Kontinenten. Schon im spanischen Bürgerkrieg von 1936 bis 1939 hatten zehntausende ,,Internationalisten" mit ihrem Kampf gegen Francos Faschisten auch den gegen die deutschen Nationalsozialisten und die von ihnen drohende Kriegsgefahr verbunden. Der Untergang der spanischen Republik wurde nicht zuletzt von der von Hitler entsandten deutschen ,,Legion Condor" besiegelt.
Ein anderes Beispiel: Im November 1938 demonstrierten in Bue-

nos Aires 20.000 Menschen gegen Rassismus und Antisemitismus. Sie verabschiedeten eine Resolution, die zum Boykott deutscher, italienischer und japanischer Produkte aufrief, zum Verbot der Nazi-Propaganda und zur Abschaffung der Einwanderungsbeschränkungen für politisch Verfolgte aus Deutschland. Aktionsformen, die uns heute auch wieder bekannt sind.[3]
Nach Ausbruch des Zweiten Weltkrieges hieß antifaschistische Solidaritätsarbeit oft: Sammlung für die gegen Deutschland kämpfenden Streitkräfte. So beschlossen etwa kubanische Arbeiter 1941, einen Tageslohn für einen Hilfsfond zugunsten der Roten Armee zu spenden. Linke und Gewerkschafter in vielen südamerikanischen Ländern sammelten Kleider, Schuhe und Medikamente für sowjetische Soldaten und drängten ihre Regierungen zum Abbruch der diplomatischen Beziehungen mit Hitler-Deutschland.
Pablo Neruda schrieb 1942 einen Solidaritäts-Brief an das ,,Freie Deutschland", die Zeitung der antifaschistischen deutschen Exilanten in Mexiko:
,,Wenn einmal die große Geschichte geschrieben wird, werden wenige Völker so verwahrlost, so tief beleidigt und so gequält erscheinen wie Deutschland während seines langen Leidensweges unter den Nazis. Und vielleicht wenige werden eine solche Kraft der Wiedergeburt, solche Opfertaten aufzeigen können und einen solchen Geist, der keine Mutlosigkeit kennt. Das *Freie Deutschland* mit allen seinen edeln Trieben, mit seinem unversöhnlichen Ernst, mit seiner lebendigen Hoffnung, ist schon ein Teil des befreiten Volks-Deutschlands, das wir an einem nicht zu fernen Tage sehen werden, wenn es sich erhebt aus Verfolgung, Blut und Opfer. . ."[4]
Die deutschen Exilanten in Mexiko (Seghers, Renn, Musil u.a.) wurden sogar vom Staatspräsidenten Manuel Arila Camacho empfangen.
Viele Dritte-Welt-Länder wurden auch direkt in diesen ,,Weltkrieg" mit einbezogen: So beteiligten sich Streitkräfte aus Mexiko und Brasilien am Kampf gegen den deutschen Faschismus. In Asien kämpften philippinische Partisanen, Südseeinsulaner und chinesische Kommunisten, vietnamesische, indonesische und malayische Widerstandskämpfer gegen den Hauptverbündeten

des Deutschen Reiches: die japanische Armee. Indien und die meisten afrikanischen Länder konnten nur deshalb dem Deutschen Reich nicht den Krieg erklären, weil sie noch unter britischer oder französischer Kolonialherrschaft gehalten wurden und nicht für sich selbst sprechen durften. Das hinderte Frankreich und Großbritannien allerdings nicht, Inder und Afrikaner in ihren Armeen gegen die faschistischen (und für ihre eigenen) Kolonialinteressen kämpfen zu lassen, etwa indische Truppen in Nordafrika. Briten und Franzosen setzten hunderttausende Afrikaner gegen das ,,deutsche Kolonialreich'' ein, das die Nazis in Afrika erobern und ausplündern wollten.

Rommel, der ,,Wüstenfuchs'', ist heute allemal bekannter als die imperialistischen Interessen, für die sein Einsatz in Afrika stand. Schließlich hatte der ,,Führer'' Adolf Hitler selbst auf dem Reichsparteitag der Arbeit im Jahre 1937 verkündet: ,,Der deutsche Lebensraum ist ohne koloniale Ergänzung zu klein, um eine ungestörte, sichere und dauernde Ernährung unseres Volkes zu garantieren... Die Forderung nach einem dem Reich gehörenden kolonialen Besitz ist daher in unserer wirtschaftlichen Not begründet...''

In einem 1941 herausgegebenen Bildband mit dem Titel ,,Unsere schönen alten Kolonien'' ist nachzulesen, warum ,,das deutsche Volk'' um diese Zeit ,,den Kampf um sein Lebensrecht und damit auch um die Wiedererlangung seiner Kolonien'' führte: ,,Welche Aufgaben haben nun neue deutsche Rohstoffkolonien zu erfüllen? Sie sollen den heimischen Bedarf an Baumwolle, Wolle, Hanf, Ölprodukten, Kautschuk, tropischen Nahrungs- und Genußmitteln, Mineralien, Hölzern, Gerbstoffen u.a.m. decken, sie sollen neue, sichere Absatzgebiete für den heimischen Handel und die heimische Industrie sein und neue Industriezweige ermöglichen, sie sollen vom heimischen Handel bisher nicht erfaßte Gebiete verkehrstechnisch erschließen durch Schaffung eines Eisenbahn- und Straßennetzes, sie sollen eine rationelle Wasserwirtschaft zur Sicherung regelmäßiger Ernten schaffen, sie sollen die Wirtschaftsbasis Großdeutschlands erweitern und befestigen. Alles das ist in unseren alten Kolonien möglich, wenn uns die unverwüstliche Arbeitskraft gutwilliger Eingeborener zur Verfügung steht...''[5]

Viel geändert hat sich seitdem nicht. Die Ziele „Rohstoffversorgung", „Exportförderung", „Schaffung neuer Absatzmärkte" sind bis heute die Bestimmungsgrößen für die Dritte-Welt-Politik der Bundesregierungen geblieben. 1967 hieß das: „Mit der Entwicklungshilfe machen wir uns heute das goldene Bett, in das wir morgen steigen werden." (BMZ-Werbeschrift „Weltblick")
1977 hieß das: „Entwicklungshilfe ist keine humanitäre Gefühlsduselei, denn sie dient unseren eigenen Interessen... je besser es diesen Ländern geht, um so mehr Waren können sie bei uns kaufen." Und Mitte der achtziger Jahre heißt das in den Worten des zuständigen Ministers Jürgen Warnke: „Wir werden alles tun, um die Absatzchancen der deutschen Industrie zu verbessern."[6]
Zugegeben: Heute führen die „zivilisierten" Industrienationen keine offenen Kriege mehr zur Durchsetzung ihrer Wirtschaftsinteressen gegeneinander. Damals waren die Deutschen auch noch selbst aktiv, in einem Krieg, der von ihrem Land ausging und auch in der Dritten Welt ausgetragen wurde, zum Beispiel in Nordafrika. Dabei wurden ganze Landstriche zerstört und Millionen von Menschen fanden den Tod.
Dritte Welt-Touristen von heute staunen oft nicht schlecht, wenn sie in Bombay oder Manila, in Algier oder Kairo auf Denkmäler für die Gefallenen dieser Länder im Zweiten Weltkrieg stoßen. Denn diese Opfer sind hierzulande nicht bekannt — in unseren Geschichtsbüchern kommen sie nicht vor.
Die meisten „Werke" über den Zweiten Weltkrieg enthalten Übersichten über die „Menschenverluste" in diesem Krieg: „55 Millionen Tote" ist da zu lesen und dann wird aufgezählt: „Sowjetunion: 20 Millionen, Deutschland: 6,5 Millionen, Polen: 5 Millionen, Japan: 2,5 Millionen, Jugoslawien: 1,7 Millionen, Frankreich: 635.000, Italien: 500.000, Großbritannien: 386.000, USA: 273.000." (Die Zahlen schwanken gelegentlich um „ein paar Hunderttausend".)
In einigen Büchern folgen noch genauere Angaben über weitere europäische Länder. Das geht dann bis zu: „Dänemark: 1.400". Nur die toten Afrikaner und Asiaten (Ausnahme: Japaner als Bündnispartner der Faschisten) kommen nicht vor. Dabei fielen schon in so einem kleinen, unbekannten Inselstaat wie Belau in Mikronesien zwanzig Mal mehr Menschen im Zweiten Weltkrieg

als etwa in Dänemark. Das waren dort zwei Drittel der gesamten Bevölkerung. Zehntausende Inder und Afrikaner wurden in den Armeen ihrer Kolonialherren in den Tod geschickt. Die Briten erschossen zudem noch tausende Inder, die nicht nur gegen die faschistischen Armeen, sondern auch gegen die britischen Kolonialherren und Befehlshaber antraten. Selbst die schätzungsweise fünf Millionen Menschen, die in China während dieses Krieges starben, fehlen in fast allen Statistiken. Europa wurde vom schwersten Krieg der Geschichte ,,heimgesucht'', heißt es stattdessen. Dabei zahlten die Kolonien noch auf ganz andere Weise für den Kampf gegen die Faschisten: mit der Lieferung von Rohstoffen für die gigantischen Rüstungsprogramme der Alliierten. Entschädigungen für die Toten, die Verwüstungen und Ausplünderungen haben die Länder Afrikas, Lateinamerikas und Asiens bis heute nicht erhalten. Von deutscher Seite werden die Opfer der Dritte Welt-Staaten nicht einmal anerkannt. Aber woher sollte solche Anerkennung auch kommen in einem Land, dessen Bevölkerung die Befreiung vom Faschismus bis heute mehrheitlich als Niederlage empfindet und in den Befreiern Besatzer sah? Welche antifaschistische deutsche Befreiungsbewegung hätte denn auch mit den antifaschistischen Solidaritätsgruppen in aller Welt die Zerschlagung des Faschismus feiern können?
In den ,,unterentwickelten'' Ländern von Kuba bis Nicaragua, von Algerien bis Angola, schafften es die nationalen Widerstandsbewegungen, Gebiete von faschistischen Herrschern und Diktatoren zu befreien: In Deutschland gab es zwar vereinzelten Widerstand, aber keine Bewegung, die etwa Landstriche in Bayern oder Niedersachsen, im Ruhrgebiet oder der Pfalz von den Nazis ,,befreit'' hätte. Die Befreier Deutschlands mußten von außen kommen.
Ein Blick auf diese Niederlage der demokratischen Bewegung hierzulande mag manche Solidaritätskomitees von heute zu etwas mehr Vorsicht bei der kathederhaften Kritik an der Politik von Befreiungsbewegungen in Dritte Welt-Ländern anregen. ,,Wir'' haben nichts, aber auch gar nichts anzubieten, was sich anderen zur Nachahmung empfehlen ließe.

DIE STUNDE NULL DES INTERNATIONALISMUS

„Ärmel hoch" und „Augen zu"
1945-1949

Die deutsche Linke kam besiegt und zerschlagen aus diesem Krieg zurück. Unter den Trümmern blieben lange Zeit auch die Traditionen des „proletarischen Internationalismus" begraben, die bei Kommunisten wie Sozialdemokraten in der Weimarer Republik noch mehr oder weniger stark präsent waren.

Die Dritte Welt entstand nach dem Zweiten Weltkrieg durch den Zusammenbruch der Kolonialreiche als eigenständige politische Kraft unabhängiger und in der Regel blockfreier Staaten in Asien und Afrika. Allenthalben fanden nach der Zerschlagung der faschistischen Bedrohung auch Befreiungskämpfe gegen die alten und neuen Kolonialherren statt. Die meisten lateinamerikanischen Staaten hatten ihre formelle Unabhängigkeit schon vorher erlangt. Aber die Deutschen plagten andere Sorgen: Hatten viele auch noch bis vor kurzem täglich vor ihren Volksempfängern bei Nachrichten aus fremden Ländern und unbekannten Kontinenten um die Nazi-Weltherrschaft gezittert, nach dem 8. Mai 1945 endete das politische Interesse der meisten schon an der Haustür. „Politik — nein danke!" hieß eine Devise. Eine andere: „Ärmel hochkrempeln, zupacken, aufbauen." Die Schuldigen an diesem Krieg mußten ein paar Jahre lang ohne ausreichende Nahrung und Wohnungen auskommen. Es gab keine Arbeitsplätze, es mangelte an Schulen für die Kinder und medizinischer Versorgung. Millionen Menschen waren auf der Flucht, erlebten Hunger, Not und Elend. Kurzum: Für kurze Zeit lebten die Deutschen unter Bedingungen, die für die meisten Menschen in der Dritten Welt bis heute die Regel sind.
Aber aus der vergleichbaren Erfahrung folgte nicht etwa die Erkenntnis gemeinsamer Interessen oder gar Solidarität, sondern allenfalls ein auf dem Boden einer kolossalen Verdrängung gewachsenes schlechtes Gewissen, das bis heute gelegentlich mit Spendengroschen wie am „Tag für Afrika" beruhigt wird. Auch die Linke, die als einzige politische Kraft internationale Themen hätte aufgreifen und internationalistisches Bewußtsein auf der Grundlage der Erfahrungen des Zweiten Weltkrieges hätte fördern können, blickte nicht mehr über den europäischen Tellerrand hinaus:
In einem „Aufruf vom 11. Juni 1945 zum Neuaufbau der Organi-

sation vom Berliner Zentralausschuß der sozialdemokratischen Partei Deutschlands" heißt es:
„Der neue Staat muß wieder gutmachen, was an den Opfern des Faschismus gesündigt wurde, er muß wieder gutmachen, was faschistische Raubgier an den Völkern *Europas* verbrochen hat..."
Kein Wort von Lateinamerika, Afrika oder Asien und den „Sünden" gegenüber den Völkern dieser Kontinente. Stattdessen pathetische Worthülsen wie: „Die Geschichte erteilt dem deutschen Volk die eherne Lehre, sich auf seinem dornenvollen Opfergang, trotz Hunger und Elend, durch unermüdliche Arbeit und eisernen Willen die Achtung aller friedlichen freiheitsliebenden Völker zu erwerben."[1]
Dabei dachten die Sozialdemokraten wohl auch eher an friedliche und freiheitsliebende Engländer und Franzosen als an Chinesen oder Algerier. Schließlich wollten sie — auch schon damals wieder — in der Welt nicht nur „Achtung erwerben". In Punkt 4 dieses Aufrufs zum Neuaufbau „fordern" sie schlicht und einfach die „Beschaffung von Rohstoffen."[2] Ohne Erläuterung, aus welchen Ländern denn Rohstoffe unter welchen Bedingungen beschafft werden sollten.
Im Gegenzug bot die SPD — trotz ihres Versagens im Kampf gegen den Hitlerfaschismus — an, bald wieder die Sozialisten in aller Welt ideologisch „führen" zu wollen. In einem Referat, gehalten auf dem Parteitag der SPD in Hannover im Mai 1946, tönte der frisch gewählte SPD-Vorsitzende Kurt Schumacher: „Aber ein Land, ich möchte sagen, nicht nur mit den ökonomischen Voraussetzungen, sondern auch mit der geistigen Tradition Deutschlands, darf und kann sich nicht in Sachen des Sozialismus hinten anstellen. Dieses Land muß vorn sein, und wenn es zertrümmert ist und noch so wenig hat, dieses Deutschland von Marx und Engels, von Lassalle und Bebel hat ein Anrecht darauf, in der sozialistischen Gestaltung der Menschheit in vorderster Linie zu stehen! Ich weiß, in manchen anderen Ländern sind die Grundlagen der Arbeiterbewegung auf anderer geistiger Basis entstanden. Und doch, die sozialistische internationale Arbeiterbewegung wäre nicht möglich, ohne die deutschen Sozialdemokraten!"[3]
Dieses trotzig-selbstgefällige Zitat belegt, daß der Blick — wenn

damals überhaupt von internationalen Bewegungen die Rede war — nicht mehr über die Nachbarländer hinausreichte. Anderswo gab es längst ,,sozialistische Bewegungen", die nicht darauf warteten bis ausgerechnet die deutschen Sozialdemokraten einmal in vorderster Linie standen: Zum Beispiel kämpften Sozialisten und Kommunisten in Vietnam und China zu dieser Zeit für ihre Befreiung, Kämpfe, die von den selbsternannten Erben von Marx und Engels nicht einmal zur Kenntnis genommen wurden.

Aber auch in den Stellungnahmen der KPD in den ersten Nachkriegsjahren fehlte eine konsequente Analyse der Kriegsursachen und der aktuellen weltwirtschaftlichen Verflechtungen. Im Aufruf des Zentralkomitees der KPD vom 11. Juni 1945 heißt es zwar: ,,Möge der Neubau Deutschlands auf solider Grundlage erfolgen, damit eine dritte Wiederholung der imperialistischen Katastrophenpolitik unmöglich wird!"[4]

Aber in ihrem Bestreben nach einem möglichst breiten Bündnis ging die KPD so weit zu fordern: ,,Völlig ungehinderte Entfaltung des freien Handels und der privaten Unternehmerinitiative auf der Grundlage des Privateigentums."[5]

Auch die SPD forderte schon 1945 wieder ,,die Beseitigung aller Hemmungen der privaten Unternehmerinitiativen", wenn auch immerhin ,,unter Wahrung der sozialen Interessen".[6]

Daß die ungehemmte Entfaltung des freien Handels und der privaten Unternehmerinitiative auf der Grundlage des Privateigentums etwas mit den Ursachen der ,,imperialistischen Katastrophenpolitik" gerade in der Dritten Welt zu tun hat, wurde damals weitgehend verdrängt.

Eine Diskussion über eine Neu-Bestimmung der bislang von offenen Kolonialinteressen geprägten wirtschaftlichen und politischen Beziehungen zu Ländern der Dritten Welt fand nicht statt. KPD wie SPD stellten zwar auch antikapitalistische Forderungen im eigenen Land auf, wie die nach der Vergesellschaftung der deutschen Schlüsselindustrien, der Entflechtung und Enteignung der Großgrundbesitzer und Banken. Die Umsetzung dieser Forderungen hätte sicher dazu beitragen können, daß nicht schon bald wieder dieselben Rüstungsproduzenten, die am Nazi-Krieg verdient hatten, an Kriegen in der Dritten Welt weiterverdienen konnten. Es hätte damit vielleicht verhindert werden können,

daß die gleichen Bankiers, die die Faschisten finanziert hatten, weiterhin Diktatoren und Rassisten in aller Welt mit Krediten unter die Arme greifen konnten. Es wäre unmöglich gewesen, daß die gleichen Konzernherren, die an der kostenlosen Arbeitskraft von Zwangsarbeitern aus Konzentrationslagern profitiert hatten, durch Billiglohn-Arbeiter und die Ausplünderung von Rohstoffen in der Dritten Welt noch mächtiger werden konnten.
Aber die traditionellen Arbeiterparteien waren wieder einmal zu uneinig und schwach, um diese grundlegenden gesellschaftlichen Veränderungen nach dem Zusammenbruch des Faschismus durchsetzen zu können. Darüber hinaus suchten die Besatzungsmächte in den Westzonen jede Initiative in dieser Richtung zu verhindern.
Nach dem 8. Mai 1945 war das, was vom ,,tausendjährigen" Deutschen Reich übriggeblieben war, in vier Besatzungszonen aufgeteilt. Frankreich, Großbritannien und vor allem die USA (die schon westdeutsche Industrieanlagen bei den Bombardements im Krieg verschont hatten) waren von Anfang an bestrebt, die drei Westzonen in jedem Fall in den wirtschaftlichen und militärischen Block des Westens einzugliedern und zum ,,Bollwerk gegen den Bolschewismus" auszubauen. Entsprechend wurden Partei- und Presseaktivitäten gesteuert und gegenläufige politische Initiativen unterdrückt. Durch die konsequente Ablehnung aller Vorschläge für ein neutralisiertes, entmilitarisiertes, wiedervereinigtes Deutschland verursachten die Besatzungsmächte — unterstützt von Konrad Adenauer — schließlich die Spaltung. Das Ergebnis war der Aufbau eines staatssozialistischen Systems in der sowjetischen Besatzungszone und die Restauration kapitalistischer Produktions- und bürgerlicher Herrschaftsverhältnisse in den Westzonen. Begleitet und ideologisch abgefedert wurde dies durch eine ständig wachsende antikommunistische Hetzkampagne, an der sich die SPD (trotz der gemeinsamen Erfahrungen von Kommunisten und Sozialdemokraten im Konzentrationslager Buchenwald) schon bald wieder — diesmal wirklich ,,in vorderster Linie" — beteiligte.
So geriet die KPD direkt nach Kriegsende erneut in die Defensive. Die Währungsreform von 1948 war ein wichtiger Schritt auf dem Weg zur Festigung der alten Besitzverhältnisse in den Westzonen,

da sie die Produktionsmittelbesitzer eindeutig bevorzugte. Während die kleinen Sparer für 100 Reichsmark nur 6.50 DM (und ein Kopfgeld von 40 DM) erhielten, wurden die Konzerne saniert, indem ihr Besitz an Grund und Boden, Fabriken und Maschinen nicht angetastet wurde, während ihre Schulden auf zehn Prozent zusammengestrichen wurden.

Die sogenannte ,,Marshallplan''-Hilfe der USA (das ,,European Recovery Program'' (ERP), benannt nach einem amerikanischen Staatssekretär) förderte darüber hinaus die Einbindung der Westzonen in den ,,freien Weltmarkt''. Die USA legten damit die Grundlagen für eigene Investitionen in Europa und förderten die Exportorientierung der westdeutschen Nachkriegswirtschaft, die zu den für viele Dritte Welt-Länder verhängnisvollen Handelsbeziehungen von heute führten. Schon damals galt als Geschäftsgrundlage: teure Maschinen gegen billige Rohstoffe. Ausgangspunkt der amerikanischen Europa- und Dritte Welt-Politik war die sogenannte ,,Truman-Doktrin'' des US-Präsidenten vom 12.3.1947. Darin wurde der Antikommunismus endgültig zur offiziell deklarierten Leitschnur der amerikanischen Außenpolitik erklärt. In einer Kongreßbotschaft sagte Truman: ,,Im gegenwärtigen Abschnitt der Weltgeschichte muß fast jede Nation ihre Wahl in bezug auf ihre Lebensweise treffen. Die eine Lebensweise gründet sich auf den Willen der Mehrheit und zeichnet sich durch freie Einrichtungen, freie Wahlen, Garantie der individuellen Freiheit, Rede- und Religionsfreiheit und Freiheit vor politischer Unterdrückung aus. Die zweite Lebensweise gründet sich auf den Willen einer Minderheit, der der Mehrheit aufgezwungen wird... Ich glaube, daß wir den freien Völkern helfen müssen, sich ihr eigenes Geschick nach ihrer eigenen Art zu gestalten... Die freien Völker blicken auf uns und erwarten, daß wir sie in der Erhaltung der Freiheit unterstützen...''[7]

Die Konsequenzen dieser Erklärung für die Dritte Welt wurden in Deutschland nicht diskutiert. Sie zeigten sich wenig später bei militärischen Einsätzen der USA in Korea und Vietnam. Sie prägen bis heute die amerikanische Politik von Grenada bis Nicaragua. Westdeutschland war von den US-Strategen von Anfang an dafür ausersehen, als starker Bündnispartner in Europa die amerikanischen Großmachtansprüche zu unterstützen. Zur Absicherung dieser Politik war jedes Mittel recht: So wurden bald auch wieder die eben noch als Nazi-Kriegsverbrecher verurteilten „Wehrwirtschaftsführer" in ihre alten Positionen eingesetzt, um — diesmal an der Seite der USA — um Absatzmärkte und Rohstoffquellen in aller Welt zu kämpfen.

Alfred Krupp zum Beispiel wurde zwar am 10.4.1945 verhaftet und am 31.7.1948 zu 12 Jahren Gefängnis verurteilt, aber am 3.2.1951 schon wieder entlassen. Der Vermögenseinzug wurde rückgängig gemacht und bald war der Krupp-Konzern mit Niederlassungen, Tochterfirmen und Kapitalbeteiligungen in vielen Ländern der Welt mächtiger denn je. War zunächst das gesamte Auslandsvermögen des Deutschen Reiches von den Siegermächten enteignet und der deutsche Außenhandel streng kontrolliert worden, so forderte die CDU/CSU bald schon wieder mehr Eigenverantwortung und „faire Bedingungen für Deutschland auf dem Weltmarkt". In ihren Düsseldorfer Leitsätzen vom 15. Juli 1949 steht: „Die Rückkehr Deutschlands zur Marktwirtschaft und zum Welthandel setzt voraus, daß unsere Preise den Weltmarktpreisen angeglichen werden müssen und daß insbesondere auch unsere Ausfuhr zu Weltmarktpreisen abgerechnet werden muß... Den Außenhandel wollen wir mit allen Mitteln fördern... Nicht nationalistische oder gar imperialistische Ziele zwingen zu erhöhten Anstrengungen im Außenhandel, sondern die Notwendigkeit, die Existenz des deutschen Volkes sicherzustellen... Ohne den zusätzlichen Kapitaleinstrom des Marshallplans (ERP) müßte das deutsche Volk an der Möglichkeit einer wirtschaftlichen Erholung verzweifeln. Der Marshall-Plan trägt dazu bei, die notwendigen volkswirtschaftlichen Investitionen durchzuführen, ohne daß die Lebenshaltung durch Konsumverzicht unerträglich geschmälert werden müßte."[8]

Mit der Verabschiedung des Grundgesetzes, das auch keine wirtschaftliche Neuordnung vorsah, wurde 1949 auch die deutsche Spaltung besiegelt. Die KPD stimmte zwar dagegen. Ihr Sprecher Max Reimann prophezeite jedoch bei der Schlußabstimmung am 8. Mai 1949: „Es wird der Tag kommen, an dem Kommunisten dieses Grundgesetz gegen die verteidigen werden, die es angenommen haben."[9]

Bei den ersten Bundestagswahlen am 14.8.1949 wurde die

CDU/CSU zur stärksten Partei im Parlament. Sie bildete eine Regierungskoalition mit der FDP und der Deutschen Partei (DP). Konrad Adenauer wurde Bundeskanzler. Damit waren die Voraussetzungen gegeben, nach der wirtschaftlichen Rekonstruktion des kapitalistischen Systems in der Bundesrepublik auch wieder restaurative außenpolitische und außenwirtschaftliche Ziele durchzusetzen.
Adenauer, der 13 Jahre Kanzler blieb, hatte schon in der Weimarer Republik als Oberbürgermeister von Köln ein reges Engagement für die deutschen Interessen in der Dritten Welt gezeigt. Als ,,Vizepräsident der Deutschen Kolonialgesellschaft'' hatte er damals erklärt: ,,Unsere Enge ist eine Hauptquelle unserer Nöte. Das deutsche Volk braucht Kolonien.''[10]
Mit Theodor Heuss wurde zudem ein Bundespräsident gewählt, der als Reichstagsabgeordneter der Weimarer Republik noch Hitlers Ermächtigungsgesetz zugestimmt und damit die faschistische Machtübernahme auf legalem Weg ermöglicht hatte.
Damit waren wirtschaftliche und politische Macht in Westdeutschland wieder fest in rechter Hand. Die Linke hatte eine erneute politische Niederlage erlitten, vielleicht die entscheidendste der Nachkriegsgeschichte. Es hatte allenfalls eine Unterbrechung, eine Zeitspanne der Reorganisation, gegeben, keinesfalls einen Neuanfang oder gar eine revolutionäre Veränderung der gesellschaftlichen Verhältnisse nach dem Faschismus.
Wenn von einer ,,Stunde Null'' in den Jahren nach dem Krieg die Rede sein kann, dann allenfalls für die Linke, deren führende Persönlichkeiten zum Teil ermordet und vertrieben, deren Organisationen und Traditionen zerschlagen waren. Die politischen Theorien blieben verschüttet. Das kaum mehr vorhandene internationalistische Bewußtsein war nur ein Beispiel dafür. Analysen von Kolonialismus und Imperialismus spielten in der konkreten Politik der Nachkriegszeit keine Rolle mehr. Die Kämpfe in der Dritten Welt, in den ehemaligen und noch bestehenden Kolonien, fanden keine Resonanz in den politischen Diskussionen:
Am 2. September 1945 erklärte Ho Chi Minh, der Führer der vietnamesischen Befreiungsbewegung, vor 500.000 Menschen die politische Unabhängigkeit seines Landes. 1946 wurden Jordanien, die Mongolei und die Philippinen formal unabhängig. 1947

folgten Bhutan, Indien und Pakistan. 1948: Birma, Israel, Nord-Korea, Süd-Korea und Ceylon. 1949: Indonesien, Kambodscha und Laos. Und im gleichen Jahr, in dem die BRD und die DDR gegründet wurden, siegte in China, im bevölkerungsreichsten Land der Erde, die sozialistische Revolution unter Mao Tse-tung. Aber die bundesdeutsche Linke hatte andere Sorgen.

Zu dieser Zeit gab es auch keine Dritte Welt-Bewegung außerhalb der Parteien. Allenfalls eine zahlenmäßig beachtliche Bewegung in die Dritte Welt: tausende Nazi-Funktionäre flohen in den Nahen Osten und vor allem nach Lateinamerika. Sie siedelten sich in Chile, Argentinien, Paraguay und Brasilien an, wo unter den Deutschstämmigen schon immer viele Nazi-Sympathisanten gesessen hatten. Die Nazis transferierten ihr Vermögen in diese Länder, gründeten dort Scheinfirmen und bald auch wieder offizielle Filialen für bundesdeutsche Konzerne. Wenig später, als es endlich wieder mit der Rüstungsproduktion losging, wickelten sie auch Waffengeschäfte für deutsche Unternehmer ab. Zum Faschisten-Export nach Südamerika gehörten auch Nazi-Größen wie der Leiter des Judenreferates der Gestapo, Adolf Eichmann, der Auschwitz-Arzt Joseph Mengele, der Kommandant der Gestapo in Lyon, Klaus Barbie, und der SS-Standartenführer Julius Rauff, der wegen 97.000fachen Mordes gesucht wurde.[11]

Während des Faschismus und in der unmittelbaren Nachkriegszeit entstanden die Voraussetzungen für das spätere Verhältnis der Bundesrepublik zur Dritten Welt. Damals bildeten sich die wirtschaftlichen Abhängigkeiten heraus, von denen noch heute die Rede ist. Damals wurden erneut die Grundlagen für den immer ungleichen Handel und die daraus folgende Verschuldung der Dritten Welt gelegt. Damals wurde das Terrain für Waffen-, Pharma- und Chemie-Exporte vorbereitet, für Produktionsauslagerungen in Billiglohnländer, für Banken- und Rohstoffgeschäfte, und für manch andere Probleme, die erst viel später wieder in die Diskussion gerieten. So entdeckte zum Beispiel die Chile-Solidaritätsbewegung 1973 auch den SS-Standartenführer Julius Rauff wieder. Nach der Ermordung des chilenischen Präsidenten Salvador Allende baute der Nazi Rauff in Chile für den Diktator Pinochet die DINA, eine Gestapo-ähnliche Folterpolizei, auf. Bis dahin hatte er in Chile über 25 Jahre gut gelebt...[12]

KLAUS VACK:
»APATHIE UND VERDRÄNGUNG«

„In der direkten Nachkriegszeit waren die Leute zunächst damit beschäftigt, die Trümmer wegzuräumen und wieder etwas aufzubauen, damit das Leben wieder funktionierte. Nachdem das bis zur Währungsreform einigermaßen geschafft war, wuchs mit dem wachsenden Wohlstand auch die politische Apathie ins Unermeßliche. Die Plakate in den Wahlkämpfen dieser Zeit glänzten geradezu von Abwesenheit von Politik...
Auch die Großorganisationen der historischen Arbeiterbewegung wollten zunächst dazu beitragen, die schlimmste Not in diesem Land zu beheben. Sie waren zudem behindert, weil sie ihre Organisationen erst wieder aufbauen mußten und weil sie sich gegenüber den Militärregierungen der Besatzungsmächte durchsetzen mußten...
Diese Nabelschau auf die politische Neukonstitution der Institutionen hat sie davon abgehalten, an die alten internationalistischen Traditionen von vor 1933 auch nur ansatzweise anzuknüpfen. Sicher gab es einzelne, die sich auch mit internationalen Fragen beschäftigt haben, aber in keiner dieser Gruppen gab es irgendeine internationalistische Bewegung.
Die Zeit war ja geprägt von der Verdrängung, der Massenverdrängung der Schuld, die die Deutschen dadurch auf sich geladen hatten, daß sie den Faschismus zugelassen hatten. Es hat nie eine Bewältigung dieser schrecklichen Vergangenheit stattgefunden. Auch für die Arbeiterbewegung spielte die unbewältigte Vergangenheit eine Rolle. Die deutsche Arbeiterbewegung hatte ja bereits vor dem ersten Weltkrieg zunächst eine Friedenskonferenz einberufen und dann doch zur Unterstützung des Krieges aufgerufen. Und in der Hitlerzeit war sie ausgeschaltet worden und hatte — auch dem eigenen Bewußtsein nach — versagt. Das ist zwar nie offen ausgesprochen worden, hat aber vielleicht gerade deshalb zu dem Pragmatismus etwa der SPD geführt, der dann darin bestand, sein Fähnchen nach dem Wind zu hängen und sich auf die Amerikaner zu fixieren. Als die SPD in den fünfziger Jahren merkte, die Remilitarisierung ließ sich nicht so einfach verhin-

Klaus Vack

dern und die Amerikaner wollten halt die NATO, da sind sie auch alle sofort umgekippt.
Auch bei Sozialdemokraten und Kommunisten ist die Erfahrung des Nationalsozialismus verdrängt worden. Das hatte zur Folge, daß auch in den politischen Parteien und Gruppen bestimmte politische Probleme nicht vorkamen, gerade Fragen des Internationalismus.
Da greift es auch zu kurz, zu sagen: die Leute waren aber doch im Krieg in Asien und in Afrika gewesen, und hatten mitgekriegt, wie es dort zugeht. All das wurde überdeckt von der Last der kollektiven deutschen Verbrechen, von dem Gefühl, eine Nation, die weltweite Schuld auf sich geladen hat, soll sich nicht in irgendwelche Dinge anderswo oder in der Dritten Welt einschalten. Lieber kuschen, brav und ruhig sein.
Allenfalls kam es bei internationalen Fragen dazu, der US-Politik zu folgen. Aber das Resultat davon war ja genau das Gegenteil von dem, was wir uns unter internationaler Solidarität vorstellen. Die zweite Komponente — neben der Verdrängung — war die Kompensation für die ungeheure Entsagung, die der Krieg mit sich gebracht hatte, für die Not und das Elend. Auch das ist falsch kompensiert worden, nämlich dadurch, daß jetzt alle blind dem Wohlstand nachjagten. Damals gab es die berühmten Wellen, erst die Freßwelle, dann die Reisewelle, dann die Auto-Welle, immer kam was Neues hinzu, das man meinte zu brauchen und für das man geschuftet und gearbeitet hat.
In dieser Situation war es ungeheuer schwer, überhaupt noch die Hoffnung aufrechtzuerhalten, daß sich in diesem Land politisch etwas verändern und verbessern ließ."

STILLSTAND STATT BEWEGUNG

Nickneger, Nabelschau und
Neokolonialismus
Die fünfziger Jahre

Über Dritte Welt-Auseinandersetzungen im Adenauer-Deutschland der fünfziger Jahre zu schreiben, heißt vor allem: weiterhin das zu berichten, was nicht stattgefunden hat. Bis Ende der fünfziger Jahre — als der Kolonialkrieg des Nachbarlandes Frankreich in Algerien langsam zur Kenntnis genommen und Auslöser erster internationalistischer Aktivitäten wurde — baute die Bundesrepublik zwar die neokolonialen Wirtschaftsbeziehungen zu den Ländern der Dritten Welt auf, aber es gab niemanden, der dies zum Thema politischer Diskussionen gemacht hätte. Die SPD und in ihrem Gefolge auch der DGB paßten sich auf der Suche nach Wählerstimmen und um ,,Regierungsfähigkeit'' zu demonstrieren immer mehr dem herrschenden System an. Die KPD war wieder der politischen Verfolgung und Kriminalisierung ausgesetzt und hatte deshalb andere Sorgen. In den Kirchen standen allenfalls ,,Nickneger'', kleine Nachbildungen von Schwarzen, die mit dem Kopf nickten, wenn für die Armen in Afrika gespendet wurde. Und in den Schulen konnten sich Kinder für ein paar Mark vom Religionslehrer ein ,,Heidenkind'' in Afrika oder sonstwo kaufen: Das wurde dann auf den Namen der kleinen Spender getauft.

Die Jugendverbände von der Sozialistischen Jugend Deutschlands (Die Falken) bis zu den Naturfreunden waren zum Teil unpolitisch, und ansonsten mit innenpolitischen Themen ausgelastet. Und der 1946 gegründete Sozialistische Deutsche Studentenbund (SDS) diente in der Zeit, als sich die Studenten und Studentinnen an den Hochschulen noch siezten, in den Seminaren Schlips, Anzug und Ausgeh-Kleider trugen, und die meisten Hochschüler in Verbindungen organisiert waren, vor allem zur Aufzucht von Nachwuchsfunktionären für die SPD. Auch der spätere Bundeskanzler Helmut Schmidt war schließlich damals SDS-Vorsitzender.

Es gab keine Medien, die auf das Thema Dritte Welt hätten hinweisen können: keine linke Tageszeitung, keine einzige Dritte Welt- oder Solidaritätspublikation, die die antikolonialen Kämpfe in Afrika, Asien und Südamerika aufgegriffen hätte, keine linken Monatszeitungen, keine Verlage mit diesem Schwerpunkt, keine Filme, keine Platten, kein Dritte Welt-Haus und keinen Dritte Welt-Laden.

Die Mehrheit der Bevölkerung war politisch desinteressiert und beschäftigte sich hauptsächlich mit der Bewältigung des neu gewonnenen Wohlstandes. So wurde zwar über Gewichtsprobleme der Deutschen in Folge der ,,Freßwelle" diskutiert, fast nie jedoch über die Probleme derjenigen, die die für die Freßwelle notwendigen Produkte herstellten. Kaffee, Kakao, Tee, Reis, Zucker und Südfrüchte kamen schon damals nicht aus Bayern.
In den fünfziger Jahren konnten Werbe-Sprüche wie der folgende für ,,Saba-Radios" noch ohne Proteste abgedruckt werden: ,, ,Wie die Neger!', seufzte Frau Müller oft, ,so primitiv und stumpfsinnig lebt man dahin, wenn man kein Radio hat. Keine Musik, keine Unterhaltung, keine Abwechslung — gar nichts hat man!' "[1]
Und auch die wenigen Sensations-Meldungen über Aufstände oder Konflikte in der Dritten Welt, die in dieser Zeit in der Presse erschienen, blieben folgenlos. So brachte die Nullnummer der BILD-Zeitung am 24. Juni 1952 folgende Meldung auf der Titelseite: ,,Rassenkämpfe in Südafrika bringen dem Land täglich neue Aufregungen: In Veerdedorp-Transvaal sprengten Hunderte von Nationalisten eine im Fackelschein unter freiem Himmel abgehaltene Versammlung von 3000 Gegnern der Rassengesetze... Am Wochenende mußte die Regierung starke Polizeitruppen nach Odendaalsrus im Oranjefreistaat schicken, wo die Eingeborenen alle Zufahrtsstraßen und Amtsgebäude blockiert hatten und der Polizei blutige Straßenschlachten lieferten, weil den Negerfrauen das Betreten der Goldfelder verboten worden war. Man vermutet hinter den Unruhen kommunistische Drahtzieher."
,,Kommunistische Drahtzieher" — die sahen Politiker und Journalisten der fünfziger Jahre hinter allem und jedem. Es war die Zeit des Kalten Krieges und der Ost-West-Konflikt war das alles beherrschende Thema, das auch die ersten Ansätze einer eigenständigen bundesdeutschen Außen- und Dritte Welt-Politik bestimmte. Anfang der fünfziger Jahre unterhielt die Bundesrepublik aufgrund der noch von den Besatzungsmächten eingeschränkten politischen Souveränität zunächst keine Beziehungen zu den Ländern Afrikas, Asiens und Lateinamerikas.
Eine eigenständige Außenpolitik wurde ihr erst nach und nach

zugestanden. Bundeskanzler Konrad Adenauer übernahm 1951 das neu geschaffene Außenministerium. Doch die volle politische Souveränität erhielt die Bundesrepublik erst 1955. Dafür mußte die Adenauer-Regierung allerdings der Remilitarisierung und dem Beitritt zur NATO zustimmen, was ihr aufgrund eigener machtpolitischer Ambitionen nicht allzu schwerfiel. Schließlich träumte Franz-Josef Strauß schon damals als Verteidigungsminister von einer eigenen deutschen Atom-Streitkraft.
Konnte die Bundesrepublik damit notgedrungen in der ersten Hälfte der fünfziger Jahre auch noch nicht direkt in der Dritten Welt aktiv werden — die deutschen Kolonien waren ja schon durch die Niederlage im Ersten Weltkrieg an die anderen Kolonialmächte ,,verspielt" worden — so stützten sich doch auch der Wiederaufbau und das ,,Wirtschaftswunder" zumindest indirekt auf billige Rohstoffe aus der Dritten Welt. Sie kamen nur über den Umweg der Besatzungsmächte in die Westzonen bzw. in die BRD.
Die über den Marshallplan geförderten, aber zunächst von den Besatzungsmächten kontrollierten Rohstoffimporte stammten auch aus den noch bestehenden Kolonien der Besatzungsmächte und aus den wirtschaftlich abhängig gehaltenen Ländern der Dritten Welt.
Schon in der Zeit von 1950 bis 1954 lag der Anteil der Importe aus ,,Entwicklungsländern" wieder bei 26,6 Prozent. Frühzeitig sorgte die Bundesrepublik allerdings auch für eine Absicherung ihrer eigenen ökonomischen Interessen auf dem Weltmarkt. So absurd es klingen mag: Durch die Ergebnisse des Zweiten Weltkrieges hatte die Bundesrepublik — ähnlich wie Japan — nach der ersten Aufräumphase ökonomisch bessere Voraussetzungen im internationalen Handel als die meisten anderen Staaten der kapitalistischen Welt. Aufgrund der durch die Flüchtlingsströme verfügbaren billigen Arbeitskräfte konnten die Löhne niedrig gehalten und bundesdeutsche Produkte auf dem Weltmarkt billig und konkurrenzfähig angeboten werden. Darüber hinaus ließ die fehlende Rüstungsproduktion für das Inland eine starke Konzentration der Investitionsgüterproduktion auf die Bedürfnisse des Exportes zu.
Gleichzeitig wurde die Exportorientierung der bundesdeutschen

Wirtschaft von der Bundesregierung gefördert: Bereits zu Beginn der fünfziger Jahre entstand ein System der Exportfinanzierung und Risikoversicherung, womit private Exportgeschäfte gegen etwaige Verluste (z. B. durch Enteignungen in unruhigen Dritte Welt-Ländern) abgesichert wurden.

1952 trat die Bundesrepublik auch dem Internationalen Währungs-Fond (IWF) bei, dessen Rolle bei der wirtschaftlichen Beherrschung der Dritten Welt durch die westlichen Industrienationen von der Solidaritätsbewegung allerdings erst dreißig Jahre später erkannt und aufgearbeitet wurde. Schon damals legten auch die Konzerne ,,den Grundstock für eine überseeische Investitionspolitik'', zum Beispiel mit der Gründung von ,,VW do Brasil'' 1953. Investitionsschwerpunkte in den fünfziger Jahren waren Argentinien, Südafrika, Indien und die Türkei.[2]

Als so die Grundlagen einer imperialistischen bundesdeutschen Wirtschaftspolitik gegenüber der Dritten Welt gelegt wurden, bewegte sich in der Republik nichts. So ließ sich auch von Anfang an an Kriegen in der Dritten Welt wieder gut mitverdienen, ohne daß sich irgendwelche Proteste erhoben. Zum Beispiel am Korea-Krieg...

HOCH DIE INTERNATIONALE SOLIDARITÄT...
MIT DEN USA
DER KOREA-KRIEG ODER: ALS DIE GEWERKSCHAFTEN ZUM INTERNATIONALEN WIRTSCHAFTSBOYKOTT AUFRIEFEN

Das vielzitierte bundesdeutsche ,,Wirtschaftswunder" der fünfziger Jahre begann in den Jahren 1950 und 1951. Allein im ersten Halbjahr 1951 stieg das Brutto-Sozialprodukt um über 20 Prozent, die Industrieproduktion nahm um 22 Prozentpunkte zu. Der Grund für diesen gewaltigen Aufschwung: ein Krieg in der Dritten Welt, der Korea-Krieg!
Bis heute sind die Ursachen dieses Krieges umstritten. Im 2. Weltkrieg hatten die Japaner Korea besetzt. Nach ihrer Niederlage kam es zur Teilung dieses Landes. Der Norden wurde nach der Vertreibung der japanischen Besatzer von der Sowjetunion kontrolliert, der Süden von den USA. Wie in Deutschland wurde mit der Errichtung verschiedener politischer Systeme auch die Spaltung Koreas besiegelt, so daß sich bald der Norden und der Süden dieses Landes feindlich gegenüberstanden. Im Juni 1950 kam es zum Ausbruch eines Krieges zwischen beiden Staaten, über dessen Auslöser sich die Historiker bis heute streiten.
Die USA kamen den Südkoreanern ,,im Namen der Vereinten Nationen zu Hilfe". Die UNO war infolge der Anti-Hitler-Koalition nach dem Zweiten Weltkrieg gegründet worden und die westliche Welt stellte damals — vor dem Zusammenbruch der Kolonialreiche in Afrika und Asien — noch die Mehrheit in dieser Organisation. So konnten sich die USA 1950 quasi selbst den Auftrag zu dieser ,,Friedensmission" im Namen der UNO erteilen.[3]
Das Eingreifen der USA im Korea-Krieg forcierte die Rüstungsproduktion in Nordamerika. Dadurch wurde die wirtschaftliche Konjunktur in der gesamten kapitalistischen Welt angeheizt. Es kam zum ,,Korea-Boom". In der Bundesrepublik wurde der ,,mutige Einsatz der Amerikaner in Korea" von der Adenauer-Regierung moralisch und politisch unterstützt, führte er doch zu zweistelligen Wachstumsraten und paßte außerdem bestens in

das vorherrschende antikommunistische Strickmuster dieser Zeit. ,,Kommunistische Horden" seien über die ,,friedlichen und freiheitsliebenden Südkoreaner" hergefallen, verkündete auch die aus amerikanischen Quellen gespeiste bundesdeutsche Presse. Politiker von Christ- bis Sozialdemokraten glaubten es und nutzten den Korea-Krieg als Beleg für die Notwendigkeit einer Remilitarisierung der Bundesrepublik ,,gegen die Gefahren aus dem Osten".
Nirgendwo wurde diskutiert, daß die USA auch in Südkorea einen ihnen ergebenen, brutalen Diktator stützten, der den Krieg z.B. nutzte, um Oppositionelle aus Südkorea als nordkoreanische Kommunisten lynchen zu lassen. Freie Wahlen im ganzen Land, bei denen eine ihnen unliebsame Regierung an die Macht zu kommen drohte, lehnten die USA ab. Nach dem ,,Verlust von China" bangten sie um ihre Macht in Asien und versuchten, diesen Konflikt zu nutzen, um Nordkorea ,,ein für alle Male von der kommunistischen Gefahr zu befreien". Ein Versuch, der vielleicht geglückt wäre, hätte nicht Nordkorea die Unterstützung der Sowjetunion und chinesischer Truppen gehabt. Schließlich drohten die USA ,,für den Erhalt der Freiheit" sogar mit dem Einsatz der Atombombe gegen die Volksrepublik China und brachten damit die Welt an den Rand eines dritten Weltkrieges. Lediglich auf britische Einwände hin und aufgrund der Tatsache, daß die Sowjetunion inzwischen auch über Atombomben verfügte, ließen sie von diesem Vorhaben ab. Stattdessen führten sie einen brutalen Vernichtungskrieg gegen die nordkoreanische Zivilbevölkerung, bei dem auch bakteriologische und chemische Waffen eingesetzt wurden.
Ein Vorschlag der UdSSR im August 1950, die Kampfhandlungen in Korea einzustellen, alle ausländischen Truppen abzuziehen und Wahlen in Nord- und Südkorea abzuhalten, wurde vom UNO-Sicherheitsrat auf Betreiben der USA abgelehnt. Erst am 27. Juli 1953 konnte ein Waffenstillstandsabkommen unterzeichnet und die bis heute geltende entmilitarisierte Zone am 38. Breitengrad eingerichtet werden, was exakt dem Stand der Kräfteverhältnisse vor dem Korea-Krieg entsprach.
Der offensichtlich imperialistische und antikommunistische Charakter der amerikanischen Militärinvasion in Korea blieb in

der Bundesrepublik völlig unbeachtet. Auch die Tatsache, daß die USA über die UNO Truppen aus Großbritannien, Kanada, Australien, Neuseeland, Frankreich, den Niederlanden, der Türkei, Thailand, Griechenland, den Philippinen, Äthiopien, Belgien, Luxemburg, Kolumbien und Südafrika mit in diesen Krieg gezogen hatten, störte fast niemanden. Es diente ja dem Erhalt des ,,Freien Westens''.

Es gab weder Proteste noch Kampagnen zur Beendigung dieses Krieges, nicht einmal kritische Fragen nach dessen Ursachen und Folgen. Lediglich die KPD vertrat eine andere Position. So heißt es etwa in den vom Parteivorstand vorgelegten Thesen zum Parteitag am 3.3.1951: ,,Das Scheitern der Intervention in Korea und der Aufschwung der nationalen Befreiungsbewegungen in den Kolonialländern zeigt die Brüchigkeit und den Verfall der imperialistischen Positionen im Rücken der Imperialisten, sowie die militärische Schwäche der Vereinigten Staaten, die nicht umsonst fieberhaft Söldnerarmeen in den besiegten Ländern, Deutschland und Japan, suchen.''[4]

Der 1949 entstandene Internationale Bund Freier Gewerkschaften, in dem auch der DGB Gründungsmitglied war, folgte dagegen den Blockade-Aktionen und Boykott-Aufrufen der USA gegen die Sowjetunion und die neugegründete Volksrepublik China und forderte seinerseits auch zu entsprechenden Maßnahmen seiner Mitglieder gegen Nordkorea auf: Solidarität mit dem Imperialismus statt kritischem Internationalismus.

UND SIE BEWEGT SICH DOCH...?

INNENPOLITISCHE OPPOSITION DER FÜNFZIGER JAHRE

Auch wenn sich über den ,,Internationalismus'' in der Bundesrepublik bis Ende der fünfziger Jahre nicht viel erzählen läßt, so ist doch ein Hinweis auf die wichtigsten Ansätze der innenpolitischen Opposition in diesen Jahren angebracht. Auch damals gab es schon eine ,,APO'', eine außerparlamentarische Opposition. Schon damals wurden Aktionsformen entwickelt und (wieder-)

entdeckt, die für die politische Kultur der Bundesrepublik noch große Bedeutung gewinnen sollten, gerade für die außerparlamentarische Opposition und die Dritte Welt-Bewegung der sechziger bis achtziger Jahre.
In den fünfziger Jahren begann eine fast zwanzigjährige CDU/CSU-Regierungszeit, in der es schon all die Elemente der politischen Repression von den Berufsverboten bis zu den Notstandsgesetzen gab, die auch heute noch zum Instrumentarium bürgerlicher Herrschaft gehören.
Zu leiden hatten darunter zunächst vor allem die Kommunisten.

DAS KPD-VERBOT

WIE ADENAUER DEN KOREA-KRIEG VOR DER EIGENEN HAUSTÜRE WEITERFÜHRTE

Von 1949 bis 1953 saßen im deutschen Bundestag und in fast allen Länderparlamenten noch Kommunisten. Die KPD hatte bei den ersten Wahlen mehr Stimmen erhalten als heutzutage die GRÜNEN. Das hinderte die Regierenden jedoch nicht, die KPD zu kriminalisieren und schließlich verbieten zu lassen.
In vielen Auseinandersetzungen dieser Zeit — wie etwa zum Korea-Krieg — kamen von der KPD die einzigen nicht-konformen Stellungnahmen. Allerdings beruhten auch die KPD-Positionen weniger auf einem breit entwickelten und diskutierten antikolonialistischen oder antiimperialistischen Bewußtsein, sondern folgten eher kritiklos der sowjetischen Außenpolitik.
Der Korea-Krieg ließ sich von den Rechten nicht nur für die Durchsetzung der Wiederaufrüstungspläne, sondern auch im Kampf gegen die heimischen Kommunisten ausschlachten. Schon 1950 versagte die Bundesregierung wieder Linken, vor allem Kommunisten, den Eintritt in den öffentlichen Dienst. Nazis dagegen hatten schon bald wieder nahezu ungehinderten Zugang zu Ämtern auf allen Ebenen...
Am 11.6.1951 setzte die Adenauer-Regierung ein erstes politisches Sonderstrafgesetz durch, ein Vorläufer der heutigen Be-

Ein Jahrzehnt nach Beendigung der nationalsozialistischen Gewaltherrschaft kam es in der noch jungen Bundesrepublik bereits wieder zu Verfolgungen und Kriminalisierungen von Kommunisten.

rufsverbote. Nach diesem Gesetz wurden in den fünfziger Jahren politische Ermittlungsverfahren gegen hunderttausende Linke eingeleitet. Parallel dazu wurden in den USA ebenfalls Tausende vor Untersuchungsausschüsse gezerrt. Eine von Senator McCarthy geführte Kampagne vermutete in jedem kritischen Intellektuellen einen sowjetischen Spion.

In der BRD folgte 1951 das Verbot der Freien Deutschen Jugend (FDJ), der Jugendorganisation der KPD, die daraufhin nur noch in der DDR und in Berlin auftreten durfte. Gleichzeitig stellte die Adenauer-Regierung einen Verbotsantrag gegen die KPD beim Bundesverfassungsgericht. 1956 hatten die Konservativen ihr Ziel erreicht: Polizisten konnten ausschwärmen, um die Parteibüros und Versammlungslokale der KPD zu schließen und das Parteivermögen zu beschlagnahmen.

Das Bundesverfassungsgericht hatte das Parteiverbot verkündet. So kam es schon ein Jahrzehnt nach der Nazi-Diktatur wieder zur Verfolgung und Kriminalisierung von Kommunisten, die fortan nur noch illegal für ihre Überzeugung und ihre Partei eintreten konnten. Wer auffiel, wurde mit politischen Prozessen und Gefängnis bestraft. Vor diesem Hintergrund ist es verständlich, daß der KPD wenig Spielraum blieb, sich mit Befreiungsbewegungen in der Dritten Welt auseinanderzusetzen.

DIE „OHNE-UNS-BEWEGUNG"
BOMBEN AUF HELGOLAND UND
EIN ERSCHOSSENER DEMONSTRANT

Schon 1949 hatte Adenauer in einem Interview mit einer amerikanischen Zeitung die Schaffung einer europäischen Armee vorgeschlagen, der auch wieder deutsche Soldaten angehören sollten. Adenauer arbeitete zu diesem Zeitpunkt schon längst wieder mit ehemaligen Generälen der Hitler-Armee an Plänen für eine Wiederbewaffnung der Bundesrepublik. Die rücksichtslose Durchsetzung dieser Pläne führte dazu, daß sein erster Innenminister, Gustav Heinemann, damals noch CDU-Mitglied, 1950 aus Protest zurücktrat. Er stand damit an der Seite der Mehrheit der Bevölkerung, die laut Umfragen gegen die Pläne der Bundesregierung war.
Mit diesem Schritt Heinemanns erhielt die weitgehend spontan von Einzelpersonen und kleinen Gruppen initiierte außerparlamentarische „Ohne-Uns-Bewegung" weiteren Auftrieb. Eine „Notgemeinschaft für den Frieden Europas" entstand, in der auch Kirchenleute wie Martin Niemöller mitarbeiteten. Zu den Aktionsformen dieser ersten bundesdeutschen Friedensbewegung gehörte das Bemalen — Spraydosen gab es zu diesem Zeitpunkt noch nicht — von Hauswänden, Briefkästen, Verkehrsschildern und Brücken mit Parolen wie: „Unterstützt die Ohne-Mich-Bewegung!" — „Schließt Euch in Gruppen zusammen!"
Im Januar 1951 trafen sich 1700 Gegner der Wiederbewaffnung zu einem Friedenskongreß in Essen. Dort wurde eine Volksbefragung beschlossen, die jedoch von der Adenauer-Regierung kurzerhand verboten wurde. Trotz dieses Verbotes und der Verfolgung der Kampagne durch die Polizei sammelte die antimilitaristische Bewegung damals über neun Millionen Stimmen gegen die Wiederbewaffnung.
SPD und DGB zogen sich nach dem Verbot der Volksbefragung aus der Kampagne zurück. Die SPD stimmte zwar später gegen die Remilitarisierungsbeschlüsse, aber eigentlich war sie nicht mehr grundsätzlich gegen die Wiederbewaffnung, sondern nur gegen die Form, in der sie von der Adenauer-Regierung betrieben

wurde. Vor außerparlamentarischen Aktionen schreckten SPD wie DGB jedenfalls schon damals zurück. Solche Aktionen blieben anderen überlassen und wurden bald wieder in großer Solidarität von allen ,,Demokraten'' der großen Parteien als ,,kommunistisch gesteuert'' denunziert.
Trotzdem können selbst die heute durch spektakuläre Aktionen Schlagzeilen provozierenden Umweltorganisationen GREENPEACE und ROBIN WOOD auf Vorläufer aus dieser Zeit zurückblicken: So landeten vor 35 Jahren, Anfang 1951, sieben Jugendliche in einer wagemutigen Aktion mit Booten auf der Insel Helgoland. Es waren Mitglieder der FDJ, der Falken, der katholischen Jugend und der Gewerkschaftsjugend. Sie wollten die von der englischen Luftwaffe auf der roten Sandsteininsel geplanten Bombentests verhindern.
Höhepunkte der ,,Ohne-Mich-Bewegung'' waren der 1. Mai 1952, der zum Protesttag gegen die geplante ,,Europäische Verteidigungsgemeinschaft mit deutscher Beteiligung'' wurde, und eine ,,Jugendkarawane für den Frieden'', an der sich am 11. Mai 1952 im Ruhrgebiet 30.000 Menschen beteiligten. Dieser Tag ging in die bundesdeutsche Demonstrationsgeschichte ein. Die Demonstration wäre ruhig und friedlich geblieben, wäre sie nicht kurz vorher verboten und dann von der Polizei ,,gewaltsam aufgelöst'' worden. Dabei wurden auch Unbeteiligte zusammengeschlagen, Passanten verletzt und Hunderte Jugendliche festgenommen. Polizeitrupps gingen auf Menschenjagd. Dabei erschossen sie den jungen Kommunisten Philipp Müller per Kopfschuß von hinten. Die Mörder in Uniform wurden weder strafrechtlich verfolgt, geschweige denn verurteilt.
Am 27. Mai 1952 unterzeichnete die BRD in Paris den Vertrag über die ,,Europäische Verteidigungsgemeinschaft'' mit Belgien, Italien, Luxemburg, den Niederlanden und Frankreich. Der Vertrag wurde zwar vom deutschen Bundestag bestätigt, nicht jedoch von der französischen Nationalversammlung, die damit 1954 die Wiederbewaffnungspläne der Adenauer-Regierung für kurze Zeit hinauszögerte. Doch reagierten darauf die USA sehr rasch. Sie setzten die Aufstellung der Bundeswehr und die Aufnahme der BRD in die NATO durch. Dafür wurde ihr 1955 mit der Aufhebung des Besatzungsstatuts weitgehende Souveränität

Gegen die Unfähigkeit der Regierenden, aus der Geschichte ihre Lehren zu ziehen, gingen Zehntausende auf die Straße.

zugestanden. Bald erließ der Bundestag die entsprechenden Folgegesetze, so daß schon Ende 1955 wieder Deutsche in Uniformen strammstehen mußten und 1956 die allgemeine Wehrpflicht eingeführt werden konnte. Allerdings konnte auch die Remilitarisierung 1955 vom deutschen Bundestag nur unter Polizeischutz beschlossen werden. Das Parlament war mit Drahtverhauen und Polizeikordons verbarrikadiert. Gegen die Demonstranten vor der Bannmeile setzte die Polizei Wasserwerfer ein. Das Szenario wiederholte sich bekanntlich 30 Jahre später beim Beschluß über die Stationierung amerikanischer Mittelstreckenraketen.
In der Debatte um die Wiederaufrüstung und den Beitritt zur NATO in den fünfziger Jahren blieb der imperialistische Charakter dieses Militärbündnisses, mit dem sich die USA ihre Großmachtstellung schon damals auch in anderen Kontinenten außerhalb Europas zu sichern suchten, weitgehend unbeachtet.

KAMPF DEM ATOMTOD
KEIN KRIEG IN EUROPA...
ABER VIELLEICHT ANDERSWO?

1957 war die Wiederbewaffnung durchgesetzt. Die deutsche Rüstungsindustrie konnte mit gefüllten Auftragsbüchern zufrieden in die Zukunft schauen und erste Waffengeschäfte in der Dritten Welt ankurbeln. Damit nicht genug, wollte die Adenauer-Regierung auch die atomare Bewaffnung der Bundeswehr. Daran entzündete sich die zweite große Oppositionsbewegung der fünfziger Jahre. Trotzdem wurde die CDU/CSU-Regierung 1957 mit absoluter Mehrheit zum zweiten Male wiedergewählt.
Am 3. April 1957 hatte Konrad Adenauer zum ersten Mal öffentlich erklärt, ,,taktische Atomwaffen" seien ,,für die Ausrüstung der Bundeswehr unverzichtbar." Franz Josef Strauß, der den ersten Verteidigungsminister Theodor Blank schon 1956 abgelöst hatte, propagierte wenige Tage später: ,,Ein Verzicht auf Kernwaffen unter den gegebenen Umständen und im Augenblick würde militärisch eine Preisgabe Europas an die Sowjetunion bedeuten."
Als direkte Reaktion auf diese Ankündigungen entstand 1957 die Kampagne ,,Kampf dem Atomtod", an deren Aktionen sich Hunderttausende beteiligten, zunächst auch wieder SPD und DGB. Die Kampagne blieb lange Zeit die stärkste Oppositionsbewegung in der Nachkriegsgeschichte. An ihrem Anfang stand der sogenannte ,,Göttinger Appell", in dem sich schon am 18. April 1957 achtzehn prominente Naturwissenschaftler — darunter die Nobelpreisträger Max Born, Otto Hahn, Werner Heisenberg und Max von Laue, sowie der Physiker und Philosoph Carl Friedrich von Weizsäcker — gegen die Atombewaffnung gewandt hatten. Die Unterzeichner verweigerten mit diesem Aufruf öffentlich ihre Mitarbeit an diesem Atom-Programm und erklärten: ,,Für ein kleines Land wie die Bundesrepublik, glauben wir, daß es sich heute am besten schützt und den Weltfrieden noch am ehesten fördert, wenn es ausdrücklich und freiwillig auf den Besitz von Atomwaffen jeder Art verzichtet."
Widerspruch dieser Art war zu der Zeit so ungewöhnlich, daß die

Adenauer-Regierung sofort reagierte und die Professoren aufforderte, sich aus der Politik herauszuhalten.
Sicher war der Göttinger Appell ein wichtiger Schritt für die Protestbewegung der fünfziger Jahre, und in allen Publikationen über diese Zeit wird er übereinstimmend als ,,fortschrittlich'' und ,,mutig'' gelobt.
Aus heutiger Sicht muß allerdings angemerkt werden, daß auch die Welt dieser ,,mutigen'' Professoren nur aus Europa und den USA zu bestehen schien. Der Appell ist eine vollständig eurozentrierte Erklärung, die auch das damals anscheinend unvermeidliche antikommunistische Bekenntnis enthält: ,,Wir bekennen uns zur Freiheit, wie sie heute die westliche Welt gegen den Kommunismus vertritt.''
Für diese sogenannte ,,Freiheit der westlichen Welt'' führten zu dieser Zeit die Franzosen Kolonialkriege in Algerien und Vietnam. Die USA intervenierten in Lateinamerika und bereiteten die Übernahme des Indochina-Krieges vor, den sie längst mitfinanzierten.
Davon offensichtlich völlig unbeeindruckt, schrieben die ,,Göttinger Achtzehn'':
,,Wir leugnen nicht, daß die gegenseitige Angst vor den Wasserstoffbomben heute einen wesentlichen Beitrag zur Erhaltung des *Friedens in der ganzen Welt* und der Freiheit in einem Teil der Welt leistet. Wir halten aber diese Art, den Frieden und die Freiheit zu sichern, auf die Dauer für unzuverlässig. Und wir halten die Gefahr im Falle ihres Versagens für tödlich.''
Von einem ,,Frieden in der ganzen Welt'', der angeblich durch die ,,Angst vor Wasserstoffbomben'' gesichert worden war, konnte überhaupt keine Rede sein, es sei denn, man klammerte die gesamte Dritte Welt aus. Denn dort wurden überall Kriege unterhalb der atomaren Schwelle geführt. Nach dem Korea-Krieg hatten die Engländer und Franzosen gerade erst im Oktober 1956 Kairo, Alexandria, Port Said und andere Ziele in Ägypten bombardiert und damit zum zweiten Mal nach 1945 fast einen Weltkrieg provoziert. Wie schon in Korea, so wurde auch dieser Krieg offiziell nie ,,erklärt''.
Der ,,Frieden in der ganzen Welt'' war zudem in vielen Gegenden der Dritten Welt schon dadurch gestört, daß die ehemaligen und

Die Kampagne „Kampf dem Atomtod" blieb über eine lange Zeit die stärkste Oppositionsbewegung in der Nachkriegsgeschichte.

noch vorhandenen Kolonien zur Kriegsvorbereitung der Großmächte benutzt wurden. Sie lieferten die Rohstoffe für die Rüstungsproduktion. Auch das Uran für die Atombomben kam aus der Dritten Welt und schließlich testeten die Westmächte auch ihre Waffen dort: die Amerikaner im Pazifik, die Franzosen in der algerischen Sahara, die Briten in ihrer ehemaligen Kolonie Australien. Die Folgen dieser Tests in den fünfziger Jahren wirken bis heute nach.

Die Göttinger Professoren schrieben so zwar vom „Frieden in der ganzen Welt", meinten allerdings den im eigenen Land. Sie belegten damit, wie unterentwickelt das internationalistische Bewußtsein in dieser Zeit war und wie wenig außereuropäische Ereignisse zur Kenntnis genommen wurden.

Am 10. März 1958 wurde in Frankfurt der Arbeitsausschuß

„Kampf dem Atomtod" gegründet, dem zunächst Gustav Heinemann, Thomas Dehler, Helmut Gollwitzer und Erich Ollenhauer, der seit dem Tode Kurt Schumachers im Jahre 1952 Vorsitzender der SPD war, angehörten. In vielen Städten bildeten sich lokale Friedensgruppen und wieder wurde eine große Volksbefragung vorbereitet. Wieder wurde sie verboten, diesmal nicht von der Adenauer-Regierung direkt, sondern vom Bundesverfassungsgericht, das die von den Länderparlamenten in Bremen und Hamburg auf sozialdemokratische Initiative verabschiedeten Volksbefragungs-Gesetze für verfassungswidrig erklärte. Statt mit außerparlamentarischen Mitteln weiterzukämpfen, zog sich der DGB rasch zurück, obwohl es sogar einige spontane Warnstreiks gegen die Atomrüstung gegeben hatte. Auch die SPD ließ die Kampagne fallen. Sie erklärte auch diese Friedensbewegung zur „kommunistisch unterwanderten" und untersagte ihren Mitgliedern die Mitarbeit. Schließlich bereitete sich die SPD mit allen Mitteln auf die Regierungsübernahme, oder doch zumindest auf die Regierungsbeteiligung vor.

Die außerparlamentarischen Aktionen, die nach dem Rückzug von SPD und DGB stark geschwächt waren, konnten nicht verhindern, daß der Bundestag bereits am 25. März 1958 die atomare Aufrüstung der Bundeswehr beschloß. (Mit den Stimmen der CDU/CSU, gegen die Stimmen von SPD und FDP.)

Wieder war in Umfragen eine deutliche Mehrheit der Bevölkerung gegen die Pläne der Regierung.

Selbst Helmut Schmidt — inzwischen SPD-Bundestagsabgeordneter — erklärte am 22. März 1958 im Parlament: „Der Entschluß, die beiden Teile unseres Vaterlandes mit atomaren Waffen gegeneinander zu bewaffnen, wird in der Geschichte einmal als genauso verhängnisvoll angesehen werden, wie es damals das Ermächtigungsgesetz für Hitler war."

Später beim Doppelbeschluß, dem „Ermächtigungsgesetz für die NATO", mit dem unter seiner Kanzlerschaft die atomare „Nachrüstung" eingeleitet wurde, erinnerte er sich an diesen Satz nicht mehr gerne.

Schon 1959, nach ihrem Ausstieg aus dieser Kampagne, schlossen die Sozialdemokraten mit dem Godesberger Programm endgültig ihren Frieden mit dem herrschenden kapitalistischen System

und bekannten sich sowohl zur Wehrpflicht als auch zur NATO. Zwar ist im Godesberger Programm auch noch die Rede von ,,internationaler Zusammenarbeit und Solidarität... vor allem mit den Entwicklungsländern", und es heißt:
,,Die Entwicklungsländer haben Anspruch auf großzügige und uneigennützige Hilfe. Ihre wirtschaftliche und kulturelle Entwicklung muß von den Ideen des demokratischen Sozialismus erfüllt werden, damit sie nicht neuen Formen der Unterdrückung verfallen." Doch dies blieben — auch als die SPD später die Regierungsmacht übernahm — Leerformeln. So dauerte es auch in den fünfziger Jahren lange, bis sich in der SPD eine erste vorsichtige Kritik an der sozialistischen Schwesterpartei in Frankreich rührte, die für die blutige Unterdrückung Algeriens in einem mit modernen Waffen geführten Kolonialkrieg mitverantwortlich war.
Das erste Internationalismus-Projekt in der bundesdeutschen Geschichte, das sich gegen diesen Krieg wendete, mußte also von anderen Kräften getragen werden, konnte weder von der SPD als Partei, noch vom DGB als Organisation ausgehen und ebensowenig von den in die Illegalität getriebenen Kommunisten. Es blieb kritischen Einzelpersonen aus diesen Organisationen und einigen engagierten Christen, vor allem aber der zahlenmäßig schwachen Linken in den Jugendverbänden und im SDS überlassen, das verschüttete Internationalismus-Bewußtsein der Nachkriegsgeneration wieder vorsichtig aufzuwecken: mit der Algerien-Solidarität.[5]

KLAUS VACK:
»KONFORMISMUS UND 400 JAHRE KZ
IN EINEM RAUM«

,,Ich bin 1951, mit 16 Jahren, bei der Naturfreundejugend eingetreten, einer Arbeiterjugendorganisation. Unsere Gruppe war sozialistisch ausgerichtet und hat sich an den politischen Aktivitäten gegen die Wiedereinrichtung der Bundeswehr beteiligt und war bei der Kampagne ‚Kampf dem Atomtod' dabei. Diese Kam-

pagne war die letzte große Friedensbewegung, die auch von den sogenannten starken, gesellschaftlich relevanten Gruppen, den Gewerkschaften, der SPD und Teilen der Kirche mitgetragen wurde. 1959 hat die SPD dann aus rein opportunistischen Gründen das ganze Thema einfach fallengelassen und wir fühlten uns — wie man heute sagt — frustriert, enttäuscht, auch irgendwie entwurzelt.
Unsere Gruppe hat sich auch schon früh mit internationalen Fragen befaßt. Aber insgesamt herrschte ja in der Bundesrepublik ein Klima von Konformismus. Auch viele der damaligen Naturfreundejugend-Gruppen waren völlig unpolitisch. Wir hatten Glück, weil es in unserer Stadt, in Offenbach, eine besonders starke Tradition der Arbeiterbewegung gab. Damals spielten oft einzelne Persönlichkeiten eine wichtige Rolle. Ich erinnere mich an die erste Jahreshauptversammlung. Der Vorsitzende begrüßte die etwa vierhundert Anwesenden, sagte, daß es aufwärts ginge mit den Naturfreunden, aber daß er besonders hervorheben wollte, daß in diesem Saal auch über 400 Jahre Zuchthaus und KZ zusammensäßen. Leute, die die Nazi-Diktatur überlebt hatten und in der Gruppe mitgearbeitet haben und uns natürlich viel mitgeben konnten.
Es waren Linke in unseren Gruppen, bei den Falken und auch beim SDS, darunter natürlich Altlinke wie Fritz Lamm, Jakob Moneta, Schorsch Jungclas, die auch das Algerien-Thema mit aufgriffen.
Wir haben uns zwar auch schon 1953 und 1955 vereinzelt mit Internationalismusfragen beschäftigt, aber richtig konkret wurde es erst im Zusammenhang mit dem Algerienkrieg. Wir hatten zunächst alle große Sympathien für Frankreich, vor allem wegen der Widerstandsbewegung in Frankreich gegen den Faschismus. Deshalb waren wir um so erschrockener und betroffener über diesen grausamen Krieg, den nun Frankreich gegen die Befreiungsbewegung in Algerien führte. Es war wohl 1957, als wir anfingen, uns damit zu beschäftigen. Unsere Bundesjugendleitung hat damals zusammen mit den Falken Materialien für die Gruppenarbeit über Algerien herausgegeben mit Gedichten, Informationen, Hintergründen. Das Heftchen hatte den Titel: ‚Der schmutzige Krieg'."

DIE ALGERIEN-SOLIDARITÄT

Von Deserteuren, Falschmünzern
und Schmugglern
1957-1962

DER SCHMUTZIGE ALGERIENKRIEG
ÜBER DAS OBJEKT
DER ERSTEN SOLIDARITÄTSBEWEGUNG

Wer heute die ,,Demokratische Volksrepublik Algerien" besucht, kann im modernen, neuen Revolutionsmuseum in Algier handgebastelte Bomben bewundern, die mit altmodischen Weckern zu zünden sind. Mit Bomben dieser Art begann die kurze Zeit vorher gegründete ,,Front de Libération Nationale" (FLN) am 1. November 1954 den algerischen Befreiungskrieg. Nach über einem Jahrhundert Unterdrückung und Kolonialherrschaft traten die Algerier zum bewaffneten Kampf für die Unabhängigkeit ihres Landes an. 1830 hatten die Franzosen zunächst Städte und kleinere Landstriche an der afrikanischen Nordküste besetzt. Schon bei diesen ersten Vorstößen stießen sie auf Widerstand der Algerier, der brutal niedergemacht wurde. Das Revolutionsmuseum in Algier dokumentiert den Kampf um die Stadt im neunzehnten Jahrhundert und die immer wieder auftauchenden Guerilla-ähnlichen Widerstandsgruppen in allen Teilen des Landes. Sie waren allerdings den gut bewaffneten Kolonialherren aus Frankreich lange Zeit nicht gewachsen. Die Franzosen interessierten sich zunächst vor allem für die fruchtbaren Ebenen der Küstengegenden. Die Ausstellung in Algier zeigt, wie traditionelle Landbesitzer verjagt und in die algerische Wüste verbannt wurden. Die Landwirtschaft Algeriens wurde von den Kolonialherren nach und nach vollständig auf die Bedürfnisse des ,,Mutterlandes" Frankreich ausgerichtet. Das führte zum Beispiel dazu, daß in diesem islamischen Land, wo laut Koran der Alkoholgenuß verboten ist, riesige Weinfelder für die Herren aus Frankreich angelegt wurden. Während Wein, Orangen und Weizen nach Frankreich transportiert wurden bzw. zur Erŋährung der anwachsenden Zahl französischer ,,colons" (Siedler) in Algerien dienten, hungerte die einheimische Bevölkerung. Vor der Kolonialherrschaft hatten fast alle Algerier in Koran-Schulen lesen und schreiben gelernt. Als die Franzosen diese Schulen und die arabische Sprache verboten, wurden Generationen von Algeriern zu Analphabeten gemacht.

Als Kanonenfutter waren die Algerier den Franzosen allerdings immer gut genug. Im Ersten wie im Zweiten Weltkrieg versprach Frankreich den Algeriern für die Unterstützung der französischen Armee gegen die Deutschen die Unabhängigkeit. Deshalb feierten die Algerier den 8. Mai 1945, den Tag der deutschen Kapitulation, auch als Ende der Kolonialzeit. Im Revolutionsmuseum von Algier hängt ein Bild von diesem Tag: Es zeigt jubelnde Menschenmengen mit algerischen Fahnen. Minuten später verwandelten die Franzosen diese Demonstrationen in ein Blutbad. Französische Soldaten schossen in die Menge. Französische Flugzeuge bombardierten die unbewaffneten algerischen Freiheitsdemonstranten in verschiedenen Städten. Das Fazit des 8. Mai 1945 in Algerien: 45.000 Ermordete an einem einzigen Tag.

Bilder im Museum zeigen, wie die Leichenberge von französischen Soldaten vor die Städte geschafft und verbrannt wurden. Den Algeriern blieb keine andere Wahl: Nur durch bewaffnete Gegenwehr hatten sie eine Chance, ihre Freiheit zu erkämpfen. Es wurde einer der blutigsten Befreiungskriege der Kolonialgeschichte. Der Krieg dauerte acht Jahre lang, von 1954 bis 1962. Eine Woche nach den ersten Anschlägen der algerischen Untergrundbewegung erklärte François Mitterand, damals französischer Innenminister: ,,Algerien ist und bleibt Frankreich. Gegen jeden, der auf die eine oder andere Weise versucht, Unruhe zu stiften und eine Abspaltung herbeizuführen, werden wir mit allen Mitteln, die uns das Gesetz an die Hand gibt, zurückschlagen."

Auf den Aufstand der Algerier antworteten die Franzosen mit einer Politik der verbrannten Erde, mit Massakern, Folterungen und dem Einsatz von Napalmbomben auch gegen die Zivilbevölkerung. Doch der Terror der Besatzer stärkte nur den Willen der Algerier nach Unabhängigkeit und Freiheit. Trat die FLN als politischer Arm der algerischen Widerstandsbewegung auf, so führte die ,,Armée de la Libération Nationale" (ALN) einen Guerilla-Krieg gegen die Besatzer mit Anschlägen in den großen Städten und auf französische Militäreinrichtungen. Die ALN hatte ihre Rückzugsgebiete in den algerischen Bergen der Kabylei und des Atlas. Flüchtlings- und Rekrutierungs-Camps lagen in den Nachbarstaaten Marokko und Tunesien. Diese Länder wurden nicht zuletzt aufgrund des Algerienkrieges von den Franzosen in die

Unabhängigkeit entlassen. Bis heute sind in Algerien bis tief in den Süden der Sahara die Reste der Todesstreifen zu sehen, die die Franzosen mit Minengürteln und elektrifizierten Stacheldrahtzäunen über hunderte von Kilometern an den Grenzen entlang errichteten, um der ALN Nachschubwege abzuschneiden.
Die FLN operierte auch im Ausland, vor allem in Frankreich, wo damals hunderttausende Algerier arbeiten mußten. Sie bemühte sich um internationale Unterstützung für ihren Unabhängigkeitskrieg. Beschämend war dabei die Haltung der französischen sozialistischen Partei, SFIO, und der Kommunisten der KPF, die den blutigen Kolonialkrieg anfangs unterstützten und mittrugen. 1956 hielt die FLN in befreiten Gebieten der Kolonie einen Kongreß ab, auf dem sie erstmals auch sozialrevolutionäre Veränderungen für Algerien beschloß, die über die Forderung nach nationaler Unabhängigkeit hinausgingen. Eine provisorische Regierung in Kairo wurde gebildet. Wenig später initierte die von den Kommunisten geduldete und von den Sozialisten mitgetragene französische Regierung einen ersten spektakulären Akt der internationalen Luftpiraterie: Auf dem Flug von Rabat nach Kairo wurde ein Flugzeug von der französischen Luftwaffe abgefangen und in Paris zur Landung gezwungen. Darin befanden sich die Führer der FLN: Ben Bella, Boudiaf, Ait Ahmed und Khider. Die FLN-Führung blieb bis zum Ende des Algerienkrieges in Frankreich gefangen.
Die Franzosen scherten sich auch nicht um Diskussionen des Algerien-Problems in der UNO. Sie erklärten Algerien zur ,,innerfranzösischen Angelegenheit'' und verbaten sich jegliche Einmischung.
Der Krieg wurde mit allen Mitteln des Terrors und der Unterdrückung geführt. Auf die Greueltaten der französischen Armee, die Folter mit Elektrizität, die Mißhandlung von Frauen und die Tötung von Kindern, reagierte die französische Öffentlichkeit mit zunehmenden Protesten, die von Jean-Paul Sartre angeführt wurden. Als de Gaulle sah, daß trotz all dem dieser Krieg nicht zu gewinnen war, bereitete er Kompromißlösungen vor. Daraufhin verstärkte die Terrororganisation der Algerien-Franzosen OAS ihr blutiges Handwerk mit Anschlägen auf die algerische Zivilbevölkerung. Noch im Oktober 1961 bekamen algerische Demon-

Unterdrückung und Terror gegen die Bevölkerung waren im französischen Kolonialkrieg in Algerien an der Tagesordnung.

stranten in Paris die barbarische Gewalt des französischen Rassismus zu spüren. Hunderte wurden mitten auf den Straßen der Hauptstadt buchstäblich von Polizisten gelyncht und massakriert. Einige Schwerverletzte wurden damals auch in Krankenhäuser nach Düsseldorf und Frankfurt gebracht.

Erst im März 1962, als die FLN den größten Teil des Landes befreit hatte und kontrollierte, wurde Algerien im Vertrag von Evian die nationale Unabhängigkeit gewährt. Das Land mußte sich jedoch gleichzeitig verpflichten, die französischen Kapital-Interessen nicht anzutasten. Den Franzosen ging es dabei vor allem um die Ausbeutung der Bodenschätze in der Sahara.

So verdienten französische Konzerne noch jahrelang weiter am Aufbau der algerischen Industrie. Erst im Februar 1971 gelang es der Regierung Boumedienne, die Erdgas- und Erdölindustrie zu nationalisieren und damit auch ökonomisch unabhängiger zu werden. Frankreich antwortete darauf mit einem Wirtschaftsboykott, der vor allem die algerische Landwirtschaft traf, die bis heute auf das Land der ehemaligen Kolonialherren ausgerichtet ist, weil der Umbau auf nationale Produktionsbedürfnisse nur langsam vonstatten geht. Die Bilanz des Algerienkrieges war verheerend: Bei einer Gesamtbevölkerung von zehn Millionen starben eineinhalb Millionen Algerier in diesem Befreiungskrieg. Über zwei Millionen Algerier waren von den Franzosen in Konzentrationslagern zusammengepfercht worden. Fast die Hälfte der Äcker und Felder war verwüstet und 60 Prozent der Versorgungsbetriebe waren zerstört. Ein Drittel der Straßen und Eisenbahnlinien und zwei Drittel der Hafenanlagen waren vernichtet. Noch heute sind die Folgen dieses Krieges überall im Land sichtbar und spürbar. Noch heute zerfetzen französische Minen algerische Hirten in der Sahara. Wie sehr dieser Krieg das nationale, antikolonialistische Bewußtsein vieler, vor allem älterer Algerier geprägt hat, zeigt auch der Satz eines Schuldirektors in Oran: ,,Die Identität unseres Volkes ist unsere Geschichte."

Während dieses Befreiungskampfes entstand 1961 in Algerien ein wichtiges theoretisches Werk, das bis heute für die Diskussion, vor allem in Afrika, erhebliche Bedeutung hat, in der BRD bezeichnenderweise aber erst 1966 erstmals erschien: Frantz Fanons Buch ,,Die Verdammten dieser Erde", das auch ,,das kommunistische Manifest der antikolonialen Revolution" genannt wird. Der Autor erlebte die Befreiung Algeriens nicht mehr. Er starb 1961, an dem Tag, an dem sein Buch in Paris veröffentlicht wurde. Jean-Paul Sartre schrieb in seinem Vorwort: ,,Das ist es, was Fanon seinen afrikanischen, asiatischen und lateinamerikanischen Brüdern auseinandersetzt: ‚Entweder wir verwirklichen alle gemeinsam und überall den revolutionären Sozialismus, oder wir werden einer nach dem anderen durch unsere ehemaligen Tyrannen geschlagen werden.'

Und den Europäern sagt er: ‚Bisher waren wir die Subjekte der Geschichte, jetzt sind wir ihre Objekte. Das Kräfteverhältnis hat sich umgekehrt, die Dekolonisation hat begonnen. Alles, was unsere Söldner versuchen können, ist, deren Vollendung zu verzögern.' " (Siehe Dokument 3)

DOKUMENT 3:
„LOS, MEINE KAMPFGEFÄHRTEN..."
FRANTZ FANON, 1961:

Los, meine Kampfgefährten, es ist besser, wenn wir uns sofort entschließen, den Kurs zu ändern. Die große Nacht, in der wir versunken waren, müssen wir abschütteln und hinter uns lassen. Der neue Tag, der sich schon am Horizont zeigt, muß uns standhaft, aufgeweckt und entschlossen antreffen.
Unsere Träume, unseren alten Glauben und unsere Freundschaften aus der Zeit vor dem Leben müssen wir aufgeben. Verlieren wir keine Zeit mit sterilen Litaneien oder ekelhafter Nachäfferei. Verlassen wir dieses Europa, das nicht aufhört, vom Menschen zu reden, und ihn dabei niedermetzelt, wo es ihn trifft, an allen Ecken seiner eigenen Straßen, an allen Ecken der Welt.
Ganze Jahrhunderte lang hat Europa nun schon den Fortschritt bei anderen Menschen aufgehalten und sie für seine Zwecke und zu seinem Ruhm unterjocht; ganze Jahrhunderte hat es im Namen seines angeblichen ‚geistigen Abenteuers' fast die gesamte Menschheit erstickt. Seht, wie es heute zwischen der atomaren und der geistigen Auflösung hin und her schwankt.
Und trotzdem kann man von ihm sagen, daß es alles erreicht hat.
Mit Energie, Zynismus und Gewalt hat Europa die Führung der Welt übernommen. Seht, wie der Schatten seiner Monumente sich ausbreitet und vergrößert. Jede Bewegung Europas hat die Grenzen des Raumes und des Denkens gesprengt. Europa hat jede Demut, jede Bescheidenheit zurückgewiesen, aber auch jede Fürsorge, jede Zärtlichkeit.
Nur beim Menschen hat es sich knauserig gezeigt, nur beim Menschen schäbig, raubgierig, mörderisch.
Brüder, wie sollten wir nicht begreifen, daß wir etwas Besseres zu tun haben, als diesem Europa zu folgen.
Dieses Europa, das niemals aufgehört hat, vom Menschen zu reden, niemals aufgehört hat, zu verkünden, es sei nur um den Menschen besorgt: wir wissen heute, mit welchen Leiden die Menschheit jeden der Siege des europäischen Geistes bezahlt hat.
Los, Genossen, Europa hat endgültig ausgespielt, es muß etwas anderes gefunden werden. Wir können heute alles tun, vorausgesetzt, daß wir nicht Europa nachäffen, vorausgesetzt, daß wir nicht von der Begierde besessen sind, Europa einzuholen.
Europa hat ein derart wahnsinniges und chaotisches Tempo erreicht, daß es heute jedem Piloten, jeder Vernunft davonrast und sich in einem

entsetzlichen Taumel auf Abgründe hin bewegt, von denen man sich lieber so schnell wie möglich entfernen sollte...
Entschließen wir uns, Europa nicht zu imitieren. Spannen wir unsere Muskeln und Gehirne für einen neuen Kurs an. Versuchen wir, den totalen Menschen zu erfinden, den zum Siege zu führen Europa unfähig war. Vor zwei Jahrhunderten hatte sich eine ehemalige europäische Kolonie in den Kopf gesetzt, Europa einzuholen. Es ist ihr so gut gelungen, daß die Vereinigten Staaten ein Monstrum geworden sind, bei dem die Geburtsfehler, die Krankheiten und die Unmenschlichkeit Europas grauenhafte Dimensionen angenommen haben.
Genossen, haben wir nichts Besseres zu tun, als ein drittes Europa zu schaffen? Der Okzident hat ein Abenteuer des Geistes sein wollen. Im Namen des Geistes, des europäischen Geistes, versteht sich, hat Europa seine Verbrechen gerechtfertigt und die Versklavung legitimiert, welcher es vier Fünftel der Menschheit unterworfen hatte.
Ja, der europäische Geist hat merkwürdige Grundlagen. Das europäische Denken ist auf immer ödere und abschüssigere Bahnen geraten. So wurde es ihm zur Gewohnheit, immer weniger auf den Menschen zu stoßen.
Ein permanenter Dialog mit sich selbst, ein immer obszönerer Narzißmus haben einer Art Delirium das Bett bereitet, in dem die Arbeit des Gehirns zum Leiden wird, weil die Realitäten gar nicht mehr die des lebendigen, arbeitenden und sich schaffenden Menschen sind, nur noch Wörter, verschiedene Zusammenstellungen von Wörtern, die Spannungen der in den Wörtern enthaltenen Bedeutungen. Es haben sich dennoch Europäer gefunden, die die europäischen Arbeiter aufriefen, diesen Narzißmus zu zerstören und mit dieser Entwicklung zu brechen.
Die europäischen Arbeiter sind diesen Appellen im Allgemeinen nicht gefolgt, denn auch sie glaubten sich von dem wunderbaren Abenteuer des europäischen Geistes betroffen.
Alle Elemente einer Lösung der großen Probleme der Menschheit sind zu verschiedenen Zeiten im Denken Europas aufgetaucht. Aber in seinem Handeln hat der europäische Mensch die ihm zufallende Mission nicht erfüllt: mit aller Gewalt auf diese Elemente zu setzen, ihre Anordnung, ihr Sein zu modifizieren, sie zu verändern und schließlich das Problem des Menschen auf eine unvergleichlich höhere Stufe zu heben.
Heute erleben wir eine Stagnation Europas. Fliehen wir, Genossen, diese unbewegliche Bewegung, in der die Dialektik sich ganz allmählich zu einer Logik des Gleichgewichts gemausert hat. Nehmen wir die Frage des Menschen wieder auf. Nehmen wir die Frage nach der Realität des Gehirns, der Gehirnmasse der ganzen Menschheit wieder auf, deren Kom-

binationen vervielfältigt, deren Strukturen differenziert und deren Botschaften vermenschlicht werden müssen.
Los, Brüder, wir haben viel zuviel Arbeit, um uns mit Rückzugsgefechten die Zeit vertreiben zu können. Europa hat getan, was es tun mußte, und alles in allem hat es seine Sache gut gemacht. Hören wir auf, es anzuklagen, aber sagen wir ihm ins Gesicht, daß es nicht mehr soviel Wind machen soll. Wir haben es nicht mehr zu fürchten, hören wir also auf, es zu beneiden.

Die Dritte Welt steht heute als eine kolossale Masse Europa gegenüber; ihr Ziel muß es sein, die Probleme zu lösen, die dieses Europa nicht hat lösen können.
Aber dann darf sie auf keinen Fall von Ertrag, von Intensivierung, von Rhythmus sprechen. Nein, es handelt sich nicht um eine Rückkehr zur Natur. Es handelt sich ganz konkret darum, die Menschen nicht auf Wege zu zerren, auf denen sie verstümmelt werden, dem Gehirn keinen Rhythmus aufzuzwingen, der es rasch auslöscht und zerrüttet. Es darf nicht geschehen, daß der Mensch unter dem Vorwand, Europa einzuholen, hin und her gezerrt wird, sich selbst, seiner Intimität entrissen, zermürbt und getötet wird.
Nein, wir wollen niemanden einholen. Aber wir wollen die ganze Zeit, Tag und Nacht, in Gesellschaft des Menschen marschieren, in Gesellschaft aller Menschen. Es kommt darauf an, den Zug nicht auseinanderzuziehen, weil sonst jede Reihe die vor ihr nicht mehr erkennen kann, und Menschen, die einander nicht mehr erkennen, begegnen einander immer weniger und sprechen immer weniger miteinander.

Für die Dritte Welt geht es darum, eine Geschichte des Menschen zu beginnen, die den von Europa einst vertretenen großartigen Lehren, aber zugleich auch den Verbrechen Europas Rechnung trägt, von denen das verabscheuungswürdigste gewesen sein wird: beim Menschen die pathologische Zerstückelung seiner Funktionen und die Zerstörung seiner Einheit; beim Kollektiv der Bruch, die Spaltungen; und schließlich auf der unermeßlichen Ebene der Menschheit der Rassenhaß, die Versklavung, die Ausbeutung und vor allem der unblutige Völkermord, nämlich das Beiseiteschieben von anderthalb Milliarden Menschen.
Also, meine Kampfgefährten, zahlen wir Europa nicht Tribut, indem wir Staaten, Institutionen und Gesellschaften gründen, die von ihm inspiriert sind.
Die Menschheit erwartet etwas anderes als diese fratzenhafte und obszöne Nachahmung.
Wenn wir Afrika und Lateinamerika in ein neues Europa verwandeln wollen, dann vertrauen wir die Geschicke unserer Länder lieber den

Europäern an! Sie werden es besser machen als die Begabtesten unter uns.
Wenn wir jedoch wollen, daß die Menschheit ein Stück vorwärts kommt, wenn wir sie auf eine andere Stufe heben wollen als die, die Europa innehat, dann müssen wir wirkliche Erfindungen und Entdeckungen machen.
Wenn wir der Erwartung unserer Völker nachkommen wollen, dann müssen wir woanders als in Europa auf die Suche gehen.
Mehr noch, wenn wir der Erwartung der Europäer nachkommen wollen, dann dürfen wir ihnen kein, wenn auch noch so ideales, Bild ihrer Gesellschaft und ihres Denkens zurückwerfen, für die sie von Zeit zu Zeit einen ungeheuren Ekel empfinden.
Für Europa, für uns selbst und für die Menschheit, Genossen, müssen wir eine neue Haut schaffen, ein neues Denken entwickeln, einen neuen Menschen auf die Beine stellen.[1]

DOKUMENT 4:
„ALGERIEN IST ÜBERALL"
HANS MAGNUS ENZENSBERGER, 1961:

Meine Damen und Herren, ich habe eine Einladung an Sie. Ich möchte Sie zu einer Sache einladen, von der Sie nichts wissen wollen, zu einer Sache, von der eigentlich niemand etwas wissen will. Es ist eine Sache, die alle angeht. Es ist eine alte Sache. Es ist eine Sache, die mehr als sechs Jahre alt ist. Sie heißt Algerien. Was wissen wir davon, und was wollen wir davon wissen? So gut wie nichts.
Ich möchte Sie zu einer Ausstellung einladen, die in diesen Monaten in Deutschland zu sehen ist. Es ist keine glanzvoll montierte Ausstellung, kein perfektes Produkt einer public-relations-Abteilung, es gibt keine public-relations-Abteilung für das, was dort gezeigt wird: zwei einfache Papptafeln vollgeklebt mit Bildern, Dokumenten, Fotokopien, Zeitungsausschnitten, Briefen, Statistiken. Das hat einige deutsche Studenten fünf Monate Zeit und ein paar hundert Mark, das heißt, ungefähr soviel gekostet, wie sie in ihren Semesterferien verdient haben. Sie haben niemanden gefunden, der ihre Arbeit finanziert hätte. Sie sind nirgends eingeladen worden. Die Presse hat ihre Arbeit fast überall totgeschwiegen. An unseren Volkshochschulen kann man in jeder größeren Stadt Deutschlands über Minnesang und Kaninchenzucht Vorträge hören. Dichterlesungen machen volle Kassen, es werden Kulturkongresse zu Dutzenden veranstaltet und jedem Abiturreferenten fällt noch ein kleines Festival ein. Aber von Algerien will niemand etwas wissen. Von die-

ser Ausstellung will unsere Regierung nichts wissen, unsere Presse nicht, unsere Universitäten nicht, unsere Studentenausschüsse nicht, kein Fördererkreis, keine Stadtverwaltung, keine Partei, die Antikommunisten nicht, die Kommunisten nicht, die französische Botschaft nicht und vermutlich nicht einmal die offiziellen Stellen der Algerier; denn auch die Verbrechen der FLN verheimlicht diese Ausstellung nicht.

Wir sind überflutet von Informationen, wir haben Maschinen und Kanäle vollgestopft mit Programmen und Nachrichten, aber unsere Informationswelt ist so beschaffen, daß das wichtigste keinen Platz darin hat. Der Satz läßt sich umkehren: was keinen Platz hat, wovon niemand etwas wissen will, das ist das Wichtigste. Diese Ausstellung ist zwischen allen denkbaren Stühlen aufgerichtet. Das ist ein Beweis dafür, daß sie gerecht, notwendig und unabsehbar ist.

Ich kann mir keine Beschreibung denken, die diesen Bildern angemessen wäre. Wenn Sie unsere Kultur besichtigen wollen, gehen Sie nicht zu einem Kulturkongreß, gehen sie zu keiner Dichterlesung, gehen Sie in diese Ausstellung. Sie wird Ihnen keine Freude machen. Denn was dort ausgestellt ist, das sind nicht die andern, das sind wir selber. Die Leute in den Konzentrationslagern, die verhungerten, die gefolterten, das sind wir — und wir sind die Henkersknechte, die Bombenwerfer und die Kapos.

Ich rede von keiner höhern Warte, ich meine das was ich sage ganz wörtlich und ganz genau. Wir sind Komplizen. Algerien ist überall, es ist auch hier, wie Auschwitz, Hiroshima und Budapest. Ich will Ihnen erklären, warum. Der algerische Krieg wird in unserem Namen geführt, er wird geführt mit den Truppen der NATO, von den Stützpunkten der NATO aus, mit dem Kriegsmaterial und auf Kosten der NATO. Jeder Franc, mit dem die Napalmbomben und die Folterer bezahlt werden, erscheint auf der Zahlungsbilanz zur ,,gemeinsamen Verteidigung'' der NATO. Das Auswärtige Amt verlangt ,,Rücksicht und Verständnis gegenüber unserm Bündnispartner''. Herr Jaeger, Vizepräsident des von uns gewählten Parlamentes, ist, wie er sagt, zu der Überzeugung gekommen, daß die Sache Frankreichs in Algerien die Sache Europas, der Vernunft und der Zivilisation ist. Ich fürchte, er hat recht. Wir sind die Auftraggeber, in unserm Namen wird gehandelt, was auf den Papptafeln der Ausstellung zu sehen ist, dafür stehen wir ein. Wenn unsere Regierung Algerier an die französische Polizei ausliefert, ihnen das Asylrecht verweigert, wenn unser Land keine algerischen Arbeiter aufnimmt, wenn es keine Hilfe leistet für die Kinder, die in den Lagern verhungern, dann unterbleibt all dies in unserm Auftrag. Wir sind dafür haftbar zu machen, und wir werden dafür haftbar gemacht werden. Wenn wir das Recht der freien Selbstbestimmung für unsere Landsleute in der DDR verlangen, wenn wir gegen die Urteile Ulbrichts protestieren, wer wird uns glauben? Wer wird uns glauben, wenn wir von 800.000 getöteten Algeriern nichts wissen wollen? Schon einmal haben wir alle miteinander nichts wissen wollen. Wir haben von sechs Millionen ermordeten Juden nichts wissen wollen. Damals hieß es: Man hat uns alles verschwiegen, wir konnten nichts machen, der Diktator war allmächtig. Heute haben wir keinen allmächtigen Diktator. Wir können uns unterrichten, wir können sogar helfen. Wir haben keine Ausreden mehr. Wir wissen, was wir tun und was wir geschehen lassen. Auf zwei Dutzend Papptafeln steht es geschrieben. Es kommt heraus, es kommt ans Licht, es läßt sich nicht verschweigen. Nichts läßt sich mehr verschweigen. Die Ämter und die Referenten, die Weltblätter und Provinzzeitungen, die riesige Maschine der Irreführung wird den ungleichen Kampf gegen zwei Dutzend Papptafeln verlieren, auf denen die Wahrheit steht. Ich lade Sie ein, die Schrift zu lesen. Es ist die Feuerschrift auf unserer Wand. Daran können wir ablesen, wer wir sind und was uns bevorsteht, wenn wir uns nicht wehren. Hilfe, sofortige Abhilfe: Das ist ein Gebot nicht bloß der Menschlichkeit, sondern der Notwehr, denn unteilbar ist nicht nur der Friede und die Freiheit, unteilbar ist auch die Folter, der Hunger und der Krieg. Entweder wir schaffen sie, oder sie schaffen uns ab.[2]

KLAUS VACK:
»SI MUSTAFA, DIE ROTE HAND UND 4000 DEUTSCHE DESERTEURE«

„Angefangen hat es mit dem Materialheft der Naturfreunde über Algerien. Ich war damals Jugendleiter in der Offenbacher Gruppe und Algerien hat mich sehr interessiert und aufgeregt. Wir haben dazu Gruppenabende gemacht und uns mehr Literatur besorgt.
Ich konnte kein Französisch, aber es gab eine Reihe Übersetzungen französischer Texte aus der DDR, zum Beispiel von Camus. Für uns war sehr wichtig, was Frantz Fanon geschrieben hat. Und dann haben wir zur Weihnachtsrummel-Zeit zum ersten Mal auf dem Marktplatz in Offenbach Flugblätter verteilt, um die Leute aufzurütteln und Geld für die Gewerkschaftsorganisation der algerischen Befreiungsbewegung, UGTA, zu sammeln. Ganz konkret wurde die Algerien-Solidaritätsarbeit für mich durch das Zusammentreffen mit einem Mann, der als Deutscher längere Zeit in Algerien gearbeitet hatte und Offizier der Algerischen Befreiungsbewegung war. Er hieß Winfried Müller, kam aus Wiesbaden und hatte sich den Namen Si Mustafa zugelegt. Er war zehn Jahre älter als ich, kam aus einer kommunistischen Familie und ist von den Nazis durch mehrere Konzentrationslager geschleppt worden. Nach dem Krieg ist er nach Frankreich gegangen und kam mit Algeriern zusammen. Weil er — auch von der Gesichtsfarbe — ein dunkler Typ war, wurde er dort oft für einen Marokkaner oder Algerier gehalten. Jedenfalls wußten die deutschen Fremdenlegionäre, denen er eines Tages in einer Kneipe zuhörte, nicht, daß er alles verstand, als sie über ihren Einsatz in Algerien schimpften, über all das, was ihnen da unten zugemutet wurde. Er ging den Fremdenlegionären nach, sprach sie an und sagte auf Deutsch: ,,Wenn Sie mir folgen, kann ich Sie nach Hause bringen." So fing ganz klein der ,,Rückführungsdienst" für deutsche Fremdenlegionäre an, bei dem ich später mitgearbeitet habe.
Es waren damals viele Deutsche in der algerischen Fremdenlegion und die mußten oft die dreckigste Arbeit in diesem schmutzigen Krieg machen, z.B. Dörfer niedermetzeln, und wurden dafür

selbst behandelt, als wenn sie keine Menschen, sondern nur der letzte Dreck wären.

Die algerische Befreiungsarmee hatte Si Mustafa ein Büro in Tetuan in Spanisch-Marokko eingerichtet und er kam später auch in die Bundesrepublik, um über den Krieg aufzuklären. Selbst die Medien haben damals viel über ihn berichtet, weil Anschläge auf ihn verübt wurden, die zum Glück alle gescheitert sind. Inzwischen war ich hessischer Landesjugendleiter der Naturfreundejugend und ein alter Freund erzählte mir, daß Si Mustafa in Frankfurt eine Pressekonferenz machen wollte und dafür eine Organisation suchte, die ihn unterstützt. Das haben wir dann gemacht. Nach der Veranstaltung saßen wir noch den ganzen Abend zusammen und haben über die Abwerbeaktionen erzählt. Die hatten inzwischen im Verlauf von ein paar Jahren schon einige hundert Fremdenlegionäre abgeworben. Aber die Kampagne sollte noch größer aufgezogen werden und sie brauchten dafür in der Bundesrepublik eine Organisationszentrale. Die Sache hat mich fasziniert. Ich wollte auch nicht mehr nur Flugblätter verteilen und Aufklärungsveranstaltungen machen, ich wollte wirklich helfen, daß dieser Krieg zu Ende geht und die Franzosen den Algeriern die Freiheit geben. Es war einfach klar: ein Volk, das sich so aufbäumt, braucht auch internationale Solidarität. Also haben meine Frau und ich die Organisation der Rückführungskampagne übernommen. Das fing wieder klein an: wir bekamen Adressen von denjenigen Legionären, die schon abgehauen waren und die bereit waren, etwas zu tun. Die gaben uns die Feldpostnummern ihrer Kameraden, die noch in Algerien waren, und wir haben denen persönliche, handschriftliche Briefe geschrieben. Heute würden solche Briefe abgefangen, aber damals wurden sie sogar ausgehändigt, ohne daß sie vorher gelesen wurden. In den Briefen stand dann, wie die Legionäre aus dieser schrecklichen Scheiße rauskommen konnten: sie sollten abhauen, sich nachts absetzen, möglichst in kleinen Gruppen in die Berge fliehen und sich den Algeriern in den befreiten Gebieten zu erkennen geben. Dann würden sie über die Grenze nach Marokko gebracht und zurück in die Bundesrepublik geflogen. Wichtig war der Hinweis, die Waffen mitzunehmen, denn die konnten die Algerier gut gebrauchen. Wir haben dann hier auch Öffentlichkeitsarbeit

gemacht: die Deserteure wurden am Flughafen empfangen, haben bei Pressekonferenzen geschildert, wie grausam dieser Krieg war. Und je mehr Leute kamen, um so mehr Adressen haben wir von denen bekommen, um so mehr Kontakte konnten wir in Algerien aufnehmen. Insgesamt haben wir wahrscheinlich etwa 20.000 Briefe mit der Hand geschrieben. Das ist hier unter der Naturfreundejugend aufgeteilt worden. Da haben so etwa dreißig Leute mitgemacht. Und insgesamt haben über 4000 Fremdenlegionäre desertiert und sind auf diesem Wege zurückgeführt worden. Das ist doch eine erhebliche Zahl...
All das mußte allerdings konspirativ geschehen, völlig abgetrennt von anderen Initiativen. Das lief auch in anderen Gruppen so: erst Jahre später habe ich festgestellt, daß eine SDS-Frau, die ich gut kannte, französische Deserteure über die deutsche Grenze geschmuggelt hatte. Sie hatte mir davon nichts erzählt und ich hatte nie die Abwerbe-Kampagne erwähnt. Das war tatsächlich auch lebensnotwendig. Es gab eine geheime Terrororganisation der Franzosen, die ,,Rote Hand", die ließ alle Leute hochgehen, die auf der Seite der Algerier standen und sich aktiv engagierten, nicht nur Waffenhändler...
Bei der Algeriensolidarität kann man eigentlich nicht von einer ,,Bewegung" sprechen. Es gab ein paar dutzend Gruppen, meist in den Universitätsstädten, die sich dieser Sache angenommen hatten, im SDS, bei den Naturfreunden, Falken und in der Gewerkschaftsjugend.
Es gab eine Zeitung ,,Freies Algerien", die wurde in Köln gemacht und es gab mal einen ,,Algerien-Tag" 1960 oder 1961, an dem sich alle beteiligten und an dem in vielen Städten gleichzeitig Aktionen und Veranstaltungen stattfanden.
Ansonsten gab es in der Algeriensolidarität ganz verschiedene Ansätze. Es gab Gewerkschafter, die vor allem die algerische Gewerkschaft unterstützt haben und die Ausbildungswerkstätten, die diese für die vielen Kinder eingerichtet hatten, deren Eltern im Krieg ermordet worden waren. Oft wurden ja ganze Dörfer von den Franzosen dem Erdboden gleichgemacht, schon lange vor dem amerikanischen Massaker im vietnamesischen My Lai. Die algerischen Kinder sind oft nur deshalb davongekommen, weil sie die Schafe hüten mußten und deshalb während der Überfälle

nicht in ihren Dörfern waren. Sie sind natürlich nicht mehr in die brennenden Dörfer zurückgekehrt, sondern in die Wälder zu den Freiheitskämpfern geflohen und von denen nach Marokko gebracht worden. Dort wurden Schulen für Kriegswaisen eingerichtet und das waren Projekte, die damals unterstützt wurden.
Der SDS hat auch Aufklärungskampagnen gemacht, zum Beispiel eine Wanderausstellung, die in verschiedenen Städten gezeigt wurde. Und es wurden französische Deserteure über die Grenze nach Deutschland geschmuggelt, so wie es später mit amerikanischen GI's während des Vietnam-Krieges geschah, die nach Schweden gebracht wurden.
Außerdem gab es die eher diplomatische Ebene, auf der Hans Jürgen Wischnewski, der damals schon SPD-Bundestagsabgeordneter war, gearbeitet hat. Seitdem hat er ja den Namen ,,Ben Wisch".
Damals lief das ja selbst auf Regierungsebene noch anders ab als heutzutage etwa bei Nicaragua. Die Adenauer-Regierung stand offiziell natürlich voll im Schulterschluß zu de Gaulle. Aber in der Algerienfrage lief doch so manches unter der Hand.
Es gab Anzeichen dafür, daß selbst der Adenauer-Regierung die Solidaritätsarbeit gar nicht so unrecht war, solange sie nur nicht zu groß, nicht zu öffentlich lief. Sicher haben wir uns nicht daran gehalten und auch Öffentlichkeitsarbeit gemacht, aber bei denen setzte sich auch langsam die Erkenntnis durch: die Franzosen können diesen Krieg nicht durchhalten und die algerischen Revolutionäre von heute sind unsere Partner von morgen. Deshalb ist auch die politische Führung der algerischen Befreiungsbewegung in der Bundesrepublik geduldet worden. Es gab zwar keine offizielle Anerkennung und keine Diplomatenpässe, aber die Algerier hatten ein inoffizielles Büro in der tunesischen Botschaft und standen unter quasi-diplomatischem Schutz.
So ist man auch mit uns relativ vorsichtig umgegangen. Zum Beispiel hatten die Franzosen irgendwann herausbekommen, daß ich mit dem Rückführungsdienst zu tun hatte. Ein französisches Militärgericht verurteilte mich in Abwesenheit zu zwanzig Jahren Festungshaft. Ich wußte davon nichts und bekam die Benachrichtigung darüber von der deutschen Kriminalpolizei, als Warnung, nicht mehr nach Frankreich zu fahren..."

DAS ALGERIENPROJEKT DER LINKEN
ZUR „URGESCHICHTE"
DES BUNDESDEUTSCHEN INTERNATIONALISMUS

„Die Akteure, zumeist weniger prominente ‚Anti-Helden', nenne ich Algerien-Generation, obwohl sie eigentlich nicht einer Altersgruppe angehören, sondern aus verschiedenen Lebens- und Zeitgeschichten kommen. Es gibt darunter jene ‚alten Männer', die schon vor dem Nazi-Terror linke Politik und gegen ihn Widerstand gemacht haben; wenn sie noch leben, sind sie längst im Pensionsalter, und neben ihnen wirken die heute an der Macht Befindlichen wie Portokassenjünglinge. Dann kamen die von den Nazis um ihre Jugend bestohlenen 1920er Jahrgänge, sozusagen die Generation der Geschwister Scholl, und schließlich die Jungen, die heute auch schon um die 40 sind und sich als Pioniere der westdeutschen Linken in schwierigen Restaurationszeiten betätigen mußten — jener Sympathisantensumpf, in dem unser Herr Bundeskanzler, das BKA und breite Schichten der Bevölkerung ohnehin immer schon einen Faible für den Terrorismus vermuteten. Was für die Älteren ‚Spanien' war, war ihnen ‚Algerien' — eine ur- und frühgeschichtliche Schicht der Protestbewegung der sechziger Jahre. Algerien war für die meisten gar nicht der Hauptschauplatz, sondern die Fortsetzung der ersten westdeutschen Friedensbewegung mit anderen Mitteln, eine Nadel, mit der man die verkalkende Sozialdemokratie ein wenig pieksen konnte, und die Partitur, mit der man in den pathetischen Orgelton der verordneten deutsch-französischen Aussöhnung ein paar antikoloniale Töne einmischen konnte."[2]
Claus Leggewie, der mit diesen Worten die Algerien-Solidaritätsszene der späten fünfziger Jahre anschaulich beschreibt, schätzt den Kreis der damals Aktiven auf nicht mehr als 300, davon sogar nur 20, die dem engsten Kreis der Aktivisten angehörten.[3] Tatsächlich war die Zusammensetzung dieser Gruppe sehr heterogen: Da waren Kommunisten und Sozialisten, Falken und Naturfreunde, die in der Tradition der Arbeiterbewegung standen, Trotzkisten, für die der Internationalismus schon immer ein wesentlicher Bestandteil ihrer politischen Theorie und Praxis gewe-

sen war, Intellektuelle und Christen, die zumeist aus rein humanitären oder pazifistischen Gründen handelten. Es gab auch Solidaritätsaktionen von Basisgruppen der Gewerkschaften und einzelnen SPD-Mitgliedern, wenn auch keine breite Solidarität des DGB oder der SPD als Institutionen.

Leggewie nennt zwei wesentliche Anstöße für die Bildung von Solidaritätsgruppen für die algerische Befreiungsbewegung FLN in der Bundesrepublik:

Erstens: ,,Die Anwesenheit von 4000 bis 6000 Algeriern auf bundesdeutschem Territorium, darunter eine nennenswerte Zahl von Kadern des FLN, dessen französische Abteilung... nach der Machtübernahme General de Gaulles in Frankreich ihre Position im französischen Untergrund inmitten von damals etwa 400.000 algerischen Einwanderern verlassen mußten und 1958 in der tunesischen Botschaft in Bad Godesberg ein provisorisches ‚Hauptquartier' aufschlugen.''

Und zweitens: ,,Die Rolle der Bundesrepublik als Hinterland und Ausweichzone französischer Unterstützungsgruppen, die hier Dependenzen einrichteten. Für beides waren bestimmte praktische und politische Voraussetzungen zu erfüllen, so daß die Bundesrepublik ab 1958 eine Art Service-Etappe im Dienste einer militärisch-politischen Front in der Kolonie und im ‚Mutterland' darstellte.''[4]

Angeregt von den Algeriern in der Bundesrepublik, die die Adenauer-Regierung als ,,Gastarbeiter'' im Land duldete und deren politische Kontakte sie — vorausgesetzt es kam zu keinerlei gewaltsamen Aktionen auf dem Territorium der Bundesrepublik — stillschweigend hinnahm, weil der Ausgang des Algerienkrieges immer ungewisser wurde, entwickelte die ,,Algerien-Generation'' eine erstaunlich vielfältige handfeste Solidaritätsarbeit, die — wenn man sie heute nachliest — vor dem Hintergrund des politischen Milieus der fünfziger Jahre unglaublich und abenteuerlich erscheint.

Es gab die inzwischen traditionellen Mittel der Solidaritätsarbeit, wie die Herausgabe einer Zeitung ,,Freies Algerien'' und die Erstellung von Flugblättern und einer Wanderausstellung über den Algerienkrieg, Aktivitäten, die vom französischen Geheimdienst genau beobachtet wurden.

Es gab praktische Hilfestellungen bei der Beschaffung von Aufenthaltserlaubnissen und Arbeitsplätzen für Algerier, die der FLN angehörten. Gesuchte Franzosen und Algerier, die aus Frankreich hatten fliehen müssen, wurden teilweise nachts (im Kofferraum von Autos) über die Grenze geschmuggelt und in Wohnungen im Bundesgebiet versteckt und untergebracht. Ein Tagungsheim der Sozialistischen Jugend Deutschlands, Die Falken, diente als Besprechungsraum für Algerier, die dort Sabotageaktionen in Frankreich planten. Aus dem Odenwald schickten Klaus Vack und andere die Briefe, mit denen deutsche Fremdenlegionäre, die für Frankreich in Algerien kämpften und starben, abgeworben werden sollten. Über 4000 Soldaten wurden auf diese Weise zurückgeholt. Es gab nicht nur Geldsammlungen für Waffen, sondern es wurden auch Waffen aus der BRD auf geheimen Wegen nach Algerien geschmuggelt. Es fanden sich damals Brigadisten, die nicht etwa zum Ernteeinsatz nach Nordafrika fuhren, sondern in geheimen Fabriken der FLN in Marokko als Facharbeiter mithalfen, eine Waffenproduktion für die Befreiungsbewegung aufzubauen.

Die Fahrt eines Volkswagens mit der algerischen Flagge auf der Kühlerhaube durch Bad Kreuznach bei einem Treffen zwischen Adenauer und de Gaulle führte damals noch zu einem breiten Presseecho und zur Verhaftung der Fahrer. ,,Zum ‚Kampf in der Metropole' gehörte für die FLN immer auch der Versuch, die französische Volkswirtschaft durch Sabotage zu destabilisieren, z.B. mit Terroranschlägen auf empfindliche Punkte der Infrastruktur und Versorgung, die u.a. von der Bundesrepublik aus geplant wurden." Die Stadt Osnabrück erlebte das ,,größte politisch motivierte Falschmünzerei-Vorhaben der Geschichte... Hunderttausende von Blüten sollten in die Geldzirkulation des französischen Nachbarlandes eindringen, dort einen Banken- und Börsenkrach auslösen und dem Land den wirtschaftlichen Kollaps bescheren."[5] Das Unternehmen flog auf. Sachverständige des Gerichts bestätigten allerdings, daß es sich um ,,hervorragende Blüten" handelte. Die BRD erlebte ihren ersten ,,Terroristenprozeß". Einer der Verteidiger war damals Dieter Posser, später SPD-Finanzminister in NRW, der in der Rechtsanwaltskanzlei des späteren Bundespräsidenten Gustav Heinemann ar-

Schorsch Jungclas gehörte zu den größten bundesdeutschen Aktivisten gegen den Algerienkrieg. So war er auch maßgeblich an der Herausgabe der Zeitschrift ,,Freies Algerien" beteiligt.

beitete, und relativ milde Strafen für die Angeklagten erstritt. Leggewie teilt diese bunt gemischte Solidaritätsbewegung mit Algerien in drei Gruppen auf: die ,,Propagandisten", die ,,Aktivisten" und die ,,Brigadisten".[6]

Zu den *Propagandisten* zählt er ein paar engagierte Journalisten wie Gert von Paczensky (zunächst bei der ,,Welt", dann beim NDR) und Bernt Engelmann (erst beim ,,SPIEGEL", später freiberuflich tätig), die das Algerien-Thema vereinzelt in die bundesdeutschen Medien brachten. Auch Volker Schlöndorff griff in seinem Debütfilm (,,Wen kümmert's?") 1960 das Algerien-Thema auf. Der Film wurde von der Freiwilligen Selbstkontrolle verboten, da er geeignet sei, ,,gemäß den Grundsätzen der FSK die Beziehungen Deutschlands zu anderen Staaten zu gefährden." Zur ,,Propaganda" gehörte die Herausgabe der Zeitschrift ,,Freies Algerien", die zwischen September 1958 und April/Mai 1962 in insgesamt 23 Ausgaben erschien und vom Kölner Arbeitskreis der Freunde Algeriens erstellt wurde. Verantwortlich zeichneten zunächst der SPD-Abgeordnete Hans-Jürgen Wischnewski (der auch Geld für die FLN weiterleitete), dann der Vorsitzende der Kölner Jungsozialisten, Willi Glomb, zum Schluß der SPD-Stadtrat Willy Pertz. Gemacht wurde die Zeitung hauptsächlich von dem Trotzkisten Georg Jungclas (genannt ,,Schorsch"), der Mitglied der IV. Internationalen war. Die Auflage der Zeitung schwankte zwischen 3000 und 6000 Exemplaren.

Die Zeitung brachte Dokumente zur FLN-Politik, Berichte vom Krieg, stellte auch die Verwicklung der Bundesrepublik in diesem Konflikt dar und beleuchtete die Tätigkeit der französischen Geheimdienstorganisation ,,Main Rouge" (Rote Hand), deren Terroranschlägen auch Algerier in der BRD zum Opfer fielen.

Zur Propaganda-Arbeit für Algerien gehörten auch Erklärungen bundesdeutscher Intellektueller und Schriftsteller, Kranzniederlegungen vor französischen Institutionen, Mahnwachen und Algerien-Transparente bei Mai-Demonstrationen.

Die *Aktivisten* unterstützten die FLN sehr konkret durch die Betreuung, Unterbringung und Versorgung von Algeriern, FLN-Kadern und ihren französischen Helfern in der Bundesrepublik und durch die Übernahme von Schmuggel- und Kurierdiensten. Diese Aktivisten besorgten Wohnungen und Hotels, Autos und Papiere, ärztliche Hilfe und auch Waffen. Auch verfolgte Algerier und französische Deserteure wurden über die grüne Grenze von Frankreich in die Bundesrepublik eingeschleust, so zum Beispiel nach einer spektakulären Gefangenenbefreiung aus einem Pariser Frauengefängnis und nach dem Massaker an Algeriern am 17. Oktober 1961 in Paris.

Die *Brigadisten* schließlich waren Leute, die aus der BRD Waffen für die FLN nach Algerien schmuggelten oder auch in Marokko in Lagern der ALN, die als Orangen-Plantagen getarnt waren, mithalfen, Produktionsstätten für Maschinenpistolen und kleine Granatwerfer aufzubauen. Andere Brigadisten organisierten in Nordafrika den ,,Rückführungsdienst für deutsche Fremdenlegionäre".

Mit den Fremdenlegionären wurde auch die bundesdeutsche Verantwortung und Beteiligung an diesem Kolonialkrieg deutlich. Schon im Dezember 1954 hatte der FDP-Politiker Erich Mende in einer Bundestagsdebatte bekanntgegeben, daß seit 1945 200.000 Deutsche in der französischen Fremdenlegion (,,Légion étrangère") gedient hatten. 46.000 waren gefallen, 33.000 vermißt[7].

Hunderttausende deutsche Soldaten kämpften damit auch nach 1945 wieder mit in Vietnam und seit 1954 vor allem in Algerien. Der Dienst in der Fremdenlegion wurde später sogar auf den Bundeswehrdienst angerechnet, eine andere Form der Unterstützung des Algerienkrieges. Die Zeitung ,,Freies Algerien'' wies in ihrer ersten Nummer im September 1958 darauf hin, daß sich die bundesdeutsche Verantwortung für den Algerienkrieg nicht nur auf die stillschweigende Hinnahme der französischen Kolonialpolitik beschränkt hat: ,,Der ‚schmutzige Krieg' in Algerien kostet Frankreich jährlich 700.000 Milliarden Franken, das sind ungefähr 7 Milliarden DM. Diese Ausgaben kann Frankreich nur bestreiten, weil es ausgiebige internationale Kredite erhält. Als Mitglied der Europäischen Zahlungsunion ist Deutschland an dieser Krediterteilung und somit an der Finanzierung des Krieges gegen das algerische Volk beteiligt.''[8]

Doch insgesamt blieb die Rolle der BRD zur Unterstützung des französischen NATO-Partners wenig diskutiert. Die Rede von Hans Magnus Enzensberger zur Eröffnung einer Algerien-Ausstellung, die die bundesdeutsche Verantwortung im Rahmen der NATO klar herausstellte, war eher die Ausnahme, denn die Regel. (siehe Dokument 4)

Aktionen gegen BRD-Einrichtungen gab es im Rahmen der Algeriensolidarität nicht. Der Charakter dieses Unabhängigkeitskrieges wurde auch theoretisch wenig reflektiert. Das Algerien-Thema war zwar ,,ein Vehikel geistig-politischer Auseinandersetzung mit restaurativen und autoritären Tendenzen (symbolisiert durch die Politik des Kabinetts Adenauer in der dritten Legislaturperiode, das mit absoluter CDU/CSU-Mehrheit regierte)''[10]. Aber ,,insgesamt blieb die Theoretisierung der Aktivitäten im Verhältnis zu späteren Protestphasen relativ gering''.[11]

Walter Molt (damals CDU-Mitglied, heute bei den GRÜNEN), einer aus der Algerien-Generation, drückt es so aus: ,,Als intellektuelle Heldentat würde ich die Algerien-Solidarität nicht bezeichnen. Wir haben praktische Hilfe geleistet.''

Als ein Beispiel für die sehr praxisnahe damalige Solidaritätsarbeit kann auch seine Tätigkeit als Generalsekretär eines internationalen katholischen Studentenverbandes stehen. Molt gehörte zu den ,,Aktivisten'', die Algeriern Unterkünfte zur Verfügung

stellten. Aufgrund seiner Stellung in der CDU, wo man ihm ,,eine gewisse Narrenfreiheit" ließ, konnte er Aufenthaltsgenehmigungen noch ,,per Telefonanruf bei den entsprechenden Stellen besorgen". Molt brachte sogar einen Algerier zu einem CDU-Bundesparteitag: ,,Das war der Parteitag 1961/62 in Hannover. Ein politischer Repräsentant der Algerier fragte mich damals, ob es für ihn möglich wäre, daran teilzunehmen. Ich fragte den CDU-Generalsekretär und der erklärte: ‚Der soll ruhig kommen', und das, obwohl da ja schließlich auch die Christdemokraten aus Frankreich saßen. Wir fuhren hin und der Algerier wurde sogar ‚dem Alten' vorgestellt. Adenauer war so überrascht, daß sich dort jemand als Repräsentant der algerischen Befreiungsbewegung zu erkennen gab, daß er sogar für ihn aufstand. Deshalb dachten alle: Das muß ein sehr wichtiger Mann sein. Die Episode zeigt, in welchem Klima der Unwissenheit das Ganze damals vor sich ging. Ein zweites Beispiel war der Staatsbesuch von de Gaulle. Es hieß damals: die Algerier, die ja in der tunesischen Botschaft eine inoffizielle Vertretung unterhielten, müßten raus aus Bonn, wenn de Gaulle kommt. Man befürchtete Attentate und dergleichen, was natürlich Unsinn war. Die Algerier sollten ausgewiesen werden. Das war ein unheimlicher Zirkus. Der Wischnewski war ganz aufgeregt und ich habe dann mit dem Staatssekretär im Innenministerium gesprochen und der sagte: ‚Wenn sie garantieren können, daß die Leute während des Staatsbesuchs irgendwo anders sind, dann weisen wir sie nicht aus. Sie sollen nur an dem Tag nicht da sein.' Also habe ich die in mein Auto geladen und bin mit denen nach Freiburg gefahren.
Überall auf der Autobahn stand schon Polizei wegen des de Gaulle-Besuches. Und wir sind ganz friedlich runtergefahren zum Caritas-Verband in Freiburg, haben da ein paar Tage verbracht, bis de Gaulle wieder weg war und kamen dann zurück nach Bonn. Das klingt heute alles ein bißchen märchenhaft, aber es ist so gewesen."
Andere verstanden dagegen ihre Algeriensolidarität auch als Bestandteil der Opposition gegen den totalen CDU-Staat. Schließlich stützte dieser Staat damals jeden, der in seine antikommunistische Staatsdoktrin hineinpaßte und die Politik der NATO-Verbündeten in aller Welt.

Die SPD, die zwar schon 1954 das Zeitalter des Kolonialismus für
„beendet" erklärt hatte, blieb als Partei zurückhaltend. Bis auf
einzelne Aktivisten um Hans-Jürgen Wischnewski, die sogar mal
einen Frankreich-kritischen Antrag auf einem Parteitag durchsetzen konnten, standen die Sozialdemokraten treu an der Seite
ihrer französischen Genossen, die den Krieg als Regierungspartei
mit führten.
Für den Sozialistischen Deutschen Studentenbund (SDS) war das
Algerien-Thema ein erster Ansatz für die Entwicklung von antikolonialem internationalistischen Bewußtsein, das unter anderem zum Abrücken des Studentenverbandes von der SPD führte.
Schon 1956 beschloß der SDS auf einer Delegiertenkonferenz:
„Das Zeitalter des Kolonialismus ist vorbei. Jeder Versuch, mit
imperialistischen und terroristischen Mitteln die Befreiungsbewegungen der um Unabhängigkeit und Selbstbestimmung kämpfenden Völker Asiens und Afrikas zu unterdrücken, ist zum
Scheitern verurteilt. Wer wie in Nordafrika unverzichtbare sozialistische Prinzipien verrät, dient reaktionären, imperialistischen
Interessen. Sozialisten, die eine derartige Politik unterstützen,
fügen dem internationalen Sozialismus schweren Schaden zu und
verlieren jeden Anspruch, als Repräsentanten der Arbeiterbewegung aufzutreten. Wir rufen unseren afrikanischen und asiatischen Genossen zu: Wir stehen zu Euch in unverbrüchlicher sozialistischer Solidarität!"[12]
Auch Gruppen wie Naturfreunde und Falken, die in der Tradition der Arbeiterbewegung standen, entdeckten über Algerien im
Internationalismus — wie Klaus Vack sagt — „eine neue politische Dimension, die, von Algerien ausgehend, bald auch andere
Anknüpfungspunkte in Angola und Kuba, vor allem aber in Vietnam fand".
Die Algerien-Generation mußte sich neben ihren praktischen Aktivitäten auch schon mit politischen Problemen und Themen auseinandersetzen, die bis heute für die Internationalismus-Diskussion und für die politische Kultur der Linken insgesamt in der
Bundesrepublik aktuell geblieben sind, zum Beispiel mit der Frage nach der Bewertung „revolutionärer Gewalt" in einem bewaffneten Befreiungskampf. Claus Leggewie schreibt dazu:
„Ein in der Algerien-Solidarität angelegtes Spannungsverhältnis

blieb dabei bestehen: das zwischen strikter Gewaltfreiheit in innergesellschaftlichen Belangen bzw. bei Aktionen der ersten westdeutschen Friedensbewegung und der Unterstützung einer Befreiungsbewegung, zu deren Aktionsrepertoire ganz eindeutig die extremsten Formen der politischen Gewaltanwendung gehörten, darunter individuelle Terrorakte gegen unbeteiligte Zivilisten und blutig ausgetragene Flügelkämpfe innerhalb der algerischen Nationalbewegung." Insbesondere die Auseinandersetzungen innerhalb der Befreiungsbewegung selbst fanden keine Resonanz in den Diskussionszirkeln in der Bundesrepublik: ,,Die Algerien-Unterstützer ‚regionalisierten' die Frage der Gewalt in der politischen Auseinandersetzung weltgesellschaftlich und brachten sie auf die bis heute gültige Hilfsformel: Gewaltfreiheit im Ost-West-Verhältnis, legitime Gegengewalt im Nord-Süd-Verhältnis."[13]

Diese Herangehensweise war einerseits die Garantie für die Nichteinmischung der Algerien-Solidaritätsgruppen in die inneren Angelegenheiten der Befreiungsbewegung. Die Solidaritätsarbeit konzentrierte sich auf konkrete Hilfestellungen, die von hier aus zu leisten waren und deren Art und Umfang weitgehend von der algerischen Befreiungsbewegung selbst bestimmt wurden. Andererseits hatte diese Haltung jedoch auch zur Folge, daß später — nach der Befreiung — der Schock um so tiefer saß, als die Flügelkämpfe innerhalb der Befreiungsbewegung offensichtlich wurden. Die Folge war der sofortige Zusammenbruch jeglicher Solidaritätsarbeit.

KLAUS VACK:
»WIR KONNTEN DOCH NICHT SAGEN:
LASST EUCH ABSCHLACHTEN«

,,Ich war und bin überzeugter Pazifist und habe auch schon in den fünfziger Jahren bei Kampagnen der Friedensbewegung mitgearbeitet. Natürlich wurde die Gewaltfrage auch damals schon in der Algerien-Solidarität diskutiert, wenn auch nur in den kleinen Zirkeln, die es damals gab. Und daß der Befreiungskrieg, wie

es das Wort schon sagt, bewaffnet ausgetragen werden mußte, hat uns allen ungeheuere Probleme bereitet. Wir alle hatten noch die Kriegserfahrung im Blut. Wir waren ja alle Kriegskinder oder älter. Und die Älteren hatten unter dem Krieg noch klarer und deutlicher gelitten. Deshalb herrschte gerade in der sozialistischen Linken ein ganz starkes pazifistisches Selbstverständnis. Ich kann mich nicht erinnern, daß es in der Algerien-Solidarität jemals Veranstaltungen gab, wie später während des Vietnamkrieges, wo auch die militärischen Erfolge der Befreiungsbewegung als Teilerfolge richtig gefeiert wurden. Wir hatten 1968 in Frankfurt zum Beispiel mal eine Delegation aus Nordvietnam zu Gast, die bei einer Veranstaltung einen Film darüber zeigte, wie die verbesserte Flugabwehr der Vietnamesen amerikanische Bomber runterholte. Und jedes Mal, wenn so ein Bomber abgeschossen wurde, hat der ganze Saal geklatscht, ist aufgesprungen und hat ‚Hurra' geschrieen. So etwas gab es in der Algerien-Solidarität nicht.
Ich hatte tiefe Probleme mit der Gewaltfrage. Ich war als Pazifist durch das, was ich da tat, an einem Krieg beteiligt. Aber ich versuchte mein Gewissen damit zu beruhigen, daß ich Fremdenlegionäre abgeworben habe, also zum Desertieren aufgefordert habe, und damit dazu beitragen konnte, vielleicht deren Leben zu retten und die Kriegskapazität der Franzosen zu schwächen und damit den Krieg zu verkürzen. Aber genaugenommen war das natürlich Augenwischerei, und wir hatten damals schon nächtelange Auseinandersetzungen über dieses Thema. Aber es gab keine unlösbaren Konflikte, weil es kaum Befürworter gab, die sagten: ‚Wir unterstützen den Krieg und den Heroismus der Freiheitskämpfer'. Wir wußten, wie groß der Terror der französischen Minderheit gegen das algerische Volk war. Da konnten wir doch nicht hier von Deutschland aus hingehen und sagen: Laßt Euch weiter unterdrücken, laßt Euch weiter hinmetzeln, wehrt Euch nicht. Wir mußten einfach akzeptieren, daß den Menschen in Algerien keine andere Möglichkeit blieb, als den Weg zu gehen, den sie gegangen sind.
Wir in der Wohlstandsrepublik konnten doch nicht hingehen und sagen, die Menschen dort sollten sich abschlachten lassen wie Kälber im Schlachthof.

Das ist auch heute noch meine Meinung, auch wenn wir inzwischen die traurige Erfahrung machen mußten, daß sich dort, wo Befreiungskämpfe militärisch und bewaffnet geführt werden mußten, die Gewalt in der Regel auch nach der Befreiung fortgesetzt hat.
Das typischste Beispiel ist Kambodscha. Wir haben ja später neben Vietnam auch die Roten Khmer in Kambodscha unterstützt, die dann ein Terrorregime errichtet haben, das außerhalb jeglicher menschlichen Vorstellungskraft lag, so unvorstellbar wie die Bombe auf Hiroshima und die Vergasung der Juden.
Eine wichtige Lehre, die sich daraus ziehen läßt, ist, sich klarzumachen, daß anscheinend die Anwendung der Gewalt, auch aus der Rolle des Unterdrückten, in den Menschen etwas zerstört. Ich kann danach Menschenleben nicht mehr in der Weise achten, wie ich sie wahrscheinlich achten würde, wenn ich nicht hätte durch diese schlimme Schule gehen müssen.
Darin liegt kein Vorwurf an diejenigen, die Befreiungskämpfe führen. Aber vielleicht ein Hinweis an diejenigen, die hier in der Bundesrepublik Solidaritätsarbeit machen, nicht den heroischen Kampf bis zum Endsieg zu predigen, sondern die Verbrechen der Unterdrücker zu geißeln und gleichzeitig klarzumachen, daß man akzeptieren muß, daß sich die Unterdrückten wehren, wenn es notwendig ist — und sicher ist es oft notwendig — auch mit Waffengewalt."

DIE FLUCHTVERSUCHE
ÜBER HOFFNUNG UND ILLUSIONEN

Im reaktionären, verkrusteten CDU-Staat der fünfziger Jahre war es nicht verwunderlich, daß manche ihre Hoffnungen auf eine revolutionäre Veränderung der Gesellschaft exportierten: zum Beispiel nach Algerien. ,,Für viele", sagt Klaus Vack, ,,war die Beschäftigung mit internationalen Themen eine Flucht vor den Realitäten im eigenen Land."
Das belegt auch ein Zitat von Helmut Wendler, der damals mit

„Schorsch" Jungclas in der trotzkistischen Vierten Internationale in Köln Solidaritätsarbeit für Algerien geleistet hat:
„Für uns war der algerische Befreiungskampf das Thema überhaupt. Im Vergleich zu späteren Bewegungen war das natürlich klein und winzig. Aber für unsere Zeit war das wie nachher die Vietnam-Bewegung in den sechziger Jahren. Ende der fünfziger Jahre war es ja am schlimmsten. Oft hat der Schorsch gesagt, in der ganz schlimmen Zeit des Antikommunismus, wo nach dem KP-Verbot die Klassenkämpfe auch ganz allgemein stagnierten, teilweise sogar rückläufig waren, und auf gewerkschaftlicher Ebene auch wenig passierte, da hat der Schorsch gesagt, und ich halte das auch nachträglich noch für richtig, daß wir uns mit diesen internationalistischen Fragen 'ne ganze Zeitlang politisch über Wasser gehalten haben, und das stimmt auch. Algerien und der dortige revolutionäre Prozeß waren für uns wichtige Fragen, die ganz im Zentrum standen. Mit 'ner Orientierung nur auf die Kämpfe hier in der BRD wäre das sehr schwierig gewesen, besonders zwischen 57/58 und 60/61. Da war ja wirklich nichts los hier."[14]

Mit der Verlagerung der politischen Hoffnungen aus der Bundesrepublik nach Nordafrika waren auch die Illusionen über die Möglichkeiten der gesellschaftlichen Veränderungen in Algerien nach 130 Jahren Kolonialzeit und nach acht Jahren Krieg gewachsen. Als die erste Regierung unter Ben Bella durch Boumedienne abgelöst wurde, als es in Algerien nach der Befreiung Konflikte und Kämpfe um die politische Führung gab, als die Verfolgung oppositioneller Gruppen aus der Befreiungsbewegung bekanntwurde, kurzum: als die Revolution nicht so endete, wie sich die Algerien-Generation in Frankfurt, Köln und Bonn die Revolution gewünscht hatte, war Algerien kein Thema mehr. Auch die „Deutsch-Algerische Gesellschaft", die nach der Befreiung gegründet worden war, schlief bald wieder ein.

Walter Molt schildert die damals weitverbreitete Erwartungshaltung: „Wir setzten viele Hoffnungen in Algerien. Wir hatten uns schließlich unheimlich mit der Entwicklung dort identifiziert. Wir hatten Texte von den Algeriern gelesen, in denen von neuen Menschen, von einer neuen Gesellschaftsordnung die Rede war. Wir dachten damals, in Algerien sei das zu schaffen, was manche heute von Nicaragua erwarten. Und wir mußten feststellen, daß es leichter ist, sich mit Unterdrückten zu solidarisieren als mit den Verhältnissen nach einer Befreiung."

KLAUS VACK:
»DIE ALGERISCHE BOTSCHAFT LÄDT HEUTE ZUM URLAUB IN DER VILLA«

,,Natürlich hatten wir Hoffnungen, und es ist in Algerien dann nicht so gelaufen, wie wir uns das gewünscht hatten. Algerien war frei, aber dann kam der Sturz von Ben Bella. Alle hatten sich mit der Politik Ben Bellas, mit den Ansätzen der Basisdemokratie identifiziert, auch mir ging das so. Danach war ich monatelang geplättet. Si Mustafa und einige andere, mit denen ich damals korrespondiert habe, sind spurlos verschwunden. Die Briefe sind nicht mehr beantwortet worden und ein Freund von mir, der 1965/66 nach Algerien reiste, konnte von den Leuten keine Spuren mehr entdecken.

Das hat dann auch zum inneren Bruch geführt. Ich weiß noch, wie wir das Programm der FLN gelesen haben, die Vorstellungen über Sozialismus und die Utopien über die Emanzipation der Frauen. Aber die Leute, die für uns für diese Ziele standen, waren plötzlich weg vom Fenster. Das hat einen Schock erzeugt, der dazu führte, daß keiner mehr Lust dazu hatte, sich mit Algerien zu befassen, obwohl im heutigen Algerien auch Elemente von Sozialismus verwirklicht werden.

Ich war selbst nie mehr in Algerien, auch wenn ich seit Jahren immer wieder eine Einladung von der algerischen Botschaft bekomme, wonach mir jederzeit eine Villa irgendwo dort zur Verfügung gestellt würde, wo ich meinen Urlaub verbringen könnte. Ich will das nicht, aber die Algerier kennen heute noch die entsprechenden Leute aus der Solidaritätsarbeit in Deutschland und wissen, was die für ihre Sache getan haben."

ALGERIEN HEUTE
KEINE DISKUSSION MEHR WERT?

1985 wollten wir im Rahmen einer Rundfunk-Sendung eine Veranstaltung über Algerien machen. Wir suchten eine Gruppe, die sich mit diesem Land beschäftigte. Wir fanden in der gesamten Bundesrepublik keine mehr.

Dabei ist es unverständlich, daß Algerien bis heute in der Solidaritätsbewegung nahezu ignoriert wird. Denn immerhin spielt dieses Land in der fortschrittlichen Bewegung der Dritten Welt eine bedeutende Rolle. Sicher läßt sich die nach wie vor dominierende Stellung des Militärs im heutigen Algerien kritisieren. Sicher gibt es auch Bürokratie und Korruption. Aber das Land hat versucht, sich durch die Nationalisierung der Schlüsselindustrie und der Banken von der ökonomischen Abhängigkeit von der ehemaligen Kolonialmacht Frankreich zu lösen. Es hat dafür Boykottmaßnahmen und wirtschaftliche Rückschläge hinnehmen müssen. Algerien ist heute in der Gruppe der Blockfreien Staaten zum Sprecher der Dritten Welt für eine neue Weltwirtschaftsordnung und für eine neue Weltinformationsordnung geworden. Algerien unterstützt massiv den seit mehr als zehn Jahren andauernden Befreiungskrieg der Frente Polisario gegen die neokoloniale (und von Frankreich, den USA und der BRD unterstützte) marokkanische Besatzungsarmee in der Westsahara. Algerien fördert die unabhängige ,,Demokratische Arabische Republik Sahara'' und versorgt die Flüchtlingslager der Sahrauis in der algerischen Wüste. Auch die palästinensische Befreiungsorganisation PLO, der African National Congress (ANC) und die SWAPO, die gegen das rassistische Regime in Südafrika und Namibia kämpfen, haben Büros in Algier. Politisch Verfolgte aus aller Welt, sogar ,,Black Panther'' aus den USA, finden in Algerien Asyl. Algerien war der erste Staat, der 1970 die provisorische Revolutionsregierung in Süd-Vietnam anerkannte. Und seit die USA Nicaragua wirtschaftlich boykottieren, kauft Algerien seinen Zucker in diesem mittelamerikanischen Land. Das ist praktischer Internationalismus, der von algerischen Politikern bis heute mit den eigenen Erfahrungen in ihrem Befreiungskrieg begründet wird.

Inzwischen sind auch die Versorgungslage im eigenen Land, das

Bildungs- und Gesundheitswesen — bei allen bestehenden Mängeln und trotz der miserablen Ausgangslage nach dem Befreiungskrieg vor knapp 25 Jahren — etwa weitaus besser als in den nordafrikanischen Nachbarländern Tunesien und Marokko. Selbst den Ökologiebewußten hätte Algerien Interessantes zu bieten: Als ‚Jahrhundertwerk' bezeichnet man in diesem Land einen gigantischen Grüngürtel (‚Barrage vert'), der seit 1972 am Rand der Sahara angepflanzt wird, um das Vordringen der Wüste aufzuhalten: ein Wald, der 1200 Kilometer lang und zwanzig Kilometer tief wird. Jedes Jahr pflanzen die Algerier dafür 100 Millionen Bäume. Auch dies wird hierzulande kaum zur Kenntnis genommen.[15]
Claus Leggewie beendet sein Algerien-Buch so:
,,Es gab verschiedene Ausgänge des Algerien-Projektes. Für die einen war Algerien kein Thema mehr. Sie hatten humanitäre Hilfe geleistet, sich um die Menschenrechte bemüht und wandten sich nun anderen Regionen der Welt oder auch schlicht ihrem privaten Glück zu. Nach Algerien sind sie nie gefahren. Andere nutzten die erworbenen Fähigkeiten für die Fortsetzung ihrer politischen Arbeit, je nach Gusto im Ministersessel oder in einem Büro der APO. Ganz wenige, die Brigadisten, blieben beim Ortswechsel und verbrannten sich in der Regel die Finger dabei. Die Algerier mochten es nicht so gern, wenn Ausländer ihre nationale Erhebung nun weiter ‚vorantreiben' und Ersatzrevolution spielen wollten.
Der Internationalismus ging weiter, ging erst richtig los. Im Vergleich zur Vietnam-Generation waren die Kofferträger eine kleine radikale Minderheit. Die von ihr gesammelten Spenden sind Almosen im Verhältnis zu den Hunderttausenden, die auf den Sonderkonten ‚Waffen für El Salvador' zusammenkommen. Ihre Brigadisten verschwinden in der Masse der Freiwilligen, die es gerade zur Erntehilfe in die nicaraguanischen Kampfgebiete drängt. Fröhliche Zeiten für den Internationalismus?"[16]

VON ALGERIEN BIS VIETNAM

Nur die Regierung ,,kümmert" sich
um die Dritte Welt
Die erste Hälfte der sechziger Jahre

Die Zeit des Algerienkrieges von 1954 bis 1962 war eine sehr bedeutsame Zeit für die Dritte Welt, vor allem für Asien und besonders für Afrika, wo dutzende Länder endlich ihre formelle Unabhängigkeit durchsetzen konnten. Vorausgegangen waren teilweise lange und in der Bundesrepublik kaum beachtete Kämpfe und Auseinandersetzungen (z.B. die Durchsetzung von Wahlen in Ghana 1950/51, der Volksaufstand in Kenia 1952/53, die Kämpfe gegen die französischen Militärs in Kamerun usw.). Nach Libyen (1951) erlangten Marokko, Tunesien und der Sudan (1956) die Unabhängigkeit, dann neben Malaysia noch Ghana (1957) und Guinea (1958). 1960 folgten im ,,Jahr Afrikas" die Länder: Benin, Obervolta, Elfenbeinküste, Gabun, Kamerun, Kongo, Madagaskar, Mali, Mauretanien, Niger, Nigeria, Senegal, Somalia, Togo, Tschad, Zaire, Zentral Afrikanische Republik und Zypern. 1961 noch Kuwait, Sierra Leone und Tanganyika und 1962 neben Algerien: Burundi, Jamaika, Ruanda, Trinidad und Tobago, Uganda und Westsamoa. In vielen dieser Länder trat an die Stelle der direkten kolonialen Herrschaft die neokoloniale Abhängigkeit von den Industrieländern der kapitalistischen Welt.
Auch die Bundesrepublik profitierte weiter von den billigen Rohstoffen aus der Dritten Welt. Seit 1955 galt die sogenannte ,,Hallstein-Doktrin" als Richtschnur für die bundesdeutsche Außenpolitik. Sie wurde benannt nach dem Staatssekretär Walter Hallstein in Adenauers Außenministerium. Danach erhob die BRD einen Alleinvertretungsanspruch für ganz Deutschland. Die Folge war, daß die BRD mit keinem Staat diplomatische Beziehungen aufnahm oder unterhielt, der die DDR anerkannte. Die Außenpolitik der BRD auch gegenüber der Dritten Welt war zu dieser Zeit nichts anderes als die Fortsetzung der Deutschlandpolitik mit anderen Mitteln.
Diese Politik galt auch noch, als 1961 das Bundesministerium für wirtschaftliche(!) Zusammenarbeit (BMZ) eingerichtet und Walter Scheel (FDP) erster Entwicklungshilfeminister wurde: Wer die DDR anerkannte, bekam von der Bundesregierung keinen Pfennig. Die Hallstein-Doktrin fiel erst Anfang der siebziger Jahre mit der sozialliberalen Koalition.
1963 brach die Bundesrepublik die diplomatischen Beziehungen mit Kuba ab, da die Regierung in Havanna die DDR anerkannt

hatte. Erst 1975 wurden wieder diplomatische Beziehungen zu Kuba aufgenommen. Aufgrund der Hallstein-Doktrin stellte die BRD im Februar 1964 auch die Wirtschaftshilfe für Ceylon ein, da dort ein Generalkonsulat der DDR eröffnet wurde. Aus dem gleichen Grunde wurde die neu gegründete Volksrepublik Tansania nicht anerkannt. Nach einem Besuch des DDR-Staatsratsvorsitzenden Ulbricht in Ägypten kam es 1965 fast zum Abbruch der diplomatischen Beziehungen zur Vereinigten Arabischen Republik (VAR) unter Nasser, der nur vermieden wurde, weil die VAR auf eine formelle Anerkennung der DDR verzichtete.
Die Bundesregierung war zudem erbost, weil Ägypten geheime Waffenlieferungen der Bundesrepublik an Israel aufgedeckt hatte.
Das erste sogenannte Entwicklungsprojekt wurde Anfang der fünfziger Jahre vom Bundeswirtschaftsministerium abgewickelt. Handels- und exportpolitische Überlegungen standen dabei im Vordergrund. Denn die Exportabhängigkeit der westdeutschen Wirtschaft zwang schon früh dazu, die Stellung der deutschen Unternehmen auf den Märkten der Dritten Welt zu sichern. 1956 wurde das Auswärtige Amt in die Abwicklung der Entwicklungspolitik einbezogen.
Im gleichen Jahr veranschlagte der Bundestag auch erstmals einen 50 Millionen DM-Posten für ,,technische Hilfe" an Entwicklungsländer und beauftragte das Auswärtige Amt (AA) mit der Verwaltung des Geldes. Das Bundesministerium für Wirtschaft und das Auswärtige Amt teilen sich zu dieser Zeit die Aufgaben der Entwicklungspolitik.[1]
Die ersten Ansätze einer eigenständigen Entwicklungspolitik der Bundesregierung unter Adenauer waren vor allem auf den Druck der USA zurückzuführen, die den kleineren, aber ökonomisch immer mächtigeren Bündnispartner aufforderten, sich stärker für die gemeinsamen Wirtschaftsinteressen in der Dritten Welt zu engagieren:
,,Zwischen 1958 und 1962 verstärkten die US-Regierungen ihren diplomatischen Druck auf Bonn zielstrebig in diese Richtung: Im Frühjahr 1960 forderte der stellvertretende US-Außenminister Dillon, die Bundesregierung müsse sich mit jährlich 3 Mrd. DM an der ideologischen Auseinandersetzung um die unterentwickel-

ten Regionen beteiligen. Im Herbst 1960 erhielt die Bundesregierung einen Brief Präsident Eisenhowers, in welchem eine größere Beteiligung Bonns an der Entwicklungshilfe und an der NATO gefordert wurde. Anfang Februar 1961 richtete der neugewählte Präsident Kennedy eine Botschaft an Bundeskanzler Adenauer; die Washingtoner Forderungen orientierten sich jetzt auf einen jährlichen Beitrag Bonns zur internationalen Entwicklungsfinanzierung in Höhe von rund 4 Mrd. DM."[2]
Denn — so erklärte Kennedy — Afrika, Asien und Lateinamerika seien „diejenigen Schauplätze, auf denen der Kampf um die Freiheit entschieden wird."
Die Bundesregierung folgte den nordamerikanischen Direktiven. Die Gründe waren neben dem als notwendig angesehenen Beitrag zum Erhalt der politischen Macht des Westens in der Dritten Welt vor allem eigene ökonomische Interessen. In einer Broschüre für die Öffentlichkeitsarbeit hieß es damals: „Überlegen wir uns einmal, was geschähe, würde ein Entwicklungsland nach dem anderen in die Ausweglosigkeit gedrängt und am Ende kommunistisch. Das Verhältnis zwischen Freiheit und Unfreiheit würde sich rein zahlenmäßig entscheidend zu unseren Ungunsten verschieben, nicht zuletzt mit gefährlichen wirtschaftlichen Folgen. Denn — worauf beruht unser Wohlstand? Auf unserer hochentwickelten Industrie. Ohne Rohstoffe aus dem Ausland kommt unsere Industrie nicht aus."[3]
Auch die USA kämpften — wie die Franzosen in Algerien — für die Rohstoffsicherung keineswegs nur verbal. Ende der fünfziger, Anfang der sechziger Jahre traten die USA an die Stelle der Franzosen im Indochina-Krieg in Vietnam, Kambodscha und Laos. Die USA intervenierten daneben militärisch in Costa Rica (1948 und 1955), auf den Philippinen (1945—1956), in China (1945—1949), in Burma (1949—1961), in Puerto Rico (1950), in Korea (1950—1953), in Guatemala (1954 und 1962), im Libanon (1958), in Kuba (1961), in Panama und Kolumbien (1964) und in der Dominikanischen Republik (1965).
Zudem stützten die USA auch damals schon diktatorische Regime in ganz Lateinamerika und in anderen Teilen der Welt. Auch der Schah von Persien kam 1953 nur mit Hilfe des amerikanischen Geheimdienstes CIA an die Macht.

Die Bundesregierung stand den USA bei all dem politisch treu zur Seite.
Im Rückblick muß jedoch erstaunen, daß die politische Opposition in der Bundesrepublik die Kämpfe, Kriege und Auseinandersetzungen in der Dritten Welt mit Ausnahme des Algerienkrieges bis fast in die Mitte der sechziger Jahre kaum zur Kenntnis nahm. Jedenfalls wurden die kolonialen Auseinandersetzungen nirgendwo breiter diskutiert und zum politischen Thema gemacht. So fanden weder die Politik der sozialistischen Volksrepublik China unter Mao Tse-tung noch die Politik des unabhängigen Indiens in der Bundesrepublik eine kritische Resonanz.
Selbst Ereignisse von Weltbedeutung wie die erste Konferenz der unabhängigen Staaten Asiens und Afrikas 1955 in Bandung (Indonesien), bei der Vertreter von 29 Staaten ihre Unabhängigkeit betonten und den noch kämpfenden Völkern ihre Unterstützung zusicherten, wurden nicht registriert. In der Folge gab es verschiedene ,,Solidaritätskonferenzen" der Dritte Welt-Länder: 1958 in Kairo mit Vertretern aus 44 Ländern, 1960 in Guinea mit Teilnehmern aus 72 Ländern, 1963 in Tanganyika, 1965 in Ghana.
1961 fand in Belgrad die erste Konferenz der ,,Blockfreien" statt und 1963 wurde in Addis Abeba die Organisation für Afrikanische Einheit (OAU) gegründet.
Auch in der UNO wuchs der Einfluß der afro-asiatischen und lateinamerikanischen Staaten so stark, daß die westlichen Industrienationen bei den Vollversammlungen die Mehrheit verloren.[4]
All diese wesentlichen Etappen auf dem langen Weg zur wirtschaftlichen und politischen Unabhängigkeit der Dritten Welt wurden erst sehr viel später von der Solidaritätsbewegung wahrgenommen.
Selbst der kubanische Befreiungskampf führte erst in der zweiten Hälfte der sechziger Jahre, als die Auseinandersetzung längst entschieden war, zu weitverbreiteter Guerilla-Romantik sowie reißendem Absatz von Che-Guevara-Plakaten und Baskenmützen. Obwohl er viele Möglichkeiten zur Identifikation bot, konnte der Kampf, während er geführt wurde, keine nennenswerten Ansätze von internationaler Solidarität in der Bundesrepublik hervorlocken.

Die Helden der kubanischen Revolution: Fidel Castro und Che Guevara.

KUBA ODER: STILL RUHTE DIE SOLIDARITÄT
WIE IN DEN FÜNFZIGER JAHREN, SO AUCH HEUTE...

1953 versuchte eine Gruppe Guerilleros — unter ihnen Fidel Castro — zum ersten Mal, die in Kuba herrschende Diktatur zu stürzen. Ihr Anschlag auf eine Kaserne in Santiago de Cuba ging fehl. Die meisten Beteiligten wurden verhaftet, viele gefoltert und ermordet. Nach einer Amnestie setzte Fidel Castro ein zweites Mal an. Von Mexico aus startete er im November 1956 mit achtzig Revolutionären auf der Motoryacht Granma in Richtung Kuba. Die Gruppe — darunter Ernesto Che Guevara — ging an Land und begann den Befreiungskrieg in den Bergen der Sierra Maestra. Nach schweren Kämpfen mußte der kubanische Diktator Batista am 1. Januar 1959 das Land verlassen. Eine Woche später zogen die Revolutionäre in der Hauptstadt Havanna ein. Fidel Castro wurde Ministerpräsident, Che Guevara Minister und Chef der Nationalbank.

In Kuba wurde eine Bodenreform durchgeführt und ,,Komitees zur Verteidigung der Revolution" wurden gebildet, nachdem ein Mordanschlag des amerikanischen Geheimdienstes CIA auf Castro gescheitert war. Die Amerikaner gaben nicht auf. Die CIA organisierte Sabotageakte in Kuba und setzte kubanische Plantagen in Brand. Am 15. April 1961 zerstörten amerikanische Bomber die kubanische Luftwaffe und bereiteten so die ,,Invasion in der Schweinebucht" vor. Am darauffolgenden Tag landeten dort 1500 von der CIA ausgebildete und bewaffnete Exilkubaner, die jedoch schon nach drei Tagen geschlagen wurden. Die Drohungen der USA gingen weiter und führten schließlich 1962 zur Kuba-Krise. Nach dem Korea-Krieg und der Suez-Auseinandersetzung war die Kuba-Krise der dritte Konflikt, der die Welt an den Rand eines neuen Weltkrieges manövrierte.

Wieder lag der Schauplatz in der Dritten Welt: Auf die offene Drohung der USA, den Kommunismus in Kuba auszurotten, reagierte die Sowjetunion mit der Vorbereitung zur Entsendung von Mittelstreckenraketen nach Kuba. Die USA antworteten mit einer totalen Seeblockade gegen Kuba, das wirtschaftlich ohnehin seit der Revolution von Nordamerika boykottiert wurde. Sie drohten zudem mit dem Einsatz von Atombomben gegen die Sowjetunion. Schließlich kamen die Großmächte in Verhandlungen zu einem Kompromiß: die USA gaben ihre Überfallpläne auf Kuba auf (die sie allerdings über die CIA insgeheim weiter schürten) und die Sowjetunion unterließ die Aufstellung der Raketen.

Auch die Kuba-Krise ließ sich in der Bundesrepublik von Politikern und den Meinungsmachern in den Medien wieder für die gewohnte antikommunistische Hetze dieser Zeit instrumentalisieren. Die Reaktionen darauf in der Bevölkerung waren Hamsterkäufe, die zu leeren Regalen in den Kaufhäusern führten. Gegen die dramatische Bedrohung eines eigenständigen sozialistischen Versuchs in der Dritten Welt wendete sich dagegen kaum jemand. Kuba wurde erst Mitte der sechziger Jahre von der Studentenbewegung (wieder-)entdeckt. Eine der wenigen Publikationen über die Lateinamerika-Solidarität seit den sechziger Jahren stammt von Dieter Gawora. Er untersucht in seinem Kapitel über die Kuba-Solidarität allerdings nur die in den Kursbüchern von 1965—1972 geführten Diskussionen über dieses Land. Aber auch das allein sagt schon viel über das Internationalismus-Verständnis mancher Intellektueller in jener Zeit aus. Gawora schreibt: ,,Obwohl Kuba von einem Mann mitgeprägt worden war, der

Symbol, Idol und selbst Legende in einem für die Studentenbewegung war: Ernesto Guevara, genannt Che... gab es mit Kuba keine große Solidaritätsbewegung wie etwa mit Vietnam."[5] Als Grund dafür gibt er an, daß „es keine ‚heiße' Auseinandersetzung, d.h. Krieg um Kuba aktuell gab... wenn es in den späten 60er Jahren einen Krieg (natürlich der USA) gegeben hätte, hätte es eine Solidaritätsbewegung gegeben, die der zu Vietnam ebenbürtig gewesen wäre."[6]

Gawora referiert darüber hinaus die massive Kritik der Kursbuch-Autoren am revolutionären Prozeß in Kuba. Erster Kritikpunkt: „Obwohl die UdSSR-Orientierung einzusehen war, blieb ein bitterer Beigeschmack. In der bundesdeutschen Linken glaubte man so einfach nicht mehr an die allein seligmachende, sozialismusbringende Sowjetunion. Zu weit war die Diskussion um die historische Entwicklung der Sowjetunion und der KPdSU fortgeschritten, genauso wie die Diskussion um Zentralismus und Bürokratismus."[7] Zweiter Kritikpunkt: „Der Bruch Kubas mit China".[8] Dritter Kritikpunkt: „Drei Reden Fidel Castros werden dokumentiert, darunter die Rede zur ‚Revolutionären Offensive', die die endgültige Abschaffung des privaten Handels bedeutete. Die ‚Revolutionäre Offensive' rief damals wegen ihres radikalen Bruchs mit dem privaten Sektor viele Hoffnungen hervor. Heute wissen wir, daß sie in dieser Weise als gescheitert gelten kann."[9]

1972 wurde Fidel Castro im Kursbuch schließlich mit dem faschistischen Diktator Mussolini verglichen. Ein Günther Maschke konnte da schreiben: „Man lese in Deakins Buch ‚Die brutale Freundschaft' die Abschnitte über Mussolinis Führungsstil, seinen Antibürokratismus und seine Agitation unter den Massen der Landbevölkerung! Die Ähnlichkeit in der Form zu Castro geht ins Detail und wo die Form identisch ist, haben die Inhalte meist auch etwas miteinander zu tun. Es ist außerdem bezeichnend, daß Fidel den gleichen Lieblingstheoretiker hat wie Mussolini: Sorel."[10]

Diesen Kursbuch-Artikel bezeichnet Gawora als den „Wendepunkt der Kuba-Solidarität".[11] Aber: Wie kann sich etwas wenden, das es längst nicht mehr gab?

Die Folge: „Die Kuba-Solidarität blieb von da an organisierten

Gruppen überlassen, die verallgemeinert dem DKP-Spektrum zugeordnet werden können".[12] Eine Solidarität, die für Gawora die Untersuchung nicht lohnt. Denn diese Gruppen verfolgen nur einen ,,platten Antiimperialismus". Es gibt ,,keine Thematisierung von kritischen Fragen, die an Kuba zu stellen wären... Eine Solidaritätsbewegung aber, die sich um Kritikpunkte herumdrückt, ist unglaubwürdig."[13] Dies stimmt sicher. Nur sollte der Teil der Dritte Welt-Bewegung, der sich um die Auseinandersetzung mit einem Land wie Kuba fast vollständig herumdrückt, nicht diejenigen ignorieren, die immerhin noch konkrete Solidaritätsarbeit leisten.

Nachdem die Kursbuch-Autoren 1972 endgültig aufgehört hatten, über Kuba zu räsonnieren, wurde im Juli 1974 die ,,Freundschaftsgesellschaft BRD-Kuba" gegründet, die immerhin bis heute eine eigene Zeitung (,,cuba libre") herausgibt. 1984, ,,im 25. Jahr der kubanischen Revolution", feierte diese Freundschaftsgesellschaft ihr zehnjähriges Jubiläum und ihre Vorsitzende, Ulla Krüger, schrieb in ,,cuba libre" (3/84) über die Arbeit dieser Gesellschaft:

,,Von 18 Gründungsmitgliedern in Gelsenkirchen ins Leben gerufen, hat sie es in den zehn Jahren geschafft, eine anerkannte Kraft in der Solidaritätsbewegung unseres Landes zu werden: über 40 lokale Gruppen mit mehr als 3.000 Mitgliedern sind aus den 18 geworden. Um bei den Zahlen zu bleiben: In diesen zehn Jahren haben wir tausende von Studienreisenden nach Kuba geschickt und schicken dieses Jahr zum 10. Mal Brigadisten zur ,,Internationalen Arbeitsbrigade José Marti" nach Havanna, um unserem Hauptanliegen, der Solidarität mit der Kubanischen Revolution und der Völkerverständigung, Rechnung zu tragen... Das Spektrum unserer Aufgaben hat sich in den zehn Jahren ...erweitert und entsprechend den politischen Aufgaben hier in der Bundesrepublik sind wir aktiver Teil der Solidaritäts- und Friedensbewegung geworden und arbeiten zunehmend mit Gewerkschaften zusammen: Wir wollen damit deutlich machen, daß wir nur eine Welt haben, und daß zur Solidarität und Völkerverständigung unbedingt die Sicherung des Friedens hinzukommt. Nur unter der Bedingung weltweiter Abrüstung und Minderung der Kriegsgefahr können Selbstbestimmung, Gerechtigkeit und Freiheit für

die Völker wachsen. Und dazu leisten wir als Freundschaftsgesellschaft unseren Beitrag... Solidarität mit Kuba und den Völkern Mittelamerikas ist wichtiger denn je angesichts der Interventions-, Boykott- und Blockade-Politik der US-Regierung..." Sicher berichtet die Zeitung der Freundschaftsgesellschaft eher freundschaftlich-kritiklos über die ,,Insel der Freiheit" (1/84) und die kubanische Revolution. Aber sie vermittelt trotzdem auch wichtige Informationen über die politische und ökonomische Entwicklung in Kuba, die sonst kaum zu finden sind.
Die Freundschaftsgesellschaft ist allerdings keineswegs, wie es in der — scheinbar unvermeidbar geschönten — Selbstdarstellung heißt, eine ,,anerkannte Kraft in der Solidaritätsbewegung." Es wäre positiv, wenn dem so wäre, wenn es eine breite, kritisch-solidarische Diskussion mit ihr und damit um das ,,Modell Kuba" gäbe. Da ist die Einschätzung schon realistischer, die von Christopher Knauth in den ,,Blättern des iz3w" im Mai 1982 unter der Überschrift ,,Fragen zu Kuba und Internationalismus" geliefert wurde: ,,Die Solidarität mit Kuba in der BRD (ist) gekennzeichnet von einer organisierten, apologetischen Bewegung (,,Freundschaftsgesellschaft BRD — Kuba" usw.) auf der einen und einer weitgehenden Verdrängung und Nichtbefassung durch die übrige Dritte-Welt-Bewegung und Linke auf der anderen Seite." Knauth weist anhand von Zitaten führender Politiker wie Carlos Rafael Rodriguez und Raoul Castro nach, daß die Kubaner in manchen Fragen offensichtlich ,,zu mehr Diskussion und Analyse bereit (sind) als die organisierte Kuba-Solidarität in der BRD." Als Beispiele dafür nennt er die selbstkritische Auseinandersetzung mit den Ausreisewünschen von 100.000 Kubanern 1980 und die offene Kritik an den ,,Lastern gewisser Leute", an ,,Schlendrian" und ,,Günstlingswirtschaft innerhalb der kubanischen Führungskader". Knauth kritisiert die ,,Nichtbefassung mit Kuba" in der restlichen Dritte Welt-Bewegung. Er belegt seine Kritik mit Hinweisen auf die verschwindend geringe Zahl von Artikeln über dieses Land in der Presse der Solidaritätsszene, von den ,,blättern des iz3w" bis zu den ,,Lateinamerikanachrichten", vom ,,ila-info" bis zum ,,Jahrbuch Lateinamerika".[14]
Knauth schreibt: ,,Für uns war es allemal einfacher, uns mit der

Das Gesundheits- und Sozialwesen in Kuba ist heute beispielhaft für ganz Lateinamerika.

‚idealistischen' Politik Che Guevaras zu identifizieren, als uns den realen Problemen von ‚Sozialismus' in einem Entwicklungsland zu stellen." Er betont, ,,daß wir uns damit abfinden müssen, daß Entwicklung in der Dritten Welt widersprüchlich verläuft und daß wir die Erfüllung unserer Vorstellungen von ‚Sozialismus' — auch wenn wir sie anstreben — nicht zur Bedingung für unsere Solidarität machen dürfen."[15]
Daß es lohnend sein kann, sich auch bei Nichterfüllung aller *unserer* Vorstellungen mit Kuba zu beschäftigen, haben in den letzten Jahren Teile der Solidaritätsbewegung festgestellt, die sich mit anderen Ländern beschäftigen.
So stellten die Mittel- und Lateinamerika-Gruppen bei Ländervergleichen immer wieder erstaunt fest:
— In keinem Land Lateinamerikas ist eine gleichmäßige und vollwertige Ernährung der gesamten Bevölkerung in dem Maße gewährleistet wie in Kuba.
— Die Erfolge des kubanischen Gesundheitswesens sind beeindruckend: die höchste Lebenserwartung bei Geburt, die geringste Säuglingssterblichkeit und die größte Ärztedichte pro Einwohner in Lateinamerika.
— Kein Land Lateinamerikas hat so wenige Analphabeten und eine so gut ausgebildete Jugend wie Kuba.[16]
Fidel Castros Analysen über die internationale Verschuldung und mögliche Gegenstrategien der Dritten Welt wurden ebenfalls mehr oder weniger erstaunt zur Kenntnis genommen. Schließlich erlebten gerade die Solidaritätsgruppen, die sich mit dem südlichen Afrika beschäftigen, daß die Kubaner sich zwar als unserer Solidarität nicht würdig erwiesen haben, sich selbst aber — sei es in Angola, sei es in Nicaragua — der internationalen Solidarität so verpflichtet fühlen wie kaum ein anderes Land in der Dritten Welt. Dies bleibt festzuhalten, auch wenn das kubanische Engagement in Äthiopien aufgrund des Eritrea-Konfliktes auf starke Kritik stößt. Fidel Castro sagte im Sommer 1980:
,,Im Moment gibt es in mehr als 30 Ländern kubanische Ärzte und technisches Personal. Darum schämen wir uns nicht, daß bei uns noch ein bißchen Schmutz herumliegt, den wir aber gewiß aufheben und auf den Müllhaufen befördern werden, wenn mehr als 50.000 aufopferungsvolle und prächtige Kubaner den Namen

unseres Heimatlandes erhöhen und in einer Reihe von Bruderländern vorbildliche Arbeit leisten...
Als Nicaragua uns um Lehrer bat, Lehrer mit langjähriger Erfahrung, gab es 29.500 Freiwillige."[17]
Daß Kuba in den letzten Jahren etwas stärkere Beachtung bei Teilen der Solidaritätsbewegung gefunden hat, dürfte nicht zuletzt damit zusammenhängen, daß die Zahl der Urlauber aus der Bundesrepublik, die die sonnige sozialistische Karibikinsel besuchen, stark zugenommen hat...

KLAUS VACK:
»ALS DEUTSCHER DIE KUBANISCHE REVOLUTION MIT ALGERIERN IN MAROKKO GEFEIERT«

,,Wir haben uns während des Algerienkrieges auch mit anderen internationalen Fragen beschäftigt, aber Algerien war der einzige Punkt, wo wir konkret etwas tun konnten. Wir haben über Apartheid-Politik in Südafrika diskutiert. Auch was in Rhodesien passierte, war uns sehr wichtig. Es gab zum Beispiel Anfang der sechziger Jahre eine Einladung des Bundesjugendrings an den rhodesischen Jugendverband. Wir hatten damals auch Vertreter der Befreiungsbewegung bei uns zu Gast, da konnten wir uns schon etwas genauer informieren. Dabei muß man sehen, daß damals in der Delegation von 30 Leuten 25 Weiße waren. Und von den fünf restlichen Schwarzen trauten sich drei nicht, gegen die weiße Herrschaft aufzumucken...
Für mich nahm der Internationalismus, über den wir in unseren Naturfreunde-Seminaren und -Diskussionen lange eher allgemein diskutiert hatten und dem wir uns verpflichtet fühlten, erstmals konkrete Gestalt an bei einer äußerst interessanten Reise. Vom 21. April bis 6. Mai 1961 fuhren — offiziell als Delegation der Naturfreundejugend deklariert — Fritz Amann, Horst Goßfelder und ich nach Marokko und machten dort mit Si Mustafa eine Rundreise. Wir besuchten eine Waisenschule, Flüchtlingslager, Ausbildungsstätten der Befreiungsarmee, führten Gesprä-

*che mit algerischen Gewerkschaftern, Mitgliedern der provisorischen Regierung und der Befreiungsbewegung und nahmen an Manövern teil.
Für drei Tage waren wir auch in befreiten Gebieten in Algerien. Das ging zum Glück alles sehr glimpflich ab. Wir haben nachts mit einem Stoßtrupp die Grenze durchbrochen. An der Grenze standen ja die mit Strom geladenen Zäune und die Wachtürme der Franzosen, die das ganze Feld mit ihren Maschinengewehren beherrschten. Wenn Du da einmal entdeckt wurdest, warst Du erledigt. Aber die Algerier hatten eine ungeheure Routine darin, die Alarmsysteme auszuschalten. Das war für sie auch unverzichtbar. Es mußten ja immer Leute hinüber und herüber. Wir waren dann drei Tage bei einer Armeetruppe, sehr geschützt, das war nicht gerade ein Kampfeinsatz. Danach haben wir ein Ausbildungslager der Algerier in Marokko nahe der Grenze besucht. Und in diese Zeit fiel auch der 1. Mai 1961. An diesem Tag riefen Fidel Castro und Che Guevara die Sozialistische Republik Kuba aus. Und da haben wir drei Deutschen mit den Algeriern ein riesiges Fest gefeiert. Die haben ja auch geschwärmt und geträumt von ihrem sozialistischen Algerien, da waren ungeheure Hoffnungen, daß gerade die Befreiungsbewegungen in der Dritten Welt dem Sozialismus neue Impulse geben würden und daß auch die Chance, sich durchzusetzen, größer würde. Heute, im Nachhinein, meine ich, das waren falsche Hoffnungen. Aber, ob sie damals schon falsch waren, weiß ich nicht, sie sind von der Entwicklung überrollt worden, von dem ungeheuren industriellen Komplex, der da in der nördlichen Hemisphäre zusammengeballt ist. Deshalb konnte zwar in diesen Ländern etwas entwickelt werden, aber es war nie unabhängig von den Weltmächten, die versuchten, ihre Finger mit reinzubekommen. Aber was noch wichtiger ist, daß der Funke nicht einfach so überspringt, daß es nicht einfach so ist, daß von diesen armen, unterdrückten Ländern die Revolution ausgeht, die auch bei uns eine gerechte sozialistische Gesellschaft herbeiführt. Trotzdem hat diese vierzehntägige Reise damals zu tiefgreifenden Erlebnissen und zu einer Erweiterung meines politischen Horizontes geführt, daß es zu weit führen würde, das im einzelnen auszuführen. Nur soviel: Meine grundsätzliche antimilitaristische Einstellung habe ich zwar nicht auf-*

gegeben, aber den Pazifismus für mich im Sinne der notwendigen Unterstützung und Solidarität für den Kampf unterdrückter Völker relativiert. Diese Reise hatte Auswirkungen auf das spätere Engagement zum Beispiel für Vietnam oder Chile oder Nicaragua.
Aber es gab noch einen anderen Grund, warum es zunächst mit dem Internationalismus nicht weiterging. Das Ende der Algerien-Solidarität fiel in etwa zusammen mit der Abnabelung der SPD von allen nonkonformistischen Bestrebungen innerhalb oder am Rande der Partei. Nach der Aufgabe der Kampagne ‚Kampf dem Atomtod' folgte die Unvereinbarkeitserklärung mit dem SDS und der Ausschluß von Leuten aus der Partei, die links waren und alte Traditionen hochhalten wollten. Von Antikommunismus zu reden, ist noch viel zu schwach, es gab eine Verfolgungshysterie gegen abweichendes Verhalten sowohl in der SPD wie im DGB gegenüber allen Leuten, die damals gerade begannen, sich selbst zu artikulieren, sich selbst zu organisieren und nicht mehr nur auf die großen Parteien zu starren. Das war der Beginn der ‚Ostermarschbewegung'. Wir waren ja geprägt durch die Vergangenheit, durch den Krieg. Und die Frage der Hochrüstung und des damit gefährdeten Weltfriedens hat uns stark beschäftigt und ist plötzlich mehr in den Vordergrund gerückt. Es war ja ein großer Unterschied zu der Anfangszeit der Kampagne ‚Kampf dem Atomtod', die noch von den großen Organisationen SPD und DGB mitgetragen und von der Millionen Menschen erreicht worden waren.
Jetzt, nach der Wende von SPD und DGB, lastete plötzlich die gesamte Verantwortung für das Engagement der Westdeutschen für den Frieden auf unseren schwachen Schultern, auf den kleinen Gruppen, auf dieser kleinen beginnenden Ostermarsch-Bewegung. Ich habe das auch ganz persönlich so empfunden. Diese Verantwortung war so drückend, daß wir ein bißchen den Blick verloren haben für das, was sonst noch in der weiten Welt passierte, und uns ganz auf die innenpolitische Auseinandersetzung konzentriert haben. Das alles ist ja in keiner Weise mit heute zu vergleichen. Wir sind damals angespuckt worden, wenn wir auf der Straße demonstrierten und natürlich war alles, was wir taten, nach Meinung der Leute ‚von Moskau ferngesteuert'."

Mit der Bildung der Großen Koalition von CDU/CSU und SPD 1966 sollten die ersten sichtbaren Krisenerscheinungen im Lande bewältigt werden.

NOTSTANDSGESETZE, FORMIERTE GESELLSCHAFT UND GROSSE KOALITION
DIE POLITISCHEN RAHMENBEDINGUNGEN IN DEN SECHZIGER JAHREN

Zu den wichtigsten innenpolitischen Ereignissen Anfang der sechziger Jahre zählte der Erste Entwurf der Notstandsgesetze, der am 13.1.1960 von Innenminister Gerhard Schröder (CDU) vorgelegt wurde. (Die Notstandsgesetze konnten erst 1968 nach heftigem außerparlamentarischem Widerstand von einer Großen Koalitions-Regierung aus CDU, CSU und SPD mit der nötigen Zwei-Drittel-Mehrheit im Parlament verabschiedet werden. Sie gelten noch heute.) Die Konzentration des Widerstandes auf die Notstandsgesetze ist verständlich. Denn nach den Notstandsgesetzen kann der Bundestag ,,zur Abwehr einer drohenden Gefahr für den Bestand oder die freiheitliche demokratische Ordnung des Bundes oder eines Landes..." den ,,Ausnahmezustand" erklären. Wenn einer Beschlußfassung des Bundestages „unüberwindliche Hindernisse" entgegenstehen oder bei „Gefahr im Verzug" reicht schon die Unterschrift des Bundespräsidenten mit Gegenzeichnung des Bundeskanzlers.

Die Notstandsgesetze regeln die drastische Beschneidung der im Grundgesetz verankerten Grundrechte. Das reicht von der Einsetzung eines Notparlaments bis zur Überwachung von Post und Telefon und dem möglichen Einsatz der Bundeswehr in innenpolitischen Auseinandersetzungen, etwa bei Streiks gegen Arbeiter. Die Notstandsgesetze waren auch eine direkte Folge des Wunsches der Adenauer/Strauß-Regierung nach einer atomaren Bewaffnung der Bundeswehr. Atomwaffen lagen bis dahin zwar schon auf bundesdeutschem Gebiet, allerdings unter amerikanischer Kontrolle in US-amerikanischen Militärstützpunkten. Eine Übergabe der Verfügungsgewalt von Atomwaffen an die Bundeswehr machten die USA unter anderem von einem Schutz dieser Waffen auch im Falle eines inneren Notstandes abhängig. Sie forderten dafür entsprechende gesetzliche Regelungen. Daraus folgte schon damals die Erkenntnis, die sich bis in die jüngsten Auseinandersetzungen der Friedensbewegung gegen die Stationierung der Mittelstreckenraketen Mitte der achtziger Jahre immer wieder bestätigt hat: Die atomare Aufrüstung muß mit einem Abbau demokratischer Rechte bezahlt werden.

Am 13. August 1961 wurde der Antikommunismus, der schon mit den Ereignissen des 17. Juni 1953 in der DDR und dem Aufstand 1956 in Ungarn reichlich Nahrung gefunden hatte, durch den Bau der Berliner Mauer noch einmal verstärkt. Nachdem der Westen durch die Integration der Westzonen und der späteren Bundesrepublik in seinen wirtschaftlichen und militärischen Machtblock längst unverrückbare Fakten gesetzt hatte, wurde nun wiederum der Sowjetunion und der DDR die Schuld für die endgültige Teilung Deutschlands zugeschoben. Die Adenauer-Regierung protestierte zwar lautstark, hatte jedoch faktisch die Trennung durch ihre Politik immer billigend in Kauf genommen. Die CDU/CSU verlor daraufhin bei den Bundestagswahlen 1961 erstmals erheblich an Stimmen und konnte nur noch in einer Koalition mit der FDP die Regierung stellen. Die FDP hatte zwar mit dem Wahlspruch „ohne Adenauer" ihren Wahlkampf geführt,

wählte ihn dann jedoch zum vierten Mal zum Bundeskanzler, nachdem er zugesichert hatte, sein Amt während der Legislaturperiode zur Verfügung zu stellen. (Damals erwarb sich die FDP das bis heute gültige Prädikat der ,,Umfallerpartei".)
1962 wurde die Wehrpflicht von 15 auf 18 Monate verlängert. Die SPIEGEL-Affäre im Oktober des gleichen Jahres warf ein Schlaglicht auf das politische Klima dieser Zeit: Herausgeber, Verlagsdirektor und leitende Angestellte des SPIEGEL (darunter Rudolf Augstein und der spätere SPD-Regierungssprecher Ahlers) wurden auf Antrag der Bundesanwaltschaft und auf Initiative des Verteidigungsministers Franz-Josef Strauß unter dem Verdacht des Landesverrates, der landesverräterischen Betätigung und der aktiven Bestechung verhaftet.
In einem Artikel unter der Überschrift ,,Bedingt abwehrbereit" hatte der SPIEGEL interne Diskussionen über die von Strauß propagierte atomare Aufrüstung veröffentlicht, wobei angeblich geheime Informationen ausgeplaudert worden seien.
Nach Protesten gegen das Vorgehen der Regierung in der SPIEGEL-Affäre traten die FDP-Minister zurück. Es kam zu einer Regierungsumbildung unter Beteiligung der FDP, nachdem Franz-Josef Strauß aus der Regierung ausgeschieden war und Adenauer die verbindliche Zusage gegeben hatte, im Herbst 1963 zurückzutreten. Tatsächlich wurde er im Oktober 1963 nach vierzehnjähriger Amtszeit von Ludwig Erhard abgelöst, der Zigarrerauchenden Symbolfigur des ,,Wirtschaftswunders" und der ,,freien Marktwirtschaft".
Bei den Wahlen zum fünften Deutschen Bundestag 1965 gewannen CDU/CSU und SPD Stimmen dazu, die FDP verlor. Erhard wurde erneut Bundeskanzler, getragen von einer christlich-liberalen Koalition. Er richtete Maßhalte-Appelle an die Bevölkerung und propagierte die bereits ,,formierte Gesellschaft", was nur die Umschreibung für weitere Einschränkungen der demokratischen und gewerkschaftlichen Rechte war.
Er blieb nur ein weiteres Jahr im Amt, denn am 30.11.1966 wurde endlich der Traum der Sozialdemokraten wahr, für den sie restlos alle sozialistischen Traditionen der Arbeiterbewegung abgestreift und öffentlich verleugnet hatten: Zum ersten Mal in der Nachkriegszeit wurden sie an der Regierung beteiligt. Unter dem ehe-

maligen NSDAP-Mitglied Kurt Georg Kiesinger als Bundeskanzler, der 1943 stellvertretender Abteilungsleiter im NS-Propagandaministerium gewesen war, wurde die Große Koalition von CDU, CSU und SPD mit Willy Brandt als Außenminister, der während der Nazi-Zeit im Exil gewesen war, gebildet.
Mit Heinrich Lübke war seit 1959 zudem ein Mann Bundespräsident, der sein Geld in der Nazi-Zeit als KZ-Baumeister verdient hatte. Einer der objektiven Gründe dafür, Sozialdemokraten 1966 mit an die Schalthebel der Macht zu lassen, war die Reformbedürftigkeit der bundesdeutschen Wirtschaft und die überfällige Anpassung von Ausbildung und Wissenschaft an neue technologische Entwicklungen. Zu diesem Zeitpunkt zeichneten sich schließlich auch hinter der glänzenden Fassade des ,,Wirtschaftswunderlandes" zum ersten Mal deutlich sichtbare Krisenerscheinungen des kapitalistischen Wirtschaftssystems ab. Es kam zum Zechensterben im Ruhrgebiet und plötzlich gab es wieder eine halbe Million Arbeitslose. Nachdem die Streikentwicklung von 1959 bis 1965 sechs Jahre lang auf ihrem niedrigsten Stand verharrt hatte, sollten die Sozialdemokraten dazu beitragen, selbst in Krisenzeiten für die weitere Integration der Gewerkschaften in die ,,sozialpartnerschaftliche Gesellschaft" zu sorgen. Trotz der erstmals wieder hohen Arbeitslosenzahlen im Inland stieg die wirtschaftliche Macht der Bundesrepublik auf dem Weltmarkt in den sechziger Jahren weiter enorm an. Betrug der Anteil der BRD an den Weltexporten 1950 noch 3,6 Prozent, so lag er 1967 schon bei 11,5 Prozent.
Zwar sank prozentual der Anteil der Dritten Welt an den bundesdeutschen Direktinvestitionen im Ausland, doch absolut stiegen die bundesdeutschen Investitionen in der Dritten Welt auf das Sechsfache. Auch das Förderungsinstrumentarium der Bundesregierung für Dritte Welt-Investitionen wurde ausgebaut: zum Beispiel durch weitere Staatsbürgschaften und 40 Doppelbesteuerungsabkommen mit verschiedenen Ländern, die verhindern sollten, daß die Profite bundesdeutscher Konzerne sowohl in der Dritten Welt wie in der Bundesrepublik versteuert werden mußten.[18]
Gute Voraussetzungen für einen weiteren Wirtschaftsboom auf Kosten der Dritten Welt.

VIETNAM IST DEUTSCHLAND

Die außerparlamentarische Opposition
und Vietnam
Die sechziger Jahre

Wenn auch Anfang der sechziger Jahre die Auseinandersetzungen in der Dritten Welt hierzulande noch weitgehend unbeachtet blieben, so vollzog sich doch langsam ein grundlegender und immer deutlicherer Wandel. Er zeigte sich darin, daß Zeitungen wie ,,konkret'' oder ,,das argument'' gegründet wurden, in denen auch Artikel über die Situation in einzelnen Dritte Welt-Ländern erschienen (z.B. über die Diktatur in Persien) und in denen über die Ursachen von Ausbeutung, Hunger und Unterdrückung in der Dritten Welt nachgedacht wurde.

Die ab Mitte der sechziger Jahre anwachsende Vietnam-Solidaritätsbewegung wurde zum zentralen Kristallisationspunkt der außerparlamentarischen Opposition. Sie stützte sich auf zwei Säulen der zunächst weitgehend innenpolitischen Opposition, die in der ersten Hälfte der sechziger Jahre Bedeutung gewannen: An den Universitäten (vor allem in West-Berlin) war dies in erster Linie der Sozialistische Deutsche Studentenbund (SDS). Außerhalb der Universitäten und in den anderen westdeutschen Städten waren es vor allem die Personen, Gruppen und Organisationen der ,,Ostermarschbewegung'', die ab 1960 gegen Militarisierung, Atombewaffnung und später auch gegen die Notstandsgesetze antraten.

Es gab dabei durchaus Überschneidungen, weil auch der SDS sich an den Ostermärschen beteiligte. In beiden ,,Bewegungen'' bestanden zudem auch personelle Querverbindungen zu ehemaligen Aktivisten der ,,Algerien-Generation''.

DIE OSTERMARSCHBEWEGUNG
VON DER BOMBE ZU DEN BOMBERN

Die ,,Ostermarschbewegung'' entstand 1960 als Abrüstungsinitiative von weitgehend partei- und gewerkschaftsunabhängigen Organisationen, wie dem Verband der Kriegsdienstverweigerer und der Naturfreundejugend. Sie war eine Reaktion auf die Ende der fünfziger Jahre durchgeführte und von der SPD wie vom DGB dann fallengelassene Kampagne ,,Kampf dem Atomtod''. Karl A. Otto, der die Geschichte dieser Ostermarschbewegung beschrieben hat, nennt als ihre Entstehungsgründe den zuneh-

menden ,,Funktionsverlust des Parlamentes'' und die von der SPD mit Blick auf die große Koalition seit 1960 eingeläutete ,,Politik der Gemeinsamkeit'' mit CDU und CSU.[1]
Die Kampagne begann 1960 mit einem ,,Ostermarsch gegen Atomwaffen in West und Ost'' in Norddeutschland, einem viertägigen Sternmarsch zu einem Raketengelände der Bundeswehr in Bergen-Hohne, der nach dem Vorbild der englischen ,,Campaign for Nuclear Disarmament (CND)'' organisiert worden war und an dem etwa 1.000 Menschen teilnahmen. Die politische Aussage der Demonstranten beschränkte sich zunächst auf eine ,,unbeholfene Sorge über die Gefahren der Atomrüstung.''[2]
,,Die Demonstranten richteten sich nicht gegen einen bestimmten politischen Kontrahenten, sondern unbestimmt gegen ‚den' Krieg und ‚die' Bombe. Der moralische Appell unterschied nicht zwischen ‚richtiger' und ‚falscher' Politik, nahm nicht Partei für eine Partei, sondern wurde abstrakt gerichtet ‚gegen atomare Kampfmittel jeder Art und jeder Nation'.''[3]
Hinzu kam die zwar in der Hochzeit des Antikommunismus zeitgemäße, aber doch fast schon neurotische Abgrenzung von Kommunisten, um bloß keinen Anlaß zu bieten, die Ostermärsche als ,,kommunistisch unterwandert'' erscheinen zu lassen.
1961 nahmen schon 9.000 Demonstranten an den Märschen und 23.000 Menschen an Kundgebungen in vier Städten teil, 1962 waren es insgesamt schon 50.000. Bis auf eine ,,Erklärung zur Kuba-Krise'' gab es zu diesem Zeitpunkt kaum internationalistische Ansatzpunkte in der Ostermarschbewegung, abgesehen von den erwähnten personellen Überschneidungen mit der ,,Algerien-Generation''. Solidarität gab es allenfalls mit den Ostermarschierern in anderen europäischen Ländern, vor allem im Land des CND-Vorbildes, England. 1962 wurde die ,,Ein-Punkt-Bewegung'' zum ersten Mal ausgeweitet. Es wurde erkannt, daß die ,,Frage der atomaren Rüstung nur in Verbindung mit Fragen der gesamten Rüstung gelöst'' werden konnte.[4]
,,Ostermarsch der Atomwaffengegner'' auch den Untertitel ,,Kampagne für Abrüstung''. Aktionen, die über das ganze Jahr verteilt waren, kamen hinzu, wie der ,,Hiroshima-Tag'' am 6. August und der ,,Antikriegstag'' am 1. September.
Die Dritte Welt wurde zunächst allenfalls unter dem Blickwinkel

der Abrüstungsproblematik wahrgenommen, zum Beispiel als im April 1963 die Staatspräsidenten von Bolivien, Brasilien, Chile, Ecuador und Mexico die Schaffung einer atomwaffenfreien Zone in Lateinamerika beschlossen, die auch von einer UNO-Resolution unterstützt wurde. Einen Monat später folgte die Gipfelkonferenz der afrikanischen Staaten in Addis Abeba mit der Entscheidung, ganz Afrika zu einer kernwaffenfreien Zone zu machen.[5]

1963 galt als das Jahr des weltpolitischen ,,Tauwetters". Kennedy hielt eine Rede über die ,,Strategie des Friedens", welche als Abschied von den gröberen Formen des Kalten Krieges bewertet wurde. Gleichzeitig bereitete er allerdings — mitten im ,,Tauwetter" — die Eskalation des Vietnamkrieges vor. Die Sowjetunion unter Chruschtschow rückte langsam vom Stalinismus ab. Die Großmächte zeigten Gesprächsbereitschaft und senkten 1964 vereinbarungsgemäß ihre Rüstungshaushalte.

Die Ostermarschbewegung ging trotzdem weiter, da die Bundesregierung ihre atomaren Aufrüstungspläne nicht aufgegeben hatte. 1964 verdoppelte sich die Zahl der Marsch- und Kundgebungsteilnehmer auf 100.000. 1965 waren es schon 130.000. In diesem Jahr erreichte die Kampagne eine breitere politische Qualität. Dazu gehörte auch die Auseinandersetzung mit dem Vietnamkrieg. ,,Krisenerscheinungen in der westlichen Politik, besonders sichtbar geworden an den Problemen Vietnam, Notstandsgesetzgebung und europäische Sicherheit, führten ab 1965 in der Bundesrepublik zu politischen Konfrontationen, die der außerparlamentarischen Opposition eine neue Dimension gaben... Die verallgemeinerte Themenstellung, die erweiterten Aktionsziele und neuen Handlungsstrategien wurden in unterschiedlichen organisatorischen Ansätzen an politisch-gesellschaftlichen Widersprüchen entwickelt, die nicht mehr nur als Folge politischer Fehlentscheidungen interpretiert, sondern teilweise als strukturelle Widersprüche des veränderten politischen Systems der Bundesrepublik und der sozio-ökonomischen Verhältnisse entdeckt wurden. Zu nennen sind hier vor allem: Der Widerspruch zwischen dem sich auf liberale Traditionen berufenden Freiheitspathos der westlichen Politik und den repressiven Folgen der verschiedenen Erscheinungsformen der antikommunistischen Globalstrategie.

Hierzu gehörten das amerikanische Engagement in Vietnam und die Unterdrückung antikolonialer Befreiungsbewegungen durch die USA ebenso wie die Nichtanerkennung der Ergebnisse des Zweiten Weltkrieges in Europa und das Streben der Bundesregierung nach Verfügungsgewalt über atomare Waffen im Zusammenhang einer Strategie der Korrektur des Status quo in Europa...''[6]

Die erste Stellungnahme der ,,Kampagne für Abrüstung'' zum Vietnamkrieg war ein offener Protestbrief am 19.12.1964 an die US-Regierung, in dem die Bombenangriffe auf Nordvietnam kritisiert wurden.[7]

Enthielt der Aufruf für die Ostermärsche 1965 auch noch keine Aussage zum Vietnamkrieg, so organisierte doch die ,,Kampagne für Abrüstung'' am 23./24. April 1965 schon eine Demonstration mit anschließender 24stündiger Mahnwache gegen den Vietnamkrieg vor der US-Botschaft in Bad Godesberg, an der 600 Menschen teilnahmen.

Das Thema wurde zunehmend auch in den Publikationen der Kampagne aufgegriffen und vom 28.9. bis zum 4.10.1965 folgte eine Vietnam-Aktionswoche in Frankfurt mit Filmen, Ausstellungen, Mahnwachen und Podiumsdiskussionen. Aufklärungsmaterialien, die in dieser Woche verteilt wurden, trugen die Überschrift: ,,Was kümmert Meier der Mekong?''[8]

1966 sammelte die Kampagne 3000 Unterschriften unter einen ,,Appell für Frieden in Vietnam''. Jeder der Unterzeichner zahlte zwölf Mark, um den Appell mit allen Unterschriften auf zwei Zeitungsseiten als Anzeige in der ,,ZEIT'' vom 9.12.1966 abdrucken zu lassen, zum Tag der Menschenrechte. Darin wurde gefordert,

,,daß die Bundesregierung dem Krieg Amerikas in Vietnam jede moralische und finanzielle Unterstützung versagt''.
1966 bildeten sich erste Vietnam-Komitees von Mitgliedern der Kampagne oder ihr angeschlossenen Organisationen. Damit wollte man vor allem zu einer ,,punktuellen Aktionseinheit'' auch mit Liberalen und Sozialdemokraten gegen den Vietnamkrieg kommen, denen die Unterstützung der Kampagne wie ihrer Vietnam-Aktionen von ihren Parteiführungen nach wie vor untersagt blieb.
Zu den weiteren Aktionen der Kampagne gehörten Agitationen auf dem Kirchentag 1967, um die Teilnehmer zu einem ,,aktiven Eintreten zur Beendigung des Krieges in Vietnam aufzufordern'' und ein Offener Brief in englischer Sprache an US-Soldaten in der Bundesrepublik: ,,Resist the continuation of this war!''[9] (,,Wehrt Euch gegen die Fortsetzung dieses Krieges!''). Vietnam blieb jedoch immer nur einer von mehreren politischen Ansatzpunkten der Ostermarschbewegung.
Die zunehmend auch theoretisch fundierte Kritik der Kampagnen-Mitarbeiter richtete sich vor allem gegen die gesellschaftlichen Herrschaftsverhältnisse im eigenen Land. Der Vietnamkrieg machte nur deutlich, zu was diese Herrschaftsverhältnisse führen können. Aus der Ostermarschbewegung entstand so 1966 das Kuratorium ,,Notstand der Demokratie'', um parallel zur Auseinandersetzung gegen Aufrüstung und Vietnamkrieg gegen die von der Bundesregierung geplanten Notstandsgesetze zu mobilisieren. Dies hatte 1968 zur Folge, daß die Ostermarschbewegung noch einmal umbenannt wurde. Wegen ihres inzwischen verbreiterten politischen Ansatzes hieß sie nun: ,,Kampagne für Demokratie und Abrüstung''.
Vor allem die Auseinandersetzung mit dem Vietnamkrieg führte zu einer ,,völligen Neuinterpretation der Geschichte des Kalten Krieges und der Verantwortung der westlichen Politik für diese Konfrontation''.[10] Zunehmend wurden Diskussionen geführt, inwieweit die Ostermarschbewegung zum Aktionspunkt der sozialen und politischen Opposition außerhalb des Parlaments werden sollte.[11] Denn auch der SDS drängte inzwischen auf eine Veränderung ,,vom antikapitalistischen Protest zur sozialistischen Politik''.

DER SOZIALISTISCHE DEUTSCHE STUDENTENBUND (SDS)
VON DER SPD-NACHWUCHSZUCHT ZUR SOZIALISTISCHEN VORHUT

Der SDS war am 2. September 1946 als sozialdemokratischer Studentenverband gegründet worden. Ein großer Teil der Gründungsmitglieder hatte — wie Teile der Sozialdemokraten damals auch — an eine sozialistische Neuorientierung nach dem Zweiten Weltkrieg gedacht.[12] Doch waren diese Ansätze im SDS ebenso schnell verflogen wie in der SPD. Schon bald gab es die ersten Unvereinbarkeitsbeschlüsse, die sich gegen eine gleichzeitige Mitgliedschaft in SDS und KPD/SED richteten. Der SDS wurde und blieb in den fünfziger Jahren ein ,,SPD-konformer Studentenverband mit Aufstiegschancen im Parteiapparat".[13] Der SDS beschäftigte sich nur sehr zögernd mit politischen Theorien. Er beschränkte sich weitgehend auf praktische Hochschulpolitik. So wurde bei einer Tagung ,,im Sommer 1952...über die Notwendigkeit der Einrichtung von Lehrstühlen für Soziologie und Politikwissenschaft an den westdeutschen Universitäten gegen den Widerstand der klassischen Fakultäten" diskutiert.[14] Dem SDS schien die ,,bürgerliche Demokratie verteidigenswert". Ein ,,demokratischer Sozialismus" sozialdemokratischer Prägung im ,,freien Westen" war das Ziel.[15] Mit der grundsätzlichen Ablehnung der Remilitarisierung entfernte sich der SDS erstmals vorsichtig von den Positionen der lavierenden SPD. Ansonsten folgte der SDS auch lange dem verbreiteten Antikommunismus, allen voran der Berliner Landesverband, der schon Gespräche mit dem kommunistischen Jugendverband FDJ verhinderte und damit die Berliner SPD-Parteilinie widerspiegelte: ,,Der weitaus größte Teil der Funktionäre, aber auch der einfachen Parteimitglieder sah in der alten Reichshauptstadt den Mittelpunkt nicht nur Europas, sondern, man kann sagen, der Welt. Für diese Scheuklappensicht waren Probleme wie Kolonialpolitik, Dritte Welt, Klassenkampf in den westlichen kapitalistischen Ländern, Fragen der marxistischen Theorie, ja sogar die soziale Lage der Studenten in der Bundesrepublik keine brisanten Themen — ganz zu schweigen von Unterdrückung der Frau, Sexualität und Herrschaft oder Antisemitismus."[16]

Auf dem Bundeskongreß 1956 verurteilte der SDS zum ersten Mal den französischen Kolonialkrieg in Algerien, ohne daß daraus allerdings konkrete Schlußfolgerungen für praktische politische Aktionen gezogen wurden.

1958 wehrte sich der SDS gegen die Aufgabe der Kampagne ,,Kampf dem Atomtod", die von der SPD mitinitiiert, aber dann fallengelassen worden war. Der SDS begann, zunehmend eigene parteiunabhängige Positionen zu entwickeln. Damit bekamen auch Aktionen außerhalb der SPD stärkeres Gewicht. Zudem dokumentierte ,,eine vom alten Bundesvorstand eingebrachte Resolution über den französischen Kolonialkrieg in Algerien ...das wachsende antiimperialistische Selbstverständnis des SDS. Die Delegierten traten für das Selbstbestimmungsrecht des algerischen Volkes, für den Abzug aller französischen Truppen und für freie, allgemeine und durch die UN kontrollierte Wahlen in Algerien ein. Die Bundesregierung wurde aufgefordert, den ,algerischen Flüchtlingen' ebenso politisches Asylrecht zu gewähren wie den ,ungarischen Freiheitskämpfern', die nach dem Ungarn-Aufstand von 1956 in die BRD strömten."[17]

1959 begann die Loslösung des SDS von der Partei, zunächst noch aufgehalten durch den Ausschluß einer linken Gruppe um die Zeitung ,,konkret" aus dem SDS auf Druck der Partei. Der SDS wollte damit einer Spaltung zuvorkommen. Die ,,konkret"-Gruppe hatte sich bei einem Kongreß in einer Resolution mit antimilitaristischen Positionen gegen die Bundeswehr und für die Anerkennung der Oder-Neiße-Grenze durchgesetzt, die im Gegensatz zur SPD-Parteilinie standen und vom SDS widerrufen werden mußten. Doch das Ducken vor dem Parteiknüppel nützte wenig. Schon 1960 wurde mit dem Segen der SPD-Führung der Sozialdemokratische Hochschulbund (SHB) als Spalterorganisation auf Parteilinie gegen den SDS gegründet. Der SHB begrüßte vom Godesberger Programm bis zur Landesverteidigung zunächst alles, was die Parteiführung wünschte, während im SDS zunehmend kritische marxistische Theorieansätze diskutiert und auch Fragen des Kolonialismus und Imperialismus und der Befreiungsbewegungen in der Dritten Welt aufgegriffen wurden.

Die SPD strich dem SDS zunächst die finanzielle Unterstützung, und im November 1961 folgte der längst vorbereitete Unvereinbarkeitsbeschluß von SDS und SPD-Mitgliedschaft, der zugleich auch die von Professoren um Wolfgang Abendroth gegründete Fördergesellschaft des SDS (später ,,Sozialistischer Bund'') betraf, der auch Klaus Vack angehörte. Die SPD verabschiedete sich damit von der kritischen Intelligenz, ohne daß ihr die Zerschlagung des SDS gelang.Der Studentenbund wurde bald zum Zentrum der Diskussion um kritische Theorie und marxistische Analyse und damit zum wichtigsten Teil einer neuen außerparlamentarischen Linken, einer Bewegung, die auch den Internationalismus als politischen Schwerpunkt wiederentdeckte und mit der Vietnam-Auseinandersetzung zu einem zentralen Aktionspunkt machte.

Der SDS war dabei nie eine große, stets jedoch eine bedeutende Organisation der bundesdeutschen Linken in den sechziger Jahren. (Bis 1967 stiegen die Mitgliederzahlen im SDS nicht über 1.500.)[18]

Folgende Beispiele zeigen die zunehmende Auseinandersetzung des SDS mit den Befreiungskämpfen in der Dritten Welt nach ersten Demonstrationen und Aktionen gegen den Algerienkrieg: 1963 solidarisierte sich die Delegiertenkonferenz des SDS mit Dr. Neville Alexander, Mitglied der Tübinger SDS-Hochschulgruppe. ,,Er (war) am 13. Juli 1963 in einem Vorort von Capetown (Südafrika) als Terrorist auf der Grundlage des ‚90-Tage-Haft-Gesetzes' inhaftiert worden. (Neville Alexander hatte einen Jiu-Jitsu-Club zur Selbstverteidigung für farbige Jugendliche gegründet.) Auf der Grundlage dieses Beschlusses organisierte der SDS im November 1963 eine Reihe von Veranstaltungen und Demonstrationen in der Bundesrepublik und West-Berlin. Bei der Veranstaltung des Berliner SDS am 4. November 1963 gegen die Rassengesetzgebung in der Südafrikanischen Union nahmen zum ersten Mal seit 1961 wieder über 500 Studenten an einer SDS-Diskussion teil. Mit dieser Solidaritätskundgebung für Dr. Alexander kündigte sich in Berlin der Abschied vom Seminarmarxismus an. Der SDS hatte mit einer derartigen Unterstützung aus der Studentenschaft nicht gerechnet, sonst hätte er für den nächsten Tag anstelle des veranstalteten Auto-Korsos eine Demonstration vorbereitet. Weitere Demonstrationen, Geldsammlungen zur Deckung der Verteidigungskosten, Solidaritäts-Veranstaltungen etc. fanden u.a. in Tübingen und Marburg statt. Neville Alexander und 11 Mitangeklagte wurden vom Obersten Gericht der Südafrikanischen Union zu Zuchthausstrafen zwischen 5 und 10 Jahren verurteilt."[19]

Am 18. Dezember 1964 durchbrachen in Westberlin ,,mehr als 600 deutsche und schwarzafrikanische Studenten aus beiden Teilen der Stadt unter der Leitung des SDS die Ketten der Bereitschaftspolizei... und bewarfen innerhalb der Bannmeile des Schöneberger Rathauses den damaligen kongolesischen Ministerpräsidenten Moise Tschombé mit Eiern und Tomaten."[20]

Tschombé wurde für den Tod des angesehenen schwarzen Fürsprechers einer afrikanischen Unabhängigkeit, Patrice Lumumba, verantwortlich gemacht. Das Flugblatt zur Aktion trug den Titel: ,,Was hat der Mörder Tschombé bei uns zu suchen?" Darin hieß es: ,,80 % der kongolesischen Wirtschaft befinden sich in Händen belgischer, englischer und amerikanischer Kapitalisten. Deren Regierungen waren auch für die angeblich humanitären Befreiungsaktionen, auf die wir alle hereinfallen sollten, verantwortlich... Zum Schutz westlicher Konzerninteressen hat Tschombé belgische Panzer, amerikanische Flugzeuge, deutsche SS-Leute, südafrikanische Rassisten und französische OAS-Terroristen eingekauft... Indem die Bundesrepublik den Verbrecher Tschombé einlud, zeigte sie sich als ein Glied in der weltweiten Kette der Unterdrückung... Die Unterdrücker des kongolesischen Volkes sind auch unsere Unterdrücker!"[21]

Bernd Rabehl schrieb 1968, daß diese Demonstration in Form und Inhalt der erste entscheidende Schritt war von der theoretischen Beschäftigung mit Dritte Welt-Fragen zur Aktion: ,,Es gab kaum einen kompromittierteren Politiker in der Welt, der sich derartig eindeutig als Werkzeug der belgischen und amerikanischen Konzerne gezeigt hatte, die ihre Besitzansprüche über die Kupfer- und Zinnminen in Katanga nicht aufgeben wollten. Seine Rolle bei der Ermordung Lumumbas war so deutlich, daß man ihn kaum als den ,Helden der westlichen Welt' an die Mauer führen konnte, damit er dort die obligatorischen Sprüchlein, die zu

Deutsche und schwarzafrikanische Studenten demonstrierten 1964 gemeinsam gegen den Besuch des damaligen kongolesischen Ministerpräsidenten Tschombé. Er wurde für den Tod des afrikanischen Unabhängigkeitskämpfers Lumumba verantwortlich gemacht.

solchen Anlässen dort immer aufgesagt werden, über das ‚Unrecht' und die ‚Schande dieser Mauer' rezitieren konnte.
Die Tschombé-Demonstration hatte gerade im Verhalten der politischen Institutionen den Zusammenhang zwischen Dritter Welt und Metropolen umrissen; der Zusammenhang von disziplinierter und manipulierter Gesellschaft, mit steigender Tendenz zur ‚Formierung' in den kapitalistischen Ländern, und der Intervention der stärksten imperialistischen Weltmacht als Wortführer des Kapitalismus gegen alle Befreiungsbewegungen, die umfassende militärische und wirtschaftliche Unterstützung halbfeudaler oder faschistischer Regime wurde offensichtlich. Der theoretische Ansatz der Kritik der spätkapitalistischen Gesellschaft, wie

er in den Seminaren und Arbeitskreisen der oppositionellen Studentenschaft erarbeitet wurde, erhielt seine Bestätigung... Die Studenten hatten Einsichten gewonnen, die das behagliche Gefühl der geruhsamen Gelehrsamkeit nicht mehr zuließen, sondern nach Aktionen in der Gesellschaft verlangten, die die ‚Bevölkerung' aufrütteln sollten."[22]

Im März folgte eine SDS-Demonstration gegen eine Südafrika-Werbe-Woche.

Doch ab 1965 war Vietnam dann *das* internationale Thema des SDS wie der Ostermarschbewegung und damit der gesamten außerparlamentarischen Opposition der sechziger Jahre.

Daß Vietnam nur ein Thema für die „außerparlamentarische" Opposition blieb, liegt daran, daß alle im Bundestag vertretenen Parteien von der CSU bis zur FDP und SPD den Vietnamkrieg der USA während seiner gesamten Dauer politisch, moralisch und ökonomisch unterstützten. Auch die Haltung des DGB blieb lange zwiespältig. Die Gewerkschaftsführung schreckte über Jahre vor einer Kritik des US-Terrors in Vietnam zurück. Wie bei SPD und FDP konnten auch im DGB nur Einzelpersonen, einige Untergliederungen und die Jugendverbände zum Protestpotential gegen den Vietnamkrieg gerechnet werden.

Ähnlich untätig blieben die Kirchen. Die offiziellen Vertreter der Katholischen und Evangelischen Kirche standen der US-Kriegspolitik 1964 bis 1968 „unkritisch bis wohlwollend gegenüber".[23] Diese Haltung stieß allerdings zunehmend auf die Kritik fortschrittlicher Theologen. So kam der katholische Bensberger Kreis Ende 1968 zu dem Ergebnis: „Es ist inzwischen eine historische Tatsache, daß die Kirchen Westdeutschlands die Eskalation des Krieges in Vietnam haben geschehen lassen, ohne alles in ihren Kräften Stehende zur Aufrüttelung und Mobilisierung der Menschen für den Frieden getan zu haben."[24] Selbst die Napalm-Produktion durch bundesdeutsche Konzerne für den Einsatz in Vietnam wurde bei einer Umfrage von Theologen gerechtfertigt. Der Münchner Theologe Egenter meinte, der Zweck, zu dem das Napalm in Vietnam eingesetzt würde, sei „auf's Ganze gesehen ein guter". Sein Kölner Kollege Klomps umschrieb seine Zustimmung mit einem Vergleich: „Die bischöfliche Weinkellerei in Trier, die liefert auch den Wein in die ganze Welt und kann auch

nichts dafür, wenn er dann in sündhaften Nachtlokalen ausgeschenkt wird, wo auch Nackttänze stattfinden."[25]
Auch in den Kirchen waren es deshalb nur Einzelpersonen und Untergliederungen, vor allem — vom SDS angeregt — die evangelischen Studentengemeinden, die sich der Solidaritätsbewegung gegen den Vietnamkrieg anschlossen. Im Oktober 1966 zogen mehrere hundert evangelische Pfarrer, zum Teil in Amtstracht, in einem Schweigemarsch gegen den Vietnamkrieg durch Bonn.[26]
Aus all diesen Gründen konnte die Vietnam-Bewegung nur außerhalb der etablierten Organisationen und der Parlamente entstehen und wachsen, wobei bis 1968 der SDS die wichtigsten Impulse für die Solidaritätsbewegung lieferte.

KLAUS VACK:
»MIT VIETNAM IST ETWAS EXPLODIERT«

,,Vietnam haben wir eigentlich erst relativ spät aufgegriffen, denn der Krieg tobte ja schon jahrelang blutig. Die ersten Anstöße kamen auch nicht von unserer Ostermarschkampagne, sondern für uns durch einen Schriftstellerappell gegen den Krieg, der etwa 1965 im SPIEGEL abgedruckt war. Danach haben wir jedoch angefangen, uns sehr intensiv mit Vietnam zu beschäftigen. Dazu kamen ja auch diese Bilder täglich im Fernsehen. Diese schrecklichen Bilder dieses mörderischen Krieges gegen dieses kleine Volk. Die Bilder kamen Abend für Abend über die Tagesschau in alle Wohnzimmer. Bilder, die oft sehr unideologisch waren, einfach sachlich berichteten. Da waren Grausamkeiten dargestellt und dazu wurden sachliche Nachrichten gesprochen.
Diese Berichterstattung im Fernsehen hat sicher eine ganz große Rolle für die Solidaritätsbewegung gespielt. Medien können manchmal auch was Gutes tun...
Mit Vietnam kam explosionsartig raus, was sich bis dahin alles angestaut hatte. Wir arbeiteten ja in dieser Kampagne gegen Atomwaffen und gegen Atomwaffenversuche in der Atmosphäre. Aber die Meldungen von Mißgeburten, von Leukämiekran-

ken nahmen zu und das Gefühl wuchs, wir müssen die Regierenden jetzt endlich einmal dazu zwingen, damit aufzuhören, die Luft zu verseuchen, die Atmosphäre zu verstrahlen, weiter zu rüsten. Es gab eine sehr starke Fixierung auf diesen einen Punkt. Aber daneben wurden ja andere Dinge wahrgenommen, im eigenen Land und in anderen Ländern, die man zwar beobachtete, aber ohne sich zu engagieren. Und mit diesem Krieg, der mit so viel Brutalität geführt wurde, brach das alles hervor.
Diesmal waren nicht nur die Älteren engagiert, die den 2. Weltkrieg erlebt hatten. Jetzt machten auch diejenigen mit, die gegen Ende dieses Krieges geboren waren, aber ihn nicht mehr miterlebt hatten, die von der Zeit danach auch nur noch wußten, daß sie vielleicht mal nicht satt geworden waren, die aber die ganzen politischen Probleme damals noch nicht begreifen konnten, weil sie zu jung waren. Die waren jetzt in diesem selbstgefälligen Wirtschaftswunderland herangewachsen. Kinder von in der Regel selbstgefälligen Eltern, die das alles nicht kümmerte, die sich von nichts betroffen fühlten, worin ein ungeheuerer Zynismus lag. Wir alle wollten ausbrechen aus der Apathie, aus dem Konformismus, dieser Gesellschaft, aus diesem Mief.
Das hatte eine ganz andere Dimension als bei der Algerien-Solidarität. Die Auseinandersetzung war viel intensiver für alle von uns, für die Jüngeren, aber auch für die Älteren. Das hat man oft an den Reden der Älteren gemerkt, weil da auch wieder die Anklänge an die eigenen Kriegserfahrungen rauskamen, die sie mit dem Bombenterror in Vietnam verglichen wurden. Bei den Jüngeren bestand ein ungeheures Bedürfnis, zu hören, wie das eigentlich damals war und was das miteinander zu tun haben könnte. Man darf ja auch unser Verhältnis zu den Amerikanern nicht vergessen, von denen wir uns ja befreit gesehen haben. Die Amerikaner kamen doch 1945 mit der Re-Education, der neuen Erziehung zur Demokratie. Was in der amerikanischen Unabhängigkeitserklärung stand, das haben wir uns 1955 bei den Naturfreunden noch vorgelesen und wir haben immer insgeheim geglaubt, daß das in den USA eben immer noch so sei, wie es da stand. Und nun ging plötzlich dieses große, reiche, starke Land hin und schlachtete so ein kleines, armes Volk ab.
Da ist etwas zusammengebrochen. Und als wir erfuhren, daß aus-

gerechnet Kennedy, der Präsident, den wir ja angehimmelt hatten, die Eskalation dieses Krieges angeordnet hatte, war die Wirkung auf uns noch viel schlimmer.
Da fand etwas statt, das man in der Individualpsychologie als Vatermord bezeichnet. Und sicher haben — im übertragenen Sinne — damals in der Bewegung auch sehr viele persönliche ‚Vatermorde' stattgefunden: Junge Menschen haben sich von ihren Eltern befreit, haben sie und ihre Vergangenheit abgestoßen, wollten nichts mehr damit zu tun haben.
Es gab noch eine andere Dimension, die für mich vielleicht nicht so wichtig war, weil ich aus einer sozialistischen Tradition kam: Plötzlich wurden politische Zusammenhänge hinterfragt. Vor allem für die vielen christlich orientierten Leute war das wichtig, für die Pazifisten, die bislang auf gesellschaftliche Zusammenhänge nicht soviel Wert gelegt hatten, die sich immer nur darauf konzentriert hatten, etwas gegen all das Schlimme zu tun, was passierte, ohne genau zu fragen, warum es passierte. Die waren plötzlich mit der Erkenntnis konfrontiert, daß da ja nicht ein verrücktgewordener Präsident oder eine übergeschnappte Armee oder irgendwelche Bestien ein Land abschlachteten, sondern daß dahinter ein genaues politisches Kalkül steckte, daß dieser Krieg etwas zu tun hatte mit der weltpolitischen Machtverteilung, mit dem Öl, das auf dem Meeresgrund um Vietnam und Kambodscha lagerte, daß es um die Bewahrung militärstrategischer Vorteile ging, und daß es hier nicht mehr allein um die Vorbereitung eines Krieges ging, sondern daß hier täglich ganz konkret Menschen hingemordet wurden in einem Vernichtungsfeldzug, den die Amerikaner nicht nur praktizierten, sondern auch offen propagierten.
Diese Erkenntnisse blieben nicht mehr in kleinen Zirkeln. Es gab die großen Veranstaltungen der Studenten, die Teach-ins. Das waren wirkliche Volkshochschulen für viele, Volkshochschulen zur Aufklärung über Menschenrechte und politische Zusammenhänge. All dem stand eine starre, unbewegliche, weil an die amerikanischen Interessen verkaufte Regierung gegenüber, die alles unterstützte und alles rechtfertigte, was die USA taten. Daraus bestand die explosive Mischung, die sich dann plötzlich entladen hat.''

VIETNAM —
„VORPOSTEN DER VÖLKER DER WELT"
KURZER ABRISS DER GESCHICHTE
DES VIETNAMKRIEGES

„Vor einer Woche wurde in den Straßen Saigons geschossen, Furcht breitete sich aus. Dann fuhren Tanks vor dem Präsidentenpalast auf. Heute bevölkert eine mehr als zehntausendköpfige fahnenschwingende Menschenmenge den Garten und den Park vor dem Palast, der jetzt mit einem riesigen Portrait Ho Chi Minhs geschmückt ist..."[27] Ein Korrespondentenbericht vom 10. Mai 1975, eine Reportage vom Ende eines dreißigjährigen Krieges, in dem die USA mehr Bomben über dem kleinen südostasiatischen Land Vietnam abgeworfen hatten als im gesamten Zweiten Weltkrieg.
Ausgangspunkt des Vietnamkrieges (wie des Algerienkrieges) war jedoch die französische Kolonialherrschaft. Gegen Ende des neunzehnten Jahrhunderts war es französischen Truppen — nach heftigen Kämpfen und Widerständen — gelungen, Vietnam, Kambodscha und Laos in ihr Kolonialreich einzugliedern. „Die Franzosen hofften, über Indochina einen Zugang zu China zu finden."[28]
Der Widerstand — zunächst getragen von Intellektuellen und der Oberschicht — gewann jedoch erst an Bedeutung, als 1930 die Kommunistische Partei Indochinas gegründet wurde, die die nationale Befreiung mit der sozialen Befreiung der Bauern, die immerhin 90 Prozent der Bevölkerung Vietnams ausmachten, zu verbinden suchte. Diese Widerstandsbewegung wurde brutal unterdrückt, fand aber bei der Landbevölkerung wachsende Zustimmung, da diese von den Kolonialherren gnadenlos ausgeplündert worden war. Während des Zweiten Weltkrieges besetzten japanische Truppen im Einvernehmen mit der französischen Vichy-Regierung — die mit Hitlerdeutschland kollaborierte — Vietnam. Der Kampf der Vietnamesen richtete sich danach gegen Japaner wie Franzosen. 1944 wurde die vietnamesische Befreiungsfront gegründet, die die Kapitulation Japans nutzte, eine provisorische Regierung bildete und mit Hilfe von Volkskomitees

Leitfigur im Kampf Vietnams gegen die USA: Ho Tschi-minh.

die Verwaltung des Landes übernahm. Am 2. September 1945 proklamierte Ho Chi Minh die ,,Demokratische Republik Vietnam". ,,Die Ausgangslage war katastrophal. Die rücksichtslose Ausbeutung durch Franzosen und Japaner in den letzten Kriegsjahren hatte zu einer Hungerkatastrophe geführt, der etwa zwei Millionen Menschen zum Opfer fielen. Es gab kaum Techniker und Ärzte. In großen Kampagnen zur Alphabetisierung, zur Überwindung des Hungers und zur gegenseitigen nachbarschaftlichen Hilfe mußten die Voraussetzungen für Überleben und Entwicklung erst geschaffen werden." Aber die alliierten Siegermächte schickten bald chinesische Truppen als Besatzungsmacht nach Nordvietnam und englische Soldaten in den Süden, um dort die Franzosen erneut als Kolonialherren einzusetzen.
Schon im November 1945 beschossen französische Truppen wieder Haiphong. Es gab 6000 Tote. Der neue Krieg um Vietnam begann. ,,Im Süden standen Ende 1945 wieder 50.000 französische Soldaten. Selbst die überwältigende Mehrheit für die Kandidaten der Vietminh-Volksfront bei den allgemeinen Wahlen im Januar 1946 konnte die Kolonialmacht nicht davon abhalten, die Wiedererrichtung ihrer Herrschaft zu versuchen."[29]

Die französische Kolonialarmee wurde auf 100.000 Soldaten verstärkt, darunter auch eine große Zahl afrikanischer Kolonialeinheiten und Fremdenlegionäre, auch aus Deutschland. Der Vietminh, die vietnamesische Befreiungsbewegung, antwortete mit dem Guerilla-Krieg. Die Franzosen versuchten, sich hinter einer von ihnen eingerichteten Pseudoregierung zu verschanzen: Im März 1949 gründeten sie den ,,Staat Vietnam'' und setzten den ehemaligen Kaiser Bao Dai an die Spitze. Der Kolonialstatus wurde formell für beendet erklärt und Vietnam dafür in die französische Union aufgenommen. Doch diese französische Marionetten-Regierung hatte lediglich die Unterstützung einer dünnen, reichen Oberschicht, deren Beamte und Offiziere im Luxus lebten, während die Bevölkerung hungerte. Der Krieg des Vietminh für die Befreiung Vietnams ging dagegen unvermindert weiter. Die Franzosen waren diesem Konflikt längst nicht mehr alleine gewachsen, so daß sie immer stärker auf die militärische Unterstützung der USA angewiesen waren.

Die Beteiligung der USA an den Kriegskosten erhöhte sich von 15 Prozent (1950) auf 80 Prozent (1954). Ho Chi Minh wies in seinen Reden schon damals immer deutlicher auf die US-amerikanische Einmischung in Vietnam hin. Trotzdem konnten die Franzosen Vietnam nicht halten. Am 7. Mai 1954 erlebten sie eine vernichtende Niederlage im Kampf um die Stadt Dien Bien Phu im Nordwesten Vietnams, die zur Kapitulation der französischen Kolonialarmee führte.

Gleichzeitig fand in Genf eine internationale Konferenz statt. Teilnehmer waren die alliierten Großmächte des Zweiten Weltkrieges (Großbritannien, Frankreich, die USA und die UdSSR), die VR China und drei weitere indochinesische Staaten. Aufgrund der drohenden US-Intervention stimmte auch der Vietminh einem Kompromiß zu, der die Teilung des Landes in Süd- und Nordvietnam vorsah. Dafür sollten aber Wahlen unter internationaler Kontrolle in ganz Vietnam bis spätestens zum 26. Juli 1956 stattfinden. Bis dahin regierte Ho Chi Minh in Nordvietnam und Bao Dai in Südvietnam. Der Vietminh, der inzwischen zwei Drittel des Landes kontrollierte, mußte sich entsprechend dem Genfer Abkommen bis hinter den 17. Breitengrad in den Norden zurückziehen. Aber die USA lehnten wie Großbritannien das Genfer Abkommen ab und boykottierten die vereinbarten Wahlen.

Die Amerikaner übernahmen die Kontrolle Südvietnams, nachdem sich die Franzosen geschlagen zurückziehen mußten. Der Grund war eindeutig. Im Oktober 1954 erklärte US-Präsident Dwight D. Eisenhower: ,,Wären zur Zeit der Kämpfe Wahlen abgehalten worden, hätten wahrscheinlich 80 Prozent der Bevölkerung eher für den Kommunisten Ho Chi Minh als für Staatschef Bao Dai gestimmt."

Schon vor der französischen Niederlage hatte Eisenhower am 4. April 1954 folgenden Brief an den britischen Premierminister Winston Churchill geschrieben:

,,Lieber Winston! Sicherlich... verfolgen auch Sie die täglichen Berichte über den tapferen Kampf der Franzosen in Dien Bien Phu mit größter Anteilnahme und Besorgnis. Heute scheint die Lage dort hoffnungslos. Aber abgesehen vom Ausgang gerade dieser Schlacht, fürchte ich, daß die Franzosen allein nicht Herr der Lage werden können, und dies trotz der sehr beträchtlichen finanziellen und materiellen Unterstützung, die sie von uns erhalten. Lediglich von den Franzosen zu verlangen, sie sollen ihre Anstrengungen intensivieren, ist keine Lösung. Und wenn sie nicht Herr der Lage werden und Indochina den Kommunisten in die Hände fällt, wären die schließlichen Auswirkungen auf unsere und Ihre weltstrategische Position und die daraus resultierenden Verschiebungen des Kräfteverhältnisses in Asien und im Pazifik verhängnisvoll und, wie ich weiß, für Sie und mich untragbar..."
(Dieser Brief wurde 1965 — zusammen mit anderen Dokumenten — vom US-Informationsdienst in deutscher Sprache über die Amerika-Häuser kostenlos verbreitet, um den wachsenden Protesten zu begegnen und den ,,Ursprung" der US-,,Verpflichtung" gegenüber Südvietnam zu erklären. Die Broschüre trägt den Titel: ,,Warum Vietnam". Ohne Fragezeichen.)

In Südvietnam übernahm Ngo Dinh Diém 1955 mit dem Segen der USA die Regierung. Er behinderte die in Genf vereinbarten Wahlen auf Geheiß der USA von Anfang an und erklärte: ,,Die südvietnamesische Regierung betrachtet sich als in keiner Weise an das Genfer Abkommen gebunden." Diém regierte mit diktatorischem Terror gegen die Aufstände, die in Südvietnam ausbrachen, als gesamtvietnamesische Wahlen verweigert wurden. Der Widerstand gegen seine Regierung und die endgültige Teilung Vietnams wuchs. Die USA stützten in Südvietnam ,,im Namen der Freien Welt'' tatsächlich wieder nur die blutige Diktatur eines reichen Familien-Clans. Die Regierung Nordvietnams führte in dieser Zeit unter der Leitung Ho Chi Minhs eine Landreform durch und begann mit dem Aufbau des durch Kolonialherrschaft und Krieg zerstörten Landes.

1960 wurde in Südvietnam die Nationale Befreiungsfront ,,Front National de Libération'' (FNL) gegründet, in der sich über 20 Parteien und Organisationen zusammenschlossen. Die FNL nahm den Guerilla-Kampf gegen die Saigoner Marionettenregierung auf und wurde oft fälschlicherweise nur nach der stärksten Gruppe im Bündnis, dem ,,Vietcong'', benannt. Diêm rief im Gegenzug in Südvietnam den Notstand aus und trieb mit Hilfe von US-Soldaten die südvietnamesische Landbevölkerung in sogenannten ,,Strategischen Dörfern'' zusammen, um dem ,,Vietcong die Basis zu entziehen.''

Gebiete, die die Regierung nicht unter Kontrolle hatte, wurden zu ,,Free Strike Zones'' erklärt und zur Flächenbombardierung für die US-Luftwaffe freigegeben: ,,Die Bauern sollten aus diesen Bereichen herausbombardiert werden!''[30]

1963 kam es zur ersten offenen Schlacht zwischen der FNL und südvietnamesischen Truppen.

Der südvietnamesische Diktator Diêm wurde im gleichen Jahr ermordet. Es folgten nach weiteren Staatsstreichen und Regierungswechseln in Südvietnam zehn Kabinette bis 1965. Die Truppenstärke der US-Armee in Vietnam wuchs dabei unaufhörlich. Buddhisten stärkten dagegen die Opposition in Südvietnam: Sie gehörten zu den Hauptverfolgten des südvietnamesischen Regimes. Es kam zu Selbstverbrennungen von Mönchen, die weltweites Aufsehen erregten, Lyndon B. Johnson, US-Präsident nach der Ermordung Kennedys, machte sich trotzdem für die Fortführung des Vietnamkrieges stark und führte die — schon von Kennedy geplante — ,,Eskalation'' des Vietnamkrieges weiter. 1964 waren 50.000 US-Soldaten in Vietnam, 1965 schon 200.000...

Ein vom CIA initiierter angeblicher Angriff nordvietnamesischer

Schiffe auf den US-Zerstörer ,,Maddox" im Golf von Tonking lieferte den USA endlich den fingierten Vorwand dafür, die Bombardierung auf Nordvietnam auszudehnen. Dieser nie erklärte Krieg wurde propagandistisch mit scharfen Angriffen gegen den Norden vorbereitet. Nordvietnam — so die USA — wäre die ,,Rückzugsbasis des Vietcongs". Die Kämpfe in Südvietnam wären lediglich vom kommunistischen Norden geschürt.

Die Nordamerikaner lehnten die von Nordvietnam angebotenen Verhandlungen ab. Die Vier-Punkte-Erklärung der Demokratischen Republik Vietnams wurde danach zur Grundlage der nordvietnamesischen Politik. Sie enthielt die Forderungen: Truppenabzug der USA, Einstellung des Bombardements, Bündnisfreiheit der beiden Teilstaaten bis zur Wiedervereinigung, politische Regelung im Süden in Übereinstimmung mit dem Programm der FNL.

Ab Anfang 1965 flog die US-Army regelmäßige Bombenangriffe gegen Ziele in Nordvietnam. Auch die Proteste von Großbritannien, Frankreich, Indien und dem Vatikan gegen die Ausweitung des Bombenkrieges auf nordvietnamesische Städte schreckten die Amerikaner nicht. Im Gegenteil: Sie setzten inzwischen auch Gas und Entlaubungsmittel ein. Sie warfen Phosphor- und Napalmbomben ab, deren einziger Zweck die Verbrennung von Menschen ist. Napalm klebt auf der Haut und ist kaum zu löschen. Sie verwüsteten Reisfelder und Wälder, sie vergifteten Ernten. Sie bombardierten Dämme und Deiche. Sie machten Vietnam zu einem Experimentierfeld modernster Waffentechnologie. 1967 erreichte die US-Truppenstärke in Südvietnam schon 500.000. Hinzu kamen noch Soldaten aus Australien, Südkorea und Thailand, die an der Seite der USA kämpfen mußten.

Die Eskalation dieses Krieges war — wie die Enthüllung der sogenannten ,,Pentagon-Papiere" spätestens bewies — genau geplant und durchkalkuliert.

Allein in der letzten Märzwoche 1965 wurden von amerikanischen Piloten 17.570 Einsätze geflogen. Eine Woche später erklärte US-Präsident Johnson im Fernsehen: ,,Heute abend sterben Amerikaner und Asiaten für eine Welt, in der ein jedes Volk sich für seinen eigenen Weg der Lebensgestaltung frei entscheiden können soll. Dies ist der Grundsatz, für den unsere Vorfahren in den Tälern Pennsylvaniens kämpften, und dies ist der Grundsatz, für den unsere Söhne im Dschungel von Vietnam kämpfen. Wir sind ferner in Südvietnam, um die Ordnung in der Welt zu stärken. Auf der ganzen Erde — von Berlin bis Thailand — sind Menschen, deren Wohlergehen zum Teil auf dem Vertrauen beruht, daß sie auf uns zählen können, wenn sie angegriffen werden."[31]

Die Freiheit, die sie meinten, sah so aus, daß 1967 bei fingierten Wahlen (ohne Zulassung der FNL) Nguyen Van Thieu die Macht in Südvietnam übernehmen konnte: ein weiterer Diktator von Amerikas Gnaden.

1968 führte die TeT-Offensive zu einem großen militärischen Erfolg der FNL in Südvietnam, trotz des gewaltigen US-amerikanischen Militärapparates, dem die Befreiungsbewegung gegenüberstand. Die Stadt Hue und große Teile des Landes gerieten unter die Kontrolle der FNL.

Der Oberbefehlshaber der US-Truppen in Vietnam, General Westmoreland, wurde daraufhin abgelöst. Von ihm stammt der berühmtgewordene Satz: „Wir werden sie mit unseren ausgeklügelten Waffen, die sie sich nicht leisten können, so lange bearbeiten, bis sie nach Gnade winseln." Was darunter zu verstehen war, wurde durch das Massaker von My Lai deutlich, bei dem US-Soldaten am 16. März 1968 alle fünfhundert Einwohner eines Dorfes, Greise, Frauen und Kinder eingeschlossen, abschlachteten. Immer mehr Berichte über Folterungen und Terror an Zivilisten durch US-Soldaten oder südvietnamesische Truppen wurden veröffentlicht. Die Versuche, diese bestialischen Grausamkeiten der FNL in die Schuhe zu schieben, wurden immer häufiger entlarvt. Im Mai 1968 kam es in Paris zu Verhandlungen, wonach die USA ihre Bombenangriffe auf Nordvietnam einstellen mußten. Die Luftangriffe und Entlaubungsaktionen in den von der FNL kontrollierten und von einer provisorischen Revolutions Regierung verwalteten Gebieten Südvietnams gingen jedoch mit unverminderter Härte weiter, auch als Richard Nixon den US-Präsidenten Johnson ablöste. Millionen Südvietnamesen flohen vor dem Bombenterror über die Grenze Vietnams nach Kambodscha, wo mit dem Ho Chi Minh-Pfad auch die wichtigste Nachschublinie der Befreiungsbewegung im Dschungel verlief.

Nach dem Sturz der neutralen Regierung Kambodschas unter Sihanouk dehnten die USA den Krieg immer weiter nach Kambodscha aus. Als ihre politische Leitlinie galt die ,,Domino-Theorie", wonach mit dem Sieg der vietnamesischen Revolution ganz Indochina verloren zu gehen drohte und ein erheblicher Auftrieb für die Befreiungsbewegungen in aller Welt zu befürchten war. Die USA kämpften in Vietnam um den Erhalt ihrer ökonomischen, politischen und militärischen Weltmachtposition, um den weiterhin ungehinderten Zugang zu den Rohstoffen der Dritten Welt, um die Zerschlagung jedes Emanzipationsversuchs, jeder sozialistischen Umwälzung in Asien genauso wie in Afrika und Lateinamerika. In Vietnam wurde stellvertretend für andere Kontinente und Länder gekämpft und gebombt, gefoltert und getötet.

Aber auch die Vietnamesen und die sie unterstützenden Regierungen der UdSSR und der Volksrepublik China waren sich der Bedeutung dieses Krieges durchaus bewußt. Ho Chi Minh, der am 3. September 1969 in Hanoi starb, hatte das schon 1965 in einer Rede vor der Nationalversammlung so beschrieben: ,,Unser Volk lebt in einer großartigen Epoche der Geschichte und unserem Land kommt die Ehre zu, ein Vorposten des sozialistischen Lagers und der Völker der Welt zu sein, die gegen Imperialismus, Kolonialismus und Neo-Kolonialismus kämpfen. Unser Volk hat viel gekämpft und große Opfer nicht nur für die eigene Freiheit und Unabhängigkeit, sondern auch für Freiheit und Unabhängigkeit anderer Völker und für den Weltfrieden gebracht..." (siehe auch Dokument 5).

Die Vietnamesen brachten ungeheure Opfer in diesem Krieg, den die USA für über hundert Milliarden Dollar führten und dennoch nicht gewinnen konnten. Nach weiteren kolossalen Zerstörungen in Südvietnam und der Wiederaufnahme der Bombenangriffe auf Nordvietnam (1972/73), das die US-Amerikaner ,,in die Steinzeit zurückbombardieren" wollten, statt das in Paris ausgehandelte Friedensabkommen endlich zu unterschreiben, mußten Nixon und Kissinger schließlich im Januar 1973 einem Friedensplan mit der Demokratischen Republik Vietnam zustimmen. Danach wurde Südvietnam entsprechend der Kräfteverhältnisse aufgeteilt und der Rückzug der amerikanischen Truppen vorbereitet. Trotzdem gingen der Krieg und der Terror des Thieu-Regimes in Südvietnam noch bis zum 30. April 1975 weiter, als auch die südvietnamesische Hauptstadt Saigon von der Befreiungsarmee eingenommen werden konnte und die Reste des korrupten südvietnamesischen Systems zerfielen.

Schon 1976 wurde das Land wiedervereinigt und die ,,Sozialistische Republik Vietnam" ausgerufen. Nach dreißig Jahren Krieg begann die harte Zeit des Wiederaufbaus, bei der Vietnam kaum auf internationale Hilfe zählen konnte. So verweigerten die USA kategorisch jegliche Wiedergutmachung, obwohl die Zahlung von 3,25 Milliarden Dollar in Paris vertraglich vereinbart worden war.

DOKUMENT 5:
,,APPELL AN DIE NATION"
HO CHI MINH, 1966:

Landsleute und Kämpfer im ganzen Land, die amerikanischen Imperialisten haben einen barbarischen Aggressionskrieg begonnen, um unser Land zu erobern; doch mußten sie schwere Niederlagen hinnehmen.

Sie haben ein Expeditionskorps von ungefähr 300.000 Mann in den Süden unseres Landes geschickt. Sie unterhalten die Marionettenregierung und deren Söldnerarmee als Instrument für ihre Aggressionspolitik. Sie greifen zu den grausamsten Mitteln, zu Giftgas, Napalm etc. — eine Politik des ,,alles verbrennen, alles ermorden, alles zerstören". Mit solchen Verbrechen hoffen sie, unsere Landsleute unterwerfen zu können.

Aber unter der festen Leitung der Nationalen Befreiungsfront haben die Armee und die Bevölkerung des Südens in gemeinsamem Kampf großartige Siege errungen und sind entschlossen, weiter für die Befreiung des Südens, die Verteidigung des Nordens und die Wiedervereinigung des Landes zu kämpfen.

Die amerikanischen Imperialisten fliegen Angriffe gegen den Norden unseres Landes, um ihrer katastrophalen Lage im Süden zu entkommen und uns ihre ,,Verhandlungs"-Bedingungen aufzuoktroyieren.

Aber der Norden beugt sich nicht. Unsere Armee und unser Volk haben die Anstrengungen in der Produktion und beim Kampf verdoppelt. Bis heute haben wir mehr als 1.200 feindliche Flugzeuge abgeschossen. Wir sind entschlossen, den feindlichen Zerstörungsfeldzug scheitern zu lassen und unsere Brüder im Süden mit ganzer Kraft zu unterstützen. Seit

kurzem haben die Amerikaner die Eskalation erweitert und Haiphong sowie die Vororte von Hanoi angegriffen, eine Verzweiflungstat, dem Wüten eines tödlich verwundeten Tieres vergleichbar.
Johnson und seine Handlanger sollten begreifen: Sie können 500.000 Soldaten, eine Million oder noch mehr Soldaten schicken, um den Krieg zu verschärfen; sie können noch tausende Flugzeuge für Angriffe gegen den Norden bereitstellen — nie können sie den eisernen Willen der Vietnamesen zum Widerstand brechen. Je heftiger sie angreifen, desto schwerwiegender werden ihre Verbrechen. Der Krieg mag noch fünf, zehn oder zwanzig Jahre oder noch länger dauern; Hanoi, Haiphong, andere Städte und Industrien mögen zerstört werden, aber das vietnamesische Volk wird sich nicht einschüchtern lassen. Nichts ist so wichtig wie Unabhängigkeit und Freiheit. Nach dem Sieg werden wir unser Land wieder aufbauen, es größer und schöner gestalten.
Es ist allgemein bekannt, daß die Amerikaner vor jeder Ausweitung des Krieges von ,,Friedensgesprächen'' reden, um die Weltöffentlichkeit irrezuführen und Vietnam zu beschuldigen, es wolle keine ,,Friedensgespräche''.

Doch wer hat das Genfer Abkommen sabotiert, das Vietnam Souveränität, Unabhängigkeit, Einheit und territoriale Integrität garantiert? Sind vietnamesische Soldaten in Amerika gelandet, um Amerikaner zu töten? Hat nicht vielmehr die amerikanische Regierung amerikanischen Soldaten befohlen, Vietnam zu besetzen, und Vietnamesen zu töten?
Wenn die Amerikaner ihre Aggression in Vietnam beenden und alle eigenen und verbündeten Soldaten abziehen, ist sofort der Friede wiederhergestellt. Das vietnamesische Volk liebt den Frieden, aber einen echten Frieden in Unabhängigkeit, keinen falschen ,,amerikanischen'' Frieden. Für die Unabhängigkeit des Vaterlands und um unsere Pflicht im Kampf der Völker gegen den amerikanischen Imperialismus zu erfüllen, kämpfen unser Volk und unsere Armee gemeinsam, was immer die Opfer sein mögen. Die japanischen Faschisten und die französischen Kolonialisten haben wir unter viel schwierigeren Bedingungen geschlagen. Jetzt, wo die Umstände im In- und Ausland viel günstiger sind, werden wir desto sicherer siegen. Landsleute und Kämpfer, wir sind stark dank unserer gerechten Sache, dank der Einheit unseres Volkes in Nord und Süd, dank unserer ungebrochenen Kampftradition, dank der Sympathie und Unterstützung durch die sozialistischen Bruderländer und fortschrittlichen Menschen auf der ganzen Welt. Wir werden siegen.
Angesichts der neuen Lage sind wir entschlossen, alle Mühen und Opfer zu ertragen und die historische Aufgabe unseres Volkes zu erfüllen, den Sieg über die amerikanischen Aggressoren.

Im Namen des vietnamesischen Volkes danke ich den Völkern der sozialistischen Länder und allen fortschrittlichen Menschen auf der Welt, auch in den Vereinigten Staaten, für ihre tatkräftige Unterstützung und Hilfe. Ich bin überzeugt, daß angesichts der neuen amerikanischen Verbrechen die Völker und Regierungen der sozialistischen Bruderländer und alle friedens- und gerechtigkeitsliebenden Völker das vietnamesische Volk noch energischer unterstützen werden, bis es seinen Kampf gegen die amerikanische Aggression erfolgreich abschließen kann.
Das vietnamesische Volk wird siegen!
Die amerikanischen Aggressoren werden unterliegen!
Lang lebe ein friedliches, einiges, unabhängiges, demokratisches, blühendes und starkes Vietnam! Landsleute und Kämpfer im ganzen Land, verstärkt euren Einsatz![32]

DOKUMENT 6:
VIETNAM UND DEUTSCHLAND
ULRIKE MARIE MEINHOF, 1966:

Das wird nun systematisch unter die Leute gebracht: In Vietnam verteidigt Amerika die westliche Freiheit; in Vietnam stellt Amerika seine Bündnistreue unter harten, rührenden, dankenswerten Beweis; Vietnam — das könnte morgen schon Deutschland sein. Nichts von all dem ist wahr. Nachweisbar ist nur, daß die Bevölkerung, die derlei glauben gemacht wird und die Presse, die derlei glauben macht, bis hin zu den Politikern, die das bekräftigen, in diesem Krieg eine Funktion haben. Eine Funktion, die durchaus übersichtlich und benennbar ist, die aber mit deutschen Sicherheitsfragen nur sehr indirekt zusammenhängt. Die 100 Millionen Mark, die Bonn nach Vietnam geschickt hat, haben nichts mit Vietnam, dafür sehr viel mit Bonner Politik zu tun.
Johnson ist auf das Einverständnis der westlichen Welt mit seinem Vietnamkrieg angewiesen. Die Proteste in seinem eigenen Land gegen diesen Krieg sind längst weltöffentlich geworden. Sie reichen bis in Kongreß und Senat, sie spielen eine Rolle an den Universitäten, große Teile der amerikanischen Bürgerrechtsbewegung sind übergegangen zum Widerstand gegen den Krieg in Vietnam. Johnson braucht die Unterstützung der NATO-Länder für seinen Krieg als Argument gegen die Opposition im eigenen Land.
Bonn, in der Ära John Foster Dulles großgeworden — triumphal waren Adenauers Amerika-Reisen in den fünfziger Jahren — unterstützt den Vietnamkrieg aus egoistischem, um nicht zu sagen aggressivem Interes-

se. Er beweist — fragwürdig genug — die Bedrohung aus dem Osten; er rechtfertigt die Strategie der Vorwärtsverteidigung, der Raketenbasen an den Grenzen der DDR; er gibt Gelegenheit, die USA täglich und stündlich an ihre Sicherheitsgarantien für Berlin und die Bundesrepublik zu erinnern; er liefert Nervosität und Zündstoff, wo Unfrieden in Deutschland gestiftet werden soll. Immerhin hat Barzel bekräftigt, was in der Regierungserklärung dokumentiert wurde: Es gäbe keinen Frieden in Europa ohne Wiedervereinigung. Sprich: Vietnam — das könnte morgen schon Deutschland sein. Die das propagieren, setzen sich dem Verdacht aus, dergleichen vorbereiten zu wollen.

Der dubiose Verein ,,Moralische Aufrüstung'' hat das alles in einer ganzseitigen Anzeige in deutschen Tageszeitungen sehr bündig und unverhohlen ausgesprochen. Da wurde dem Bundeskanzler eine gute Reise gewünscht, und er wurde gebeten, Johnson und dem amerikanischen Volk zu sagen, ,,daß wir Deutschen dankbar sind für die Opfer an Leben und Gut, die Amerika in Vietnam für die Freiheit — auch unsere Freiheit — bringt.'' Und dann fand man sehr schnell den Dreh, den wir befürchten: ,,Die Fragen der Wiedervereinigung und der Oder-Neiße-Linie (sic!) werden nur dann eine echte Lösung finden, wenn wir alle unsere Kräfte gemeinsam für die Verwirklichung einer freien, auf allgemeinverbindlichen moralischen Maßstäben begründeten Weltordnung einsetzen. Amerika und Deutschland müssen sich entscheiden, mit der Ideologie der Freiheit voranzugehen.'' — Voran — wohin?

Um solch bösartiger Erwägungen willen bleiben dann alle Fakten auf der Strecke, die in Sachen Vietnam einfach und klar sind: Daß die Bündnistreue der USA diesem Land aufgezwungen wurde — also keine ist —, das war 1954, als Dulles das Land unter Diem in den Manila-Pakt manipulierte; als die freien Wahlen 1956 nicht stattfanden, weil Vietnam dann neutral geworden wäre, zweifelhafte Bündnistreue abgewiesen hätte. Dann bleibt auf der Strecke, daß es in Südvietnam westliche Freiheit im Sinne von Pressefreiheit, Meinungsfreiheit, Religionsfreiheit nie gegeben hat und daß der Vietcong eine Volksbewegung ist, die mit dem Wort ,,Kommunistisch'' nicht definiert werden kann...
Es gehört zum Bonner Geschäft mit dem Vietnamkrieg, daß der Bevölkerung Tatsachen vorenthalten werden, Zusammenhänge unklar bleiben, daß die Bevölkerung nichts durchschaut, aber mitmacht.
Es ist unwahrscheinlich, daß Bonn durch Vietnam-Solidarität zu eigenem Atomwaffenbesitz, zum Vietnamkrieg in Deutschland vorstößt. Aber immerhin: ,,Handlungen, die geeignet sind und in der Absicht vorgenommen werden, das friedliche Zusammenleben der Völker zu stören... sind verfassungswidrig.'' (GG Art. 26)[33]

SCHAFFT ZWEI, DREI, VIELE VIETNAM!
DER INTERNATIONALISMUS DER STUDENTENBEWEGUNG

In einem Studentenprozeß im Sommer 1967 in Berlin fragte der Richter einen Angeklagten: ,,Meinen Sie denn, daß sich in Vietnam etwas ändert, wenn Sie hier demonstrieren?" Die Antwort lautete: ,,Nein, aber hier!"
(Aus der Rede von Prof. Helmut Gollwitzer am 27.10.1967 bei einer Vietnam-Demonstration in Westberlin)
,,Die vietnamesische Revolution zersetzte in den kapitalistischen Metropolen alle überkommenen Politik- und Moralverständnisse, streute Dynamik in überlieferte Generationskonflikte, sprengte Reste von Staatsloyalität auf, zwang Zehntausende zur Suche nach einer neuen politischen und persönlichen Identität, lieferte das gesamte Arsenal der Legitimationsideologien des ‚freien Westens' dem historischen Mülleimer aus. Was für die wenigen Durchblickenden unter den Eltern der spanische Bürgerkrieg war, das wurde der vietnamesische Befreiungskampf für die Generation der Kinder — Lernprozeß, der keinen Stein der Sozialisation auf dem anderen ließ. Die Domino-Theorie der US-amerikanischen Konterrevolution (,,wenn Vietnam fällt, dann fällt der gesamte Ferne Osten") wurde Wirklichkeit in dem Bewußtsein der Jugend in den Metropolen: Mit dem Glauben an die Befreiungsfunktion des US-Napalmkrieges stürzten bei einer ganzen Generation die moralischen, politischen und kulturellen Sozialisations- und Integrationsstrategien des ‚freien Westens' wie ein Kartenhaus zusammen."[34]
So beschreibt Eckard Siepmann Vietnam als den ,,großen Katalysator" für die politische Bewußtseinsbildung in allen Bereichen in den sechziger Jahren.
Es ist bezeichnend, daß alle Publikationen über die Zeit der Vietnam-Bewegung bis 1968 sich immer nur mit der ,,Studentenbewegung", der ,,Protestbewegung", der ,,Rebellion der Studenten" oder der ,,Außerparlamentarischen Opposition" insgesamt beschäftigen. Es gibt bislang keine gesonderte Publikation über die Vietnam-Solidarität. Das liegt vor allem daran, daß die

Vietnam-Bewegung immer Teil einer breiteren Bewegung war, für Ostermarschierer wie SDS teilweise nur Auslöser und Verstärker für Auseinandersetzungen hier im eigenen Land. Es gab zunächst auch nur wenige spezielle Vietnam-Komitees und -Gruppen, sondern wichtig waren vor allem Vietnam-Arbeitskreise in größeren Verbänden wie dem SDS, der sich ebenfalls mit einer Vielfalt von politischen Themen auseinandersetzte. Die Beschäftigung mit Vietnam führte deshalb anfangs auch nicht zu einer eigenständigen Dritte Welt-Bewegung, sondern war integraler — ja entscheidender — Bestandteil eines Aufbruchs, der sich in seinen Zielen und Aktionen gegen Restauration und Staatsherrschaft in der Nachkriegsgesellschaft wandte: gegen den ,,Talarenmuff'' an den Universitäten, gegen die ,,Meinungsmanipulation'' der Springer-Presse, gegen den ,,Mief des Kalten Krieges'' und die nie aufgearbeitete Nazi-Vergangenheit, die der ,,Vietnam-Generation'' in den Figuren des Bundespräsidenten, des Kanzlers, vielen Konzernchefs, Richtern und Generälen gegenüberstand.
Die Beschreibung der Vietnam-Solidarität der Studentenbewegung bezieht sich deshalb neben eigenen Recherchen und Interviews mit Aktivisten von damals vor allem auf die allgemeine zu den Auseinandersetzungen der sechziger Jahre erschienene Literatur.

Die Auseinandersetzung des SDS mit Vietnam begann 1964: Auf der 19. Delegiertenkonferenz im September wurde der SDS-Landesverband Berlin mit der Ausarbeitung einer Dokumentation zur Entwicklung der „Süd-Vietnam-Frage" beauftragt.[35]
In Berlin wurde neben anderen Themenbereichen auch ein Arbeitskreis zu Vietnam gegründet, geleitet von Peter Gäng und Jürgen Horlemann: „Horlemann studiert Soziologie, Gäng Indologie. Beide sammeln schon seit Herbst 1964 alle nur erreichbaren Dokumente, Bücher und Presseartikel über den Krieg in Vietnam. Sie verfolgen die Wurzeln des jetzigen Kriegsgeschehens bis zum ersten Indochinakrieg in den vierziger Jahren, als die Japaner Vietnam okkupierten. Gäng und Horlemann und die anderen Teilnehmer des Arbeitskreises Vietnam arbeiten über einhundert Bücher durch und verfolgen regelmäßig 65 Zeitungen und Zeitschriften des In- und Auslandes. Übersetzungen werden angefertigt, Artikel ausgewertet, die internationale Berichterstattung verglichen. Das Ergebnis ist überraschend und gibt der manchmal in Studentenkreisen aufflackernden moralischen Empörung über die Art der Kriegsführung in Vietnam Rückhalt mit Tatsachen.[36] Entgegen der Darstellung und Berichterstattung in den bundesdeutschen Medien und Zeitungen wird in Vietnam nicht etwa die Freiheit des Westens gegen den Bolschewismus verteidigt. In Vietnam kämpft das vietnamesische Volk einen verbissenen Befreiungskampf um nationale Unabhängigkeit gegen die Großmacht Amerika, der es um strategische Positionen und Absatzmärkte zu tun ist." Rudi Dutschke war damals von den Berichten über Vietnam fasziniert. „Die Vietcong-Guerillas erfüllen seine Vision der radikalen Opposition gegen die alten und neuen Kolonialmächte mit Leben."[37]
Ab Anfang 1965 ging der SDS mit Ausstellungen, Filmabenden („Südvietnam kämpft") und Diskussionen mit dem Thema Vietnam an die Öffentlichkeit, zusätzlich motiviert durch die Empörung über die im Februar 1965 einsetzenden Bombenangriffe der USA auf Nordvietnam. Am 25. Februar veranstaltete der SDS ein Streitgespräch mit Vertretern der Berliner US-Mission. Es blieb „das einzige Mal, daß offizielle Vertreter der amerikanischen Regierungspolitik einer SDS-Einladung folgten... Im Gegensatz zum heutigen Brauch organisierte der SDS seine Öffent-

lichkeitsarbeit noch nach dem Prinzip: direkte Konfrontation statt parteiliches Monologisieren."[38] Dabei erlebten die amerikanischen Diskussionsteilnehmer zum ersten Mal in Berlin harte Kritik an ihrer Politik, Mißfallensäußerungen und Buh-Rufe aus dem Publikum, weil sie von den gutinformierten Mitgliedern des SDS-Vietnam-Arbeitskreises in aller Öffentlichkeit argumentativ demontiert wurden. Es kam zu ersten kleineren Vietnam-Demonstrationen. Aber noch fanden innenpolitische Themen mehr Aufmerksamkeit, so ein Kongreß ,,Demokratie vor dem Notstand" mit 2000 Teilnehmern in Bonn, an dem sich auch Gewerkschafter und Professoren beteiligten, und ein Protestmarsch von 1.000 Studenten in Berlin gegen den Bildungsnotstand, organisiert vom Verband Deutscher Studentenschaften (VDS), dem Dachverband der studentischen Hochschulorganisationen. Es kam auch zu ersten Auseinandersetzungen an der Freien Universität West-Berlin wegen der Disziplinierung kritischer Referenten und Assistenten. Das Wintersemester 1965/66 wurde dann zum ,,Vietnam-Semester". Es begann mit einer öffentlichen ,,Erklärung über den Krieg in Vietnam", die über hundert prominente Intellektuelle, Schriftsteller, Assistenten und Professoren unterzeichneten. Darin hieß es: ,,Bundeskanzler Erhard hat der amerikanischen Regierung wiederholt versichert, das deutsche Volk stehe hinter der Vietnampolitik der USA... (Wir) distanzieren uns von der moralischen und finanziellen Unterstützung des Vietnamkrieges durch die Bundesregierung..."[39] Dieser Aufruf hatte für die gesamte Solidaritätsbewegung auch außerhalb des SDS eine wichtige mobilisierende Wirkung.

Der Aufruf zeigt aber auch, daß der SDS im Herbst 1965 bewußt als eigenständige dritte Kraft im linken Spektrum auftrat, jenseits der traditionellen sozialdemokratischen oder kommunistischen Organisationen.[40]

Die Kritik des SDS in Berlin an den USA war — wie Erik Nohara, Mitglied des SDS-Arbeitskreises Vietnam erzählt — ,,eine geradezu gigantische Tabu-Verletzung, die man an jedem anderen Ort der BRD eher toleriert hätte als ausgerechnet in Berlin und dann noch in der von den Amerikanern finanzierten ,Freien Universität' und schließlich noch im ,Henry-Ford-Bau' dieser Universität, dem Audimax."

Die Berücksichtigung der speziellen Berliner Situation ist für das Verständnis der später gerade in dieser Stadt stattfindenden Konfrontationen bedeutsam. Bis weit in die sechziger Jahre hinein hatten in West-Berlin Studentendemonstrationen allenfalls ,,gegen den Bau der Berliner Mauer" stattgefunden. Noch zwei Jahre zuvor, am 22.11.1963, waren 20.000 Studenten und Schüler nach der Ermordung Kennedys spontan in einem Trauermarsch durch Berlin gezogen. Ein ASTA-Mitglied hatte vor dem Schöneberger Rathaus eine Trauerrede gehalten. Danach sprach der Regierende Bürgermeister Berlins, Willy Brandt, der die Berliner aufforderte, Trauerkerzen für den toten US-Präsidenten in die Fenster zu stellen. Jetzt waren die Vorzeichen plötzlich umgekehrt: Die Schutzmacht wurde kritisiert und Presse und Öffentlichkeit reagierten hysterisch, unbeholfen und peinlich: ,,Die acht Berliner Tageszeitungen starteten auf Anregung des Herausgebers des sozialdemokratischen ‚Telegraf' und unter dem ökonomischen Druck des Springer-Konzerns eine Spendenaktion zum Weihnachtsfest, mit der dem ganzen amerikanischen Volk symbolisch gezeigt werden sollte, wo Berlin stehe. Alle amerikanischen Familien, die einen Angehörigen im Vietnamkrieg verloren hatten, erhielten eine Nachbildung der Freiheitsglocke, hergestellt von der Königlichen Porzellan Manufaktur (KPM)."[41]

Damit sollte ,,die Verbundenheit Berlins mit der amerikanischen Nation zum Ausdruck" gebracht werden, wie es in dem Zeitungsaufruf hieß.[42]

Der Satiriker und Kabarettist Wolfgang Neuss reagierte auf diese Glockenaktion auf seine Weise. Er gab ein Extra-Blatt heraus: ,,Neuss Deutschland — Organ des Zentralkomitees der Satirischen Einheitspartei Deutschlands". Er bat darin ,,um die Unterstützung der amerikanischen Politik für Hitler in Vietnam". Die Tageszeitungen antworteten darauf mit einem Anzeigenboykott gegen sein Theater.

Das Rektorat der Uni versuchte, Vietnam-Veranstaltungen der Studenten zu verhindern. Politiker und Presse starteten eine Hetzkampagne gegen die Gegner des Vietnamkrieges. Die Kampagne fand ,,einen vorläufigen Höhepunkt am 28. Januar 1966 in einem Bombenanschlag gegen eine Vietnam-Diskussion im Studentenhaus der Technischen Universität... Da die Berliner Presse

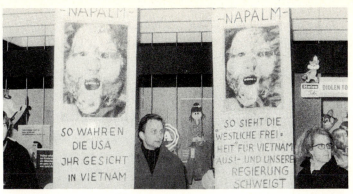
Der grausame Krieg der USA in Vietnam war ein großer Katalysator für die politische Bewußtseinsbildung in den sechziger Jahren.

diese Bombe bagatellisierte und den Vorfall zum Anlaß nahm, gegen den Inhalt dieser Veranstaltung zu polemisieren, wurden viele Studenten von der Notwendigkeit überzeugt, ihr politisches Engagement aus dem Seminarzirkel heraus in die Stadt zu tragen. Bestärkt durch die zynische Freiheitsglockenaktion der Berliner Zeitungsverleger zu Weihnachten 1965 und durch die trotz ständiger Wiederholung nicht einsichtiger werdende Behauptung, Berlins Freiheit werde in Vietnam verteidigt, beschlossen mehrere Hochschulverbände, am 5. Februar 1966 in der City gegen den Vietnamkrieg zu demonstrieren."[43]

Einen Tag vor dieser Demonstration startete ein kleiner Kreis eine erste „illegale" nächtliche Aktion: Rudi Dutschke und Bernd Rabehl, die über die Gruppe „Subversive Aktion" zum SDS gestoßen waren, sowie Peter Gäng und Jürgen Horlemann vom Vietnam-Arbeitskreis und ein paar andere klebten Plakate wild in der Stadt. Auf den Plakaten stand: „Erhard und die Bonner Parteien unterstützen MORD. Mord durch Napalmbomben! Mord durch Giftgas! Mord durch Atombomben! Die US-Aggression in Vietnam verstößt nicht gegen die Interessen des demokratischen Systems: Wer es wagt, sich aufzulehnen gegen Ausbeutung und Unterdrückung, wird von den Herrschenden mit Brutalität niedergemacht.

Die Völker Asiens, Afrikas und Lateinamerikas kämpfen gegen Hunger, Tod und Entmenschlichung. Die ehemaligen Sklaven

wollen Menschen werden. Kuba, Kongo, Vietnam — die Antwort der Kapitalisten ist Krieg. Mit Waffengewalt wird die alte Herrschaft aufrechterhalten. Mit Kriegswirtschaft wird die Konjunktur gesichert. Ost und West arrangieren sich immer wieder auf Kosten der wirtschaftlich unterentwickelten Länder. Jetzt bleibt den Unterdrückten nur noch der Griff zur Waffe. Für sie heißt Zukunft: REVOLUTION!
Wir sollen den Herrschenden beim Völkermord helfen. Deshalb beschwören sie das Gespenst der gelben Gefahr. Wie lange noch lassen wir es zu, daß in unserem Namen gemordet wird?
AMIS RAUS AUS VIETNAM — Internationale Befreiungsfront"[44]
Vier der Plakatkleber wurden festgenommen. Ihre ,,vorher nicht diskutierte Aktion", die den SDS ,,vor vollendete Tatsachen stellte", führte zu heftigen Diskussionen um diese neuen ,,direkten Aktionsformen" im Kampf gegen den Vietnamkrieg. Die Plakataktion wurde mißbilligt und die Einzelkämpfer wurden fast aus dem Verband ausgeschlossen. Zur Demonstration am 5. Februar kamen 2.500 Studenten. Die Parole hieß: ,,Gegen den schmutzigen Krieg in Vietnam". Mehrere hundert Demonstranten ließen sich vor dem Amerikahaus nieder und blockierten den Verkehr. ,,Polizeieinheiten versuchten, sie mit Gewalt zu zerstreuen; es gab auf seiten der Demonstranten Verletzte. Aus der Menge wurden sechs Eier gegen die Fassade des Amerika-Hauses geworfen. Einen Sprengkörper gegen eine studentische Veranstaltung hatte die Berliner Presse als einen Silvesterscherz behandelt; jene sechs Eier gegen ein Gebäude versetzten das offizielle Berlin jedoch in Panik, sie wurden zum Gegenstand von Schlagzeilen und Leitartikeln. Der Regierende Bürgermeister und der Rektor der FU schrieben devote Entschuldigungsbriefe an den amerikanischen Stadtkommandanten und stellten sich damit öffentlich hinter die Vernichtungspolitik der USA."[45]
Die Presse zeterte: ,,Die Narren von West-Berlin... SED unterstützt Studenten-Demonstration ... Eine Schande für unser Berlin... Beschämend! Undenkbar! Kurzsichtig...
Nachdem die unerhörten Vorfälle vor dem Amerika-Haus drei Tage lang die Titelseiten der Gazetten gefüllt hatten, legten die Berliner CDU, die Junge Union Berlin und der RCDS noch einen

Zahn drauf und veranstalteten eine ‚Sympathiekundgebung' gegen die ‚antiamerikanischen Ausschreitungen einiger linksorientierter Studenten'."[46]

Langhaarige Kritiker dieser Pro-Amerika-Kundgebung wurden von den CDU-Demonstranten unter der Parole ,,Gammler raus" zum S-Bahnhof Zoo geprügelt, gezwungen, Fahrkarten ,,nach drüben" zur Friedrichstraße in Berlin-Ost zu kaufen, und an den Haaren auf den Bahnsteig geschleift. ,,Die Mehrheit der SDS-Mitglieder war damals überrascht, daß es in West-Berlin noch ein derartiges faschistisches Potential gab und dieses kurzfristig mobilisierbar war."[47]

,,Die Universitätsbehörden versuchten nun, den begonnenen Politisierungsprozeß ihrer Studenten endgültig zu zerschlagen. Am 16. Februar 1966 beschloß der Akademische Senat, keine politischen Veranstaltungen in den Räumen der Universität mehr zu genehmigen."[48]

Für Mai 1966 bereitete der SDS in Frankfurt einen Kongreß unter dem Thema ,,Vietnam — Analyse eines Exempels" vor. In der Vorbereitungszeit gab es breite politische Diskussionen innerhalb des Verbandes, wobei nachher über drei Punkte Einigkeit erzielt wurde: ,,Eine Imperialismus-Analyse sei unbedingt wichtig, um sozialistisches Bewußtsein zu entwickeln; Gewalt dürfe für die Befreiungskämpfe der Dritten Welt nicht prinzipiell abgelehnt werden; und der SDS müsse sich über die politische Funktion und die möglichen Konsequenzen einer ,schlechten Identifikation' mit den kämpfenden Nationen der Dritten Welt im klaren sein."[49]

Erik Nohara erinnert sich an die Diskussionen: ,,Ein zentrales Problem in der Vietnam-Kampagne war, zu verdeutlichen, daß Schlußfolgerungen hinsichtlich der Verhältnisse in der BRD gezogen werden müssen, praktische Schlußfolgerungen, die weitergehen sollten als — hätte es das damals schon gegeben — vietnamesischen Tee zu verkaufen. Aber nennenswerte bundesdeutsche Industrieinteressen waren in Vietnam zunächst nicht auszumachen. Auch die Bündnistreue der CDU-Regierung war nicht mit direkten ökonomischen Interessen in Vietnam zu deuten. Die Gewalt-Debatte war eine Möglichkeit, dies zunächst zu kompensieren. Es war eine Debatte darüber, ob sich die Vietnam-Solida-

rität nur im Einkauf von Medikamenten oder auch in Spenden von Geld zum Waffenankauf äußern dürfte. Diese Debatte mag absurd erscheinen und sie endete ja auch überwältigend mit dem richtigen Ergebnis, daß es natürlich auch Sammlungen für die FNL, auch zugunsten des Ankaufs von Waffen, geben sollte. Aber die Debatte hatte schon den Sinn, daß gefragt wurde, was können wir eigentlich ganz konkret hier tun, praktisch tun. Es ist ja ein bekannter Sachverhalt, daß die Bereitschaft, sich für etwas zu engagieren, um so größer wird, je mehr man praktisch schon dafür getan hat bzw. praktisch dafür tun kann. Dieser praktische Ansatz setzt hundertmal mehr Energien für weitere Tätigkeiten frei als das Unterschreiben von 10 Aufrufen."
Wichtig war zu dieser Zeit auch schon der Kontakt zur amerikanischen Oppositionsbewegung, die am ,,Internationalen Vietnam Tag", am 26.3.1966, schon 100.000 Demonstranten in New York auf die Beine brachte. Nohara: ,,Es gab sehr viele Kontakte zu Leuten in den USA, zum ‚Free Speach-Movement', so daß es später auch leicht war, diese Leute zu Aktionen nach West-Berlin einzuladen. Das war auch wichtig, weil damit der platte Vorwurf des ‚Antiamerikanismus', der immer gegen uns erhoben wurde, schwieriger zu vertreten war."
,,Das Engagement gegen die amerikanische Vietnampolitik (wurde) zu einem verbindenden Element der internationalen Studentenbewegung. Ausdruck dieser Tatsache (war) die Gründung eines ‚westeuropäischen Studentenkomitees für den Frieden in Vietnam' am 27. Februar 1966. Bis zum zweiten Zusammentreffen am 23. Mai 1966 traten diesem Komitee 26 Studentenorganisationen aus allen westeuropäischen Ländern — mit Ausnahme Spaniens und Portugals — bei."[50] An dieser internationalen Initiative beteiligten sich auch Teile der ,,Kampagne für Abrüstung." Der SDS verteilte andererseits 1966 auch an die Ostermarschierer ein Flugblatt mit Einladungen zu dem Kongreß im Mai 1966 in der Johann-Wolfgang Goethe Universität in Frankfurt. Es kamen über 2000 Studenten, Assistenten und Professoren. Prominente Linksintellektuelle, auch aus anderen europäischen Ländern, unterstützten die Veranstaltung. Das Hauptreferat hielt der 1933 nach Amerika emigrierte marxistische Philosoph der Frankfurter Schule, Prof. Dr. Herbert Marcuse.

Marcuses Beitrag endete mit den Sätzen: „Man fragt immer noch, ob die Universität etwa mit Politik zu tun haben soll, ob Politik an der Universität gemacht werden soll. Gewiß, wir haben politische Wissenschaft in der Universität, aber die soll so wenig wie möglich mit Politik zu tun haben. Aber sicher hat Ethik einen legitimen Platz in der Universität, und eine der Sachen, die ich jedenfalls gelernt habe und die viele meiner Freunde, Sozialisten, Marxisten, gelernt haben, ist, daß Moral und Ethik nicht bloßer Überbau und nicht bloße Ideologie sind.
Es gibt eben in der Geschichte so etwas wie Schuld, und es gibt keine Notwendigkeit, weder strategisch, noch technisch, noch national, die rechtfertigen könnte, was in Vietnam geschieht: das Abschlachten der Zivilbevölkerung, von Frauen und Kindern, die systematische Vernichtung von Nahrungsmitteln, Massenbombardierungen eines der ärmsten und wehrlosesten Länder der Welt — das ist Schuld und dagegen müssen wir protestieren, selbst wenn wir glauben, daß es hoffnungslos ist, einfach um als Mensch überleben zu können und vielleicht für andere doch noch ein menschenwürdiges Dasein möglich zu machen, vielleicht auch nur, weil dadurch der Schrecken und das Grauen abgekürzt werden könnten, und das ist heute schon unendlich viel."[51]

In der fast einstimmig verabschiedeten Schlußerklärung dieses Kongresses hieß es: „1. Der Vietnamkrieg ist ein nationaler und sozialer Befreiungskampf der südvietnamesischen Bevölkerung und zugleich ein Akt politischer Notwehr... 2. Der Vietnamkonflikt ist keine gefällige Einzelerscheinung, sondern ein Modellfall für ähnliche, bereits sich entfaltende Konflikte in den halbkolonialen Agrarländern Asiens, Afrikas und Lateinamerikas... 3. Die Interventionspolitik der USA bedroht nicht nur die Existenz des vietnamesischen Volkes, sie widerspricht auch den elementaren Lebensinteressen der großen Mehrheit der Bevölkerung in den USA und den ihr verbündeten Ländern... 4. Der Vietnamkonflikt hat die Tendenz, sich zu einem großen, allgemeinen Krieg auszuweiten..."[52]
An der Berliner FU nahmen danach 1966 auch die Auseinandersetzungen um hochschulpolitische Fragen weiter zu. Im Juni beteiligten sich erstmals 3000 Studenten an einem „Sit-in" und er-

kämpften so die Aufhebung eines Raumverbotes für politische Veranstaltungen an der Universität.

Bei einer Vietnam-Demonstration am 8. Juli 1966 von 2000 FU-Studenten vor dem Henry-Ford-Bau in Berlin kam es wieder zu Schlägereien mit Mitgliedern des CDU-nahen RCDS.[53]

Das Dritte Welt-Engagement der Studentenbewegung in dieser Zeit blieb zwar immer hauptsächlich auf Vietnam konzentriert, bezog aber zunehmend auch andere Themen und Länder mit ein: Bei einer Protestaktion am 2.8.1966 des SDS, der Falken und des afrikanischen Studentenbundes gegen den rassistischen und die Kolonialpolitik verherrlichenden Film ,,Africa Addio" über den Bürgerkrieg im Kongo wurden acht FU-Studenten festgenommen. Die Vorführung im Berliner Astor-Kino mußte jedoch abgebrochen werden. ,,Eine vom SDS daraufhin für den 4.8. angemeldete Demonstration wird verboten. Als sich dennoch 1000 Studenten vor dem Kino versammeln, versucht die Polizei, sie abzudrängen und verhaftet dabei 43 afrikanische und deutsche Studenten. Einen Tag später setzt der Filmverleih ,Africa Addio' schließlich vom Programm ab."[54]

In einem Flugblatt zu dieser Aktion hieß es: ,,...Wie selbstverständlich werden Neger als zur Kultur unfähige ,Untermenschen' gezeigt. Africa Addio hat sich als Ziel gesetzt, den Europäern zu zeigen, daß Neger nur die Sprache der Brutalität verstehen... Africa Addio rechtfertigt jede sogenannte humanitäre Aktion von weißen Söldnern. Denn nur die Rückkehr der weißen Herrschaft vermöge es, Kultur nach Afrika wieder einzuführen..."

Bei der Delegiertenkonferenz des SDS Anfang September in Frankfurt wurde der Vietnam-Spezialist Peter Gäng zum zweiten Bundesvorsitzenden gewählt. Unter anderem beschloß diese Konferenz, der SDS werde auch ,,weiterhin allein oder gemeinsam mit anderen Organisationen die entschiedensten und aktivsten Teile der Opposition gegen den Vietnamkrieg in der Bundesrepublik zu wirksamen öffentlichen Kundgebungen und Demonstrationen zusammenführen."[55]

Aber zunächst standen wieder andere Aktivitäten im Mittelpunkt: Am 30.10.1966 fand — wieder in Frankfurt — der große, von der IG Metall finanzierte Kongreß ,,Notstand der Demokratie" statt, an dem auch die Organisationen der Ostermarschbewe-

gung teilnahmen. 5000 Teilnehmer, darunter ein großer Teil der linken Intelligenz aus der Bundesrepublik, dokumentierten den Widerstand gegen die Notstandsgesetze. Zur Abschlußkundgebung kamen über 20.000 Menschen, darunter auch viele Gewerkschafter, Sozialdemokraten, Falken und Naturfreunde, Freidemokraten und Mitglieder der verbotenen KPD.[56]
Der Tübinger Philosoph Ernst Bloch sagte bei der Abschlußkundgebung: ,,Wir kommen zusammen, um den Anfängen zu wehren." Einen Monat später, Ende November 1966, kam es zur Bildung der Großen Koalition zwischen CDU/CSU und SPD. Damit waren die politischen Voraussetzungen für die Verabschiedung der Notstandsgesetze geschaffen. Auch diese Regierung unter Beteiligung von Sozialdemokraten unterstützte weiter den Vietnamkrieg der USA. Hatte der vorherige Bundeskanzler Ludwig Erhard (CDU) schon ,,Verständnis für das amerikanische Vorgehen in Vietnam" bekundet (Die Welt, 7.8.1964), so schrieb der Bundespräsident Heinrich Lübke (CDU) nach Aufnahme der Bombardierung Nordvietnams in einem offiziellen Glückwunschtelegramm an den US-Präsidenten: ,,Möge auch der gegenwärtige Kampf, den Ihr Land ...in Südostasien führt, von Erfolg gekrönt sein." (Der Tagesspiegel, 5.7.1966)
Bundestagspräsident Eugen Gerstenmaier (CDU) schützte die Schutzmacht vor Kritik: ,,Der Vorwurf ist um so kränkender, als die USA seit 20 Jahren Gut und Blut für die Durchsetzung ihrer Politik der Eindämmung des Kommunismus an den Grenzen der freien Welt aufwenden. Darum stehen sie noch immer in Berlin, darum haben sie in Korea gekämpft und darum nehmen sie in Vietnam einen schmutzig-blutigen Dschungelkrieg auf sich. Sie verdienen dafür nicht Tadel, sondern die Bewunderung und Dankbarkeit aller, die es ernst meinen mit der Sache der Freiheit in der Welt." (Bayernkurier, 28.12.1966)
Auch Willy Brandt (SPD) unterstrich frühzeitig seine ,,moralische Unterstützung" für den ,,Abwehrkampf der Amerikaner in Vietnam" (Die Welt, 27.4.1965). In einem Interview mit dem norwegischen Fernsehen sagte Brandt ein Jahr später: ,,Ich denke, es wäre unvernünftig, von den Amerikanern zu verlangen, daß sie abziehen" (dpa, 11.8.1966). Offen warb Willy Brandt auf dem 10. Kongreß der Sozialistischen Internationale in Stockholm

am 5. Mai 1966 um ,,Verständnis" für die US-Luftangriffe und verteidigte die ,,amerikanische Anwesenheit in Vietnam" mit der Begründung, ein ,,Rückzug würde nur den Kommunisten Vorschub leisten".
Georg Leber, SPD-Minister in der Großen Koalition, erklärte für seine Partei die ,,Priorität des Bündnisses mit einer vorbehaltlosen Unterstützung der Position der USA im Vietnamkrieg" (Süddeutsche Zeitung, 11.5.1967)[57]. Diesem monolithischen Machtblock stand die Protestbewegung gegenüber.
Im Dezember 1966 rief der SDS in Berlin zu einer Vietnam-Woche an der FU auf. Dabei fanden ,,gleichzeitig zwei Veranstaltungen zum Thema Vietnam statt; im Auditorium Maximum zeigte der SDS vor 600 Zuschauern Filme über den Krieg aus den USA und von der Nationalen Befreiungsfront Südvietnams, während im benachbarten Hörsaal der südvietnamesische Botschafter als Gast des RCDS mit knapp hundert Studenten diskutierte. Ein Vorschlag des SDS, die Veranstaltungen zusammenzulegen, wurde vom RCDS abgelehnt; der Botschafter ließ den Filmbesuchern aber mitteilen, er werde sie anschließend zu einer Diskussion einladen. Diese Diskussion nahm teilweise Tumultcharakter an, weil der Botschafter keine Fragen inhaltlich beantwortete und weil die Diskussionsleiter des RCDS unbequeme Frager mit Gewalt am Sprechen hinderten. Obwohl das Rektorat drei offizielle Beobachter entsandt hatte, übernahm es die Version der Presse, die Studenten seien nicht an einer Diskussion, sondern nur an Krawall interessiert, und beteiligte sich dadurch an der Diffamierung kritischer Studenten."[58]
Die Zusammenarbeit des SDS mit der vietnamesischen Befreiungsfront wurde damals über das Büro der FNL in Ost-Berlin organisiert. Erik Nohara: ,,Die Zusammenarbeit mit der FNL lief sehr unbürokratisch, wir waren auch öfters drüben und haben mit denen diskutiert. Diese positive Zusammenarbeit hat jedenfalls dazu geführt, daß die Vietnam-Kampagne schneller und besser ablaufen konnte, als wir es selbst erwartet hatten."
Auch in anderen bundesdeutschen Städten fanden zunehmend Diskussionsveranstaltungen und Demonstrationen gegen den Vietnamkrieg statt. Die Ostermärsche hatten das Thema aufgegriffen, aber die Hauptauseinandersetzungen konzentrierten sich

weiterhin auf Berlin. Dabei wurden die Protestaktionen dort zunehmend von den Behörden behindert: ,,Am 10. Dezember 1966 veranstaltete die Kampagne für Abrüstung eine Demonstration gegen den Vietnamkrieg. Der Polizeipräsident gab — in demokratischer Tradition und wegen einer Verordnung vom Februar 1966, die die City zur Bannmeile erklärte — seine Genehmigung für eine Demonstrationsroute durch eine menschenleere Entlastungsstraße, um den Verkehr der Innenstadt nicht zu stören (vielleicht auch, um, nach einem Ausspruch des späteren Regierenden Bürgermeisters Albertz, ‚ungestörter operieren zu können'). Ein großer Teil der über 2000 Demonstranten versuchte jedoch, zum Kurfürstendamm zu gelangen; er wurde durch starke Polizeieinheiten mit Knüppeln auf die vorgeschriebene Straße zurückgedrängt. Im Anschluß an die ‚ordnungsgemäß' verlaufene Kundgebung versammelten sich Hunderte von Demonstranten vor dem Café Kranzler, drapierten einen Weihnachtsbaum mit dem Sternenbanner und einem Plakat: ‚Spießer aller Länder vereinigt euch', und versuchten, Pappköpfe von Johnson und Ulbricht in Brand zu setzen. Ohne hörbare Warnung ging die Polizei mit Gummiknüppeln dagegen vor. Polizisten prügelten auf die Demonstranten ein, zerbrachen Plakate und verhafteten über 80 Personen."[59] Die Kommune I, auf deren Initiative diese Demonstration zurückging[60], kreierten mit dieser Aktion zum ersten Mal eine Art ,,Happening" gegen den Vietnamkrieg. Ihre Parolen hießen: ,,Weihnachtswünsche werden wahr, Bomben made in USA" und ,,Am toten Vietnamesen soll die freie Welt genesen". (Heute lauten ähnliche Sprüche: ,,Brot für die Welt, aber die Wurst bleibt hier!")

In Berlin reagierte der SDS auf die Taktik des Innensenators Albertz, Demonstrationen nur noch in ausgestorbenen Vorstadtstraßen zuzulassen, mit einer unangemeldeten ,,Spaziergang-Demonstration" am 17. Dezember, einem verkaufsoffenen Samstag. Die SDS-Parolen lauteten: ,,Keine Keilerei mit der Polizei" und ,,Kommt die Polizei herbei/gehen wir an ihr vorbei/ an der nächsten Ecke dann/fängt das Spiel von vorne an." ,,Ungefähr 200 Studenten bildeten auf entsprechende Signale aus einer Kindertrompete hin mehrmals einen Demonstrationszug. Wie vorausberechnet reagierte die Polizei bierernst und z.T. hysterisch: 74 Studenten, Schüler und Passanten, besonders solche mit Weihnachtspaketen, wurden festgenommen. Vier Polizeibeamte in Zivil arretierten Rudi Dutschke, auch mit einem Weihnachtspaket unter dem Arm."[61]

Anfang 1967 nahm die Repression in Berlin zu: Am 26. Januar durchsuchte die Berliner Polizei das SDS-Büro. Und im April überfiel die Politische Polizei vor einem Staatsbesuch aus den USA die „Kommune I", eine Gruppe um Fritz Teufel, Dieter Kunzelmann und Rainer Langhans, die demonstrativ andere kollektive Lebens- und Wohnformen ausprobierten. Die Kommune I fiel vor allem durch spektakuläre Einzelaktionen auf, wurde wenig später jedoch, weil sie gefälschte SDS-Flugblätter herausgab, aus dem Verband ausgeschlossen. Die Politische Polizei erklärte, die elf Festgenommenen der Kommune I seien „unter verschwörerischen Umständen zusammengekommen und hätten hierbei Anschläge gegen das Leben oder die Gesundheit des amerikanischen Vizepräsidenten Hubert Horatio Humphrey mittels Bomben, mit unbekannten Chemikalien gefüllten Plastikbeuteln oder mit anderen gefährlichen Tatwerkzeugen wie Steinen usw. geplant."[62] Tatsächlich handelte es sich um Rauchkerzen und Plastikbeutel mit Pudding, Mehl und Farbe.

Doch die Presse übernahm die Falschmeldungen von den geplanten ‚Bombenattentaten' bereitwillig: „ ‚Geplant: Bombenanschlag auf US-Vizepräsidenten' (BILD-Berlin), ‚Studenten planen Attentat auf Humphrey' (BZ), ‚Attentat auf Humphrey von Kripo vereitelt' (Morgenpost), ‚Maos Botschaft in Ost-Berlin lieferte die Bomben gegen Vizepräsident Humphrey' (Der Abend)."[63]

Der SDS veranstaltete am Abend des 6. April 1967 eine Demonstration vor dem Schloß Charlottenburg und später vor dem Springer-Hochhaus gegen die Anwesenheit des US-Vizepräsidenten in West-Berlin. Trotz strömenden Regens nahmen ca. 2000 Studenten an der Demonstration teil. Dabei wurde auch die sofortige Freilassung der festgenommenen Studenten gefordert.

Die Reaktion des „Establishments" auf die Studentenproteste glich einem absurden Theater. Aber die Hetze gegen die Studenten war real, war ernstgemeint und hatte bald entsprechende Folgen.

FÜR DEN SCHAH VON PERSIEN WURDE SCHARF GESCHOSSEN
DER 2. JUNI 1967 UND DER TOD VON BENNO OHNESORG

Wieder stand ein Staatsbesuch an. Diesmal ging es nicht um Vietnam, sondern um eine andere Diktatur in der Dritten Welt: Der Schah von Persien und seine Gattin Farah Diba besuchten die Bundesrepublik und wurden von Politikern aller Parteien hofiert. Dabei waren Terror und Folter, die diese Gäste über ihre Geheimpolizei im Iran praktizieren ließen, wohlbekannt. Aber diesmal ging es auch sehr direkt um bundesdeutsche Geschäftsinteressen, um Exportchancen (auch für Waffen) und Öllieferungen. So mußte der Schah natürlich auch nach Berlin, um an der Mauer den ,,kommunistischen Terror des Ostens'' anzuklagen. Bereits am 27. Mai kam es in Bonn zu Auseinandersetzungen zwischen demonstrierenden deutschen und persischen Studenten und der Polizei.[64]
Am 30. Mai demonstrierten 1500 deutsche und persische Studenten in München gegen den Schah-Besuch. Sie riefen ,,Mörder, Mörder''. Auf Anordnung des Innenministeriums von Bayern waren 107 oppositionelle persische Studenten in München, Oberbayern und Mittelfranken (den Gebieten, die der Schah besuchte) zwangsevakuiert worden. Am 1. Juni fand im Audimax der FU ein großes Teach-in mit 3000 Studenten statt. Der persische Dozent Bahman Nirumand analysierte das Folterregime seines Heimatlandes. Danach demonstrierten Studenten vor der tschechoslowakischen Militärmission gegen den freundlichen Empfang des iranischen Diktators in Prag.[65]
Am 2. Juni kam es beim Berlin-Besuch des Schahs mittags vor dem Schöneberger Rathaus zu ersten Auseinandersetzungen. Die Ereignisse dieses Tages gehören zu den gravierendsten in der Geschichte der außerparlamentarischen Opposition und der Dritte Welt-Solidaritätsbewegung. Fichter und Lönnendonker haben die Geschehnisse dieses Tages detailliert aufgezeichnet: ,,...Hinter den Absperrungen des durch ungewöhnlich starke Polizeieinheiten abgesicherten Schöneberger Rathauses erwarten ca. 3000

Der Staatsbesuch des Schahs von Persien führte in der Bundesrepublik zu Protesten, in deren Verlauf der Student Benno Ohnesorg getötet wurde.

Schaulustige die Ankunft des Schahs, unter ihnen ungefähr 1/4 Anti-Schah-Demonstranten. Diese tragen Plakate mit Aufschriften wie ‚Schluß mit Folterungen politischer Gefangener', ‚Nieder mit der Militär-Diktatur', ‚Bewaffnet nicht den Schah für seinen Kampf gegen das persische Volk', ‚Rücktritt des widerrechtlich vom Schah ernannten Direktors der Universität', ‚Freiheit der politischen Gefangenen', ‚Für Freilassung der inhaftierten Studenten', ‚Welcome to Berlin Mr. Dictator', ‚Der Mörder des persischen Volkes' und ‚Mörder'. Einige Demonstranten haben Papptüten mit aufgemalten Schah- und Farah-Diba-Karrikaturen über ihre Köpfe gestülpt, um nicht identifiziert werden zu können. Unter den Anwesenden wird ein ‚Offener Brief an Farah Diba' von Ulrike Marie Meinhof (siehe Dokument 7) verteilt. Die Herausgeber des Flugblattes wollen mit der Veröffentlichung dieses Briefes ‚zum Verständnis von Protest gegen unmenschliche Daseinsbedingungen' beitragen, ‚gleich, ob sie in Deutschland, Vietnam, Griechenland, Persien oder in einem anderen Teil der Welt bestehen'.

DOKUMENT 7:
OFFENER BRIEF AN FARAH DIBA
ULRIKE MARIE MEINHOF, 1967:

Guten Tag, Frau Pahlawi,
die Idee, Ihnen zu schreiben, kam uns bei der Lektüre der „Neuen Revue" vom 7. und 14. Mai, wo Sie Ihr Leben als Kaiserin beschreiben. Wir gewannen dabei den Eindruck, daß Sie, was Persien angeht, nur unzulänglich informiert sind. Infolgedessen informieren Sie auch die deutsche Öffentlichkeit falsch.
Sie erzählen da: „Der Sommer ist im Iran sehr heiß, und wie die meisten Perser reise auch ich mit meiner Familie an die persische Riviera am Kaspischen Meer."
„Wie die meisten Perser" — ist das nicht übertrieben? In Balutschestan und Mehran z.B. leiden „die meisten Perser" — 80 Prozent — an erblicher Syphilis. Und die meisten Perser sind Bauern mit einem Jahreseinkommen von weniger als 100 Dollar. Und den meisten persischen Frauen stirbt jedes zweite Kind — 50 von 100 — vor Hunger, Armut und Krankheit. Und auch die Kinder, die in 14tägigem Tagewerk Teppiche knüpfen — fahren auch die — die meisten? — im Sommer an die persische Riviera am Kaspischen Meer?
Als Sie in jenem Sommer 1959 aus Paris heimkehrend ans Kaspische Meer fuhren, waren Sie „richtig ausgehungert nach persischem Reis und insbesondere nach unseren natursüßen Früchten, nach unseren Süßigkeiten und all den Dingen, aus denen eine richtige persische Mahlzeit besteht, und die man eben nur im Iran bekommen kann".
Sehen Sie, die meisten Perser sind nicht nach Süßigkeiten ausgehungert, sondern nach einem Stück Brot. Für die Bauern von Mehdiabad z.B. besteht eine „persische Mahlzeit" aus in Wasser geweichtem Stroh, und nur 150 km von Teheran entfernt haben die Bauern schon Widerstand gegen die Heuschreckenbekämpfung geleistet, weil Heuschrecken ihr Hauptnahrungsmittel sind. Auch von Pflanzenwurzeln und Dattelkernen kann man leben, nicht lange, nicht gut, aber ausgehungerte persische Bauern versuchen es — und sterben mit 30; das ist die durchschnittliche Lebenserwartung eines Persers. Aber Sie sind ja noch jung, erst 28 — da hätten Sie ja noch zwei schöne Jahre vor sich —, „die man eben nur im Iran bekommen kann".
Auch die Stadt Teheran fanden Sie damals verändert: „Gebäude waren wie Pilze aus dem Boden geschossen; die Straßen waren breiter und geräumiger. Auch meine Freundinnen hatten sich verändert, waren schöner geworden, richtige junge Damen."

Die Behausungen der ,,unteren Millionen" haben Sie dabei geflissentlich übersehen, jener 200.000 Menschen, die im Süden Teherans ,,in unterirdischen Höhlen und überfüllten Lehmhütten leben, die Kaninchenställen gleichen", wie die New York Times schreibt. Dafür sorgt die Polizei des Schah, daß Ihnen sowas nicht unter die Augen kommt. Als 1963 an die tausend Menschen in einer Baugrube in der Nähe der besseren Wohnviertel Unterschlupf gesucht hatten, prügelte eine Hundertschaft von Polizisten sie da heraus, damit das ästhetische Empfinden derer, die im Sommer ans Kaspische Meer fahren, nicht verletzt würde. Der Schah findet es durchaus erträglich, daß seine Untertanen in solchen Behausungen leben, unerträglich findet er lediglich ihren Anblick für sich und Sie etc. Dabei soll es den Städtern noch vergleichsweise gut gehen. ,,Ich kenne Kinder — heißt es in einem Reisebericht aus Südiran —, die sich jahrelang wie Würmer im Dreck wälzen und sich von Unkraut und faulen Fischen ernähren." Wenn diese Kinder auch nicht die Ihren sind, worüber Sie mit Recht heilfroh sein werden — so sind es doch Kinder.

Sie schreiben: ,,In Kunst und Wissenschaft nimmt Deutschland — ebenso wie Frankreich, England, Italien und die anderen großen Kulturvölker — eine führende Stellung ein, und das wird auch in Zukunft so bleiben."

Das walte der Schah. Was die Bundesrepublik angeht, so sollten Sie solche Prognosen vielleicht lieber den deutschen Kulturpolitikern überlassen, die verstehen mehr davon. Aber warum nicht rundheraus gesagt, daß 85 Prozent der persischen Bevölkerung Analphabeten sind, von der Landbevölkerung sogar 96 Prozent oder: Von 15 Millionen persischen Bauern können nur 514.480 lesen. Aber die 2 Milliarden Dollar Entwicklungshilfe, die Persien seit dem Putsch gegen Mossadegh 1953 bekommen hat, haben sich nach den Feststellungen amerikanischer Untersuchungsausschüsse ,,in Luft verwandelt", die Schulen und Krankenhäuser, die davon u.a. gebaut werden sollten, bleiben unauffindbar. Aber der Schah schickt jetzt Wehrpflichtige auf die Dörfer, um die Armen zu unterrichten, eine ,,Armee des Wissens", wie man sie selbstentlarvend nennt. Die Leute werden sich freuen, die Soldaten werden sie Hunger und Durst, Krankheit und Tod vergessen lassen. Sie kennen den Satz des Schahs, den Hubert Humphrey taktloserweise verbreitet hat: ,,Die Armee sei dank der US-Hilfe gut in Form, sie sei in der Lage, mit der Zivilbevölkerung fertig zu werden. Die Armee bereitet sich nicht darauf vor, gegen die Russen zu kämpfen, sie bereitet sich vor, gegen das iranische Volk zu kämpfen."

Sie sagen, der Schah sei eine ,,einfache, hervorragende und gewissenhafte Persönlichkeit, einfach wie ein ganz normaler Bürger."

Das klingt ein wenig euphemistisch, wenn man bedenkt, daß allein sein Monopol an Opium-Plantagen jährlich Millionen einbringt, daß er der Hauptlieferant der in die USA geschmuggelten Narkotika ist und daß noch 1953 das Rauschgift Heroin in Persien unbekannt war, indes durch kaiserliche Initiative heute 20 Prozent der Iraner heroinsüchtig sind. Leute, die solche Geschäfte machen, nennt man bei uns eigentlich nicht gewissenhaft, eher kriminell und sperrt sie ein, im Unterschied zu den ,,ganz normalen Bürgern''.
Sie schreiben: ,,Der einzige Unterschied ist, daß mein Mann nicht irgendwer ist, sondern daß er größere und schwerere Verantwortung als andere Männer tragen muß.''
Was heißt hier ,,muß''? Das persische Volk hat ihn doch nicht gebeten, in Persien zu regieren, sondern der amerikanische Geheimdienst — Sie wissen: der CIA — und hat sich das was kosten lassen. 19 Millionen Dollar soll allein der Sturz Mossadeghs den CIA gekostet haben. Über den Verbleib der Entwicklungshilfe können nur Mutmaßungen angestellt werden, denn mit dem bißchen Schmuck, den er Ihnen geschenkt hat — ein Diadem für 1,2 Millionen DM, eine Brosche für 1,1 Million DM, Diamantohrringe für 210.000 DM, ein Brillantarmband, eine goldene Handtasche —, sind 2 Milliarden ja noch nicht durchgebracht. Aber seien Sie unbesorgt, das westliche Ausland wird nicht kleinlich sein, den Schah wegen ein paar Milliarden Unterschlagungen, Opiumhandel, Schmiergeldern für Geschäftsleute, Verwandtschaft und Geheimdienstler, dem bißchen Schmuck für Sie zu desavouieren. Ist er doch der Garant dafür, daß kein persisches Öl je wieder verstaatlicht wird, wie einst unter Mossadegh, nicht bevor die Quellen erschöpft sind, gegen Ende des Jahrhunderts, wenn die vom Schah unterzeichneten Verträge auslaufen. Ist er doch der Garant dafür, daß kein Dollar in Schulen fließt, die das persische Volk lehren könnten, seine Geschicke selbst in die Hand zu nehmen; sein Öl für den Aufbau einer Industrie zu verwenden und Devi-

sen für landwirtschaftliche Maschinen auszugeben, um das Land zu bewässern, des Hungers Herr zu werden. Ist er doch der Garant dafür, daß rebellische Studenten und Schüler jederzeit zusammengeschossen werden und Parlamentsabgeordnete, die das Wohl des Landes im Auge haben, verhaftet, gefoltert, ermordet werden. Ist er doch der Garant dafür, daß eine 200.000-Mann-Armee, 60.000 Mann Geheimdienst und 33.000 Mann Polizei, mit US-Geldern gut bewaffnet und wohl genährt und von 12.000 amerikanischen Armee-Beratern angeleitet, das Land in Schach halten. Damit nie wieder passiert, was die einzige Rettung des Landes wäre: die Verstaatlichung des Öls, wie damals am 1. Mai 1951 durch Mossadegh. Man soll dem Ochsen, der drischt, nicht das Maul verbinden. Was sind die Millionen, die der Schah in St. Moritz verpraßt, auf Schweizer Banken überweist, gegen die Milliarden, die sein Öl der British Petroleum Oil Comp. (BP), der Standard Oil, der Caltex, der Royal Dutch Shell und weiteren englischen, amerikanischen und französischen Gesellschaften einbringt? Weiß Gott, es ist eine ,,größere und schwerere Verantwortung'', die der Schah für die Profite der westlichen Welt tragen muß, als andere Männer.

Aber vielleicht dachten Sie gar nicht an das leidige Geld, vielleicht mehr an die Bodenreform. 6 Millionen Dollar pro Jahr gibt der Schah dafür aus, durch Public-Relation-Büros in der Welt als Wohltäter bekanntgemacht zu werden. Tatsächlich waren vor der Bodenreform 85 Prozent der landwirtschaftlichen Nutzfläche in Großgrundbesitz, jetzt sind es nur noch 75 Prozent. Ein Viertel des Bodens gehört nun den Bauern, das sie zu einem Zinssatz von 10 Prozent im Laufe von 15 Jahren abbezahlen müssen. Nun ist der persische Bauer ,,frei'', nun bekommt er nicht mehr nur ein Fünftel, nein *zwei* Fünftel der Ernte für sich (eins für seine Arbeitskraft, eins für den Boden, der ihm gehört), die verbleibenden drei Fünftel bekommt auch in Zukunft der Großgrundbesitzer, der nur den Boden verkaufte, nicht aber die Bewässerungsanlagen, kein Saatgut, nicht das Zugvieh. So gelang es, die Bauern noch ärmer, noch tiefer verschuldet, noch abhängiger zu machen, noch hilfloser, gefügiger. Fürwahr, ein ,,intelligenter, geistvoller'' Mann, der Schah, wie Sie sehr richtig bemerkten.

Sie schreiben über die Sorgen des Schahs um einen Thronfolger: ,,In diesem Punkt ist das iranische Grundgesetz sehr strikt. Der Schah von Persien muß einen Sohn haben, der eines Tages den Thron besteigt, in dessen Hände der Schah später die Geschicke des Iran legen kann... In diesem Punkt ist das Grundgesetz äußerst streng und unbeugsam.''
Merkwürdig, daß dem Schah ansonsten die Verfassung so gleichgültig ist, daß er z.B. — verfassungswidrig — die Zusammensetzung des Parla-

ments bestimmt und alle Abgeordneten vor ihrem Eintritt in das Parlament ein undatiertes Rücktrittsgesuch unterzeichnen müssen. Daß keine unzensierte Zeile in Persien veröffentlicht werden darf, daß nicht mehr als drei Studenten auf dem Universitätsgelände von Teheran zusammenstehen dürfen, daß Mossadeghs Justizminister die Augen ausgerissen wurden, daß Gerichtsprozesse unter Ausschluß der Öffentlichkeit stattfinden, daß die Folter zum Alltag der persischen Justiz gehört. Ist in diesen Dingen vielleicht das ,,Grundgesetz'' doch nicht so strikt und unbeugsam? Der Anschauung halber ein Beispiel für Folter in Persien: ,,Um Mitternacht des 19. Dezember 1963 begann der Untersuchungsrichter mit seiner Vernehmung. Zunächst befragte er mich und schrieb meine Antworten nieder. Später fragte er dann nach Dingen, die mich entweder nichts angingen oder von denen ich nichts wußte. Ich konnte also nur antworten, daß ich nichts wisse. Der Untersuchungsrichter schlug mir ins Gesicht und dann mit einem Gummiknüppel zunächst auf die rechte, dann auf die linke Hand. Er verletzte beide Hände. Mit jeder Frage schlug er erneut zu. Dann zwang er mich, nackt auf einer heißen Kochplatte zu sitzen. Schließlich nahm er die Kochplatte in die Hand und hielt sie an meinen Körper, bis ich bewußtlos wurde. Als ich wieder zu mir kam, stellte er erneut seine Fragen. Er holte eine Flasche mit Säure aus einem anderen Zimmer, schüttete den Inhalt in ein Meßglas und tunkte den Knüppel ins Gefäß...''

Sie wundern sich, daß der Präsident der Bundesrepublik Sie und Ihren Mann, in Kenntnis all diesen Grauens, hierher eingeladen hat? Wir nicht. Fragen Sie ihn doch einmal nach seinen Kenntnissen auf dem Gebiet von KZ-Anlagen und Bauten. Er ist ein Fachmann auf diesem Gebiet.

Sie möchten mehr über Persien wissen? In Hamburg ist kürzlich ein Buch erschienen, von einem Landsmann von Ihnen, der sich wie Sie für deutsche Wissenschaft und Kultur interessiert, wie Sie Kant, Hegel, die Brüder Grimm und die Brüder Mann gelesen hat: Bahman Nirumand: ,,Persien, Modell eines Entwicklungslandes oder die Diktatur der Freien Welt'', mit einem Nachwort von Hans Magnus Enzensberger — rororo-aktuell Band 945, März 1967. Ihm sind die Fakten und Zitate entnommen, mit denen wir Sie oberflächlich bekanntgemacht haben. Ich weiß nicht, ob es Menschen gibt, die nach der Lektüre dieses Buches noch nachts gut schlafen können, ohne sich zu schämen.

Wir wollten Sie nicht beleidigen. Wir wünschen aber auch nicht, daß die deutsche Öffentlichkeit durch Beiträge wie Ihren in der ,,Neuen Revue'' beleidigt wird.[66]

Hochachtungsvoll
Ulrike Marie Meinhof

In zwei Flugblättern des SDS wird zu Demonstrationen um 12 Uhr vor dem Rathaus Schöneberg und um 19.30 Uhr vor der Deutschen Oper Berlin aufgerufen. Die Flugblätter setzen sich mit der Situation der Bevölkerung der Länder der Dritten Welt auseinander und protestieren gegen die Maßnahmen anläßlich des Schah-Besuchs, die als ‚angewandte Notstandsgesetze' bezeichnet und in Beziehung zur innenpolitischen Lage der Bundesrepublik Deutschland gesetzt werden. Die ‚Freunde der Publizistik e.V.' und die ‚Conföderation Iranischer Studenten' (CIS) stellen in ihren Flugblättern dem Schah-Bild der Zeitungen und Illustrierten Fakten aus Persien entgegen: ‚Wer... die Wahrheit sagt, wird erhängt, verbrannt, erschossen... In den Gefängnissen sitzen unter grauenhaften Umständen ca. 20.000 Gefangene, deren Verbrechen darin besteht, den guten Willen des Staatschefs anzuzweifeln. So ein großartiger Mann ist also der Schah!!! Darum erwartet man auch von Ihnen, daß Sie ihm zuwinken.'
Ungefähr um 11.45 Uhr fahren zwei Omnibusse der BVG mit ca. 80 Iranern vor dem Rathaus vor. Aus den offenen Türen flattern grün-weiß-rote Papierfähnchen. Ein mitgeführtes Plakat besagt, daß es sich um Mitglieder der (am 1. Juni 1967 gegründeten) ‚Deutsch-Iranischen Gesellschaft' handelt. Die Iraner stellen sich in einer Sonderabsperrung vor den Anti-Schah-Demonstranten und den Schaulustigen auf. Sie tragen Plakate mit Aufschriften wie: ‚Wir grüßen unser Kaiserpaar in Berlin', ‚Iranische Studenten grüßen den Schah', ‚Es lebe der Schah' und ‚Willkommen in Berlin'. (Diese Perser sind — wie sich später herausstellt — nach Absprache des Protokolls von Bonn und des Protokolls von West-Berlin zum Teil nach West-Berlin eingeflogen und bezahlt worden.) Um 12.03 Uhr trifft der Wagen des Schahs mit einer Polizeieskorte ein. Der Schah wird überwiegend mit Buh-Rufen und Pfiffen empfangen, es werden Rauchkerzen und Eier geworfen. Nachdem der Schah das Rathaus betreten hat, stürmen völlig überraschend die Schah-freundlichen Demonstranten über den zwischen ihnen und den Zuschauern und Schah-Gegnern freigehaltenen Streifen, öffnen die Sperrgitter und schlagen mit den Latten der Plakate, mit Schlagringen und Stahlruten auf die Anti-Schah-Demonstranten und Zuschauer ein. Es kommt zu schweren Auseinandersetzungen, einige Personen werden ver-

Bewaffnete „Jubelperser" schlagen während des Schah-Besuchs in Westberlin brutal auf Anti-Schah-Demonstranten ein.

letzt. Die Berliner Schutzpolizei greift erst mit einer Reiterstaffel ein, nachdem die bewaffneten ‚Jubelperser' mindestens 3 1/2 Minuten auf die Anti-Schah-Demonstranten eingeschlagen haben, und diese sich zu verteidigen beginnen. Jetzt schlägt die Reiterstaffel — kurz darauf durch andere Polizisten unterstützt — ebenfalls mit Schlagstöcken auf die Anti-Schah-Demonstranten ein. Die Polizei nimmt 5 Schah-gegnerische Demonstranten wegen ‚Störung der öffentlichen Sicherheit und Ordnung', ‚wegen Werfens von Rauchkörpern' sowie wegen ‚Verdachts des Widerstandes gegen die Staatsgewalt', ‚der Gefangenenbefreiung' oder ‚des Landfriedensbruchs' fest. Von den ‚Jubelpersern', die die Demonstranten und Zuschauer angegriffen haben, werden weder Personalien festgestellt, noch wird jemand von ihnen festgenommen.

Um ca. 12.20 Uhr trifft Kaiserin Farah Diba vor dem Rathaus ein, ebenfalls von Buh-Rufen, Pfiffen und Sprechchören der Anti-Schah-Demonstranten und Beifallsäußerungen der Schahfreundlichen Iraner und Westberliner begleitet.

Während im Ausschuß für Eingaben und Beschwerden des Abgeordnetenhauses, der während des Schah-Besuches im Rathaus tagt, eine Eingabe über die Erhöhung der Studiengebühren an den Berliner Universitäten erörtert wird, singen die Demonstranten vor dem Rathaus: ‚Wer soll das bezahlen?' Die Ereignisse vor

der deutschen Oper in Berlin: Gegen 18.00 Uhr treffen vor der Deutschen Oper die ersten Zuschauer und Demonstranten ein. Zu diesem Zeitpunkt sind bereits ‚Greiftrupps' (Kriminalbeamte in Zivil) der Polizei bereitgestellt. Gegen 18.45 Uhr wird der nördliche Gehsteig der Bismarckstraße (auf dieser Seite liegt die Oper) polizeilich gesperrt, die Zuschauer und Demonstranten gehen auf die andere Straßenseite und stellen sich dort zwischen den beiden nächsten Querstraßen (Krumme Straße und Sesenheimer Straße) auf. In Richtung der Oper sind ‚Hamburger Reiter' aufgestellt, hinter den Zuschauern befindet sich ein Bauzaun.
Von 19.00 Uhr bis 19.15 Uhr besetzt die Polizei das Baugelände im Rücken der Demonstranten. Die Demonstranten zeigen Plakate mit Aufschriften wie ‚Blutsauger', ‚Mörder raus aus West-Berlin', ‚Nieder mit dem Mörder-Schah', ‚Autonomie für die Teheraner Universität' und ‚Freilassung der inhaftierten Studenten'. Um ungefähr 19.00 Uhr rufen die Demonstranten unter den ca. 3000 Zuschauern Sprechchöre: ‚Mo-Mo-Mossadegh', ‚Schah-Schah-Schaschlik' und ‚Mörder'. Gegen die Polizei richten sie Sprechchöre wie ‚SA-, SS-Schah', ‚Gestapo', ‚Notstandsübung' und ‚Schweine'. Schaulustige und Demonstranten, die auf die Bäume oder den Bauzaun geklettert sind, werden von der Polizei nach Aufforderung zum Verlassen heruntergerissen, zum Teil unter Schlagstockeinsatz.
Als einer der ersten Gäste trifft der Regierende Bürgermeister Heinrich Albertz ein. Er ist überrascht, daß nach den Vorfällen am Vormittag entgegen seiner Weisung nicht der gesamte Opernplatz und die Bismarckstraße freigehalten worden sind. Er gibt die Weisung zur Räumung nach dem Eintreffen des Schahs.
Um 19.21 treffen mit zwei Sonderbussen der BVG unangemeldet die ‚Jubelperser' ein, die sich mit Transparenten und Plakaten mit Pro-Schah-Parolen am Eingang der Oper formieren wollen. Sie werden von der Polizei angewiesen, sich am nordöstlichen U-Bahn-Eingang unter Polizeibewachung aufzustellen. Mit Eintreffen der ‚Jubelperser' werfen die Demonstranten Eier, Tomaten, Farbbeutel, Rauchkerzen, Sandtüten, Gummiringe und brennende Zigaretten über die Absperrungen auf die Straße. Etwas später werden auch Steine geworfen. Bis 20.04 Uhr werden dabei 6 Polizeibeamte getroffen.

Die Kette der Polizeibeamten vor der Barriere wird um 19.40 Uhr auf 80 Polizisten erhöht. Uniformierte ‚Greiftrupps' holen aus der Menge einzelne Personen heraus, die — laut Polizei — ‚vermeintlich mit Gegenständen geworfen oder mit Trillerpfeifen die Sprechchöre dirigiert' haben. Um 19.30 Uhr trifft Innensenator Wolfgang Büsch vor der Oper ein. Er hält die Situation für nicht besorgniserregend.

Um 19.48 wird die nördliche, um 19.53 die südliche Fahrbahn vor der Oper für den Verkehr gesperrt. Polizeipräsident Erich Duensing gibt den Befehl zur Räumung der Bismarckstraße nach Eintreffen des Schahs an die Polizei weiter. Um 19.56 betreten Schah und Schahbanu — von den meisten Zuschauern unbemerkt — die Oper.

Aus der Zuschauermenge, die zwischen der Krummen und der Sesenheimer Straße in dem von der Polizei sogenannten ‚Schlauch' eingeschlossen ist (vor sich Hamburger Reiter, im Rücken den Bauzaun), werden auch Rauchkerzen geworfen. Polizisten werfen einige der Rauchkerzen in den ‚Schlauch' zurück. Dort entsteht eine ‚panikartige Stimmung' (Zeugenaussage). Personen, die ihrerseits die Rauchkerzen wieder zurückwerfen, werden z.T. unter Schlägen festgenommen.

Mit Beginn der Ouvertüre zu Mozarts Zauberflöte ist der Höhepunkt der Demonstration zunächst überschritten. (Die Oper dauert mindestens drei Stunden.) Einige Demonstranten beginnen bereits abzuwandern. Es wird die Parole ausgegeben, in drei Stunden wiederzukommen.

In dieser Situation beginnt die Polizei mit der gewaltsamen Räumung. Kurz nach 20.00 Uhr gehen Polizeibeamte in die Menge und fordern zum Verlassen der Straße auf. Die erste von vier ‚Räumphasen' wird eingeleitet: Das Einsatzkommando der Polizei erhält den Befehl ‚Knüppel frei!'. Polizisten drängen die Demonstranten und Zuschauer unter Schlagstockgebrauch in Richtung Krumme Straße.

Um 20.04 Uhr werden zwei ‚Keileintriebe' vorgenommen: Zwei Gruppen der Polizei drängen über die Absperrgitter in die Zuschauermenge, die eine Gruppe sperrt den Gehweg in Richtung Sesenheimer Straße ab und geht gegen die Demonstranten mit dem Polizeiknüppel vor, die andere drängt die Zuschauer unter

Schlagstockgebrauch in Richtung Krumme Straße. In dem abgesperrten Teil des ‚Schlauches' kommt es zu Sitzdemonstrationen. (Um 20.05 Uhr soll nach Darstellung der Polizei der Lautsprecherwagen B53 die Demonstranten aufgefordert haben, den südlichen Gehweg der Bismarckstraße in Richtung Ernst-Reuter-Platz, Krumme Straße, Leibnizstraße und in Richtung Wilmersdorfer Straße, Sesenheimer Straße zu räumen, da sie sonst ‚in den Bereich polizeilicher Maßnahmen' kämen. Von keinem der später vernommenen Zeugen, die sich zu diesem Zeitpunkt im ‚Schlauch' befinden, wird diese Version bestätigt. Die Eintragung über diese Lautsprecherdurchsage im Buch des Wagens B53 erweist sich als nachträglich vorgenommen.)
Von 20.00 Uhr bis etwa 20.15 Uhr werden etwa 80 Demonstranten durch die Polizei verletzt. Der SPD-Abgeordnete Gerd Löffler, der Zeuge des Vorgehens der Polizei wird, läuft in das Foyer der Oper und fordert einen Polizisten auf, den Innensenator zu holen. ‚Er soll sich ansehen, was seine Polizei anrichtet.' Ihm wird geantwortet, der Innensenator sei nicht auffindbar.
(In dieser Phase wird auch das Mitglied der Kommune I, Fritz Teufel, wegen eines angeblichen Steinwurfes festgenommen. Rechtsanwalt Horst Mahler weist am 14. September 1967 nach, daß Fritz Teufel spätestens um 20.10 Uhr festgenommen wird. Der Polizist Heilscher, der durch den angeblich von Fritz Teufel geworfenen Stein verletzt wird, wird erst um 20.15 Uhr getroffen.)
Ab 20.16 Uhr werden die Demonstranten — auch die im ‚Schlauch' eingekesselten — das erstemal nachweislich über den Lautsprecherwagen der Polizei aufgefordert, das Einsatzgebiet zu räumen. In der Krummen Straße werden in der ‚II. Räumphase' gegen die abwandernden und aus dem ‚Schlauch' kommenden Demonstranten Wasserwerfer eingesetzt. ‚Greiftrupps' der Polizei versuchen, ‚Rädelsführer' festzunehmen. Zu dieser Zeit Festgenommene hören in den Polizeiwagen, in denen sie abtransportiert werden, über Funk, daß jetzt der ‚Plan Füchsejagen' beginnen soll.
Ein in einem Hauseingang in der Krummen Straße stehender einzelner Demonstrant wird von einem Polizisten angefallen, überwältigt und anschließend in den Garagenhof des Hauses Nr.

66/67 geschleift. Etwa 30 Demonstranten und Schaulustige, die den Vorfall beobachtet haben, verfolgen den Polizisten. Der Eingang des Garagenhofes wird etwas später von einer Polizeikette, die von einem Journalisten auf die Situation auf dem Garagenhof aufmerksam gemacht wurde, abgeriegelt. Die Polizisten schlagen mit ihren Knüppeln auf die im Garagenhof Eingeschlossenen ein. (Ein Teil der dort Verletzten muß anschließend in Krankenhäuser transportiert werden und dort in stationärer Behandlung bleiben. Die bereitstehenden 14 Krankenwagen transportieren die Verletzten nur in städtische Krankenhäuser. Angebote zur Aufnahme Verletzter durch private Krankenhäuser werden nicht beachtet. Die Polizisten sagen später aus, die Demonstranten hätten sie mit Messern bedroht. Diese Version wird von keinem anderen Zeugen bestätigt. Auch werden weder Messer noch andere Waffen gefunden.)
In dieser Situation gibt gegen 20.30 Uhr der Polizeiobermeister Karl-Heinz Kurras im Abstand von 22 Sekunden (Bandaufzeichnung) zwei Schüsse aus seiner Dienstpistole ab. Mit einem Schuß trifft er den 26jährigen Studenten der Freien Universität, stud. phil. Benno Ohnesorg, der gerade von einer Gruppe von Polizisten mißhandelt wird (Zeugenaussage), von hinten in den Kopf. Auf dem Transport ins Krankenhaus bemüht sich eine Krankenschwester, die ebenfalls in dem Garagenhof von der Polizei blutig geschlagen worden ist und eine Gehirnerschütterung hat, um den noch lebenden Benno Ohnesorg. Im Städtischen Krankenhaus Moabit wird sie — obgleich blutüberströmt — von dem diensthabenden Arzt abgewiesen, da sie ihre Personalien nicht angeben will.
Um ungefähr 21.00 Uhr wird in der Krummen Straße die Meldung ausgerufen, ein Polizist sei erstochen worden. Um 21.15 Uhr befinden sich etwa 400 Demonstranten in der Wilmersdorfer Straße. Auf der Fahrbahn verbrennen einige Springer-Zeitungen. Um 21.26 Uhr wird die Straße von der Polizei unter Knüppeleinsatz geräumt (III. Räumphase). Um 21.37 Uhr sind auf dem Kurfürstendamm in der Höhe der Wilmersdorfer Straße beide Fahrbahnen von Demonstranten und Schaulustigen blockiert. Ab 21.43 Uhr verfolgen Beamte der Polizei z.T. in Zivil einzelne Demonstranten, die versuchen, in Richtung Gedächtniskirche

abzuwandern oder zu fliehen, und schlagen sie z.T. nieder und nehmen sie fest (‚IV. Räumphase').
Um 22.00 Uhr verbreitet ein Lautsprecherwagen der Polizei auf dem Kurfürstendamm vor dem Café Kranzler, ein Beamter der Polizei sei von einem Demonstranten getötet worden. In der Nacht finden in den verschiedenen Hochschulgruppen, in den Studentenvertretungen und im Republikanischen Club Diskussionen über die Lage statt. Einige Teilnehmer der Diskussion im Republikanischen Club begeben sich zum SDS-Zentrum am Kurfürstendamm. Diese Gruppe unorganisierter Studenten und Künstler gibt unter dem unmittelbaren Eindruck der Ereignisse ihre Einschätzung der Situation: Es müsse damit gerechnet werden, daß die physische Liquidierung der Berliner außerparlamentarischen Opposition durch die Polizei unmittelbar bevorstehe. Die einzige Möglichkeit, das eigene Leben zu retten, sei, Polizeikasernen zu stürmen und sich Waffen für die Verteidigung zu besorgen. Die Diskussionen im Republikanischen Club drehten sich nur um verbale Proteste und Demonstrationen. Der SDS sei als einziger Verband in der Lage, die in dieser Situation notwendige Stürmung der Polizeikasernen durchzuführen.
Nach vierstündiger Diskussion gelingt es den versammelten Mitgliedern des SDS, die Aufgebrachten zu beruhigen. Der SDS stellt fest, daß ein putschistisches Vorgehen mit seiner Politik in keiner Weise vereinbar ist. Es komme jetzt darauf an, die gesamte Studentenschaft der Bundesrepublik und West-Berlins über das Vorgehen der Polizei aufzuklären und sie massenhaft für den Widerstand gegen weitere ‚Terrorangriffe' der Polizeikräfte und der verantwortlichen staatlichen Instanzen zu mobilisieren.
Der SDS beschließt für den 3. Juni 1967 eine Demonstration von der Freien Universität zum Rathaus Schöneberg.
Am 3. Juni 1967, 1.00 Uhr, gibt der Regierende Bürgermeister, Heinrich Albertz, zu den Vorfällen vor der Deutschen Oper Berlin eine Presseerklärung ab: ‚Die Geduld der Stadt ist am Ende'. Albertz rechnet den Toten und die Verletzten der Demonstrationen ausschließlich den Demonstranten als Schuld an und billigt das Verhalten der Polizei. Er habe sich ‚durch eigenen Augenschein davon überzeugt..., daß sich die Polizei bis an die Grenzen des Zumutbaren zurückgehalten hat'."[67]

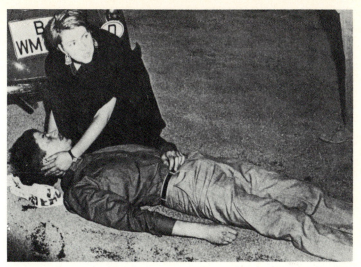

Zweiter Juni 1967: Benno Ohnesorg wird während der Anti-Schah-Demonstrationen von dem Kriminalbeamten Kurras erschossen.

Benno Ohnesorg, der am 2. Juni 1967 an seiner ersten Demonstration teilgenommen hatte, war tot. Sein Mörder, der Kriminalbeamte Kurras, wurde später von der Anklage der fahrlässigen Tötung freigesprochen, ,,obwohl oder weil weder das Gericht noch der parlamentarische Untersuchungsausschuß klären konnte beziehungsweise wollte, wie sich der Vorfall ereignet hatte."[68] Gegen zahlreiche festgenommene Studenten wurden Prozesse eröffnet. Fritz Teufel, der angeblich einen Stein geworfen haben sollte, schließlich jedoch freigesprochen werden mußte, weil seine Unschuld völlig unbestreitbar war, blieb monatelang im Knast. Die bezahlten Schlägertrupps der ,,Jubelperser", gingen zum größten Teil straffrei aus, nur zwei wurden wegen Körperverletzung verurteilt, eine Anzeige der Humanistischen Union gegen sie wegen Landfriedensbruch wurde eingestellt.

Am Tag nach dem Massaker vor der Oper versammelten sich 6000 Studenten auf dem Gelände der FU und diskutierten über den Mord und den ‚nicht erklärten Notstand' in Berlin.[69]

In einem Flugblatt des Sozialdemokratischen Hochschulbundes (SHB), der ja in Konkurrenz zum SDS von der SPD gegründet worden war, hieß es nun: ,,Soweit ist es gekommen! Der Repräsentant unserer Stadt, ein Sozialdemokrat, empfängt mit Riesenaufwand einen Diktator, dem Folterung und Mord an Hunderten von Politikern, Journalisten, Studenten und Arbeitern nachgewiesen wurden. Ihr Verbrechen war: Einsatz für die Freiheit, Demokratie und soziale Gerechtigkeit. Berliner Polizisten erschlugen den Studenten Benno Ohnesorg. Sein Verbrechen war: Demonstration gegen diesen Diktator. Der Regierende Bürgermeister, ein Sozialdemokrat, feiert die Unterdrückung in Persien, verurteilt die Demonstration und rechtfertigt einen Totschlag...''[70]

Heinrich Albertz war einer der wenigen Politiker, der die Fähigkeit noch nicht verloren hatte, auch Fehler zuzugeben und Seiten wechseln zu können. Er trat bald darauf zurück und äußerte sein Bedauern über seine Rolle in den Auseinandersetzungen mit der studentischen Opposition. Albertz wurde später zu einem Sprecher der Demokratischen Bewegung in der Bundesrepublik.

CDU, FDP und SPD im Berliner Senat beschlossen im Juni 1967 noch mit seiner Stimme, bis auf weiteres jede öffentliche Demonstration in Berlin zu verbieten. Am 8. Juni wurde der Sarg von Benno Ohnesorg nach einer Trauerrede des Theologieprofessors Helmut Gollwitzer vor 15.000 Menschen in einem Fahrzeugkonvoi von Berlin nach Hannover überführt.

,,Während der Totenfeier und des anschließenden Trauerkonduktes für ihren erschossenen Kommilitonen hörten die Studenten über Transistorradios, wie der SDS und andere linke Studentenverbände unter dem Beifall des gesamten Berliner Abgeordnetenhauses mit den Nazis gleichgesetzt wurden. Die Springer-Presse hatte schon in den ersten Kommentaren die Polizei frei- und die Studenten schuldig gesprochen. Unmittelbare Folge des Todes von Benno Ohnesorg war, daß der Funke der Rebellion auf die Universitäten der Bundesrepublik übersprang.''[71]

Es kam zu spontanen Trauermärschen und Protestdemonstrationen in vielen Städten. Am 9. Juni fand direkt nach der Beerdigung Benno Ohnesorgs in Hannover ein großer Kongreß mit 7000 Teilnehmern statt. Das Thema lautete: ,,Hochschule und Demokratie — Bedingungen und Organisationen des Widerstands'' (siehe Dokument 8).

DOKUMENT 8:
BEDINGUNGEN UND ORGANISATION DES WIDERSTANDES
BAHMAN NIRUMAND, 1967:

Am 21. Januar 1962 hatten die Studenten der Universität Teheran eine Protestdemonstration gegen die Gefangennahme demonstrierender Oberschüler angekündigt. Vor Beginn der Veranstaltung riegelten starke Polizeieinheiten das Hochschulgelände hermetisch ab, drangen, nachdem die Demonstration schon einige Stunden im Gang war, in der Universität ein und griffen die Studenten drei Stunden lang mit Gummiknüppeln, Tränengas und Wurfgeschossen an. Danach mußten zweihundert Studenten ins Krankenhaus, zweihundertundvierzig weitere ambulant behandelt werden und ein Student wurde von einem Polizisten bei dieser Demonstration erschossen.

Am 2. Juni 1967 veranstalteten Studenten der FU in Westberlin eine Protestdemonstration gegen den Schah von Persien. Nach Beendigung der Demonstration umzingelten starke Polizeieinheiten die Demonstranten, forderten sie dann zum Weitergehen auf und knüppelten endlich hemmungslos auf die zusammengedrängte, wehrlose Masse ein. Als es einem schwer mißhandelten Studenten gelang zu entfliehen, wurde er von einem Polizeibeamten durch einen Steckschuß in den Hinterkopf erschossen. Nachrichten über Unterdrückung und Terrorakte in der Dritten Welt gelten als normal. Sie schrecken den friedlichen und freien Zeitungsleser des freien Westens nicht auf. Daß in den armen Ländern die Gewalt herrscht, ist ein Naturzustand, den die Unterdrückten als Schicksal hinzunehmen haben und den Bürger der Nationen mit freiheitlich-demokratischer Grundordnung als den unumgänglichen Tribut erkennen, den eine forcierte Entwicklung der Unterentwickelten zum Kapitalismus fordert. In der freien Welt, so läßt es sich erleichternd feststellen, ist die Gewalt der Vernunft gewichen. Diese Vernunft hilft den armen Ländern, perfektioniert die Technik, fördert die Wohlfahrt und ist vor allem der Garant der Freiheit. Daß die Hilfe dazu bestimmt ist, die armen Länder auszubeuten, daß die Technisierung in eine Richtung gelenkt wird, die die Menschen verkrüppelt und daß schließlich Wohlfahrt und freiheitliche Ordnung nur ein Raffinement zur Verschleierung der Unterdrückung sind — diese Vorgänge vollziehen sich so unmerklich, daß die Möglichkeit intellektueller Opposition problematisch wird. Der Widerstand in der Bundesrepublik bietet dem Beobachter aus der Dritten Welt das folgende Bild:

1. Die Wahrheit über diese Gesellschaft ist in der Bundesrepublik vorhanden und sie wird auch publiziert.
2. Diese Kritik spricht sich jedoch nur auf einem so hohen Niveau der Sprache und der Reflexion aus, daß sie folgenlos in sich selbst kreist.
3. Diese unschädliche Existenz solcher Analysen stärkt zwar nicht die Opposition, dafür aber das Establishment, indem sie als Beweis der Offenheit und Freiheit des Systems fungiert.

Diese Tatsache spricht nicht gegen den Widerstand, sondern für die Revolutionierung seiner Mittel. Neue Wege lassen sich aus den Ursachen der bisherigen Niederlagen exakt ablesen. Die Isolierung der Studenten von anderen Bevölkerungsgruppen mag zunächst einen Sinn darin gehabt haben, daß der Prozeß der Demokratisierung der Hochschulen dazu geführt hat, erst einmal die Masse der Studenten zu politisieren. Heute zeichnet sich nicht nur ein gewisser Erfolg dieser Praxis ab, sondern die Regression der Gesellschaft hat auch inzwischen ein Stadium erreicht, in dem ein weiteres Verweilen der Studenten bei ihren internen Problemen der Selbstaufgabe gleichkäme. In dieser Situation ist es aber sinnlos, mit Schildern gegen Notstand oder gegen den Vietnam-Krieg auf die Straßen zu ziehen. Auch tausend Plakate können den Zusammenhang zwischen dem Vietnam-Krieg und der feudalistischen Struktur der Universität, zwischen Schubladengesetz und Börsenbericht nicht einsichtig machen, und solange es nicht gelingt, solche Zusammenhänge zu verdeutlichen, darf auch die auf Solidarisierung angewiesene Opposition nicht auf die Befreiung aus ihrer Isolierung hoffen. Verbündete muß die intellektuelle Opposition zunächst bei solchen Gruppen suchen, deren Bewußtsein noch relativ frei ist von der offiziell verordneten Verkrüppelung durch das Instrumentarium der Ideologie; Organisationen, die nicht selber Medien der Unterdrückung, sondern deren Objekte sind. Ich denke hier an Schüler und Arbeiter.
Um die Masse für eine Veränderung der bestehenden Verhältnisse zu gewinnen, müssen ihr folgende Zusammenhänge erläutert werden:

Ihrer geistigen, materiellen und physischen Benachteiligung in ihrer Gesellschaft entspricht sehr genau die Ausbeutung der vorindustriellen Länder. Die Arbeitskraft der einen und die Rohstoffe der anderen Gruppe erfüllen innerhalb des kapitalistischen Systems die gleiche Funktion. In beiden Fällen richtet sich der Gegenwert für die Leistungen nach den Erfordernissen des Produktionsabsatzes. Die Gewalt, die zur Erhaltung der Übervorteilung der Entwicklungsländer notwendig ist, wird hier ersetzt durch die Suggestionskraft, von Ideologie- und Konsumfetischismus. Die Möglichkeit der Teilnahme am Quasi-Glück der bürgerlichen Schicht hat den Arbeiter von seinem Klassenbewußtsein befreit, nicht aber von dem Stigma des Minderwertigen, das ihm, dem Ungebildeten in den Augen des Bürgers anhaftet, auch wenn er in Schlips und Kragen einhergeht. Das Korrelat hierzu ist die Quasi-Souveränität, die man den früheren Kolonialländern zuerkannt hat, und die in keiner Weise den europäischen Superioritätskomplex zu eliminieren vermochte. In der gleichen Absicht, wie hier die Arbeiterklasse eingeladen wird, am Ausverkauf der Bildungs- und Kulturgüter der Oberklasse teilzunehmen, um ihnen Ersatzbefriedigung für die ihnen vorenthaltene Selbstverwirklichung zu bieten, vermittelt der Neo-Kolonialismus den Entwicklungsländern auch die Segnungen der hiesigen Kultur, um sie neben ihrer materiellen auch ihrer geistigen Eigenständigkeit zu berauben.

Kritik an den innerbetrieblichen Zuständen ist wahrscheinlich wegen der Evidenz der Mißstände der beste Einsatzpunkt für die Aufklärung der Masse. Die Diskrepanz zwischen heute üblicher und heute möglicher Produktionsweise wird ebenso einleuchten, wie die Unmenschlichkeit der praktizierten Akkordarbeit mit ihren Auswirkungen auf die psychologische und physische Konstitution des Arbeiters. Die Nutznießer der Selbstentfremdung wie auch die Entpolitisierung der Arbeitermassen sind aufzuzeigen. Der Haltung des sich Abfindens muß die Utopie des von der Arbeit befreiten Menschen entgegengehalten werden. An allen möglichen Stellen ist der Bezug herzustellen zwischen der latenten Unterdrückung hier und der manifesten in den Entwicklungsländern.

Zur Zeit verfügt die progressive Intelligenz in Deutschland weder über die Sprache noch über irgendwelche Organe, mit denen sie die Masse erreichen könnte. Dies Instrumentarium kann nur durch intensive und organisierte Kooperation von oppositionellen Intellektuellen (Schriftstellern, Studentenverbänden, Künstlern) und Gewerkschaften geschaffen und wirksam eingesetzt werden. Die erste Aufgabe, die Umsetzung marxistischer Terminologie in Sprache und Begriffe der Masse, ist schon ein Teil der Aktion. Jeder Terminus, der der Realität näher steht als der Ideologie, wird sich einer Belegung durch Faktisches nicht widersetzen.

Dieser Teil der Arbeit sollte zweckmäßig in Form von Arbeiter-Seminaren über Themen aus dem Bereich der Politik, der Technik (Automation), der Wirtschaft und der Publizistik im weiten Sinne durchgeführt werden. Wir brauchen zweitens eine Zeitung, die die für Arbeiter und Intellektuelle gleich wichtigen Themen bespricht — und darunter fallen heute alle relevanten Themen — und zwar in einer Sprache, die beiden Gruppen verständlich ist, Intellektuelle müssen für Arbeiter und Arbeiter für Intellektuelle schreiben. Versuche dieser Art müssen indessen mit folgender Schwierigkeit rechnen: Zum Selbstverständnis des ,,freien" Westens gehört seine Toleranz. Die Bundesrepublik bezahlt Wissenschaftler, die die Gesellschaft analysieren, die Effektivität ihrer Institutionen untersuchen und die Konsequenzen ihres Wirtschaftssystems und der Kultur, die dieses System hervorbringt, für das Wohlergehen der Bevölkerung zu beurteilen. Kommen nun diese Fachleute zu dem Ergebnis, daß die Gesellschaft durch und durch krank ist, daß daran vor allem das Wirtschaftssystem die Schuld trägt, daß die Kultur in Wirklichkeit die gräßlichste Unkultur hervorbringt, daß die Institutionen, wie sie jetzt sind, einzig geeignet erscheinen, die Menschen, zu deren Erleichterung sie geschaffen wurden, in zunehmendem Maße zu verkrüppeln — und zu diesem Ergebnis ist die avancierte Soziologie ja tatsächlich gekommen —, so ist das System so frei, daß all das gedruckt und herumgereicht werden kann, ohne daß dadurch eine Veränderung bewirkt wird, und ohne daß diese Wissenschaftler dadurch an Ansehen verlören oder gar bestraft würden. Kulturkritik darf auch, etwas verwässert und in einer ,,gehobeneren" Sprache, einem breiten intellektuellen Publikum dargeboten werden. Prekär wird die Verbreitung dieser auf Veränderung drängenden Ergebnisse erst, wenn sie unbeschönigt und in der Alltagssprache der Masse nahegebracht werden. So haben wir es ja erlebt, daß Demonstrationen gegen die offizielle Politik nur unter der Bedingung erlaubt werden, daß sich die Demonstranten an eine behördlich vorgeschriebene Route halten, die dann ,,aus verkehrstechnischen" Gründen in unbelebte Stadtteile verlegt und damit neutralisiert wird. Weichen die Demonstranten in verkehrsreiche Straßen ab, so ist ihnen ein Zusammenstoß mit der Polizei sicher. Ebenso darf jedes philosophische Fachblatt über Expropriation und Entfremdung diskutieren; fordert ein Massenblatt dazu auf, die Konsequenzen aus Unterdrückung und Ausbeutung zu ziehen, so schaffte es nicht einmal den Weg bis zum Kiosk. Was das System auf wissenschaftlicher Ebene nicht widerlegen kann, das unterdrückt es auf dem Niveau der Massenkommunikation mit den Schlagworten seiner perfiden Ideologie.

Zu den eindrücklichsten Erfahrungen der Welt mit Deutschland gehört die, daß die Deutschen auf Geheiß einer Autorität ebenso gedankenlos Gewalt anwenden, wie sie sich scheuen, gegen ihre eigenen Unterdrücker aufzustehen. Heute wird solcher Gehorsam verstärkt durch die weitgehende Zufriedenheit mit den Lebensbedingungen, durch das Ressentiment gegen den Kommunismus, der den Umsturz predigt und schließlich durch das Fehlen von Gruppen, die den Zusammenhang von versteckter Unterdrückung und den Möglichkeiten einer allgemeinen Veränderung plausibel zu machen verständen. Die Notwendigkeit einer umfassenden Neuorganisation des Staates müßte deshalb bei der breitgestreuten Aufklärung verdeutlicht werden. Dem Argument, daß es dabei zu einem Konflikt mit der Verfassung käme, muß die Aufklärung zuvorkommen, indem sie den Sinn und die Bedeutung des Grundgesetzes in dem Maße relativiert, wie sie zuvor von denen, deren Privilegien das Recht zuallererst schützen soll, verabsolutiert wurden, d.h. es muß für das Volk der Zusammenhang zwischen Moral und Auflehnung verdeutlicht werden.

Wenn der Protest innerhalb der vorgeschriebenen Bahnen, wie es immer deutlicher wird, nichts verändern kann, sondern seine Konsequenzen der eigenen Intention in den Rücken fallen, wenn die Verfassung von den Herrschenden so ausgelegt wird, und zu solcher Auslegung auch nur die Möglichkeit bietet, daß ihre Respektierung eine zunehmende Beschränkung menschenwürdigen Lebens, der Vernunft und des Glücks bedeutet, so genügt die Verfassung ihrer Funktion nicht mehr. Meine Damen und Herren, ich glaube, wir täten Benno Ohnesorg Unrecht, wenn wir hier seinen Tod betrauern wollten. Gerecht wird ihm nicht unser Gedächtnis allein, sondern das genauere Erfassen unserer Situation, der mutige Einsatz unserer Kräfte und die größere Wirksamkeit unserer Praxis. Er verlor sein Leben bei einer Demonstration, die sich gegen die Gewalt in einem anderen, weit entfernteren Land richtete. Dieser Tag sollte zum Fanal werden für die Solidarisierung mit der Bevölkerung, die die Schüsse sehr wohl wahrgenommen hat, und zur Solidarisierung mit den Befreiungsbewegungen in allen Ländern. Zwischen den Bauern in Persien und Vietnam und den Studenten in Deutschland und Amerika, zwischen den Arbeitern in Italien und Afrika und den Studenten in Spanien und Venezuela darf nicht länger ein Unterschied sein. Denn es gibt keinen Unterschied zwischen ihren Gegnern und ihren Zielen. Wer sich heute noch dieser Einsicht versperrt und sie mit den Schlagworten der Ideologie denunzieren will, dem muß man raten, gründlicher zu studieren, was heute in Griechenland, in Süd-Afrika, in Spanien, in der Bundesrepublik und auf den Straßen Berlins geschieht. (Rede auf dem Kongreß ,,Bedingungen und Organisation des Widerstandes'' am 9.6.1967 in Hannover, eine Woche nach der Ermordung Benno Ohnesorgs.)[72]

War der Zusammenhang zwischen den Herrschaftsverhältnissen in der Ersten und in der Dritten Welt bis dahin weitgehend nur theoretisch hergestellt worden, so wurde er durch die Ereignisse während des Schah-Besuches für viele Studenten äußerst greifbar und deutlich vorgeführt. Die Konsequenzen, die der SDS auf diesem Kongreß zog, beschäftigten sich deshalb in erster Linie mit den gesellschaftlichen Bedingungen im eigenen Land. In einer Erklärung, die in über 100.000 Exemplaren an den westdeutschen Universitäten verteilt wurde, lieferte der SDS eine Diskussionsgrundlage, die die Erschießung eines Studenten bei einer Solidaritätsdemonstration gegen einen Diktator der Dritten Welt ,,in einen gesellschaftlichen und politischen Gesamtzusammenhang einordnete." Der SDS stellte folgende Thesen auf: ,,I. Die Auseinandersetzungen zwischen den Studenten einerseits und der Universitäts- und Stadtbürokratie West-Berlins andererseits sind das Ergebnis der Verschärfung der strukturellen Krise der Universität, der Verfestigung autoritärer politischer Machtpositionen in der BRD und West-Berlin und internationaler Erschütterungen... II. Der auf die Studenten ausgeübte polizeiliche und psychologische Druck droht allen sozialen und politischen Gruppen, die sich nicht widerspruchslos den Leistungsansprüchen und politischen Zwängen des kapitalistischen Systems fügen... III. Die Proteste der Studenten bleiben ohnmächtig, soweit es ihnen nicht gelingt, sich gesamtgesellschaftlich Rückhalt zu verschaffen und der kapitalistischen Oligarchie in Ökonomie, Öffentlichkeit und Staatsapparat selbst Machtpositionen streitig zu machen... IV. Der SDS fordert die Studenten zur Solidarität mit allen auf, die gegen die wirtschaftlichen, politischen und psychologischen Unterdrückungs- und Ausbeutungsformen des Kapitalismus protestieren und kämpfen..."[73]

Aber: ,,Die Studenten standen allein. Im Sommer 1967 war selbst der SDS weder intellektuell noch politisch auf diese Konfrontation vorbereitet."[74]

Zwar wurde in dieser Zeit viel von der gesellschaftlichen ,,Machtfrage" geredet, aber die gesellschaftliche Macht war auch jetzt nicht wirklich in Frage gestellt. Das hatte sich ja gerade in massiver Form gezeigt. Trotzdem dachten manche, die Veränderung des Gesellschaftssystems stehe unmittelbar bevor.

13. Juni 1967: Fünfzig „Ordner" begleiteten einen Demonstranten — Symbolischer Protest gegen die Demonstrationsauflagen des Berliner Senats.

Die erste Reaktion in West-Berlin nach dem Kongreß war eine Demonstration am 13. Juni, „gegen das Vorgehen der Polizei und der politischen Instanzen", die der Senat nur unter der Auflage erlaubte, daß für je 50 Demonstranten ein Ordner gestellt wurde. 5000 Studenten karikierten diese Anordnung, „indem je 50 durch Armbinden gekennzeichnete Ordner einen Demonstranten begleiteten, der sich durch ein großes Pappschild als solcher auswies."[75]

Angesichts der Pressehetze gegen die Studenten entwarf der ASTA der FU auch ein Flugblatt „An die Berliner Arbeiter", das vor Fabriktoren verteilt wurde. Darin hieß es: „Tausende von Arbeitern können jederzeit auf die Straße gesetzt werden. Was blüht Ihnen, wenn Sie auf die Straße gehen müssen, um wie die Ruhrkumpel für sichere Arbeitsplätze zu demonstrieren? Die Polizei übt seit langem die Zerschlagung aller Demonstrationen. Die Studenten sind für die Polizei nur ein kleiner Fisch, ein Versuchsobjekt für größere Aufgaben. Der erschossene Benno Ohnesorg war das erste Opfer! Mit Arbeitern wird man noch brutaler verfahren, weil man vor ihnen mehr Angst hat. Geben Sie der Polizei eine deutliche Warnung, damit in absehbarer Zeit in Berlin nicht auch Arbeiter erschossen werden. Denken Sie immer daran, daß der Schah bereits dreihundert Millionen „Entwicklungshilfe" erhalten hat, die auch Sie mit erwirtschaftet haben. Wo sind die geblieben? Das Land hungert noch immer! Tausende persische Arbeiter sitzen in Zuchthäusern. Wieviel zukunftssichere Arbeitsplätze hätte man für dreihundert Millionen Mark z.B. in West-Berlin schaffen können?"[76]

Dieses Flugblatt führte zu hysterischen Abgrenzungsmanövern des Berliner DGB, der gleich darauf mit einer Presseerklärung reagierte, da damit ,,in unverantwortlicher Weise die Arbeiterschaft Berlins gegen die Polizei aufgehetzt" würde. Der Deutsche Gewerkschaftsbund ließ in Berlin verkünden: ,,Der Berliner DGB-Vorsitzende Walter Sickert wandte sich am Montagvormittag gegen die Verleumdung des ASTA, der Berliner Polizei die Schuld für den Tod des Studenten Benno Ohnesorg zu geben. Die Schuld für das Todesopfer und für die Verletzten liegt nur bei den Personen, die die Demonstration in Szene gesetzt haben. Der Berliner DGB-Vorsitzende bittet die Berliner Gewerkschafter, sich nicht vor den Karren einer anarchistischen studentischen Minderheit sperren zu lassen." Selten haben Gewerkschaftsfunktionäre ihre Verfilzung mit dem ,,sozialpartnerschaftlichen" Machtapparat dieser Gesellschaft auf dümmere Art und Weise demonstriert.

KLAUS VACK:
»DER TODESSCHUSS AUF BENNO OHNESORG WAR EIN AUSLÖSER«

,,Als Benno Ohnesorg bei der Demonstration gegen den Schah von Persien erschossen wurde, ergänzten sich immer stärker moralischer Protest, Empörung und die theoretische Auseinandersetzung mit den Zusammenhängen in unserem eigenen Land, in der Bundesrepublik. Die Demonstration zeigt einmal, daß sich die internationale Solidarität damals nicht nur auf Vietnam beschränkte. Ob es nun Proteste gegen das Obristenregime in Griechenland waren oder gegen das Schah-Regime im Iran, die sind natürlich alle miteingeflossen in diese Solidaritätsbewegung. Auch dazu hat es große Veranstaltungen und Aktionen und Unterstützungskampagnen gegeben. Aber der Todesschuß auf Benno Ohnesorg war ein Auslöser für die Erkenntnis — obwohl es um den Iran ging und nicht um Vietnam, aber das ist alles zusammengedacht worden in unseren Köpfen —, daß die Bundesrepublik Deutschland auch mit manifester Gewalt, selbst mit der Bereitschaft, Menschen umzubringen, die imperialistische und unterdrückerische Politik der USA oder ihrer Despoten in anderen Ländern deckt und unterstützt. Diese Erfahrung hat natürlich die Eskalation gefördert. Auch wenn eher emotional reagiert wurde, hat dieser Tag in unseren Köpfen jedenfalls einiges klarer gemacht.''

,,FÜR DEN SIEG DER WELTREVOLUTION!''
1968: DER HÖHEPUNKT DER VIETNAM-SOLIDARITÄT

Vietnam blieb auch nach dem 2. Juni 1967 ein zentraler Schwerpunkt der Auseinandersetzungen. Am 19.8.1967 wurden Studenten, die während einer amerikanischen Militärparade in Berlin gegen den Vietnamkrieg protestierten, von Zuschauern verprügelt.[78]

Die 22. Delegiertenkonferenz des SDS vom 4. bis 8. September in Frankfurt tagte unter der Fahne der vietnamesischen FNL. Der SDS hatte auch zu diesem Zeitpunkt erst 2000 Mitglieder. Vietnam und ,,die Situation und die Chancen der Guerillas in Lateinamerika" waren wichtige, aber nicht die einzigen Themen auf diesem Kongreß, der sich wieder vor allem mit der eigenen Gesellschaft auseinandersetzte. Dabei beschlossen die Delegierten eine Kampagne gegen den Springer-Konzern und Grundsätze für die Hochschulpolitik. Rudi Dutschke forderte unter anderem ,,den Austritt der Bundesrepublik aus der NATO" und die ,,Verhinderung der Notstandsgesetze".

Am Rande dieser Konferenz sprengten SDS-Delegierte am 7. September eine pro-amerikanische Vietnam-Diskussion im Frankfurter Amerikahaus. Die Podiumsdiskussion wurde zu einer Solidaritätsdemonstration ,,für den Vietcong" umfunktioniert. Im Amerikahaus hing an diesem Tag die Flagge der FNL.

Der 21. Oktober war ein internationaler Protesttag gegen den Vietnamkrieg: Hunderttausende demonstrierten in London, Paris, Berlin, Rom, Oslo, Amsterdam und Tokio gegen den Vietnamkrieg. In Washington belagerten 250.000 Demonstranten das Pentagon. Die Regierung setzte rund 10.000 Polizisten, Nationalgardisten und Fallschirmjäger ein, die über 600 Demonstranten verhafteten.[79]

Auf der Westberliner Vietnam-Demonstration an diesem Tag sprach Prof. Helmut Gollwitzer:

,, ,Um die sterbenden Vietnamesen sitzen heute die Völker der Welt als Zuschauer, wie einst in der römischen Arena das Publikum um die sterbenden Gladiatoren' — so sagte kürzlich ein kritischer Beobachter unserer Demonstrationen. Jawohl, auch wir gehören zu diesem Publikum, ob wir nun gleichgültig, beifällig oder protestierend diesem Morden und Sterben zuschauen. Wir sind ohnmächtig, es zu verhindern, wir sind aber nicht ohnmächtig zu jeder Bewegung. Wir können wenigstens dagegen schreien, und wir können Geld geben, um den Leidenden ein wenig zu helfen. Keiner von uns tut so viel, wie er in dieser Richtung tun könnte. Man kann nicht Demokrat — ob Christdemokrat oder Sozialdemokrat — sein, ohne gegen die amerikanische Vietnampolitik und ihren imperialistischen Ursprung aufzustehen. Darum fragen wir unsere Parlamentarier, die sich doch alle Demokraten nennen, warum nicht sie selbst diese Demonstration veranstalten, statt dies der außerparlamentarischen Opposition zu überlassen! Man kann nicht Christ sein und zu dem Morden in Vietnam schweigen. Darum stehen die Kirchen und die besten Christen in den USA in der vordersten Linie der Anti-Vietnam-Opposition und mit ihnen Kirchen und Christen in aller Welt. Darum fragen wir die Kirchen und Christen in Deutschland, wie lange sie zum großen Teil noch meinen, christliche Kirche und gleichzeitig stumme Hunde sein zu können..."[80]

Der internationale Charakter der Solidaritätsbewegung war eine wichtige Triebfeder auch für die bundesdeutsche Vietnam-Solidarität. Schon vom 6. bis 9. Juli 1967 hatte in Stockholm die erste „Weltkonferenz über Vietnam" stattgefunden, zu der 462 Teilnehmer aus 63 Ländern zusammengekommen waren. In der Delegation aus der Bundesrepublik waren neben dem SDS auch die „Kampagne für Abrüstung" und andere Organisationen vertreten. In einem Weltappell für Vietnam wurde den USA zum Abschluß der Konferenz vorgeworfen, in Vietnam „Völkermord" zu betreiben. Die Delegierten beschlossen, ein Komitee einzurichten, um die weitere Arbeit auf internationaler Ebene zu koordinieren. Konferenzen wie diese fanden noch häufiger statt, vor allem auch nach 1969.

Ein wichtiger Bestandteil der internationalen Kampagne gegen den Vietnamkrieg war das 1967 durchgeführte „Vietnam-Tribunal" von Bertrand Russell und Jean-Paul Sartre, für das als Vertreter aus der Bundesrepublik Wolfgang Abendroth und Peter Weiss benannt wurden. Das Tribunal tagte zum ersten Mal vom 13. bis 15. November 1966 in London. Eine geplante Sitzung im Mai 1967 in Paris wurde von General de Gaulle verboten und mußte in Stockholm stattfinden. Eine weitere Sitzung fand am 1. Dezember 1967 in Roskilde in Dänemark statt. Erich Wulff, der von 1961 bis 1967 als Dozent der medizinischen Fakultät von Hue (Südvietnam) gearbeitet hatte, berichtete vor dem Tribunal über von amerikanischen Soldaten begangene Folterungen und den Einsatz von Napalm und chemischen Kampfstoffen durch die US-Armee in Vietnam.[81] Das „Vietnam-Tribunal" kam einstimmig zu dem Ergebnis, daß „die Regierung der Vereinigten Staaten des Völkermordverbrechens am vietnamesischen Volk schuldig ist."

Am 24.12.1967, dem „Heiligen Abend", wurde Rudi Dutschke beim Versuch, während des Weihnachtsgottesdienstes in der Berliner Gedächtniskirche eine Rede von der Kanzel über den Vietnamkrieg zu halten von einem Gottesdienstbesucher niedergeschlagen. Einige Theologen und evangelische Pfarrer solidarisierten sich danach mit Dutschke. Bei einem „Go-in" von Studenten ins Bonner Münster mußte Bundeskanzler Kiesinger das Gotteshaus fluchtartig durch einen Seiteneingang verlassen.[82]

Am 1. Februar 1968 warfen Unbekannte nachts in sieben Morgenpost-Filialen des Springer-Konzerns die Scheiben ein, nachdem Holger Meins auf einer Vorbereitungsveranstaltung für das „Springer Hearing" in der TU Berlin einen Lehrfilm über den Bau von Molotow-Cocktails gezeigt hatte.

Die Springer-Zeitungen waren nach wie vor voll mit Hetzartikeln gegen die Studenten und erzeugten eine zunehmende Pogrom-Stimmung in Berlin.

In dieser angespannten Situation fand am 17. und 18. Februar im Auditorium Maximum der Technischen Universität vor ca. 5000 Teilnehmern aus fast allen europäischen Ländern der „Internationale Vietnam-Kongreß" statt, der Höhepunkt der Vietnam-Kampagne während der Studentenbewegung: „Der Kongreß wurde von 11 sozialistischen und trotzkistischen Organisationen veranstaltet... Schriftsteller, Regisseure von Theater und Film, Schauspieler, Komponisten, Philosophen, Professoren, ganze Universitäten, Maler, Kritiker, kurzum ein bedeutender Teil der europäischen Intelligenz solidarisierte sich in Zeitungsannoncen, Telegrammen, Grußbotschaften und Protestbriefen an den Westberliner Senat mit den Veranstaltern des ‚Internationalen Vietnamkongresses'. 30 Mitglieder der SDS-Projektgruppe ‚Revolutionäre Kunst und Marxismus' hatten die Ausstattung der Räume in der TU übernommen. Der Kongreß tagte unter einer riesigen Fahne der vietnamesischen Befreiungsfront FNL mit den Worten des toten argentinischen Revolutionärs Che Guevara: „Für den Sieg der vietnamesischen Revolution — Die Pflicht jedes Revolutionärs ist es, die Revolution zu machen."[83]

Gaston Salvatore und Rudi Dutschke hatten vorher den Text Ernesto Che Guevaras ,,Schaffen wir zwei, drei, viele Vietnam!" übersetzt und herausgegeben. Darin propagierte Che den bedingungslosen bewaffneten Befreiungskampf in den Ländern Südamerikas, Afrikas und Asiens (siehe Dokument 9).

DOKUMENT 9:
,,SCHAFFEN WIR ZWEI, DREI, VIELE VIETNAM!"
CHE GUEVARA, 1967:

...Es gibt eine peinliche Realität: Vietnam, jenes Land, das die Erwartungen und Hoffnungen der verlassenen Völker vertritt, ist in tragischer Einsamkeit. Dieses Volk muß die wilden Angriffe der US-Technologie fast ohne eine Möglichkeit der Abwehr im Süden und mit geringen Verteidigungsmöglichkeiten im Norden ertragen, aber immer allein.

Die Solidarität der fortschrittlichen Mächte der Welt mit dem vietnamesischen Volk ähnelt der bitteren Ironie, die der Beifall des Pöbels für die Gladiatoren im römischen Zirkus bedeutete. Es geht nicht darum, den Opfern der Aggression Erfolg zu wünschen, sondern an ihrem Schicksal teilzunehmen, sie bis zum Tode oder bis zum Sieg zu begleiten. Wenn wir die vietnamesische Einsamkeit analysieren, sind wir beängstigt von diesem unlogischen Moment der Menschheit.

Der nordamerikanische Imperialismus ist an der Aggression schuld; seine Verbrechen sind enorm und überziehen die ganze Welt...

Aber schuldig sind auch die, die in der Stunde der Entscheidung zögerten, Vietnam zu einem unverletzlichen Teil des sozialistischen Lagers zu machen. Zwar hätte die Gefahr eines weltweiten Konfliktes bestanden, aber andererseits wäre der Imperialismus zur Entscheidung gezwungen worden.

Schuld haben auch die, die einen Krieg von Beschimpfungen und Zänkereien aufrechterhalten, der schon vor langer Zeit von den Vertretern der beiden größten Mächte des sozialistischen Lagers begonnen wurde...

Und wir Ausgebeuteten der Welt, welches ist die Rolle, die auf uns zukommt? Die Völker von drei Kontinenten betrachten und lernen ihre Lektion in Vietnam. Da mit der Drohung eines Krieges die Imperialisten die Menschheit erpressen, ist die richtige Antwort, den Krieg nicht zu fürchten. Die Taktik dieser Völker muß sein, hart und ununterbrochen in jedem Punkt der Auseinandersetzung anzugreifen...

Der wichtigste Schauplatz der Ausbeutung des Imperialismus umfaßt die drei zurückgebliebenen Kontinente, Amerika, Afrika und Asien. Jedes Land hat eine eigene Besonderheit, aber sie drücken sich auch in den Kontinenten als Gesamtheit aus.

Amerika bildet mehr oder weniger eine homogene Gesamtheit, und beinahe in seinem ganzen Territorium halten die amerikanischen Kapitalisten die absolute Vorherrschaft. Die Marionettenregierungen oder die im besten Falle schwächlichen und ängstlichen Regierungen können den Befehlen des Yankeeherren nicht widerstehen.

Die Nordamerikaner haben fast den Höhepunkt ihrer politischen Herrschaft erreicht. Sie können nur noch wenig mehr vorankommen. Jeder Wechsel in der Situation könnte sich in einen Rückgang ihrer Vorherrschaft verwandeln. Ihre Politik besteht darin, das Eroberte zu halten. Die Leitlinie reduziert sich im gegenwärtigen Moment darauf, durch den brutalen Gebrauch der Macht Befreiungsbewegungen jeden Typs zu verhindern...

Asien ist ein Kontinent mit verschiedenen Besonderheiten. Die Befreiungskämpfe gegen eine Kette von europäischen Kolonialmächten brachten als Resultat die Etablierung von mehr oder weniger fortschrittlichen Regierungen. Ihre spätere Entwicklung führte in manchen Fällen zu einer Vertiefung der anfänglichen Ziele der nationalen Befreiung und in anderen Fällen zu einem Rückzug auf proimperialistische Positionen. Vom ökonomischen Standpunkt aus hatten die Vereinigten Staaten in Asien wenig zu verlieren und viel zu gewinnen. Die dortigen Veränderungen begünstigen die Vereinigten Staaten. Sie kämpfen um die Ablösung anderer neokolonialistischer Mächte, um neue ökonomische Einflußsphären zu erobern, manchmal direkt, oder indem sie Japan benutzen. Aber es existieren spezielle politische Bedingungen, vor allem auf der indochinesischen Halbinsel, die Asien Eigenschaften von fundamentaler Bedeutung geben und die eine wichtige Rolle in der globalen Militärstrategie des nordamerikanischen Imperialismus spielen. Diese hat einen Zaun um China, vermittelt über Südkorea, Japan, Taiwan, Südvietnam und Thailand gezogen...

Der Mittlere Osten, der geographisch zu diesem Kontinent gehört, aber seine eigenen Widersprüche hat, ist in höchster Spannung. Man kann nicht voraussehen, wohin dieser kalte Krieg zwischen Israel, von den Imperialisten unterstützt, und den progressiven Ländern dieser Zone führen wird. Der Mittler Osten ist ein weiterer der die Welt bedrohenden Vulkane. Afrika bietet Eigenschaften eines jungfräulichen Gebietes für die neokolonialistische Invasion. Dort haben sich Veränderungen ereignet, die in gewisser Weise die neokolonialistischen Mächte zwangen, ihre alten Vorrechte absoluten Charakters aufzugeben. Aber wenn die Prozesse sich ununterbrochen fortsetzen, wird der Kolonialismus durch einen gewaltlosen Neokolonialismus abgelöst. Er hat, was die ökonomische Beherrschung anbelangt, die gleichen Konsequenzen.

Die Vereinigten Staaten hatten in dieser Gegend keine Kolonien. Jetzt kämpfen sie darum, in die abgeschlossenen Jagdgründe ihrer Partner einzudringen. Man kann mit Sicherheit sagen, daß auf lange Sicht Afrika das Reservoir der strategischen Pläne des nordamerikanischen Imperialismus bildet...

In Asien, wie wir gesehen haben, ist die Situation explosiv — und nicht nur in Vietnam und Laos, wo gekämpft wird, sind Reibungsflächen.
In Lateinamerika kämpft man mit der Waffe in der Hand in Guatemala, Kolumbien, Venezuela und Bolivien. Es tauchen schon die ersten Keime des Kampfes in Brasilien auf. Es gibt auch andere Zentren des Widerstandes, die kurz erscheinen und schnell wieder vergehen. Fast alle Länder des Kontinents sind für einen Kampf, der, um siegreich sein zu können, sich nicht mit weniger als der Einsetzung einer Regierung sozialistischen Typs begnügen darf, reif...
Es ist der Weg Vietnams; es ist der Weg, dem die Völker folgen müssen. Das ist der Weg, den Amerika in folgender Weise nachvollziehen muß: Die bewaffneten Gruppen müßten sich ungefähr in der Form von Koordinationszentren formieren, um die repressive Aufgabe des Yankee-Imperialismus zu erschweren und die eigene Sache zu erleichtern.
Amerika ist in der Zeit der letzten politischen Befreiungskämpfe der Welt ein vergessener Kontinent gewesen. Er beginnt, sich durch die Stimme der Avantgarde seiner Völker, der kubanischen Revolution, mittels der Trikontinentalen Konferenz zu Gehör zu bringen. Es wird eine viel größere Aufgabe zu erfüllen haben: die Schaffung des zweiten oder dritten Vietnam der Welt.

Schließlich muß man berücksichtigen, daß der Imperialismus ein Weltsystem, die letzte Stufe des Kapitalismus ist. Er muß in einer großen, weltweiten Auseinandersetzung besiegt werden. Das strategische Ziel muß die Zerstörung des Imperialismus sein. Die Aufgabe, die uns betrifft, die Ausgebeuteten und Zurückgebliebenen der Welt, ist die Eliminierung der Ernährungsbasen des Imperialismus. Diese Ernährungsbasen sind unsere unterjochten Völker, aus denen Kapitalien, Rohstoffe, Techniken und billige Arbeitskräfte herausgezogen werden und wohin neue Kapitalien, Beherrschungsinstrumente, Waffen und allerlei Artikel exportiert werden. Das alles läßt uns in eine absolute Abhängigkeit gleiten.
Der grundlegende Faktor dieses strategischen Zieles wird dann die reale Freiheit der Völker, Freiheit, die sich durch bewaffneten Kampf in den meisten Fällen herstellen wird. Dieser Kampf wird in Amerika fast unabwendbar die Eigenschaft haben, sich in eine sozialistische Revolution zu verwandeln...

Es ist vollkommen richtig, jedes unnütze Opfer zu vermeiden. Darum ist es so wichtig, sich der tatsächlichen Möglichkeiten des abhängigen Amerikas, sich in einer friedlichen Form zu befreien, klarzuwerden. Für uns ist die Lösung dieser Frage klar: Es mag sein, daß der jetzige Moment der richtige ist, um den Kampf zu beginnen — oder auch nicht. Wir dürfen aber uns weder der Illusion hingeben, noch haben wir ein Recht darauf, die Freiheit ohne Kampf zu erreichen. Und die Kämpfe werden nicht bloße Straßenkämpfe mit Steinen gegen Tränengas, nicht friedliche Generalstreiks, auch nicht der Kampf eines empörten Volkes sein, das in zwei oder drei Tagen das repressive Gerüst der regierenden Oligarchien stürzen wird. Es wird ein langer Kampf, ein blutiger, wobei seine Front in den Stützpunkten der Guerillas, in den Städten, in den Häusern der Kämpfer sein wird. Dort, wo die Repression die wehrlosen Opfer unter ihren Familienangehörigen suchen wird. Der Kampf wird in der massakrierten Bauernbevölkerung, in den von feindlichen Bombardements zerstörten Dörfern und Städten sein. Sie treiben uns in diesen Kampf hinein. Es gibt keinen anderen Ausweg, als ihn vorzubereiten, sich zu entscheiden, ihn zu unternehmen. Am Anfang wird es nicht leicht sein. Es wird extrem schwierig sein. Die ganze Leistungsfähigkeit der Repression, das ganze Ausmaß an Brutalität und Demagogie der Oligarchien wird sich in den Dienst der Unterdrückung stellen. In der ersten Stunde haben wir die Aufgabe zu überleben. Dann wird das fortdauernde Beispiel der Guerilla in Aktion treten. Sie wird die bewaffnete Propaganda in der vietnamesischen Bedeutung des Satzes betreiben, das heißt die Propaganda der Schüsse, der Kämpfe, die gewonnen oder verloren, aber gegen die Feinde geführt werden: die große Lehre der Unbesiegbarkeit des Krieges, der in den Massen der Entrechteten sich mehr und mehr entzündet. Hinzu kommt die Verfestigung des nationalen Geistes, die Vorbereitung für die härtesten Aufgaben, um die gewaltsamsten Repressionen abzuwehren. Der Haß als Faktor des Kampfes, der unbeugsame Haß dem Feinde gegenüber, der den Menschen über die natürlichen Grenzen hinaus antreibt, und ihn in eine wirksame, gewaltsame, selektive und kalte Tötungsmaschine verwandelt. Unsere Soldaten müssen so sein; ein Volk ohne Haß kann über einen brutalen Feind nicht siegen.

Der Krieg muß dorthin gebracht werden, wohin der Feind ihn bringt: zu seinem Haus, zu seinen Vergnügungsvierteln — der totale Krieg. Man muß den Feind hindern, auch nur eine Minute Ruhe zu finden, eine Minute Ruhe außerhalb seiner Kaserne und sogar innerhalb derselben. Wo auch immer er sich befinden möge, dort muß man ihn angreifen. Man muß ihn dazu bringen, daß er sich wie ein gehetztes wildes Tier fühlt, wo auch immer er sich bewege. Dann wird seine Moral mehr und mehr sinken. Er wird noch bestialischer werden, aber es mehren sich die Zeichen des Nachlassens seiner Kräfte. Dann wird sich ein wahrer proletarischer Internationalismus herausbilden: mit internationalen *proletarischen* Armeen, in denen unter der Fahne der heiligen Sache der Erlösung der Menschheit gekämpft wird. Unter den Feldzeichen von Vietnam, Venezuela, Guatemala, Laos, Guinea, Kolumbien, Bolivien, Brasilien zu sterben, um nur die gegenwärtigen Schauplätze der bewaffneten Auseinandersetzung zu zitieren, müßte genauso glorreich und wünschenswert für einen Amerikaner, einen Asiaten, einen Afrikaner, ja sogar einen Europäer sein... Wie glänzend und nah könnten wir die Zukunft betrachten, wenn zwei, drei viele Vietnam auf der Oberfläche des Erdballs entstünden, mit ihrer Todesrate und ihren ungeheuren Tragödien, mit ihren alltäglichen Heldentaten, mit ihren wiederholten Schlägen gegen den Imperialismus, mit dem Zwang für diesen, seine Kräfte unter dem heftigen Ansturm des zunehmenden Hasses der Völker der Welt auseinanderzusprengen.

Und wenn wir fähig wären, uns zu vereinigen, um unsere Schläge solider und genauer durchführen zu können, um Hilfe jeder Art den kämpfenden Völkern noch wirksamer leisten zu können, wie groß wäre dann die Zukunft und wie nah. Wenn wir, die in einem kleinen Ort der Weltkarte die Aufgabe, die wir vertreten, erfüllen, und wir dieses wenige, das wir opfern können, unser Leben, unser Leiden für den Kampf hingeben, an einem beliebigen Ort, schon von uns besetzt, der schon von unserm Blut getränkt ist, an einem dieser Tage, an dem wir unseren letzten Atemzug machen, sind wir uns über die Tragweite unseres Tuns bewußt und halten uns für nichts anderes als für Menschen in der großen Armee des Proletariats; aber wir sind darauf stolz, von der kubanischen Revolution und von ihrem höchsten Chef die große Lehre, die aus seiner Haltung in diesem Erdteil entsteht, gelernt zu haben: Was bedeuten die Gefahren oder Opfer von einem Manne oder einem Volke, wenn das Schicksal der Menschheit auf dem Spiele steht.

Unsere ganze Aktion ist eine Kriegsansage gegen den Imperialismus und ein Ruf nach der Einheit der Völker gegen den großen Feind des Menschengeschlechts: die Vereinigten Staaten von Nordamerika. An jedem beliebigen Ort, wo uns der Tod überraschen könnte, sei er willkommen, wenn unser Kriegsruf gut aufgenommen würde und eine andere Hand nach unseren Waffen greifen würde und andere Menschen bereit wären, die Totenlieder mit Maschinengewehrgeknatter und neuen Kriegs- und Siegesrufen anzustimmen.[84]

Der Text, der auch eine Kritik an der Sowjetunion und der VR China enthielt, gewann eine große Bedeutung in den Diskussionen der Vietnam-Kampagne, wobei Salvatore und Dutschke in ihrem Vorwort jedoch vor einer allzu platten Übernahme dieses Guerilla-Konzeptes und der Gewaltverherrlichung in den Metropolen warnten: „In den Metropolen ist die Lage nämlich gegenwärtig prinzipiell verschieden: Unsere Herren an der Spitze sind völlig fungibel, jederzeit durch neue bürokratische Charaktermasken ersetzbar. Wir können sie nicht einmal hassen, sie sind Gefangene und Opfer der repressiven Maschinerie. Unsere Gewalt gegen die unmenschliche Staatsmaschinerie, gegen die Manipulationsinstrumente ist die organisierte Verweigerung. Wir stellen uns mit unseren unbewaffneten Leibern, mit unserem ausgebildeten Verstand den unmenschlichsten Teilen der Maschinerie entgegen, machen die Spielregeln nicht mehr mit, greifen vielmehr bewußt und direkt in unsere eigene Geschichte ein."[85]
Der Vietnam-Kongreß sollte keine Diskussionsveranstaltung, sondern eine große internationale Manifestation zur Unterstützung der kämpfenden vietnamesischen Befreiungsfront werden. Der Kongreßaufruf des SDS gab den Stand der politischen Diskussion wieder:
„Der Kampf des vietnamesischen Volkes ist grundlegend für die internationale Arbeiterbewegung. Eine entscheidende Konfrontation findet zwischen der internationalen Revolution und Gegenrevolution statt. Verzweifelt versucht der Imperialismus zu beweisen, daß er in der Lage ist, jede revolutionäre Bewegung zu vernichten. Unterstützt wird er hierbei von seinen eigenen internationalen Organisationen, wie z.B. der aggressiven NATO. Der Sieg des vietnamesischen Volkes wäre ein epochaler Beweis für die Unüberwindbarkeit des revolutionären Volkskrieges und des Sozialismus in der ganzen Welt. Die Aufgabe eines jeden Revolutionärs ist es, nicht um einen Kompromiß mit dem Imperialismus auf Kosten der vietnamesischen Revolution zu bitten, sondern auf der Grundlage des FNL-Programms mit aller Kraft für den Sieg der vietnamesischen Revolution zu arbeiten. Der Imperialismus zielt darauf ab, mit seinen Aggressionen in Vietnam, Lateinamerika, Griechenland usw. die internationale Konstellation der Kräfte zu seinen Gunsten zu verändern. Er versucht, der Ent-

Der Vietnam-Kongreß gehörte zu den bedeutendsten Veranstaltungen des SDS in den sechziger Jahren. Rudi Dutschke hielt das Hauptreferat.

wicklung der Weltrevolution ein Ende zu machen und die Errungenschaften der Arbeiterbewegung in Gefahr zu bringen. Die Aufgabe der revolutionären Jugendbewegung in der ganzen Welt ist es, den Imperialismus in seinen jeweils verschiedenen Erscheinungsformen, so auch den westdeutschen Imperialismus, an jedem Ort und mit allen Mitteln anzugreifen, um die internationale Konterrevolution zu schwächen. Kriterium dieses Kampfes muß das jeweils spezifische Bewußtsein der Massen in den verschiedenen Ländern sein... Die aktuellen Ziele des Kampfes sind: der Kampf gegen das atlantische Bündnis und die NATO; die Intensivierung des Klassenkampfes, der sich vor allen Formen der Integration der Arbeiterbewegung hüten und sich das Problem der Eroberung der Macht stellen muß; die Bekämpfung der sozialdemokratischen Ideologie, die dem Imperialismus in die Hände arbeitet und die Arbeiterbewegung gleichzuschalten beabsichtigt..."[86]

Die zum Abschluß des Kongresses vorgesehene Demonstration wurde kurzerhand vom West-Berliner Senat verboten. Rudi Dutschke erklärte trotzdem vor der Presse, diese Demonstration werde „in jedem Falle stattfinden". Dadurch war die Situation zu Beginn des Kongresses sehr angespannt. Trotz der Vermittlung des inzwischen zurückgetretenen Bürgermeisters Heinrich Albertz und des evangelischen Bischofs Kurt Scharf weigerte sich jedoch der Regierende Bürgermeister Klaus Schütz (SPD) vor allem auf Druck des amtierenden Innensenators Kurt Neubauer (SPD), das Demonstrationsverbot aufzuheben. Albertz bestätigte den Studenten gegenüber die Vermutungen, daß die Polizei ,,die Ruhe der Studentenschaft mit einer Entscheidungsschlacht auf der Straße herbeiprügeln'' wollte.[87]

Erst während einer Rede Erich Frieds am Abend des ersten Kongreß-Tages erhielten die Kongreßteilnehmer die Nachricht, daß das Verwaltungsgericht auf Antrag des Rechtsanwaltes Horst Mahler das Demonstrationsverbot aufgehoben hatte. Allerdings durfte der Demonstrationszug nicht durch die amerikanischen Wohnviertel in Berlin-Dahlem ziehen.[88]

Dutschke hielt an diesem Abend das Hauptreferat unter dem Titel ,,Die geschichtlichen Bedingungen des internationalen Emanzipationskampfes''. Er setzte sich auch damit auseinander, wie die Bundesrepublik die US-Politik im Rahmen der NATO deckte. Als Konsequenz forderte er eine starke Kampagne gegen die NATO zur Unterstützung der Befreiungsbewegungen in der Dritten Welt (siehe Dokument 10).

DOKUMENT 10:
,,DIE GESCHICHTLICHEN BEDINGUNGEN FÜR DEN INTERNATIONALEN EMANZIPATIONSKAMPF''
RUDI DUTSCHKE, 1968:

Jede radikale Opposition gegen das bestehende System, das uns mit allen Mitteln daran hindern will, Verhältnisse einzuführen, unter denen die Menschen ein schöpferisches Leben ohne Krieg, Hunger und repressive Arbeit führen können, muß heute notwendigerweise global sein. Diese Globalisierung der revolutionären Kräfte ist die wichtigste Aufgabe der ganzen historischen Periode, in der wir heute leben und in der wir an der menschlichen Emanzipation arbeiten.

Die Unterprivilegierten in der ganzen Welt stellen die realgeschichtliche Massenbasis der Befreiungsbewegungen dar; darin allein liegt der subversiv-sprengende Charakter der internationalen Revolution...

Der deutsche Imperialismus hat durch seine Niederlagen im 1. und 2.

Weltkrieg entscheidenden ökonomischen, politischen und ideologischen Boden verloren. Dem entsprach in widersprüchlicher Form der Zersetzungsprozeß der revolutionären Tendenzen der deutschen und internationalen Arbeiterbewegung. In der falschen Alternative Kapitalismus (freie Welt) und ,,Stalinismus" (die die Sozialdemokraten in der BRD nicht als falsche erkannten) erfolgte die systematische und langanhaltende Integration der lohnabhängigen Massen in das System von Konzessionen, welches gerade den Spätkapitalismus auszeichnet.

Die langandauernde Hochkonjunktur wurde — sogar von Sozialisten — als Zeichen der mehr oder weniger widerspruchslosen Qualität des stabilisierten Kapitalismus falsch verstanden.

Der revolutionäre deutsche Sozialismus verschwand historisch von der politischen Bühne, um erst nach ca. 20 Jahren in einzelnen Abteilungen der Studentenschaft, einzelnen Fraktionen der Lohnabhängigen in Industrie und Verwaltung und in Gruppen von Schülern wieder geschichtliche Realität zu werden...

Die allgemeine Einschätzung der sozial-ökonomischen Situation der BRD und West-Berlins bildet die Voraussetzung für eine politisch-strategische Diskussion über den Prozeß der bundesrepublikanischen Umwälzung im Kontext der internationalen Auseinandersetzung zwischen Revolution und Konterrevolution.

Die verschiedenen Fraktionen des Apparats, der Regierungsmaschine, feiern in der Großen Koalition eine ,,Orgie des Renegatentums". Sogenannte Widerstandskämpfer, wie Gerstenmaier, ehemalige Vertreter der verschiedenen Arbeiterparteien, wie Brandt (SAPD), Wehner (KPD), zynisch gewordene Sozialdemokraten und Alt-Faschisten, wie Kiesinger & Co., steigen in das gemeinsame Bett, bis die bewußtgewordenen Massen sie für immer vertreiben werden. Diese spätkapitalistische Grundstruktur ist integraler Bestandteil des heutigen Imperialismus. Der heutige Imperialismus als konkrete Totalität der internationalen kapitalistischen Interessensphären bildet — stärker als früher — eine *widersprüchliche Einheit,* in der eindeutig die US-Interessen dominieren. Der westdeutsche Imperialismus hat wichtige Hilfsfunktionen übernommen! Er stützt seit Jahren durch den Devisenausgleich den US-Dollar, leistet in Taiwan und Südvietnam z.B. intensive ökonomische und paramilitärische Hilfe in der Form von landwirtschaftlichen Experten in Taiwan und dem sogenannten ,,humanitären" Dienst in Südvietnam etc.

Daneben tritt — wohl als Vehikel für eine stärkere eigene imperialistische Politik gedacht — die Zusammenarbeit mit den afrikanischen Regierungen, deren Völker um ihre sozial-ökonomische Emanzipation zu kämpfen anfangen, mit Südafrika, Portugal und Rhodesien.

An dem Versuch der Zerschlagung der sozialrevolutionären Bewegung in Portugiesisch-Angola, Mozambique, Sao Thome, Portugiesisch-Guinea und in Rhodesien ist der westdeutsche Imperialismus direkt beteiligt: Im März 1966 vereinbarten Lissabon und Bonn eine ,,bilaterale militärische Zusammenarbeit", hinzu kommt die NATO-Zusammenarbeit. Es ist bekannt, daß die Bonner Regierung im vergangenen Jahr 70 teuer gekaufte F 86 sehr billig an Portugal verkaufte, deutsche Piloten die Maschinen nach Afrika flogen, wo sie sofort zur Bekämpfung der Befreiungsbewegungen in Angola und Mozambique eingesetzt wurden. Andere wichtige Kriegsmaterialien gehen permanent nach Afrika.

Für die Strategie des antiimperialistischen Kampfes, für die Vermittlung antiimperialistischer und antikapitalistischer Strategie scheint uns hier jede Möglichkeit gegeben zu sein. Große Teile der Bevölkerung sind gegen die sinnlose Rüstung zu mobilisieren, besonders weil der BRD-Kapitalismus nicht mit der Rüstungsproduktion steht und fällt.

Diese Praktiken, die die lohnabhängigen Massen in der BRD zu tragen haben, könnten durch eine systematische Entlarvung politisch verwertet werden.

Seit März 1967 befinden sich ca. 100 Offiziere und Berater der Bundeswehr in Rhodesien, um Counter-Guerilla-Taktiken zu vermitteln und Erfahrungen zu sammeln.

In Rhodesien ist permanent ein Aufstand der schwarzen Massen gegen die kapitalistische weiße Minorität möglich. Uns ist es bisher nicht gelungen, diesen notwendigen Befreiungskampf und die Bundeswehr-Hilfe agitatorisch und propagandistisch zu verwerten.

Die NATO ist die organisierte Zentrale des Imperialismus in Mittel- und Westeuropa zur Verhinderung der Emanzipation der produzierenden Massen. Innerhalb einer Anti-NATO-*Kampagne* hätten diese imperialistischen Praktiken ihren politischen Stellenwert.

Diese Kampagne ist nur sinnvoll möglich, wenn es uns überzeugend gelingt, die ,,nationalen" Kampagnen zu internationalisieren, die *Massenaktionen,* die *systematische Desertion* und die *subversive Aktion gegen Kriegsmaterial* der NATO-Imperialisten permanent als internationale Aufgabe zu praktizieren...

Die revolutionären Jugendorganisationen haben in der Geschichte der Arbeiterbewegung in den Perioden, in denen die produzierenden Massen ihren Kampf noch nicht als unerbittlichen Klassenkampf aufgenommen hatten, immer als erste diesen notwendigen Internationalismus begonnen.

Der Grundwiderspruch zwischen Lohnarbeit und Kapital im internationalen Rahmen wird nach unserer Meinung in der jetzigen Periode besonders stark durch den internationalen Kampf zwischen Revolution und Konterrevolution bestimmt...

Es ist uns gelungen, in der Universität primär, aber auch außerhalb der Universität Zehntausende gegen den US-Krieg in Vietnam zu mobilisieren. Das war und ist eine Produktivkraft für die Mobilisierung von breiten Minderheiten. In den weltweiten Demonstrationen liegt in einem antizipatorischen Sinne so etwas wie eine *revolutionäre Globalstrategie*.
Eine ungelöste Frage für die Strategie der Linken in der BRD ist die Verbreiterung des antiautoritären Lagers der Studenten, Schüler und Jugendlichen in die Richtung der die materielle Produktion tragenden Industriearbeiterschaft, ist die Frage nach der Revolutionierbarkeit von Gruppen, Schichten, Abteilungen, Fraktionen und Elementen der lohnabhängigen Massen. Daß unsere Aktionen eine ständige Infragestellung der Macht der Herrschenden darstellen und für die beherrschten Produzenten Beispielcharakter tragen können, scheint uns unbestreitbar. Daß die Arbeiter, Lehrlinge, Angestellten, Schüler etc. in ihren und unseren Aufklärungsveranstaltungen und besonders in den Aktionen gegen die autoritäre staatliche Gewaltmaschine antiautoritäre Verhaltensweisen lernen, ist eindeutig — auch und gerade für die noch unerkannten und noch nicht politisierten Widersprüche in der eigenen autoritären Institutionstotalität —, ob nun Betrieb oder Verwaltung, ob Kirche oder Wohnblock...

Der heutige Faschismus steckt in den autoritären Institutionen und im Staatsapparat. Den letzteren zu sprengen ist unsere Aufgabe, und daran arbeiten wir. Dazu gehört die entschlossene und dauerhafte Mobilisierung und Organisierung der Massen an allen Orten, primär jetzt im Ruhrgebiet. Dazu gehört die immer dringender werdende solidarische Zusammenarbeit mit den Einzelgewerkschaften, die entschlossen sind, einem Lohnstopp mit allen Mitteln politisch und ökonomisch entgegenzutreten, nicht die Große Koalition der Parasiten und Blutegel zu vervollständigen. Wir kämpfen für eine antiautoritäre und damit antifaschistische *Einheitsfront* aller Gruppen, Organisationen und Individuen aus allen Sphären der Gesellschaft — mit dem Ziel, eine antiautoritäre, d.h. freie Gesellschaft, direkte Herrschaft der Produzenten über die Produktionsmittel zu erkämpfen. Das allein wäre die Auflösung und Vernichtung der Widersprüche des Kapitals, wäre die freie revolutionäre und sozialistische Gesellschaft!...

Die weltgeschichtliche Rolle und Funktion der vietnamesischen Revolution ist dabei evident... Die weltgeschichtliche Bedeutung des Kampfes des vietnamesischen Volkes, die exemplarische Bedeutung dieser Auseinandersetzung für die folgenden Kämpfe gegen den Imperialismus

standen schon sehr früh im Mittelpunkt der Vietnam-Diskussionen...
Geben wir uns aber keinen Illusionen hin.

Das weltweite Netz der organisierten Repression, das Kontinuum der Herrschaft, läßt sich nicht leicht aufsprengen. Der ,,neue Mensch des 21. Jahrhunderts" (Guevara, Fanon), der die Voraussetzung für die ,,neue Gesellschaft" darstellt, ist Resultat eines langen und schmerzlichen Kampfes, kennt ein sehr schnelles Auf und Ab der Bewegung; temporäre Aufschwünge werden durch nicht zu umgehende ,,Niederlagen" abgelöst werden. Unsere kulturrevolutionäre Übergangsphase ist im ,,klassischen" Verständnis der Revolutionstheorie eine vorrevolutionäre Phase, in der Personen und Gruppen sich noch manchen Illusionen, abstrakten Vorstellungen und utopischen Projekten hingeben, ist eine Phase, in der der radikale Widerspruch zwischen Revolution und Konterrevolution, zwischen der herrschenden Klasse in ihrer neuen Form und dem Lager der Antiautoritären und Unterprivilegierten noch nicht konkret und unmittelbar sich auszutragen beginnt. Was für Amerika schon eindeutig Realität ist, hat auch schon für uns mit gewissen Modifikationen große Bedeutung: ,,Es ist keine Zeit nüchterner Reflexion, sondern eine Zeit der Beschwörung. Die *Aufgabe der Intellektuellen* ist mit der des Organisators der Straße, mit der des Wehrdienstverweigerers, des *Diggers* identisch: *mit dem Volke zu sprechen und nicht über das Volk*. Die prägende Literatur jetzt ist die Underground-Literatur, sind die Reden von Malcolm X, die Schriften Fanons, die Songs der Rolling Stones und von Aretha Franklin. Alles übrige klingt wie der Moynihan-Report oder ein ‚Time'-Essay, die alles erklären, nichts verstehen und niemanden verändern" (A. Kopkind, Von der Gewaltlosigkeit zum Guerilla-Kampf, in: Voltaire-Flugschriften Nr. 14, S. 24/25). Wir haben noch keine breite kontinuierliche Untergrundliteratur, es fehlen noch die Dialoge der Intellektuellen mit dem Volk, und zwar schon auf dem Standpunkt der wirklichen, d.h. der unmittelbaren und historischen Interessen des Volkes.

Es gibt den Beginn einer Desertionskampagne in der amerikanischen Besatzungsarmee, es fehlen aber noch die organisierten Desertionskampagnen in der Bundeswehr. Wir wagen es schon, den amerikanischen Imperialismus politisch anzugreifen, aber wir haben noch nicht den Willen, mit unserem eigenen Herrschaftsapparat zu brechen, militante Aktionen gegen die Manipulationszentren, z.B. gegen die unmenschliche Maschinerie des Springer-Konzerns, durchzuführen, unmenschliche Kriegsmaschinerie zu vernichten.

Genossen! Wir haben nicht mehr viel Zeit.

In Vietnam werden auch wir tagtäglich zerschlagen, und das ist nicht ein

Bild und ist keine Phrase. Wenn in Vietnam der US-Imperialismus überzeugend nachweisen kann, daß er befähigt ist, den revolutionären Volkskrieg erfolgreich zu zerschlagen, so beginnt erneut eine lange Periode autoritärer Weltherrschaft von Washington bis Wladiwostok. Wir haben eine historisch offene Möglichkeit. Es hängt primär von unserem Willen ab, wie diese Periode der Geschichte enden wird. ,,Wenn sich dem Viet-Cong nicht ein amerikanischer, europäischer und asiatischer Cong zugesellt, wird die vietnamesische Revolution ebenso scheitern wie andere zuvor. Ein hierarchischer Funktionärsstaat wird die Früchte ernten, die er nicht gesät hat" (Partisan Nr. 1, Vietnam, die Dritte Welt und der Selbstbetrug der Linken, Berlin 1967).

Und Frantz Fanon sagt für die Dritte Welt: ,,Los, meine Kampfgefährten, es ist besser, wenn wir uns sofort entschließen, den Kurs zu ändern. Die große Nacht, in der wir versunken waren, müssen wir abschütteln und hinter uns lassen. Der neue Tag, der sich schon am Horizont zeigt, muß uns standhaft, aufgeweckt und entschlossen antreffen" (Die Verdammten dieser Erde, Suhrkamp 1966, S. 239).
Laßt uns auch endlich unseren richtigen Kurs beschleunigen. Vietnam kommt näher, in Griechenland beginnen die ersten Einheiten der revolutionären Befreiungsfront zu kämpfen. Die Auseinandersetzungen in Spanien spitzen sich zu. Nach 30 Jahren faschistischer Diktatur ist in der Einheitsfront der Arbeiter und Studenten eine neue revolutionäre Kraft entstanden.
Die Bremer Schüler haben angefangen und gezeigt, wie in der Politisierung unmittelbarer Bedürfnisse des Alltagslebens — Kampf gegen Fahrpreiserhöhungen — subversive Sprengkraft entfaltet werden kann. Ihre Solidarisierung mit den lohnabhängigen Massen, die richtige Behandlung der Widersprüche und die Auseinandersetzungen mit der autoritärmilitaristischen Polizei zeigen sehr deutlich, welche großen Möglichkeiten des Kampfes im System des Spätkapitalismus liegen. An jedem Ort der Bundesrepublik ist diese Auseinandersetzung in radikaler Form möglich. Es hängt von unseren schöpferischen Fähigkeiten ab, kühn und entschlossen die sichtbaren und unmittelbaren Widersprüche zu vertiefen und zu politisieren, Aktionen zu wagen, kühn und allseitig die Initiative der Massen zu entfalten. Die wirkliche revolutionäre Solidarität mit der vietnamesischen Revolution besteht in der aktuellen Schwächung und der prozessualen Umwälzung der Zentren des Imperialismus. Unsere bisherige Ineffektivität und Resignation lag mit in der Theorie.

Die Revolutionierung der Revolutionäre ist so die entscheidende Voraussetzung für die Revolutionierung der Massen. Es lebe die Weltrevolution und die daraus entstehende freie Gesellschaft freier Individuen![89]

Auch in der Schlußerklärung des Vietnam-Kongresses wurden entsprechende politische Forderungen erhoben:
,,1. In allen westeuropäischen Ländern wird die Kampagne zur materiellen Unterstützung des bewaffneten Befreiungskampfes der FNL Südvietnams auf breiter Basis fortgesetzt und verstärkt.
2. In westeuropäischen Ländern mit amerikanischen Truppenstützpunkten werden, so wie in den USA selbst, Aufklärungsaktionen unter den GI's durchgeführt mit dem Ziel, die Wehrkraft der US-Armee zu zersetzen und die Soldaten von der Notwendigkeit des Widerstandes, der Sabotage und der Desertion zu überzeugen.
3. Gegen NATO-Basen in westeuropäischen Ländern wird in Aktionen und Demonstrationen eine Kampagne ,,Zerschlagt die NATO" geführt. In allen Ländern wird der Austritt aus der NATO zum Ablauf des NATO-Vertrages 1969 gefordert.
4. In jenen westeuropäischen Ländern, aus deren Häfen Rüstungsgüter für die US-Aggression in Vietnam verschifft werden, wird auf Hafenarbeiter-Streiks hingearbeitet.
5. In West-Berlin wird eine Dokumentationszentrale gegen den Mißbrauch der Wissenschaft zu Zwecken der imperialistischen Kriegsführung eingerichtet. Die antiimperialistische Widerstandsbewegung wird aufgefordert, diese Zentrale zu unterstützen und zu benutzen.
6. In allen westeuropäischen Ländern wird eine Kampagne vorbereitet zur Aufklärung der Bevölkerung über Konzerne, die als Produktionsstätten für Vernichtungswaffen am schmutzigen Krieg verdienen. Dieser Kampagne werden sich Demonstrationen und Blockaden anschließen (z.B. gegen den Napalmproduzenten Dow Chemical).
Wir rufen die antiimperialistischen Widerstandsbewegungen auf, darüber hinaus immer wieder auf gemeinsame Massenmanifestationen gegen den US-Imperialismus und alle seine Handlanger in Westeuropa hinzuarbeiten. Im Verlauf dieses gemeinsamen Kampfes muß die politische und organisatorische Zusammenarbeit zwischen den revolutionären Befreiungsbewegungen in der Dritten Welt und den Widerstandsbewegungen in den USA und in den westeuropäischen Ländern intensiviert und zu einer Einheitsfront ausgebaut werden.

Zum Abschluß des Vietnam-Kongresses demonstrierten am 18. Februar 1968 Zehntausende in der Berliner Innenstadt gegen den Vietnamkrieg.

Es siege die vietnamesische Revolution!
Es siege die sozialistische Weltrevolution!"[90]
Diese Erklärung war — wie der Kongreß insgesamt — ein Ausdruck dafür, wie sich über Vietnam eine radikale Auseinandersetzung mit den Verhältnissen in der Bundesrepublik entwickelt hatte. Die zentralen politischen Ansatzpunkte wurden nun im eigenen Land gesehen. Allerdings konnten die meisten beschlossenen Aktionen nicht mehr in die Tat umgesetzt werden, weil der SDS einerseits von innenpolitischen Ereignissen überrollt wurde, sich andererseits bald darauf zunächst in Gruppen spaltete und schließlich selbst auflöste. Was von dem Kongreß blieb, war ein Hauch von revolutionärer Utopie, entwickelt im realitätsfernen Raum der Hochschule, wo weder die gesellschaftliche Wirklichkeit noch die politischen Machtverhältnisse dieser Zeit richtig eingeschätzt wurden.

DOKUMENT 11:
„PROLETARIER ALLER LÄNDER VEREINIGT EUCH"
KLEINE ZITATENSAMMLUNG:

Wir dokumentieren eine kleine Zitatensammlung von „Klassikern des proletarischen Internationalismus" als Anregung zum Weiterlesen.

KARL MARX, 1884:

„Politische Macht zu erobern ist... jetzt die große Pflicht der Arbeiterklassen. Sie scheinen dies begriffen zu haben, denn in England, Frankreich, Deutschland und Italien zeigt sich ein gleichzeitiges Wiederaufleben und finden gleichzeitige Versuche zur Reorganisation der Arbeiterpartei statt. Ein Element des Erfolges besitzt sie, die Zahl. Aber Zahlen fallen nur in die Waagschale, wenn Kombination sie vereint und Kenntnis sie leitet. Die vergangene Erfahrung hat gezeigt, wie Mißachtung des Bandes der Brüderlichkeit, welches die Arbeiter der verschiedenen Länder verbinden und sie anfeuern sollte, in allen ihren Kämpfen für Emanzipation fest beieinanderzustehen, stets gezüchtigt wird durch die gemeinschaftliche Vereitlung ihrer zusammenhanglosen Versuche...
Proletarier aller Länder, vereinigt euch!"
Aus: Karl Marx, Inauguraladresse der Internationalen Arbeiter-Assoziation, Oktober 1864, MEW 16, S. 12/13

ROSA LUXEMBURG, 1911:

„Das erste, was man von einer Flugschrift erwarten muß, die den Marokkohandel sozialdemokratisch beleuchten soll, ist wohl der Zusammenhang der Weltpolitik mit der kapitalistischen Entwicklung... Das erste Wort also müßte die Aufklärung über das Wesen der Weltpolitik sein, und zwar die Auseinandersetzung ihres Zusammenhangs mit der hohen Reife des heutigen Kapitalismus... Sonst bleibt nur die „ethische" Entrüstung über das Unmenschliche der Kriege übrig oder der borniert Krämerstandpunkt: uns Arbeitern blüht kein Geschäft aus der Weltpolitik...
Es wird hier nur mit dem abgebrauchten Schema gearbeitet, wonach die Kolonialpolitik ein schlechtes Geschäft für alle sei. Danach bekämpfen wir die Kolonialpolitik nur, weil sie nichts einbringt...
Fügen wir noch hinzu, daß in dem ganzen Flugblatt nicht ein Wort von den Völkern, von den Eingeborenen der Kolonien, von ihren Rechten,

Interessen und Leiden infolge der Weltpolitik gesagt wird, daß das Flugblatt mehrmals von der ‚glänzenden englischen Kolonialpolitik' spricht, ohne den periodischen Hungertyphus der Inder, die Ausrottung der Eingeborenen Australiens, die Nilpferdpeitsche auf dem Rücken der ägyptischen Fellahs zu erwähnen... — nicht ein Wort vom Sozialismus und seinen Zielen!"

Aus: Rosa Luxemburg, Ausgewählte Reden und Schriften, Band II, Berlin 1955

Während der ,,Marokko-Krise" kam es schon 1911 fast zur Auslösung des Ersten Weltkrieges, als das deutsche Kanonenboot ,,Panther" im Juli vor der südmarokkanischen Hafenstadt Agadir auftauchte, um gegenüber der Kolonialmacht Frankreich die Kolonialinteressen des Deutschen Reiches zu demonstrieren.

Rosa Luxemburg gehörte zu den ersten, die auch die Interessen der Kolonialisierten ansprachen. Sie wurde 1919 — wie Karl Liebknecht — ermordet.

Hier kritisierte sie ,,Unser Marokko Flugblatt", das Flugblatt, mit dem die SPD nach langem Zögern zu Protestaktionen aufrief.

KARL LIEBKNECHT, 1915:

,,Ich schreibe dies am Jahrestag des Kriegsausbruchs.
Die Bilanz des Jahres ist: Tötung, Verstümmelung, Erkrankung, Verseuchung von Millionen der kräftigsten Männer, Ausrottung der Menschenblüte Europas...
Die sozialistische Internationale ist zusammengebrochen unter dem Orkan des Imperialismus, verschüttet unter der Mauer des Chauvinismus, unter dem Schlamm jener Lüge von der nationalen Klassenharmonie...
Aber mit Stolz dürfen wir sagen: wie sich manche Sektionen der Internationale ruhmvoll hielten — trotz alledem —, so hat gleich der Internationale der Frauen die Internationale der Jugend in dem allgemeinen Zusammensturz bestanden. Die Internationale der Alten ist dahin, die Internationale der Jugend lebt...
Nicht nur die jugendliche Begeisterung, die zu großen Taten befähigt — es ist die Klarheit und Festigkeit, es ist der unnachgiebige Klassenkampfgedanke, der die Jugendbewegung feite: der Wille zu dem einen und unteilbaren internationalen Klassenkampf; das Bekenntnis zur Klassensolidarität über alle staatlichen Schranken hinweg; und der unerbittliche antimilitaristische Grundzug ihrer Taktik...
Ein klarblickender, in der Geschichte des amtlichen und halbamtlichen Lügen- und Heuchlertums erfahrener, allen offiziellen und offiziösen

Verlautbarungen grundsätzlich schroff mißtrauender, gegen jede Stimmungsmacherei von oben gefeiter, ja sich gegen sie instinktiv aufbäumender, bis in die innerste Seele international und klassenkämpferisch gesonnener Sozialdemokrat kann *nie* ein williges Werkzeug des Militarismus sein, nicht im Frieden oder im Kriege gegen den inneren Feind, noch im imperialistischen Kriege gegen den äußeren Feind; nicht in der Armee und nicht außerhalb der Armee...
Gewaltig stärkte die politische Unterstützung des jetzigen Krieges und der Regierung durch die Sozialdemokratie, wo sie stattfand, den Imperialismus; sie vervielfältigte seine Sprungkraft, seine Elastizität, seine Zähigkeit, seine Selbstsicherheit..."

Aus: Antimilitarismus! Karl Liebknecht, Gedanke und Tat, Hrsg.: Ossip K. Flechtheim, Frankfurt, Berlin, Wien 1976
Karl Liebknecht stimmte als einziger Abgeordneter der SPD-Reichstagsfraktion am 2.12.1914 gegen die Bewilligung der Kriegskredite für den imperialistischen Ersten Weltkrieg. Er berief sich auf den „proletarischen Internationalismus", der einmal eine der Grundsäulen der Programmatik der SPD gewesen war. Wie Rosa Luxemburg wurde er 1919 ermordet.

ROSA LUXEMBURG, KARL LIEBKNECHT, CLARA ZETKIN, FRANZ MEHRING, 1918:

,,An die Proletarier aller Länder: Der Imperialismus aller Länder kennt keine ,,Verständigung", er kennt nur ein Recht: den Kapitalprofit, nur eine Sprache: das Schwert, nur ein Mittel: die Gewalt. Und wenn er jetzt in allen Ländern, bei euch wie bei uns, von ‚Völkerbund', ‚Abrüstung', ‚Recht der kleinen Nationen', ‚Selbstbestimmung der Völker' redet, so sind das nur die üblichen verlogenen Redensarten der Herrschenden, um die Wachsamkeit des Proletariats einzuschläfern.
Proletarier aller Länder! Dieser Krieg muß der letzte sein! Das sind wir den 12 Millionen hingemordeter Opfer, das sind wir unseren Kindern, das sind wir der Menschheit schuldig...
Wenn sich Vertreter der Proletarier aller Länder unter dem Banner des Sozialismus die Hand reichen, um den Frieden zu machen, dann ist der Friede in wenigen Stunden gemacht. Dann gibt es keine Streitfragen um das linke Rheinufer, Mesopotamien, Ägypten oder Kolonien. Dann gibt es nur ein Volk: die arbeitende Menschheit aller Rassen und Zungen. Dann gibt es nur ein Recht: die Gleichheit aller Menschen. Dann gibt es nur ein Ziel: Wohlfahrt und Fortschritt für alle.
Die Menschheit steht vor der Alternative: Auflösung und Untergang in

der kapitalistischen Anarchie oder Wiedergeburt durch soziale Revolution. Die Stunde der Entscheidung hat geschlagen...
Die Internationale wird die Menschheit sein!
Es lebe die Weltrevolution des Proletariats!"
Aus: ,,Die Rote Fahne", 25.11.1918, zit. nach Rosa Luxemburg, Ausgewählte Reden und Schriften, Band II, Berlin 1955, S. 612f
Im Spartakusbund organisierten sich linke Sozialdemokraten um Rosa Luxemburg und Karl Liebknecht, die sich vor allem nach der Unterstützung der SPD für die Kriegskredite im Ersten Weltkrieg von dieser Partei abgewendet hatten. Aus dem Spartakusbund entstand Ende 1918 die Kommunistische Partei Deutschlands (KPD). Der Aufruf ,,An die Proletarier aller Länder" entsteht unter dem Eindruck der deutschen Novemberrevolution 1918, die — nach der russischen Revolution — als Beginn einer internationalen Revolution angesehen wurde.

W. I. LENIN, 1920:

,,Der gesamten internationalen Lage, wie sie sich jetzt gestaltet hat, liegen die ökonomischen Verhältnisse des Imperialismus zugrunde. Im Laufe des ganzen 20. Jahrhunderts hat sich diese neue, höchste und letzte Stufe des Kapitalismus vollauf herausgebildet. Sie wissen natürlich alle, daß die charakteristischsten, die wesentlichen Züge des Imperialismus darin bestehen, daß das Kapital ungeheuren Umfang angenommen hat. An die Stelle der freien Konkurrenz sind Monopole von gigantischen Ausmaßen getreten. Einige wenige Kapitalisten vermochten in ihren Händen manchmal ganze Industriezweige zu konzentrieren; sie gingen in die Hände von Verbänden, Kartellen, Syndikaten oder Trusten über, die nicht selten internationalen Charakter tragen. Ganze Industriezweige nicht nur einzelner Länder, sondern der ganzen Welt gerieten so hinsichtlich der Finanzen, des Eigentumsrechts und teilweise der Produktion in die Hand von Monopolisten. Auf dieser Grundlage entwickelte sich eine noch nie dagewesene Herrschaft einer verschwindenden Zahl von Großbanken, Finanzkönigen, Finanzmagnaten, die sogar die freiesten Republiken faktisch in Finanzmonarchien verwandelt haben...
Diese Herrschaft eines Häufleins von Kapitalisten erlangte ihre volle Entfaltung, als der ganze Erdball aufgeteilt war, nicht allein in dem Sinne, daß sich die größten Kapitalisten der verschiedenen Rohstoffquellen und Produktionsmittel bemächtigt hatten, sondern auch in dem Sinne, daß die vorläufige Aufteilung der Kolonien beendet war. Vor etwa 40 Jahren zählte man nicht viel mehr als eine viertel Milliarde Kolonialbevölkerung, die sechs kapitalistischen Mächten unterworfen war. Vor

dem Kriege von 1914 zählte man in den Kolonien bereits ungefähr 600 Millionen Menschen, und nimmt man solche Länder wie Persien, die Türkei und China hinzu, die sich schon damals in der Lage von Halbkolonien befanden, so erhalten wir die runde Zahl von einer Milliarde Menschen, die durch ihre koloniale Abhängigkeit von den reichsten, zivilisierten und freiesten Ländern geknechtet wurden...
Und wenn wir in Rußland jetzt nicht selten gezwungen sind, Kompromisse zu schließen und unsere Zeit abzuwarten, weil wir schwächer sind als die internationalen Imperialisten, so wissen wir doch, daß die Massen, deren Interessen wir verteidigen, einundeinviertel Milliarde Menschen zählen. Uns stehen heute noch Hindernisse im Wege, Vorurteile und Unwissenheit, aber sie schwinden von Stunde zu Stunde, und je länger, desto mehr werden wir tatsächlich zu Vertretern und Verteidigern dieser 70 Prozent der Bevölkerung unseres Erdballs, dieser Massen der Werktätigen und Ausgebeuteten."
Aus: Referat über die internationale Lage und die Hauptaufgaben der kommunistischen Internationale, gehalten beim II. Kongreß der Kommunistischen Internationale am 19. Juli 1920. Zit. nach: W. I. Lenin, Ausgewählte Werke, Band III, Berlin 1970, S. 506f

LEO TROTZKI, 1929:

,,Die Machteroberung durch das Proletariat schließt die Revolution nicht ab, sondern eröffnet sie nur. Der sozialistische Aufbau ist nur auf der Basis des Klassenkampfes im nationalen und internationalen Maßstab denkbar. Unter den Bedingungen des entscheidenden Übergewichts kapitalistischer Beziehungen in der Weltarena wird dieser Kampf unvermeidlich zu Explosionen führen, d.h. im Inneren zum Bürgerkrieg und außerhalb der nationalen Grenzen zum revolutionären Krieg. Darin besteht der permanente Charakter der sozialistischen Revolution, ganz unabhängig davon, ob es sich um ein zurückgebliebenes Land handelt, das erst gestern seine demokratische Umwälzung vollzogen hat, oder um ein altes kapitalistisches Land, das eine lange Epoche der Demokratie und des Parlamentarismus durchgemacht hat.
Der Abschluß einer sozialistischen Revolution ist im nationalen Rahmen undenkbar. Eine grundlegende Ursache für die Krisis der bürgerlichen Gesellschaft besteht darin, daß die von dieser Gesellschaft geschaffenen Produktivkräfte sich mit dem Rahmen des nationalen Staates nicht vertragen. Daraus ergeben sich einerseits die imperialistischen Kriege, andererseits die Utopie der bürgerlichen Vereinigten Staaten von Europa. Die sozialistische Revolution beginnt auf nationalem Boden, entwickelt sich

international und wird vollendet in der Weltarena. Folglich wird die sozialistische Revolution in einem neuen, breiteren Sinne des Wortes zu einer permanenten Revolution: sie findet ihren Abschluß nicht vor dem endgültigen Siege der neuen Gesellschaft auf unserem ganzen Planeten..."

Aus: Leo Trotzki, Die permanente Revolution, Frankfurt 1969, S. 151
Trotzki schrieb „Die permanente Revolution" 1928 in der Verbannung in Alma-Ata. Er wandte sich darin strikt gegen Stalins Formel vom „Sozialismus in einem Land" und betonte die Notwendigkeit einer internationalen sozialistischen Bewegung.

MAO TSE-TUNG, 1958:

„Man (muß)... den Imperialismus und alle Reaktionäre als das betrachten, was sie in Wirklichkeit sind: als Papiertiger...
Das Leben des Imperialismus wird nicht von langer Dauer sein; denn er begeht alle nur möglichen Übeltaten. Er ist besonders darauf aus, die volksfeindlichen Reaktionäre in den verschiedenen Ländern hochzupäppeln, hält gewaltsam eine große Zahl von Kolonien, Halbkolonien und Militärstützpunkten besetzt, bedroht den Frieden mit einem Atomkrieg. Eben dadurch zwingt er mehr als neunzig Prozent der Weltbevölkerung, sich jetzt schon oder in Zukunft gemeinsam zum Kampf gegen ihn zu erheben. Doch sind die Imperialisten derzeit noch am Leben und verüben immer noch ihre Willkür- und Gewalttaten gegen Asien, Afrika und Lateinamerika. Auch in der westlichen Welt unterdrücken sie nach wie vor die Volksmassen ihrer eigenen Länder. Diese Situation muß geändert werden. Der Aggression und Unterdrückung seitens des Imperialismus, hauptsächlich des amerikanischen, ein Ende zu setzen, ist die Aufgabe aller Völker der Welt..."

Aus: Worte des Vorsitzenden Mao Tse-tung, Peking 1968, S. 89 f

DREI KUGELN AUF RUDI DUTSCHKE
DIE FOLGEN DES VIETNAM-KONGRESSES

Zum Abschluß des Vietnam-Kongresses demonstrierten am 18.2.1968 Zehntausende (die Schätzungen reichen von 15.000 bis 80.000) in der Berliner Innenstadt gegen den Vietnamkrieg, ohne daß es zu Zwischenfällen kam. Bei dieser Demonstration wurden auch Plakate der ,,vergessenen deutschen Revolutionäre'' Rosa Luxemburg und Karl Liebknecht, wie auch von Lenin, Trotzki, Ho Chi Minh und Mao Tse-tung mitgeführt. Die Vietnam-Bewegung hatte auch Texte der ,,Klassiker des Internationalismus'', ihre Imperialismus-Theorien und ihre Tradition eines ,,proletarischen Internationalismus'' wiederentdeckt und — teilweise durchaus kritisch — in ihre Diskussionen mit einbezogen (siehe Dokument 11).

Nach der großen Vietnam-Demonstration fand am gleichen Tag noch eine zweite unangemeldete Demonstration auf dem Kurfürstendamm statt. Die Polizei griff diesmal nicht ein, obwohl einige hundert Menschen durch die Straßen zum Schöneberger Rathaus zogen. Sie riefen ,,Dutschke raus aus West-Berlin'' und ,,Nieder mit dem roten Mob''. Diese Demonstration wurde nicht — wie alle spontanen Demonstrationen der Studenten zuvor — von der Polizei aufgelöst. Ganz im Gegenteil: Innensenator Kurt Neubauer kam höchstpersönlich vor die Rathaustüre, schüttelte Hände, klopfte Schultern und bedankte sich ,,bei seinen Berlinern für ihren Bürgersinn''.[91]

Wenige Tage später kam es sogar zu einer offiziellen Gegendemonstration dieses ,,Berliner Bürgersinnes''. Presse und Politiker leisteten bei der Aufwiegelung der Bevölkerung zu dieser Demonstration gegen die Studenten ganze Arbeit: Schon während des Vietnam-Kongresses hetzte der Regierende Bürgermeister Klaus Schütz (SPD, nicht vergessen!) gegen die Studenten: ,,Ihr müßt diese Typen sehen. Ihr müßt ihnen genau ins Gesicht sehen. Dann wißt ihr, denen geht es nur darum, unsere freiheitliche Grundordnung zu zerstören.''

Die SPD hatte zudem all ihren Mitgliedern mit dem Parteiausschluß gedroht, um sie von der Teilnahme an der Vietnam-De-

Vietnam Demonstration vom 18. Februar 1968: Rudi Dutschke zwischen ausländischen Kongreß- und Demonstrationsteilnehmern.

monstration der Studenten abzuhalten. Es blieb nicht bei der Drohung. Unter anderen wurde auch der spätere Bausenator Harry Ristock zeitweise aus der SPD ausgeschlossen, weil er mit einem Schild an der Vietnam-Demonstration teilgenommen hatte, das die Aufschrift trug: ,,Ich protestiere gegen den Krieg der Amerikaner in Vietnam. Ich bin SPD-Mitglied!"
Die Presse schrieb nur noch über den ,,Ho-Ho-Ho-Chi-Minh-Extremisten-Mob" und gegen die ,,Totengräber der Demokratie".[92]
Am 21. Februar 1968 kam es so zu einer Großkundgebung auf dem Schöneberger Rathausplatz zur Unterstützung des amerikanischen Vietnamkrieges, die von der größten denkbaren Koalition gegen den SDS getragen wurde:
,,Die Zentralvereinigung Berliner Arbeitgeber forderte alle Berliner Arbeitgeber auf, Kundgebungsteilnehmer rechtzeitig zu beurlauben. Die Industrie- und Handelskammer und die Handwerkskammer schlossen sich an. Der DGB-Landesvorsitzende Sickert erklärte sich solidarisch — die Gewerkschaften garantierten ,mit ihrer politischen Aufgeschlossenheit und ihrem Lebens-

willen auch dafür, daß alle in diese Stadt eingebrachten Investitionen sicher angelegt sind'. ‚Die Arbeitnehmer des öffentlichen Dienstes werden zur Teilnahme an Zügen zur Kundgebung vom Dienst befreit, zum Teil schon von 13.30 Uhr an.' ‚Die Berliner Stadtreinigung nimmt heute geschlossen an der von Senat und Gewerkschaften einberufenen Kundgebung auf dem John-F.-Kennedy-Platz teil.' Ihre Demonstrations-Überstunden zahlte der Senat. Der Finanzsenator sprach in einem Rundschreiben die Erwartung aus, daß ‚die Angehörigen seines Dienstbereichs vollzählig erscheinen werden'. Vom Bezirksamt Wilmersdorf verlautete es: ‚Dem gemeinsamen Aufruf der Betriebsgruppen, der demokratischen Parteien, des Personalrates und Bezirksamtes Wilmersdorf folgend, werden sich am Mittwoch... die Beschäftigten der Bezirksverwaltung vor dem Rathaus am Fehrbelliner Platz zu einem Demonstrationszug für Freiheit und Frieden in Berlin versammeln.' Die größte Berliner Gewerkschaft, ÖTV, rief ihre Mitglieder auf, ‚in einem Demonstrationszug zum Schöneberger Rathaus zu marschieren'. Der Deutsche Beamtenbund forderte ‚alle seine Mitglieder und die übrigen Angehörigen des öffentlichen Dienstes auf, an dem gemeinsamen Demonstrationszug aller Angehörigen des öffentlichen Dienstes in Berlin' teilzunehmen. Die SPD appellierte an ihre 36.000 Mitglieder, an der ÖTV-Demonstration teilzunehmen. Jungsozialisten und Junge Union riefen die ‚Jugend Berlins' zur Teilnahme auf. Den Mitgliedern der Deutschen Angestellten-Gewerkschaft wurde ein gemeinsamer Marsch empfohlen, ‚soweit sie nicht geschlossen mit ihrem Betrieb zur Kundgebung gehen.' Der Interessenverband Westberliner Grundstücks- und Geschäftseigentümer (Ostgeschädigte) e.V. teilte mit: ‚Raus mit dem kleinen Klüngel der Terror-Anarchie-Studenten aus unserer Stadt: sie sind eine Zumutung.' "[93]

Es kamen 50.000 (auf)rechte Berliner zur Senatsdemonstration. Die Presse, die natürlich auch zu dieser Kundgebung aufgerufen hatte, einigte sich auf 150.000! Diese Zahl tauchte in allen Berichten auf. Der so aufgeputschte Bürgersinn fand fast schon an diesem Tag ein weiteres Opfer, den 27jährigen Lutz Dieter Mende: Weil der Verwaltungsangestellte, der wie viele dienstfrei hatte, um zur Kundgebung zu gehen, fotografierte und eine entfernte

Ähnlichkeit mit Rudi Dutschke hatte, wurde er von der Menge fast erschlagen. Denn plötzlich brüllte einer „Hier ist Dutschke" und die Menge rückte auf ihn zu: „Da rief ich: ‚Ich bin ein Arbeiter wie ihr.' Man trat mir dennoch mit Schuhen ins Gesicht. Dann hatte jemand eine Flasche in der Hand und schlug auf mich ein. Ich spürte am ganzen Körper nur noch Schläge... ich hatte fürchterliche Angst. Sie schrien: ‚Schlagt ihn tot —, hängt ihn auf!' Sie meinten mich." Mende lief einem Polizisten in die Arme, der deshalb fast mit dran glauben mußte. Der Polizist gab zu Protokoll: „Er lief mir direkt in die Arme, fiel mir um den Hals und stammelte: ‚Um Gottes willen, schützen Sie mich, die wollen mich totschlagen.' Hinter uns her kamen an die tausend Leute, die uns beide noch vierzig Meter verfolgten. Dann hatten sie uns eingeholt. Die Leute johlten und riefen ‚Schlagt den Dutschke tot.' Ich bekam Schläge auf den Rücken. Wir wurden zu Boden geworfen. Die Menge war außer sich. Wir haben uns dann die letzten Meter bis zum Wagen irgendwie hingeschleppt. Ich konnte gerade noch die Tür aufreißen und den jungen Mann hineinstoßen.' Die Leute versuchten noch, den Polizeibus umzustürzen und riefen dabei: ‚Dutschke raus! Dutschke raus!'"[94] Während der Veranstaltung wurden 40 Menschen verprügelt, weil sie Kameras dabei hatten, weil sie nicht mitbrüllten „Dutschke raus!" oder weil sie anders aussahen als der von der „Gemeinsamkeit aller Demokraten" aufgeputschte bürgerliche Mob.

Auf der Kundgebung verkündete derweil der Vorsitzende der Berliner Jungsozialisten in der SPD, Jürgen Grimming: „Als Sprecher der jungen Generation stelle ich fest: Es gibt keine Gemeinsamkeit zwischen der überwiegenden Mehrheit der Berliner Jugend und denen,... die in Kirchen randalieren, die — gewollt oder ungewollt — mit den Kommunisten gemeinsame Sache machen... Wer unter Ho-Chi-Minh-Bildern, unter der Losung ‚Schafft zwei, drei... viele Vietnam' demonstriert, der meint das Gegenteil von Frieden und Freiheit. Wir sind für den Frieden in Vietnam, aber für einen politischen Frieden, nicht für den militärischen Sieg des Vietcong. Wir alle, ...die wir unsere Stadt lieben... sind aufgerufen, das wahre Gesicht dieser Stadt deutlich zu machen."

Der Berliner DGB-Vorsitzende Walter Sickert zeigte sein wahres

Gesicht: ,,Die Handvoll Revoluzzer und ihre kritiklosen Mitläufer irren sich in einem entscheidenden Punkt. Die Berliner Arbeitnehmer lassen sich das nicht wieder nehmen, wofür sie gelitten und gedarbt haben, statt den Lockungen und Versprechungen des Ostens zu erliegen... Es geht den Demonstranten gar nicht um Vietnam... Die Gewerkschaften sind gegen jeden Krieg, auch gegen den in Vietnam. Aber es ist nicht unsere Sache, für einen Sieg des Vietcong über die USA oder für die Beseitigung unserer Demokratie zu marschieren." Der CDU-Vorsitzende Franz Amrehn tönte: ,,Wir haben es satt, daß unsere Hauptverkehrsstraßen immer und immer wieder blockiert werden... Wir haben es auch satt, wenn einzelne Stadträte sich nicht genieren, an den Umzügen der Extremisten teilzunehmen..." Und die Menge johlte: ,,Rote raus aus West-Berlin!" Auch der Regierende Bürgermeister, der Sozialdemokrat Klaus Schütz, sprach: ,,Wir lassen uns unser freiheitliches Berlin nicht zertrampeln. Wir setzen uns zur Wehr... Ein besonderes Wort an unsere amerikanischen Freunde. Sie sind in Vietnam in einen tragischen Krieg verstrickt. Hier in Berlin sind sie, um die Freiheit dieser Stadt zu erhalten. Und wir lassen es nicht zu, daß man ihnen gerade hier unwidersprochen auf die Stiefel spuckt... Schluß damit. Berlin ist und bleibt kein Tummelplatz für Extremisten!"[95]
Die Zuschauer, die diesen sozialdemokratischen ,,Genossen" und Gewerkschafts-,,Kollegen" applaudierten, hielten Plakate in den Händen wie ,,Bomb North Vietnam", ,Laßt Bauarbeiter ruhig schaffen, kein Geld für langbehaarte Affen' und ,,Dutschke: Staatsfeind Nr. 1". Die Presse, allen voran die Erzeugnisse des Springer-Konzerns, griffen diese Töne begierig auf und verstärkten sie noch: ,,Journalismus als Menschenjagd" (Reinhard Lettau).
Die ,,Jäger" fanden nur wenige Wochen später ihr Opfer: Am Nachmittag des 11. April 1968 wurde Rudi Dutschke von dem 23jährigen Hilfsarbeiter Josef Bachmann durch drei Schüsse lebensgefährlich verletzt. (Er starb an den Spätfolgen dieses Attentats elf Jahre später, am ,,Heiligen Abend" 1979.) Ein Reporter berichtete eine halbe Stunde nach der Tat: ,,Es ist furchtbar anzusehen. Die Schuhe von Rudi Dutschke liegen noch hier daneben, das Fahrrad auch. Die Stelle, wo er lag ist mit Kreide nachgezeich-

Die Kampagne zur Enteignung des Springer-Konzerns erreichte nach dem Attentat auf Rudi Dutschke zu Ostern 1968 ihren Höhepunkt.

net." Ein Augenzeuge sagte aus: ,,Wir dachten, daß hier auf Tauben geschossen wird, dann kamen wir hier rüber und sahen Herrn Dutschke liegen. Er stand auf und schrie nach Vater und Mutter... Das Gesicht war voll Blut... Wir haben alle erkannt, daß es Dutschke war, aber das Gesicht war voll Blut."
Der SDS reagierte mit einem unmittelbar darauf herausgegebenen Flugblatt: ,,Man kann jetzt schon sagen, daß dieses Verbrechen nur die Konsequenz der systematischen Hetze ist, welche Springer-Konzern und Senat in zunehmendem Maße gegen die demokratischen Kräfte in dieser Stadt betrieben haben..."
Bei einer Protestversammlung hieß es: ,,Die wirklichen Schuldigen heißen Springer, und die Mörder heißen Neubauer und Schütz." 3000 Menschen formierten sich spontan zu einem Protestmarsch gegen das Springer-Hochhaus. Ein Agent des Berliner Landesamtes für Verfassungsschutz, Peter Urbach, der sich in den SDS eingeschmuggelt hatte, verteilte bei dieser Gelegenheit Molotowcocktails und zettelte Leute an, Auslieferungsfahrzeuge des Springer-Konzerns umzuwerfen, die Tankverschlüsse zu öffnen und die Wagen anzuzünden.[96]
Auch in Hamburg, Essen, Köln, Frankfurt, Esslingen und München kam es zu tagelangen Auseinandersetzungen bei Aktionen gegen den Springer-Konzern, viele im Anschluß an die Ostermärsche. Deren Motto lautete 1968: ,,Für Demokratie und Abrüstung, gegen Notstandsgesetze, gegen den Rüstungsstaat, für Sicherheit in Europa, gegen den Krieg in Vietnam." In München gab es am Ostermontag bei Protesten weitere Schwerverletzte. Zwei von ihnen, der Pressefotograf Klaus Frings und der Student Rüdiger Schreck, starben zwei Tage später.[97]
Die Bewegung, die mit der Auseinandersetzung um den Vietnamkrieg begonnen hatte, richtete sich jetzt in ihren Aktionsformen direkt gegen den innenpolitischen Gegner. Die Gewalt, die vom Staat ausgegangen war, wurde von Teilen der Protestbewegung in ohnmächtiger Wut auch durch spektakuläre Einzelaktionen beantwortet. Schon eine Woche vor dem Attentat auf Rudi Dutschke wurden in der Nacht zum 3. April 1968 in den Frankfurter Kaufhäusern ,,Kaufhof" und ,,Schneider" von dem Journalisten Andreas Baader, der Germanistikstudentin Gudrun Ensslin, dem Kunststudenten Thorwald Proll und dem Schau-

spieler Horst Söhnlein Brandsätze gelegt. Telefonisch bezeichneten sie die Brandstiftung gegenüber der Polizei als ,,Protestaktion gegen den Vietnamkrieg."[98]

Schon ein Jahr vorher hatte die Kommune I in Berlin nach einem Kaufhausbrand in Brüssel mit folgendem Flugblatt versucht, Diskussionen zu provozieren:

,,Wann brennen die Berliner Kaufhäuser? Bisher krepierten die Amis in Vietnam für Berlin. Uns gefiel es nicht, daß diese armen Schweine ihr Coca-Cola-Blut im vietnamesischen Dschungel verspritzen mußten. Deshalb trotteten wir anfangs mit Schildern durch leere Straßen und warfen ab und zu Eier ans Amerikahaus, und zuletzt hätten wir gern HHH (= Hubert Horatio Humphrey, der amerikanische Vizepräsident) in Pudding sterben sehen. Den Schah pissen wir vielleicht an, wenn wir das Hilton stürmen, erfährt er auch einmal, wie wohltuend eine Kastration ist, falls überhaupt noch was dranhängt... es gibt da so böse Gerüchte.

Ob leere Fassaden beworfen, Repräsentanten lächerlich gemacht wurden — die Bevölkerung konnte immer nur Stellung nehmen durch spannende Presseberichte. Unsere belgischen Freunde haben endlich den Dreh heraus, die Bevölkerung am lustigen Treiben in Vietnam wirklich zu beteiligen: sie zünden ein Kaufhaus an, dreihundert saturierte Bürger beenden ihr aufregendes Leben, und Brüssel wird Hanoi. Keiner von uns braucht mehr Tränen über das arme vietnamesische Volk bei der Frühstückszeitung zu vergießen. Ab heute geht er in die Konfektionsabteilung von KaDeWe, Hertie, Woolworth, Bilka oder Neckermann und zündet sich diskret eine Zigarette in der Ankleidekabine an. Dabei ist es nicht erforderlich, daß das betreffende Kaufhaus eine Werbekampagne für amerikanische Produkte gestartet hat, denn wer glaubt noch an das ‚Made in Germany'?

Wenn es irgendwo brennt in der nächsten Zeit, wenn irgendwo eine Kaserne in die Luft geht, wenn irgendwo in einem Stadion die Tribüne einstürzt, seid bitte nicht überrascht. Genausowenig wie beim Überschreiten der Demarkationslinie durch die Amis, der Bombardierung des Stadtzentrums von Hanoi, dem Einmarsch der Marines nach China.

Brüssel hat uns die einzige Antwort darauf gegeben: burn, warehouse, burn! Kommune I (24.5.67)"[99].

Seit dem Erscheinen dieses Flugblattes war Benno Ohnesorg erschossen worden und die Angriffe auf die Protestbewegung hatten unglaubliche Ausmaße erreicht. So forcierten die gesellschaftlichen Verhältnisse einen Prozeß, der aus der Satire Ernst werden ließ. Die Brandstifter, denen es zu diesem Zeitpunkt noch nur um Sachbeschädigung ging, erklärten später in ihrem Prozeß, sie hätten den Brand verursachen wollen, ,,um gegen die Gleichgültigkeit der Gesellschaft gegenüber dem Morden in Vietnam zu protestieren.'' Auch diese Aktion blieb somit Teil und Ergebnis der Vietnam-Kampagne der Studentenbewegung. Für diese Verzweiflungstat waren letztlich die Ignoranz der Politiker und der Presse, der Vertreter aller Parteien und der Gewerkschaften verantwortlich. Erst sie hatten die ohnmächtige Wut erzeugt, die diese und weitere Aktionen dieser Art hervorbrachte.
In einem spektakulären Prozeß wurden die Angeklagten am 31.10.68 zu je drei Jahren Zuchthaus verurteilt. Der Berliner SDS solidarisierte sich mit den Angeklagten und erklärte zu diesem ,,sogenannten Brandstifterprozeß'':
,,Es ging um Warenhausbrandstiftung. Man sollte meinen, es ging darum, die Allgemeinheit davor zu schützen, daß ein von ihr erarbeiteter Reichtum durch Brandstiftung kaputtgemacht wird. Genau darum ging es nicht...
Hätte man sich auf die politischen Begründungen der Genossen Angeklagten eingelassen, auf den Hinweis auf den Krieg in Vietnam und den Hinweis auf die Methode kapitalistischer Warenproduktion und -konsumption, man hätte darauf kommen müssen, daß der Völkermord in Vietnam — notwendiges Resultat der kapitalistischen Produktionsweise in ihrem höchsten, imperialistischen Stadium — nur der offenherzige und brutale Ausdruck einer Gesellschaft ist, die bei uns mit einem rasch widerrufbaren System von Scheinfreiheiten das wahre Bedürfnis der Massen nach Selbstbestimmung niederzuhalten trachtet. Der Versuch in Vietnam modellhaft gegen eine revolutionäre Bewegung durchzusetzen: die politische und militärische Sicherung der sogenannten Dritten Welt als günstige Gelegenheit für den Kapitalexport, für die Ausbeutung billigster Arbeitskräfte, für die Erzielung höchster Profitraten, heißt nur: die Massen in den kapitalistischen Industriestaaten desto sicherer ausbeuten können. Man

hätte also darauf kommen müssen, daß dies und der Krieg in Vietnam nur äußerlich verschiedene Erscheinungsformen desselben grundlegenden Widerspruches sind: Sozialismus oder Barbarei. Man hätte darauf kommen müssen, daß das Feuerwerk in einem Frankfurter Kaufhaus hilfloses Symbol war für die Verbrechen, mit denen der Imperialismus uns täglich überzieht — eine Bagatelle..."[100]

Im April 1968 (nach dem Kaufhausbrand und den Anti-Springer-Demonstrationen) war die Gewaltfrage naheliegenderweise ein zentraler Diskussionspunkt der APO. Dabei ging es allerdings längst nicht mehr um die Frage nach der Berechtigung und möglichen Unterstützung von bewaffneten Befreiungskämpfen in der Dritten Welt. Sondern es ging um die Frage der Gewaltanwendung „gegen Sachen" im eigenen Land.

Folgende Erklärung wurde am 19. April 1968 von den Allgemeinen Studenten-Ausschüssen der Technischen Universität, der Freien Universität und der Kirchlichen Hochschule gemeinsam publiziert: „Unsere Gewalt gegen Sachen, die die Mittel von Springers Hetze und die Mittel der Polizei sind, ist Gegengewalt gegen die Unterdrückung, der alle ausgesetzt sind, und die sich gegen uns auf der Straße nur manifestiert. Die Unterdrückung selbst findet statt in den Redaktionen und Kanzleien und betrifft nicht nur uns..."[101]

Auch der Deutsche Bundestag sah sich gezwungen, über die „Gewaltfrage" auf seine Weise zu debattieren. Einziger Tagesordnungspunkt am 30. April 1968 war ein „Bericht der Bundesregierung zur innenpolitischen Situation", vorgetragen von Ernst Benda (CDU), damals Innenminister der Großen Koalition, später Präsident des Bundesverfassungsgerichtes: „Seit dem Attentat auf Dutschke fanden zahlreiche friedliche Demonstrationen statt, zugleich aber auch Aktionen mit Gewaltanwendung, deren Ziel im wesentlichen Einrichtungen des Verlagshauses Springer waren. Nach den mir von den Herren Innenministern der Länder gemachten Angaben fanden in diesen fünf Tagen jeweils in bis zu 27 Städten Demonstrationen statt. In insgesamt 26 Fällen, also etwa einem Fünftel, waren sie mit Ausschreitungen, Gewaltakten oder schwerwiegenden Rechtsverletzungen verbunden. An den einzelnen Tagen waren an Demonstrationen im Bundesgebiet je-

weils zwischen 5000 und 18.000 Personen beteiligt — die Teilnehmer der Ostermärsche sind hier nicht eingerechnet —; an Demonstrationen mit Ausschreitungen beteiligten sich jeweils zwischen 4000 und 11.000 Personen...
Das erklärte Ziel aller ideologischen Gruppen des SDS ist die ‚revolutionäre Transformierung' der Gesellschaftsordnung der Bundesrepublik, d.h. der Umsturz der freiheitlich-demokratischen Grundordnung, an deren Stelle ein sozialistisches System eigener Prägung treten soll. Der Parlamentarismus wird scharf abgelehnt...
Im Lichte dieser und zahlreicher ähnlicher Selbstdarstellungen der politischen Ziele des SDS bin ich überzeugt, daß er gegen die verfassungsmäßige Ordnung der Bundesrepublik Deutschland gerichtete Bestrebungen verfolgt und daher eine verfassungsfeindliche Organisation im Sinne des Art. 9 Abs. 2 des Grundgesetzes ist. Ich habe dem Bundeskabinett in seiner letzten Sitzung am letzten Mittwoch gleichwohl vorgeschlagen, zum gegenwärtigen Zeitpunkt von einem Verbot abzusehen...
...ein Verbot des SDS (würde) nur diese Organisation treffen. Die Anhänger des SDS würden sofort in befreundete Organisationen ausweichen. Das Verbot des SDS würde daher zwangsläufig eine Kette weiterer Verbotsverfahren auslösen. Die notwendige und rechtlich zulässige Überwachung dieser Organisation würde durch ein Verbot eher erschwert werden...
Die weitgehend vom SDS ausgelösten und gesteuerten Unruhen waren ernst genug; aber sie haben den Staat nicht in Gefahr gebracht. Staat und Gesellschaft sind intakt; sie verfügen über genügend Abwehrkräfte, um die extremen Gedanken und Bestrebungen nicht nur mit Zwangsmitteln unter die Herrschaft von Gesetz und Recht zu bringen, sondern sie auch politisch zu überwinden..."
Helmut Schmidt gab bei dieser Debatte vor, sich mit den ,,Argumenten, die von der Jugend vorgetragen wurden, auseinandersetzen" zu wollen: ,,Die Große Koalition ist einer der Hauptangeklagten: sie sei ein Verstoß gegen die Demokratie, sie täusche eine konfliktfreie Gesellschaft vor. In Wirklichkeit ist es so: Wir z.B., die Sozialdemokraten, sind in diese Regierung reingegangen, um uns einem Konflikt zu stellen, nämlich dem Konflikt zwischen

Mit den Stimmen der SPD wurden die Notstandsgesetze am 30.5.1968 vom Bundestag beschlossen.

den Bedürfnissen einer modernen Industriegesellschaft und bisher jedenfalls nicht angepaßten oder gar nicht ausreichend angepaßten Regierungsmethoden und gesetzgeberischen Instrumenten..."
Schmidt bat darüber hinaus „den jungen Menschen" um Verständnis für die ältere Generation, die schließlich das Dritte Reich hätte „ertragen" müssen und „trotzdem hinterher aufgebaut" habe. Da wäre es doch erklärlich, daß aufgrund „physischer Ausschöpfung irgendwann einmal auch eine gewisse geistige Erschlaffung hier und da eintritt... Jedenfalls darf niemand deswegen moralisch angeklagt werden, daß er nach einem solchen Leben irgendwann auch einmal aufatmend sich zurücksetzen möch-

te gegen die Sofalehne, die Schuhe ausziehen und ins Fernsehen gucken möchte und sich freuen möchte, daß es ihm endlich wieder normal geht..."

Rainer Barzel (CDU) warnte „die Jugend" vor „Blindheit": „Wir sind hier in Deutschland, nicht in Nordamerika, nicht in Südamerika und auch nicht in Vietnam. Leute, die für sich und für andere ein kritisches Bewußtsein fordern, sollten nicht unreflektiert, geradezu blind, eine Gesellschaftskritik übernehmen, die ja woanders vielleicht stimmen mag... Hier gibt es kein Rassenproblem... Wir führen keinen Krieg. Wir sind hier in Deutschland und worunter wir vorwiegend leiden, das ist Marxismus in einem Teil unseres Vaterlandes, meine Damen und Herren..."[102]

Am 1. Mai 1968 veranstaltete die außerparlamentarische Opposition in Berlin erstmals eine Gegenkundgebung zur DGB-Mai-Veranstaltung. Es kamen 40.000 Menschen. Vietnam war nur noch eines von vielen Themen dieser Demonstration. Eine Woche später begann der Pariser Mai. Nach einer Barrikaden-Schlacht um die Universität Sorbonne solidarisierten sich in Frankreich auch Arbeiter und ihre Gewerkschaften mit den Studenten. Am 13.5. demonstrierten über eine Million Arbeiter, Studenten und Schüler in Paris. Es wurden Fabriken besetzt und der Generalstreik ausgerufen. Aber auch diejenigen, die hierin den Anfang einer Revolution in Frankreich sahen, täuschten sich. Die Polizei räumte brutal und gewaltsam ein Werk nach dem anderen. Und schließlich erhielten die Gaullisten im Juni 1968 bei Parlamentswahlen gar die absolute Mehrheit.

In der Bundesrepublik kam es anläßlich der Verabschiedung der Notstandsgesetze im Parlament nur zu kleineren Warnstreiks von vergleichsweise wenigen Schülern und Arbeitern. An einem Sternmarsch auf Bonn beteiligten sich allerdings über 60.000 Menschen, obwohl der DGB wieder einmal zu einer Spalterveranstaltung zum gleichen Zeitpunkt nach Dortmund geladen hatte. Die Notstandsgesetze wurden mit der Mehrzahl der Stimmen der SPD-Fraktion im Bundestag verabschiedet. Sie liegen bis heute (noch ungebraucht) in den Schubladen.

Mit diesen Aktionen war der Höhepunkt der Protestbewegung der sechziger Jahre und ihrer Vietnam-Kampagne bereits überschritten.

DIE SUCHE NACH DEM PROLETARISCHEN OBJEKT DER STUDENTISCHEN BEGIERDEN
AUFLÖSUNG DES SDS UND SPALTUNG DER VIETNAM-BEWEGUNG

Nach den Sommersemesterferien 1968 kehrten die politisch aktiven Studenten mit einem Gefühl von Resignation und Ohnmacht an die Universität zurück. Weder die Mobilisierung gegen die Notstandsgesetze, noch die Aktionen gegen den Vietnamkrieg brachten kurzfristig erkennbare politische Erfolge. Die Revolutionsaussichten im eigenen Land, die manche schon greifbar nahe gesehen hatten, verflüchtigten sich wie eine Fata Morgana.
Eine Aktion war bezeichnend für das politische Klima in diesem Jahr, das manche für den Anfang des gesellschaftlichen Umbruchs gehalten hatten: „Um zu beweisen, daß der Vietnamkrieg — würde er nur gegen Hunde, anstatt gegen Menschen geführt — schon nach kurzer Zeit durch den Protest der internationalen Tierschutzvereine und tierliebenden Richter gestoppt würde, kündigte die Internationale der Kriegsdienstgegner in München die öffentliche Verbrennung eines Hundes an. Daraufhin erhob sich eine Protestwelle; unter anderem machte eine Frau das Angebot, lieber sich als den Hund verbrennen zu lassen."[103]
Die Auswirkungen der Studentenbewegung waren langfristig gesehen zwar gravierend. Viele Wurzeln der heutigen sozialen Bewegungen weisen auf sie zurück und gerade für die Dritte Welt-Bewegung war sie ein sehr wesentlicher Auslöser. Aber die Aktiven von damals sahen vor allen Dingen die Niederlagen, spürten ihre Isolation, hatten beim Tod von Benno Ohnesorg und bei dem von der Springer-Presse herbeigeschriebenen Attentat auf Rudi Dutschke die Gewalt des Staates und der herrschenden Gesellschaft und ihrer Instrumente hautnah miterlebt. Sie suchten nach Auswegen. Der Einmarsch der Truppen des Warschauer Paktes in der Tschechoslowakei im August 1968 tat ein übriges, um die gewachsenen Hoffnungen auf einen leicht erreichbaren, freien, demokratischen, unabhängigen sozialistischen Weg zu zerstören. Aus der richtigen Erkenntnis, daß die Veränderung der Gesell-

schaft nicht von Studenten alleine, sondern nur mit Hilfe anderer tragender Kräfte der Gesellschaft, vor allem mit der ab sofort vielbeschworenen ,,Arbeiterklasse" zu erreichen ist, wurden verzweifelte, sektiererische Schlußfolgerungen gezogen.

Ein Teil der ,,Antiautoritären" ging in den Diskussionen dieses Jahres davon aus, daß das Proletariat seine eigenen Interessen nicht selbst erkennen und vertreten könne. Die ,,repressiven Manipulationstechniken der herrschenden Klasse" würden die ,,nötige Bewußtseinsbildung" verhindern. Deshalb müßten Studenten und Intellektuelle den Kampf stellvertretend für die Proletarier führen. Viele dieser ,,Antiautoritären" empfanden sich selbst gleichzeitig als Agenten der Befreiungsbewegungen der Dritten Welt, die die Revolution in der Bundesrepublik voranzutreiben hätten.

Für andere blieben dann doch eher die Proletarier, die Ausgebeuteten, die eigentlich revolutionären Subjekte. Studenten und Intellektuelle müßten deshalb die Anleitung zum Klassenkampf denen überlassen, die als Hand- und nicht als Kopfarbeiter jeden Tag Ausbeutung und Unterdrückung zu ertragen hätten. Eine Folge dieser Position war, daß manche Studenten die Universität verließen und in die Betriebe gingen, um selbst Proletarier zu spielen. Andere verlegten ihren Schwerpunkt von der Studentenagitation auf die Lehrlingsarbeit. Die Tendenz, die Betriebsarbeit als zentrale politische Aufgabe zu sehen, bildete sich vor allem unter dem Eindruck der Septemberstreiks 1969.

Denn im September 1969 zeigte ,,das Proletariat" zur Überraschung der revolutionären Linken und der gesamten Öffentlichkeit, daß es bestimmte Interessen immer noch am besten selbst wahrnehmen konnte: Arbeiter und Angestellte in der Eisen- und Stahlindustrie, im Kohlebergbau, auf einigen Werften, in der Metallindustrie und sogar im öffentlichen Dienst legten spontan die Arbeit nieder, um höhere Löhne und Gehälter durchzusetzen. Die noch unter dem Eindruck der Wirtschaftskrise von 1966/67 geführten Tarifverhandlungen hatten Ende der sechziger Jahre in allen Branchen zu Lohn- und Gehaltsabschlüssen geführt, die 1968/69 während eines erneuten rasanten Wirtschaftsaufschwungs von vielen als deutlich zu niedrig angesehen wurden. Obwohl in den meisten Branchen die Tarifverträge noch nicht ab-

gelaufen waren, traten die Belegschaften in den Streik. Das Neue daran war, daß es sich um sogenannte ,,wilde" Streiks handelte, die ohne Anleitung der Gewerkschaftsführung begonnen worden waren.
Auch die revolutionäre Intelligenz war von den Arbeitern und Angestellten dabei nicht um Rat gefragt worden. Der Erfolg gab den Streikenden recht: Sie konnten Lohnerhöhungen von teilweise mehr als zehn Prozent durchsetzen.
Nach den Septemberstreiks schien ,,das Proletariat" vielen doch wieder weitaus revolutionärer, als man während der antiautoritären Phase vermutet hatte.
Auf der Suche nach dem proletarischen Objekt der studentischen Begierden wurde deshalb auch eine Aufbauorganisation zur Gründung neuer kommunistischer Parteien nach der anderen gegründet. Die hieraus entstehenden Organisationen bezeichneten sich zum Teil als marxistisch-leninistisch und folgten — desillusioniert vom Realsozialismus sowjetischer Prägung — maoistischen Theorieansätzen, die auf die bundesrepublikanischen Verhältnisse zurechtgeschnitten wurden. Auch der SDS war ja nie eine völlig einheitliche Organisation gewesen. Auseinandersetzungen hatte es schon immer auch innerhalb des SDS gegeben, vor allem zwischen zwei Fraktionen: Auf der einen Seite standen die sogenannten ,,Antiautoritären", die vor allem maoistische, trotzkistische oder anarchistische Positionen vertraten. Wortführer dieser Fraktion waren Dutschke, Krahl, Lefèvre und Rabehl. Aus diesem Teil des SDS gingen u.a. die K-Gruppen hervor. Ihnen gegenüber stand die sogenannte ,,KP-Fraktion" der ,,Traditionalisten", die sich vor allem an dem Marburger Politikwissenschaftler Wolfgang Abendroth orientierten. Diese Gruppierung war Vorläuferin des späteren MSB-Spartakus und der DKP. Alle aus diesen Fraktionskämpfen entstandenen Gruppen zeigten eine Gemeinsamkeit: Ihr Internationalismus, die Solidarität mit Ländern in der Dritten Welt, wurde bald funktionalisiert und auf die entsprechenden Gruppenbedürfnisse zugeschnitten. Oft blieb die Internationalismusarbeit nicht mehr als die blinde Übernahme der Außenpolitik bestimmter Länder wie der Sowjetunion, Chinas oder Albaniens oder gar nur bestimmter Fraktionen der chinesischen KP.

Das Abwandern vieler Aktivisten zu den K-Gruppen bedeutete das Ende des SDS und den Beginn von Sektierertum und Zersplitterung.

Ein Merkmal für das Sektierertum der maoistischen Gruppen war, daß sie auch kaum mehr miteinander diskutierten, sondern allenfalls gegeneinander, wobei der jeweils andere zum „Hauptfeind" erklärt wurde. Das führte zu gegenseitigen Störaktionen bei Demonstrationen und Veranstaltungen bis hin zur Publikation von Flugblättern, die sich einzig und alleine mit den Fehlern der Politik der benachbarten maoistischen Kleingruppe auseinandersetzten. Gemeinsame Aktionen waren weitgehend ausgeschlossen. Darunter hatte auch die Vietnam-Bewegung seitdem zu leiden. Miermeister und Staadt schreiben:
„Die Erfahrung mit staatlicher und eigener Gewalt, von relativer Ohnmacht und gesellschaftlicher Isolation machte die Widersprüche, die von Anfang an in der Bewegung waren, in der Phase gemeinsamer Aktionen aber aufgehoben, nebensächlich oder verdrängt wurden, nun manifest bzw. produzierte neue Brüche, Illusionen und Entfremdungen zwischen und in den Gruppen."[104]

Die erste der neugegründeten maoistischen Parteien war die KPD/ML (31.12.1968). Im Frühjahr 1969 folgte die KPD, die ihre Parteizentrale 1972 nach Dortmund verlegte. Zu ihrem Umfeld gehörten der ,,Kommunistische Studentenverband" (KSV) und die ,,Liga gegen den Imperialismus". Daneben entstanden ,,Kommunistische Bünde" in verschiedenen Städten, die sich später zum ,,Kommunistischen Bund Westdeutschland" (KBW) zusammenschlossen (1973).

All diese Gruppen beschäftigten sich auch mit Vietnam, gründeten eigene Vietnam-Komitees, machten eigene Veranstaltungen oder störten die von anderen. Allein die KPD hatte — laut Jürgen Horlemann — rund 300 Vietnam-Komitees in der Bundesrepublik. Da jede Gruppe für sich den Avantgardeanspruch reklamierte und sich selbst gleichzeitig als ,,Massenorganisation" verstand, kam es kaum zu Aktionsbündnissen mit den anderen.

Alle diese Gruppen haben heute jedoch eines gemein: Sie existieren so nicht mehr. Nach anfänglichen Erfolgen zu Beginn der siebziger Jahre lösten sich die meisten wieder auf, verschwanden wie sie gekommen waren, ließen jedoch viele ihrer Mitglieder endgültig entpolitisiert und ratlos zurück. Manche haben die Erfahrungen mit den fast geheimbündlerischen, autoritären Strukturen dieser Organisationen bis heute nicht verkraftet.

1969 läutete das Abwandern vieler Aktivisten zu diesen K-Gruppen das Ende des bis dahin wichtigsten bundesdeutschen Studentenverbandes, des SDS, ein. Zu diesem Zeitpunkt konnte der SDS nur noch kleine Aktionen und Demonstrationen auf die Beine bringen. Selbst als am 27.2.1969 US-Präsident Nixon höchstpersönlich West-Berlin besuchte und 100.000 klatschende Bürger die Straßen säumten, fanden sich nur noch 2000 Demonstranten gegen den Vietnamkrieg.

Am 21.3.1970 löste sich der SDS-Bundesvorstand auf. Damit hatte sich der Verband selbst enthauptet. Die letzte noch existierende SDS-Gruppe in Heidelberg wurde am 24. Juni 1970 vom baden-württembergischen Innenminister verboten. ,,Vorausgegangen waren diesem Verbot schwere Auseinandersetzungen zwischen Teilnehmern einer Demonstration gegen die Anwesenheit des Weltbankpräsidenten und ehemaligen US-Verteidigungsministers McNamara auf einer Tagung in Heidelberg."[105]

Nach dem Einmarsch der US-Truppen in Kambodscha kam es bei einer Demonstration am 9. Mai 1970 in Berlin zu schweren Straßenschlachten.
Bis zur Unterzeichnung des Friedensabkommens im Jahre 1973 folgten noch verschiedene Demonstrationen und Aktionen der K-Gruppen gegen den Vietnamkrieg. Dabei grenzten sich diese Gruppen vor allem von den Trägern der ,,Initiative Internationale Vietnam Solidarität" ab. Diese Initiative war von Unterstützern der Ostermarschbewegung gegründet worden und wurde zum wichtigsten Träger der weiteren Solidaritätsarbeit für Vietnam nach 1969.

DIE VIETNAM-SOLIDARITÄT NACH 1969
EINE ZEUGIN AUS MY LAI, EINE MANIFESTATION IN DER PAULSKIRCHE, EIN RATHAUSSTURM

Die radikalen antiautoritären Utopien des SDS wurden von den vielen Unterstützern der Ostermarschbewegung nicht oder nur zögernd übernommen. Die Kampagne befürchtete, ihr breites, inzwischen bis zu den Basisorganisationen der Gewerkschaften und SPD reichendes Aktionsbündnis auf's Spiel zu setzen, und kritisierte die in der Studentenbewegung aufgekommene illusionäre Revolutionsbegeisterung.
Bereits Anfang 1968 hatte Arno Klönne bei einer Aktionskonferenz ,,Kampagne für Demokratie und Abrüstung" gewarnt: ,,Bewegungen wie der Kampagne wird eigenartigerweise immer wieder innerhalb der Opposition in etwas vorwurfsvollem Ton der Rat gegeben, sich doch ,gesamtgesellschaftliche Veränderungen' zum Ziele zu setzen. Sofern damit gemeint ist, eine Bewegung gegen die Rüstungs- und Notstandspolitik dürfe sich nicht mit der Kritik an aktuellen Symptomen beruhigen, so ist dem gewiß nicht zu widersprechen; ...Allem Anschein nach steht hinter solchen Vorschlägen zum Teil aber auch die m.E. irreführende Vorstellung, als könne die Opposition sich durch die plakative

Verwendung einiger politischer Formeln (wie etwa der Verurteilung des ‚Spätkapitalismus' und der Firmierung als ‚sozialistisch') von der Mühsal entlasten, die Kritik an den herrschenden Verhältnissen konkret und im Detail zu üben und Perspektiven gesellschaftlicher Veränderung in ihren einzelnen Schritten zu entfalten. Der Verkaufserfolg von Mao-Bibeln unter mittelständischen jungen Leuten oder die Lektüre von Debray und Guevara signalisiere nicht immer Politisierung, sondern oft Fluchtreaktionen vor der Wirklichkeit."[106]

Auch die Kampagne konnte nicht verhindern, daß sie vom Spaltpilz dieser Zeit angesteckt wurde. Auch hier verbreiteten sich Frustration und Resignation darüber, wie wenig die Grundstrukturen der Gesellschaft mit den Aktionen der letzten Jahre verändert zu sein schienen.

Auch in der Ostermarschbewegung waren es vor allem die sowjetischen Panzer in Prag, die zum Auszug einer ganzen Gruppe von Aktivisten führten, die sich weigerte, mit Kommunisten, die auch diesen Winkelzug sowjetischer Außenpolitik noch rechtfertigten, weiter zusammenzuarbeiten. Diese Gruppe gründete am 1.4.1969 das Sozialistische Büro und versuchte, die undogmatischen Teile der Bewegung zu sammeln. Aber auch dem Sozialistischen Büro gelang es nicht, die Schlagkraft der außerparlamentarischen Opposition zu erhalten.

Mit der Deutschen Kommunistischen Partei (DKP) im September 1968 und dem Marxistischen Studentenbund Spartakus (MSB) Anfang 1969 waren inzwischen auch dogmatisch-moskautreue Organisationen im Gefolge der Protestbewegung entstanden, die ihre Standpunkte bis heute nicht wesentlich verändert haben.

1969 fanden schon keine zentralen Ostermärsche mehr statt, sondern nur noch dezentrale Veranstaltungen in vielen Städten, bei denen auch Vietnam häufig ein Thema war.

Trotz der aufgetretenen politischen Differenzen wurde Vietnam bald zu einem Bindeglied für Aktionseinheiten aller Gruppen außerhalb der trotzkistischen und maoistischen Szene. Angeregt von Aktivitäten in anderen Ländern, starteten die Gruppen, die bislang die ,,Kampagne für Abrüstung und Demokratie" getragen hatten, eine Initiative mit einem Aufruf für einen ,,Internationalen Vietnam Tag" am 15.11.1969. Das Spektrum der Unterstüt-

Die Vietnam-Solidarität nach 1969 wurde auch zunehmend von kirchlichen Gruppen mitgetragen.

zer reichte von der evangelischen Kirche, einzelnen Gewerkschafts- und SPD-Parteigliederungen über Jugendverbände, wie Falken oder Naturfreunden, Jusos und Jungdemokraten bis zum Sozialistischen Büro.

Mehr als 40.000 Menschen beteiligten sich an diesem Tag an Aktionen und Demonstrationen in verschiedenen Städten der Bundesrepublik.[107]

Aus der Initiative zur Organisation des internationalen Protesttages erwuchs ein breites, anhaltendes Bündnis: Die „Initiative Internationale Vietnam-Solidarität" entstand und trat Ende 1969 erstmals mit dem Zeitungsflugblatt „Vietnam Extra" in einer Auflage von 500.000 an die Öffentlichkeit, um gegen das gerade bekanntgewordene Massaker von My Lai zu protestieren.
Zum Organisationsprinzip der Initiative wurde der Grundsatz, daß keine Parteien als Organisationen Mitglied werden konnten, sondern allenfalls Repräsentanten der Parteien als Einzelpersonen, so Kurt Bachmann als DKP-Vorsitzender, Karsten Voigt als Juso-Bundesvorsitzender usw..
Damit sollte eine möglichst breite Bündnisfähigkeit auch für Christen, Liberale und Sozialdemokraten erreicht werden, denen bei der Zusammenarbeit mit Kommunisten immer noch der Ausschluß aus der SPD drohte.
Die Haltung der SPD/FDP-Regierung zum Vietnamkrieg lernte die Initiative kennen, als sie eine Vertretung der in Paris verhandelnden Delegationen der Demokratischen Republik Vietnam und der Provisorischen Revolutionären Regierung der Republik Südvietnam zu einer Vortragsreise einladen wollten: Die sozialliberale Bundesregierung verweigerte den Diplomaten, die damals viele andere europäische Länder besuchten, die Einreise.
In einem Brief des Auswärtigen Amtes vom 23. Januar 1970 an die Initiative hieß es: „Die Bundesregierung sieht sich nach sorgfältiger Prüfung der Angelegenheit nicht in der Lage, den Einreiseanträgen der vietnamesischen Herren aus Paris zu dem von Ihnen angegebenen Zweck stattzugeben. Sie ließ sich bei dieser Entscheidung von dem Grundsatz leiten, im Interesse der Glaubwürdigkeit unserer nach West wie nach Ost gerichteten Politik der Entspannung und des friedlichen Ausgleichs Ausländern das öffentliche Auftreten gegen dritte Länder auf deutschem Boden nicht zu gestatten..."[108]
US-Politiker, die zur Verteidigung des Vietnamkrieges in der BRD auftraten, waren von dieser Regelung natürlich nicht betroffen. Selbst die Vortragsreise einer zwölfjährigen Überlebenden des Massakers von My Lai konnte Anfang 1970 nur nach massiven öffentlichen Protesten gegen ein Einreiseverbot der SPD/FDP-Regierung durchgesetzt werden.

Vom 13. bis 22. März 1970 rief die Initiative zum Jahrestag des Massakers von My Lai zu einer Aktionswoche gegen den Vietnamkrieg auf. Nach ähnlichem Organisationsprinzip wie die Initiative hatten sich inzwischen in 80 Städten regionale Bündniskomitees gebildet, die in dieser Woche vielfältige Aktionen von Kranzniederlegungen vor Amerikahäusern bis zu Blutspendeaktionen durchführten, mit deren Erlös eine Ambulanz für das Rote Kreuz Nordvietnams angeschafft werden sollte.[109]
Zentrale Veranstaltung dieser Aktionswoche im März 1970 war eine Vietnam-Manifestation in der Frankfurter Paulskirche, bei der einige Probleme und politische Konstellationen der Vietnam-Bewegung deutlich wurden. Zunächst lehnten es sowohl der CDU-Bürgermeister Dr. Fay wie der Frankfurter SPD-Vorsitzende Walter Möller ab, der Initiative die Paulskirche überhaupt zur Verfügung zu stellen. Im Namen der Initiative protestierten Helmut Gollwitzer, Klaus Vack und Martin Walser beim SPD-Unterbezirksvorstand. Martin Niemöller forderte den SPD-Vorsitzenden von Frankfurt auf, selbst ,,für die Sache des vietnamesischen Volkes'' zu sprechen. Schließlich appellierte auch Ernst Bloch in einer Fernsehsendung an den Frankfurter Magistrat. Bloch war in der Paulskirche mit dem Friedenspreis des deutschen Buchhandels ausgezeichnet worden. Er sagte: ,,Es gibt Dinge in der Welt, über die ein anständiger Mensch nicht zweierlei Meinung sein kann. Zu denen gehört die Erhaltung des Friedens und vor allen Dingen das Ende dieses schrecklichen Krieges in Vietnam... Nun meine ich, es wäre doch verwunderlich, wenn in der Paulskirche selber, die dem Frieden gewidmet ist und der Sprache für den Frieden, und in der ich selbst den Friedenspreis bekommen habe, wenn nun ich und die anderen, die mit mir sind, diese Kirche mit so großer verpflichtender Tradition nicht betreten könnten.''[110]
Aufgeschreckt von den Protesten gewährte der Frankfurter Magistrat in einer erneuten Beratung der Initiative schließlich doch Zugang zur Paulskirche. Vor 2000 Menschen sprachen Bloch, Abendroth, Walser, Zwerenz, Niemöller, DKP-Vorstandsmitglied Steigerwald, der Bundesvorsitzende der Jusos, Karsten Voigt, und andere. Dabei kam es zu Zwischenfällen, die von bislang unbekannter Seite ausgingen: Eine Gruppe um Frank Wolff

und Udo Knapp aus den Restbeständen des SDS störte die Veranstaltung und erkämpfte sich das Rederecht. Es gab Tumulte.[111] Damit erhielt die Initiative einen ersten Vorgeschmack auf die Art und Weise der politischen Auseinandersetzungen, die auch von den K-Gruppen seit Anfang der siebziger Jahre häufig praktiziert wurden.

Heiner Halberstadt und Klaus Vack nahmen im Namen der Initiative und des Frankfurter Vietnam-Komitees zu den Vorfällen Stellung: ,,Gegenwärtig und in nächster Zukunft ist immer damit zu rechnen, daß Veranstaltungen mit derartigem politischen Gehalt und beachtenswerter Dimension auch auf linke Sektierer anziehend wirken, da sie im eigenen Terrain keine quantitativ nennenswerte Versammlung mehr zustandebringen. Der sie auszeichnende Dogmatismus und die sie aufgrund ihrer Isolation beherrschende neurotische psychische Struktur macht sie glauben, sie seien berufen, ihr abstraktes Konzept allen linken Initiativen aufzuzwingen... Keiner der Veranstalter der Paulskirchen-Manifestation verkennt die notwendige Basisgruppenarbeit in Betrieben, Schulen und Universitäten. Die Paulskirchen-Manifestation dient weder der Verschleierung noch der Integration, noch wollte sie notwendige Diskussionen ersetzen... Im übrigen: Was dem Befreiungskampf des vietnamesischen Volkes dient, ist — im weitgefaßten Sinn — revolutionär. Die Störversuche der Paulskirchen-Manifestation waren dieser Aufgabe abträglich und haben der Unterstützung der Sache Vietnams geschadet."[112]

Trotz alledem wurde in der Paulskirche noch eine Erklärung beschlossen, in der es hieß: ,,Der Krieg, den die Regierung der USA in Vietnam führt, wird mehr und mehr zum Völkermord... Die Massaker sind zur Institution geworden... Unsere Solidarität mit dem vietnamesischen Volk und unsere Forderung nach bedingungslosem Abzug der US-Truppen aus Vietnam ist deshalb auch ein Bekenntnis zur Emanzipation der Dritten Welt von imperialistischer Vorherrschaft."[113]

In den folgenden Jahren kam es aus verschiedenen Anlässen zu Demonstrationen und Aktionen in vielen Städten der Bundesrepublik und in West-Berlin.[114]

Im Mai 1970 protestierten je 5000—10.000 Menschen in Berlin, München, Nürnberg, Frankfurt und Hamburg gegen die Auswei-

Anfang der siebziger Jahre demonstrierten Tausende gegen die Ausweitung des Krieges auf Kambodscha und Laos durch die USA.

tung des Krieges auf Kambodscha. 1971 kam es zu ähnlichen Aktionen, weil die USA auch Laos in den Krieg einbezogen.
Schließlich demonstrierten im Mai 1972 100.000 Menschen in der gesamten Bundesrepublik gegen die Verminungen der Häfen und Küstengewässer Nordvietnams durch die US-Armee. Die Ziele dieser von der Initiative durchgeführten und organisierten Aktionen bestanden darin, Druck auf die Bundesregierung auszuüben. Die Brandt/Scheel-Regierung wurde aufgefordert, die politische Unterstützung der US-Politik einzustellen, die US-Kriegsverbrechen zu verurteilen, die Provisorische Revolutionsregierung der Republik Südvietnam anzuerkennen sowie für die Freilassung aller politischen Gefangenen in Südvietnam einzutreten.
Die Initiative arbeitete auch mit vietnamesischen Studenten in der BRD zusammen, die inzwischen selbst eine eigene Organisation gegründet hatten: das ,,Komitee zur Wahrung der Rechte der Vietnamesen in der BRD''. Eine wachsende Zahl der etwa 1500 südvietnamesischen Studenten in der BRD richtete sich gegen den US-Krieg in ihrem Land. Das führte zu politischem Druck von seiten der Saigoner Botschaft in Bonn bis hin zu ultimativen Einberufungen dieser Studenten zur südvietnamesischen Armee. Nur mit Mühe und öffentlichen Protesten konnte die Initiative

die Zwangsabschiebung von Südvietnamesen verhindern. Das Risiko für die südvietnamesischen Studenten bei Protestaktionen war hoch: Als in Aachen 38 Vietnamesen erklärten, die ,,Amerikaner sind unrechtmäßig nach Vietnam gekommen", sperrte ihnen die Saigoner Botschaft die Geldzahlungen aus der Heimat und die Polizei in Südvietnam verhörte die Eltern. Noch 1973 leistete das Auswärtige Amt der Saigoner Botschaft Amtshilfe bei dem Versuch, einen mißliebigen Studenten ausweisen zu lassen. Ähnlich erging es anderen Kritikern des Vietnamkrieges. Am 24.5.1972 wurde in München der US-Bürger Amadeo Richardson von der Polizei festgenommen, weil er die guten Beziehungen zwischen der Bundesrepublik und den USA gestört haben sollte. ,,Belastend sei auch, daß er von einer schnell fortschreitenden Entwicklung der USA zum Faschismus gesprochen und behauptet habe, in den Ghettos der USA würden Schwarze von Polizisten auf der Straße erschossen." Nur heftige Proteste konnten die Auslieferung Richardsons an die USA durch bundesdeutsche Behörden verhindern.[115]

Schließlich wandte sich die Initiative in englischsprachigen Aufrufen auch — ähnlich wie früher schon die Algerien-Generation und der SDS — wieder direkt an die US-Streitkräfte in der Bundesrepublik. ,,Stop the war in Vietnam now", stand auf dem Flugblatt, das darüber hinaus Informationen enthielt, wie sich desertierungswillige US-Soldaten in Vietnam verhalten sollten. Ihnen wurde die gute Behandlung seitens der FNL, die Rückkehr nach Hause oder Exil in einem anderen Land angeboten.

Als im Oktober 1972 bei den Pariser Friedensverhandlungen Ergebnisse absehbar waren, konzentrierte sich die Solidaritätsbewegung darauf, für die schnellstmögliche Verabschiedung dieser Vereinbarungen einzutreten. In kurzer Zeit standen 100.000 Unterschriften unter einem ,,dringenden Appell für die sofortige Unterzeichnung des Abkommens zwischen der Demokratischen Republik Vietnam und den USA." Doch die USA zögerten die Unterzeichnung hinaus und begannen schließlich am 18.12.1972 mit erneuten ,,Weihnachts-Bombardements" auf die Großstädte Nordvietnams.

Diese schwersten Bombardements des gesamten Vietnamkrieges, mit denen die USA mit letzter Wut noch einmal so viel in Vietnam

zu zerstören versuchten wie eben möglich, führten zu weltweiten Protesten von bislang ungekannter Breite und Schärfe.
Selbst NATO-Staaten protestierten gegen den amerikanischen Luftkrieg. Die italienische Regierung verlangte die sofortige Einstellung der US-Luftangriffe. Vom dänischen Außenminister stammt das Zitat: ,,Jeden Tag bombt die reichste und technisch am weitesten entwickelte Gesellschaft der Welt eine der ärmsten Bevölkerungen der Welt noch tiefer in Not und Elend." Die belgische Regierung zitierte den US-Botschafter zu sich und die finnische Regierung erkannte demonstrativ die Demokratische Republik Vietnam diplomatisch an. Dänische und australische Gewerkschaften boykottierten amerikanische Schiffe und die Sozialistische Partei Österreichs (SPÖ) verlangte die Einstellung der ,,mörderischen" Angriffe. Der schwedische Ministerpräsident Olof Palme verglich die US-Bombardements mit den Verbrechen der Nationalsozialisten in Treblinka, Oradour und Lidice. Diese Kritik wurde von allen Parteien des schwedischen Reichstags getragen. Der Vatikan protestierte und der Präsident der internationalen Friedensbewegung ,,Pax Christi", der niederländische Kardinal Alfrink, telegrafierte an US-Präsident Nixon: ,,Ich bin entsetzt über diese schreckliche, unmenschliche Gewalt. Ich erkläre mich mit dem heimgesuchten vietnamesischen Volk solidarisch."
Auch in der Bundesrepublik reichten die Proteste von SPD-Bundestagsabgeordneten über die IG-Metall bis zum Bundesvorstand des DGB, der sich auch endlich in Übereinstimmung ,,mit der weltweiten Verurteilung der amerikanischen Bombenangriffe" sah.
Nur einer schwieg beharrlich: der bundesdeutsche Kanzler und Friedensnobelpreisträger Willy Brandt. Als er auch in seiner Neujahrsansprache 1973 noch nicht auf die brutalen Bombardements einging, schrieb der Bundesvorstand der Jungsozialisten, bei denen im Gefolge der Studentenbewegung seit 1969 auch zunehmend Kritik an der Parteiführung laut wurde: ,,Die Jungsozialisten wenden sich dagegen, daß sich die Bundesregierung durch diese Totschweigetaktik objektiv zum Handlanger von imperialistischen Aggressoren macht..."[116]
Trotz Weihnachtsfest und Sylvesterfeiern kam es zu vielen spontanen Demonstrationen in der Bundesrepublik. Auch die K-

Gruppen veranstalteten eigene oder doch von den anderen Demonstrationen abgetrennte Aktionen. Am 20.12.1972 flogen dabei in Köln Steine gegen das Amerikahaus und verschiedene Gebäude amerikanischer Industriefirmen. Die Polizei ritt mit Pferden brutal in die Demonstrantengruppen hinein. Am Tage der Amtseinführung des gerade wiedergewählten US-Präsidenten Richard Nixon, Ende Januar 1973, demonstrierten Hunderttausende in aller Welt. In der Bundesrepublik kam es zu einer der größten Vietnam-Demonstrationen: 30.000 Demonstranten protestierten allein in Dortmund. Gleichzeitig gab es Aktionen der Initiative Internationale Vietnam Solidarität in München und Saarbrücken. Viele Gewerkschaftsgremien sandten Grußtelegramme. Und was machte die SPD? Sie übte solange Druck auf ihren Bundestagsabgeordneten Egon Lutz aus, bis der seine Zusage, auf der Demonstration in Dortmund zu sprechen, wieder zurückzog.

Die sozialliberale Regierung der Bundesrepublik blieb der treueste Handlanger der US-Politik.

Am 27.1.1973 mußten die USA das Friedensabkommen in Paris unterzeichnen, das ihren Truppenabzug aus Vietnam regelte. Sie sicherten darin dem vietnamesischen Volk Unabhängigkeit, Souveränität, Einheit und territoriale Integrität zu. Obwohl das Abkommen auch den Südvietnamesen Selbstbestimmung und demokratische Freiheiten zusicherte, unterstützten die USA jedoch weiter ihren Strohmann und Diktator Thieu in Saigon.

Was machte die Bundesregierung? Sie lud Thieu im Mai 1973 zu einem Staatsbesuch ein, und Bundespräsident Gustav Heinemann mußte den Diktator empfangen. Obwohl die Öffentlichkeit von diesem Besuch erst vier Tage vorher erfuhr, erhoben sich zahlreiche Proteste, die von der Initiative Internationale Vietnam Solidarität bis zu Kirchenvertretern, von amnesty international bis zum SPD-Bundestagsabgeordneten Karl Heinz Hansen reichten, der schrieb: ,,Ein Mann wie Thieu, der die demokratischen Rechte des vietnamesischen Volkes mit Billigung der USA mit Füßen tritt, darf weder finanziell noch politisch unterstützt werden. Sonst macht sich die Bundesregierung mitschuldig an den Verbrechen, die Tag für Tag in den südvietnamesischen Konzentrationslagern geschehen."

Am Tag des Thieu-Besuches kam es zu verschiedenen Demonstrationen in Bonn, die die Spaltung der Vietnam-Solidarität deutlich machten. Dem Demonstrationsaufruf der Initiative folgten 4000 Menschen in die Bonner Innenstadt.
Die KPD, ihr Ableger, die Liga gegen den Imperialismus, der KSV und andere nutzten den Tag zu einer eigenen spektakulären Aktion. Sie besetzten mittags das Bonner Rathaus, hißten dort die Fahnen der Demokratischen Republik Vietnam und der FNL, besprühten die Wände mit Losungen und verbarrikadierten sich mit dem Barock-Mobiliar vor der anstürmenden Polizei. ,,Bonner Rathaus von ,Antiimperialisten' besetzt'', stand auf dem Flugblatt der KPD und ihres ,,Nationalen Vietnamkomitees''. Neunzehn Personen wurden nach einer Schlacht mit der Polizei festgenommen und zum Teil zu langen Haftstrafen verurteilt. Noch fünf Jahre später, im Mai 1978, fanden vor dem Bonner Landgericht Prozesse gegen die Angeklagten statt, darunter waren ,,führende Funktionäre der KPD und der Liga gegen den Imperialismus, wie Christian Semler, Jürgen Horlemann, Thomas Luczak und Klaus Fritsche.[117]
Sowohl die ,,Initiative Internationale Vietnam Solidarität'' wie der Verband Deutscher Studentenschaften distanzierten sich sofort von dieser Aktion, von der die Presse, Funk- und Fernsehnachrichten voll waren. Die Medien nutzten die Aktion der ,,Politrocker'' und ,,Politterroristen'' zur Diffamierung der gesamten Vietnam-Solidaritätsbewegung, ohne noch über die Gründe der Proteste gegen den Thieu-Besuch zu berichten. Das trieb den MSB Spartakus zu der Erklärung: ,,Selbst wenn diese Aktion nicht von Strauß und Springer bestellt wurde, so hat der ,KSV' damit noch einmal eindeutig bewiesen, daß er die Geschäfte der Reaktion erfüllt.''[118]
Die Auseinandersetzung um diese letzten größeren Vietnam-Aktionen macht deutlich, wie sehr die Vietnam-Solidarität der siebziger Jahre auch für die parteipolitische Profilierung der verschiedensten Organisationen, Gruppen und Grüppchen funktionalisiert wurde. Dabei wurde die vietnamesische Befreiungsfront übergangen.
Ein Streitpunkt war schon seit 1969 die Forderung ,,Sieg im Volkskrieg''. Jürgen Horlemann (später KPD) hatte schon da-

Zusammen mit ihr nahestehenden Organisationen besetzte die KPD im Mai 1973 in einer spektakulären Aktion das Bonner Rathaus. Sie hißten dort die Fahnen der Demokratischen Republik Vietnam und der FNL.

mals in der „Roten Presse Korrespondenz" geschrieben: „Der Sieg der vietnamesischen Revolution, d.h. ein Sieg, der auf dem Schlachtfeld bereits errungen wurde, ist, wenn er durch keine Kompromisse am Verhandlungstisch geschmälert wird, zugleich ein Sieg über die Internationale der Opportunisten und Revisionisten... Ein solcher Sieg wäre eine direkte Absage an die ‚Theorie' von der ‚friedlichen Koexistenz'."[119]

Die Forderung der Initiative nach „Frieden in Vietnam" war auch von der FNL ausgegeben worden, um möglichst breite politische Aktionsbündnisse in aller Welt zu ermöglichen. Horlemann bezeichnete sie trotzdem als „zynische" Parole von „Revisionisten", die ihre „Friedenshymnen für Vietnam nur noch als Zeichen des schlechten Gewissens darüber (vortrugen), daß man selbst das Ziel der revolutionären Umwälzung der Gesellschaft aus den Augen verloren" hatte.[120]

Der Kampf um die richtige Losung wurde zum Prinzip. Bald ging es nicht mehr darum, daß möglichst viele Menschen demonstrierten, sondern möglichst viele „unter revolutionären Losungen". Was revolutionär war, bestimmte die jeweilige Gruppe, in diesem Falle war es eben der „revolutionäre Volkskrieg". Eine maoistische Splittergruppe an der Marburger Hochschule schrieb: „Für ihn zu sein, heißt alle seine historischen Konsequenzen zu unterstützen. Gegen ihn zu sein bedeutet, sich an die Seite des US-Imperialismus und aller seiner Helfershelfer zu stellen. Heißt in letzter Konsequenz Unterdrückung und Terror auf dem ganzen Erdball zu beklatschen."[121]

Damit waren für manche Maoisten die restlichen Organisationen der Solidaritätsbewegung ebenso „reaktionär", wie für manche MSB'ler die K-Gruppen.

Immerhin konnte der MSB in diesem Fall noch für sich reklamieren, diejenigen auf seiner Seite zu haben, für die eigentlich die Solidarität geleistet werden sollte: die vietnamesische Befreiungsbewegung bzw. die Demokratische Volksrepublik Vietnam. Ihre Vertreter erklärten immer, daß ihr Kampf nicht nur militärisch im „Volkskrieg", sondern auch politisch und diplomatisch geführt würde. Das paßte vielen K-Gruppen gar nicht in's Konzept und beeinflußte deshalb ihre Propaganda nicht. Selbst als vietnamesische Vertreter die Forderung „Sieg im Volkskrieg" als „extremistisch" und schädlich für die „Einigkeit der Solidaritätsbewegung" charakterisierten, hatte das keinen Einfluß auf die Politik der K-Gruppen.

Wie wenig ernst manche Maoisten das Objekt ihrer Solidarität nahmen, beweist die Übersetzung eines Textes von Le Duan, dem Ersten Sekretär der Partei der Werktätigen Vietnams. Der Verlag „Rote Fahne", der sich als „Verlag der Aufbauorganisation für die Kommunistische Partei Deutschlands" vorstellte, gab diesen Text 1971 und 1972 in einer ersten und zweiten Auflage heraus. Titel: „Die vietnamesische Revolution, grundlegende Probleme — wesentliche Aufgaben". Der deutschen Übersetzung lag — nach Angaben der Herausgeber — die 1970 im „Verlag für fremdsprachige Literatur" in Hanoi veröffentlichte französische Ausgabe zugrunde. Allerdings hatte der Verlag „Rote Fahne" einige Stellen einfach weggelassen. Nicht zufällig, denn es waren gerade die Stellen, die den Maoisten und ihrer Losung ,,Sieg im Volkskrieg" widersprachen. Besonders pikant erscheint im Nachhinein, daß der Verlag ,,Rote Fahne" eine weitere Passage zensierte, in der sich Le Duan kritisch über Schwächen und Mängel innerhalb der Partei der Werktätigen Vietnams äußerte. Dabei prangerte er ausgerechnet das ,,Auftreten von Bürokratismus, Drill und Funktionärsallüren" an. Eine Kritik, die den selbsternannten Führern der K-Gruppen scheinbar besonders unter die Haut ging.[122]

Darüber hinaus brüsteten sich KPD und KSV bei der Besetzung des Bonner Rathauses damit, die Unterstützung der vietnamesischen Verhandlungsdelegation in Paris zu haben, die die Aktion in einem Grußtelegramm als ,,kämpferische Solidarität mit dem vietnamesischen Volk" bezeichnet hätte.

Tatsächlich dagegen distanzierten sich die vietnamesischen Vertreter eindeutig von der Rathausbesetzung.

Aber auch andere Gruppen verbanden mit ihrer internationalen Solidarität ganz naheliegende Organisationsinteressen. So ließ sich zum Beispiel die DKP, deren Sprecher in der Initiative mitarbeiteten, auf einem Parteitag von dem Vertreter ihrer vietnamesischen Bruder-Partei demonstrativ hochloben: ,,Sagt allen, die Solidarität mit Vietnam üben wollen, wenn Ihr Vietnam helfen wollt, müßt Ihr Euch mit der DKP zur Aktionseinheit, zur Einheitsfront zusammenschließen!"[123]

Auch wenn heute die meisten beim Stichwort ,,Vietnam-Solidarität" lediglich an die 68er-Bewegung denken, so muß dem entgegengehalten werden, daß vor allem die ,,Initiative Internationale Vietnam Solidarität" die Arbeit zumindest bis 1973 noch aktiv fortgesetzt hat.

Immerhin fand eine der größten Demonstrationen gegen den Vietnamkrieg erst 1973 statt. Und auch wenn die Aktionen nicht mehr so spektakulär waren wie zuvor, erreichten sie doch nach 1968 wesentlich mehr Gruppen und Organisationen.

1973 allerdings gingen die meisten Aktivitäten nach Unterzeichnung des Friedensabkommens und nach der Vietnam-Demonstration zum Thieu-Besuch rapide zurück. Die Befreiung ganz Vietnams gelang jedoch erst 1975. Aber — so einer der damals Aktiven: ,,1973 war schließlich Chile an der Reihe!"

SOZIALISMUS ZWISCHEN 26 MILLIONEN BOMBENKRATERN
VIETNAM ZEHN JAHRE NACH DER BEFREIUNG

Vietnam war seit 1973 kein Thema mehr in der Dritte Welt-Bewegung. 1975 endgültig befreit und 1976 wiedervereint, mußte das Land weitgehend selbst zusehen, wie es mit den Folgen des jahrzehntelangen Krieges zurechtkam. Der Vietnamkrieg hatte kaum vorstellbare Schäden hinterlassen: Millionen Menschen waren in Vietnam getötet worden.

,,Auf Vietnam wurden etwa 15 Millionen Tonnen Bomben und Sprengstoffe abgeworfen, etwa zehnmal soviel wie auf das Deutsche Reich im Zweiten Weltkrieg. Sie haben 26 Millionen Krater hinterlassen..., wobei von den rund 15.000 südvietnamesischen Dörfern etwa 9000 teilweise oder ganz zerstört wurden... Die US-Pflanzengifte zerstörten im Süden große Teile der Wälder. Wie weit eine Wiederbewaldung unter den gegebenen Umständen gelingt, ist sehr fraglich...[124]

Der Krieg hinterließ im Süden, in dem die Industrieanlagen nicht bombardiert wurden, auch große soziale Probleme: eine Million Verwundeter und Verkrüppelter, eine unbekannte, jedoch sehr hohe Zahl genetisch Geschädigter, 800.000 Waisen, 500.000 Prostituierte und etwa 10 Millionen Flüchtlinge von einer Gesamtbevölkerung des Südens von 24 Millionen, die zum großen Teil vom Land in die Städte geschwemmt worden waren...

In Nordvietnam hatten die Bombardierungen riesige Zerstörungen angerichtet. Von 30 nordvietnamesischen Städten wurden 28 angegriffen und zwölf völlig zerstört, von 5788 Gemeinden bombardierte die US-Luftwaffe etwa 4000 und zerstörte 300 vollständig. An 1100 Stellen, verteilt auf mehrere tausend Kilometern, wurde das für die Landwirtschaft und für den Schutz gegen Überschwemmungen wichtige Damm- und Deichsystem des Roten Flusses getroffen.

Das gesamte Verkehrssystem wurde mehrmals zerstört; 3000 Schulen, 350 Krankenhäuser und 10 Millionen Quadratmeter Wohnfläche dem Boden gleichgemacht. Für die weitere Entwicklung am schwerwiegendsten war aber die fast vollständige Zerstö-

rung des schwerindustriellen Sektors, der nicht ausgelagert werden konnte, der Kraftwerke und Grundstoffindustrie...
Diese katastrophalen Kriegsschäden gilt es zu bedenken, wenn über die entwicklungspolitischen und ökonomischen Schwierigkeiten in der Zeit nach 1975 gesprochen wird. Anders als am Ende des Zweiten Weltkrieges in Deutschland, waren in Vietnam weder infrastrukturelle Voraussetzungen und eine breite industrielle Grundlage, noch in der industriellen Produktion erfahrene Arbeitskräfte und Organisatoren vorhanden, um die Kriegsschäden schnell zu beheben. Sehr bald erwies sich, wie unterschiedlich die Aufgaben der Kriegsführung und -wirtschaft und die der wirtschaftlichen Entwicklung des Landes nach dem Sieg und wie wenig die Kader der Partei auf diese Aufgabe vorbereitet waren."[125]
Der Sozialismus-Versuch Vietnams war mit großen Problemen verbunden: Neben den Kriegsschäden erschwerte die unterschiedliche politische und wirtschaftliche Entwicklung in beiden Landesteilen den Aufbau. Vor allem die südvietnamesische Wirtschaft war nach dem Abzug der USA vollständig ruiniert, da über die Hälfte der südvietnamesischen Bevölkerung zuvor im Dienstleistungsbereich für die Amerikaner gearbeitet hatte.
Die Folgen waren Arbeitslosigkeit und Elend. Hinzu kamen die Schwierigkeiten bei der Eingliederung der Getreuen des ehemaligen Saigoner Regimes in die neue Gesellschaft, der Geschäftsleute und Militärs, der Polizisten und Prostituierten, die die neue vietnamesische Führung durch Umerziehungsprozesse zu lösen suchte.
Als dann auch noch der private Handel in Südvietnam verstaatlicht wurde, führte all dies zu dem bekannten Flüchtlingsstrom der ,,Boatpeople", der von der westlichen Presse begierig ausgeschlachtet wurde.
Neben den innenpolitischen standen die außenpolitischen Probleme. Die Roten Khmer, die ehemaligen Verbündeten im Kampf gegen die USA, wurden nach der Machtübernahme Pol Pots zu Gegnern Vietnams. Schon 1977 kam es zu ersten Grenzkonflikten mit Kambodscha, die wenig später zum offenen Krieg führten, der sich bis nach Laos und Thailand ausdehnte. 1978 begannen die Vietnamesen ihre — umstrittene — Invasion in Kambodscha.

Daraufhin stellte die Volksrepublik China ihre Wirtschaftshilfe an Vietnam ein. 1979 marschierte die chinesische Armee im Norden Vietnams ein und zerstörte weite Teile der Infrastruktur im Grenzgebiet.

Die vielfältigen Probleme, denen Vietnam nach dem Krieg gegenüberstand, können hier nur angedeutet werden. Festzustellen bleibt jedoch, daß der allzu leichten Idealisierung des vietnamesischen Befreiungskrieges zur Hochzeit der Studentenbewegung die allzu schnelle Verurteilung der vietnamesischen Entwicklung nach der Befreiung folgte. Zu einer wirklichen Auseinandersetzung mit den komplizierten, historisch gewachsenen Problemen, mit den Widersprüchen und Möglichkeiten, mit den politischen Fortschritten und Fehlern, mit den programmatischen Zielsetzungen und alltäglichen Realitäten dieses Landes ist es kaum noch gekommen.[126]

VIETNAM — HEUTE KEINE DISKUSSION MEHR WERT?
VIETNAM-SOLIDARITÄT NACH 1975

Die Dritte Welt-Bewegung von heute beschäftigt sich fast überhaupt nicht mehr mit Vietnam. Die Ergebnisse nach der Befreiung interessieren ebensowenig wie die bis heute gravierenden Folgen des Vietnamkrieges.

Nur ein paar Aktive aus der Vietnam-Solidarität haben weitergemacht. So wurde 1976 von Teilen der ,,Initiative Internationale Vietnam Solidarität" die ,,Gesellschaft für die Freundschaft zwischen den Völkern in der Bundesrepublik Deutschland und der Sozialistischen Republik Vietnam e.V." gegründet, die die Solidarität — laut Selbstdarstellung — ,,konsequent fortführen will". Dazu gehören Hilfsaktionen und Studienreisen nach Vietnam, die Organisation von Vietnam-Workcamps und ein Vietnam-Filmdienst. Die Freundschaftsgesellschaft gibt regelmäßig einen ,,Vietnam-Kurier" heraus und kennt laut Selbstdarstellung ,,keine Tabus": ,,Wir stellen uns der kritischen Diskussion und

greifen deshalb auch heiße Themen aus der Geschichte Vietnams, aus der Innen- und Außenpolitik auf: Warum gibt es heute noch Umerziehungslager? Werden die Buddhistische und die Katholische Kirche verfolgt? Unterdrückt der Norden den Süden? Warum stehen vietnamesische Truppen in Kampuchea? Gibt es Bürokratismus, Hartherzigkeit, Korruption und feudale Relikte?".
Ob die Freundschaftsgesellschaft wirklich keine Tabus kennt, sei dahingestellt. Es gibt in der Dritte Welt-Bewegung jedenfalls kaum noch jemanden, der über Vietnam diskutieren will. Konkrete Hilfe für Vietnam leistet allerdings auch heute noch eine „Kinderhilfe Vietnam" in Berlin. Darüber hinaus unterstützt Terre des Hommes zwei Projekte in Vietnam. Und seit jetzt schon über zwanzig Jahren ist die „Hilfsaktion Vietnam" in Düsseldorf aktiv.
Schon bis 1984 hatte die „Hilfsaktion Vietnam" Güter an dieses Land im Wert von über 80 Millionen DM geliefert. 1985 kamen immerhin noch 1,6 Millionen Mark an Spenden für Vietnam zusammen. Die Hilfeleistungen reichten von fahrbaren Sanitätsstationen bis zu einem Kinderkrankenhaus, von Nähmaschinen bis zu Schulbussen für gehbehinderte Kinder.
Zum zwanzigjährigen Jubiläum der Hilfsaktion grüßte 1985 sogar der Sozialdemokrat Johannes Rau. Er formulierte verspätete Erkenntnisse: „Manche von uns hat der Vietnamkrieg in seiner Erbarmungslosigkeit gelähmt, andere verschlossen die Augen..." Er selbst lag wahrscheinlich — wie die meisten Sozialdemokraten — zwischen „manchen" und „anderen".
Die Zweite Vorsitzende der Hilfsaktion Vietnam, Hannelis Schulte, stellte zum Jubiläum eine Frage an die Dritte Welt-Bewegung:
„Nicaragua, Chile, Südafrika, Libanon, die Palästinenser — das sind einige besonders herausragende Punkte, an denen heute schwerwiegende Entscheidungen für die betroffenen Völker und für die Gemeinschaft aller Nationen unserer Erde fallen, an denen sich jedoch auch das Engagement aller derer konkretisiert, die den Leidenden und Unterdrückten beistehen und ihre Not lindern möchten. Was ist denn aber mit Vietnam?...
Die Minen, die Bombenkrater, die Vergiftung des Bodens, die Zerstörung der Wälder, die Veränderung der gesamten klimati-

schen Bedingungen — das sind Hypotheken, die noch für lange Zeit auf dem Land liegen. Weit schlimmer aber noch sind die seelischen und körperlichen Spätschäden dieses Krieges. Die Verstädterung, die Drogen, die Überschwemmung mit US-Konsumgütern, die Härten und Leiden der Kriegszeit — das alles ist an den Menschen nicht spurlos vorübergegangen. Tausende leiden noch unter den Napalmverbrennungen, tausende unter der Dioxinvergiftung. Jeder Mann, der je mit den tonnenweise ausgestreuten Giften in Berührung gekommen ist, muß fürchten, nie mehr ein gesundes Kind zeugen, jede Frau, nie mehr eines gebären zu können. Das kann noch über Generationen weiterwirken. Deshalb stehen wir zu Vietnam in einer Solidarität des Mitleidens und der Mitschuld. Gewiß, es waren die USA, die jenen Krieg führten. Aber es war die Bundesregierung, die ihn politisch und moralisch unterstützt hat. Es ist unsere Regierung, die Vietnam noch immer die zugesagten 80 Millionen DM verweigert. Es war unsere Industrie, die an der Napalmproduktion und anderen Zulieferungen für den Krieg in Vietnam verdient hat."[127]

VIETNAM, INTERNATIONALISMUS UND PROTESTBEWEGUNG
AKTIVISTEN VON GESTERN BLICKEN ZURÜCK

In Teheran ist im Mai 1980 eine Straße nach Benno Ohnesorg benannt worden. In West-Berlin verweigert im Mai 1980 ein CDU-Stadtrat (Wilmersdorf) den von Eltern, Lehrern und Schülern gewählten Namen ,,Rosa-Luxemburg-Schule''. Eine Benno-Ohnesorg-Straße gibt es natürlich nicht.[128]

DOKUMENT 12:
AUSGEWÄHLTE RÜCKBLICKE DER AKTIVISTEN VON GESTERN

RUDI DUTSCHKE, 1979:

,,Ich muß alle Verhältnisse, unter denen der Mensch ein erniedrigtes und beleidigtes Wesen ist, radikal kritisieren... Die vietnamesische Regierung

trägt den Namen Sozialismus, aber... Namen werden Rauch sofort, wenn gerade diese sozial befreienden und individuell befreienden Tendenzen sich nicht durchsetzen können... Die Niederlage, die meiner Ansicht nach sich jetzt in Vietnam anzeigt... die Niederlage einer sozialistischen Strömung, hat damit etwas zu tun, daß in den hochentwickelten kapitalistischen Ländern es keine soziale Veränderung gegeben hat, keine soziale Umwälzung, die es in sich hat, Krisen zu beseitigen, aber neue Möglichkeiten von Leben und menschlichen Beziehungen zu ermöglichen. Hochentwickelter Kapitalismus — wenn er weiterlebt — muß immer in den unterentwickelten Ländern Revolutionen mit sich bringen, die in sich wieder zusammenbrechen. Während wir, wenn wir eine Kombination hätten, sozial-revolutionäre Tendenzen in den unterentwickelten Ländern und neue soziale Umwälzungen in den hochentwickelten Ländern... dann wird es nicht einen solchen Zustand geben, wie wir ihn jetzt in Vietnam haben, wie wir ihn jetzt in China haben, wie wir ihn jetzt in Kuba haben und woanders."
In: ‚Panorama' vom 11. September 1979, zit. nach: Rudi Dutschke, Mein langer Marsch, Reinbek bei Hamburg 1980, S. 74.

JÜRGEN MIERMEISTER UND JOCHEN STAADT, 1980:

,,Als in den siebziger Jahren die Diktaturen in Griechenland, Portugal und Spanien stürzten, als Vietnam, Laos, Kambodscha, Angola, Mozambique, Guinea-Bissao, Nicaragua ihre Revolutions- und Befreiungskämpfe beenden, als die Dritte Welt die Metropolen in anhaltende ökonomische und politische Schwierigkeiten zu drängen beginnt, als der Schah des Iran, dessen pompöser Staatsbesuch in West-Berlin das Leben eines Studenten kostete, aus eben den Gründen aus seinem Land gejagt wird, die die Ursachen der studentischen Empörung gegen seinen Staatsbesuch 1967 gewesen waren, als sich vieles von dem historisch bestätigt, wovon die Bundesbürger und viele ihrer gewählten Vertreter Ende der sechziger Jahre so wenig hatten hören wollen, gibt es die Oppositionsbewegung schon längst nicht mehr, die hier ihre historischen Verdienste hätte reklamieren können."
Aus: Provokationen, Die Studenten- und Jugendrevolte in ihren Flugblättern 1965-1971, herausgegeben und eingeleitet von Jürgen Miermeister und Jochen Staadt, Darmstadt, Neuwied 1980, S. 70/71.

ANDREAS BURO UND KARL GROBE, 1984:

Der Krieg in Vietnam hat die Welt verändert. Kein anderes Ereignis, keine andere Entwicklung hat in den sechziger und siebziger Jahren so sehr das Bewußtsein der jüngeren und jungen Generationen in fast allen Kontinenten beeindruckt. Keine Aktion einer Weltmacht gegen ein kleines Volk hatte so nachhaltige Wirkungen.
Hunderttausende, Millionen gingen auf die Straßen, von Berlin bis Tokio, von Berkeley bis Paris. Die Studentengenerationen der Jahre von 1965 bis 1975 wurden durch diesen Krieg geprägt. Der Name Ho Chi Minh wurde ihr Schlachtruf, sie riefen nach einem, nach zweien, nach vielen Vietnam. Vietnam — das war unsere Sache, das waren wir selbst! Warum? Was war geschehen?...
Als der amerikanische Traum in Vietnam zuschanden wurde, begann die Kritik an den amerikanischen Politikern und Militärs. Dadurch wurde der Krieg in Indochina zum entscheidenden Moment der politischen Bildung; die Sozialisation von zehn Studentenjahrgängen und von ungezählten jungen Arbeitern, Angestellten und Schülern wurde von dem Namen des kleinen Landes in Südostasien geprägt.
Mit dem Glauben an die demokratische Vormacht USA zerfielen die Frontstellungen des Kalten Krieges. Das Feindbild stimmte nicht mehr, weil das Bild des Freundes falsch gewesen war...
Das reale Bild bot die Züge von Rücksichtslosigkeit, Diktatur, des staatlich organisierten Terrorismus mit Terrorwerkzeugen, die Namen hatten: Napalm, Dioxin, Tigerkäfige, Green Berets...
Mit dem Vietnam-Syndrom begann auch das, was ein Jahrzehnt später als ,,neue soziale Bewegungen" Bedeutung gewinnen sollte. In den Augen der Jüngeren und vieler Älterer verlor die Sozialdemokratie ihre Identität, denn die Freiheitlich-Demokratische Grundordnung hierzulande wurde von ihr nicht freiheitlicher und demokratischer ausgeformt, sondern in den Notstandsgesetzen wenigstens potentiell auf eine obrigkeitsstaatliche Verfassung reduziert...
Vietnam — das war eine Möglichkeit. In dem Maße, in dem der Widerstand der Vietnamesen — zuerst gegen die französische Kolonialmacht, dann gegen die aggressive amerikanische Einmischung — die bürgerlich-intellektuelle Jugend zu politisieren begann, rief er auch unter der traditionellen, wenigstens in ihrem Selbstverständnis (wenn schon nicht in ihrer Basis) proletarisch-revolutionären Linken die Hoffnung hervor, irgendwo werde der Menschheitstraum der repressionsfreien, egalitären, aller Ausbeutung ledigen Gesellschaft wahr.
Aber wer konnte, wer sollte die Versteinerung des Kapitalismus in seinen Hochburgen auflösen? Wer war das revolutionäre Subjekt in den hoch-

entwickelten kapitalistischen Industrienationen? Die Arbeiterklasse, wie sozialistische Theoretiker stets angenommen hatten? Wohl kaum, angesichts ihrer konsumorientierten, scheinbar festen Integration in die bürgerliche Gesellschaft. Die Studenten, Intellektuellen und die hier und da empörten Kleinbürger wären dazu ebenso wenig in der Lage wie Randgruppen der Gesellschaft. In dieser Situation richtete sich das Augenmerk auf die Befreiungsbewegungen der Dritten Welt. Was man in den Metropolen nicht zu erreichen vermochte, könnte vielleicht von dort herbeigeführt oder doch eingeleitet werden...
Ein weiteres Moment erhöhte die unterschwellige Attraktivität dieses Bildes: Auf diese ferne Gesellschaft konnten alle hiesigen Wünsche nach einem guten, einfachen, brüderlichen und freien Leben projiziert werden. Idealisierungen boten sich sehr leicht an: Vietnam, ah ja! Das Land und die Kämpfe in ihm waren weit. Das Eintreten für dessen Befreiung, so wichtig es auch aus politischen Gründen gewesen war, war nicht mit allzu großen Anforderungen an uns selbst verbunden. Man brauchte deshalb sein Leben nicht zu ändern und fühlte sich doch als Verfechter der gerechten Sache.
Bei diesem Bild ging es um die Hoffnungen und Identifikationen mit einem fernen revolutionären Subjekt. Das war wichtig. Dieses Vietnam mußte folglich gegen alle Kritiker verteidigt werden. Damit wurde jedoch zugleich eine eingehende Auseinandersetzung mit der Realität Vietnams verhindert, könnte sie doch ein mit unseren Hoffnungen unvereinbares Bild bieten. Dies erklärt, warum die entstehende und am Beispiel Vietnam sich politisch engagierende westdeutsche Linke kaum analytisch bedeutsame Untersuchungen des Geschehens in diesem Land hervorgebracht hat.
Doch die Wirklichkeit ließ sich nicht ausschließen. Spätestens seit 1975 stellte sich die Frage, ob das sozialrevolutionäre Vietnam die auf es sich richtenden Erwartungen erfüllen könne. Als die Sozialistische Republik Vietnam in Kampuchea einmarschierte, angeblich sozialistische Länder sich bekriegten, verwüstende Strafaktionen gegeneinander führten und viele Menschen in Booten übers Meer flüchteten, zerbarst das heile Bild. Waren die Vietnamesen unseres Engagements nicht würdig gewesen? Der Eurozentrismus unserer Hoffnungen und unserer internationalen Solidarität wurde offensichtlich.
Heute, 10 Jahre nach dem Abschluß der Pariser Verträge, die den Abzug der USA aus Vietnam besiegelten, kann eine durch Erfahrungen abgesicherte Lehre formuliert werden: jede Heilserwartung an die sozialrevolutionären Gesellschaften der Dritten Welt ist illusionär. Ihre wirtschaftlichen, sozialen und politischen Schwierigkeiten, die nicht zuletzt auf den Hinterlassenschaften des Kolonialismus und den Auswirkungen der

aktuellen Politik der Industriestaaten beruhen, sind derart groß, daß ihre eigene Existenz stets bedroht ist. Am Beispiel Vietnams nach 1973/75, aber auch Nicaraguas oder Angolas wird dies nur allzu deutlich. Ihnen können wir nicht zu unserer Entlastung die Weltveränderung aufbürden...
Dementsprechend muß sich die Einstellung zu den Vorgängen in der Dritten Welt verändern. Es kann nicht mehr darum gehen, entweder Beifall zu spenden oder zu pfeifen, den Standpunkt Moskaus oder Chinas, Koreas oder Albaniens einzunehmen und vorbehaltlos das jeweilige Loblied zu singen. Internationale Solidarität erfordert nun, das Interesse an Veränderung mit den Entwicklungsinteressen anderer Gesellschaften zu verbinden, daraus gemeinsame Ziele und Forderungen zu gewinnen und sowohl in der eigenen wie in anderen Gesellschaften gemeinsam an ihrer Verwirklichung zu arbeiten. Dabei dürfen nicht die Schwierigkeiten übersehen werden, die hier wie dort aufgrund ökonomischer, politischer und psychischer Zwänge gesamtgesellschaftliche emanzipative Lösungen verstellen und Deformationen produzieren.
Inzwischen hat sich auch die Kritik an den ‚real-sozialistischen', bürokratischen Gesellschaften entfaltet. Was im Namen der Arbeiter und Bauern, der Armen und Unterdrückten begonnen wurde, wird keineswegs notwendig auch in ihrem Interesse fortgeführt. Dies ist keine Besonderheit der Dritten Welt, aber es gilt auch dort. Die Gefahren der Bürokratisierung und der daraus folgenden Hindernisse für Entwicklung, Frieden und angemessene Problemlösungen dürfen nicht verschwiegen werden. Internationale Solidarität heißt deshalb jetzt kritische Auseinandersetzung und gegenseitige Unterstützung. In diesem Sinne besteht keine Veranlassung, uns von Vietnam abzuwenden, weil vieles, was dort geschieht, aus politischen oder humanen Gründen nicht unsere Zustimmung findet. Wegen der immensen Schwierigkeiten und Widersprüche in den Entwicklungswegen der sozialrevolutionären Gesellschaften haben wir vielmehr allen Grund, uns ihnen ebenso wie unseren eigenen Gesellschaften kritisch und unter der Perspektive gemeinsamer Ziele zuzuwenden.
Aus: Vietnam und die Deutschen, in: Andreas Buro/Karl Grobe, Vietnam! Vietnam? Frankfurt 1984, S. 7—13.

ERIK NOHARA, 1985:

,,Fazit 1: Nur utopisch Denkende konnten annehmen, daß in einem Land, das sich von 1946 an in einem sehr barbarischen Kriegszustand befunden hatte, der dann ab 1975 hergestellte Frieden den Übergang zu einer Idylle bedeuten würde. Daß ein Krieg sehr brutalisiert, auch die brutalisiert, die einen gerechten Krieg führen, dazu gehört — zumindest rückblickend — nicht allzu viel Prophetie.

Fazit 2: Ein Problem der Linken ist, daß wir nie merken, was wir gewinnen, weil wir so darauf programmiert sind, immer zu verlieren. Wir reden nicht von möglichen Siegen, sondern von den schrecklichen Dingen, die wir hoffen, verhindern zu können. Das ist zwar auch ein Sieg, aber aufgehängt an einer Niederlage.

Aber: Eine Niederlage vermeiden, ist noch nicht unbedingt ein Sieg.

Das Schrecklichste, was in Vietnam hätte passieren können, war der Einsatz der Atombombe. Dann wäre der Krieg ‚Mangels Masse an Vietnamesen' von den USA gewonnen worden. Daß es dazu nicht kam, hat — sicher bei weitem nicht so sehr wie der Widerstand der Vietnamesen selbst — auch die internationale Solidarität bewirkt. Wenn man die Pentagon-Papiere liest, wird klar, daß der Vietnamkrieg auch in den Straßen der USA für die US-Regierung verloren gegangen ist, weil sie nicht mehr gewillt war, sich noch mehr von ihren Bürgern zu antagonisieren. Übertragen auf die internationale Solidarität heißt das, daß die Vietnam-Bewegung — und der westdeutsche Teil war bestimmt nicht der schlechteste davon — Erfolg gehabt hat. Zusätzlich zu dem, was noch in Vietnam hätte passieren können, muß man sich fragen, was überhaupt in der Welt noch alles hätte passieren können, wenn Amerika nicht immerhin von 1963 bis 1973 vornehmlich in Vietnam ‚engagiert' gewesen wäre. Welche Möglichkeiten, Gewalttätigkeit zu exportieren und Krisen zu verursachen das amerikanische Gesellschaftssystem hat, wird heute in dem Maße, in dem der Vietnam-Schock im US-Establishment abgebaut wird, wieder für alle Welt sichtbar. Das heißt: Der Ertrag der Vietnam-Solidaritätskampagne ist nicht allein mit dem, was in Vietnam vermieden werden konnte, berechenbar. Man muß die gesamte internationale Szenerie mit einbeziehen. Man bewegt sich dann zwar sehr im Spekulativen, aber ich glaube, daß dann der Erfolg noch offenkundiger wird.

Fazit 3: Überträgt man die Erfahrungen der Vietnam-Kampagne auf heute, so sitzen wir doch zum Beispiel bei Südafrika an einem ganz anderen Hebel. Das deutsche Industrie-Interesse an Südafrika ist so offenkundig wie seinerzeit das Desinteresse an Vietnam... Das Verblüffende ist auch, daß doch heute das Krisenbewußtsein in den westlichen hochindustrialisierten Ländern hundertmal größer ist als in den sechziger Jahren. Die innenpolitische Situation der sechziger Jahre war von einem aus allen Poren kraftstrotzenden kapitalistischen System geprägt, das man so schnell in keinem anderen Land, auch nicht noch einmal in der BRD wiederfinden wird. Das ist eigentlich der groteske Widerspruch, wenn man zurückblickt, denn davon war auch die Linke mit geprägt, in ihrem

ungeheuerlichen, umgreifenden Optimismus hinsichtlich dessen, was politisch machbar ist, während wir heute in der Bundesrepublik einen allgemeinen Pessimismus vorfinden. Dabei ist im Vergleich zu den sechziger Jahren die objektive Grundlage für einen solchen Pessimismus eigentlich nicht vorhanden."
Aus einem Vortrag auf einem BUKO-Seminar, Bielefeld 1.-3.11.1985

GÜNTER GIESENFELD, 1985:

...Das leidende Volk im Krieg konnte noch mit breiter öffentlicher Sympathie rechnen, weil die Sympathisanten sich gegen in unserem Namen verübte Verbrechen wendeten. Sobald die Opfer sich aber wirklich emanzipieren, eigene Wege gehen und souveräne Staaten werden wollen, entsteht auch unter den Freunden leicht die Tendenz einer paternalistischen Bevormundung, wenn Maßnahmen ergriffen werden (müssen), die nicht mehr ins von Europa her aufprojizierte Bild passen.

Wenn wir wirklich solidarisch sein wollen, dann müssen wir das Recht Vietnams respektieren, den Weg zu gehen, den Regierung, Partei und Volk zusammen gehen wollen. Dieses Recht schließt auch das ein, dabei Fehler zu machen. Wir müssen sie kritisieren, dürfen aber davon nicht unsere Zuwendung abhängig machen.

Aus: Antiimperialistisches Informationsbulletin (AIB) 1/1985, Vietnam Kurier, 10 Jahre befreites Vietnam. Herausgegeben von der Gesellschaft für die Freundschaft zwischen den Völkern der Bundesrepublik Deutschland und der Sozialistischen Republik Vietnam, deren Vorsitzender Günter Giesenfeld ist.

TWENTY YEARS AFTER
GESPRÄCH MIT PETER GÄNG, MITGLIED DES ARBEITSKREISES VIETNAM DES BERLINER SDS 1964 UND AB 1966 ZWEITER BUNDESVORSITZENDER DES SDS[139]

Wie kamst Du dazu, Dich mit Vietnam zu beschäftigen?

Das lag zunächst nicht an einem Verständnis für Internationalismus, sondern ich hatte einfach Interesse an Südostasien, weil ich mich schon lange vorher mit Buddhismus beschäftigt hatte. Auf

Vietnam bin ich deshalb auch zum ersten Mal aufmerksam geworden, als sich dort buddhistische Mönche verbrannten. 1964 bin ich dann über den Vietnam-Arbeitskreis des SDS in das Thema reingerutscht...

Was folgte, war aber doch eine sehr intensive Beschäftigung mit Vietnam. Dabei ist ja auch das Buch entstanden, das zur Informationsgrundlage für viele wurde...

Was mich dazu bewegt hat, mich damit genauer zu beschäftigen und dann dieses Buch mit dem Jürgen Horlemann zu machen, das war einmal die Empörung über den Krieg selbst, aber stärker eigentlich noch die Empörung darüber, daß alles, was hier in den Zeitungen darüber berichtet wurde, einfach gelogen war. Du liest die New York Times oder Le Monde und schaust dann nach, was die deutsche Presse über ein bestimmtes Ereignis schreibt und Du kannst nur noch schwer erkennen, daß es sich um dasselbe Ereignis handelt. Diese Lügerei hat mich so empört, weil ich vorher dachte, das, was in der liberalen Presse — Springer ausgenommen — zu finden sei, stimme auch.

Aber die Falschberichterstattung betraf nicht nur Vietnam...

Durch die Beschäftigung mit dem, was in Vietnam abgelaufen ist, habe ich langsam auch mitgekriegt, was Dritte Welt überhaupt heißt, was Unterentwicklung heißt und was das mit uns zu tun hat. Also daß die nicht rein zufällig ärmer sind als wir, sondern, daß das angefangen hat beim Kolonialismus und mit Wirtschaftshilfe und Entwicklungspolitik bis heute weitergeht. Dann gab es auch die übliche, ich glaube bis heute richtigen Überlegung: Ich lebe hier als Metropolen-Mensch in einem reichen Land, das reich ist, weil andere arm sind. Aus diesem schlechten Gewissen entwickelte sich die Selbstverpflichtung, für die was zu tun. Das ist ein sehr kritischer Punkt, wenn ich das von heute aus zurückblickend sehe. Zumindest zum Teil ging es uns ja wirklich darum, daß wir von den Völkern der Dritten Welt erwartet haben, daß die für uns was tun, daß die gesellschaftliche Vorstellungen verwirklichen, die ich gut finde, die auch mein schlechtes Gewissen aufheben würden und die wir hier nicht verwirklichen können. Unsere Einschätzungen der revolutionären Bewegungen in Vietnam oder später auch der gesellschaftlichen Bewegungen in China waren sehr deutlich von der Vorstellung geprägt: Die tun genau das, was wir gerne tun würden. Am deutlichsten war das bei der Kulturrevolution in China, von der wir alle sehr angetan und begeistert waren, ohne hinzugucken, was sich da tatsächlich abspielte. Wir haben nur das gesehen, was wir sehen wollten, und was wir toll fanden. In Vietnam gab es einen revolutionären Befreiungskrieg, den die Vietnamesen sehr heldenhaft und aufopferungsvoll gegen die Amerikaner geführt und am Ende auch gewonnen haben. Ich habe mir nie richtig klargemacht, was es heißt, wenn ein Land jahrzehntelang Krieg führen muß, einen Krieg, der sicher die Hälfte der Bevölkerung das Leben gekostet hat. Oder wie Menschen, die im Krieg geboren sind und im Krieg aufgewachsen sind und nur Krieg erlebt haben, plötzlich eine friedliche, humane, menschenwürdige Gesellschaft aufbauen sollen.

Überlegungen, die bis heute aktuell geblieben sind, wenn man sich Diskussionen über El Salvador und Nicaragua ansieht...

Dieses Problem ergibt sich bei der Unterstützung jeder Befreiungsbewegung in der Dritten Welt. Im Grunde unterstützen wir damit andere Menschen dabei, einen Krieg für uns zu führen, mit dessen Zielen wir übereinstimmen. Wir haben das Glück, diesen Krieg nicht selbst führen zu müssen. Daraus folgt aber gleichzeitig die Blindheit gegenüber diesen Kriegen, weil wir nicht mehr sehen, was dabei mit den Menschen passiert.

Wie hat sich denn die Vietnam-Bewegung in Bezug auf den Vietnamkrieg entwickelt?

Die Bewegung hat sich kontinuierlich so entwickelt, wie sich der Krieg entwickelt hat. Je härter und umfangreicher der Krieg wurde, um so umfangreicher wurden auch die Solidaritätsaktionen. Es gab ja tatsächlich die Theorie — nicht nur im SDS, sondern auch in der amerikanischen Vietnam-Bewegung — daß die Vietnamesen den Krieg nur dadurch gewinnen können, daß in Amerika selbst und in der mit Amerika verbündeten westlichen Welt die Protestbewegung gegen diesen Krieg so stark wird, daß die amerikanische Regierung gezwungen wird, den Krieg einzustellen. Diese Theorie reichte bis zu der Wunschvorstellung, daß sich die Opposition gegen den Vietnamkrieg in den westlichen Ländern zu einer revolutionären Bewegung insgesamt entwickeln könnte. Am Ende stand das Idealmodell, daß der Krieg in Vietnam von den Vietnamesen gewonnen wird und damit quasi bei uns die Revolution ausbricht.

Noch mal zurück zu den Anfängen: Zwischen den ersten Treffen des Vietnam-Arbeitskreises bis zu einer Bewegung, die die Revolution vor der Haustüre stehen sah, lagen doch einige Jahre und einige Erfahrungen?

Zunächst gab es im SDS nur eine Handvoll Vietnam-Spezialisten, die als Referenten herumreisten und Vorträge hielten. Der eigentliche Punkt, mit dem die Dritte-Welt-Bewegung im SDS einen Aufschwung genommen hat, war die Demonstration gegen den Besuch des kongolesischen Ministerpräsidenten Tschombé in Berlin. Es wußte im Grunde damals kaum jemand was über den Kongo. Bekannt war nur, daß dieser Tschombé ein rechter Diktator war. Mehr wußte niemand. Als der jetzt nach Berlin kam, da entlud sich plötzlich bei dieser Demonstration alles, was sich an Empörung über die ungerechten Verhältnisse in der Dritten Welt und die westliche Politik gegenüber der Dritten Welt angestaut hatte. Daß es nun gerade gegen den Tschombé ging, war Zufall. Aber es war die erste Demonstration, bei der es zu Auseinandersetzungen mit der Polizei kam, weil die Demonstranten den Fußweg verließen und auf die Straße gingen. Das war der Anfang. Diese erste Demonstration hatte mehrere Effekte: Einer der Effekte war, daß die gesamte Öffentlichkeit aufbrüllt, wenn wir eine Demonstration machen, bei der nicht mehr haargenau die Spielregeln eingehalten werden. Die Zeitungen waren voll davon. Die Springer-Presse fing schon damals an, von bezahlten Agenten aus Ost-Berlin zu faseln, kurzum: Das ganze Lügengespinst, was sich seitdem bei jeder Demonstration entwickelte, war mit einem Schlag da.

Der zweite Effekt war, daß niemand bereit war, sich mit dem, was diese Demonstration politisch aussagen wollte, inhaltlich auseinanderzusetzen, sondern daß nur über die Form der Demonstration geredet wurde. Jedenfalls wurde bei all dem klar — um es mal gemein auszudrücken —, daß die Dritte Welt ein zugkräftiges politisches Thema war. Das Aufsehen, das diese erste Dritte Welt-Aktion hervorrief, führte auch zu neuen Aktionsformen im Protest gegen den Vietnamkrieg. Das, was damals passierte, erscheint ja — von heute aus gesehen — völlig unglaublich. Da war völlig klar, daß das weitergehen mußte. Ich nenne mal zwei Beispiele: Wir haben Anfang 1966 Plakate geklebt, auf denen stand, daß die Regierung der Bundesrepublik den Mord, den die Amerikaner in Vietnam verüben, unterstützt. Soweit der Text dieser Plakate, sehr vorsichtig und lieb formuliert, und im Vergleich zu dem, was heute so üblich ist an politischer Plakatkunst, war das wirklich total harmlos. Bei dieser Plakatklebeaktion sind ein paar Leute, darunter auch ich, geschnappt worden und die Polizei versuchte gleich, einen Haftbefehl gegen uns zu erwirken und uns einzubuchten. Von der Medienöffentlichkeit wurde diese Plakataktion so aufgenommen, als hätte da ein Anschlag auf den Staat stattgefunden. Das zweite Beispiel: die Vietnam-Demonstration einen Tag später vor dem Amerikahaus. Da sind genau drei Eier an die Fassade des Amerikahauses geworfen worden, keine Farbeier, ganz normale frische, deutsche Eier. Die Reaktionen darauf waren so, als hätte jemand den USA den Krieg erklärt. Hätte sich damals ein Regierungssprecher hingestellt und gesagt ‚Was ihr sagt, stimmt im großen und ganzen und wir finden das auch nicht gut, was in Vietnam läuft', wäre die Luft rausgewesen. Wir hätten mit dem Kopf genickt, ein Teil von uns wäre in die SPD eingetreten und wir hätten das Gefühl gehabt, in einem Land zu leben, mit dessen offizieller Ideologie man mehr oder weniger übereinstimmen kann. Aber diese Diskrepanz, daß drei Eier auf das Amerikahaus diese Empörung auslösen, und Napalm auf vietnamesische Dörfer gar keine, das hat mich — und ich glaube viele andere, die sich damit beschäftigt haben — total sauer gemacht, diese Haltung, jeder harmlose Angriff auf die Staatsmacht oder auf die Amerikaner gilt als Katastrophe, während dort Mord und Totschlag herrscht. Das geht ja heute auch noch allen Dritte

Welt-Gruppen so, daß immer wieder deutlich wird, daß ein Menschenleben aus der Dritten Welt hier im Grunde nichts zählt. Da können wirklich halbe Völker verrecken, aber wenn man sich deshalb hier nur unfreundlich verhält, ist das in jedem Fall schlimmer. Darin liegt — so würde ich vermuten — gerade bei den christlichen Dritte Welt-Gruppen ein wesentliches Motiv für ihre Arbeit.

Heißt das, Dritte Welt-Themen ließen sich gut funktionalisieren, wirkten politisch mobilisierend?

Extrem mobilisierend. Hinzu kam noch, daß wir gerade in Berlin immer die Antwort bekamen: ‚Ihr könnt Euch nur frei äußern, weil die USA Berlin schützen und die Universität, an der Ihr studiert, von den Amis gestiftet wurde.' Das hieß umgekehrt, ihr habt gar kein Recht, die amerikanische Kriegsführung zu kritisieren. Das hat die Bewegung zusätzlich angeheizt, weil wir immer wieder gegen eine Wand gerannt sind. Dann kam der Schah-Besuch in Berlin 1967, der so auch nicht möglich gewesen wäre ohne die ganze Vietnam-Bewegung, die dem vorausgegangen war. Der Tod von Benno Ohnesorg bei der Demonstration am 2. Juni 1967 war das Datum, das den Konflikt zwischen den oppositionellen Studenten — und es waren nicht mehr nur Studenten — und der Staatsmacht wesentlich verschärft hat. Dabei muß man immer bedenken, daß der Internationalismusaspekt zwar der Bewegende war, daß aber zur gleichen Zeit im universitären und im sozialpolitischen Bereich, bei den Frauen und in anderen Bereichen davon initiiert andere politische Bewegungen entstanden.

Welche Bedeutung hatte der Vietnam-Kongreß in Berlin?

Der Vietnam-Kongreß 1968 war der Höhepunkt dieser Entwicklung. Dabei ging es darum, die verschiedenen Bewegungen, die sich im und um den SDS entwickelt hatten, zu verknüpfen. Aber es war auch der Endpunkt, weil danach kaum mehr neue inhaltliche Momente dazukamen, sondern sich allenfalls die Basis verbreitert hat.

Wie kam es zur Entwicklung und Radikalisierung der verschiedenen politischen Aktionsformen zwischen 1965 und 1968?

Es fing an mit Demonstrationen auf dem Bürgersteig. Dann gings auf die Straße bis schließlich Steine auf irgendwelche Gebäude geworfen und Polizeiketten durchbrochen wurden. Das hat sich relativ kontinuierlich entwickelt, weil sich ein Mechanismus eingestellt hatte, der im Prinzip so aussah: Heute ist eine Demonstration, bei der drei Eier ans Amerikahaus geworfen werden. Fazit am nächsten Tag: Riesenspektakel in der Presse. Dieselbe Aktion zwei Wochen später: Wieder werden drei Eier geworfen und die Zeitungen berichten nicht mehr darüber. Wenn aber zu den drei Eiern noch ein Stein kommt, dann ist eine neue Qualität erreicht, und die Presse bringt das ganze wieder groß raus.

Das heißt, als Prüfstein für den Erfolg einer politischen Aktion galt die Resonanz in den bürgerlichen Medien?

Das war ganz wesentlich für uns alle. Nach jeder Demonstration sind wir zum nächsten Kiosk an der Ecke gerannt und haben Zeitungen gekauft und geguckt, ob wir wieder drin sind in der Zeitung oder nicht. Und wenn da nur eine winzige Notiz stand oder manchmal gar nichts, waren wir enttäuscht und hatten das Gefühl, wir haben was falsch gemacht.

Aber andererseits gab es doch eine sehr intensive Auseinandersetzung mit der Funktion der Medien zur Herrschaftssicherung bis hin zur ‚Anti-Springer-Kampagne'...

Das war ja auch eine Entwicklung. Schematisch kann man das so sagen: Anfangs wollten wir in der Internationalismus-Bewegung nur, daß das, was wir für die Wahrheit hielten, zur Kenntnis genommen wird. Wir wollten klarmachen, daß die Amis einen Krieg mit schlimmsten Mitteln führten und haben erwartet, daß zumindest ein Teil der Öffentlichkeit mit uns darin übereinstimmte, daß das so nicht sein darf. Aber die Reaktionen, die dann kamen, waren ja bekanntlich andere. Selbst der SPIEGEL hat ganz lange gebraucht, bis da mal ein paar kritische Töne über den Vietnamkrieg zu finden waren. Diese verbiesterte Reaktion, mit der die Berliner Presse und auch der Senat auf uns reagiert haben, hat die politische Mobilisierung wie die Auseinandersetzung mit der Funktion der Medien ständig vorangetrieben.

Gab es auch Auseinandersetzungen mit anderen Dritte Welt-Ländern, mit anderen Dritte Welt-Themen oder blieb alles konzentriert auf Vietnam?

Die meisten von uns sahen Vietnam nicht isoliert. Vietnam war einfach ein Paradigma für das, was das Verhältnis westlicher Länder zur Dritten Welt ausmacht.

Und ein Beispiel für die Linken hier, weil dort auch eine Minderheit, ein kleines Volk gegen die große Übermacht USA kämpfen mußte, so wie die Studenten hier gegen die herrschende Gesellschaft?

Sicher dienten uns die Befreiungsbewegungen der Dritten Welt als Projektionsbühne für alles, was wir an Vorstellungen hatten, wie sich die Welt und wie sich auch unsere Welt verändern ließe. Wir sahen: Wenige können anfangen, gegen eine Übermacht zu kämpfen. Durch den Kampf werden die wenigen mehr. Auch das ließ sich ja übertragen: Die ersten Demonstrationen wurden von ganz wenigen gemacht und auch bei uns wurden es ja immer mehr. Und es gab noch weitere Analogien zu unserer Situation. So war ja zum Beispiel Ho Chi Minh am Anfang seiner politischen Laufbahn ein glühender Verehrer der amerikanischen Demokratie gewesen. Er hat ja einen Teil der amerikanischen Verfassung in die vietnamesische übernommen. Das traf ja auch auf uns zu. Als Kennedy starb, war die Betroffenheit der Linken hier vielleicht größer als die aller anderen. Dagegen stand die Wirklichkeit der amerikanischen Gesellschaft. Vietnam war ein Land, das eigentlich alle Unterstützung verdient hatte, und die Amerikaner gingen hin und schlugen mit einem großen Hammer alles tot.

Was folgte auf den Vietnam-Kongreß?

Nach dem Vietnam-Kongreß hat sich durch das Attentat auf Rudi alles ganz auf innenpolitische Auseinandersetzungen verlagert. Nach dem Attentat und nach dieser Eruption gegen die Springer-Presse war Vietnam eigentlich kein Thema mehr. Die Parole, die das am genauesten beschreibt, war: ‚Sieg im Volkskrieg — Klassenkampf im eigenen Land'. Das war eine völlige Rückbesinnung auf die politischen Verhältnisse hier und die Solidaritätsbewegung war von diesem Zeitpunkt an auch keine Projektionsbühne mehr, sondern ein politischer Zweig unter anderen. Sie war nicht mehr das Vehikel und auch nicht mehr der Motor der Geschichte. Vietnam stand nicht mehr für etwas anderes. Von da an war Vietnam eigentlich wirklich nur noch Vietnam.

Wie beurteilst Du die Entwicklung der Internationalismus-Bewegung seit Vietnam bis heute? Haben sich die Ansatzpunkte verändert, hat sie sich weiterentwickelt?

Die beiden Aspekte, von denen die Vietnam-Bewegung und die Dritte Welt-Bewegung insgesamt ausgegangen ist, gelten heute immer noch: Da ist einmal einfach eine Art richtiger menschlicher Solidarität und zum zweiten ein richtiges, schlechtes Gewissen darüber, daß wir die Welt so eingerichtet haben wie sie ist, daß mehr als die Hälfte der Welt in Elendsverhältnissen lebt und wir dafür in guten.

Aber heute wird die Dritte Welt gleichzeitig noch viel häufiger zur Projektionsbühne für all das, was wir nicht haben oder bei uns nicht auf die Reihe kriegen. Nach wie vor hoffen viele, daß die revolutionären Bewegungen der Dritten Welt gesellschaftliche Veränderungen hervorbringen müssen, die wir gerne haben wollen. Inzwischen gibt es darüber hinaus noch mehr Extreme, wie etwa die Schamanen-Bewegung, die der Medizin der Dritten Welt gerne andichtet, daß sie alles das hätte, was wir nicht haben. Diese Art von Projektion ist ja so alt wie die ‚Entdeckung' der Dritten Welt überhaupt. Das Bild vom ‚edlen Wilden' hat in der europäischen Geschichte immer eine große Rolle gespielt. Dazu kommt das Gefühl, wenn man irgendetwas gerne will, muß man auch irgendwo auf der Welt etwas entdecken, was das repräsentiert. Menschen können es scheinbar nicht ertragen, etwas zu wollen, was es wirklich noch nicht gibt oder nicht geben kann.

Wie lassen sich denn Projektionen dieser Art in der Internationalismusarbeit verhindern?

Wir müssen nur hingucken, einfach nur genau hingucken und bereit sein, ein fremdes Land der Dritten Welt so wahrzunehmen wie es ist, mit all seinen Widersprüchen.
Für mich persönlich war es ein Aha-Erlebnis, als ich zum ersten Mal in Lateinamerika war und mir von Leuten dort erzählen ließ, was die gerne wollten. Das waren leider alles Dinge, von denen wir wollen, daß sie die Menschen dort nicht wollen: Sie wünschten sich einen Fernseher, tranken gerne Bier aus Aluminium-Dosen, die sie gerne über die Schulter in den Dreck warfen und dort liegen ließen. Und die Menschen in Nepal träumten davon, daß ihre Kinder im Bus zur Schule fahren können auf einer richtigen ordentlichen Straße, womit das Land allerdings seine natürliche Unschuld, die wir so an ihm lieben, verlieren würde. Auch wenn wir hingucken, was wollen die Menschen wirklich, bleibt noch eine ganze Menge Raum für das, was ich als wirkliche menschliche Solidarität mit anderen bezeichnen würde oder auch als Bewältigung der historischen Schuld, daß wir reich sind auf deren Kosten.
Natürlich ist es nach wie vor unsere Pflicht, Befreiungsbewegungen zu unterstützen. Wir sollten nur nicht so tun, als würden die all das verwirklichen, was wir gerne wollen. Die haben ihre eigenen politischen Interessen. Das muß man im Grunde nur zur Kenntnis nehmen und sich dann entscheiden, ob man die trotzdem unterstützen will oder nicht.
Vor allem sollte man nicht so tun, als wäre es ganz toll, wenn Menschen irgendwoanders einen Krieg führen müssen, auch wenn man diesen Krieg trotzdem richtig findet und sie dabei unterstützt. Aber wenn ich Geld für Waffen für irgendeine Befreiungsbewegung spende, tue ich das ohne Begeisterung. Ich kann heute nicht mehr so darauf abfahren, wie es damals bei Vietnam war, wo wir gezählt haben: Die einen haben 180 Tote, die anderen haben 220, und wir uns gefreut haben, wie bei einem Fußballspiel, weil die einen gewonnen haben und die anderen nicht.

Glaubst Du nicht, daß das Verhältnis zu den Befreiungsbewegungen in der Dritte Welt-Szene kritischer geworden ist?

Ein Beispiel dafür, wie unglückselig das bis heute ist, ist doch das Verhältnis der Linken zu den palästinensischen Befreiungsbewegungen. Daran sieht man am deutlichsten, wie sich die Solidaritätsbewegung in vorhandene Ideologien einpaßt, statt sich mit dem auseinanderzusetzen, was da vorgeht. Ohne nachzudenken, welche politischen Richtungen auch in diesen Befreiungsbewegungen präsent sind, wird einfach Partei ergriffen für eine dieser Organisationen, sei es für die PLO oder sonst wen. Und alles das, was man sehen und wissen müßte, um wirklich solidarisch sein zu können, auch mit ein paar ‚wenns‘ und ‚abers‘, bleibt außen vor. Das war schon 1967 so, da hatte eine Gruppe im SDS ein Papier gemacht zum Verhältnis von Israel und PLO. Das wurde geschrieben, ohne auch nur einen Moment lang darüber nachzudenken, was wir für ein Verhältnis zu den Juden haben und daß wir uns als Deutsche wirklich nicht hinstellen können und eine Organisation unterstützen, die die Juden ins Meer jagen will. Alle derartigen Fragen wurden einfach ausgeklammert und in Sprechblasen verpackt, die wir von kommunistischen Parteien aller Art oder auch aus der Peking Rundschau übernommen hatten. Das wird mit Schlagworten wie ,,Internationale Solidarität'' und ,,Anti-Imperialismus'' und ,,USA — Hauptfeind aller Völker'' erledigt. Das ist so eine Tendenz, die sich seit Beginn der Solidaritätsbewegung bis heute durchzieht. Das merkst Du auch daran, daß sich um den Krieg zwischen dem Irak und dem Iran, der wirklich zum allerschlimmsten gehört, was sich gegenwärtig in der Dritten Welt abspielt, niemand kümmert. Dabei erfüllt er Kriterien, die erfüllt sein müssen, damit wir protestierend aufstehen: Dieser Krieg ist ein ausgezeichneter Markt für westliche Waffenverkäufe, aber das kümmert hier wirklich keinen Menschen, weil dieser Krieg in kein ideologisches Schema reinpaßt.

Das klingt wie eine Aufforderung, mehr thematisch statt länderbezogen zu arbeiten. Es gibt ja in der Bundeskongreß-Bewegung der Dritte Welt-Gruppen seit ein paar Jahren bestimmte thematische Kampagnen, etwa die Pharma-Kampagne oder die gegen Rüstungsexporte. Ist das ein Ansatzpunkt für kritischen Internationalismus?

Das ist schwer zu sagen. In vielem ist es wohl völlig egal, ob Du nun aus irgendwelchen Gründen in irgendwelchen Ländern handwerkliche Kooperativen fördern willst oder Dich mit einem thematischen Schwerpunkt beschäftigst. Es ist auch egal, in welchem Land Du was machen willst. Denn das, was Du konkret tun kannst, mildert das Elend in der Dritten Welt allenfalls um einen ganz winzigen Bruchteil. Da ist es eigentlich gleichgültig, ob sich nun jemand mit Mexiko beschäftigt, weil er da in Urlaub war oder mit Afrika oder mit einem asiatischen Land, weil er darüber zufällig einen Zeitungsartikel gelesen hat, oder ob einer, den die Pharma-Industrie ohnehin nervt, sich deren Praktiken in der Dritten Welt genauer anschaut. Wichtig ist nur, auf die eigenen Projektionen zu achten, besonders, wenn es sich um Projektionen ganzer Gruppen handelt, damit nicht die Solidaritätsbewegung eine neue Variante des Kulturimperialismus wird.

Nehmen wir das Beispiel Nicaragua-Solidarität heute. Es gibt ja viele Kontakte nach Nicaragua, Projekte, Brigaden. Es waren tausende Leute in Nicaragua. Entspricht das nicht Deiner Forderung, hinzusehen, das Land der Solidarität genauer kennenzulernen?

Gerade Nicaragua zeigt eher, was ich mit linkem Kulturimperialismus meine. Sicher kann man den Nicaraguanern helfen. Man kann auch sagen, die werden derart von den USA unter Druck gesetzt, daß ich als Bürger der zur USA gehörenden Hemisphäre einfach versuchen muß, ein Gegengewicht zu setzen, auch wenn ich nicht alles unbedingt richtig finden muß, was da passiert. Was aber zumindest ein Teil der Nicaragua-Bewegung macht, ist, einfach so zu tun, als wäre dort alles ganz toll. Es ist jedoch nicht alles ganz toll. Es spricht den Leuten in Nicaragua geradezu jede Menschlichkeit ab, daß sie nach dieser langen Somoza-Herrschaft nun plötzlich die neuen Menschen darstellen sollen, die alles richtig machen. Natürlich machen die viel falsch. Ich finde, man muß das auch sehen und auch bereit sein, jemandem zu helfen, der Fehler macht. Sonst kommt genau das raus, was mit unserer Vietnam-Solidarität passiert ist: Wir unterstützen etwas und gucken nicht genau hin, was wir unterstützen. Und wenn wir

dann plötzlich gezwungen sind, zur Kenntnis zu nehmen, was da abläuft, wenden wir uns voll Grausen ab und tun so, als ob wir nie was damit zu tun gehabt hätten. Natürlich haben wir weiter was damit zu tun und müssen Fehler auch zur Kenntnis nehmen und nicht von vorneherein sagen, die sind die neuen Menschen und die werden unsere Utopien verwirklichen. Die Menschen dort müssen mit ihrer eigenen Geschichte und ihrer eigenen Situation zurechtkommen.
Wir sind mit Schuld daran, daß sie in der Scheiße sitzen und können ein bißchen dazu beitragen, daß sie da rauskommen.

Du meinst, Leute in der Solidaritätsbewegung hier erwarten anderswo von Menschen auf gesamtgesellschaftlicher Ebene, unter ungleich schwereren Bedingungen, Dinge, die wir nicht einmal in unseren Wohngemeinschaften umsetzen können: kollektives Handeln, den neuen Menschen, der fehlerlos ist. Ein Internationalismus, der das Recht auf Selbstbestimmung nicht ernstnimmt, weil er das Recht auf Fehler ausschließt...?

Einverstanden. Schön gesagt...

Ist das auch die Ursache für die Konjunkturanfälligkeit der Internationalismus-Bewegung, die sich heute mit Algerien, morgen mit Vietnam, übermorgen mit Nicaragua beschäftigt?

Ob es die alleinige Ursache ist, weiß ich nicht. Es gab ja seit Anfang der Internationalismus-Bewegung zwei Ansätze: einerseits die eigene Betroffenheit und zum anderen die Instrumentalisierung der Dritten Welt, weil sich damit gut Politik machen ließ. Die Betroffenheit ist sicher nicht so konjunkturabhängig. Sicher gibt es auch da Schwankungen: Heute ist es vielleicht ein Atomkraftwerk, morgen Nicaragua, das mich existentiell betroffen macht. Aber dieses instrumentelle Verhältnis zum Internationalismus ist sicherlich sehr konjunkturanfällig. Denn wenn ein Thema politisch nicht mehr zieht, nimmt man eben ein anderes. Das führt dazu, daß die Dritte Welt nicht aus eigenem Recht ein politisches Thema bei uns ist, sondern nur insofern, wie es eine Gruppe gebrauchen kann, um die Mobilisierung für ihre politischen Ziele vorantreiben. Aber es wäre wahrscheinlich albern, sich darüber aufzuregen, daß Leute versuchen, andere mit dem zu mobilisieren, was sie für ein wirksames Thema halten. Das ist manchmal eben die Dritte Welt.

Was hälst Du denn von der These, die beste Dritte Welt-Arbeit sei gar keine Dritte Welt-Arbeit, sondern politische Arbeit hier bei uns? Weil doch die Banken, die Konzerne, die die Dritte Welt ausplündern, in Frankfurt, Köln und Berlin sitzen?

Du kannst nicht sagen, wir konzentrieren uns nur darauf, die gesellschaftlichen Verhältnisse bei uns so zu verändern, daß unsere Welt in der Dritten Welt nicht mehr so viel Schaden anrichtet. Praktisch würde das ja bedeuten, daß Du die nächsten zwanzig, dreißig oder fünfzig Jahre zuguckst, wie dort alles mögliche zugrunde geht.
Außerdem ist das Bewußtsein für Dritte Welt-Probleme breiter geworden. In allen gesellschaftlichen Gruppen, die überhaupt was mit Politik am Hut haben, sei es Friedenspolitik oder Umweltpolitik, spielt die Dritte Welt-Problematik eine immer stärkere Rolle. Nicht nur die Dritte Welt-Bewegung ist ja stärker geworden, sondern das Interesse an Politik insgesamt ist viel weiter verbreitet...

...weiter als 68?

Ja. 1968 waren diejenigen, die politisch engagiert waren, vielleicht engagierter, als das heute der Fall ist. Aber es waren auf jeden Fall viel weniger als heute. Wenn die GRÜNEN z.B. 1968 angetreten wären, dann hätten sie vielleicht 0,8 Prozent gekriegt. Wenn Du Dir heute anschaust, wieviele Menschen allein in Berlin in irgendwelche alternativen Projekte verwickelt sind, das sind mindestens 100.000, die irgendwas mit Wohngemeinschaften oder alternativ arbeiten oder alternativer Kultur zu tun haben. Die Basis ist breiter geworden. Auch die Basis der Dritte Welt-Bewegung. Heute interessiert das viel mehr Menschen als 1968.

VOM POLITISCHEN FRÜHLING ZUM DEUTSCHEN HERBST

Die sozialliberale Koalition
der siebziger Jahre[1]

Bei den Bundestagswahlen im September 1969 konnten sich SPD und FDP erstmals gegenüber der CDU/CSU knapp durchsetzen. Sozial- und Freidemokraten waren für ein gemeinsames Regierungsbündnis im Wahlkampf angetreten. Jetzt konnte die sozialliberale Koalition die Macht übernehmen. Am 21. Oktober 1969 wurde mit Willy Brandt zum ersten Mal ein Sozialdemokrat Bundeskanzler. Damals glaubten viele in der Bundesrepublik an einen politischen Frühling. Nach Adenauer, der „keine Experimente wagen" wollte und Erhardt, der die bereits „formierte Gesellschaft" zum „Maßhalten" aufgefordert hatte, versprach Brandt: „mehr Demokratie" zu wagen: „Wir wollen eine Gesellschaft, die mehr Freiheit bietet und mehr Mitverantwortung fordert... Wir stehen nicht am Ende unserer Demokratie, wir fangen erst richtig an."[2] Umfangreiche und tiefgreifende Reformen wurden angekündigt, die mehr demokratische Freiheiten und mehr soziale Gerechtigkeit bringen sollten. Schon im Sommer 1969 war mit Gustav Heinemann ein offener Kritiker der Adenauerzeit als Bundespräsident gewählt worden.

Die Abkehr vom CDU-Staat wäre ohne die Studentenbewegung so nicht möglich gewesen. Die Studenten hatten wesentlich dazu beigetragen, die verkrusteten gesellschaftlichen Strukturen aufzubrechen und den Sozialdemokraten, die als „Reformpartei" auftraten, zum Wahlsieg zu verhelfen.

Vor allem Angehörige der Mittelschichten begannen, zunehmend Organisation und Inhalte des Bildungssystems zu problematisieren sowie Erziehungsstile, Sexualität und die Rollen von Frau und Familie in der Gesellschaft kritisch zu überdenken. Wohngemeinschaften wurden gegründet. Erziehungskritische Bücher fanden reißenden Absatz. Die ersten Frauengruppen entstanden. Auf die von der antiautoritären Bewegung eingeleitete Enttabuisierung der Sexualität reagierte sogar das Bundesministerium für Jugend, Familie und Gesundheit: Es förderte die berühmten „Helga"-Filme. All dies stand in einem scharfen Gegensatz zum kleinbürgerlich klerikalen Sitten- und Verhaltenskodex der Adenauer-Ära.

Die sozialliberale Koalition unter Willy Brandt nutzte die von der antiautoritären Bewegung eingeleitete Aufbruchstimmung. Ein Teil der APO sah in der Reform-Regierung gute Voraussetzun-

gen für den von ihr proklamierten ,,Marsch durch die Institutionen". Auch die Jungsozialisten in der SPD begannen, wieder Marx zu lesen und eigenständige politische Positionen gegenüber der Partei zu formulieren.
Kernstück der sozialliberalen Außenpolitik war die von Willy Brandt und Egon Bahr konzipierte Ostpolitik, der auch Meinungsänderungen in der Bevölkerung vorausgegangen waren. 1958 hatten sich noch 51 Prozent aller Deutschen von den Russen ,,bedroht" gefühlt. Im September 1969 waren es ,,nur" noch 32 Prozent. Immer mehr Bundesbürger glaubten inzwischen an den ,,guten Willen" der Sowjets zur Verständigung und die meisten schienen sich überdies mit der deutschen Teilung abgefunden zu haben. Von 1970 bis 1972 unterzeichnete die Bundesregierung fünf ,,Ostverträge": den Moskauer Vertrag, den Warschauer Vertrag, das Vier-Mächte-Abkommen über Berlin, den Grundlagenvertrag zwischen der BRD und der DDR und den Vertrag mit der Tschechoslowakei. Im Gegensatz zu früher stand bei diesen Verträgen die deutsche Wiedervereinigung nicht im Vordergrund. Im Gegenteil: Mit dem Moskauer Vertrag verpflichtete sich die Bundesrepublik, auf die ehemaligen Ostgebiete und die DDR, also auf das Reich in den Grenzen von 1937 endgültig zu verzichten.[3] Von den Ostverträgen versprach sich die Bonner Regierung auf der einen Seite ,,menschliche Erleichterungen" vor allem für die Bewohner Westberlins. Auf der anderen Seite versprach sie sich von ihrer Ostpolitik den Aufbau neuer Exportmärkte für die bundesdeutsche Industrie und somit einen Beitrag zur Lösung ökonomischer Probleme im Innern.
Ein wesentliches Motiv für die neue Ostpolitik war darüber hinaus aber auch das problematische Verhältnis der BRD zu den Nationen der Dritten Welt. Bis Anfang der siebziger Jahre galt ja in der bundesdeutschen Außenpolitik gegenüber den Staaten Afrikas, Asiens und Lateinamerikas weiter die Hallstein-Doktrin. Bis zu diesem Zeitpunkt wurden immer noch die Beziehungen zu anderen Ländern abgebrochen, wenn diese diplomatische Kontakte zu Ostberlin aufnahmen.
Allerdings ließen sich Ende der sechziger Jahre immer weniger Regierungen von der Bonner Hallstein-Doktrin beeindrucken. 1968 schon hatten die Bonner Botschafter in Afrika die Bundes-

regierung davor gewarnt, die Afrikapolitik auch künftig nur als Anhängsel der Deutschlandpolitik zu betrachten. Und bis 1970 hatten — trotz des Druckes aus Bonn — immer mehr Länder der Dritten Welt die DDR anerkannt. Der sozialliberalen Koalition war deshalb klar, daß die unbeirrte Weiterführung der Wiedervereinigungspolitik im Stile Adenauers auf Dauer nicht die DDR, sondern die BRD außenpolitisch und außenwirtschaftlich isoliert hätte.

Zudem wurden den bundesdeutschen Unternehmern Geschäfte mit den Ländern erschwert, zu denen Bonn wegen der Hallstein-Doktrin keine Beziehungen aufnehmen konnte oder die offiziellen Kontakte abgebrochen hatte. Erst die neue Ostpolitik, durch die die Hallstein-Doktrin außer Kraft gesetzt wurde, erlaubte den unproblematischen diplomatischen Verkehr mit allen Ländern. Dies führte auch zu einer Änderung der bundesdeutschen Entwicklungspolitik. Bis Ende der sechziger Jahre konnte von einer ,,Entwicklungspolitik'' der verschiedenen Bundesregierungen allerdings kaum die Rede sein. Entwicklungspolitik blieb der Außenwirtschaftspolitik untergeordnet und wurde deshalb stets vom Wirtschaftsministerium kontrolliert.

Daran hatte sich auch nichts geändert, als 1961 das Bundesministerium für wirtschaftliche Zusammenarbeit (BMZ) aufgebaut worden war. Obwohl das neue Ministerium die Entwicklungspolitik vereinheitlichen sollte, behielt das Wirtschaftsministerium noch bis 1972 maßgeblichen Einfluß bei der Vergabe von Mitteln. Und bis heute kann das Auswärtige Amt Projektvorschläge des BMZ ablehnen, wenn es außenpolitische Belange gefährdet sieht. Das Finanzministerium muß zustimmen, wenn die Kredite des BMZ 15 Millionen Mark übersteigen.

Vor allem die Übernahme des Ministeriums für wirtschaftliche Zusammenarbeit durch Erhard Eppler weckte bei den wenigen entwicklungspolitisch interessierten Bundesbürgern in der langsam wachsenden Dritte Welt-Bewegung große Hoffnung. Diese Hoffnung verstärkte sich noch, als sich 1970 mit dem Fall der Hallstein-Doktrin der Spielraum des BMZ erweiterte. In seiner Regierungserklärung vom 28.10.1969 hatte Bundeskanzler Brandt betont: ,,Die Bundesrepublik wird ihre Zusammenarbeit

mit den Ländern Afrikas, Lateinamerikas und Asiens im Geiste der Partnerschaft ausbauen."
Unter Eppler erarbeitete das BMZ 1971 eine entwicklungspolitische Konzeption, nach der bundesdeutsche Entwicklungspolitik sich stärker als bis dahin an den Interessen und Grundbedürfnissen der Entwicklungsländer orientieren sollte. In der ZEIT schrieb Eppler damals: ,,Entwicklungspolitik kann weder zur Außenpolitik in Konkurrenz treten, noch kann sie sich als Werkzeug zur Durchsetzung außenpolitischer Ziele verstehen... Es ist völlig legitim, wirtschaftliche Interessen in diesem Land für die Entwicklungspolitik nutzbar zu machen. Illegitim wäre lediglich das umgekehrte Verfahren: Entwicklungspolitik zum ausführenden Organ wirtschaftlicher Interessen zu degradieren."[4]

Aus einer Werbezeitschrift der SPD.

Die SPD/FDP-Regierung verstärkte zwar in allen wesentlichen Bereichen vom IWF bis zur Weltbank, von den Rüstungsexporten bis zu den Rohstoffabkommen die Abhängigkeit der Dritten Welt, aber unter Eppler galt das BMZ immerhin als ,,linksorientiert". Auch das änderte sich schnell, als im Mai 1974 der ,,Weltökonom" und ,,Macher" Helmut Schmidt den ,,Reformer" Willy Brandt als Bundeskanzler ablöste. Erhard Eppler trat zwei Monate später zurück, weil das Bundeskabinett den BMZ-Etat nicht —, wie schon international versprochen — erheblich anheben wollte. Seine Rücktrittsbegründung: Kurzsichtige Finanzpolitik blockiere sein Engagement und seine persönliche Glaubwürdigkeit.[5]
Unter dem Eindruck der sich massiv abzeichnenden Wirtschafts-

krise forderte der neue Kanzler Schmidt eine sofortige Überprüfung der Konzeption Epplers: ,,Für uns ist jetzt Entwicklungspolitik stärker eingebettet in die Außenpolitik." Damit war die kurze Etappe beendet, in der sich zumindest Teile der Entwicklungspolitik stärker an den Bedürfnissen der Entwicklungsländer orientiert hatten.

Die gesamte Außenpolitik folgte Mitte der siebziger Jahre wieder rein wirtschaftlichen Kriterien. Zur Sicherung der Öleinfuhren versuchten Kanzler Schmidt und sein Außenminister Genscher, die Beziehungen zu den arabischen Staaten zu verbessern. (Das Verhältnis zum Iran des Schahs war ohnehin immer in Ordnung.) Sie riskierten dabei sogar die Verschlechterung des Verhältnisses zu Israel. Bundesdeutsche Rüstungsexporte erleichterten die Verständigung mit den arabischen Ländern. Von allen waffenexportierenden Staaten wies die Bundesrepublik zwischen 1972 und 1980 die höchsten Zuwachsraten auf. Über die Hälfte der Waffenlieferungen ging zwischen 1976 und 1980 in den Nahen Osten, obwohl die Bundesregierung immer bekräftigt hatte, keine Waffen in Spannungsgebiete zu liefern.

Auch sonst stand die Ausweitung der Rüstungsexporte im Gegensatz zu den Aussagen der verantwortlichen Politiker der sozialliberalen Koalition. So schrieb Außenminister Genscher: ,,Die Dritte Welt braucht nicht Kanonen und Panzer, sondern zu allererst Schulen, Krankenhäuser und Traktoren." Und er forderte, ,,Werke des Friedens an die Stelle des Exports von Vernichtungswaffen" zu setzen. All diesen schönen Worten zum Trotz erhöhte sich zur Zeit der sozialliberalen Koalition der Rüstungsexport in die Dritte Welt, während gleichzeitig der Anteil der Entwicklungshilfe an den Ausgaben des Bundes geringer blieb als noch am Ende der Großen Koalition. 1977 erreichte der Anteil der Entwicklungshilfe mit 1,7 Prozent einen sozialliberalen Tiefststand.

Auch in der Innenpolitik zerbrachen die Hoffnungen auf dauerhafte politische Änderungen durch die sozialliberale Koalition schnell. Zwar liberalisierte die Regierung im Mai 1970 das Demonstrationsrecht und Bundespräsident Gustav Heinemann erließ eine begrenzte Amnestie für die ,,Straftaten" der Studentenbewegung: Sie galt für alle Demonstrationsdelikte, die ein Strafmaß von acht Monaten nicht überschritten. Allein in Westberlin

hatte es schon bis zum Mai 1968 fast 1900 Strafverfahren gegen Angehörige der außerparlamentarischen Opposition gegeben.[6]
Aber schon im Januar 1972 verabschiedeten die Regierungschefs der Länder unter Vorsitz des „Reformkanzlers" Willy Brandt den „Radikalenerlaß". Er sollte die Einstellung jedes Bewerbers in den Öffentlichen Dienst verhindern, der nicht „die Gewähr dafür bietet, daß er jederzeit für die freiheitlich demokratische Grundordnung im Sinne des Grundgesetzes eintritt." Der „Radikalenerlaß" führte allein bis 1979 zu rund zwei Millionen Überprüfungen von Bewerbern für den Staatsdienst und war Grundlage für hunderte von Berufsverboten, in erster Linie für Lehrer, aber auch für Postbeamte, Lokomotivführer und Angestellte bei Gas- und Wasserwerken. Betroffen waren vor allem Kommunisten, aber in Bayern auch Sozialdemokraten, die im Sozialistischen Hochschulbund (SHB) aktiv gewesen waren, einer Studentenorganisation, von der sich die SPD jetzt ebenso zugunsten der Juso-Hochschulgruppen abgrenzte, wie seinerzeit vom SDS zugunsten dieses SHB. Der „Radikalenerlaß" diente zur Einschüchterung von politisch engagierten Bürgern und zur Diffamierung von politisch Andersdenkenden. So wurde einem Lehramtskandidaten in Baden-Württemberg im Verlauf einer „Anhörung" auch vorgehalten, er habe eine Informationsveranstaltung der Aktion Dritte Welt in Freiburg besucht.[7]
Auch Dritte Welt-Gruppen hatten bei Sammlungen von Unterschriften auf der Straße zunehmend Schwierigkeiten. Immer mehr Menschen hatten Angst, in die Akten des Verfassungsschutzes zu geraten.
Die beginnende Wirtschaftskrise mit Millionen von Arbeitslosen leerte zudem ab 1974 die Staatskasse und zeigte die Grenzen des „Sozialstaates" schneller und deutlicher auf, als in der allgemeinen Reformeuphorie erwartet worden war. Die eben noch von allen Parteien gelobten Maßnahmen des Arbeitsförderungsgesetzes wurden von der Umschulung bis zum Arbeitslosengeld rigoros zusammengestrichen. Trotz all dem blieb die Gewerkschaftspolitik gegenüber der SPD-geführten Regierung während der siebziger Jahre weiterhin eher ruhig und freundschaftlich-solidarisch als kämpferisch und kritisch.
Sozialpartnerschaft galt schon immer mehr als Klassenkampf,

erst recht unter einem sozialdemokratischen Bundeskanzler und einem sozialdemokratischen Arbeitsminister. Zur innen- wie außenpolitischen Opposition zählten so auch weiterhin allenfalls einige gewerkschaftliche Jugendverbände und manche Basisorganisationen vor allem der IG Druck und Papier, der IG Metall und der GEW.

KLAUS VACK:
»HOFFNUNGEN, BERUFSVERBOTE UND KADERDISZIPLIN«

,,Was ich heute eigentlich nicht verstehe, ist, daß wir damals so große Hoffnungen hatten, als 1969 eine numerische Mehrheit von SPD und FDP bei den Bundestagswahlen herauskam und sich unter Willy Brandt die sozialliberale Koalition bildete. Da fiel dann das große Wort von Willy Brandt, von ‚mehr Demokratie wagen', die ‚Impulse der Protestbewegung aufnehmen', ‚diese Kräfte in die SPD integrieren' — nicht um sie anzupassen, sondern so, daß sie Salz und Würze in die große Volkspartei SPD reinbringen. Eine ganz große Rolle bei diesen Hoffnungen hat natürlich die angekündigte und verwirklichte Ostpolitik gespielt. Das war in der Tat die einzige historische und begrüßenswerte Leistung dieser Koalition. Die Versöhnungspolitik, vor allem auch gegenüber Polen, und die Entkrampfung des deutsch-deutschen Verhältnisses. Da haben dann natürlich die Hoffnungen auch auf andere Felder übergegriffen, wo sie völlig unrealistisch waren. Trotzdem haben wir eigentlich auch damals schon erkannt, daß es mit der sozialliberalen Koalition in bezug auf innere Reformen nicht so weit her ist. Denn der Radikalenerlaß lag ja schon vor, die Berufsverbote wurden schon eingeleitet. Und auch anderweitig sind die Zügel angezogen worden...
Heute wissen wir ja auch, daß die eigentlichen Entscheidungen für die Aufrüstung von der sozialliberalen Koalition getroffen wurden. Wir haben das seinerzeit nicht ausreichend durchschaut, weil wir uns auf die Kleinarbeit konzentriert hatten. Mit großen Hoffnungen. Es gab Hoffnungen von Leuten, die in die SPD

*reingegangen sind, Hoffnungen von Leuten wie uns, die nicht reingegangen sind, die aber doch geglaubt haben, daß es wieder mehr Sinn macht, auf die Regierenden einzuwirken.
Daneben standen die verschiedenen Fraktionen, die aus dem SDS entstanden sind: einmal die unterschiedlichsten sogenannten K-Gruppen, also Gruppen, die an die Traditionen der ehemaligen Kommunistischen Partei von vor 1933 anknüpfen wollten. Dann die Wiedergründung der Nachkriegs-KPD unter dem Namen DKP, also die moskautreue kommunistische Richtung. Weiter der ganze Bereich, der als Spontis in die jüngere Geschichte eingegangen ist: eine militante undogmatische Tendenz. Und letztlich die Rote-Armee-Fraktion, als verspäteter Ausdruck der nicht bewältigten Ohnmacht in der Auseinandersetzung um den Vietnamkrieg. Die Bewegung war bis zur sozialliberalen Koalition ausgesprochen antiautoritär. Es wurde alles in Frage gestellt, es wurde der absolut offene Diskurs geführt. Danach ist der falsche Eindruck entstanden, man erreicht so nichts. Wir können demonstrieren, wir können sogar Steine werfen, wir können Pamphlete verfassen, wir können rational die Dinge erklären, wie sie sind, wir schaffen es nicht. Wir sind nicht diejenigen, die den Machtfaktor darstellen, der Veränderungen durchsetzen kann. Die RAF-Antwort war dann die: Es geht nur mit Waffengewalt. Und die Antwort der K-Gruppen war die, wir müssen uns dem Proletariat, der Arbeiterklasse zuwenden. Da wir alle Bürgersöhne sind, müssen wir uns auch der Disziplin unterwerfen, in die ja jedes Arbeiterkind schon hineingeboren wird und in die jeder Arbeiter, wenn er morgens um sechs seinen Blaumann anzieht, hineingehen muß. Wir müssen uns einerseits zu einem festen und disziplinierten Kader entwickeln und müssen andererseits an die Arbeiterklasse ran, denn nur die allein kann diese Verhältnisse ändern. Unter dem Kommunismus verstanden die K-Gruppen eine Gesellschaft, in der man sich dem Kollektiv, der Partei, der Führung absolut unterwirft."*

WIE IN BRASILIEN, SO AUCH IN BERLIN
DER IMPORT DER „STADTGUERILLA"
DURCH DIE RAF

Eine wesentliche Rolle in den siebziger Jahren spielte die Auseinandersetzung um die Rote-Armee-Fraktion (RAF). Sie war wie die K-Gruppen aus der Studentenbewegung hervorgegangen und ihr Politikverständnis wäre ohne die Ereignisse während der Protestbewegung weder denkbar noch nachvollziehbar. Die meisten Anhänger und Sympathisanten der RAF rekrutierten sich aus der antiautoritären Bewegung und waren vorher an den Aktionen des SDS beteiligt gewesen. In ihren Konzeptionen nahm die RAF ausdrücklich Bezug auf die Studentenbewegung. Von dort übernahm sie auch die herausgehobene Rolle der revolutionären Intelligenz. Ein offizielles Gründungsdatum der RAF gibt es nicht. Doch kann die Brandstiftung in den Frankfurter Kaufhäusern am 2. April 1968 als Vorläufer der späteren Aktionen angesehen werden. Der Beschluß einer kleinen Gruppe, aus dem Untergrund heraus gegen die kapitalistische Gesellschaftsordnung zu kämpfen, wurde wohl erst 1970 gefaßt. Das Konzept der Stadtguerilla importierte die RAF aus Lateinamerika. Schon 1968 hatten ja lateinamerikanische Revolutionäre wie Che Guevara in der Studentenbewegung hoch im Kurs gestanden. In den siebziger Jahren fanden dann auch die Aktionen der Tupamaros in Uruguay und das „Minihandbuch der Stadtguerilla" des Brasilianers Carlos Marighela Beachtung.

DOKUMENT 13:
„DAS KONZEPT STADTGUERILLA"
ULRIKE MEINHOF, 1971:

Das Konzept Stadtguerilla stammt aus Lateinamerika. Es ist dort, was es auch hier nur sein kann: die revolutionäre Interventionsmethode von insgesamt schwachen revolutionären Kräften.
Stadtguerilla geht davon aus, daß es die preußische Marschordnung nicht geben wird, in der viele sogen. Revolutionäre das Volk in den revolutionären Kampf führen möchten. Geht davon aus, daß dann, wenn die

Situation reif sein wird für den bewaffneten Kampf, es zu spät sein wird, ihn erst vorzubereiten. Daß es ohne revolutionäre Initiative in einem Land, dessen Potential an Gewalt so groß, dessen revolutionäre Traditionen so kaputt und so schwach sind wie in der Bundesrepublik auch dann keine revolutionäre Orientierung geben wird, wenn die Bedingungen für den revolutionären Kampf günstiger sein werden als sie es jetzt schon sind — aufgrund der politischen und ökonomischen Entwicklung des Spätkapitalismus selbst.
Stadtguerilla ist insofern die Konsequenz aus der längst vollzogenen Negation der parlamentarischen Demokratie durch ihre Repräsentanten selbst, die Antwort als der unvermeidlichen auf Notstandsgesetze und Handgranatengesetz, die Bereitschaft, mit den Mitteln zu kämpfen, die das System für sich bereitgestellt hat, um seine Gegner auszuschalten. Stadtguerilla basiert auf der Anerkennung von Tatsachen, statt der Apologie von Tatsachen.
Was Stadtguerilla machen kann, hat die Studentenbewegung teilweise schon gewußt. Sie kann die Agitation und Propaganda, worauf linke Arbeit noch reduziert ist, konkret machen... Sie kann den verbalen Internationalismus konkretisieren als die Beschaffung von Waffen und Geld. Sie kann die Waffe des Systems, die Illegalisierung von Kommunisten stumpf machen, indem sie einen Untergrund organisiert, der dem Zugriff der Polizei entzogen bleibt. Stadtguerilla ist eine Waffe im Klassenkampf.
Stadtguerilla ist bewaffneter Kampf, insofern es die Polizei ist, die rücksichtslos von der Schußwaffe Gebrauch macht und die Klassenjustiz, die Kurras freispricht und die Genossen lebendig begräbt, wenn wir sie nicht daran hindern. Stadtguerilla heißt, sich von der Gewalt des Systems nicht demoralisieren lassen.
Stadtguerilla zielt darauf, den staatlichen Herrschaftsapparat an einzelnen Punkten zu destruieren, stellenweise außer Kraft zu setzen, den Mythos von der Allgegenwart des Systems und seiner Unverletzbarkeit zu zerstören.
Stadtguerilla setzt die Organisierung eines illegalen Apparates voraus, das sind Wohnungen, Waffen, Munition, Autos, Papiere. Was dabei im einzelnen zu beachten ist, hat Marighela in seinem „Minihandbuch der Stadtguerilla" beschrieben. Was dabei noch zu beachten ist, sind wir jederzeit jedem bereit zu sagen, der es wissen muß, wenn er es machen will. Wir wissen noch nicht viel, aber schon einiges.
Wichtig ist, daß man, bevor man sich entschließt bewaffnet zu kämpfen, legale politische Erfahrungen gemacht hat. Wo der Anschluß an die revolutionäre Linke auch noch einem modischen Bedürfnis entspricht, schließt man sich besser nur da an, von wo man wieder zurück kann.

Rote Armee Fraktion und Stadtguerilla sind diejenige Fraktion und Praxis, die, indem sie einen klaren Trennungsstrich zwischen sich und dem Feind ziehen, am schärfsten bekämpft werden. Das setzt politische Identität voraus, das setzt voraus, daß einige Lernprozesse schon gelaufen sind.
Unser ursprüngliches Organisationskonzept beinhaltete die Verbindung von Stadtguerilla und Basisarbeit. Wir wollten, daß jeder von uns gleichzeitig im Stadtteil oder im Betrieb in den dort bestehenden sozialistischen Gruppen mitarbeitet, den Diskussionsprozeß mit beeinflußt, Erfahrungen macht, lernt. Es hat sich gezeigt, daß das nicht geht. Daß die Kontrolle, die die politische Polizei über diese Gruppen hat, ihre Treffen, ihre Termine, ihre Diskussionsinhalte schon jetzt so weit reicht, daß man dort nicht sein kann, wenn man auch noch unkontrolliert sein will. Daß der einzelne die legale Arbeit nicht mit der illegalen verbinden kann.
Stadtguerilla setzt voraus, sich über seine eigene Motivation im klaren zu sein, sicher zu sein, daß BILD-Zeitungsmethoden bei einem nicht mehr verfangen, daß das Antisemitismus-Kriminellen-Untermenschen-Mord- & Brand-Syndrom, das sie auf Revolutionäre anwenden, die ganze Scheiße, die nur die abzusondern und zu artikulieren imstande sind und die immer noch viele Genossen in ihrem Urteil über uns beeinflußt, daß einen die nicht trifft.
Denn natürlich überläßt uns das System nicht das Terrain und es gibt kein Mittel — auch keins der Verleumdung — das sie nicht gegen uns anzuwenden entschlossen wären.
Und es gibt keine Öffentlichkeit, die ein anderes Ziel hätte, als die Interessen des Kapitals auf die eine oder andere Art wahrzunehmen, und es gibt noch keine sozialistische Öffentlichkeit, die über sich selbst, ihre Zirkel, ihren Handvertrieb, ihre Abonnenten hinausreichte, die sich nicht noch hauptsächlich in zufälligen, privaten, persönlichen, bürgerlichen Umgangsformen abspielte. Es gibt keine Publikationsmittel, die nicht vom Kapital kontrolliert würden, über das Anzeigengeschäft, über den Ehrgeiz der Schreiber, sich in das ganz große Establishment reinzuschreiben, über die Rundfunkräte, über die Konzentration auf dem Pressemarkt. Herrschende Öffentlichkeit ist die Öffentlichkeit der Herrchenden, in Marktlücken aufgeteilt, schichtenspezifische Ideologie entwickelnd, was sie verbreiten, steht im Dienst ihrer Selbstbehauptung auf dem Markt. Die journalistische Kategorie heißt: Verkauf. Die Nachricht als Ware, die Information als Konsum. Was nicht konsumierbar ist, muß sie ankotzen. Leserblattbindung bei den anzeigenintensiven Publikationsmitteln, ifas-Punktsysteme beim Fernsehen — das kann keine Widersprüche zwischen sich und dem Publikum aufkommen lassen, keine antagonistischen, keine mit Folgen. Den Anschluß an den mächtigsten

Meinungsbildner am Markt muß halten, wer sich am Markt halten will; d.h., die Abhängigkeit vom Springerkonzern wächst in dem Maße als der Springerkonzern wächst, der angefangen hat, auch die Lokalpresse einzukaufen. Die Stadtguerilla hat von dieser Öffentlichkeit nichts anderes zu erwarten als erbitterte Feindschaft. An marxistischer Kritik und Selbstkritik hat sie sich zu orientieren, an sonst nichts. ,,Wer keine Angst vor Vierteilung hat, wagt es den Kaiser vom Pferd zu zerren", sagt Mao dazu.

Langfristigkeit und Kleinarbeit sind Postulate, die für die Stadtguerilla erst recht gelten, insofern wir nicht nur davon reden, sondern auch danach handeln. Ohne den Rückzug in bürgerliche Berufe offen zu halten, ohne die Revolution nochmal an den Nagel im Reihenhaus hängen zu können, ohne also auch das zu wollen, als mit dem Pathos, das Blanqui ausgedrückt hat: ,,Die Pflicht eines Revolutionärs ist, immer zu kämpfen, trotzdem zu kämpfen, bis zum Tod zu kämpfen."

Es gibt keinen revolutionären Kampf und hat noch keinen gegeben, dessen Moral nicht diese gewesen wäre: Rußland, China, Kuba, Algerien, Palästina, Vietnam.

Manche sagen, die politischen Möglichkeiten der Organisierung, der Agitation, der Propaganda seien noch längst nicht erschöpft, aber erst dann, wenn sie erschöpft seien, könnte man die Frage der Bewaffnung aufwerfen. Wir sagen: Die politischen Möglichkeiten werden so lange nicht wirklich ausgenutzt werden können, so lange das Ziel, der bewaffnete Kampf, nicht als das Ziel der Politisierung zu erkennen ist, so lange die strategische Bestimmung, daß alle Reaktionäre Papiertiger sind, nicht hinter der taktischen Bestimmung, daß sie Verbrecher, Mörder, Ausbeuter sind, zu erkennen ist.

Von ,,bewaffneter Propaganda" werden wir nicht reden, sondern werden sie machen. Die Gefangenenbefreiung lief nicht aus propagandistischen Gründen, sondern um den Typ rauszuholen. Banküberfälle, wie man sie uns in die Schuhe zu schieben versucht, würden auch wir nur machen, um Geld aufzureißen. Die ,,glänzenden Erfolge", von denen Mao sagt, daß wir sie erzielt haben müssen, ,,wenn der Feind uns in den schwärzesten Farben malt", sind nur bedingt unsere eigenen Erfolge. Das große Geschrei, das über uns angestimmt worden ist, verdanken wir mehr den lateinamerikanischen Genossen, aufgrund des klaren Trennungsstrichs zwischen sich und dem Feind, den die schon gezogen haben, so daß die Herrschenden hier uns wegen des Verdachts von ein paar Banküberfällen so ,,energisch entgegentreten", als gäbe es schon, was aufzubauen wir angefangen haben, die Stadtguerilla der Roten Armee Fraktion.[8]

Hauptziel der RAF war die „Verunsicherung des Staates" und das „möglichst effektive Infragestellen der staatlichen Ordnung". Mit dem „Prinzip Stadtguerilla" sollte „der Herrschaftsapparat des Staates an einzelnen Punkten außer Kraft gesetzt werden". Auf diese Weise wollte die RAF den „Mythos von der Allgegenwart des Systems und seiner Unverletzbarkeit" zerstören.

So kam es zwischen 1969 und 1972 zu einer Serie von Anschlägen. Im Mai 1970 wurde Andreas Baader, der nach dem Kaufhausbrandprozeß immer noch inhaftiert war, mit Waffengewalt befreit. Im Juni 1972 verhaftete die Polizei den „harten Kern" der RAF, darunter Andreas Baader, Holger Meins, Jan Carl Raspe und Ulrike Meinhof.

Aber auch danach gingen die Anschläge „auf das kapitalistische System und seine Repräsentanten", sogar verstärkt, weiter. Im November 1974 starb Holger Meins nach einem Hungerstreik der RAF gegen die Haftbedingungen. Danach wurde der Berliner Kammergerichtspräsident Günter von Drenkmann erschossen. Auch Jean-Paul Sartre bezeichnete die Haftbedingungen Baaders nach einem Besuch als „Folter". Im Februar 1975 entführte die „Bewegung 2. Juni" den Berliner CDU-Vorsitzenden Peter Lorenz. Sechs Inhaftierte, unter ihnen der ehemalige SDS-Rechtsanwalt Horst Mahler, wurden freigepreßt und in Begleitung des ehemaligen Berliner Bürgermeisters Heinrich Albertz in die Volksrepublik Jemen ausgeflogen.

Im April 1975 stürmte ein „Kommando Holger Meins" die Deutsche Botschaft in Stockholm, und erschoß den Militärattaché Andreas von Mirbach und den Botschaftsrat Heinz Hillegaard. Im Mai 1975 begann der Prozeß gegen Baader, Meinhof, Ensslin und Raspe. Im Mai 1976 wurde Ulrike Meinhof im Stuttgarter Gefängnis Stammheim tot aufgefunden.

Im April 1977 erschoß ein „Kommando Ulrike Meinhof" den Generalbundesanwalt Siegfried Buback und seinen Fahrer Wolfgang Göbel. Der schwerverletzte Justizwachtmeister Georg Wuster starb eine Woche später. Ende April 1977 wurden Baader, Ensslin und Raspe zu je dreimal lebenslänglicher Haft und zu je fünfzehn Jahren Gefängnis verurteilt. Im Juli 1977 wurde der

Vorstandssprecher der Dresdner Bank, Jürgen Ponto, in seinem Haus in Oberursel im Taunus erschossen.
Anfang September 1977 entführte ein ,,Kommando Siegfried Hausner" den Präsidenten der Bundesvereinigung der Deutschen Arbeitgeberverbände und des Bundesverbandes der Deutschen Industrie, Hanns Martin Schleyer. Sein Fahrer und drei Begleitpolizisten kamen ums Leben. Der Austausch von Inhaftierten gegen Schleyer wurde abgelehnt.
Am 13. Oktober 1977 kam es zur Entführung einer Lufthansa-Maschine mit deutschen Urlaubern an Bord. Die Entführer forderten vor allem die Freilassung der verurteilten RAF-Mitglieder. Bei einem Zwischenstop in der somalischen Hauptstadt Mogadischu erteilte der sozialdemokratische Minister Wischnewski der eingeflogenen bundesdeutschen Elitetruppe GSG 9, die eigens zum ,,Einsatz gegen Terroristen" gegründet worden war, den Befehl zur Erstürmung der Maschine. Am Morgen danach wurden Baader, Ensslin und Raspe tot in ihren Zellen aufgefunden. Lediglich Irmgard Möller überlebte die Nacht mit schweren Stichverletzungen. Sie erzählte später folgendes:
,,In der Nacht habe ich lange wachgelegen und gelesen, mit einer Kerze aus Fett in einer Dose. Um 4.00 Uhr schrie ich zu Jan rüber: ,Bist du noch wach?' Er antwortete. Sein Tonfall war sehr wach, nicht bedrückt, nah, unheimlich lebendig. Die Kerze war ausgegangen, die zweite habe ich gegen 4.30 Uhr selber ausgemacht... Ich lag auf der Matratze und habe gedämmert, mit dem Kopf zur Fensterseite. Wir waren nachts selten ausgezogen, und so verwunderte es nicht, daß ich auch in dieser Nacht angezogen geblieben war. Wir dachten ja wohl auch, daß wir noch wegkämen.
Etwa um 5.00 Uhr hörte ich es knallen und quietschen.
Diese Geräusche waren sehr leise und dumpf geblieben, wie wenn etwas herunterfällt oder ein Schrank verschoben wird. Ich habe die Knallgeräusche nicht sofort als Schüsse identifiziert. Sie haben keine Beunruhigung für mich dargestellt. Ich hatte keine Assoziationen mit einem Attentat. Das Quietschen kam nicht von meiner Tür oder der Zellenseite, es hätte von unten oder von der gegenüberliegenden Traktseite kommen können.
Ich bin danach auch wieder eingeschlafen. Plötzlich sackte ich weg und verlor das Bewußtsein, es ist alles sehr schnell gegangen.

Eine kritische und dennoch solidarische Auseinandersetzung mit der Geschichte

Mein letzter sinnlicher Eindruck, an den ich mich erinnere, war ein sehr starkes Rauschen im Kopf. Ich hatte keine Person gesehen und keine Zellenöffnung bemerkt.
Ich bin dann erst auf dem Flur auf einer Bahre aufgewacht, als zusammengekrümmtes, wimmerndes Häufchen, furchtbar frierend, voll von Blut, und habe Stimmen — befriedigt, gehässig — gehört: Baader und Ensslin sind kalt."
Dem Staatsanwalt erklärte Irmgard Möller: ,,Ich habe weder einen Selbstmordversuch begangen noch intendiert, noch war eine Abrede dagewesen."[9]
Wie trotz des Kontaktsperregesetzes die Schußwaffen, mit denen die Inhaftierten angeblich Selbstmord begangen haben sollen, in die Zellen gekommen sind, wurde nie aufgeklärt...
Einen Tag später wurde der entführte Arbeitgeberpräsident Schleyer tot im Kofferraum eines Autos aufgefunden.
Sicher ist Kritik an den individualistischen Einzelaktionen der RAF und der allzu einfachen Übertragung lateinamerikanischer Revolutionstheorien auf die bundesdeutsche Wirklichkeit angebracht und notwendig. Allerdings ist der Import revolutionärer Hoffnungen aus der Dritten Welt in der Solidaritäts-Bewegung auch ansonsten weit verbreitet, wenn er auch nicht so spektakuläre und gravierende Auswirkungen hat.

der Guerillabewegung in der Bundesrepublik steht bis heute aus.

Allerdings hat diese kritische Auseinandersetzung nichts mit der Hetze all der bundesdeutschen Politiker von SPD bis CSU gemein, die zwar die terroristische Massenvernichtung von Vietnamesen durch die US-Armee deckten und rechtfertigten, sich aber andererseits bei Anschlägen der RAF maßlos empörten und mit Repressionsmaßnahmen vom Kontaktsperregesetz bis zum Anti-Terror-Gesetz reagierten. Die bewußt geschürte Terroristenhysterie, die der Staatsapparat im „Deutschen Herbst" aufgebaut hat, trifft auch die Dritte Welt-Bewegung.

Zur Kritik der Repressionsmaßnahmen gehört auch der Protest gegen die unmenschlichen Haftbedingungen der Inhaftierten. Denn diese Maßnahmen richten sich gegen die gesamte Linke in der Bundesrepublik. Sie wurden von Irmgard Möller so beschrieben: „Ich bin seit über fünf Jahren gefangen und war in dieser Zeit drei Jahre in Trakten und totaler Einzelisolation und zwei Jahre in Kleingruppenisolation. Seit ich in Stammheim bin, wird jede Lebensäußerung überwacht, solange noch Verteidiger zugelassen waren, auch die Verteidigergespräche — alles Maßnahmen, die für sich grausam und erniedrigend sind: Folter nach der Definition der UNO, von amnesty international und der Menschenrechtskonvention. Vor zweieinhalb Jahren haben die Gutachter festgestellt, daß ich durch die Isolationshaft krank geworden bin. Seitdem sind die Haftbedingungen nicht etwa gelockert, sondern verschärft worden. Seit sechs Wochen durch ein perfektes und akustisches Vakuum, in dem Menschen nicht überleben können. Gleichzeitig ist die Kalorienzufuhr auf die Hälfte herabgesetzt worden. Die Essensausgabe wird so arrangiert, daß wir nur die Wahl haben, entweder zu hungern oder das Anstaltsessen, dem mit absoluter Sicherheit nach den Feststellungen der Gefangenen im siebten Stock Drogen zugesetzt werden, anzunehmen. Es ist uns verboten worden, Gegenstände auch nur zu berühren, die ein anderer Gefangener oder überhaupt jemand, außer dem Personal, das die Tortur hier überwacht, in der Hand gehabt haben kann. Ich kann mir weder Bücher und Papier noch Zeitungen und Zeitschriften beschaffen, und die Radios sind uns weggenommen worden."[10]

Das Zitat wie auch der ,,Folter''-Vorwurf Sartres und die Zweifel an den Selbstmorden in Stammheim, stammen nicht aus Untergrundpamphleten der RAF, sondern aus einem Handbuch des gutbürgerlichen Econ-Verlages mit ,,Daten zur Geschichte der Bundesrepublik Deutschland'', dessen Titelseite eine schwarz-rot-goldene Fahne ziert.

Hinter diese Form der Auseinandersetzung mit der RAF sollte die Dritte Welt-Bewegung, in der das Thema wie überall tabuisiert ist, zumindest nicht zurückfallen...

KLAUS VACK:
»PFINGSTKONGRESS UND RUSSELL-TRIBUNAL GEGEN DIE REPRESSIONS-MASSNAHMEN DER SPD-REGIERUNG«

,,1976 als das Berufsverbot immer weiter wucherte, haben wir gesagt, wir müssen das Thema öffentlich machen. Wir haben dann 1976 an Pfingsten einen Kongreß veranstaltet gegen politische Unterdrückung. Den schon fast legendären Pfingstkongreß für viele Linke in diesem Land. Da kamen 20.000 Leute zusammen, wobei diese Kongresse anders waren als Kundgebungen in Bonn.

Das waren damals arbeitende, diskutierende Kongresse. Der Pfingstkongreß lief über drei Tage und da war eigentlich wieder so eine Stimmung wie in der Protestbewegung Ende der sechziger Jahre. In großen Gruppen von jeweils bis zu 1000 Menschen wurden Vorträge gehalten, wurde diskutiert. Stundenlang waren die Aufmerksamkeit und die Begeisterung so groß, daß man eine Stecknadel hätte fallen hören.
Fast zwangsläufig ergab sich dann, aus dem Pfingstkongreß gegen die Repression, daß wir vom Sozialistischen Büro zusammen mit anderen Gruppen, aber vor allem mit einzelnen Leuten wie Helmut Gollwitzer, Robert Jungk, damals auch Martin Niemöller, das Russell-Tribunal gemacht haben über die Situation der Menschenrechte in der Bundesrepublik. Die Berufsverbote sollten auf den Prüfstand des Russell-Tribunals und die neuen Gesetze, die 1977 in der Hysterie wegen des Terrorismus gefaßt worden sind, wie die Beschränkung der Verteidigungsrechte, die Beschränkung der Rechte von politisch motivierten Straftätern oder solchen, die als Straftäter angesehen wurden, die Paragraphen, die, wie es sinngemäß heißt, die Verherrlichung der Gewalt in der Literatur untersagen, alle diese Dinge. Das Russell-Tribunal setzte sich aus einer internationalen Jury zusammen, in der kein einziger aus der Bundesrepublik saß.
Es gab zwei Sitzungen, eine 1978 in Frankfurt und die zweite 1979 in Köln. Das hat der ganzen Antirepressions-Bewegung noch einmal starken Auftrieb gegeben und ist der sozialliberalen Regierung ziemlich an die Nieren gegangen. Ich weiß noch, daß Willy Brandt extra jemanden zur Russell-Peace-Foundation nach London geschickt hatte, der denen versuchte klarzumachen, daß so etwas natürlich nicht sein dürfte: Erst ein Russell-Tribunal gegen die amerikanische Kriegsführung in Vietnam und dann ein Russell-Tribunal über die Bundesrepublik, ein demokratisches Land. Wir haben das trotzdem gemacht, auch natürlich mit dem Wissen, daß die Freiheit zentimeterweise stirbt und daß man nie genau weiß, wo man eigentlich anfangen muß mit dem Widerstand: erst dann, wenn die Menschen totgeschlagen und totgeschossen werden, oder schon dann, wenn das vorbereitet wird? Erst dann, wenn die Freiheit zerstört ist, oder schon dann, wenn die Zerstörung der Freiheit beginnt."

DIE DRITTE WELT WIRD IN DEN KIRCHEN LEBENDIG
DIE ENTSTEHUNG DER CHRISTLICH ORIENTIERTEN DRITTE WELT-GRUPPEN IN DEN SIEBZIGER JAHREN

,,Ich habe meine ersten politischen Schritte in die Dritte Welt-Arbeit in dem bekannten achtundsechziger Jahr gemacht. Ich habe damals als Jugendleiterin einer Kirchengemeinde gearbeitet, als plötzlich das Stichwort Biafra aufkam, und wir einfach angefangen haben, mit allen möglichen Methoden die Leute zu schocken, um damit möglichst viel Geld zusammenzukriegen. Ich meine, daß die evangelische und katholische Jugend einen wesentlichen Anteil daran gehabt haben, Anfang der siebziger Jahre das Thema Dritte Welt in die Jugend- und Studentenarbeit reinzubringen''.

,,Unsere Organisation wurde 1957 von engagierten evangelischen Christen gegründet unter dem Namen ,Aktionsgemeinschaft für die Hungernden'. Der Ausgangspunkt dazu war eine Aktion, die auch schon mal in England angelaufen war. Sie hieß ,Missing Meal': einmal am Tag auf eine Mahlzeit verzichten zugunsten der Hungernden in Indien. Im Laufe der Zeit zeigte sich dann einfach, daß Hilfe nicht allein als humanitärer Akt verstanden werden kann, sondern daß Helfen eine ganze Menge politischer Implikationen hat. Auf der anderen Seite hat man festgestellt, daß Solidarität keine Einbahnstraße ist, sondern daß wir eben hier auch bei uns ansetzen müssen.''

,,Bei mir hat das so angefangen, daß ich aus so einer christlich humanitären Motivation heraus die Zeitungsmeldungen Ende der sechziger Jahre über Naturkatastrophen und Elend in der Dritten Welt verfolgt habe und mir dann gesagt habe, daß ich da was machen will. Ich war damals gleichzeitig noch in der christlichen Jugendarbeit engagiert. So hat das bei mir angefangen, wobei ich ziemlich rasch zu der Überzeugung gekommen bin, daß dies ja nicht ein Engagement für die Länder der Dritten Welt oder die Menschen dort allein ist, sondern daß das mit meiner eigenen Wirklichkeit zu tun hat.''

Aussagen von drei Dritte Welt-Aktivisten aus Frankfurt, Berlin

und Freiburg. Alle drei engagieren sich bis heute für die Dritte Welt und bei allen dreien begann das Engagement in kirchlichen Gruppen.
Jugendgruppen der beiden großen Kirchen hatten sich seit jeher sporadisch mit den Entwicklungsländern beschäftigt. Sie verstanden sich aber lange Zeit als reine Almosenspender im Dienste kirchlicher Missionsarbeit. Symbol dieser ,,Dritte Welt-Arbeit'' war die Sparbüchse auf der Theke unserer Bäckerei. Der Kopf des schwarzen ,,Heidenkindes'' nickte jedesmal, wenn wir einen Groschen ,,opferten''.
Beeinflußt vom politischen und moralischen Protest der Studentenbewegung gegen den Vietnamkrieg und von der durch den Bürgerkrieg in Nigeria verursachten Hungersnot in Biafra bildeten sich Mitte bis Ende der sechziger Jahre mehr und mehr kirchliche Aktionsgruppen. Die in aller Regel jugendlichen Teilnehmer dieser Gruppen hatten eingesehen, daß gelegentliche Kollekten, Altpapiersammlungen und Jugendbälle für die Mission nicht ausreichten, um den Menschen in Afrika, Asien und Lateinamerika zu helfen. Begünstigt wurde die Arbeit der kirchlichen Aktionsgruppen zum einen dadurch, daß Ende der sechziger Jahre eine Reihe von jungen Pfarrern und Kaplänen die kirchliche Gemeinde- und Jugendarbeit übernahmen, die von der Aufbruchstimmung an den Universitäten beeinflußt waren. Zum anderen dauerte — vor allem in der Katholischen Kirche — die Diskussion um neue theologische Ansätze an, die Caritas und Mission als alleiniges Rezept gegen Armut und Unterentwicklung in der Dritten Welt ablehnten. Vor allem das 1968 auf der zweiten lateinamerikanischen Bischofskonferenz in der kolumbianischen Stadt Medellin befürwortete Konzept der ,,Kirche von unten'' stärkte die Position von fortschrittlichen Christen und Jugendgruppen in der Auseinandersetzung mit konservativen Pfarrern und Kirchengemeinden. Das politische Nachtgebet in der Kölner Antonniter Kirche fand Anfang der siebziger Jahre Nachahmung in vielen Pfarreien. Überall in der Bundesrepublik veranstalteten kirchliche Aktionsgruppen Beat- und Rockmessen, in denen aufgerüttelt werden sollte gegen den Krieg in Vietnam, gegen Hunger, Elend und Unterdrückung in der Dritten Welt.
Ende der sechziger Jahre kam es auch schon zu ersten größeren

und gemeindeübergreifenden Aktionen: 1969 initiierte der Aktionskreis Kritischer Konsum in Berlin die ,,Kampagne Christliche Weihnacht": ,,Christus ist der Retter für Arme und Unterprivilegierte und kein Popanz für ungestörte Festidylle" (Flugblatttext).
Ein Jahr später gab es eine ,,Aktion Solidarische Weihnacht". In diesen Aktionen wurde Weihnachten als ,,Konsumorgie" gebrandmarkt. Gleichzeitig sollte auf den Zusammenhang zwischen Konsumverhalten und Überflußproduktion hier in den Industriestaaten und soziale und wirtschaftliche Unterentwicklung in den Ländern der Dritten Welt aufmerksam gemacht werden:
,,Die Weihnachtszeit,
— die Zeit, in der die Umsätze und Gewinne der Unternehmer auf neue Höhen steigen,
— die Zeit, in der jeder Kirchgänger durchschnittlich 3,25 DM für ,Brot für die Welt' oder ,Adveniat' spendet und gleichzeitig mit gutem Appetit die Schokolade verzehrt, die er nur deshalb so billig kaufen kann, weil der Bauer in Kamerun oder Ghana einen Hungerlohn für seinen Kakao bekommt,
— die Zeit, in der die Christliche Kirche dazu mißbraucht wird, einer von Werbe- und Verkaufsstrategen organisierten Orgie des Verschwendungskonsums die religiöse Weihe zu verleihen,
dieses Weihnachtsfest ist der geeignete Anlaß für politische Aktionen."[11]
Ebenfalls Ende der sechziger Jahre entschlossen sich die katholischen und evangelischen Jugendverbände, eine ,,Aktion Dritte Welt-Handel" zu entwickeln, die zu den heutigen ,,Dritte Welt-Läden" geführt hat.
Alle diese Aktionen kirchlicher Gruppen setzten weitgehend auf der moralischen Ebene an und standen damit im Gegensatz etwa zu den Protesten des SDS. Eine Auseinandersetzung mit politischen und ökonomischen Theorien über Entwicklung und Unterentwicklung blieb in den kirchlichen Aktionsgruppen noch aus. Auch bei Aktionen wie etwa der Rohrzuckerkampagne 1970 wurden diese Probleme nur ansatzweise diskutiert.
Es war die Auseinandersetzung um das Staudamm-Projekt Cabora Bassa in der damaligen portugiesischen Kolonie Mozambique, die viele Aktionsgruppen aus dem kirchlichen Bereich po-

litisierte und dazu brachte, ihre Positionen und Aktionsformen zu überdenken.

DEUTSCHES GELD FÜR SÜDAFRIKAS STROM IM „PORTUGIESISCHEN" MOZAMBIQUE
DAS CABORA-BASSA-PROJEKT

Anfang der siebziger Jahre verschärften sich die Kriege, die Portugal, eine der letzten Kolonialmächte der Welt, in seinen afrikanischen Kolonien Guinea-Bissâo (Portugiesisch-Guinea), Angola und Mozambique gegen die dortigen Befreiungsbewegungen führte. Portugal war damals noch eine Diktatur und zählte ähnlich wie heute zu den „Armenhäusern" Europas. Seine Kolonialkriege konnte das Land nur mit Unterstützung seiner NATO-Partner führen. Darunter war auch wieder an führender Stelle die Bundesrepublik.
1969 begann Portugal in Mozambique mit dem Bau des größten Staudammes in Afrika, dem Cabora-Bassa-Damm. Der Staudamm, an dessen Errichtung fünf bundesdeutsche Konzerne beteiligt waren, sollte Portugal wirtschaftlich und politisch stärken. Von der Anlage profitierten weiterhin Südafrika und die weiße Minderheitsregierung in Rhodesien. Südafrika wollte 70 Prozent der in den Turbinen des Staudammes erzeugten Energie abnehmen. Rhodesien erhielt über den Sambesi, der durch die Aufstauung bis ins Land hinein schiffbar wurde, einen Zugang zum Indischen Ozean. Die durch den Staudamm mögliche Bewässerung der Sambesi-Niederungen sollte auch ein riesiges Areal mit fruchtbarem Ackerland schaffen. Hier plante Portugal die Ansiedlung von rund einer Million Europäer. Unter anderem wollte die portugiesische Diktatur die Arbeiter dort ansiedeln, die in der Bundesrepublik und Frankreich als Gastarbeiter leben mußten. Von dieser Ansiedlung versprach sich Portugal eine Stabilisierung der sozialen Situation im „Mutterland" und eine Verstärkung des weißen Einflusses in der Kolonie. Die weißen Regierun-

gen in Südafrika und Rhodesien sahen durch die Ansiedlung der Portugiesen die weiße Bastion an ihren Grenzen gestärkt.
Von einem Nutzen dieses Staudammes für die schwarzafrikanische Bevölkerung konnte von vorneherein keine Rede sein. Verschiedene schwarzafrikanische Staaten, die Organisation Afrikanischer Staaten (OAU) und nicht zuletzt die Befreiungsbewegungen protestierten deshalb gegen den Bau des Cabora-Bassa-Staudammes. Die Befreiungsfront in Mozambique (FRELIMO) schrieb sogar einen offenen Protestbrief an den damaligen Bundeskanzler Willy Brandt.

DOKUMENT 14:
„EXZELLENZ, IHR LAND UNTERSTÜTZT
DEN KOLONIALISMUS"
BRIEF DER BEFREIUNGSFRONT VON MOZAMBIQUE (FRELIMO)
AN BUNDESKANZLER WILLY BRANDT, 1970:

Sie werden sicherlich überrascht sein, diesen Brief zu erhalten. Wir selbst zögerten, diese Initiative zu ergreifen — einige von uns lehnten die Idee ab, weil sie meinten, es sei sinnlos, eine Regierung wie die Ihrige, die so eng mit unseren Feinden verbunden ist, durch einen bloßen Brief bewegen zu wollen, ihren Standpunkt zu ändern. Aber nach einigen Diskussionen entschieden wird uns schließlich doch zu schreiben. Wir, die für den Sieg der Gerechtigkeit kämpfen, vertrauen auf das Gute im Menschen; wir glauben, wenn der Mensch ungerecht handelt, so mag das auch darauf zurückzuführen sein, daß er die Wahrheit, die Wirklichkeit nicht kennt. Deshalb halten wir es für unsere Pflicht, den Menschen die Ungerechtigkeit ihres Handelns zu zeigen.
Herr Bundeskanzler, Ihr Land befindet sich in der Vorfront der Länder, die den portugiesischen Kolonialismus unterstützen — und dies mit Waffen, Soldaten, technischer Hilfe und Investitionen. Das macht die Beziehung zwischen den Menschen unseres Landes und Ihrer Regierung besonders distanziert und schwierig.
Distanziert, weil nur schwer die Distanz zu erfassen ist zwischen dem Ort, von dem die Flugzeuge herkommen, die die Bomben fallen lassen, und dem Volk, auf das die letzteren herabfallen, schwierig, weil genau dieses — nämlich die Herstellung oder der Ursprungsort der Waffen, der Flugzeuge, der Munition — den einzigen Inhalt der Kenntnisse darstellt, die unser Volk von der Bundesrepublik Deutschland besitzt. Die jüngere Zeit zeigt uns allerdings einen weniger militärischen, aber ebenso abstoßenden Aspekt Ihres Landes, und zwar durch die Namen der Firmen, die an einem Projekt des Kolonialismus partizipieren wollen.

Ihre Exzellenz, es ist kein Zufall, daß Ihr Land gegenwärtig durch die Gesamtheit der afrikanischen Staaten auf das Schärfste verurteilt worden ist, die durch die OAU repräsentiert werden. Ihr Botschafter in Tansania verhielt sich sehr unpassend, als er dieser Verurteilung mit den Worten zu entgegnen versuchte: ,,Warum werden gerade wir angegriffen, wo wir doch nicht die einzigen sind, die mit der südafrikanischen Union Handelsbeziehungen unterhalten."

Das ist doch wohl ein sehr lächerliches Argument — der eine von *einigen*, der nicht einmal in der Lage ist, für etwas einzustehen, dessen er beschuldigt wird. Es ist ein sich Drücken um die Verantwortung. Aber ihr Botschafter ging noch weiter. Obwohl er sich in einem revolutionären Land befindet, dessen Politik der seines Heimatlandes total entgegengesetzt ist, scheute er sich nicht, als er sah, daß das Image seines Landes Schaden gelitten hatte, den Versuch zu machen, diesen Schaden mit der Erklärung zu reparieren, Westdeutschland unterstütze — wenn auch nur moralisch — Freiheitsbewegungen wie die FRELIMO.

Wir würden empfehlen, Herr Bundeskanzler, Ihren Botschafter darauf aufmerksam zu machen, seine Worte wohl zu überlegen, bevor er sie ausspricht. Anderenfalls könnten wir in die Versuchung geraten, zu fragen, wann, wo und wie hat die Westdeutsche Regierung zu irgendeiner Zeit irgendeine Art von Unterstützung der FRELIMO, und sei es nur eine moralische, zum Ausdruck gebracht. Und wenn dann die Antwort positiv ausfiele, müßte das Verhalten Ihres Botschafters als höchst unverantwortlich erscheinen, was ja wohl ein besonders schweres Vergehen ist, speziell im Hinblick auf Botschafter.

Aber, es gibt immer Zeitpunkte für den Beginn einer solchen Unterstützung. Und genau zu diesem Zeitpunkt ist Westdeutschland verwickelt in ein größeres Unternehmen mit dem kolonialen Portugal in Mozambique. Diese Sache zu stoppen, würde Ihre Vertrauenswürdigkeit beweisen. Wir meinen die Teilnahme der westdeutschen Firma Siemens an dem Bau des Cabora Bassa Staudamms in Mozambique. Das Unternehmen ASEA aus dem sozialdemokratisch regierten Schweden und die Firma English Electric aus dem von der Labour Party regierten Britannien erkannten (oder wurden von ihrer Regierung dazu gebracht, zu erkennen) die Implikationen des C.B.St.-Projekts für die Konsolidierung der Macht der weißen Minderheiten in Südafrika; und sie zogen sich aus dem Firmenkonsortium zurück. Jenes Projekt beweist in der Tat unwiderlegbar, daß die massiven Investitionen in die portugiesischen Kolonien darauf abzielen, die koloniale Beherrschung unserer Länder zu konsolidieren. Im Gegensatz zu dem Beispiel, das von jenen zwei Firmen gegeben wurde, erklärte Siemens sich bereit, für diese einzuspringen. Wir sind über die Logik von Siemens nicht überrascht — schließlich zogen sich

doch ASEA und English Electric nicht freiwillig aus dem Projekt zurück. Aber was uns überrascht hat, war das absolute Schweigen von Ihrer Seite und das Schweigen von Seiten Ihrer Regierung. Daß Sie nichts zu sagen hatten, während unter den Sozialdemokraten in Schweden und den Labourangehörigen in England sich laute Stimmen gegen das Projekt erhoben.
Ihr Schweigen ist es, das uns in Erstaunen setzt: Was ist denn eigentlich die Idee der Sozialdemokratie?
Daß selbst die Aufgabe der Sanktionen gegen Rhodesien so wie sie von den Vereinten Nationen befürwortet werden, Sie nicht beeindruckt hat — das ist es, was uns erhebt um ,,Ordnung und Gesetz" bemüht zu sein. Bedeutet das, daß sich die Politik der vorhergehenden westdeutschen Regierung fortsetzen wird? Sie wissen sicherlich, Exzellenz, daß Ihr Land im letzten Jahr drei Kriegsschiffe an Portugal lieferte, die von der Werft ,,Blohm und Voss" in Hamburg gebaut worden waren. Es sind die größten Kriegsschiffe, die in Westdeutschland seit dem letzten Weltkrieg gebaut wurden.
Sie kosteten 40 Millionen Dollar. Sie sind gedacht zum Einsatz in den Kolonien gegen unser Volk. Die westdeutsche Regierung wußte dies vor der Ablieferung an Portugal. Die Portugiesen machten noch nicht einmal ein Geheimnis daraus. In der Zeitschrift ,,Navy Review" vom 31.5.69 kündigten sie an, daß sie bereits ein Schiff von Westdeutschland erhalten hatten und daß diese Schiffe, versorgt mit eigenen Helicoptern und ausgerüstet für einen weitgehenden Gebrauch in Übersee, nicht nur gedacht sind zur Unterstützung der dortigen Patrouillen- und Landungsboote, sondern auch zur Erfüllung verschiedener Herrschaftsmissionen.
Sie wurden von der Kiesinger-Regierung geliefert, die ihnen voranging. Daher waren wir nicht überrascht, von Ihnen jedoch erwarten wir eine andere Haltung, Ihre Exzellenz, wir bieten Ihnen eine Überprüfung dieser Tatsachen an. Die Freundschaft zwischen unseren Völkern, zwischen dem Volk Westdeutschlands und den Völkern Afrikas ist mehr wert als die paar weiteren Millionen Mark, die das Siemensgeschäft ihnen bringen wird.
Gleichzeitig würden wir Sie bitten, die gesamte deutsche Politik gegenüber Portugal zu überprüfen. Es ist längst an der Zeit, dem Einverständnis zwischen Ihrem Land und dem faschistischen Portugal ein Ende zu machen, ein Einverständnis, das begann, als Portugals Regierung ihre Fahnen bei Hitlers Tod auf Halbmast setzte. Es ist an der Zeit, daß Ihr Land aufhört, die tragische Schande zu tragen, Helfer und Investor rassistischer Regime zu sein. Es wird Zeit, daß die Deutsche Mark, die Sie auf dem Finanzmarkt gerade aufgewertet haben, ihren Beigeschmack von Blut und Leiden verliert.[12]

Bereits Ende 1968 hatte die UN-Vollversammlung in einem Beschluß ,,das Vorgehen interessierter Finanzkreise (bedauert), die in den portugiesisch beherrschten Gebieten tätig sind, sich dem Kampf der Völker für Selbstbestimmung, Freiheit und gegen Unterdrückung entgegenstellen und die Portugal in seinen militärischen Bestrebungen den Rücken stärken."[13]
Der wachsende Druck in der Weltöffentlichkeit zwang zwei Konzerne aus Italien und Schweden, sich aus dem internationalen Baukonsortium zurückzuziehen, an dem neben den bundesdeutschen noch Firmen aus Südafrika, Portugal und Frankreich beteiligt waren.
Im Sommer 1970 stellte sich jedoch heraus, daß die Bundesregierung trotz des UN-Beschlusses und der weltweiten Proteste das Engagement der fünf bundesdeutschen Firmen beim Bau des Staudammes mit Hermes-Bürgschaften (das sind Risikoversicherungen für Investitionen im Ausland) bis zu 400 Millionen Mark abgesichert hatte.
Cabora Bassa, der portugiesische Kolonialismus und seine Unterstützung durch die Bundesregierung und deutsche Unternehmen boten vielen christlichen und liberalen Aktionsgruppen einen praktischen Einstieg in die Imperialismus-Problematik, ohne daß es von vorneherein notwendig gewesen wäre, sich mit sozialistischen Imperialismus-Theorien zu beschäftigen:
So erinnert sich Heinz Hülsmeier, heute Mitarbeiter des ,,Forschungs- und Dokumentationszentrums Chile und Lateinamerika" (FDCL) in Berlin: ,,Die Erfahrung Vietnam, die ich als Jugendlicher mitbekommen habe, hat bei mir eine unheimliche moralische Empörung ausgelöst. Die hat sich dann kanalisiert in ein Engagement in Mozambique und Angola, zum Beispiel in diesen Protest gegen den Bau des Cabora-Bassa-Staudammes durch deutsche Unternehmen in Mozambique. Ich hatte das Gefühl, wir sind hier irgendwie beteiligt. In der Zeit habe ich gemerkt, daß ich hier über unseren Staat sehr viel lerne, wenn ich mich mit der Ausbeutung in Ländern wie Afrika und Lateinamerika beschäftige."
Das Cabora-Bassa-Projekt zeigte zum einen den Einfluß von Großkonzernen auf die Bundesregierung — auch auf die sozialliberale Koalition. Zum anderen machte die Auseinandersetzung

um den Staudamm die wichtige Rolle klar, die die Industrienationen bei der Stabilisierung von Kolonialmacht und der Festschreibung von kolonialen Abhängigkeiten spielen. Gleichzeitig vermittelten Anfang der siebziger Jahre Bilder und Berichte einen Eindruck von der Brutalität, mit der Portugal seine Interessen in den Kolonialkriegen in Afrika durchzusetzen versuchte. So gaben desertierte portugiesische Offiziere an, Massaker wie in Vietnam wären auch in den portugiesischen Kolonien an der Tagesordnung. In mehreren europäischen Zeitungen wurde ein Bild veröffentlicht, auf dem lachende portugiesische Soldaten den blutigen Kopf eines gerade mit der Machete geköpften Freiheitskämpfers in die Kamera halten. Die Auseinandersetzung um Cabora Bassa radikalisierte so viele Aktionsgruppen aus dem Umfeld der Kirchen.

Die Gruppenmitglieder erkannten, daß rein humanitäre Ansätze der Solidarität nicht ausreichen und gingen zur politischen und materiellen Unterstützung der Befreiungsbewegungen im südlichen Afrika über. Zur Koordination der Gruppen und zur besseren Information der Öffentlichkeit wurde 1971 die Informationsstelle Südliches Afrika (ISSA) in Bonn gegründet.

VON DER ENTWICKLUNGSPOLITISCHEN LOBBY ZUR IMPERIALISMUSKRITIK
DER POLITISIERUNGSPROZESS DER ,,AKTION DRITTE WELT'' IN FREIBURG

Der Prozeß vieler Gruppen, die ihre Arbeit aus einem christlich-humanitären Ansatz begannen, sich zunehmend politisierten und schließlich für das Recht der Befreiungsbewegungen auf bewaffneten Widerstand gegen die Kolonialmacht eintraten, läßt sich am Beispiel der Freiburger Aktion Dritte Welt (ADW) dokumentieren.

Eine Selbstdarstellung der ADW beginnt mit den Sätzen: ,,Die Aktion Dritte Welt wurde 1968 gegründet. Der Diskussions- und

Entwicklungsprozeß, den unsere Gruppe seit dieser Zeit durchgemacht hat, drückt sich darin aus, daß wir in vielen Punkten heute andere Auffassungen vertreten, als wir es noch vor einigen Jahren taten."[14] Diese Aussage deutet die weite Entwicklungsstrecke schon an, die die Freiburger in ihrem nunmehr 18jährigen Bestehen zurückgelegt haben.

Meldungen und Berichte über Hunger und Elend in den Entwicklungsländern waren — wie für viele entwicklungspolitische Gruppen — auch für die ADW-Mitglieder Gründe, sich zusammenzuschließen und etwas zu tun. Das hieß für die ADW 1968: Für die Erhöhung der Entwicklungshilfe an Dritte Welt-Länder eintreten! Mit diesem Ziel stand die damals christlich-humanitär inspirierte Gruppe im Gegensatz zum SDS, der die Ausweitung der Entwicklungshilfe als den reaktionären Versuch bezeichnete, zur Verlängerung der Ausbeutung in der Dritten Welt beizutragen. Der SDS kämpfte deshalb mit der Parole: ,,Zerschlagt die Entwicklungshilfe". Im Freiburger SDS hieß es abgewandelt sogar: ,,Zerschlagt die ADW". Erst eine genauere Auseinandersetzung mit der Entwicklungshilfepolitik der Bundesregierung brachte die ADW von ihrer Anfangsforderung ab. Denn die Entwicklungshilfe war Deutschlandpolitik in der Dritten Welt entsprechend der Hallstein-Doktrin oder offene Exportförderung für deutsche Firmen, keineswegs aber sinnvolle Hilfe für die Entwicklungsländer.

Deshalb verband die Aktion Dritte Welt die Forderung nach einer massiven Erhöhung der Entwicklungshilfe bald mit Forderungen nach einer Verbesserung des entwicklungspolitischen Instrumentariums. Bernhard Merck, Mitglied der ADW, erinnert sich: ,,Wir haben damals gesagt, die Entwicklungshilfe ist so nicht nützlich und nicht gut, aber man kann sie verändern. Das war die Zeit, wo wir noch ziemlich viel Hoffnung gesetzt haben auf den Wechsel zu Eppler."

Die Hoffnung auf eine Änderung der Entwicklungspolitik durch den SPD-Entwicklungshilfeminister Erhard Eppler schien 1969 im sozialliberalen Frühling nicht utopisch. Bereits im Wahlkampf vor der Bundestagswahl 1969 hatte Eppler ein offenes Ohr für die entwicklungspolitisch aktiven Gruppen, denen es so gelingen konnte, die Entwicklungshilfe zu einem — wenn auch nach-

rangigen — Wahlkampfthema zu machen. So beantwortete Eppler ausführlich „17 Fragen zur Entwicklungspolitik", die ihm die Vertretung der evangelischen Jugend in der Hamburgischen Landeskirche gestellt hatte. Und die sechs entwicklungspolitischen Forderungen, die 1970 in einem — von der ADW mitorganisierten — „Friedensmarsch 70" aufgestellt wurden, veröffentlichte das Bundesministerium für wirtschaftliche Zusammenarbeit immerhin als „wichtiges entwicklungspolitisches Dokument".[15]
Die Kompetenzverschiebungen, die Eppler in seinem Ministerium durchsetzen konnte, vergrößerten Anfang der siebziger Jahre die Hoffnungen auf eine „bessere" Entwicklungspolitik noch mehr. Darüber hinaus wurden die neugegründeten entwicklungspolitischen Aktionsgruppen bald von Epplers Ministerium finanziell unterstützt.
Auf der Suche nach Konzepten für eine verbesserte Entwicklungshilfe begann die ADW, sich mit den Welthandelsstrukturen auseinanderzusetzen: „Die Beschäftigung mit der Benachteiligung der Entwicklungsländer im Welthandel führte uns zum ersten Mal zu Faktoren der Unterentwicklung, die im Wirtschaftsverhalten der Industrieländer liegen, sie führte weg von Erklärungen wie der ‚Bevölkerungsexplosion', die in der damaligen Diskussion eine dominierende Rolle spielten."[16]
„Stabilisierung der Rohstoffpreise" und „Gewährung einseitiger Exportpräferenzen für die Entwicklungsländer" — so lauteten deshalb bald die wichtigsten Forderungen der ADW. Auch andere Dritte Welt-Gruppen sahen darin Möglichkeiten für eine „bessere" Entwicklungshilfe, die nach wie vor das politische Ziel war. Allerdings mußte die ADW bald erkennen, daß auch Entwicklungshilfeminister Eppler nur wenig Neigung zeigte, auf solche Forderungen konkret einzugehen. „Wir führten unsere Erfolglosigkeit auf das Fehlen einer Lobby zurück, die die Regierungspolitik im Interesse der Entwicklungsländer beeinflußt. Es wurde unser Ziel, eine ‚*Lobby für die Dritte Welt*' aufzubauen, die — der Vergleich war uns ernst — ähnlich der Industrie-, Rüstungs- oder Landwirtschaftslobby Einfluß auf die Politik der Bundesregierung gewinnen sollte, indem sie konkrete Einzelforderungen zur Verbesserung der Entwicklungshilfe und ihrer Rahmenbedingungen durchzusetzen versucht."[17] Später wich die

Gruppe vom Begriff der ‚‚Lobby'' ab, behielt das zugrundeliegende Konzept aber zunächst bei.
1970 gab die ADW die erste Nummer der bis heute erscheinenden ‚‚Blätter des Informationszentrums Dritte Welt — iz3w'' heraus. Der Schwerpunkt der ‚‚Blätter'' lag in den ersten Jahren auf der Berichterstattung über den Krieg zwischen Portugal und den Befreiungsbewegungen in den afrikanischen Kolonien. Großen Raum nahmen darüber hinaus Berichte über die Unterdrückung der schwarzen Bevölkerungsmehrheiten in den Apartheitstaaten Rhodesien (heute Zimbabwe) und Südafrika ein.

Die Bundesrepublik unterstützte den portugiesischen Kolonialkrieg mit Transportflugzeugen, Kriegsschiffen, Mercedes Unimogs und anderem Gerät. Eine sogenannte ‚‚Endverbleibsklausel'' verpflichtete die portugiesische Diktatur zwar auf dem Papier, diese Rüstungsgüter nicht bei den Kämpfen in Afrika einzusetzen. Doch lieferten die deutschen Firmen auch noch weiter Waffen, als sich die Beweise häuften, daß sich Portugal nicht an die vereinbarte Klausel hielt. Die Wirtschaft hierzulande hatte dabei durchaus ein direktes Eigeninteresse an der Niederschlagung der Befreiungsbewegungen durch die portugieischen Truppen: Die Firma Krupp hatte umfangreiche Schürfrechte in Angola, die Urangesellschaft Rechte in Angola und Mozambique erworben. Darüber hinaus beteiligten sich die Firmen Siemens, AEG-Telefunken, BBC, Hochtief und Voith am Bau des Cabora-Bassa-Staudammes. Dieser versprach, eines der größten Exportgeschäfte für die bundesdeutsche Industrie zu werden.

Für die ADW war bald klar, daß dieses Projekt vor allem der Stärkung der portugiesischen Kolonialherrschaft in Afrika diente. Sie beteiligte sich deshalb an der Kampagne gegen den Cabora-Bassa-Staudamm. Mitglieder der Gruppe nahmen 1972 an einer Protestaktion während der Hauptversammlung der Firma Siemens im Kongreßsaal des Deutschen Museums in München teil. Den Zutritt zu dieser Aktionärsversammlung hatten sie sich durch den vorherigen Kauf von einzelnen Aktien verschafft. Als die Versammlungsleitung die Diskussion über das Staudammprojekt abblocken wollte, besetzten die Gruppenmitglieder das Podium. Daraufhin wurde die Versammlung unterbrochen. Aufgrund dieser Aktion wurde ein ADW-Mitglied zu 200 Mark Geldstrafe oder zehn Tagen Haft verurteilt.

Die Auseinandersetzungen um das Cabora-Bassa-Projekt führten dazu, daß die ADW sich verstärkt mit den Zuständen in der Bundesrepublik auseinandersetzte. In einem Bericht der ,,Blätter'' über die Gerichtsverhandlung ,,Siemens gegen Cabora-Bassa-Gegner'' wurde gefragt: ,,Welches Interesse hat aber der Staatsapparat, dessen wichtige Stütze die Justiz ist, so bereitwillig dem Auftrag kapitalistischer Unternehmer zu folgen und Strafbefehle gegen Mitarbeiter von Gruppen zu erlassen, die hier in der BRD über die ‚Friedensbrüche' westdeutscher Konzerne aufklären?''[18]

Weiter hieß es:

,,Eine Möglichkeit, Antwort auf diese Fragen zu bekommen, besteht darin, die Entstehungsgeschichte dieses Staates im Zusammenhang mit der Entwicklung des kapitalistischen Systems zu untersuchen. Der Marxist Sweezy kommt dabei zu dem Ergebnis, ‚daß der Staat ein Instrument der Klassenherrschaft ist', sein ‚höchster Zweck... der Schutz des Privateigentums'... Und ein

anderer Marxist, Lenin, stellt fest, daß die ‚politischen Besonderheiten des Imperialismus', in dem wir uns in Deutschland seit über 70 Jahren befinden, ‚die Reaktion auf der ganzen Linie sowie die Verstärkung der nationalen Unterdrückung in Verbindung mit dem Druck der Finanzoligarchie und mit der Beseitigung der freien Konkurrenz sind.' ...Hat sich heute an der Verbindung von Staat und Privateigentum an Produktionsmitteln, von imperialistischen Konzernen wie Siemens und politischer und juristischer Reaktion etwas geändert, insbesondere seit sozialliberale Minister und Friedenskanzler an der Spitze unseres Staatswesens stehen, seit ‚mehr Demokratie gewagt wird'?"[19]
Zudem erwähnten die ,,Blätter" eine Reihe von innenpolitischen Ereignissen, die an der Liberalität der sozialliberalen Koalition zweifeln ließen. Daraus wurde die Schlußfolgerung gezogen: ,,Der Angriff auf die Informationsfreiheit bei der Siemens-Hauptversammlung ist kein Einzelfall. Konsequenz gerade für uns Dritte Welt-Gruppen kann nur sein: Bleiben wir nicht bei der Aufklärungsarbeit stehen! *Organisieren* wir uns gemeinsam mit demokratischen, sozialistischen und kommunistischen Organisationen am Ort gegen den Abbau unserer demokratischen Rechte."[20]
In der Auseinandersetzung um den Cabora-Bassa-Staudamm wurden die auf die sozialliberale Koalition gesetzten Hoffnungen endgültig begraben. Die Aktion Dritte Welt gab ihre Lobbystrategie auf: ,,Zum ersten Mal wurde für die Bewegung der Dritte Welt-Gruppen ...der prägende Einfluß deutlich, den Kapitalinteressen, Interessen der Exportindustrie einschließlich der Rüstungsindustrie, Interessen an der Sicherung getätigter Investitionen, Rohstoffinteressen ausüben und daß diese Interessen entgegen allen proklamierten und liberalen Werten auch durch Unterstützung eines Krieges wahrgenommen werden."[21] Was hier der Bewegung angeblich ,,zum ersten Mal" klar wurde, war allerdings schon in der Vietnam- und Algerien-Bewegung diskutiert worden. Aber mit der eigenen politischen Geschichte beschäftigte sich in der Dritte Welt-Bewegung damals kaum jemand.
Die ADW änderte ihr Arbeitskonzept und entschloß sich zu einer breitenwirksamen Bewußtseinsarbeit, ,,die vermutlich Jahrzehnte beanspruchen kann, und die den Zusammenhang zwischen den

Interessen des westdeutschen Kapitals und dem Elend in der Dritten Welt vermittelt."[22] Nur so glaubte die ADW hier in der Bundesrepublik einer Politik entgegenwirken zu können, die die Abhängigkeiten der Dritten Welt aufrechterhält.
Andererseits setzte die Aktion Dritte Welt nicht mehr auf Entwicklungspolitik, sondern unterstützte auch erstmals die Befreiungsbewegungen in den portugiesischen Kolonien direkt: ,,Die materielle Unterstützung dieser Unabhängigkeitsbewegungen, damals wesentlich die Hilfe für den sozialen Aufbau in den befreiten Gebieten innerhalb der Kolonien, wurde eine der praktischen Konsequenzen unserer Arbeit."[23] Der Politisierungsprozeß der ADW zeigte sich auch in der Haltung zur Anwendung von militärischer Gewalt in den Entwicklungsländern: ,,Wir unterstützten Befreiungsbewegungen in den Kolonien, die auch militärisch kämpften. Wir hatten uns somit — ebenfalls eine Konsequenz der Auseinandersetzung mit dem portugiesischen Kolonialkrieg — mit den Bedingungen auseinanderzusetzen, die die Anwendung militärischer Gewalt rechtfertigten. Die allermeisten von uns damals waren zum Teil als Kriegsdienstverweigerer oder aus antimilitaristischen Zusammenhängen heraus Pazifisten und lehnten jede Gewalt in jeder historischen Situation ab. Die Befassung mit der in den Kolonien herrschenden Unterdrückung, der Zerschlagung aller Versuche, mit Mitteln des Protestes und des Streiks die Unabhängigkeit zu erreichen, rückte bei der Beurteilung der Gewalt die konkrete historische Situation in unser Blickfeld und zwang uns zu akzeptieren, daß solche Situationen die Anwendung militärischer Gewalt als notwendiges Übel rechtfertigen."[24]
Die weitere Analyse der Wirtschaftsbeziehungen zwischen der Bundesrepublik und den Ländern der Dritten Welt veränderte auch die Einschätzung der Welthandelsbeziehungen. Die Gruppe wich ab von ihrer früher vertretenen Forderung nach stabilen Rohstoffpreisen und gesicherten Absatzmöglichkeiten für die Dritte Welt in den Industrienationen. Es wurde zunehmend bezweifelt, ob bessere Handelspositionen der Entwicklungsländer im Welthandel überhaupt anstrebenswert wären: ,,Die entwicklungshemmenden Folgen der verstärkten Integration der Entwicklungsländer in den Welthandel und der damit verbundenen

Ausrichtung ihrer Wirtschaften auf die Bedürfnisse der Industrieländer, beispielsweise die Hemmung der Nahrungsmittelproduktion für den einheimischen Markt durch den Anbau von Exportprodukten, rückten deutlicher in unser Bewußtsein."[25]
Auch hier wurde die hohe Lernbereitschaft der ADW-Mitglieder deutlich. Diese Bereitschaft, eingeschlagene Wege als Sackgassen zu erkennen und dann auch wieder zu verlassen, kennzeichnete viele Dritte Welt-Gruppen, die aus moralischer Empörung heraus begannen, sich politisch zu engagieren.
1980, zwölf Jahre nach ihrer Gründung, beschrieb die Aktion Dritte Welt ihren politischen Standort so:
,,In dem Maße, wie der Zusammenhang zwischen kapitalistischer Wirtschaftsstruktur in den Industrieländern und dem Elend, der Ausbeutung und Unterdrückung der Dritten Welt in das Bewußtsein unserer Gruppe rückte, wandelte sich auch unsere Haltung zum Gesellschaftssystem der BRD. Wir verstanden uns in zunehmendem Maße als Teil der Linken in der BRD, zu deren Verbreiterung beizutragen eines der Ziele wurde, die unsere langfristige Bildungsarbeit begründen."[26] Dies drückt sich auch darin aus, daß die ,,Blätter des iz3w" seit der Auseinandersetzung um den Cabora-Bassa-Staudamm bis heute regelmäßig Stellung nehmen zur Gefährdung der demokratischen Rechte in der Bundesrepublik: gegen Berufsverbote, gegen die juristische Verfolgung von AKW-Bauplatzbesetzern, gegen beabsichtigte Verbote linker Organisationen. Dafür wurden die ,,Blätter" im Verfassungsschutzbericht inzwischen auch als ,,linksextremistische und linksextremistisch beeinflußte" Publikation gewürdigt. Natürlich war die ADW auch bei der plötzlich aufblühenden Chile-Bewegung seit 1973 dabei...

KLAUS VACK:
»WICHIGE ERKENNTNISSE — ZERSCHLAGENE HOFFNUNGEN«

,,Wir hatten damals große Hoffnungen in den Neuversuch in Chile unter Allende. Diese Links-Regierung hatte in relativ kurzer Zeit viele soziale Reformen vorgenommen, die nicht nur überfällig waren, sondern die auch in der Bevölkerung großen Anklang gefunden hatten. Wenn dieser Prozeß weitergegangen wäre, hätte dies bedeutet, daß dieses Land nicht nur einen sozialen, sondern auch einen sozialistischen Weg eingeschlagen hätte. Das hat bei uns große Hoffnungen erweckt, die auch noch was zu tun hatten mit den Hoffnungen in die sozialliberale Koalition, obwohl die ja schon ausklangen. Währenddem stiegen die Hoffnungen, daß Chile es schaffen würde. Das ist damals vom Sozialistischen Büro auch publizistisch durch vielerlei Material dokumentiert worden, während die K-Gruppen sich für Chile in dieser Phase vor 1973 noch nicht interessiert hatten. Für sie war das doch nur ein reformistischer Kurs, den Allende verfolgte.
Ja, und dann kam also dieser schlimme Tag, an dem geputscht wurde. Allende wurde ermordet und nicht nur er, und sein Regime wurden ausgeschaltet. Ich kann mich noch erinnern, daß wir an diesem Abend im Gewerkschaftshaus saßen und über eine Telefonkette Leute zu mobilisieren versuchten. Ich hab einfach einen Haufen Leute angerufen, hab denen gesagt, ruft andere an, habe ausgemacht, daß wir einen großen Saal im Gewerkschaftshaus in Frankfurt bekamen. Und der war also proppevoll und zum Schluß war das eine Demonstration von 10.000 Leuten. Die kamen also innerhalb von wenigen Stunden zusammen, was ja auch wieder deutlich macht, was da an Sehnsüchten, an Hoffnungen, an Erwartungen dahinterstand, die nun zerschlagen worden waren durch diesen Putsch. Und das ist der Unterschied zu Vietnam. In Chile lief ein sozialrevolutionärer Prozeß und der ist zerschlagen worden. Im Gegensatz zu Vietnam, wo die Solidaritätsbewegung erst eingestiegen ist, als dieser Zerstörungs- und Kriegsprozeß schon in Gang war. In den ersten Wochen kamen die ganzen Schreckensmeldungen von den Oppositionellen, die in

Fußballstadien zusammengepfercht waren. Es kamen hautnahe Berichte, die durch nichts gefiltert waren. Am Anfang waren sie mit der Hoffnung erfüllt, die noch vorhandenen und noch intakten Gruppen würden nun zum Widerstand greifen. Ich kann mich erinnern, daß wir damals eine Broschüre gemacht haben, eine Dokumentation über Chile, direkt nach dem Putsch, deren Titelbild dann später als Plakat aufgetaucht ist. Es zeigte eine Hand mit einem Gewehr. Das heißt, daß Hoffnungen auf einen massenhaften militärischen Aufstand vorhanden waren, der diesen Putsch zu einem Operettenputsch machen, ihn also praktisch wegfegen würde. Und das ist ja nun nicht eingetreten. Das war eine absolute Fehleinschätzung.
Wichtig war für uns auch, daß wir an diesem Fall wieder erkennen mußten, wie die Fronten verlaufen, und zwar in unserem eigenen Land, und wie unsere Bourgeoisie und ihre Medien sich in einer solchen Sache verhalten. Für FAZ und WELT und die gesamte Springerpresse war vollkommen klar, daß die Militärs eingreifen mußten, weil das Chaos in Chile kurz vor der Tür stand und daß eine viel schlimmere Katastrophe drohte als dieser Putsch, bei dem lediglich einige Oppositionelle über die Klinge springen mußten. Wobei ganz interessant ist, daß die informativsten und genauesten Berichte über Chile in der FAZ zu lesen waren, weil die Bourgeoisie ja auch informiert werden mußte. Die mußte wissen, was in diesem Land passierte. Die mußten, wenn sie ihre Morgenzeitungen aufschlugen, lesen können, was wirklich los war."

GEMEINSAM TRAUERN, GETRENNT DEMONSTRIEREN

Die Chile-Solidarität der siebziger Jahre

EIN HALBER LITER MILCH FÜR KINDER UND EIN PUTSCHVERSUCH DER CIA
DAS CHILE DER UNIDAD POPULAR

Che Guevaras Guerilla in Bolivien, die Tupamaros in Uruguay, der ,,Linksputsch" der Militärs in Peru, Mittelamerika, wo revolutionäre Kommandos ausländische Diplomaten kidnappten, und allenfalls noch der Fortgang der Revolution auf Kuba — darauf beschränkte sich Anfang der siebziger Jahre das geringe Lateinamerika-Interesse der bundesdeutschen Protestbewegung und der damals schon existierenden Solidaritätsgruppen. So gut wie keine Aufmerksamkeit fanden die politischen Vorgänge in Chile, jenem langgestreckten Land, das im Südwesten Südamerikas zwischen Pazifik und Anden liegt.

Chile hatte — scheinbar — wenig Spektakuläres zu bieten: ein unterentwickeltes Land, das dennoch — neben Brasilien, Mexiko und Argentinien — zu den am stärksten industrialisierten Ländern des Kontinents zählte. Ein Land mit einer mehr als 150jährigen, fast ungebrochenen bürgerlich-demokratischen Tradition, die damit dreimal so lang war wie die deutsche. Ein Land mit einer für Lateinamerika starken Arbeiterklasse, die sich in großen, miteinander konkurrierenden marxistischen Parteien organisiert hatte.

Zu Deutschland hatte nur die Rechte aus Chile traditionell gute Beziehungen. Deutsche hatten in der Mitte des 19. Jahrhunderts bei der Besiedlung des Südens von Chile eine maßgebliche Rolle gespielt. Der deutsche Einfluß in Südchile, vor allem in und um die Städte Valdivia, Temuco und Puerto Montt, ist bis heute deutlich spürbar. Von daher existieren traditionell viele deutsch-chilenische Kontakte zwischen Konservativen hier und dort. Für die Präsidentschaftswahlen im Spätsommer 1970 hatten sich die maßgeblichen Parteien der chilenischen Linken zu einem Wahlbündnis, der Unidad Popular, zusammengeschlossen. Dieses Bündnis kündigte für den Fall des Wahlsieges grundsätzliche gesellschaftliche Veränderungen in Chile an. Nach der Reformpolitik des christdemokratischen Präsidenten Eduardo Frei trat die

Unidad Popular mit dem Ziel an, Chile „auf den Weg zum Sozialismus" zu bringen.
Nach einem äußerst militanten Wahlkampf erreichte der sozialistische Kandidat der Unidad Popular, Salvador Allende, am 4. September 1970 einen knappen Sieg. Die chilenische Verfassung schrieb vor, daß bei Präsidentschaftswahlen, bei denen kein Kandidat die absolute Mehrheit erreicht, der Kongreß einen der beiden erstplazierten Kandidaten zum Präsidenten wählen sollte. Im Kongreß verfügten die Parteien der Unidad Popular aber nur über 80 von 200 Sitzen. Durch eine Reihe von politischen Manövern versuchten die konservativen Kräfte in Chile, die Wahl Allendes zum Präsidenten zu vereiteln. Der radikalste Versuch, den Wahlsieger vom Präsidentensessel fernzuhalten, war ein Attentat auf den Oberkommandierenden der chilenischen Armee, General René Schneider. Dies war 1970 das erste politische Attentat in der chilenischen Geschichte seit 1837. Die Hintermänner des Anschlags, bei dem Schneider starb, wurden schnell in Kreisen des rechten Flügels der christdemokratischen Partei und rechtsradikaler Organisationen ausgemacht. Diese schnelle Aufklärung des Attentats war in erster Linie dem Nachrichtendienst des MIR (Movimiento de Izquierda Revolucionaria) zu verdanken. Diese Organisation trat in Chile für den bewaffneten revolutionären Kampf ein. Sie gehörte zwar der Unidad Popular nicht an, hatte sich aber zu einer kritischen Unterstützung des Parteienbündnisses entschlossen. Doch trotz der schnellen Aufdeckung des Hauptnetzes der Verschwörung, die hinter dem Attentat stand, blieb noch vieles im Zusammenhang mit dem Anschlag zunächst unklar. Erst eineinhalb Jahre später wurden auch die noch offenen Fragen geklärt. Im März 1972 enthüllte der nordamerikanische Journalist Jack Anderson in der Washington Post, daß die International Telephone and Telegraph Company (ITT), einer der mächtigsten US-Konzerne in der Welt, zusammen mit dem US-amerikanischen Geheimdienst CIA, dem nordamerikanischen Botschafter in Santiago und führenden Vertretern der chilenischen Rechten schon aktiv an diesem Umsturzplan in Chile beteiligt war. Der Machtantritt des Sozialisten Salvador Allende sollte um jeden Preis verhindert werden. Diesem Umsturzplan, von dem die nordamerikanische Regierung Kenntnis hatte, fiel

General Schneider zum Opfer, weil er erklärt hatte, die Streitkräfte würden in die verfassungsmäßige Wahl des Präsidenten nicht eingreifen.

Nach der Veröffentlichung der „ITT-Papiere", die all dies enthüllten, verstaatlichte die Unidad Popular im April 1972 die chilenischen Niederlassungen der ITT.

Der Versuch, mit dem Attentat auf General Schneider die Armee gegen die Unidad Popular zu mobilisieren, war gescheitert. Die chilenische Armee bekräftigte ihre Ablehnung jeglicher Intervention in die politischen Vorgänge. Am 24. Oktober 1970 wählte der chilenische Kongreß den Sozialisten Salvador Allende für die Zeit bis 1976 zum Präsidenten der Republik.

Unmittelbar nach dem Amtsantritt Allendes trat eine Verfügung in Kraft, die weltweit Aufsehen erregte: Alle chilenischen Kinder unter 15 Jahren erhielten täglich kostenlos einen halben Liter Milch. Außerdem stellte die Regierung der Unidad Popular bedürftigen Kindern fünf Millionen Schulbücher, 500.000 Paar Schuhe und große Mengen Schulutensilien zur Verfügung. 1,8 Millionen Schüler erhielten täglich — zusätzlich zu ihrer Milchration — auch ein Frühstück und 680.000 ein Mittagessen.

Innerhalb von drei Jahren gelang es der Unidad Popular, die wirtschaftlichen und sozialen Verhältnisse in Chile grundlegend zu verändern: Die Kupferminen wurden nationalisiert. Damit verfügte der Staat über den Rohstoff, der mehr als die Hälfte der chilenischen Deviseneinnahmen einbrachte. Verstaatlicht wurden darüber hinaus auch Eisenerzgruben, Salpeterminen, Kohlebergwerke, Stahl- und Zementwerke, die größten Textilfabriken und die Energieversorgung. Auch im Bereich der verarbeitenden Industrie waren 1973 schon 210 Betriebe in der Hand des Staates. Insgesamt erzeugten die nationalisierten Firmen Ende 1972 über die Hälfte der industriellen Produktion der gesamten chilenischen Volkswirtschaft.

Die Arbeitslosigkeit war bis 1973 von knapp neun auf drei Prozent zurückgegangen. Zum ersten Mal in der Geschichte Chiles wurde seit 1970 ein umfassendes Gesundheitssystem aufgebaut. In der Regierungszeit der Unidad Popular entstanden neue erdbebensichere Wohnungen für mehr als 100.000 Chilenen. Die Kindersterblichkeit war 1973 im Vergleich zu früher um 20 Prozent

gesunken. Auf dem Land wurden 4.000 Latifundien mit knapp neun Millionen Hektar Land enteignet. 50.000 Bauernfamilien erhielten Felder zur Bestellung. Die Unidad Popular gewährte erstmals allen alten Menschen über 65 Jahren eine monatliche Unterstützung und 1973 begann die Regierung mit einem Feldzug gegen die Kinderlähmung.
Die ökonomischen und sozialen Änderungen, von denen hier nur die wichtigsten aufgezählt sind, konnten allerdings nur in einer sich ständig verschärfenden innenpolitischen Situation durchgesetzt werden. Diese Verschärfung wurde von außen geschürt: Die Bundesrepublik zum Beispiel war damals der größte Abnehmerstaat von chilenischem Kupfer. Deshalb mischte sich die sozialliberale Koalition mit dem Hinweis auf den deutsch-chilenischen Handel bald in die chilenische Innenpolitik ein. Die Bonner Regierung setzte durch, daß mehrere Verstaatlichungen von Betrieben mit deutscher Kapitalmehrheit und die Enteignungen von deutschen Großgrundbesitzern rückgängig gemacht wurden. Stärker noch versuchten die Vereinigten Staaten, deren Konzerne von der Nationalisierung der Kupferminen besonders betroffen waren, Druck auf Chile auszuüben. Die Nixon-Regierung veranlaßte eine ,,unsichtbare Blockade" gegen Chile. Sie manipulierte den Rohstoffmarkt so, daß die Kupferpreise an den internationalen Rohstoffbörsen sanken. Damit gingen die chilenischen Devisen-Einnahmen zurück. Dem Andenstaat wurden auch Kredite gesperrt und Ersatzteillieferungen verweigert. Gleichzeitig stellten die einheimischen chilenischen Unternehmer ihre Investitionen ein.
Dadurch kam es Ende 1971, Anfang 1972 zu — zunächst vereinzelten — Versorgungsengpässen in Chile. Teile der Bevölkerung, vor allem das Kleinbürgertum, kehrten daraufhin der Unidad Popular den Rücken. Gleichzeitig näherten sich die Christdemokraten und die traditionellen Rechtsparteien in der Opposition einander an. Wirtschaftspolitische Maßnahmen der Regierung konnten die ökonomische Situation nicht verbessern. Im Gegenteil: Die Inflation beschleunigte sich so stark, daß Lohn- und Gehaltsverbesserungen kaum mithalten konnten. Parallel dazu weitete sich der Schwarzmarkt aus. In dieser Phase begann die Opposition im Parlament damit, der Regierung zusätzliche Schwierig-

keiten zu bereiten: Das Parlament machte nun zunehmend von der Möglichkeit Gebrauch, Minister und hohe Regierungsfunktionäre abzusetzen. Die verstärkt einsetzende Politisierung der — von der Wirtschaftspolitik benachteiligten — Unternehmerorganisationen und Berufsverbände führte im Oktober 1972 zu einem Streik von Fuhrunternehmern und Einzelhändlern. Dabei mußte die Unidad Popular erkennen, daß Transport und Verteilung von Waren — weitgehend in privater Hand geblieben — die Bereiche waren, deren Störung das Wirtschaftsleben am stärksten treffen konnte.

Die Auswirkungen des Unternehmer-Streiks trafen vor allem die ärmsten Schichten der chilenischen Bevölkerung. Die Aktion der Fuhrunternehmer und Einzelhändler zwang die Arbeiter, die Weiterführung der Produktion, die Bewachung ihrer Betriebe und die Verteilung der wichtigsten Konsumgüter selbst zu organisieren. Dadurch entstanden Zusammenschlüsse von Arbeitern und Angestellten in den Industriezentren der Städte. Darüber hinaus begannen vor allem die ärmeren Schichten, in sogenannten ,,Gemeindekommandos'' zusammenzuarbeiten. Die Forderung nach Volksmacht, Poder Popular, wurde unter Arbeitern laut.

Der politische Lösungsversuch der Regierung Allende bestand in dieser zugespitzten Situation darin, führende Vertreter des Militärs, das sich bis dahin nach außen hin aus der Tagespolitik herausgehalten hatte, in das Kabinett aufzunehmen. Die Militärs sollten der Opposition zeigen, daß die Regierung bereit war, die Zusagen an die streikenden Unternehmer einzuhalten und für die geordnete Durchführung der Parlamentswahlen im März 1973 zu sorgen. Bei diesen Wahlen hoffte die Opposition auf die Zwei-Drittel-Mehrheit im Kongreß, die zur Absetzung des Präsidenten erforderlich gewesen wäre. Aber es kam anders: Die Wahlen endeten mit einem relativen Erfolg für die Unidad Popular und besonders für die marxistischen Parteien.

Aus Enttäuschung über diesen Wahlausgang verstärkte die Opposition die Sabotage. Im April und im Mai 1973 streikte zudem ein Teil der Beschäftigten in den Kupferminen. Die Kupfer-Bergleute zählten traditionell zu den bestbezahlten Arbeitern in Chile. Sie versuchten, ihren Einkommensvorsprung zu wahren. So nahmen sie auch die negativen Folgen ihres Lohn-Streiks für die innenpolitisch angeschlagene Allende-Regierung in Kauf. Am 29. Juni 1973 kam es zu einem ersten Putschversuch und zwischen August und September 1973 lähmte ein neuer Streik der Fuhrunternehmer die chilenische Wirtschaft. In den Streitkräften verstärkten sich die Anzeichen für einen erneuten Putschversuch.

DOKUMENT 15:
„WER ZAHLTE FÜR DIE 205-PROZENTIGE
GEWINNSTEIGERUNG DER FIRMA KENNECOTT?"
SALVADOR ALLENDE, 1972:

Nach langem und opferreichem Ringen hat das chilenische Volk die Regierung übernommen und widmet sich voll der Aufgabe, die Wirtschaft zu demokratisieren, damit die Produktion den nationalen Bedürfnissen und Erwartungen und nicht den Profitinteressen einer Minderheit entspricht. Auf der Grundlage eines einheitlichen Programms wird die alte Struktur, die sich auf die Ausbeutung der Werktätigen und die Beherrschung der wichtigsten Produktionsmittel durch eine Minderheit stützt, überwunden werden. An ihrer Stelle entsteht eine neue Struktur, die von den Werktätigen geleitet wird, die im Dienste der Interessen der Mehrheit steht, die die Grundlagen für Wirtschaftswachstum und eine wirkliche Entwicklung schafft, eine Struktur, die alle Einwohner einbezieht und nicht breite Schichten von Mitbürgern im Elend läßt und vom gesellschaftlichen Leben ausschließt.
Die Werktätigen sind dabei, die privilegierten Schichten von der politischen und ökonomischen Macht zu verdrängen, sowohl in den Betrieben als auch in den Gemeinden und im Staat. Das ist der revolutionäre Inhalt des Prozesses, den mein Land durchlebt, die Überwindung des kapitalistischen Systems und die Öffnung zum Sozialismus.
Die Notwendigkeit, die Gesamtheit unserer ökonomischen Reserven in den Dienst des Volkes zu stellen, geht einher mit der Wiedererringung der Würde Chiles. Wir mußten mit der Situation Schluß machen, daß, während wir gegen Armut und Stagnation kämpfen, gleichzeitig große Kapitalsummen aus Chile abgeführt wurden zugunsten der mächtigsten Marktwirtschaft der Welt. Die Nationalisierung der Bodenschätze war eine historische Forderung. 80 Prozent der Bodenschätze unseres Landes befanden sich in den Händen großer ausländischer Gesellschaften, die ihre eigenen Interessen stets den Belangen der Länder vorangestellt ha-

ben, aus denen sie Profit ziehen. Außerdem konnten wir nicht länger die Latifundien, die Industrie- und Handelsmonopole dulden, nicht den Zustand, daß das Kreditwesen nur einigen wenigen zugute kam. Wir konnten die brutalen Ungleichheiten der Einkommensverteilung nicht länger fortbestehen lassen.
Die von uns begonnene Veränderung der Machtstruktur, die fortschreitende Übernahme der führenden Rolle durch die Werktätigen, die Renationalisierung der Bodenschätze, die Befreiung unseres Vaterlandes von der Unterordnung unter fremde Mächte sind die Krönung eines langen historischen Prozesses, die Krönung des Ringens um politische und soziale Freiheiten, des heldenhaften Kampfes mehrerer Generationen von Arbeitern und Bauern, sich als soziale Kraft zu organisieren zur Eroberung der politischen und der ökonomischen Macht.
Tradition und revolutionäres Bewußtsein des chilenischen Volkes ermöglichen es, den Prozeß in Richtung Sozialismus voranzutreiben auf dem Wege der Stärkung der kollektiven und individuellen bürgerlichen Freiheiten, bei Respektierung kultureller und ideologischer Vielfältigkeit. Unser Kampf ist ein ständiges Ringen für die Durchsetzung der sozialen Freiheiten, der wirtschaftlichen Demokratie durch die volle Ausübung der politischen Freiheiten.
Unser Volk ist von dem demokratischen Willen beseelt, den revolutionären Prozeß im Rahmen eines institutionalisierten Rechtsstaates voranzutreiben, der in der Vergangenheit Veränderungen zugänglich gewesen ist und der heute vor der Notwendigkeit steht, sich der neuen sozialökonomischen Realität anzupassen.
Wir haben die wichtigsten Bodenschätze nationalisiert. Wir haben das Kupfer nationalisiert. Wir taten es durch einstimmigen Beschluß des Kongresses, in dem die Regierungsparteien in der Minderheit sind. Wir wollen, daß alle Welt deutlich versteht: Wir haben die ausländischen Betriebe des großen Kupferbergbaus nicht konfisziert. Wir haben im Einklang mit unserer Verfassung ein historisches Unrecht beseitigt, als wir von der Entschädigungssumme alle seit 1955 über 12 Prozent liegenden Gewinne abgezogen haben.
Die Gewinne, die die Gesellschaften aus einigen der jetzt nationalisierten Betriebe im Verlauf der letzten 15 Jahre erzielt haben, waren so übertrieben hoch, daß diese Betriebe bei Zugrundelegung einer vertretbaren Gewinngrenze von 12 Prozent pro Jahr bedeutende Abzüge hinnehmen mußten. Nehmen wir als Beispiel eine Filiale der Gesellschaft Anaconda, die zwischen 1955 und 1970 in Chile einen durchschnittlichen Jahresgewinn von 21,5 Prozent des Buchwertes erzielte, während ihre Gewinne in anderen Ländern jährlich nur 3,6 Prozent betrugen.
Ähnlich ist die Lage bei einer Filiale der Gesellschaft Kennecott, die im

selben Zeitraum in Chile einen durchschnittlichen Jahresgewinn von 52,8 Prozent erzielte. In einigen Jahren kam sie auf so unglaubliche Gewinne wie 106 Prozent im Jahre 1967, 113 Prozent im Jahre 1968 und mehr als 205 Prozent im Jahre 1969. Der durchschnittliche Gewinn der Kennecott erreichte im selben Zeitraum in anderen Ländern kaum 10 Prozent pro Jahr. Entsprechend der Verfassungsnorm wurden bei Kupferbetrieben ohne übertriebene Gewinne, das heißt bei solchen, die die vertretbare Grenze von 12 Prozent nicht überschritten, keine Abzüge vorgenommen.

Es muß noch hervorgehoben werden, daß in den Jahren unmittelbar vor der Nationalisierung die großen Kupfergesellschaften Ausbaupläne in Angriff genommen hatten, die zum großen Teil gescheitert sind. Zur Finanzierung dieser Pläne verwendeten sie jedoch trotz der großen Gewinne, die sie erzielten, keine eigenen Mittel, sondern nahmen ausländische Kredite auf.

Entsprechend den gesetzlichen Vorschriften mußte der chilenische Staat diese Schulden übernehmen, die sich auf die enorme Summe von 736 Millionen Dollar belaufen. Wir haben sogar angefangen, die Schulden abzutragen, die eine unserer Gesellschaften gegenüber der Kennecott, der Hauptgesellschaft in den Vereinigten Staaten, vertraglich übernommen hatte. Dieselben Unternehmen, die seit vielen Jahren das chilenische Kupfer ausbeuteten, haben allein in den letzten 42 Jahren mehr als vier Milliarden Dollar Profit gemacht, obwohl ihre Anfangsinvestitionen nicht mehr als 30 Millionen betrugen. Ein einfaches, aber schmerzliches Beispiel, um den tiefen Kontrast zu verdeutlichen: In meinem Lande gibt es 600.000 Kinder, die niemals ein normales menschliches Leben werden führen können, weil sie in den ersten acht Monaten ihres Erdendaseins nicht genügend Eiweiß bekamen. Vier Milliarden Dollar würden Chile völlig verändern. Nur ein kleiner Teil dieser Summe würde ausreichen, den Kindern meines Vaterlandes für immer genügend Proteine zu geben. Die Nationalisierung des Kupfers erfolgte unter peinlicher Beachtung der inneren Rechtsordnung und der Normen des Völkerrechts, das an sich ja nicht mit den Interessen der kapitalistischen Großbetriebe identifiziert werden kann.

Das ist, in kurzen Worten ausgedrückt, der Prozeß, den mein Vaterland durchlebt. Ich habe es für angebracht gehalten, ihn vor dieser Versammlung darzulegen, mit der Autorität, die uns die Tatsache verleiht, daß wir uns strikt an die Empfehlungen der Vereinten Nationen halten und uns auf unsere inneren Anstrengungen als Grundlage der wirtschaftlichen und gesellschaftlichen Entwicklung stützen. Hier in diesem Forum hat man uns geraten, die Institutionen und die rückständigen Strukturen zu verändern; die nationalen Reserven — die natürlichen Reichtümer und die menschliche Schöpferkraft — zu mobilisieren; das Einkommen umzuverteilen; der Bildung und der gesundheitlichen Betreuung sowie der Sorge um die ärmsten Schichten der Bevölkerung den Vorrang zu geben. Das alles ist Grundbestandteil unserer Politik, die wir zu verwirklichen begonnen haben.[1]

ALLENDE — WER IST DAS?
1970: CHILE WAR NOCH KEIN THEMA

Der erste Sieg eines marxistischen Präsidentschaftskandidaten in freien Wahlen, die Verwirklichung eines weitgehenden Nationalisierungsprogramms, kurz: Chiles Weg zum Sozialismus fand in der bundesdeutschen Linken nur ein bescheidenes Interesse. Es war die Zeit der politischen Sekten. Für die K-Gruppen war der chilenische Weg ,,reformistisch'' und schon von daher uninteressant. Für andere war er zu kompliziert und zu widersprüchlich; er ließ sich nicht so leicht in eine Schublade stecken. Abgesehen von einem Grüppchen linker Wissenschaftler und Diplomanden, die — versehen mit Forschungsaufträgen oder Stipendien — den Sozialismus vor Ort in Chile studierten, gab es kein nennenswertes Interesse an den Vorgängen in dem Andenstaat. Einer Gruppe von Chile-Rückkehrern war es damals zu verdanken, daß im Sommer 1973, als die Dramatik des Klassenkampfes in Chile ihren Höhepunkt erreichte, überhaupt kleine Aktionen zur Unterstützung der wankenden Unidad Popular beschlossen wurden. Diese Gruppe gründete im Juni 1973 das Komitee ,,Solidarität mit Chile'' und gab als Informationsorgan seitdem die ,,Chile Nachrichten'' heraus. Mit diesem zunächst hektographierten DIN-A5-Heftchen wollte man Informationsarbeit für Chile leisten. Die Auflage der ersten fünf Ausgaben der ,,Chile-Nachrichten'' stieg nur langsam von 50 auf 200. Auf dem Höhepunkt der Klassenkämpfe in Chile entsprach diese Zahl dem Interesse der deutschen Linken an der Politik der Unidad Popular. Genauso gering blieb das Spendenaufkommen: Für Chile wurden von Juni bis September 1973 ganze 780 Mark gesammelt. Die Zahl derer, die sich für Chile interessierten und die den Aufbau einer sozialistischen Gesellschaft dort unterstützen wollten, war gering. Die Auseinandersetzungen über den ,,richtigen" Weg, den die Chilenen einzuschlagen hätten, wurden aber schon damals heftig geführt. Die Frage, ob Allende das bedrängte ,,Volk bewaffnen" müßte, oder ob er ,,legalistisch" zu versuchen hätte, mit der Reaktion klarzukommen, waren zum Teil erbitterte Streitpunkte unter den wenigen Linken mit Interesse für Chile. Urs Müller-Plantenberg, einer der ,,Chile-Rückkehrer", die die Chile-Solidarität in Westberlin aufzubauen versuchten, skizzierte Anfang September 1973 — also unmittelbar vor dem Putsch — in einem Aufsatz die ,,Schwierigkeiten mit dem Klassenkampf in Chile" (siehe Dokument).

DOKUMENT 16:
,,MAN BEZIEHT EINEN STANDPUNKT, WIE MAN EINE WOHNUNG BEZIEHT."
URS MÜLLER-PLANTENBERG, 1973:

,,Die Regierung Allende hat mit ihrer ständigen Mißachtung der Legalität und der Duldung von gewalttätigen Aktionen ihrer Anhänger ein Chaos heraufbeschworen, dessen sie nun selbst nicht mehr Herr zu werden vermag. Statt die sozialen Konflikte mittels effizienter wirtschaftspolitischer Maßnahmen zu überwinden, hat sie den Haß zwischen den sozialen Gruppen gesteigert. In dieser Situation, in der selbst die Arbeiter sich unzufrieden abzuwenden beginnen, ist es allein noch die Armee, die, fast unverständlicherweise, die totalitäre Regierung vor dem Sturz rettet."

,,Der Reformismus der Regierung Allende zeigt sich am deutlichsten in ihrem Legalitätsfetischismus und in ihrem Glauben, den Sozialismus auf parlamentarischem, friedlichem Weg erreichen zu können. Statt mit revolutionärer Entschlossenheit den bürgerlichen Staat zu zerschlagen und alle Produktionsmittel in die Hände des Volkes zu legen, handelt die Regierung mit dem Klassenfeind, mit dem Imperialismus und der Bourgeoisie, die Bedingungen aus, unter denen sie noch eine Weile weiterexistieren darf. Dieser Verrat an der Arbeiterklasse wird sich bald bitter rächen."

,,Die überwältigende Mehrheit der Chilenen hat sich für tiefgreifende wirtschaftliche und soziale Veränderungen ausgesprochen und wird deshalb im Ernstfall immer die Regierung Allende gegen die Aggression des

Imperialismus und seiner Verbündeten verteidigen. Entscheidend ist in der gegenwärtigen Phase, daß durch äußerste Disziplin eine Steigerung der Wirtschaftsproduktion ermöglicht wird, die als Grundlage für ein dauerhaftes Bündnis der Arbeiter und Landarbeiter mit den fortschrittlichen Mittelschichten dienen kann."

Die vorstehenden Formulierungen sind konstruiert, aber sie sind nicht erfunden. Wer hätte nicht solche oder ähnliche Sätze in Deutschland schon gehört? Es sind Standpunkte im wahrsten Sinne des Wortes. Zu Chile muß heute jedermann, jede Gruppe, jede politische Organisation ihren Standpunkt haben, oder besser: beziehen. Man bezieht seinen Standpunkt, wie man eine Wohnung bezieht. Man richtet sich ein.

Auf einem Standpunkt steht man. Man verläßt ihn nicht ohne Not. Im Gegenteil, man versucht, sich fest zu verwurzeln. Obwohl das Chile des Jahres 1973 nur noch wenig gemein hat mit dem Chile von 1970, sind die Standpunkte, die man dazu in Deutschland bezieht, vielfach die gleichen geblieben.

Nun ist es zweifellos nicht so, daß die Klassen und politischen Gruppen in Chile einem prinzipienlosen Pragmatismus huldigten und ohne Standpunkt, ohne Perspektive handelten. Das Gegenteil ist richtig. Nur besteht ein bedeutender Unterschied. Die in Chile vertretenen Standpunkte repräsentieren unmittelbare und langfristige konkrete Interessen im Land selbst und müssen sich deshalb ständig in der konkreten Situation des Klassenkampfes bewähren. Da bleibt keine Zeit, sich gemütlich einzurichten. Wenn irgendwo in Chile eine „Abteilung Ewige Wahrheiten" bestanden hat, so ist sie heute geschlossen. Der lebendige Prozeß des Klassenkampfes mit all seinen Widersprüchen ist unter anderem auch ein ständiger Lernprozeß, in dem immer neue Erfahrungen gemacht werden müssen. Nicht umsonst haben kluge Beobachter Chile heute ein Laboratorium des Klassenkampfes genannt. Man müßte hinzufügen, daß von der Forschung in diesem Laboratorium niemand ausgeschlossen ist, daß alle Chilenen daran teilnehmen.

Der Lernprozeß, von dem hier die Rede war, könnte für die Interessierten in der Bundesrepublik ein wahrhaft erregendes Lehrstück sein, wenn sie bereit wären, sich auf eine konkrete Analyse einzulassen und diese, in ständiger Auseinandersetzung mit aktuellen Veränderungen, zu überprüfen. Die folgenden Zeilen können und sollen nicht direkt einer solchen Analyse dienen, sondern nur dazu beitragen, das Feld dafür freizumachen, indem einige der wichtigsten Schwierigkeiten und offenbarsten Interpretationsfehler aufgezeigt werden.

Die eingangs zitierten Standpunkte sind sicherlich zugespitzt und vereinfacht dargestellt. Aber sie stellen doch die Quintessenz dessen dar, was es in der Bundesrepublik an Stellungnahmen zum chilenischen Prozeß gibt.

Dabei können sich die hiesigen Vertreter dieser Positionen durchaus auf ähnliche Stellungnahmen in Chile berufen. Aber sie vergessen dabei, daß die chilenischen Stellungnahmen immer eine konkrete Situation reflektieren und ständig durch den Prozeß selbst der Überprüfung ausgesetzt werden. Hier aber werden bestimmte Argumente aus konkreten Stellungnahmen verabsolutiert: Man argumentiert päpstlicher als der Papst. Oder um konkret zu sein: freiistischer als Frei, miristischer als der MIR, allendistischer als Allende.

Die innere Struktur der geschilderten Standpunkte ist fast immer die gleiche: Aufbauend auf einigen Informationen, die sich bei näherem Hinsehen oft als falsch oder auf groben Mißverständnissen beruhend erweisen — zum Beispiel verrät das Reden vom ,,parlamentarischen'' Weg eine totale Unkenntnis der chilenischen Verfassung —, kommt man schnell zu einigen generalisierenden Behauptungen. Diese werden zum Anlaß genommen, Prophezeiungen auszustoßen, die man als nüchterne Prognosen ausgibt. Und schließlich folgen einige gute Ratschläge oder Rezepte, wie man es alles anders und besser machen könnte.

Nun hat das alles seine Gründe. Und der Hauptgrund für die Schiefe und Banalität der geschilderten Standpunkte scheint in der Tatsache zu liegen, daß nur ein Faktum wirklich die politischen Interessen in Europa tangiert hat: der Sieg eines marxistischen Präsidentschaftskandidaten in freien Wahlen. Das wurde, je nach konkretem Interesse, als Gefahr und Herausforderung, als Beispiel und Modell oder schließlich als Irrweg und gefährliche Illusion begriffen. Man sah und sieht in Allendes Wahl einen möglichen Präzedenzfall für Westeuropa, und die Befürchtungen und Hoffnungen, die sich daraus ergeben, bestimmen nicht nur die Interpretation der eingehenden Informationen über Chile — was an sich kein Unglück ist, denn jede Interpretation eines politischen Sachverhalts wird sich letztlich auf konkrete politische Interessen zurückführen lassen —, sondern sie bestimmen auch zugleich die Selektion der Informationen, die zur Kenntnis genommen bzw. überhaupt übermittelt werden. Und diese Selektion ist es, die daran hindert, aus dem chilenischen Prozeß alles zu lernen, was man daraus lernen könnte.

Die Hoffnungen und Befürchtungen der westeuropäischen Öffentlichkeit lassen sich in einer einzigen Frage zusammenfassen, auf die denn auch jeder, der einmal in Chile war, ständig zu antworten hat und die allen, die zur Berichterstattung nach Chile fahren, als wichtigstes Gepäckstück mitgegeben wird. Die Frage heißt: ,,Kann Allende es schaffen?'' Sie ist unpräzise gestellt, und sie ist falsch gestellt. Unpräzise, weil nicht klar ist, was er schaffen soll. Das Programm der Unidad Popular voll durchsetzen? Die Voraussetzungen für den Aufbau des Sozialismus schaffen? Seine Amtszeit als Präsident durchstehen? Oder die Wahl eines gleichgesinnten Nachfolgers durchsetzen? Am Tage des Amtsantritts von Allende mag das für viele Chilenen, Anhänger wie Gegner der Unidad Popular, alles gleichbedeutend miteinander gewesen sein. Heute ist es das nicht mehr, aber in Europa stellt man noch immer die gleiche, undifferenzierte Frage.

Sie ist aber auch falsch gestellt, weil in ihr vorausgesetzt wird, daß das Gesetz des Handelns von Allende bestimmt wird. Nun ist zwar nicht zu leugnen, daß in den ersten Monaten der Regierung Allende die wichtigen und großen Initiativen von ihr selbst kamen. Freund und Feind reagierten eher abwartend. Zwar gab es aufsehenerregende Aktionen der Rechten wie das Komplott, das mit der Ermordung des Generals Schneider endete, oder die ITT-Affaire, zwar wurden die von der äußersten Linken organisierten oder unterstützten Landbesetzungen mächtig heraufgespielt, aber all diese Aktivitäten wurden von der Masse der Chilenen anfangs als Störungen eines Prozesses empfunden, in dem die Hauptinitiative der Regierung zukam, die sich dann dem kritischen Urteil der Bevölkerung zu stellen hatte.

Davon ist heute nichts mehr zu spüren. In dem Maße, in dem die chilenische Bourgeoisie und der Imperialismus ihre Interessen ernsthaft verletzt sahen, in dem Maße andererseits, in dem die Initiativen der Regierung auf die von der gegebenen — bürgerlichen — institutionellen Ordnung gesetzten Grenzen stießen, in dem Maße schließlich, in dem Mechanismen der kapitalistischen Wirtschaft teilweise außer Kraft gesetzt wurden, ohne daß an ihre Stelle schon eine neue Wirtschaftsordnung treten konnte, in diesem Maße hat sich die Initiative verallgemeinert. Niemand fragt sich mehr abwartend, was wohl die Regierung machen wird. Jedermann fragt sich: ,,Was können wir machen?'' Was ist zu tun, um die kurz- und langfristigen Interessen der eigenen Gruppe, der eigenen Klasse zu sichern? Und da der Zusammenhang zwischen den eigenen Interessen und der Frage nach dem Besitz der politischen Macht allmählich auch dem letzten klar wird, spitzt sich alles auf die klassische Frage zu: ,,Wer wen?'' Welcher Seite im Klassenkampf wird es gelingen, die bisher geteilte politische Macht als ganze für sich zu gewinnen?

Es ist dies keine Frage mehr zwischen der linken Regierung einerseits, dem rechten Parlament und Justizapparat andererseits, sondern zwischen der Arbeiterklasse hier, der Bourgeoisie und dem Imperialismus dort. Die staatlichen Institutionen stellen nur noch eine der Ebenen dar, auf denen sich der viel umfassendere und komplexere Kampf um die politische Macht abspielt. Demzufolge ist auch Allende, dessen von der Verfassung geschützte präsidentielle Vollmachten hierzulande meist unterschätzt worden sind, heute nichts anderes als eine — allerdings sehr wichtige — Figur im allgemeinen Kräftespiel, mit einer sehr verantwor-

Salvador Allende war der erste marxistische Präsidentschaftskandidat, der in freien Wahlen einen Sieg erringen konnte. Am 11. September 1973, fast auf den Tag genau drei Jahre später, beendete ein blutiger Militärputsch die vielversprechenden politischen Ansätze der Allende-Regierung.

tungsreichen Aufgabe. Die Kernfrage heißt also nicht ,,Kann Allende es schaffen?", sondern: ,,Kann die chilenische Arbeiterklasse — unter den gegebenen Umständen — die ganze politische Macht erobern?"
Das ist keine rein theoretische Frage, sondern — besonders für die Chilenen — eine sehr praktische Frage. Es kann nicht darum gehen, sie abstrakt zu beantworten. Es geht nur darum, den Prozeß, der in Chile abläuft, unter einer Fragestellung zu analysieren, die eine zusammenhängende und in sich schlüssige Interpretation überhaupt erst erlaubt. Dazu würde gehören, daß man die oben angedeutete qualitative Veränderung dieses Prozesses, nämlich die Verallgemeinerung des Klassenkampfes, nicht nur zur Kenntnis nimmt, sondern auch genau analysiert. Die stetige Vervielfältigung der Aktions- und Organisationsformen auf beiden Seiten, die ständige Verschiebung der Schauplätze und Brennpunkte des Klassenkampfes in Chile auf ihre innere Logik hin zu untersuchen, das

gehört heute zu den interessantesten Aufgaben, die sich für einen Sozialwissenschaftler überhaupt denken lassen, schon weil dabei eine ganze Reihe von Denkschablonen mühelos beseitigt werden können.
Diese Aufgabe kann natürlich im Rahmen dieses kurzen Artikels nicht bewältigt werden, aber es bleibt doch Raum, um — teilweise in Auseinandersetzung mit den eingangs geschilderten Standpunkten — klarzumachen, worum es geht.
Viele Stellungnahmen zum chilenischen Prozeß lassen zum Beispiel die Annahme zu, daß dort gar nicht um konkrete Interessen, sondern um den Begriff der Legalität oder um das Verhältnis zwischen Legalität und Revolution gekämpft würde. Die dogmatische Gleichsetzung von legal und reformistisch einerseits, revolutionär und illegal andererseits macht es dann einfach, revolutionäre legale Maßnahmen der chilenischen Regierung ohne jede weitere Argumentation als entweder reformistisch oder illegal zu qualifizieren und entsprechend abzuurteilen. Dabei wird übersehen, daß Gesetze nicht nur auf die Durchsetzung konkreter Interessen gerichtet sind, sondern in vielen Fällen wegen ihrer formalen Allgemeinheit Handlungsspielräume und Anwendungsmöglichkeiten freigeben, die bei einem Regierungswechsel auch vom Gegner genutzt werden können.
Genau dies hat die Regierung Allende getan. Unter Ausnutzung bestehender Gesetze hat sie zu Beginn ihrer Amtszeit weitreichende Maßnahmen bei der Verstaatlichung monopolistischer und strategischer Wirtschaftsunternehmen sowie in der Preis- und Lohnpolitik durchgesetzt, die nicht nur mehr wirtschaftliche und soziale Veränderungen erbracht, sondern auch das revolutionäre Klassenbewußtsein der Arbeiter sicher mehr gefördert haben, als noch so viele illegale Aktionen es in dieser Situation hätten tun können.
Das kann nun nicht heißen, daß legal und revolutionär identisch seien. Zweifellos haben sich heute die Chancen für eine revolutionäre Ausnutzung bestehender Gesetze immer mehr erschöpft, zumal das oppositionelle Parlament und der Justizapparat alles tun, um der Regierung so viele Knüppel wie möglich zwischen die Beine zu werfen. Und hier setzt ein weiteres Mißverständnis ein. Von rechts wie von links wird — natürlich mit umgekehrten Vorzeichen — eingewandt, daß die Einhaltung der Legalität mit politischem Stillstand einhergehen müsse. Als ob der Kampf um die politische Macht sich jemals im Kampf um Gesetze erschöpft hätte! Der chilenische Prozeß hat in den letzten Jahren und Monaten gerade gezeigt, in welchem Maße — auch in einem Land, das gern jede Kleinigkeit durch ein Gesetz regelt — politisch relevante Masseninitiativen möglich sind, die vom Gesetz weder vorgeschrieben noch untersagt sind. Und aus diesen Masseninitiativen, aus den neuen Organisationen der Arbeiter

und des Volkes bilden sich allmählich Machtstrukturen, die eine Alternative nicht zur Regierung, wohl aber zum bürgerlichen Staatsapparat darzustellen beginnen, ohne daß das einen Bruch der Legalität bedeuten würde.

Am Bruch der Legalität kann heute nur die Opposition ein Interesse haben, weil innerhalb der Legalität ihr vordringlichstes Ziel, der möglichst baldige Sturz der Regierung, nicht erreicht werden kann. Die steigende Zahl von illegalen Streiks, Terrorakten und schließlich Putschversuchen zeigt das zur Genüge. Die Einhaltung der Legalität bleibt unter diesen Umständen eine der wichtigsten Verteidigungswaffen der Linken, schon weil sie es dem Militär, der Kirche und Teilen des Bürgertums schwerer macht, offen gegen die Regierung Front zu machen. Wenn also in Chile ständig über das Problem der Legalität gesprochen und geschrieben wird, so deshalb, weil dieses Problem einen wichtigen Stellenwert im allgemeinen Klassenkampf hat. Hierzulande aber erscheint es oft genug als das Kernproblem der chilenischen Auseinandersetzung.

Ein etwas anders gelagertes Mißverständnis ergibt sich, wenn — in diesem Fall häufig auch von Befürwortern und Anhängern der Unidad Popular — kurzschlüssig ein direkter Zusammenhang zwischen wirtschaftlicher Effizienz bzw. Produktionssteigerung einerseits und politischem Rückhalt der Regierung bei der Bevölkerung andererseits vorausgesetzt wird, ohne daß zuvor die jeweiligen Klasseninteressen konkret analysiert werden. Nach den ständig wiederholten Beteuerungen der rechten Presse hier und dort müßte die Linke aufgrund der sich verschlechternden Wirtschaftslage in Chile schon längst zu einer verschwindenden Minderheit zusammengeschmolzen sein. Das Gegenteil ist aber der Fall, wie die Parlamentswahlen vom März 1973 gezeigt haben, in denen die Unidad Popular ihren Stimmenanteil seit 1970 von 36 auf 43 Prozent steigern konnte. Und das trotz immer größerer Versorgungsprobleme und einer galoppierenden Inflation. Wo liegt also der Denkfehler?

Eine Regierung kann sicher nirgends auf der Welt wirtschaftliche Mißerfolge beliebigen Ausmaßes zulassen, ohne eines Tages dafür zur Rechenschaft gezogen zu werden. In einer Situation des verallgemeinerten Klassenkampfes wird aber nicht zuerst nach globalen Wachstumsraten oder globalen Verlusten gefragt, sondern erstens danach, wem die Gewinne zukommen bzw. wen die Verluste treffen, zweitens danach, wer die Verluste verursacht, und drittens danach, wie das politische Kräfteverhältnis geändert werden muß, um die wirtschaftliche Zukunft der eigenen Klasse zu sichern.

Die Steigerung der wirtschaftlichen Effizienz und der Produktion hat unter diesen Umständen für die Masse der Arbeiter nur insoweit einen Sinn, wie politisch gesichert werden kann, daß die Ergebnisse dieser Stei-

gerung auch der Arbeiterklasse und nicht den Spekulanten und Organisatoren des Schwarzmarkts zugute kommen. Die These vom Vorrang der Wirtschaft vor der Politik, der Produktionsschlacht vor dem Ausbau der Machtpositionen der Arbeiter, wie sie noch 1972 die Politik der Regierung bestimmte, hat deshalb heute auch kaum noch Anhänger.
Dazu haben auch die Aktionen der Rechten erheblich beigetragen, die vor allem darauf zielten und zielen, durch die Schaffung einer chaotischen Wirtschaftssituation die politische Basis der Linken zu unterhöhlen. Alle Schritte, die die Rechte in diesem Sinne unternommen hat, haben — und das hat sich besonders in den Streiks der Fuhrunternehmer, Einzelhändler, Ärzte etc. gezeigt — samt und sonders zuerst und vor allem die Armen und die Arbeiter getroffen, eben jene Schichten, die von der Wirtschaftspolitik der Regierung begünstigt worden waren. Die Opposition hat deshalb mit ihrer auf Chaos gerichteten Politik eher erreicht, daß ihre eigenen Anhänger unter diesen Schichten ins Lager der Linken getrieben wurden.
Die Lösung der wirtschaftlichen Probleme kann also, wie die Dinge liegen, nur angegangen werden, wenn gleichzeitig die Frage der politischen Macht gestellt wird. Die Hoffnung, die innerhalb der Unidad Popular lange Zeit genährt wurde, daß nämlich mittels eines wirtschaftlichen Aufschwungs große Teile der Mittelschichten zunächst zu wirtschaftlichem Wohlverhalten und dann sogar zu politischer Unterstützung gebracht werden könnten, hat sich als Illusion erwiesen. Diese Teile der Mittelschichten werten heute jede wirtschaftliche Konzession, die nicht mit scharfer Kontrolle verbunden ist, eher als ein Zeichen der Schwäche der Linken. Sie werden dadurch noch bestärkt in dem Glauben, daß die Regierung leicht zu stürzen sei, und in der Illusion, daß sie selbst den inzwischen mächtigeren Staatsapparat — ohne Kontrolle durch die schon enteigneten Monopole — übernehmen könnten..."[2]

Dieser Aufsatz, der zwei Tage vor dem Putsch in Chile geschrieben wurde, endete mit den Sätzen: „Die Zukunft in Chile ist völlig offen. Niemand wagt dort eine eindeutige Prognose. Nur soviel ist klar: Die Linke ist entschlossen und stark genug, das Erreichte nicht kampflos preiszugeben. Die Reaktion hat andererseits noch die Mittel in der Hand, um die Regierung zu beseitigen."[3]
Zwei Tage später, in den Vormittagsstunden des 11. September 1973 putschte das chilenische Militär gegen die Regierung. Es wurde einer der blutigsten Staatsstreiche der jüngeren Geschich-

te. Die Truppen verfolgten Anhänger und Sympathisanten der Unidad Popular und machten sie rücksichtslos nieder. In den Leichenschauhäusern stapelten sich die Toten. In den Flußbiegungen des Rio Mapocho, der quer durch Santiago fließt, wurden Hunderte von Leichen angeschwemmt. Insgesamt ermordeten die Militärs rund 30.000 Menschen, darunter den Präsidenten Salvador Allende.

ALLENDE IST TOT —
DIE LINKE WACHT AUF
1973: CHILE WAR DAS THEMA

Nach dem Putsch war die bundesdeutsche Linke mit einem Schlag hellwach. Schon am Abend des 12. September kam es zu spontanen Demonstrationen und Fackelzügen: In 64 bundesdeutschen Städten demonstrierten insgesamt über 150.000 Menschen. Die in zahlreiche Organisationen aufgespaltene Linke, von der maoistischen KPD bis zur DKP und Teilen der SPD, kannte plötzlich nur ein Ziel: Solidarität mit dem Chile der Unidad Popular. Den Protesten schlossen sich viele Menschen an, die auf Demonstrationen sonst nicht in Erscheinung traten. Das chilenische Militär hatte die Hoffnung auf einen friedlichen Übergang zum Sozialismus, der auch unter Willy Brandts sozialliberaler Regierung der eine oder andere noch anhing, brutal zertreten: Immer neue Berichte über Folterungen und über die gefundenen Leichen nach Massakern an der Linken kamen aus Chile. Die Bilder von den in den Stadien zusammengetriebenen Gefangenen, von Mißhandlungen und Erschießungen führten zu einer moralischen Empörung, die über die Linke hinaus weite Teile der Bevölkerung ergriff. Wir selbst saßen in diesen Septembertagen 1973 mit Tränen in den Augen vor dem Radio und verfolgten eine Reportage aus einem Leichenschauhaus in Santiago, wo junge Chilenen, so alt wie wir, ihre Freunde suchten, die umgebracht worden waren, ,,weil sie die Regierung verteidigt hatten''. Wir waren voller Wut und Trauer, als wir im Radio hörten, wie eine Mutter bei einer neuen Lieferung von Leichen unter den Ermordeten ihren Sohn fand und ausrief: ,,Mein Kind, mein Kind!'' An den Schock, den die Ereignisse in Chile auslösten, erinnert sich auch Erich Süßdorf, einer der Mitbegründer der Chile-Solidarität in Westberlin:

,,Ich habe sehr viele Leute weinen sehen. Ich war selbst erschüttert. Die Bilder, die damals im Fernsehen auftauchten, sprachen eine sehr beredte Sprache. Ich erinnere an das Bild dieses schwedischen Kameramannes, der seinen eigenen Tod filmte. Das saß allen Leuten, die sich mit dem chilenischen Prozeß auseinandergesetzt hatten, wirklich in den Knochen. Und die Energie, die aufgrund dieser Betroffenheit freigesetzt wurde, war ungeheuer. Manchmal kamen 100 Leute zu den Treffen des Chile-Komitees. Sie diskutierten so intensiv, wie ich das nie zuvor erlebt hatte und das an mehreren Tagen hintereinander. Sie überlegten, was nun an Öffentlichkeitsarbeit, an konkreter Unterstützung für Flüchtlinge aus Chile, an Unterstützung für den Widerstand in Chile zu tun sei, auch in bezug auf die Gewerkschaften hierzulande, die Kirchen und die politischen Parteien. Es war ein sehr energischer und fruchtbarer Diskussionsprozeß, der seine Wurzeln hatte in der politischen und emotionalen Betroffenheit, die bei den Leuten einfach bestimmend war. Der Tod Allendes spielte dann natürlich auch eine Rolle. Aber das war nur ein Symbol.''

Warum der Chile-Schock so tief saß, beschrieb ein Leitartikel der Dritte Welt-Zeitschrift ,,Entwicklungspolitische Korrespondenz'' so:

,,Wir hatten einen großen Teil unserer Hoffnungen auf eine humane sozialistische Gesellschaft, für die wir in unseren Breitengraden in absehbarer Zukunft so kaum eine reale Chance ausrechnen können, unbewußt und emotional auf das chilenische ‚Modell' übertragen. Unsere Verlegenheit, auf die Frage zu antworten, — welchen Sozialismus wollt ihr denn eigentlich? — fand nach dem brutalen Ende des Prager Frühlings einen Ausweg mit dem Hinweis auf Chile. Nun ist auch diese Möglichkeit der Identifikation zusammengebrochen.''[4]

In Theaterstücken wurde die Situation im Chile nach dem Putsch symbolisiert: Henry Kissinger, der damalige US-Außenminister, hält den Kopf Allendes und das Gewehr des Diktators Pinochet in seinen Händen.

DOKUMENT 17:
„PLÄDOYER FÜR RUHE UND ORDNUNG"
HEINRICH BÖLL, 1973:

„Man braucht nicht alle, nur ein paar Berichte über Chile zu lesen oder zu sehen, um zu wissen, wer da vorläufig gesiegt hat, wer da vorläufig triumphiert. Die Berichte etwa über die Freudenfeste unter Exil-Chilenen in Madrid, bei denen der Jubel überschwappte, oder die Aussage einer Dame vor der Fernsehkamera, einer Dame, die nicht sonderlich notleidend aussah, sie sei sofort in den Keller gegangen und habe eine Flasche Sekt geöffnet, als sie vom erfolgreichen Putsch gehört habe. Wer ist da durch diesen Putsch von was befreit worden? Die mühsamen, kaum noch schamhaft vorgebrachten Erklärungen eines Teils der Weltpresse, die den Putsch in Chile als eine Art notwendiger Präventiv-Illegalität rechtfertigen, die persönlichen und politischen Verdächtigungen Salvador Allendes, die düsteren Prognosen über eine bevorstehende Wirtschaftskatastrophe in Chile, nichts wird die Tatsache aus der Welt schaffen, daß in Chile die Legalität gebrochen wurde, daß Terror, Tortur und

Fremdenfeindschaft herrschen und Bücherverbrennung zur Tugend erhoben wird. Henker sorgen dort für Ruhe und Ordnung. Wer diese Art der Präventiv-Illegalität rechtfertigt, bestätigt den Verdacht, daß Ruhe und Ordnung eben doch nur Ruhe und Ordnung für einen bestimmten, den besitzenden Teil der Welt bedeuten, daß dessen Vorstellungen die allein gültigen sind. Man könnte den Henkerspruch prägen: Was Ruhe und Ordnung sind, bestimmen wir.
Es gibt andere Vorstellungen von Ruhe und Ordnung, die Hoffnung auf ein Leben, das nicht von den Besitzenden allein bestimmt wird, Hoffnung, daß eine Ordnung, deren Hauptprodukt seit Jahrhunderten Elend und Hunger gewesen sind, durch eine andere ersetzt werden kann, die Hoffnung von Menschen, deren Triumph sich nicht in knallenden Sektpfropfen ausdrückt, sondern in Brot und Milch für ihre Kinder und deren Nachkommen."[5]

Die durch diese Betroffenheit und durch die große moralische Empörung motivierte Solidarität mit Chile wurde dadurch begünstigt, daß es nach dem Putsch leicht war, eine ,,klare Position" zu beziehen. Waren die Ereignisse in Chile vor dem 11. September widersprüchlich und nicht einfach in die gängigen linken Interpretationsraster einzuordnen, war danach die Linie zwischen Freund und Feind eindeutig. Auch in der Bundesrepublik. Konservative Politiker, Unternehmer und Teile der Medien gaben sich keine Mühe, ihre Freude über den Militärputsch in Chile zu verhehlen. Den Umsturz hatten sie — wie sie bekanntgaben — ,,bereits seit langer Zeit erhofft". Zur ungeheuren Brutalität der Putschisten merkte Franz-Josef Strauß an: ,,Wenn das Militär eingreift, geht es eben anders zu als beim Franziskanerorden, der Suppe verteilt". Die Situation der im Stadion zusammengepferchten politischen Gefangenen beschrieb der Generalsekretär der CDU, Bruno Heck, nach einem Besuch in Santiago so: ,,Das Leben im Stadion ist bei sonnigem Wetter recht angenehm." Auch Bundeskanzler Willy Brandt brachte zwei Wochen nach dem Putsch vor der Generalversammlung der Vereinten Nationen in New York nur sozialdemokratisches Gestammel zustande: ,,Ich habe den Präsidenten jenes lateinamerikanischen Landes nicht persönlich gekannt, dessen Leben vor kurzem durch einen Staatsstreich gefordert wurde. Ich will hier mit allem nur möglichen Nachdruck sagen: So geht es nicht! Oder, wenn man so will: So geht es leider auch..."[6]

Zehn Tage nach dem Putsch, als die Presse jeden Tag Horrormeldungen aus Chile veröffentlichte, meldeten sich im Anzeigenteil der Frankfurter Allgemeinen Zeitung bereits die deutschen Nutznießer des Militärputsches zu Wort: ,,Chile: Jetzt investieren! Zur Neuankurbelung aller Wirtschaftszweige bieten sich außergewöhnliche Möglichkeiten, ebenso auf dem Immobiliensektor. Gesucht wird Kapital und Know how. Wir bieten Koordinierung über das seit 25 Jahren bestehende Büro unseres Partners in Santiago..."[7]

Der Putsch und solche Reaktionen in der Bundesrepublik schufen eine Solidaritätsbewegung in Westdeutschland und Westberlin, die in ihrer Zahl und in ihrer Breite nie vorher erreicht worden war.

Im Herbst 1973 und im Frühjahr 1974 nahmen rund 50 Chile-Komitees in der Bundesrepublik und Westberlin ihre Arbeit auf. Zusammen mit fünf anderen Komitees gab das Westberliner Chile-Komitee weiterhin die ,,Chile Nachrichten" heraus. Die Auflage schnellte in die Höhe. Wurden vor dem Putsch nur 200 Exemplare verkauft, waren es kurz danach schon 4000 (Nummer sechs der Chile Nachrichten). Ende 1973 lag die verkaufte Auflage bei 4800 Heften. Was in jahrelangen Auseinandersetzungen und Diskussionen hierzulande nicht gelungen war, machte die gewaltige Empörung über die Ereignisse in Chile möglich: Für kurze Zeit kam es zu einem einheitlichen Vorgehen der Linken in der Bundesrepublik. Unvereinbarkeitsbeschlüsse, Abgrenzungsrichtlinien und die schon zwanghafte Betonung der eigenständigen Positionen der einzelnen Parteien und Organisationen wurden zurückgestellt. Stattdessen gab es spontane Demonstrations- und Aktionsbündnisse. Dieser positive Zustand konnte jedoch in einer Blütezeit des Sektierertums nicht lange anhalten. Schon bald wollte wieder jede Kleingruppe die stärkste der Parteien sein. So kam es auch zu einer grundlegenden Spaltung der Solidaritätsbewegung in zwei Blöcke: Es gab die ,,DKP-Solidarität" und die ,,nicht reformistische" Solidarität, wozu sich alle von den unabhängigen Spontis bis zur streng hierarchischen maoistischen Kadergruppe zählten, was zu weiteren Spaltungen in Untergruppen führen mußte. Die inhaltliche Auseinandersetzung zwischen diesen Blöcken wurde um zwei Positionen geführt: Der DKP, den ihr angeschlossenen Organisationen, den Jusos und der wachsenden Zahl der Exilchilenen, die sich diesem Spektrum nahe fühlten, ging es um die Bildung einer breiten „antifaschistischen Front" in Chile wie in der Bundesrepublik. In die chilenische Widerstandsfront sollten die Parteien der Unidad Popular und fortschrittliche Teile der chilenischen Christdemokratie mit dem Ziel integriert werden, zunächst die demokratischen Freiheiten in Chile wiederherzustellen. Den „nicht reformistischen" Gruppen ging es dagegen um eine klare Stoßrichtung des Widerstandes „für den Sieg des Sozialismus in Chile". In der „antifaschistischen Front" sahen sie lediglich den Versuch einer „aussichtslosen Versöhnung der Klasseninteressen von Bourgeoisie und Arbeitern", einen „reformistischen" Weg, den sie ablehnten. Die DKP und ihre Partnerorganisationen wie MSB Spartakus, SDAJ oder das Antiimperialistische Solidaritätskomitee hatten ihrerseits strenge Abgrenzungsbeschlüsse gegenüber der maoistischen und trotzkistischen Linken. So entstanden auch dort, wo sich schon Chile-Komitees der „nicht reformistischen" Linken gegründet hatten, bald „DKP-Solidaritätsgruppen" und umgekehrt. In Köln etwa arbeitete das „Komitee Freiheit für Chile" neben dem „nicht reformistischen" „Chile-Komitee". Später gab es bis zu fünf verschiedene Chile-Komitees in einer Stadt. Angebote der „nicht reformistischen" Solidarität zur Zusammenarbeit lehnte die „DKP-Solidarität" in mehreren Fällen ab.

Der Abgrenzungswahn gegenüber den jeweils anderen linken Organisationen führte auch zu einer selektiven Wahrnehmung der Situation in Chile. So veröffentlichte das DKP-nahe „Antiimperialistische Solidaritätsbulletin" schon im Dezember 1973 ein 96-seitiges Referat über Chile. Der Text sollte der „Weiterentwicklung und Stärkung der Solidaritätsbewegung mit dem chilenischen Volk" dienen. Auf diesen 96 Seiten wurde aber der linksrevolutionäre MIR (Movimiento de Izquierda Revolucionaria) kein einziges Mal erwähnt. Dabei war der MIR vor dem Putsch eine der wichtigen politischen Gruppen in Chile gewesen. Und seine Mitglieder hatten nach dem 11. September genauso unter dem

Die Empörung über die Geschehnisse in Chile führte zu einer Vielzahl von Solidaritätsaktionen sowie zur Gründung von zahlreichen Chile-Komitees in der Bundesrepublik und Westberlin.

Terror der Militärs zu leiden wie andere chilenische Linke.
Aber jede bundesdeutsche Partei hatte bald ,,ihre" Partner-Organisation in Chile. Der MIR wurde so zum bevorzugten Solidaritätsobjekt der Trotzkisten. Die trotzkistische ,,Gruppe Internationaler Marxisten" (GIM) spielte in der ersten Zeit nach 1973 in der ,,nicht reformistischen" Chile-Solidarität eine wichtige Rolle. Die DKP und die ihr verbundenen Organisationen unterstützten dagegen die Kommunistische und die Sozialistische Partei Chiles. Die SPD-nahen Teile der Solidaritätsszene fühlten sich besonders der Radikalen Partei verpflichtet, weil sie Mitglied der Sozialistischen Internationale war.
Nur einige ,,nicht reformistische" Chile-Komitees wollten Solidarität ohne Vorbedingungen leisten. Die ,,Chile Nachrichten" forderten unmittelbar nach dem Putsch, die Solidarität müsse allen gelten, die von der Militärjunta verfolgt würden: Kommunisten, Sozialisten, christlichen Linken, Sozialdemokraten, Anhängern des MIR, fortschrittlichen Christdemokraten, Chilenen wie auch Ausländern und auch all jenen, die sich unorganisiert zur Wehr setzten.
Allerdings wurden auch diese Komitees bald mit wenigen Ausnahmen von der GIM und dem Kommunistischen Bund West-

deutschland (KBW) dominiert und damit zum Austragungsort für deren Gruppenzwistigkeiten. Zu den wenigen Ausnahmen gehörte das Berliner Komitee, das sehr offen blieb, auch wenn es eher den nicht kommunistischen chilenischen Parteien — vor allem der christlichen Linken — nahestand.
Die gruppenpolitischen Auseinandersetzungen in den verschiedenen Komitees hemmten nicht nur die Arbeit, sondern vertrieben auch viele Unorganisierte, die für Chile aktiv werden wollten. Denn nach den manchmal stundenlangen Diskussionen zwischen den verschiedenen Organisationsvertretern kamen sie sich oft als ,,bloßes Stimmvieh'' bei den Abstimmungen vor. In einem Bericht der ,,Chile Nachrichten'' über die Möglichkeiten der Solidarität in der Bundesrepublik wurden auch diese häufig sinnlosen verbalen Auseinandersetzungen kritisiert.

DOKUMENT 18:
FEHLER UND DIFFERENZEN BEI DER SOLIDARITÄT
CHILE NACHRICHTEN, 1974:

Wie sieht die Solidarität aus, die von denen geleistet werden kann, die den gewaltsamen Sturz der verfassungsmäßigen Regierung in Chile für die politische Auseinandersetzung über das Verhältnis von Sozialismus und Demokratie auch in der BRD für äußerst wichtig halten?
Was können wir heute, ein dreiviertel Jahr nach dem Putsch, für die unterdrückten und verfolgten chilenischen Arbeiter und Bauern, für Gewerkschafter, oppositionelle Studenten und Intellektuelle in Chile, aber auch für tausende chilenischer Flüchtlinge in Lateinamerika und vor allem bei uns in der BRD und Westberlin in praktischer Solidarität tun?
Zusammenhänge sind da zwischen imperialistischer Ausbeutung und politischer Reaktion in den unterentwickelt gehaltenen Ländern und der Ausbeutung unter anderen historischen und politischen Bedingungen in den Metropolen. Aber sie sind — zumal in der deutschen Öffentlichkeit — äußerst schwierig zu vermitteln. Das Beispiel Chile hat die Reaktion des Kapitals und bürgerlicher Kreise auf den praktizierten Ansatz einer das kapitalistische System sprengenden sozialistischen Gesellschaftsform überdeutlich gezeigt. Es hat Fragen zur Funktion des Militärs, parlamentarisch demokratischer Legalität und bürgerlicher Mittelschichten neu aufgeworfen, aber auch Ansätze und Formen von Selbstorganisationen in Betrieben und auf dem Land gezeigt.

Intensivere Diskussionen und Informationen darüber, die bewußtseinsbildend wirken oder zumindest den Antikommunismus verunsichern könnten, sind — auch von den Linken — öffentlich zu wenig geführt worden. Die Lehren, d.h. was Chile für uns bedeutet, unter Einbeziehung der unterschiedlichen gesellschaftlichen und politischen Bedingungen, sind noch zu wenig konkret.

Auch auf Seiten der zersplitterten politischen Linken von JUSOS bis zur DKP und den sich als nicht-revisionistisch verstehenden sozialistischen Gruppen und Organisationen wurde dieser zweite Schritt kaum angegangen. Es wurden Solidaritätsveranstaltungen und Sammlungen für den chilenischen Widerstand durchgeführt. Vor allem aber entbrannte ein oft heftig und oft aneinander vorbei geführter verbaler Kampf um die Beurteilung und Verurteilung der chilenischen Entwicklung unter der UP-Zeit und um Reformismus und Bündnispolitik allgemein. Es wurden Bekenntnisse und Resolutionen zur Unterstützung der UP und des militanten chilenischen Widerstands verfaßt sowie Aufrufe und Unterschriftensammlungen zu weltweiter antifaschistischer Solidarität.

Es sollen hier nicht die Fehler und Differenzen aufgezeigt werden, die aus den oft konträren Positionen zu Form und Inhalt dessen resultieren, was unter antiimperialistischem Kampf und unter Solidarität verstanden wird. Gemeinsam ist den meisten Positionen und Aktivitäten mit dem Anspruch antiimperialistischer Solidarität, daß sie zu wenig auf die politischen Bedingungen, Erfahrungen und Bewußtseinsstrukturen in der bundesdeutschen Bevölkerung, in den Arbeiter-, Schüler-, Lehrer- und Studentenschichten eingehen, auf das auch hier in breiten Kreisen noch vorherrschende reformistische und latent antikommunistische Verhalten.

Es gibt kein sicheres Modell für antiimperialistische und antikapitalistische politische Arbeit und es gibt keinen sicheren Katalog der Lehren aus den chilenischen Ereignissen. Die Unterstützung für ein sozialistisches Chile, für den Widerstand und die Flüchtlinge muß überleiten zu praktischer Hilfe und theoretischer und politischer Informations- und Aufklärungsarbeit im beruflichen und gesellschaftlichen Wirkungskreis. Informationen und wissenschaftliche Aufarbeitung, politische Agitation und Aufklärung über all die Probleme, die Chile neu aufgeworfen hat, muß sich auch an den Problemen und der Betroffenheit der je unterschiedlichen Zielgruppen in Gewerkschaften, politischen Gruppen, Schulen, Universitäten, Jugendheimen etc. orientieren. Studenten und Dozenten in den Universitäten und Fachhochschulen können Lehrveranstaltungen zu Chile anregen, wissenschaftliche Aufarbeitungen, Sammlungen, Veranstaltungen und Teach-ins...[8]

Die vielfältigen Möglichkeiten und Aufgaben der Solidaritätsarbeit waren bereits unmittelbar nach dem Putsch erstmals Thema eines Bundestreffens von Chile-Komitees Ende September 1973 in Westberlin. Dort wurde beschlossen, Informationen über die Arbeit der politischen Organisationen Chiles während der Regierungszeit der Unidad Popular und im Widerstand zu verbreiten. Darüber hinaus sollte politische und materielle Unterstützung für die Opfer des Putsches geleistet werden. Entsprechend konzentrierten sich die anfänglichen Aktivitäten der Komitees auf Informationsarbeit, Geldsammlungen und vor allem auf die Flüchtlingshilfe. Im Oktober 1973 konnten die ersten Chilenen ihre Heimat verlassen. Die Chile-Solidaritätsgruppen forderten von Stadträten, Parteien und Kirchen die bedingungslose Aufnahme von chilenischen Exilanten.
Flüchtlingsarbeit, das bedeutete vor allem: Druck ausüben auf die sozialliberale Bundesregierung, um die Aufnahme der Flüchtlinge zu beschleunigen. Die Menschen, um die es hier ging, waren vor dem Terror der chilenischen „Sicherheitskräfte" in ausländische Botschaften in Chile geflohen. Dort mußten sie zum Teil unter elenden Bedingungen warten, bis ein Land sich bereiterklärte, sie aufzunehmen. Allein in der venezolanischen Botschaft in Santiago de Chile lebten im Herbst 1973 etwa 180 Personen, darunter ältere Leute, schwangere Frauen, Kleinkinder und Kranke. Für sie alle standen nur ein Schlafraum und ein einziger Waschraum zur Verfügung. Alle mußten auf dem Boden schlafen, die Versorgung mit Nahrungsmitteln reichte nicht aus. Aber die bundesdeutsche SPD/FDP-Regierung verschleppte die Bearbeitung der Einreisegesuche der verfolgten Chilenen, obwohl ihr bekannt war, daß viele Chilenen seit dem Putsch in Lebensgefahr schwebten, daß die Zustände in den wenigen Zufluchtsorten der Verfolgten unhaltbar waren und entgegen der immer wieder erklärten Bereitschaft, Flüchtlinge ins Land zu lassen. Das Ziel der sozialliberalen Bundesregierung war, nur eine begrenzte, ausgewählte Gruppe von Chilenen einreisen zu lassen. Die Auswahl wurde auch nach politischen Gesichtspunkten getroffen. Die Chile-Komitees beschlossen deshalb auf ihrem Koordinationstreffen am 24./25. November 1973, einen Protestbrief an den sozialdemokratischen Bundeskanzler Willy Brandt zu schreiben.

DOKUMENT 19:
„AUCH SIE HABEN ASYLRECHT GENOSSEN..."
BRIEF DER CHILE-KOMITEES AN WILLY BRANDT, 1973:

Wir unterstützen die Initiative von Amnesty International in der Frage der Chile-Flüchtlinge.

Doch während eine Welle der Hilfsbereitschaft durch die Bevölkerung geht — Amnesty International hat inzwischen Angebote für etwa 1300 Wohnplätze erhalten — während sich immer mehr Chile-Flüchtlinge um eine Ausreise in die Bundesrepublik bemühen — insgesamt wollen etwa 30-50.000 Chile-Flüchtlinge nach Europa — während unsere Nachbarländer (Schweden, Schweiz, Frankreich, Italien, Österreich, DDR) schon seit langem Chile-Flüchtlinge aufgenommen haben, hat die Bundesregierung bisher lediglich eine dreiköpfige Delegation (je einen Vertreter des Verfassungsschutzes, des Außenministeriums und der Bundesanstalt für Arbeit) nach Santiago entsandt, die innerhalb einer Woche 30 (dreißig!) Chilenen für die Einreise in die Bundesrepublik „gewinnen" konnte. Es gibt Anzeichen dafür, daß die Regierung nicht mehr als etwa 100 wohlsortierte Chile-Flüchtlinge aufnehmen will.

Der deutsche Botschafter in Santiago verweigerte die Annahme einer Liste mit 300 Chilenen, die in die Bundesrepublik ausreisen wollten... Die anderen deutschen Botschaften in Lateinamerika unternehmen ebenfalls nichts, um Chile-Flüchtlingen zu helfen...

Wir bitten Sie dringend, der skandalösen Verschleppung der Chile-Frage entgegenzuwirken. Wie Sie wissen, ist Eile geboten, da Tausende politisch Verfolgter nur noch bis zum 31.12.1973 aus Chile ausreisen können.

Andere lateinamerikanische Länder werden Chile-Flüchtlinge bis Ende November ausliefern.

Nach Artikel 16 II (2) GG genießen politisch Verfolgte Asylrecht. Bei der Gewährung dieses Rechtes darf niemand „wegen seines Geschlechtes, seiner Abstammung, seiner Rasse, seiner Sprache, seiner Heimat und Herkunft, seines Glaubens, seiner religiösen oder politischen Anschauungen benachteiligt oder bevorzugt werden. Artikel 3 III GG.

Die bedingungslose Aufnahme politisch Verfolgter entspricht also einem Gebot des Grundgesetzes.

Wir fordern deshalb: keine Zurückweisungen politisch Verfolgter durch deutsche Botschaften und Konsulate in Lateinamerika oder durch deutsche Grenzbehörden. Hilfeleistungen für Chile-Flüchtlinge durch alle deutschen Botschaften in Lateinamerika, keine Auswahl der Flüchtlinge nach Arbeitsmarktlage in der Bundesrepublik oder nach politischer Opportunität, Einreisegenehmigungen für alle politisch verfolgten Chile-Flüchtlinge.

Im übrigen möchten wir darauf hinweisen, daß auch Sie, Herr Bundeskanzler, während der Nazizeit wie viele andere Deutsche Asylrecht im Ausland genossen haben. Hätten sich Staaten wie Norwegen oder Chile damals so verhalten wie die BRD jetzt, hätten viele Verfolgte den Terror des Naziregimes nicht überlebt.[9]

Das Flüchtlingsproblem beherrschte die Arbeit der Solidaritätsgruppen auch in der ersten Hälfte des Jahres 1974. Der Höhepunkt der massenhaften Chile-Solidarität reichte bis Herbst 1974. In fast allen deutschen Städten kam es zu den verschiedensten Solidaritätsaktionen: Es gab politische Nachtgebete für Chile und Künstler malten Bilder für Chile. Es kam zu einer Blutspendeaktion für Chile, bei der in Kiel, Hamburg und Hannover in 14 Tagen 30.000 Mark gesammelt werden konnten. In einem Berliner Betrieb spendete nahezu die gesamte Belegschaft monatelang einen Stundenlohn pro Woche für Chile. Schüler organisierten Chile-Aktionswochen an ihren Schulen. Der Versuch von Ärzten, über ihre Standesorganisation eine Solidaritätskampagne für chilenische Kollegen zu starten, blieb ohne Erfolg. Der DGB Hessen forderte die Freilassung aller politischen Gefangenen, die Wiederzulassung des chilenischen Gewerkschaftsdachverbandes CUT, die ungehinderte Einreise einer DGB-Beobachtungsdelegation nach Chile und appellierte schließlich an alle Mitglieder der Einzelgewerkschaften, in der Solidarität mit Chile ,,nicht nachzulassen''. Im September 1974 weigerten sich gewerkschaftlich organisierte Hafenarbeiter in Hamburg, einen chilenischen Frachter abzufertigen. Die Gewerkschaft Öffentliche Dienste, Transport und Verkehr (ÖTV) hatte sich einem zweitägigen weltweiten Boykott der ,,Internationalen Transportarbeiter-Föderation'' angeschlossen, der sich gegen chilenische Schiffe und Flugzeuge richtete.
Wie keine andere Solidaritätsbewegung vorher oder nachher wurde die Chile-Solidarität auch von Auftritten chilenischer Künstler — vor allem Musiker — in der Bundesrepublik beflügelt. (Sowohl die arabische Musik der Algerier wie die fernöstliche Musik der Vietnamesen wären allerdings auch nicht so eingängig für die bundesdeutsche Solidaritätsszene gewesen). Schon

kurz vor und vor allem während der Zeit der Unidad Popular war in Chile die Bewegung des Neuen Liedes (Canto Nuevo) entstanden, die versucht hatte, die traditionelle chilenische Volksmusik wiederzubeleben. Die bekanntesten Vertreter des Canto Nuevo waren Victor Jara, die Geschwister Angel und Isabel Parra sowie die Gruppen Inti Illimani und Quilapayun. Während Victor Jara am 12. September 1973 von den Militärs verhaftet und später brutal ermordet wurde, befanden sich ,,Quilapayun'' und ,,Inti Illimani'' zur Zeit des Militärputsches außerhalb Chiles. Sie blieben als Exilanten in Frankreich und Italien und kamen von dort oft zu Solidaritätskonzerten in die Bundesrepublik. Ihre Konzerte waren im ersten Jahr nach dem Putsch meistens ausverkauft.
Auf dem zweiten Bundestreffen der Chile-Komitees am 24./25. November 1973 stand auch die inhaltliche Auseinandersetzung mit Chile auf der Tagesordnung. Die Vertreter der Komitees waren sich einig darüber, daß es darum gehen müsse, das ,,Lehrstück Chile'' in der Bundesrepublik zu vermitteln. Dazu war es notwendig, die Situation in Chile vor und nach dem Putsch genau zu analysieren und die vorhandenen Informationen breit zu diskutieren. Zum Medium für diese Diskussion wurden die ,,Chile Nachrichten''. Darin sollten alle Gruppierungen der chilenischen Linken ohne Tabuisierung irgendeiner Organisation zu Wort kommen, um eine tiefgreifende, solidarische Kritik der chilenischen Entwicklung zu ermöglichen.
Ohne Zweifel ist die Diskussion über Chile in vielen Komitees auf einem hohen Niveau geführt worden. Und zweifellos haben die Informationen, die von den Exilchilenen zu dieser Diskussion beigetragen wurden, die Auseinandersetzung vielerorts — etwa in Westberlin — befruchtet. Oft genug aber scheiterte auch die fundierte inhaltliche Auseinandersetzung mit Chile an der Hartnäckigkeit, mit der einzelne politische Organisationen in der Bundesrepublik *ihre* Einschätzung zur Entwicklung dort vertraten. Diese Tendenz zur Scheuklappen-Analyse wurde häufig durch die chilenischen Flüchtlinge sogar noch verstärkt. Denn deren Parteiorganisationen im Exil hatten ihrerseits ebenfalls eine jeweils sehr bestimmte, von den anderen abweichende Meinung davon, was in Chile falsch gemacht worden war und wie es weitergehen sollte. Die DKP-dominierte Chile-Solidarität tat sich noch

bis in die achtziger Jahre hinein schwer, sich kritisch mit der Politik der Unidad Popular auseinanderzusetzen.
Auch auf einem weiteren Bundestreffen der „nicht revisionistischen" Chile-Komitees am 29. und 30. Mai 1974 in Göttingen waren die Kontroversen über Chile nicht mehr konstruktiv und fruchtbar, sondern über weite Strecken nur noch destruktiv. Auf diesem Treffen sollte ein nationaler Koordinationsausschuß für diesen Teil der Chile-Solidarität gewählt werden. Außerdem stritten die Gruppenvertreter um einen gemeinsamen Aufruf für eine bundesweite Demonstration, die zum ersten Jahrestag des Militärputsches im September 1974 stattfinden sollte.
Teilnehmer erinnern sich, daß das auf zwei Tage angesetzte Treffen am Abend des ersten Tages kurz vor dem Abbruch gestanden hatte. Stundenlang hatten sich vor allem die unorganisierten Mitglieder der einzelnen Komitees mit den Vertretern des KBW unter anderem darüber gestritten, ob man die Unidad Popular als „Volksfront" oder als „linkes Bündnis" bezeichnen müsse.
Erst Tagungsteilnehmern, die verspätet eintrafen und von der stundenlangen Diskussion „noch nicht verbraucht" waren, war es zu verdanken, daß es bei diesem Treffen doch noch zu Beschlüssen und Ergebnissen kam. Ein dreiköpfiger Ausschuß zur „nationalen Koordination der Chile-Solidarität" wurde gewählt: Ihm gehörten ein Sprecher des KBW, ein Mitglied der GIM und ein Vertreter der Unorganisierten an. Darüber hinaus gelang es den Tagungsteilnehmern immerhin, sich auf einen gemeinsamen Aufruf für eine bundesweite Chile-Demonstration am 14. September 1974 in Frankfurt zu einigen.
Zum Zeitpunkt des Göttinger Bundestreffens liefen — unauffällig — auch schon die Vorbereitungen für eine der spektakulärsten Aktionen der Chile-Solidarität.
Im Juni 1974 fand in der Bundesrepublik und in Westberlin die Fußballweltmeisterschaft statt. Zu den Mannschaften, die sich für dieses Turnier qualifiziert hatten, gehörte auch die chilenische Fußballnationalmannschaft. Sie hatte ihre Vorrundenspiele im Westberliner Olympiastadion zu bestreiten, so auch das Eröffnungsspiel des Turniers am 14. Juni gegen die Mannschaft der Bundesrepublik.
Wie wichtig der chilenischen Militärdiktatur die Teilnahme von

Sportlern des Andenstaates an Turnieren im Ausland war, enthüllten die „Chile Nachrichten": Sie veröffentlichten die „Verhaltensregeln für chilenische Sportdelegationen im Ausland", die in der Abteilung Psychologie des Sekretariats des chilenischen Präsidialamtes entworfen worden waren. In diesen Direktiven für alle chilenischen Sportfunktionäre hieß es: „Die im Ausland gegen Chile geschaffene internationale Situation erfordert eine psychologische Vorbereitung der chilenischen Sportler, die uns in den verschiedenen Bereichen des Sports im Ausland vertreten. Sie müssen Träger des neuen Bildes sein, das sich in unserem Vaterland abzeichnet..."

Die chilenischen Generäle wollten auf keinen Fall, daß sich Protestaktionen wiederholten wie die der sowjetischen Nationalmannschaft, die sich geweigert hatte, im Nationalstadion in Santiago de Chile zu einem Spiel anzutreten, wo vorher politische Gefangene inhaftiert waren. Der Bericht aus dem Präsidialamt Pinochets endete: Die Fußballweltmeisterschaft in Deutschland „erhält für Chile eine große Bedeutung aufgrund der Vorkommnisse anläßlich der Ausscheidungsspiele, in denen das sportliche Geschehen infiziert wurde durch politische Faktoren, die vom Interesse Rußlands geschürt waren. Deshalb erlangt die Beteiligung der chilenischen Mannschaft einen äußerst wichtigen symbolischen Wert..."[10]

Die Chile-Solidaritätsgruppen in der Bundesrepublik und in Westberlin wollten diesen Prestigegewinn der Militärjunta verhindern. Deshalb wurden kurz vor Beginn der Weltmeisterschaft auch konkrete Aktionen beschlossen. In den „Chile Nachrichten" erschien ein genauer Bericht darüber:

„Von Anfang an bestand Übereinstimmung, daß die Aktionen im Stadion im Zentrum stünden, weil dies die zentrale Gelegenheit war, bei der es der Junta auf ‚Normalität' ankam. Genau dort war unser politischer Widerspruch nötig. Außerdem bot sich dort die Aussicht, über das Fernsehen das gesamte chilenische Volk zu erreichen: Der kürzeste Streifblick auf unsere Transparente hätte genügt, um alle Hoffnungen der Junta auf einen „apolitischen" Fußball zunichte zu machen. Um die Aktionen im Stadion zu erklären und politisch umzusetzen, wurden außerdem ein Teach-in für denselben Abend des 14.6. und eine Demonstration für den darauffolgenden Samstagmittag geplant. Dazu kamen begleitende Aktionen wie Informationsstände, Aufkleber mit der Aufschrift ‚Stadion Berlin: Fußball — Stadion Chile: Folter' sowie eine Blutspendeaktion in der darauffolgenden Woche. Außerdem planten zahlreiche andere Organisationen eigene Chile-Veranstaltungen für die gesamte Zeit des Aufenthalts der chilenischen Mannschaft.

An der Vorbereitung der Aktionen beteiligten sich mehrere Organisationen der sich als ,,nicht revisionistisch'' verstehenden Linken... Die SEW und die Jusos beteiligten sich diesmal — anders als bei der Demonstration am 3.11.73 — nicht.

Auch der SPD-Senat und die bürgerliche Presse waren vollauf mit Vorbereitungen beschäftigt... Das Trainingslager der chilenischen Mannschaft, das Schloß Glienecke, wurde mit einem Stacheldrahtverhau umgeben und 24 Stunden am Tag von 250 Polizisten — in Uniform und Zivil, zu Fuß, mit Hunden oder auf Pferden, mit Dienstpistolen, MPs und Nachtsichtgewehren — bewacht. Eine Woche vor dem Spiel platzte die BILD-Zeitung mit der Schlagzeile raus ‚3000 Radikale wollen Weltmeisterschaft stören'. Andere Presseorgane sekundierten mit Spekulationen über mögliche SAM-Raketen-Angriffe auf das vollbesetzte Stadion. Die Polizei zog nach mit der Meldung, man werde den Flugverkehr von und nach Berlin und den Luftraum über der Stadt besonders genau kontrollieren. Um das Stadion war eine Sicherheitszone mit verschärften Kontrollen gelegt. Seit dem 1. Juni stand das Stadion unter Polizeikontrolle; ab dem 6. Juni war es für jeden Publikumsverkehr gesperrt.

Die Zielrichtung der Pressekampagne war klar: Es ging darum, im vorhinein jede politische Meinungsäußerung im Stadion zu kriminalisieren, Angst und Aggressionen dagegen zu wecken und daher jede Demonstration zu einem unberechenbaren Himmelfahrtskommando werden zu lassen. Entsprechend wurde jeder Hinweis auf den Grund möglicher Demonstrationen, nämlich die Zustände in Chile, sorgfältig vermieden.

Jedoch, die Presse wurde das Opfer ihrer eigenen Übertreibungen. Nachdem die Öffentlichkeit einmal neurotisiert war wegen möglicher ‚Anschläge', konnten die Massenmedien nicht mehr umhin, sich auch für die Aussagen des potentiellen Übeltäters,

nämlich des Chile-Komitees, zu interessieren. Am Sonntag vor dem Spiel sprach eine Vertreterin des Komitees in der Sportschau.
Am 12.6., hielten wir eine Pressekonferenz ab und ließen uns vom Rundfunk interviewen. Tenor aller dieser Äußerungen: Wir demonstrieren nicht gegen die chilenische Mannschaft, weil wir wissen, daß die Mehrzahl der Spieler keine Anhänger der Junta sind. Wir demonstrieren auch nicht gegen die Zuschauer oder gar gegen den Fußballsport an sich. Sondern wir demonstrieren anläßlich der WM gegen den Terror in Chile, weil die Junta versucht, die Teilnahme der chilenischen Mannschaft als Propagandawaffe einzusetzen — so wie die Nazis 1936 die Olympiade in demselben Olympia-Stadion benutzten, um das In- und Ausland über den Charakter des Nationalsozialismus zu täuschen. Während die Junta die chilenische Nationalmannschaft in Westberlin zum Fußballspiel antreten läßt, mißbraucht sie die Stadien in Chile als KZs. Wir lassen uns von den Drohungen und der Panikmache das Recht auf freie Meinungsäußerung auch im Stadion nicht nehmen. Niemand beabsichtigt, andere als demokratische Mittel zu verwenden.
Wenige Stunden, nachdem wir so auf der Pressekonferenz die Friedfertigkeit unseres Protestes versichert hatten, platzte eine Bombe im chilenischen Konsulat. Die Polizei brachte offenbar das Komitee nicht damit in Verbindung, jedenfalls wurde keiner der an der Vorbereitung der Aktionen im Stadion Beteiligten jemals offen polizeilich belästigt, obwohl der Kreis der Organisatoren — nicht zuletzt aufgrund der Schwatzhaftigkeit eines Teils der Westberliner studentischen Subkultur — bekannt gewesen sein dürfte.
Am Tag des Spiels trafen sich die Teilnehmer der Aktion in kleinen Gruppen und gingen getrennt ins Stadion. Die Transparente waren unter der Kleidung versteckt. Ein Genosse hatte sich die riesige Demonstrations-Fahne von Chile mit der Aufschrift ‚Chile Si — Junta No' um den Leib gewickelt und einen großen Regenmantel darüber angezogen.
Der 14. Juni war der erste sommerlich-sonnige Tag seit Wochen. Auf den Zugangswegen zum Stadion herrschte Jahrmarkt-Stimmung: Verkaufsbuden boten Fähnchen, Anstecker, Getränke

usw. an. Schwarzmarkthändler versuchten vergeblich, ihre Karten loszuwerden. In dieser Stimmung stießen auch die Flugblatt-Verteiler nicht auf die erwarteten Aggressionen des Publikums oder der Polizei.

Vor dem Stadion waren drei Kontrollen zu durchqueren, davon eine Taschenkontrolle. Kein Transparent wurde gefunden. An den Eingängen zu ‚unseren' Blocks keine speziellen Kontrollen — offenbar war es gelungen, wenigstens unsere genaue Plazierung geheimzuhalten.

Die Plätze der Genossen befanden sich ausschließlich im Oberrang des Ost-Runds. Dieser Oberrang ist in steil abfallende Blocks zu je 17 Sitzreihen für ca. 500 Zuschauer unterteilt. Den Block 41 hatten wir fast vollständig aufgekauft — er befand sich rechts von der Anzeigentafel etwa über einer Ecke des Spielfelds. Links von der Anzeigentafel in Block 36 — etwa über der anderen Ecke des Spielfelds — hatten wir weitere 130 Plätze. In den dazwischenliegenden Blocks gab es noch einige kleine Kontingente von Genossen, die jedoch zu vereinzelt saßen, um agieren zu können. Während der letzten halben Stunde vor Spielbeginn herrschte eine eigenartige, gespannte Stimmung: überall im Block bekannte Gesichter. Fast gab es zuviele Begrüßungen, zuviel Geraune. Auf dem Rasen bemühten sich eine Bundeswehr-Kapelle und ein drittklassiger Schlagersänger, das Publikum zu unterhalten. Durch den Einschnitt über dem Marathon-Tor sah man drei Panzer auf dem Maifeld — eine Vorbereitung der britischen Truppenparade anläßlich des Geburtstags der Königin. Genau gegenüber wurde eine einsame, winzige chilenische Fahne geschwenkt — vielleicht von einem der wenigen chilenischen Schlachtenbummler, die sich einen Flug nach Europa leisten konnten. Niemand konnte sicher sein, ob die unbekannten Gesichter neben und hinter ihm Genossen gehörten oder Zuschauern oder Polizisten in Zivil.

Die Mannschaften laufen ein, durch ein Spalier von Polizisten, und stellen sich in eine Reihe. Die Bundeswehr-Kapelle beginnt, die chilenische Nationalhymne zu spielen: unser Einsatz. Mit einem ersten Sprechchor ‚Chile si — Junta no — Chile si — Junta no...' geben wir unsere Visitenkarte ab. Da das übrige Publikum still ist, sind wir gut zu hören. Gleichzeitig entfalten wir die Riesenfahne, 4 x 6 m. Mehrere Reihen von Genossen sind plötzlich

von einem Zelt überspannt. Obwohl es anders verabredet war, beginnen einige Genossen, auch andere Transparente zu entfalten: CHILE SOCIALISTA, FASCISMO NO, ESTADIO CHILE: TORTURA, VENCEREMOS.
Ein Teil des Publikums antwortet mit einem Pfeifkonzert. Der Stadion-Sprecher fühlt sich bemüht, angesichts des ‚unsportlichen Verhaltens' eines Teils des Publikums zur Besonnenheit und Ruhe aufzurufen: Er geht im weiteren Verlauf des Spiels noch zweimal auf die ‚Störer' ein. Aber die Aufrufe sind überflüssig: Die Mehrzahl der Zuschauer nimmt — vielleicht vorbereitet durch unsere Presseerklärungen — unsere Demonstration ohne Aggressionen hin. Es kommt im Block 41 zu keiner einzigen Handgreiflichkeit mit Schlachtenbummlern. Im Gegenteil: Man einigt sich freundlich, einige Plätze zu wechseln, um Genossen und Fußballfans auseinanderzusortieren.
Vielleicht hilft auch die folgende Aktion, Aggressionen abzubauen: Die Genossen ziehen Luftballons mit dem Aufdruck ‚Chile si — Junta no' aus der Tasche, blasen sie auf und schnicken sie durch die Gegend.
Oben auf dem Umgang sind Polizisten mit Sprechfunkgeräten erschienen, die fieberhaft Bericht erstatten. Es dauert nicht lange, bis erste Ketten von Polizisten mit Helm und Schlagstöcken aus den Aufgängen auftauchen und sämtliche Treppen im und um den Block 41 besetzen. Sie werden empfangen von nicht besonders aggressiven Sprechchören ‚Bullen raus'. Im übrigen ist die Ruhe und Ordnung, die zu wahren sie gekommen sind, in keiner Weise bedroht außer eben von ihnen selbst. Einige Uniformierte entdecken ihre Liebe zum Hobby des Fotografierens. Auch oben auf dem Umgang hebt sich die bedrohliche Silhouette einer Kette von behelmten Gestalten gegen den knallig blauen Himmel ab. Einige Genossen werden nervös, aber insgesamt herrscht Siegesstimmung: Wir haben bereits das Wesentliche erreicht, nämlich unsere Transparente zu zeigen. Es ist der Junta und der Polizei nicht gelungen, unsere Demonstration zu verhindern.
Nur ein einziges Mal kommt es zu einem Handgemenge mit der Polizei, als ein Trupp in die Sitzreihen vorstößt, um ein Transparent zu erobern, auf dem der Name PINOCHET mit einem Hakenkreuz verziert ist. Alle anderen Transparente werden in Ru-

he gelassen — vielleicht hat das Hakenkreuz auf dem traditionsreichen Boden des Stadions besonders aufreizend gewirkt."[11]

Der propagandistische Erfolg dieser Aktion blieb bescheiden. Immer wenn die chilenische Mannschaft stürmte, skandierten die Zuschauer aus den Solidaritätsgruppen ihr „Venceremos", die Losung der Unidad Popular. Weil es bei den Angriffen des chilenischen Teams sonst relativ ruhig war im Stadion, waren diese Sprechchöre gut zu hören. ZDF-Kommentator Schneider erklärte der Fußballnation daheim an den Bildschirmen diese Sprechchöre allerdings so: „Immer noch feuern die von starken Polizeikräften geschützten chilenischen Schlachtenbummler ihre hoffnungslos zurückliegende Mannschaft mit ‚Venceremos' — das heißt: ‚Wir werden siegen' an." Ansonsten war von der gesamten Aktion der Solidaritätsgruppen im Fernsehen nichts zu bemerken.

Aus diesem Grund wurde eine „Aktion Spielfeld" beschlossen und unter großer Geheimhaltung vorbereitet. Die Proteste gegen die Militärjunta sollten so deutlich gemacht werden, daß die Medien sie nicht ignorieren konnten. Die Beteiligten berichten:

„Wir mußten eine Aktionsform finden, bei der erstens eine Direktübertragung nach Chile sichergestellt war und zweitens möglichst Gewaltanwendung auszuschließen war.

Das Erreichen der deutschen und europäischen Öffentlichkeit via Fernsehen spielte für uns eine absolut untergeordnete Rolle, so daß schließlich die Wahl auf das Spiel Chile—Australien fiel. Nachdem gesichert war, daß das chilenische Fernsehen das Spiel direkt übertragen würde, stand die Aktion fest.

Es wurde geplant, mit einem Transparent aufs Spielfeld zu laufen und es Richtung Fernsehkameras zu halten, und sich anschließend widerstandslos festnehmen zu lassen, da es sowieso unmöglich sein würde, da unbemerkt vom Spielfeld wieder runterzukommen."[12]

Die beteiligte Gruppe übte vor der Aktion im Grunewald das Überwinden von Reklametafeln, wie sie rund um das Spielfeld aufgestellt waren. Obwohl die Polizei mehr als 1000 Beamte eingesetzt hatte, gelang es der elfköpfigen Gruppe beim Spiel tatsächlich, kurz nach dem Wiederanpfiff zur zweiten Halbzeit auf den Platz zu laufen und dort eine riesige chilenische Flagge mit der Aufschrift „Chile — Socialista" zu entfalten. Die bundesdeutsche Presse machte daraus einen „Skandal im Olympiastadion": „Zu einem skandalösen Vorfall kam es gestern kurz nach Beginn der zweiten Halbzeit im Weltmeisterschaftsspiel Chile — Australien im Olympiastadion. Obwohl die Polizei mehr als 1000 Beamte eingesetzt hatte, gelang es etwa 10 Jugendlichen, eine Reklametafel umzustürzen, mit einem großen Transparent auf das Feld zu stürmen und gegen die Junta in Chile zu protestieren. Ein Polizeisprecher erklärte dazu, daß in Absprache mit dem Veranstalter keine Beamten vor die Reklametafeln hätten gestellt werden dürfen. Die Festgenommenen müssen jetzt mit Verfahren wegen Haus- und Landfriedensbruch rechnen."[13]

In Chile kam diese Solidaritätsaktion besser an. Der von den Militärs verhaftete langjährige Chef des chilenischen Gewerkschaftsverbandes CUT, Luis Vitale, erinnerte sich nach seiner Ausreise in die Bundesrepublik Ende 1974 in einem Interview mit der Zeitung „Chile-Solidarität":

„Während der Fußballweltmeisterschaft erlaubten uns die Carabineros, die das Spiel der chilenischen Mannschaft im Fernsehen sehen wollten, ...zuzusehen. Ich war damals im Konzentrationslager des Estadio de Chile. Ihr könnt euch sicher die Situation vorstellen, die entstand, als wir während des Spiels Deutschland—Chile deutlich die Parole ‚Chile Si — Junta No' hörten; und als Demonstranten mit juntafeindlichen Fahnen zu Anfang der zweiten Halbzeit des Spiels Australien — Chile auf das Spielfeld stürmten und das Spiel für kurze Zeit unterbrachen ... Diese Solidaritätsaktionen im Ausland hoben merkbar die Moral der chilenischen politischen Gefangenen."[14]

Nach den Aktionen während der Fußball-Weltmeisterschaft liefen ab Sommer 1974 die Vorbereitungen des nationalen Koordinationsausschusses für die in Göttingen beschlossene bundesweite Demonstration am 14. September in Frankfurt, zu der ausschließlich die „nicht revisionistischen" Chile-Komitees als überparteiliche Instanzen aufrufen sollten. Es war vereinbart worden, daß die in den Komitees vertretenen Parteien und Organisationen die Demonstration zwar unterstützen, aber nicht selbst als Veranstalter auftreten sollten. Die „DKP-Solidarität" rief zu einer eigenen Demonstration am 11. September 1974 — dem Jahrestag

des Putsches — auf, die ebenfalls in Frankfurt stattfinden sollte. Innerhalb der „nicht revisionistischen" Komitees stellte die KPD-Organisation „Liga gegen den Imperialismus" einen neuen Demonstrationsaufruf zur Diskussion, obwohl sich alle Gruppen bei dem bundesweiten Treffen längst auf den „Göttinger Aufruf" geeinigt hatten. Als die Chile-Komitees betonten, die Vereinbarungen einhalten zu wollen, kündigte die „Liga" an, „den Kampf zweier Linien in allen Chile-Komitees" zu führen. Am 14. September in Frankfurt bildete die KPD deshalb als einzige Organisation einen eigenen „Block", der dem übrigen Demonstrationszug in geringem Abstand folgte.
Jede Gruppe hatte wieder „ihre" eigenen Flugblätter zu „ihrer" Demonstration beziehungsweise für „ihren" Demonstrationsblock erstellt. Sie alle enthielten zwar ähnliche Beschreibungen zur Lage in Chile, ähnliche Hoffnungen auf den Erfolg des Widerstandes und ähnliche Forderungen an die Bundesregierung, aber unterschiedliche Konsequenzen für die Solidaritätsarbeit hierzulande.

DOKUMENT 20:
DIE „NICHT REFORMISTISCHE" SOLIDARITÄT
AUS DEM FLUGBLATT ZUR DEMONSTRATION AM 14.9.1974:

Lagebeschreibung: „Am 11. September 1973 stürzte das chilenische Militär mit Hilfe des CIA in einem blutigen Putsch die Regierung der Unidad Popular. Während dieser Regierung hatte eine starke revolutionäre Entwicklung eingesetzt. Die Arbeiter besetzten die Fabriken. Sie organisierten die Produktion und die Verteilung der Waren selbst, indem sie begannen, sich ihre eigenen Machtorgane zu schaffen. Die armen Landarbeiter versuchten, das Land gemeinsam unter eigener Planung zu bebauen. Gegen diese Bewegung, die den Aufbau des Sozialismus vorantreiben wollte, richtete sich der Putsch der Junta.
Heute leben aufgrund der wirtschaftlichen Maßnahmen der Junta, wie die Zurückgabe der besetzten Betriebe an die alten Besitzer, Preistreiberei und Lohnstop, die Arbeiter und Bauern unter dem Existenzminimum. Um diese äußerste Ausbeutung abzusichern, ist die Junta gezwungen, die Arbeiterklasse in völliger Rechtlosigkeit zu halten.
Mit grauenhaften Methoden werden Arbeiter, Bauern, Angestellte und Intellektuelle mit Hilfe amerikanischer und brasilianischer Experten, sowie ehemaligen SS-Offizieren, eingekerkert, verfolgt, gefoltert und er-

Dieses Wandgemälde wurde am 27. Mai 1974 von chilenischen Demokraten anläßlich des „Tages der freiwilligen Arbeit" an die Außenwand der Aula der Fachhochschule Frankfurt/M. gemalt.

mordet, wobei durch den Aufbau eines Repressionsapparates seit Anfang 1974 die Unterdrückung gezielter verläuft."
Hoffnungen: „Die von der Junta unterdrückten Massen sind jedoch nicht bereit, sich diesem politischen und sozialen Joch zu unterwerfen. Inzwischen sind in Chile im Untergrund Widerstandskomitees entstanden, sie versuchen, den Widerstand zu organisieren. Vereinzelte Streik- und Flugblattaktionen, Boykottmaßnahmen in der Produktion oder die Zerstörung von militärischen Objekten sind die ersten Ansätze."
Forderungen: „Freiheit für alle politischen Gefangenen in Chile
Keine Unterstützung der Junta durch die Bundesregierung und die westdeutsche Kapitalistenklasse
Für die freie politische und gewerkschaftliche Betätigung der chilenischen Arbeiter, Angestellten und Bauern
Freiheit für den chilenischen Gewerkschaftsverband CUT
Für uneingeschränkte Aufnahme aller Flüchtlinge in die BRD
Freie politische Betätigung für alle politischen Flüchtlinge in der BRD
Nieder mit der Militärjunta
Solidarität mit dem chilenischen Widerstand."

Solidaritätsarbeit in der BRD: „Für den Erfolg des Widerstandes ist es von großer Bedeutung, inwieweit es gelingt, die Junta wirtschaftlich, politisch und diplomatisch zu isolieren und den entstehenden chilenischen Widerstand international durch eine breite Solidaritätsbewegung zu unterstützen.
In England, Italien, Holland und Australien (1 Stunde Lohn für Chile, Boykott militärischer Produktion für Chile) haben Arbeiter und Angestellte beispielhaft gezeigt, wie man den chilenischen Widerstand aktiv unterstützt. Wir rufen die Gewerkschaftsmitglieder auf, solche Aktionen zu diskutieren und ähnliche Maßnahmen zu ergreifen.
Die Chile-Komitees fordern alle Parteien und politischen Organisationen, Gewerkschaften, kirchliche Verbände und humanitäre Organisationen auf, alles in ihren Kräften stehende zu tun, am 14.9.1974 eine einheitliche Demonstration durchzuführen."
Unterzeichner: „Chile-Komitees: Aachen, Aschaffenburg, Bochum, Bonn, Bremen, Düsseldorf, Essen, Esslingen, Frankfurt, Freiburg, Göttingen, Hamburg, Hannover, Heidelberg, Kiel, Köln, Konstanz, Münster, Nürtingen, Osnabrück, Saarbrücken, Siegen, Stuttgart, Waiblingen, Wolfsburg, West-Berlin, Chile Aktiv Göttingen, KELA Frankfurt, FOLA (Föderation lateinamerikanischer Studenten). Dieser Aufruf wird ferner unterstützt vom Chile-Komitee Westberlin."

DOKUMENT 21:
DIE „DKP-SOLIDARITÄT"
AUS DEM FLUGBLATT ZUR DEMONSTRATION AM 11.9.1974:

Lagebeschreibung: „Am 11. September 1973 putschte in Chile das Militär. Seit diesen Tagen des faschistischen Putsches wütet dort die Junta mit blutigem Terror. Dem Mord an Salvador Allende ließ sie die Ermordung, Verfolgung und Einkerkerung zehntausender chilenischer Patrioten und Demokraten folgen. Sie verwandelte das Land in ein einziges Konzentrationslager. Hunderttausende wurden zur Arbeitslosigkeit verdammt. Die Junta beraubte das chilenische Volk seiner demokratischen Rechte und stieß es in tiefes wirtschaftliches Elend.
Wichtige Errungenschaften, die sich das Volk von Chile gemeinsam mit der Unidad Popular erkämpft hatte, wurden rückgängig gemacht. Die Gewerkschaften und politischen Parteien wurden verboten, die Meinungsfreiheit aufgehoben, jede demokratische Regung im Land sollte verhindert werden. Die Preissteigerungen lassen die Arbeiter und ihre Familien hungern und machen die durch die Unidad Popular garantierten Mindestlöhne bedeutungslos; die Agrarreform wurde wieder aufge-

hoben. Die internationalen Monopole, vor allem aus den USA, die den Putsch in Chile vorbereiteten und finanzierten, erhielten die enteigneten chilenischen Betriebe wieder zurück..."

Hoffnungen: ,,Doch vom ersten Tag des Putsches an machte das chilenische Volk, das gemeinsam mit Salvador Allende und der UP die Verwirklichung der eigenen Interessen und die Selbstbestimmung des Landes erkämpfen wollte, Front gegen seine Unterdrücker.
Gerade in diesen Tagen ist die Junta dabei, die Vertreter der rechtmäßigen Regierung Chiles, der Unidad Popular, vor die Kriegsgerichte zu zerren und Todesurteile zu verhängen, um den ständig wachsenden Widerstand des chilenischen Volkes gegen seine faschistischen Unterdrücker zu brechen."

Forderungen: ,,Freiheit für alle politischen Gefangenen in Chile!
Sofortige Aufhebung der Terror- und Todesurteile!
Wir fordern von der Bundesregierung:
Eine klare Verurteilung des Faschismus in Chile und keine Anerkennung der Militär-Junta!
Einstellung der wirtschaftlichen und moralischen Unterstützung für die Unterdrücker!
Klare und eindeutige Stellungnahme zu den Verfolgungen, Verhaftungen, Folterungen und den jüngsten Todesurteilen!
Die weitere Ausreise der verfolgten chilenischen Demokraten auch derer, die in andere Botschaften geflüchtet sind, durch die Bereitstellung von weiteren Arbeits- und Studienplätzen in der BRD zu ermöglichen!
Die Unterstützung der in die BRD bereits emigrierten chilenischen Demokraten durch unbürokratische, direkte Hilfsmaßnahmen!
Schluß mit der faschistischen Willkür!
Freiheit für das chilenische Volk!"

Solidaritätsarbeit in der BRD: ,,Der Widerstand gegen die barbarische Diktatur, gestützt auf die breite Einheit aller demokratischen Kräfte in Chile, muß durch die weltweite Solidarität gestärkt werden. Deshalb darf der Pariser Appell der fortschrittlichen und demokratischen Organisationen aus Chile und allen europäischen Ländern an die Weltöffentlichkeit, den Terror in Chile zu beenden und alle Verhaftungen und Folterungen einzustellen, auch in der BRD nicht ungehört bleiben."

Unterzeichner: ,,Amnesty international Bezirk Frankfurt/M.; AStA der Fachhochschule Ffm.; DAG-Jugend Bezirk Frankfurt/M.; Deutsche Friedensunion, Junge Europäische Föderalisten, Jungsozialisten in der SPD, Unterbezirk Ffm.; Kreisjugendausschuß des DGB Frankfurt/M.; Marxistischer Studentenbund Spartakus Universität und Fachhochschule Ffm.; Sozialistische Deutsche Arbeiterjugend; Sozialistischer Hochschulbund Universität und Fachhochschule Ffm.; Verband Demokratischer Juristen; Verband der Kriegsdienstverweigerer; Vereinigung der Verfolgten des Naziregimes — Bund der Antifaschisten; SJD — Die Falken, Landesverband Hessen und Unterbezirk Ffm.; Demokratischer Kulturbund."

DOKUMENT 22:
DIE „KPD-SOLIDARITÄT"
AUS DEM FLUGBLATT FÜR DEN EIGENEN
DEMONSTRATIONSBLOCK AM 14.9.1974:

Lagebeschreibung: „Am 11. September jährt sich der Tag, an dem das chilenische Militär und der CIA mit dem blutigsten Putsch Lateinamerikas die faschistische Herrschaft des Massenmordes errichtete:
— über 30.000 chilenische Patrioten hingerichtet und zu Tode gefoltert
— Zehntausende in KZs
— wenn im Radio angekündigt wird, am nächsten Tag gäbe es frisches Fleisch, eine große Seltenheit, und am Morgen finden die Menschen die Leichen erschossener Arbeiter vor den Metzgerläden
wenn per Militärdekret den Zeitungen die Benutzung der Wörter ‚Arbeiter' und ‚Genosse' verboten wird,
so zeigt sich, dieser nackte Terror wird gegen das ganze Volk vorbeugend ausgeübt, er soll jede mögliche Regung des Widerstands physisch und psychisch ersticken, das chilenische Volk auf Dauer in die Knie zwingen."
Hoffnungen: „Aber wie in Vietnam wird der USA-Imperialismus in Chile die Erfahrung machen: Ein um Freiheit und Unabhängigkeit kämpfendes Volk wird sich nicht auf Dauer dem Faschismus beugen. Der Widerstand der Chilenen wächst. Seit dem Putsch wurden schon über 40 Streiks gegen die Junta organisiert."
Forderungen: „Schluß mit der Unterstützung der Junta durch die SPD/FDP-Regierung!
Uneingeschränktes Asylrecht für chilenische Flüchtlinge!
Schluß mit der Bespitzelung und Einschüchterung chilenischer Flüchtlinge! Freiheit für alle politischen Gefangenen in Chile!
Freispruch für alle angeklagten chilenischen Patrioten!
Sofortige Auflösung aller KZs! Tod dem Faschismus in Chile! Nieder mit dem USA-Imperialismus! Solidarität mit dem Kampf des chilenischen Volkes bis zum endgültigen Sieg!"
Solidaritätsarbeit in der BRD: „Das chilenische Volk macht die gleiche Erfahrung, die das deutsche Volk unter dem Nazi-Faschismus machte, daß man nur mit bewaffneter Gewalt, der bewaffneten Volksrevolution,

dem Faschismus entgegentreten kann. Deshalb wenden wir uns entschieden gegen die Versuche der sowjetischen Sozialimperialisten und ihrer Agenturen, wie die chilenische KP oder die DKP hier, selbst nach den Erfahrungen des Putschs noch den friedlichen Weg zum Sozialismus zu propagieren."

Unterzeichner: ,,ATÖF (Türkische Studentenvereinigung), ISV (Cisna-Köln) (Iranischer Studentenverein), Rote Hilfe e.V., Liga gegen den Imperialismus, KPD (Kommunistische Partei Deutschlands), KJV (Kommunistischer Jugendverband), KSV (Kommunistischer Studentenverband)."

Insgesamt demonstrierten am 14. September 1974 über 30.000 Demonstranten in der Frankfurter Innenstadt gegen die Militärdiktatur in Chile. Sie waren mit drei Sonderzügen und Bussen aus allen Teilen der Bundesrepublik angereist. Es war der größte Demonstrationszug im Bundesgebiet seit der Auseinandersetzung um die Notstandsgesetze. DKP und Jusos hatten zu ,,ihrer" Solidaritätsdemonstration drei Tage vorher nur einige Tausend Anhänger mobilisieren können. Der Koordinationsausschuß der chilenischen Flüchtlinge in der Bundesrepublik unterstützte dagegen sowohl die Demonstration am 11. als auch die am 14. September.

Knapp zwei Wochen nach den Frankfurter Demonstrationen machten sich Mitglieder der ,,nicht revisionistischen" Chile-Komitees Gedanken über die weitere Solidaritätsarbeit:

,,Die Demonstration vom 14. September 1974 bildete einen Höhepunkt der hauptsächlich von den Chile-Komitees getragenen Chile-Solidaritätsarbeit. Auf der anderen Seite zeigte sich die Schwäche der bisherigen konkreten Solidarität darin, daß sie nur von vereinzelten Aktionen innerhalb der Arbeiterklasse der BRD begleitet war.

Die praktische Solidarität war bislang eine spontane Reaktion auf die chilenischen Ereignisse. Die augenblickliche chilenische Situation erfordert über die entstandene breite Bewegung hinaus eine kontinuierlich vorbereitende und langfristig angelegte Arbeit. Sie hat jetzt zum Ziel, zukünftig größere Teile der Arbeiterklasse zur praktischen Solidarität zu aktivieren.

Angesichts der Tatsache, daß die Junta nur mit Hilfe der brutalsten Repression ihre Macht stabilisieren kann, ist es von entscheidender Bedeutung, gegen diese Repression, insbesondere in der Frage der politischen Gefangenen, anzugehen. Es war der internationale Druck der Solidaritätsbewegung, der die Militärjunta gezwungen hat, einige begrenzte Zugeständnisse zu machen. Dabei gilt es, den Widerstand in Chile selbst umfassend mit allen uns zur Verfügung stehenden Mitteln zu unterstützen.

Eine zweite Achse der Arbeit gewinnt angesichts dessen, daß die Militärjunta zunehmend auf die Unterstützung der imperialistischen Staaten und das internationale Großkapital angewiesen ist, eine entscheidende Bedeutung. Es ist die Aufgabe, die Junta diplomatisch, politisch und ökonomisch zu isolieren. Das umfaßt einerseits den Kampf gegen die internationalen Konzerne, die mit ihren Investitionen die Reichtümer Chiles ausplündern und denen der Militärputsch die Möglichkeit gegeben hat, die Ausbeutung der Arbeiterklasse Chiles zu verschärfen. Konzerne wie ITT und Höchst, ihre Vertreter in den Verbänden der westdeutschen Kapitalistenklasse und ihre Parteien wie die CDU haben alles unternommen, um der Junta zur Macht zu verhelfen. Diese Machenschaften und die dahinterstehenden Interessen gilt es, in der Bundesrepublik einer breiten Öffentlichkeit bewußt zu machen. Es gilt die Junta von ihrer materiellen Basis abzuschneiden durch die Organisierung des Boykotts aller Warenlieferungen an Chile. Dazu müssen Informationen gesammelt werden über die Konzerne, über Handelsbeziehungen und Aufträge aus Chile, über Waffenlieferungen usw. Es muß Verbindung aufgenommen werden zu der Belegschaft betreffender Betriebe und ihrer gewerkschaftlichen Vertretung. Diese Forderungen müssen in die Gewerkschaft hineingetragen werden, um die Gewerkschaftsführung zu zwingen, von sich aus in dieser Richtung Initiativen zu ergreifen. Diese Maßnahmen sind zu verbinden mit einer Kampagne gegen die Politik der Bundesregierung, die mit Krediten und Investitionsgarantien versucht, die äußeren Bedingungen für die Ausbeutung Chiles durch die westdeutschen Großkonzerne zu verbessern. Trotz aller gegenteiligen Beteuerungen fließen heute immer noch Gelder und Kredite an die Militärjunta, die in Chile nicht zuletzt zur Organisierung der Repression verwendet werden. Wir werden in nächster Zeit in besonderem Maße dafür eintreten und breite Kräfte mobilisieren, um die Bundesregierung zu zwingen, ihre Unterstützung für die Militärjunta in Chile einzustellen."[15]

Um die Chile-Solidarität in diesem Sinne breiter zu verankern, erschien Ende 1974 in einer Auflage von 20.000 Exemplaren die erste Ausgabe der ,,Chile-Solidarität — Zeitung zur Unterstützung des chilenischen Widerstandes". Sie wurde vom Koordinationsausschuß der Chile-Komitees herausgegeben und beschäftigte sich sowohl mit der Situation in Chile wie mit dem Verhältnis zwischen der Bundesregierung und der Militärjunta und auch mit der Solidaritätsbewegung.

Mit drei Ausgaben dieser Zeitung gelang es den Chile-Komitees, für kurze Zeit ein Organ zu schaffen, in dem nichts zu spüren war von den Streitigkeiten, die die einzelnen Organisationen ansonsten in ihren eigenen Publikationen oder auf Flugblättern miteinander austrugen. Im Editorial der ersten Ausgabe von ,,Chile-Solidarität" heißt es dazu:

,,Diese erste Zeitung, die gemeinsam von nahezu allen westdeutschen Chile-Komitees herausgegeben wird, ist ein weiterer Schritt nach vorn in der Stärkung und Vereinheitlichung der Solidaritätsbewegung. Sie ist dadurch ermöglicht worden, daß die Komitees ihre politischen Differenzen, die in einer Vielzahl einzelner politischer Fragen existieren, zurückgestellt haben hinter ihre wesentliche Aufgabe, den chilenischen Widerstand gegen die Militärdiktatur so effektiv wie möglich zu unterstützen.

Diese Zeitung soll die Solidaritätsaktionen der Chile-Komitees zusammenfassen und ihnen als Mittel dienen, noch mehr Menschen für die uneingeschränkte Unterstützung des Widerstands des chilenischen Volkes zu gewinnen. Und — nicht zuletzt — soll sie auch ein Forum sein, auf dem unterschiedliche Auffassungen über die Solidaritätsbewegung zur Diskussion gestellt werden"[16]

Im dreiköpfigen Koordinationsausschuß der ,,nicht reformistischen" Chile-Solidarität legten dann die Vertreter von GIM und KBW je einen Vorschlag für eine gemeinsame Plattform aller Chile-Komitees vor, die zur Grundlage für die weitere Arbeit der Gruppen werden sollte. Auf einer Delegiertenkonferenz der Chile-Komitees am 1. Februar 1975 wurden beide Vorschläge diskutiert. Es gab keine Einigung und keinen Beschluß.

In der ,,Begründung des Plattformvorschlages'', die der GIM-Vertreter seinem Papier beigefügt hatte, wurden damals schon Probleme angesprochen, die später tatsächlich zum Niedergang der Chile-Solidarität führten, der nicht zuletzt von der GIM ausgelöst wurde:
,,Spektakuläre Siege des Widerstandes, die ein stimulierendes Mittel für große Massenmobilisierungen der Solidaritätsbewegung sein könnten, wie z.B. während des Indochinakrieges, sind kurz- und wohl auch mittelfristig nicht zu erwarten. Illusionen dieser Art hegen, hieße die Solidaritätsbewegung auf Sand bauen und die Demoralisierung vorbereiten. .
Es wird in Zukunft immer weniger möglich sein, *allein oder vorwiegend* auf der Basis moralischer Empörung über die barbarische Repression gegen die chilenische Arbeiterklasse *Massen*mobilisierungen gegen die Militärdiktatur zu organisieren (was in den ersten Monaten nach dem Putsch zweifellos noch der Fall war).''
An diese Einschätzung war die Forderung geknüpft:
,,Die schwierige Lage, in der sich der Widerstand in Chile heute befindet und die veränderte Situation, in der sich die Solidaritätsbewegung, im Vergleich zur Zeit unmittelbar nach dem Putsch, befindet und die daraus abgeleiteten Aufgaben und Möglichkeiten der Solidaritätsbewegung erfordern den Aufbau bzw. die politische und organisatorische Stärkung einer Solidaritätsbewegung, die — relativ unabhängig von Siegen und Niederlagen des Widerstandes in Chile — kontinuierlich, national und international koordiniert und zentralisiert, und ausgestattet mit längerfristigen konkreten Arbeitsperspektiven die Solidaritätsarbeit weiterführt.''
Unmittelbar nachdem der GIM-Vertreter die ,,kontinuierliche'', ,,längerfristige'' Solidaritätsarbeit ,,gefordert'' hatte, zogen sich jedoch die Mitglieder der GIM plötzlich aus den Chile-Komitees zurück. Ihre Organisation hatte Anfang 1975 beschlossen, die Arbeit ganz ,,auf die Vorgänge in Portugal und Spanien zu konzentrieren''.
Viele ,,nicht reformistische'' Chile-Komitees wurden durch den Auszug der GIM stark geschwächt. Schon deshalb, weil den Unorganisierten in den Komitees jetzt meist nur noch eine dominie-

rende politische Organisation gegenüberstand: der Kommunistische Bund Westdeutschland (KBW).
Der KBW orientierte seine Arbeit an den Lehren Mao Tse-tungs. Die Volksrepublik China war für die Organisation das politische Vorbild, obwohl der KBW in nicht ganz so plumper Form der Politik der Kommunistischen Partei Chinas folgte wie andere maoistische Organisationen im Umfeld von KPD und KPD/ML. Trotzdem standen alle Maoisten in der Chile-Solidarität bald vor kaum lösbaren politischen Interpretationsschwierigkeiten. Denn im Gegensatz zu anderen sozialistischen Staaten hatte die Volksrepublik China ihre diplomatischen Beziehungen zu Chile nie abgebrochen. Nach dem Putsch kam es sogar zu einer Intensivierung der chinesisch-chilenischen Wirtschaftsbeziehungen. In den Chile-Komitees, die schließlich auch den Abbruch der Beziehungen zwischen Bonn und Santiago verlangten, gerieten die Maoisten wegen der Pekinger Außenpolitik gegenüber Chile in herbe Verlegenheit. Ihre Antwort auf peinliche Fragen lautete meistens: ,,Die diplomatische Ebene muß deutlich von der revolutionären unterschieden werden''. Ab 1975 wurde das Verhältnis der chinesischen Kommunisten zu den chilenischen Militärs geradezu freundschaftlich: Im Juni 1975 traf sich der chinesische Botschafter in Santiago zu einem dreistündigen Gespräch mit dem chilenischen Diktator Pinochet, das offiziell als ,,herzlich'' und ,,sehr nützlich'' bezeichnet wurde. Bei diesem Gespräch sprachen sich Diktator und Botschafter für noch engere freundschaftliche Beziehungen zwischen China und Chile aus.
Offensichtlich in Reaktion auf diese chilenisch-chinesische Annäherung überraschte der KBW die Chile-Komitees plötzlich mit einer totalen politischen Kehrtwendung.
Seit der ersten Stunde war der wirtschaftliche und politische Boykott der chilenischen Militärdiktatur eine unumstrittene Forderung der gesamten Chile-Solidarität gewesen. In diesem Sinne hatten die ,,nicht reformistischen'' Chile-Komitees wie die ,,DKP-Solidarität'' gegen die Auszahlung von Entwicklungshilfegeldern an die Militärjunta gekämpft. Alle hatten den Abbruch der diplomatischen Beziehungen zu Chile gefordert. Manche Solidaritätsgruppen starteten Boykott-Kampagnen gegen chilenische Produkte. ,,Den Chilenen nicht die Äpfel wegessen'', hieß

eine Aktion der Kölner Jungsozialisten. Noch bei der großen Demonstration in Frankfurt hatte auch der KBW auf seinem Flugblatt ,,Boykott-Maßnahmen'' empfohlen. Jetzt bezeichnete der gleiche KBW die gleiche Forderung plötzlich als ,,Rechtsabweichung'', und die KBW-Vertreter begannen heftig dagegen zu opponieren.

Viele Mitglieder der Chile-Komitees lehnten diesen radikalen Kurswechsel in der Solidaritätsarbeit mit Chile ab. Die kompromißlose Art und Weise, mit der die KBW-Vertreter jedoch in den Solidaritätsgruppen versuchten, ihre — neue — Position durchzusetzen, vertrieb vor allem viele unorganisierte Gruppenmitglieder und führte zur weiteren Spaltung der Komitees. Da dies in eine Zeit fiel, in der — vor allem nach dem Militärputsch in Argentinien — die Hoffnung auf eine schnelle Änderung der Verhältnisse in Chile sank und deshalb das Interesse an der Chile-Arbeit ohnehin geringer wurde, bedeutete das in vielen Fällen das Ende für die ,,nicht reformistischen'' Chile-Komitees. In Westberlin wurden 1976 zwei KBW-Mitglieder aus dem Komitee ausgeschlossen, um eine Weiterarbeit der Gruppe sicherzustellen.

Die Erklärung, die das Berliner Chile-Komitee hierzu veröffentlichte, zeigte, wie wenig die Politik des KBW, der immerhin in vielen Städten relativ einflußreich war, noch mit dem Erhalt einer starken Solidaritätsarbeit zu tun hatte.

DOKUMENT 23:
,,AGENTEN, SOZIALIMPERIALISTEN UND KONTERREVOLUTIONÄRE''
ERKLÄRUNG DES CHILE-KOMITEES WESTBERLIN
ZUM AUSSCHLUSS DES KBW, 1976:

Das Westberliner Chile-Komitee hat die zwei Mitglieder des KBW ausgeschlossen:
— weil der KBW einen großen Teil der bisherigen Chile-Solidaritätsarbeit heute als bürgerlich-imperialistisch diffamiert und bekämpft;
— weil der KBW jedes breitere Bündnis antifaschistischer und antiimperialistischer Kräfte verhindert;
— weil der KBW häufig genug gezeigt hat, daß er nicht bereit ist, sich an Mehrheitsentscheidungen zu halten, wenn sie seinen politischen Vorstellungen nicht entsprechen.

Es ist das erste Mal, daß das Chile-Komitee Mitglieder ausschließt. Das letzte Mittel des Ausschlusses war aber in diesem Fall nicht zu vermeiden, wollte man nicht die Weiterarbeit des Komitees überhaupt unmöglich machen...

Unter völliger Verkennung der aktuellen politischen Situation und der Kräfteverhältnisse in der BRD bezieht sich der KBW auf ein abstraktes „Volk" und eine ebenso abstrakte Arbeiterklasse. Für ihn sind all jene antiimperialistischen Kräfte, die nicht auf der „Linie" des KBW liegen, entweder „Verbündete des Sozialimperialismus" oder schlicht „Konterrevolutionäre".

Der Anspruch des KBW, als einzige Organisation in der BRD die Interessen der Arbeiterklasse und der unterdrückten Völker richtig und konsequent zu vertreten, macht letztlich allen anderen sozialistischen und antiimperialistischen Gruppen die Zusammenarbeit mit dem KBW unmöglich. Das hat sich z.B. im Juni '76 im „Komitee Südliches Afrika" in Heidelberg gezeigt. Dort brach die 5-köpfige Minderheitsfraktion des KBW in einer Nacht- und Nebelaktion in das Büro des Komitees ein, stahl das gesamte Archiv, das Büro- und Verkaufsmaterial, den Postfachschlüssel sowie die Spendengelder und schloß die 20-köpfige Mehrheit in deren Abwesenheit aus. Dieses Vorgehen wurde als „Befreiungsschlag gegen die Agenten des Sozialimperialismus" gerechtfertigt, d.h. gegen die Mehrheit des Komitees, die die Politik der MPLA in Angola unterstützte.

Die KBW-Rezension zum Buch von Daniel Cohn-Bendit liegt auf der gleichen Ebene. Sie gipfelt in der Drohung, Cohn-Bendit — nach der Revolution — ... entweder in eine Fischmehlfabrik zu verfrachten oder ihn an den nächsten Baum zu hängen. Diese Alternative: Zwangsarbeit oder Liquidierung offenbart ein stalinistisch deformiertes Sozialismus-Verständnis.

In einer Zeit, in der es für die westdeutsche Linke vor allem darum geht, einen breiten Widerstand gegen die politische und ökonomische Repression in der BRD zu entwickeln, wird vom KBW die liberale und radikaldemokratische Öffentlichkeit, wie sie beispielsweise durch Helmut Gollwitzer vertreten wird, mit Mitteln diffamiert, die an Rufmord grenzen. So wurde Gollwitzer, der nicht nur einen konsequent antifaschistischen Standpunkt bezieht, sondern darüber hinaus auch für eine sozialistische Gesellschaft eintritt, auf einer Amnesty-International-Veranstaltung vom KBW als „staatsgeiler, imperialistischer Pfaffe" bezeichnet.

Nach dem Muster der hier aufgeführten Beispiele versuchte der KBW nun auch im Westberliner Chile-Komitee zu agieren. Mit einer ähnlichen politischen Argumentation wie im Heidelberger Fall forderte der KBW den Ausschluß der Redaktion der Chile-Nachrichten aus dem Komitee.

Um zu beweisen, daß die von den Chile-Nachrichten vertretene und lange Zeit vom KBW selbst mitgetragene inhaltliche Orientierung der Chile-Solidarität einen sozialdemokratischen und/oder sozialimperialistischen Charakter hat, bedient sich der KBW bewußter Fehlinterpretationen, Unterstellungen und Diffamierungen. Hier nur ein Beispiel: Ein Zitat, in dem ausdrücklich von der Kapitalgebundenheit der SPD-Politik die Rede ist, verwandelt sich beim KBW in einen Beleg des genauen Gegenteils. Die Chile-Nachrichten hätten ,,die Grundlage des Antiimperialismus verlassen, die Aussöhnung mit der bürgerlichen Demokratie propagiert und die Unterwerfung unter die imperialistische Bourgeoisie im eigenen Land gefordert''. Jeder, der die Chile-Nachrichten liest und die Arbeit des Westberliner Chile-Komitees kennt, wird wissen, wie absurd diese Behauptung ist...

Seit dem Putsch in Chile hat die Solidaritätsbewegung in Übereinstimmung mit allen Parteien der chilenischen Linken die Forderung aufgestellt, der Militärjunta in Chile keinerlei wirtschaftliche oder politische Unterstützung zu gewähren. Sie hat damit das Ziel verfolgt, die Junta international zu isolieren, dadurch ihre politische Stabilisierung im Inneren zu erschweren, und die Verantwortung der internationalen Monopole und ihrer politischen Vertreter für die brutale Unterdrückung und Ausbeutung der chilenischen Arbeiterklasse bloßzustellen.

Der KBW hat diese bislang auch von ihm getragene Politik im ersten Halbjahr 1976 aufgegeben und damit die Chile-Solidaritätsbewegung gespalten. Er betrachtet nunmehr die Forderung nach wirtschaftlichem Boykott der Junta als ,,Rechtsabweichung'': Chile sei ein ,,vom Imperialismus ausgebeutetes Land'', und mit Boykottforderungen mache man sich letztlich zum Handlanger der Imperialisten in deren Bemühen, Chile zu knebeln und auszubeuten; soweit solche Forderungen an die BRD-Regierung gerichtet werden, mache man die Chile-Solidarität zu einem Anhängsel des Imperialismus...

Im Rahmen seiner Kehrtwendung in der Chile-Politik hat der KBW auch eine ,,Korrektur'' in der Einschätzung der SPD und der Gewerkschaften vorgenommen. Die Tatsache, daß die Chile-Solidaritätsbewegung bislang darauf bedacht war, diese Sektoren in den Kampf gegen die Junta einzubeziehen, sie zu praktischer Solidarität aufzufordern und gleichzeitig die Widersprüchlichkeit ihrer Politik zu kritisieren, wird jetzt vom KBW dazu benutzt, ,,nachzuweisen'', daß man sich zu einem ,,Anhängsel der SPD-Politik'' mache. Daß die Politik der SPD als Regierungspartei in krassem Widerspruch steht zu dem, was diese Partei als Anspruch und Versprechen proklamiert, und daß die Gewerkschaften ihren Protest allenfalls verbalradikal artikulieren, ansonsten aber kaum praktische Initiativen entwickeln, kann und soll nicht geleugnet werden. Die

hieraus für die Linke in der BRD sich ergebenden Probleme sind jedoch nicht durch Hände-weg-Appelle und auch nicht durch plakatives ,,Entlarven'' zu lösen. Die Linke kann und muß versuchen, die Widersprüche sozialdemokratischer und bürgerlich-liberaler Politik zu einem Ansatzpunkt ihrer Argumentation und ihres politischen Handelns zu machen. SPD und Gewerkschaftsbürokratie werden nicht dadurch ,,entlarvt'', daß ihre Erklärungen gegenüber der Junta in Chile als ,,purer Betrug der Massen in der BRD'' begriffen werden. Damit wird die SPD, werden die Gewerkschaften falsch beschrieben. Wenn wir uns weigern, in jedem SPD-Mitglied, in jedem Juso und jedem Gewerkschaftsfunktionär einen ,,imperialistischen Agenten'' zu sehen, so heißt das freilich keineswegs, daß wir sie als Revolutionäre begreifen. Das entspräche weder ihrem Selbstverständnis, noch unserer Einschätzung ihrer politischen Positionen und Funktionen. Jedenfalls besteht zwischen ihnen und der Pinochet-Diktatur keine Identität — dies zu behaupten, wäre absurd. Für uns kommt es darauf an, diese Sektoren in unsere Solidaritätsarbeit einzubeziehen, um hier sowohl Vermittlungs- als auch Polarisierungsprozesse zu initiieren. Denn erst in dem Maße, wie sich die konkreten Widersprüche und Grenzen in der Politik dieser Sektoren herausstellen und nachweisen lassen, können tatsächlich auch sozialdemokratische Illusionen abgebaut werden.
Die vom KBW beschworene Unabhängigkeit der Chile-Komitees wird nicht durch abstrakte Abgrenzung erreicht, die bestenfalls zur Isolierung, meist jedoch zur Diskreditierung sozialistischer Politik überhaupt führt, sondern nur dadurch, daß wir eine Politik entwickeln, die in der Lage ist, SPD, Gewerkschaften und Liberalen mehr als bloße Sprechblasen und verbale Kraftmeierei entgegenzusetzen.[17]

Spätestens 1976/77 lösten sich die ,,nicht revisionistischen'' Chile-Komitees auf. Einzelpersonen führten die Chile-Arbeit — zum Teil in anderen Gruppen — weiter. Aber die Mehrzahl der Komitee-Mitglieder wandte sich ihrer Solidaritätsarbeit in anderen Ländern zu wie Portugal, Spanien und gelegentlich auch schon Nicaragua. In Westberlin beschloß die Redaktionsgruppe der ,,Chile Nachrichten'', trotz der Auflösung des Komitees weiterzuarbeiten. Mitte 1977 wurde die Zeitschrift in ,,Lateinamerika Nachrichten'' umbenannt. Bereits Mitte 1976 hatten Informationen über Chile ohnehin nur noch die Hälfte des Heft-Inhaltes ausgemacht. Bis 1982 sank der Anteil der Chile-Berichterstattung in den ,,Lateinamerika Nachrichten'', auf zehn Prozent.[18]

Die Chile-Gruppen im Umfeld der DKP bestanden dagegen weiter (sie existieren teilweise heute noch). Das lag daran, daß die Exilchilenen sich in vielen Orten vor allem in den ,,reformistischen" Komitees organisiert hatten. Der aktive Teil dieser Exilanten sorgte dafür, daß die Arbeit in diesen Komitees weitergeführt wurde — wenn auch häufig in sehr bescheidenem Umfang. Darüber hinaus gab es noch einige Gruppen, die im Bereich der Kirchen, Gewerkschaften und Jugendverbände — neben anderen Themen — von Fall zu Fall auch Solidaritätsarbeit für Chile leisteten. Die Chile-Solidarität war jedoch als Massenbewegung längst zusammengebrochen. Dabei hatten doch erst vor ein paar Jahren viele den Satz von Pablo Neruda gedruckt und durchaus geschmeichelt verbreitet, der hieß: ,,Eure Solidarität ist das Brot und das Salz, die mein Volk braucht!"

WUNSCH UND WIRKLICHKEIT
1980: CHILE WAR KEIN THEMA MEHR

Zu Beginn des Jahres 1980 wollten wir zu einer längeren Reise nach Lateinamerika aufbrechen, die uns auch nach Chile führen sollte. Bei Exilchilenen aus dem Kölner Komitee ,,Freiheit für Chile" informierten wir uns über die Situation in diesem Land. Sechs Monate später waren wir in Chile.
Der Widerspruch zwischen unseren Erwartungen und dem, was wir sahen, hätte kaum größer sein können: Wir erwarteten ein waffenstarrendes Militärregime. Wir sahen auf der 28stündigen Fahrt von der Nordgrenze nach Santiago keine einzige Militärkontrolle. Im gerade zur ,,Demokratie" zurückgekehrten Peru hatten wir alle 150 Kilometer unsere Ausweise bei Militär- und Polizeikontrollen vorlegen müssen. Wir erwarteten in Chile Polizisten an jeder Ecke. Wir sahen nur vereinzelte Carabineros, die im Vergleich zu ihren bis an die Zähne bewaffneten Kollegen in anderen lateinamerikanischen Ländern eher harmlos aussahen. Wir erwarteten ein ausgehungertes Land. Wir sahen als erstes die riesigen Geschäfte in Santiago, in denen alles zu haben war und davor Menschen, die auch noch in der Lage schienen, sich diese Waren kaufen zu können.
Klar: Als wir das Zentrum von Santiago nur ein wenig hinter uns gelassen hatten und in die Poblaciones, die Armenviertel, kamen, wo wir ein halbes Jahr lang leben und arbeiten wollten, sahen wir auch, daß tatsächlich Millionen von Chilenen in großem Elend leben mußten und daß viele von ihnen hungerten. Aber auch hier in den Poblaciones hörten die ,,Überraschungen" nicht auf. Es war nicht die Furcht vor der Geheimpolizei, die die Leute hier niederdrückte, obwohl es auch diese Furcht gab, und obwohl sie auch berechtigt war. Demoralisiert wurden die Menschen hier vielmehr von dem ständigen Widerspruch zwischen dem eigenen Elend und einer Welt, die über die Fernsehwerbung in fast jede noch so primitive Bretterbude gebracht wurde. Eine Welt, die ja tatsächlich dreihundert Meter weiter, am Rand der Población, sogar real besichtigt werden konnte. Denn dort lebten die Mittelschichten, die sich im Jahr 1980 noch nahezu alles kaufen konn-

ten, wenn auch meistens nur auf Kredit. Was den armen Chilenen moralisch das Rückgrat brach, war das ohnmächtige Gefühl, sich nichts leisten zu können in einer Gesellschaft, wo inzwischen nur noch das, was man sich leisten und damit vorzeigen konnte, als Leistung galt. Und wo steckten die linken Parteien? Wir hatten doch gehört, daß sie überall im Untergrund ihre Widerstandsfäden spannen. Wieso hatten die linken Traditionen die Demoralisierung in den Armenvierteln nicht verhindern können? Die Antwort war — wie wir später feststellten — einfach: Die Parteien waren gar nicht so stark und konnten deshalb gar nicht so effektiv arbeiten und spielten schließlich selbst in den Armenvierteln auch gar nicht die Rolle, von der uns unsere chilenischen Genossen daheim immer erzählt hatten. Vor allem viele Anhänger der Kommunistischen Partei waren noch auf eine Form von Klassenkampf fixiert, für die es seit Mitte der siebziger Jahre in Chile keine Grundlagen mehr gab. Sammelpunkt für den Widerstand waren inzwischen eher kirchliche Basisgruppen, in denen sich auch Mitglieder und Sympathisanten der verschiedenen seit dem Putsch verbotenen Parteien zusammengeschlossen hatten. Sie kochten zusammen, kauften zusammen ein, machten zusammen Musik und organisierten Protestmärsche zur Bezirksverwaltung, um eine bessere Stromversorgung ihrer Siedlung zu erreichen.
Wir erkannten bald, daß — im Gegensatz zu unseren Vorinformationen — längst nicht jeder Chilene, auch längst nicht jeder Poblador, ein Widerstandskämpfer war. Auch war zu Hause immer vom ,,chilenischen Faschismus'' die Rede gewesen. Aber für die chilenische Realität 1980 — zweifellos noch eine brutale Gewaltherrschaft — paßte unser Begriff von Faschismus nicht.
Das politische Ziel der Militärs und ihrer Wirtschaftsplaner, der Chicago Boys, war nicht die faschistische Massenbewegung, sondern die völlige Vereinzelung der Menschen, ihre Individualisierung in allen Lebensbereichen. Die Losungen dieser Gesellschaft hießen: Jeder ist sich selbst der Nächste. Auf Dich alleine kommt es an. Sei Egoist! Diese Haltungen hämmerte die ständige Werbung in allen Medien den Chilenen Tag für Tag ein. Die Folgen waren schon im Jahr 1980 deutlich spürbar. Die breite linke Volksfront mit proletarischer Kultur und sozialistischen Traditionen ließ sich jedenfalls kaum finden.

Im Frühjahr 1981 waren wir wieder in Köln. Wir wollten von unseren Erlebnissen erzählen. ,,Unbedingt!'', sagten unsere chilenischen Freunde vom Komitee ,,Freiheit für Chile'', als wir sie fragten, ob wir mit ihnen über unsere Erfahrungen in Chile diskutieren könnten.
,,Wir melden uns nach unserem nächsten Treffen!'' Aber es kam monatelang keine Rückmeldung. Auf unsere Nachfrage hieß es: ,,Wir rufen euch an''. Aber es kam auch kein Anruf mehr...
Dieses Beispiel illustriert ein weit verbreitetes Phänomen: Viele Solidaritätsgruppen, die sich auch heute noch mit Chile beschäftigen — vor allem aber auch die Exilchilenen —, sind unfähig oder unwillig, Veränderungen in Chile wahrzunehmen und ihre Solidaritätsarbeit diesen Veränderungen anzupassen. Noch 1981 wurde über Chile diskutiert, als sei seit 1973 dort nichts mehr geschehen. Zwar wurde die neue chilenische Wirtschaftspolitik der Militärs in der Chile-Solidarität hierzulande zur Kenntnis genommen. Aus der Diskussion ausgeklammert blieben allerdings die Fragen danach, ob sich damit nicht längst die Basis des Widerstands verändert hatte. War wirklich die Betriebsarbeit noch der sinnvollste Arbeitsschwerpunkt, wenn in Chile jeden Tag mehr Fabriken die Tore schlossen? Hatte sich die Akzeptanz der Diktatur verändert? Profitierten neben den ganz Reichen nicht auch — zunächst — die Mittelschichten extrem von der neuen Wirtschaftspolitik? War die Rolle der Parteien tatsächlich unverändert geblieben oder spielten nicht inzwischen überparteiliche Basisorganisationen eine viel größere Rolle? Fragen, die nicht beantwortet wurden.
Im Sommer 1983, kurz vor dem zehnten Jahrestag des Militärputsches, kam es zum ersten Mal seit 1973 in Chile zu Protestaktionen, durch die die Militärdiktatur in Bedrängnis zu geraten schien. Chile war erneut in allen Medien und damit erlebte auch die Chile-Solidarität einen kurzen Aufschwung. In Münster fand daraufhin ein dreitägiger Kongreß ,,Für Chiles Freiheit'' statt, auf dem alle Schwächen der Chile-Solidarität der achtziger Jahre besichtigt werden konnten. Nach dem Kongreß bemängelten die ,,Lateinamerika Nachrichten'':
,,Die ermüdenden, viel zu langen, viel zu langweiligen und viel zu zahlreichen Reden der Politiker bewegten sich — von ganz weni-

gen Ausnahmen abgesehen — in den gewohnten Bahnen: Die historische Bedeutung der UNIDAD POPULAR wurde ausführlich dargestellt, und die Greueltaten der Diktatur wurden verdammt. Über die gegenwärtigen Probleme der chilenischen Opposition und über die Diskussion eines zukünftigen Entwurfs war dagegen so gut wie nichts zu hören. Die Tatsache der beiden ‚nationalen Protesttage' am 11. Mai und am 14. Juni wurde allenfalls als Aufhänger dafür benutzt, die alten Parolen mit besonderem Nachdruck und mit um so größerem Pathos vorzutragen."[19]
Dies bestätigte ein Chilene, der — gerade aus Santiago zurückgekehrt — in einem Interview mit den ,,Lateinamerika Nachrichten" sagte:
,,Das Chile-Bild, wie es hier sowohl von den Chilenen als auch von den deutschen Solidaritätsgruppen zum Vorschein kommt, entspricht nicht ganz der Realität. Es ist eher das Bild des alten, des Chiles der Unidad Popular und der Parteien. Was sich hier (auf dem Kongreß in Münster) abgespielt hat, ist natürlich sehr positiv für die Solidaritätsarbeit. Aber was die chilenische Wirklichkeit anbelangt, handelt es sich hier eher um ein Stück Rekonstruktion der Geschichte als um ein Stück Gegenwart."[20]
Ähnliche Kritik an diesem Kongreß ,,Für Chiles Freiheit" wurde auch noch von anderer Seite laut. So beklagte Dieter Maier, einer der zum Kongreß geladenen Referenten, daß ein kritischer Beitrag zum Kongreß-Reader nicht abgedruckt worden war:
,,Nur vordergründig war der Inhalt des Chile-Kongresses in Münster die Lage im heutigen Chile. Allenfalls am Rande war die Rede von der Spaltung und Resignation der Linken in Chile. Die Solidaritätsgruppen wurstelten unverdrossen weiter, ohne sich eigener Fehler bewußt werden zu wollen. Jedenfalls wurde ein Beitrag zum Kongreß-Reader, der angefordert worden war und sich kritisch mit der Solidaritätsbewegung auseinandersetzte, nicht aufgenommen (Leseprobe: ‚Alle Laster der bundesrepublikanischen Linken wurden von der Solidaritätsbewegung spiegelbildlich zu Tugenden verkehrt und auf die lateinamerikanische Linke projiziert ... Das Schrumpfen der Chile-Solidarität auf einen Bruchteil ihrer ehemaligen Stärke war in diesen Identifikationen und Projektionen angelegt').
Der wirkliche Inhalt des Kongresses waren die zehn verlorenen

Jahre des chilenischen Exils. Die AG, zu der ich als Referent geladen war, erbrachte einmal mehr den Beweis, daß die Solidaritätsarbeit in der BRD von den Organisationskadern der chilenischen Exilparteien beherrscht wird, denen jede Abweichung vom Diskussionsstand von 1973 als Verrat gilt, es sei denn, das ZK billigt sie...
Allerdings gab es hübsche Einzelszenen. Eine Frankfurter Gruppe von Kongreßteilnehmern machte für den Hausgebrauch einen Videofilm. Daraus wurde das Gerücht, das Fernsehen sei da, und die Prominenz warf sich in Schale, und produzierte sich eine ganze Weile vor der Kamera, bis sie endlich merkte, was los war."[21]
Zu seiner Kritik an der Chile-Solidarität fügte er noch ein Gedicht des exilierten Chilenen L. Mauricio Redoles in eigener Übersetzung hinzu:

„Es gab einmal ein Königreich
in dem das Hauptgesetz hieß:
‚Du sollst Sektierer sein!'
Ergebnis?
Die Schmetterlinge weigerten sich, mit den Blumen zu arbeiten.
Der Frühling mußte darunter leiden."

Im Sommer 1985 war der kurze Chile-Boom des Jahres 1983 längst wieder vergessen. In der Chile-Solidarität war der Alltag eingekehrt. Zum Beispiel in Köln: Am 11. September, dem zwölften Jahrestag des Militärputsches, kamen nur noch 50 Leute zur Solidaritätsveranstaltung des Komitees „Freiheit für Chile" in ein kleines Vorort-Jugendzentrum. Vor 10 Jahren waren es einmal 2000 in einem großen Saal in der Stadtmitte gewesen. Die Hälfte der Getreuen von 1985 waren Exilchilenen und ihre Familienangehörigen. Der politischen Diskussion über Chiles Zukunft folgten bei der Veranstaltung 1985 sogar nur 25 Leute. Die restlichen blieben bei Empanadas, Glühwein und Bücherständen im Garten. Sie verpaßten auch nicht allzuviel. Denn die Vertreter der chilenischen Exil-Parteien erklärten weiterhin übereinstimmend: „Oberstes Ziel bleibt: Pinochet muß weg. Was danach folgen soll, darüber kann konkret auch erst danach diskutiert und entschieden werden..."

DOKUMENT 24:
„FRAGEN AN UNSEREN INTERNATIONALISMUS"
URS MÜLLER-PLANTENBERG, 1978:

Der Anfang war gespenstisch. Nehmen wir zum Beispiel Berlin: Im Juni 1973, als der Klassenkampf in Chile einem Höhepunkt zusteuerte, als die bürgerliche Opposition ihre Bemühungen um den Sturz der verfassungsgemäß gewählten Regierung Allende enorm verstärkte, als rechtsradikale Organisationen das Land mit Terror, Mordanschlägen, Brandstiftungen und Sabotageakten zu überziehen begannen, in diesem Juni 1973 also lud die Evangelische Studentengemeinde an der Technischen Universität Berlin mit vielen, vielen Flugblättern zu einem Gespräch über die Situation in Chile ein. An dem angesetzten Abend kamen etwa 30 junge Leute zusammen. Von einem Gespräch konnte aber zunächst keine Rede sein. Etwa zwei Stunden lang schrien fünf oder sechs junge Studenten auf den Rest der Versammelten ein, es werde in Kürze ein fürchterliches Blutbad in Chile geben — womit sie sicher recht behalten haben. Dann aber wußten sie auch den Schuldigen zu nennen: Präsident Allende. Nach geheimen Informationen sei er maßgeblich an einer Verschwörung beteiligt, die auf die physische Liquidierung der chilenischen Arbeiter gerichtet sei. Zur Rettung der Arbeiter gebe es keine andere Wahl, als mit allen Mitteln gegen die Parteien der chilenischen Linken zu kämpfen, und das beste Mittel dazu biete der Anschluß an die Gruppe, der diese jungen Leute angehörten. (Wenn die Erinnerung nicht täuscht, ist es dieselbe Sekte, die heute in den Wahlkämpfen in der Bundesrepublik für den beschleunigten Ausbau der Kernkraftwerke eintritt.)
Erst als diese Leute gemerkt haben, daß absolut niemand mehr bereit war, noch weiter auf sie einzugehen, verließen sie die Versammlung. Zurück blieben einige Vertreter von Jugend- und Studentenorganisationen und ein paar Leute, die am Thema interessiert waren, unter ihnen einige wenige, die vor kurzem noch in Chile gewesen waren. Das Gespräch über die Situation in Chile konnte beginnen. Dabei schien es nur natürlich, daß die Sprache sehr bald auf mögliche Formen der Solidarität mit den chilenischen Arbeitern und ihren Organisationen kommen mußte. Wie konnte man die Information über die Vorgänge in Chile verbessern? Wie konnte man Druck auf die Bundesregierung ausüben, damit sie einen der Regierung Allende zugesagten Kredit auch auszahlte? Was sollte man sammeln? Medikamente? Schlafsäcke? Fahrräder? Geld?
Das waren aber verfrühte Fragen unter deutschen Linken. Denn nun meldete sich der Vertreter einer großen Studentenorganisation zu Wort und sagte, daß es so nicht ginge. Ob die chilenischen Arbeiter Solidarität von uns überhaupt brauchten und welcher Art diese dann sein müsse, das könnten uns nur die verantwortlichen Führer der Organisationen der

chilenischen Arbeiterklasse selbst sagen, und diese würden binnen zwei Monaten in der Hauptstadt der Deutschen Demokratischen Republik zum Weltfestival der Jugend und Studenten erwartet. Bis dahin müsse man also schon noch warten. Im übrigen warnte er vor jedem Versuch, die Frage der Solidarität mit Chile zum Kernpunkt der politischen Agitation zu machen, denn das könnte Kräfte von der Vorbereitung des Festivals abziehen und müßte deshalb von seiner Organisation als ,,Sabotage des Festival-Gedankens'' politisch bekämpft werden.
Solidarität mit Chile als Sabotage am Festival-Gedanken — wer hätte das zu denken gewagt? Der Rest der Versammlung staunte und brachte es zu so später Stunde gerade noch fertig, sich zu vertagen. Die nächsten Versammlungen an gleicher Stelle und mit einem etwas veränderten Teilnehmerkreis führten dann zur Gründung eines Berliner Komitees für Solidarität mit Chile. Ein kleines Informationsblatt wurde alle 14 Tage hergestellt, ein Konto eingerichtet, Veranstaltungen wurden geplant. Schon vorher hatte man sich mit einzelnen Leuten und Vertretern kleiner Gruppen in Westdeutschland getroffen, die ebenfalls die Solidarität mit Chile vorantreiben wollten. Aber alles blieb klein, überschaubar, mühsam und in keiner Weise dem Ausmaß und der historischen Bedeutung der Vorgänge in Chile selbst angemessen.
Natürlich wurde der Kontakt zu den chilenischen Vertretern auf dem Festival in Ostberlin aufgenommen. Auf dem Weg dahin gab es allerdings Schwierigkeiten, weil das Informationsblättchen, das man den Chilenen zeigen wollte, das Mißtrauen der wachsamen Grenzpolizisten erregte. Zwar gab es darin kein einziges antikommunistisches Wort, sondern nur Aufklärung über den Terror der Rechten in Chile, aber die Herkunft des Blättchens war doch für die Genossen Volkspolizisten so zweifelhaft, daß sie es erst aufmerksam ganz durchlasen, dann beschlagnahmten und schließlich nachträglich geschenkt bekamen. Die Chilenen auf dem Festival freuten sich darüber, daß es im Westen Deutschlands überhaupt so etwas wie einen Keim von Solidaritätsbewegung mit Chile gab, wunderten sich darüber, daß er so schwach war, und erklärten sich bereit, Vertreter in die Bundesrepublik zu schicken, die dort über die aktuelle Situation in Chile sprechen sollten. Sie stellten natürlich dafür keinerlei Bedingungen. Auch in Berlin (West) versuchte man, eine Veranstaltung zu organisieren, auf der Vertreter der chilenischen Linken sprechen sollten. Dafür wollte man möglichst viele Mitveranstalter gewinnen. Der Plan scheiterte aber sehr schnell, weil diese Organisationen sich nicht einigen konnten. Für die einen kam eine solche Veranstaltung nur in Frage, wenn auch diskutiert werden konnte oder wenn man wenigstens Fragen an die chilenischen Redner stellen durfte, für die anderen war eine Beteiligung nur denkbar, wenn das von vornherein grundsätzlich ausgeschlossen war

und außer den offiziellen Reden nur ein Kulturprogramm stattfand. Die Chilenen wollten es mit keiner Seite verderben, waren zu allem bereit, wollten einigen und nicht trennen. Schließlich mußte ihnen abgesagt werden.
Im übrigen fiel die Zeit vor dem Putsch vom 11. September 1973 mit der Periode zusammen, in der in der Bundesrepublik die Gedanken auf die effiziente Durchführung der Sommerferien konzentriert sind.
Nach dem Militärputsch in Chile sah es anders aus. Schon am 12. September gaben — wie in den meisten Großstädten der westlichen Welt — viele Tausende ihrem Protest durch eine Demonstration auf dem Kurfürstendamm Ausdruck. Am 14. September folgte eine weitere, ähnlich große Demonstration. Und in einer unendlich anstrengenden Serie von strapaziösen Sitzungen, bei der auf alle Empfindlichkeiten aller beteiligten Gruppen Rücksicht genommen wurde, konnte sogar erreicht werden, daß schließlich am 4. November, dem 3. Jahrestag des Regierungsantritts von Präsident Allende, *alle* Gruppen der Berliner Linken in einer der größten Massendemonstrationen der letzten zehn Jahre gemeinsam für die Solidarität mit Chile eintraten.
Warum diese ganze Erzählung? Weil die Ereignisse in der Zeit vor dem Putsch in Chile einige wesentliche Charakteristika des Internationalismus der westdeutschen Linken noch eindrucksvoller beleuchten, als die Entwicklung nach dem Putsch das tut.
Unser Internationalismus beruht erstens im allgemeinen auf sehr schlechter und ungenügender Information. Spätestens seit Oktober 1972 konnte für jedermann, der es wissen wollte, klar sein, daß die chilenische Bourgeoisie, ihre politischen Parteien, das nordamerikanische Kapital und die US-Regierung gemeinsam und zielstrebig auf den Sturz der Regierung Allende und auf die Beseitigung der seit 1970 geschaffenen sozialen Veränderungen hinarbeiteten. Aber weder die Terrorakte der Rechten noch die zunehmende Wirtschaftsblockade von außen wurden hierzulande genügend bekannt, um eine breite Solidarisierung auszulösen. Im Endeffekt geben die bürgerlichen Massenmedien die Themen vor, die zu einer Solidarisierung der hiesigen Linken mit der Linken anderer Länder Anlaß geben. Und für die bürgerlichen Massenmedien war die ,,Entstabilisierung'' der Regierung Allende noch keine großen Schlagzeilen wert, als sie sichtbar geschah, sondern erst, als die CIA-Führung Jahre später gezwungen wurde, zuzugeben, daß sie diese ,,Entstabilisierung'' auch wirklich gewollt, geplant und durchgeführt hatte. Solcherart schlecht informiert, muß man dann natürlich warten, bis ,,die Führer der Organisationen der Arbeiterklasse'' des jeweiligen Landes zu einem kommen und sagen, wo es langzugehen hat.
Damit sind wir schon beim zweiten Punkt. Die Solidarität des internatio-

nalen Kapitals ist der internationalen Solidarität der Linken nicht durch gute Nachrichtenverbindungen überlegen, sondern auch meistens zeitlich voraus. Erst wenn Fakten geschaffen worden sind, wenn die andere Seite endgültig zugeschlagen hat, wird bewußt, wie viel man versäumt hat. Unser Internationalismus wird eigentlich erst dann einigermaßen massiv und beständig, wenn es viele Opfer zu beklagen gilt. Die Linke anderer Länder ist offenbar erst dann unserer vollen und uneingeschränkten Solidarität würdig, wenn sie brutal verfolgt wird, nicht aber, solange sie noch versucht, sich gegen das endgültige Zuschlagen der anderen Seite zu wehren, und auch schon nicht mehr, sobald sie eigene Initiativen unternimmt, um die Verfolgung abzuschütteln. Die Hungerstreikbewegung in Bolivien etwa, die in diesem Jahr das Abtreten des Diktators Banzer zumindest wesentlich beschleunigt hat, hat bei der Linken in der Bundesrepublik ebensowenig Beachtung gefunden wie die großen Streiks und die Lebenshaltungskostenbewegung in Sao Paulo, die das Gefüge wirtschaftlicher und politischer Macht im brasilianischen Militärstaat in Frage stellen.

Der Internationalismus der westdeutschen Linken hinkt den Ereignissen sogar hinterher, wenn es Siege zu feiern gälte. Um ein Beispiel zu nennen: In der Zeit um den 25. April 1974 fand in Frankfurt ein internationaler Chile-Kongreß statt, auf dem Chile-Komitees und politische Organisationen aus der Bundesrepublik, aus Italien, Frankreich, Spanien, England, Holland, Dänemark, Schweden und anderen Ländern vertreten waren. Der Sturz der Caetano-Diktatur in Portugal wurde an zwei aufeinanderfolgenden Tagen von keinem einzigen der vielen Redner einer Erwähnung für wert befunden. Für Portugal gab es noch keine Konjunktur. Wochen und Monate später wußten alle über Portugal Bescheid, waren die in Frankfurt vertretenen Organisationen die eifrigsten Vorkämpfer der Solidarität mit der portugiesischen Arbeiterklasse, überlegten sich viele Mitglieder von Chile-Komitees, ob sie nicht von Chile auf Portugal ,,umsteigen'' sollten. Damit ist ein weiteres Kennzeichen unseres Internationalismus benannt: Er ist extrem konjunkturabhängig. Und bis zum 10. September 1973 hatte Chile noch keine Konjunktur, war Chile noch nicht ,,in''.

Ob ein Land ,,in'' oder ,,out'' ist, hängt unter anderem auch davon ab, wie weit die Argumentation in bezug auf dieses Land der jeweiligen politischen Gruppe, Partei oder Sekte in den Kram paßt, für sie instrumentalisierbar ist. Das Wort von der Chile-Solidarität als ,,Sabotage am Festival-Gedanken'' ist nur ein besonders krasses und offenherziges Beispiel dafür, wie konkrete internationale Solidarität den Interessen oder den einmal ausgegebenen Devisen einer politischen Organisation untergeordnet wird. Ähnliche Beispiele lassen sich — auch bei anderen Organisationen — immer wieder finden. Das eigentliche Problem bei dieser Instrumentalisierung liegt aber darin, daß die meisten Organisationen glauben, nur dann glaubwürdig und geschlossen bleiben zu können, wenn sie in bezug auf die Mittel der Politik — konkret: in bezug auf die Kampfformen und die Bündnisfrage — eine angeblich für den ganzen Erdball gültige Linie vertreten. Demokratischer Weg zum Sozialismus oder bewaffneter Kampf, Gewalt oder Gewaltlosigkeit, Bündnis mit den Mittelschichten oder nicht, das waren und sind die Fragen, die von Vorständen, Zentralkomitees und selbsternannten Avantgarden ein für allemal für das eigene Land und für die ganze Welt beantwortet wurden. Die unmittelbaren Interessen der Bevölkerung der einzelnen Länder, ihr Bewußtsein, das politische Kräfteverhältnis haben innerhalb dieser Schemata keinen Platz. Die Realität hat sich gefälligst den Kampfformen anzupassen, und nicht umgekehrt.

In einer Situation nun, in der der Streit um die Kampfformen — und nicht um den Inhalt der Politik — die Auseinandersetzungen innerhalb der Linken beherrschte, konnte das Chile vor dem Putsch für alle Beteiligten nur peinlich wirken: für die Anhänger des demokratischen Weges zum Sozialismus, weil dieser Weg offenbar nicht so geradlinig, wie man es sich vorgestellt hatte, zum Ziel führte und weil die Mittelschichten sich um so stärker gegen die Regierung der Unidad Popular stellten, je mehr sie von ihr umworben wurden, und für die Anhänger des bewaffneten Kampfes, weil Chile ohnehin nicht ihr Fall war. Erst nach dem Putsch wurde Chile für beide Seiten voll interessant. Die prinzipiellen Anhänger des bewaffneten Kampfes sahen den Nachweis erbracht, daß der demokratische Weg zum Sozialismus nicht zum Sozialismus führt, und hielten nun ihre Stunde für gekommen. Die prinzipiellen Anhänger des Wegs über Wahlen zum Sozialismus glaubten nun, beweisen zu können, daß dieser Weg nicht an der Politik der Unidad Popular gescheitert war, sondern an einer internationalen und nationalen Verschwörung. (Hier ist anzumerken, daß der Streit um Bündnisfragen und Kampfformen auch in Chile selbst lange Zeit als Prinzipienfrage und nicht im Zusammenhang der jeweiligen politischen Konjunktur ausgefochten wurde. Allerdings fand die Auseinandersetzung naturgemäß in Chile selbst etwas realitätsnäher statt, weil man ja, um die Anhänger der Linken für die eigenen Thesen zu gewinnen, gezwungen war, sich auch an deren unmittelbaren Interessen und Bedürfnissen zu orientieren. Ironischerweise hat das Ringen der verschiedenen chilenischen Parteien um Solidarität im Ausland längere Zeit eher dazu geführt, die jeweiligen prinzipiellen Positionen noch stärker zu betonen und sogar schlagwortartig zu verkürzen, weil man nur so meinte, von den befreundeten Organisationen im Ausland Hilfe bekommen zu können. Eine selbstkritische Auseinanderset-

zung mit der Periode der Unidad Popular ist auf diese Weise durch die politisch heterogene internationale Solidaritätsbewegung eher gehindert als gefördert worden.)
Der Vorwurf, die Regierung Allende habe die chilenische Arbeiterklasse verraten, weil sie sie nicht bei ihrem Amtsantritt bewaffnet habe, ist töricht, absurd, unpolitisch, unhistorisch und unverantwortlich, weil er völlig von der damaligen politischen Situation, vom Stand des Bewußtseins der Arbeiter, vom Kräfteverhältnis abstrahiert. Er ist genauso töricht und absurd, wie es heute die Aufforderung an die Minderjährigen von Nicaragua wäre, sie sollten ihren Kampf gegen die Mörderbanden von Somozas Nationalgarde unbewaffnet und gewaltlos führen. Die chilenischen Arbeiter wollten 1970, weil das möglich schien, eine Verbesserung ihrer sozialen und wirtschaftlichen Lage und den Aufbau einer sozialistischen Gesellschaft mit dem Stimmzettel in der Hand erreichen. Für bewaffnete Auseinandersetzungen waren sie damals in ihrer überwältigenden Mehrheit absolut nicht zu haben. (Daß sie im Zuge der sich zuspitzenden Auseinandersetzungen bis 1973 allmählich zu anderen Auffassungen kamen und sahen, wie der Stimmzettel offenbar nicht einmal dazu ausreichte, auch nur die Aufrechterhaltung der Verfassung zu verteidigen, steht auf einem anderen Blatt und braucht hier nicht diskutiert zu werden.) Die Bevölkerung von Nicaragua will heute in ihrer überwältigenden Mehrheit den Diktator Somoza und seine Nationalgarde vertreiben, und zwar, weil es anders nicht mehr möglich scheint, mit der Waffe in der Hand. (Daß sie Somoza und seine Nationalgarde lieber ohne Bürgerkrieg loswürde, braucht ebenfalls nicht diskutiert zu werden.) Aus dem einen Fall läßt sich so wenig wie aus dem anderen ableiten, daß die eine oder die andere Kampfform überall und immer die einzig richtige ist...
Ein weiteres Kennzeichen des Internationalismus der westdeutschen Linken ist — von einigen rühmlichen Ausnahmen abgesehen — die relativ schwache Beteiligung der Arbeiter im allgemeinen und der Gewerkschaften im besonderen. Als im Jahr 1976 italienische Arbeiter die Weiterverarbeitung von chilenischem Kupfer verweigerten und für den Rücktransport nach Rotterdam sorgen wollten, baten sie selbstverständlich die französischen, belgischen und holländischen Gewerkschaften um die Überwachung dieses Rücktransports. Das Unternehmen gelang vollständig. Der nächste Weg hätte über die Bundesrepublik geführt, durch die das Kupfer auch auf dem Hinweg nach Italien transportiert worden war. Für die italienischen Arbeiter waren aber die deutschen Gewerkschaften nicht engagiert und zuverlässig genug, um diese Aufgabe zu übernehmen. Wo es um den — oft von der Bundesrepublik vorfinanzierten — Export von Unterseebooten (Argentinien, Indonesien) oder Kern-

kraftwerken (Brasilien) an Militärdiktaturen geht, finden sich sogar Gewerkschaftsfunktionäre, die ganz offen die Exportinteressen der westdeutschen Industrie über die Solidarität mit den Kollegen in den betroffenen Ländern stellen. Daß man, statt etwa der indonesischen Regierung Unterseeboote praktisch zu schenken, auch andere, sinnvollere Dinge produzieren könnte, um die Arbeitsplätze zu erhalten, kommt diesen Funktionären überhaupt nicht in den Sinn. Wenn über allgemeine Erklärungen hinaus überhaupt innerhalb der Gewerkschaften praktische internationale Solidaritätsarbeit geleistet wird, dann vor allem von gewerkschaftlichen Jugend- und Studentengruppen und von Lehrergewerkschaften.

So ist denn der Internationalismus in der Bundesrepublik — im Unterschied zu Ländern wie etwa Italien, England oder Schweden — eine Angelegenheit, die weitgehend auf die linken Intellektuellen beschränkt bleibt. Er appelliert vor allem an den Verstand und dann auch noch an das Herz derer, die Solidarität üben sollen. Da die Intellektuellen eher ein schlechtes Gewissen haben, als daß sie sich offen zu ihren materiellen Interessen bekennen, fällt es ihnen auch sehr schwer, internationale Solidarität so zu formulieren, daß an die unmittelbaren Interessen der Arbeiter angeknüpft werden kann.

Die moralische Komponente der internationalen Solidarität darf deshalb nicht einfach geringgeschätzt oder mißachtet werden. Immerhin ist es gelungen, die Hilfeleistungen für den Widerstand, für die politischen Gefangenen, die Verfolgten und die Hungernden in Chile und für die Flüchtlinge, die hierhergekommen sind, auf einem Niveau über fünf Jahre hinweg zu halten, wie es wohl in keinem Fall eines anderen Landes erreicht worden ist. Daß die Solidarität mit Chile heute nicht mehr in größeren Komitees ihren Ausdruck findet, bedeutet nicht, daß sie nachgelassen hätte. Sie hat sich vielmehr verzweigt und verästelt in vielfältige Gruppen und Aktivitäten. Frauengruppen helfen Frauen in Chile, Sozialisten helfen Sozialisten, Künstler helfen Künstlern, Kirchengemeinden und Lehrergruppen unterstützen Volksküchen zur Versorgung der Armen, Kommunisten helfen Kommunisten und linke Christen der Christlichen Linken in Chile. Vor allem ist auch das starke moralische Engagement der Gruppen von Amnesty International zu betonen, die sich mit großer Hartnäckigkeit für die Freilassung der politischen Gefangenen und für die Aufklärung des Schicksals der verschwundenen Gefangenen eingesetzt haben. Das alles ist noch längst nicht genug, um eine effektive Veränderung der politischen und wirtschaftlichen Verhältnisse in Chile herbeizwingen zu helfen. Aber es ist wesentlich mehr, als in vergleichbaren Fällen je erreicht wurde...[22, 23]

DER PUTSCH UND DIE PIFF-PAFF-SOLIDARITÄT
GESPRÄCH MIT ERICH SÜSSDORF, MITBEGRÜNDER DES KOMITEES „SOLIDARITÄT MIT CHILE" IN WESTBERLIN

Schon vor dem Eingreifen der Militärs hätte die Linke hierzulande sich über die Putschgefahr in Chile klar sein müssen. Hat man damals mit einem Militärputsch gerechnet?

Ich glaube, daß die Solidaritätsbewegung und die Linke die Möglichkeit der USA zur Intervention zunächst einmal unterschätzt haben. Intervention stand ja damals nicht auf der Tagesordnung als bewaffnetes militärisches Eingreifen, wie das heute im Zusammenhang mit Nicaragua oder El Salvador diskutiert wird. Es war so, daß wir die Präsenz von nordamerikanischen Firmen, von nordamerikanischem Kapital, von nordamerikanischen Beratern innerhalb des Militärs gesehen, aber in ihrer Bedeutung für diesen politischen Prozeß unterschätzt haben. Wir haben auch die Finanzierung von politischen Kampagnen mit Unterstützung der CIA, die logistische und infrastrukturelle Unterstützung, die die CIA der chilenischen Rechten gewährt hat, unterschätzt. Wir haben zwar ständig über die USA und ihre Interessen in Chile diskutiert, aber wir haben auch unterschätzt, was die USA zu tun bereit war, um diese Bedrohung, als die sie die Vorgänge in Chile ansahen, zu beseitigen.

Wie hat denn hierzulande die Auseinandersetzung darüber angefangen, wie man den Putsch hätte verhindern können?

Es gab Leute, die der Meinung waren, daß dieser Prozeß in Chile nur dann hätte anders und erfolgreicher verlaufen können, wenn er spätestens ab 1972 auch ein bewaffneter Prozeß gewesen wäre. Das war die Auseinandersetzung darüber, ob es möglich gewesen wäre, in größerem Umfang und rechtzeitig größere Teile der Unidad Popular und der sie tragenden Bauern und Arbeitergruppen zu bewaffnen.

Die portugiesische Revolution im Jahre 1974 weckte in Europa neue Hoffnungen für Veränderungen. Das geweckte Interesse für Portugal löste vielfach die Solidarität mit Chile ab.

Die Frage der Bewaffnung war dann aber auf Dauer nicht mehr die entscheidende und ich glaube, daß die Leute, die innerhalb des Komitees gearbeitet haben, sich mehr in der Hinsicht radikalisiert haben, daß sie genauer zur Kenntnis nahmen, aufgrund welcher Bedingungen der Putsch in Chile möglich war.

Die gewaltige Chile-Solidarität ist dann sehr schnell auseinandergebröckelt. Wie ist es dazu gekommen?

Eine sehr wichtige Sache ist sicher, daß die Hoffnungen in den militärischen Widerstand sich nicht erfüllten. Ungeheuer viele Menschen wurden umgebracht. Ungeheuer viele Leute verließen das Land. Das waren die politischen Organisatoren, die Kader, die Gewerkschafter, radikale Leute aus der Kirche. Also, es folgte ein Exodus der Leute, die die politische Mobilisierung, Diskussion und Auseinandersetzung in Chile getragen hatten. Und das hatte schwerwiegende Folgen, die hier zu einer großen Ernüchterung führten. Es gab ja Hoffnungen nach dem Putsch, daß die Linke ihre Formen von Organisation auch unter der Militärdiktatur wiederfinden und sich schneller rekonsolidieren würde, als das dann tatsächlich der Fall war. Tatsache war aber, daß die Militärs sich durchsetzen konnten, und eben nicht nur militärisch, sondern zunächst in bestimmtem Umfange auch politisch und ökonomisch. Und dieser Prozeß führte zu einer Ernüchterung hier. Chile führte andererseits zu einer Polarisierung innerhalb unserer eigenen Gesellschaft. Und daran ließ sich sehr viel lernen. Zum Beispiel Leute, die aus der Gewerkschaft kamen und sich im Chile-Komitee organisiert hatten, lernten, wer innerhalb der Gewerkschaft die Diskussion über Chile aufnahm und wer sie abwürgte. Und ich glaube, daß es so Politisierungsprozesse gab, die teilweise sehr fruchtbar waren. Dazu gehörte die Radikalisierung der Jungsozialisten. Ich erinnere mich ebenfalls an Positionen der Jungdemokraten zu Chile, die waren außerordentlich. Ich erinnere mich an Gespräche in den Kirchen und auf Kirchentagen, die äußerst intensiv waren. Über Chile lernten die Leute auch viel über den Charakter und das Verhältnis von Industrienationen zu Entwicklungsländern im allgemeinen sowie über den Charakter der Gesellschaft, aus der sie selbst kamen.

Aber muß man nicht doch festhalten, daß der Chile-Solidarität zu schnell der Atem ausging?

Ja. 1974 kam die portugiesische Revolution, die einen neuen Kern von Auseinandersetzungen bildete. Sehr viele Leute entwickelten dazu ein engeres Verhältnis als zu Chile, weil sie selbst dahinfahren konnten. Dann kam der Tod Francos, der Hoffnungen auf die politische Entwicklung in Spanien weckte. All das waren Prozesse, die das Interesse der internationalistisch sensibilisierten Öffentlichkeit in der BRD auf sich zogen. Diese Leute kamen nicht nur aus der Chile-Bewegung, das waren auch wieder neue und andere Leute, die vielleicht ein persönliches Verhältnis zu Portugal hatten. — Aber natürlich gab es auch in der Solidaritätsbewegung einen gewissen Modetrend.

Ist der Solidaritätsbewegung nicht vorzuwerfen, daß sie — im Falle Chile, aber auch sonst — nur so lange solidarisch ist, wie sie selbst Hoffnung auf Veränderung hat? Und keineswegs so lange, wie ihre Solidarität eigentlich gebraucht würde?

Die Leute bemühten sich etwa drei Jahre sehr intensiv um die chilenische Entwicklung. Es war hier möglich, in fast jedem politischen oder kulturellen Zirkel über Chile zu sprechen. Ich glaube, daß sich dann eine Resignation durchgesetzt hat, die die Solidarität verändert hat. Die Solidarität war irgendwann eine, die nicht mehr von politischen Hoffnungen, Illusionen und Wünschen geprägt war, sondern sie wurde zu einer moralischen, menschenrechtsorientierten Unterstützungsarbeit. Das bedeutete: Man versuchte, die Leute zu verteidigen, die in Chile politisch verfolgt waren. Man versuchte, den Exilierten zu helfen. Es ging dann mehr um humanitäre Unterstützung. Diese humanitäre Unterstützung hat natürlich der Solidaritätsbewegung auch ihre politische Spitze und ihre Aggressivität genommen, mit der sie die ersten Jahre aufgetreten war. Nach dem Putsch waren ja auch die Anklagen gegen die USA und die anderen Industrieländer sehr stark gewesen. Aber es ist auch klar, daß eine Solidaritätsbewegung einen solchen Drive und solche Illusionen wie zu Beginn nicht ewig aufrechterhalten kann. Auf der ersten Demonstration, da wurden ja noch ein riesiges Transparent mit einer aufgemalten Maschinenpistole vorne weg getragen und da wurden Lieder aus dem chilenischen Widerstand gesungen, der sich in der Intensität in Chile nie organisieren konnte. Diese Hoffnungen waren ein typischer Ausdruck der westeuropäischen Wünsche. Man wollte, um's jetzt mal ganz plakativ zu sagen, den Imperialismus ein Mal in seinem Leben über Kimme und Korn betrachten. Die radikalste Lösung der Imperialismusfrage ist dort, wo geschossen wird. So läuft die Wahrnehmung. Das ist auch das Problem. Es wird nicht mehr in gesellschaftlichen, sondern in militärischen Zusammenhängen gedacht. Dort, wo es Piff-Paff macht, stellen sich die politischen Fragen am deutlichsten. Das halte ich für falsch. Das würde ich auch der Solidaritätsbewegung bis heute vorwerfen, daß sehr viele dieser militärischen Situationen viel zu stark wahrgenommen werden und viel zu wenig gesellschaftliche und kulturelle und in diesem Sinne auch historische Zusammenhänge betrachtet werden. Aber es gab immer Teile innerhalb der Solidaritätsbewegung, für die im Grunde die Waffe das einzig richtige und eindeutige Mittel darstellt, mit dem politische Probleme zu lösen sind.

KLAUS VACK:
»BEWEGUNG KOMMT AUCH VON BEWEGT SEIN«

,,Wir hatten uns ganz intensiv in der Chile-Solidarität engagiert. Wir hatten damals schon fast eine Million Mark gesammelt, die nach Chile geschafft wurde, um der Opposition zu helfen. Gut, heute werden ganz andere Summen gesammelt, aber für damals war das absolute Spitze. Dann hatten wir einen Kongreß mit Emigranten gemacht, am ersten Jahrestag nach dem Putsch, organisiert vom Sozialistischen Büro und da kamen sehr viele Gruppen zusammen. Das war auch eine sehr wichtige Sache für uns in der Internationalismus-Arbeit, daß wir uns nicht auf eine Gruppe bezogen haben. So haben wir auch in Chile immer alle Parteien, alle Gruppen und Basisinitiativen unterstützt und nicht gefragt, bist du ein Trotzkist oder bist du ein Sozialdemokrat oder bist du ein revolutionärer Sozialist oder bist du ein Kommunist oder bist du es nicht?
Dann zeigte sich wieder, daß solche Bewegungen wie die Chile-Solidarität eben keine Institutionen sind, sondern halt auch von Impulsen leben. Und es gibt immer neue Impulse. Ich will das

jetzt nicht qualifizieren, ob positiv oder negativ, aber Bewegung kommt ja auch von bewegt sein. Wenn heute ein naher Verwandter von mir stirbt, bin ich heute mehr bewegt als in zehn Jahren. Und das geht auch ein bißchen bei solchen politischen Bewegungen so. Es kommen auch immer wieder neue Generationen hinzu, junge Leute, die zum ersten Mal einen Anstoß bekommen. Die kriegen den heute nicht, weil vor über zehn Jahren Allende ermordet worden ist. Da waren die vielleicht selbst erst gerade zehn Jahre alt und haben das nur am Rande mitgekriegt. Die kriegen den Anstoß heute vielleicht, weil in El Salvador niederländische Journalisten heimtückisch ermordet werden. Das ist für die sozusagen ihr Schlüsselerlebnis, das — ich sag das mal pathetisch — ihr Herz öffnet, auch ihrem Verstand die Schubkraft gibt, sich mit internationaler Solidarität zu befassen. Denn was in El Salvador oder in Honduras passiert, das sind ja auch furchtbare Sachen. Das Problem dabei ist ja auch nicht, daß Lateinamerika insgesamt mehr ins Blickfeld geraten ist, gerade Mittelamerika. Das Problem ist, daß das Engagement für Chile nachgelassen hat. Mitte der siebziger Jahre kam auch noch Portugal hinzu. Wir hatten also zum ersten Mal in Europa die Situation, daß ein diktatorisches Regime, das außerdem noch über großen Kolonialbesitz verfügte, gestürzt wurde. Das geschah ja auch mit dem Anspruch der sozialistischen Revolution. Die roten Nelken in den Gewehren waren dafür Symbole. Und da gab es dann Sprünge von einer Sache zur nächsten. Auch das hat wieder etwas mit den Generationen zu tun. Je breiter die sozialen Bewegungen insgesamt werden, um so schwieriger ist es auch, Kontinuität zu wahren und um so schneller kommt es zu diesen Sprüngen. Es sind ja in der ersten Hälfte der siebziger Jahre zahllose Dritte Welt-Gruppen entstanden. Kirchliche Gruppen haben sich der Solidaritätsarbeit angenommen und sich oft auf ein Land oder ein Projekt in einem Land spezialisiert. Dadurch hat sich das auch etwas auseinanderdividiert. Ich weiß nicht, ob das nur schlecht ist. Als der Putsch in Chile passiert war, hatte es ein Aufbäumen der demokratischen, sozialistischen, liberalen, fortschrittlichen Weltöffentlichkeit gegeben. Das hatte zu Massendemonstrationen in vielen Großstädten der Welt geführt. Aber es hat in Chile überhaupt nichts geändert, sondern dort ist das putschistische System trotzdem stabili-

siert und die Opposition ausgeschaltet worden. Da ist eigentlich schon die Frage erlaubt, ob es nicht auch besser war, mit diesen Großdemonstrationen Schluß zu machen und auf die Kleinarbeit der vielen Gruppen zu setzen. Ich glaube, das ist heute noch wirkungsvoller als wenn wir morgen wieder mal zu einer Chile-Solidaritätsdemonstration aufrufen würden."

FRIEDENSBEWEGUNG UND WENDEREGIERUNG

Der Hintergrund der Mittelamerika-
Solidarität in den achtziger Jahren

Gegen Ende der siebziger Jahre nahm der Einfluß der maoistischen K-Gruppen in der Solidaritätsbewegung ab. Es zeigten sich erste Zerfallserscheinungen und bald lösten sich die meisten aus dem SDS hervorgegangenen Kaderparteien wieder auf. Nur die ,,DKP-Solidarität'' und die ihr nahestehenden Organisationen blieben. In der zweiten Hälfte der siebziger Jahre gewannen darüber hinaus undogmatische Gruppen innerhalb der bundesdeutschen Linken an Zulauf: Die ,,Undogmatischen'' und ,,Spontis'' lehnten den Aufbau marxistisch-leninistischer Kaderparteien mit ihren ,,straffen Organisationsprinzipien'' und ihrer ,,revolutionären Disziplin'' ab. Der Auftrieb der Spontibewegung war deshalb auch eine Reaktion auf den hierarchischen Druck in den K-Gruppen, die sich zum Teil in rigider Form über die individuellen Bedürfnisse einzelner Parteimitglieder hinwegsetzten und den bedingungslosen Einsatz aller rund um die Uhr forderten. In manchen K-Gruppen mußten sich die Mitglieder nicht nur aufwendigen Aufnahmeprüfungen unterziehen und wöchentlich eine bestimmte Stückzahl der jeweiligen Parteizeitungen ,,unters Volk'' bringen, sondern sie mußten sogar ihren Urlaub bei der Parteileitung anmelden und genehmigen lassen.

Die ,,Spontibewegung'' ähnelte mit ihrer Ablehnung von Organisationsregeln eher dem anarchistischen Flügel des ehemaligen SDS, der mit der Parole aufgetreten war: ,,Unsere Organisation ist unsere Organisationsfeindlichkeit''. Dennoch gab es gravierende Unterschiede: Im Gegensatz zum SDS und den auf ihn folgenden politischen Strömungen zeichnete sich die Spontibewegung durch ihre Theoriefeindlichkeit aus. Für ihre Aktivitäten lieferten viele Mitglieder der Bewegung keinerlei theoretische oder ideologische Begründungen mehr. Ihre spontanen Aktionen kamen ,,mehr aus dem Bauch heraus'' als von ,,Kopfwichsern''. Auseinandersetzungen mit Klassikern des Marxismus oder Leninismus, die Aufarbeitung von Erfahrungen aus der Arbeiterbewegung waren für die meisten Spontis ,,nicht angesagt''. Verstand sich die Studentenbewegung noch als Kämpfer für das Proletariat und als Unterstützungsorganisation für die Politik der Befreiungsbewegungen in der Dritten Welt, kämpften die Spontis eher für ihre eigenen, naheliegenden und subjektiven Bedürfnisse: für billigen Wohnraum, für autonome Jugendzentren, für den

Abbau von Zwängen und Leistungsdruck in Schulen, Betrieben und Universitäten.

In dieser Hinsicht wurde die ,,Spontibewegung'' Vorläufer und Teil der Alternativbewegung, die sich ebenfalls in der zweiten Hälfte der siebziger Jahre herausbildete. Ihre wichtigste Basis waren die Anti-Kernkraftgruppen, die später zu einer breiteren Ökologie-Bewegung bis hin zur Gründung einer Grünen Partei führten. Auch für die Alternativbewegung standen im Kampf gegen die herrschende Gesellschaft weniger theoretische Schulungen oder Organisationsregeln im Vordergrund. Viele ,,Alternative'' wollten vor allem die praktische Veränderung ihrer eigenen Lebenssituation ,,aber subito!''. Wie die Spontis hatten auch sie ,,keinen Bock'', lange theoretische Diskussionen darüber zu führen, wie die geforderten Veränderungen denn in dieser Gesellschaft durchzusetzen seien.

Der ideelle Gesamtalternative ist satirisch so zusammengefaßt worden: ,,Der Durchschnitts-Stadtteilindianer wacht in einer Wohngemeinschaft auf, kauft sich die Brötchen in der Stadtteilbäckerei um die Ecke, dazu sein Müsli aus dem makrobiologischen Tante-Emma-Laden, liest zum Frühstück ‚Pflasterstrand‘, ‚Info-Bug‘, ‚Zitty‘, geht — und falls er nicht ‚zero-Work‘-Anhänger ist — zur Arbeit in einen selbstorganisierten Kleinbetrieb oder in ein ‚Alternativ-Projekt‘, alle fünf Tage hat er Aufsicht in einem Kinderladen, seine Ente läßt er in einer linken Autoreparaturwerkstatt zusammenflicken, abends sieht er sich ‚Casablanca‘ mit Humphrey Bogart im ‚Off‘-Kino an, danach ist er in der Tee-Stube, einer linken Kneipe oder im Musikschuppen zu finden, seine Bettlektüre stammt aus dem Buchladenkollektiv. Ärzte- und Rechtsanwaltskollektive, Beratungsstellen für Frauen, Frauen- und Männergruppen gibt es im Ghetto.''[1]

Neben der Alternativbewegung entstand Ende der siebziger Jahre nach dem NATO-Doppelbeschluß die soziale Bewegung, die den wichtigsten Einfluß auf die weitere Entwicklung der Dritte Welt-Bewegung erhalten sollte: die Friedensbewegung.

FRIEDEN SCHAFFEN — MIT ODER OHNE WAFFEN?
ZUM VERHÄLTNIS VON FRIEDENS- UND DRITTE WELT-BEWEGUNG

Im Dezember 1979 verkündeten die Außen- und Verteidigungsminister der NATO-Staaten in Brüssel den sogenannten ,,NATO-Doppelbeschluß'', der besonders auf Betreiben des sozialdemokratischen Bundeskanzlers, Helmut Schmidt, zustande kam: Unter der Voraussetzung, daß die Sowjetunion ihre Mittelstreckenraketen in Europa nicht reduzierte, sah dieser Doppelbeschluß die Stationierung von Cruise Missiles und Pershing II-Raketen auf dem Gebiet der Bundesrepublik Deutschland vor. Beide Waffensysteme bieten die Möglichkeit, von Westeuropa aus einen Überraschungsangriff gegen die Sowjetunion zu führen. Da die Mittelstreckensysteme der Sowjetunion veraltet sind, gefährden die NATO-Raketen das ,,Gleichgewicht des Schreckens''. Ihre Aufstellung in Europa — die meisten in der Bundesrepublik — macht darüber hinaus den Atomkrieg für die Vereinigten Staaten regional begrenzbar: Sie können im Ernstfall mit ihrem Raketenpotential in Mitteleuropa drohen und handeln, ohne Gegenschläge auf das nordamerikanische Territorium befürchten zu müssen.

Gegen die Stationierung dieser Atomraketen in der Bundesrepublik bildete sich Anfang der achtziger Jahre die ,,Friedensbewegung'', in der sich auch all die noch bestehenden Organisationen wiedertrafen, die schon in den früheren Friedensbewegungen vom ,,Kampf dem Atomtod'' bis zur ,,Ostermarschbewegung'' aktiv gewesen waren. Doch die Friedensbewegung der achtziger Jahre übertraf an Massenmobilisierung alles in der Bundesrepublik bisher dagewesene: Auf zwei zentralen Demonstrationen, am 10. Oktober 1981 und am 10. Juni 1982, protestierten jeweils Hunderttausende gegen die Installierung der neuen Waffensysteme. Dennoch stimmte der Deutsche Bundestag im November 1983 der Stationierung von 108 Pershing II-Raketen und 96 Cruise Missiles (Marschflugkörper) im Bundesgebiet zu.

Für die Solidaritätsbewegung bedeutete die wachsende Friedensbewegung zunächst, daß viele aktive Mitglieder die Dritte Welt-

Mit vielfältigen Aktionen und Demonstrationen mit hunderttausenden Teilnehmern versuchte die Friedensbewegung Anfang der achtziger Jahre — vergeblich — die Stationierung von Atomraketen in der Bundesrepublik zu verhindern.

Gruppen verließen, um sich für den Frieden zu engagieren. Umgekehrt begann auch die Dritte Welt-Bewegung wieder, sich verstärkt Gedanken über Krieg, Frieden und Rechtfertigung von bewaffneten Auseinandersetzungen zu machen. Dabei verstand sich die Mehrzahl der Solidaritätsgruppen gleichzeitig als Teil der Friedensbewegung: Auch ihnen ging es bei der Unterstützung der Befreiungsbewegungen in der Dritten Welt um die Schaffung von „friedlichen" Verhältnissen. Deshalb beteiligten sich Solidaritätsgruppen sowohl an örtlichen Aktionen der Friedensbewegung als auch an den großen Demonstrationen.[2]

KLAUS VACK:
»DIE ALTEN PAROLEN BLIEBEN AKTUELL«

,,Es war für mich selbstverständlich, in dieser neuen Friedensbewegung der achtziger Jahre mitzuarbeiten. Wir — das heißt eine Gruppe von sogenannten Prominenten und Aktiven — haben 1980 den Aufruf rausgegeben ‚Der Kriegsgefahr nicht tatenlos zusehen' und alle sozialen Gruppierungen aufgerufen, sich der Friedensfrage anzunehmen. Das Thema lag irgendwie in der Luft, vor allem, nachdem der NATO-Doppelbeschluß gefaßt worden war. Eine schöne Anekdote fällt mir dabei ein: 1981 fand im Oktober diese erste große Friedensdemonstration in Bonn statt mit ungefähr 300.000 Menschen. Ich kam damals auf die Idee, die alten Ostermarschplakate nachzudrucken. Früher, als das alles noch nicht so organisiert war, da hatte ja jeder seine Plakate noch selbst gemacht. Die hatte man sich dann umgehängt, und damit waren wir über die Straßen gelaufen. Und ich hab dann mal die fünfzehn Parolen vom ersten Ostermarsch 1960 genommen. Davon konnte ich vierzehn 1980 noch nachdrucken, ohne irgendwie mit meinem Gewissen in Konflikt zu geraten. Nur eine einzige paßte nicht mehr. Das war die Parole: ‚Für die friedliche Nutzung von Kernenergie'. Damals hatten wir daran noch geglaubt.

Bis heute arbeite ich auch im Koordinationsausschuß der Friedensbewegung mit und hier vor Ort in der Odenwälder Friedensinitiative. So um 1980/81 sind wir im Odenwaldkreis auf die Idee der atomwaffenfreien Städte und Gemeinden gekommen und haben hier ganz konkret angefangen mit einer Mobilisierungskampagne. Das gab es ja schon einmal ganz früher, in der ‚Kampf dem Atomtod'-Zeit. Wichtig ist, daß man unten anfängt, daß man Gemeinderäte und Bürgermeister unter Druck setzt und nicht nur nach Bonn appelliert, wo man ganz genau weiß, daß man überhaupt nichts erreicht. Unten ist es auch schon schwer genug.

Wir begannen, Unterschriften zu sammeln und von Haustür zu Haustür zu gehen. Dann gab es die Diskussion, ob das überhaupt sinnvoll ist, eine atomwaffenfreie Zone Odenwaldkreis zu for-

*dern, wenn doch die ganze Welt vollgestopft ist mit Atomwaffen?
Ich selbst habe mich besonders engagiert in Mutlangen. Dort helfe ich mit, die Aktionen des zivilen Ungehorsams gegen die Stationierung der Pershings zu organisieren. Ich selbst bin dabei mehrfach festgenommen worden, und es laufen eine Reihe von Ermittlungsverfahren gegen mich."*

Der Kern der Friedensbewegung tat sich schwer mit der Solidarität der Dritte Welt-Gruppen und den Vertretern der Befreiungsbewegungen in der Bundesrepublik. Die Friedensbewegung trat mit dem Slogan an: ,,Frieden schaffen ohne Waffen". Gerade in dem Verzicht auf jegliche Militanz sah die Friedensbewegung die Voraussetzung für ihre Größe und Breite. Der Slogan ermöglichte es nahezu jedem, sich anzuschließen. Die Solidaritätsbewegung aber unterstützte auch Bewegungen in anderen Ländern, die mit Waffen für ihre Freiheit kämpften. Mit dem Aufruf ,,Waffen für El Salvador" sprach sich 1980 der größte Teil der Mittelamerika-Solidarität offen für den bewaffneten Befreiungskampf aus. In einer Reihe von Veröffentlichungen versuchten vor allem Vertreter der Solidaritätsbewegung nachzuweisen, daß Friedensbewegung hier und Befreiungskampf dort zwei Seiten der gleichen Medaille sind. Die Friedensfreunde reagierten trotzdem manchmal eher unfreundlich:

Zur Abschlußkundgebung der ersten großen Friedensdemonstration am 10. Oktober 1981 in Bonn luden die Veranstalter, Aktion Sühnezeichen und die Aktionsgemeinschaft Dienst für den Frieden, die Befreiungsbewegungen ANC (Südafrika), FDR/FMLN (El Salvador), SWAPO (Namibia), Frente Polisario (Westsahara), PLO (Palästinenser) und Unidad Popular (Chile) ein, durch ein gemeinsames Grußwort den engen Zusammenhang zwischen der Friedensbewegung in der Bundesrepublik und dem Kampf um Frieden und Befreiung in der Dritten Welt darzustellen.

Doch zu dem Redebeitrag der Befreiungsbewegungen kam es bei der großen Bonner Friedensdemonstration nicht. Die Veranstalter luden den Vertreter des ANC, Tony Seedat, der für die Befreiungsbewegungen sprechen sollte, wieder aus. Die Begründung: Seine Rede sei ein politisches Manifest und könne auf der Abschlußkundgebung einer Friedensdemonstration deshalb nicht

zugelassen werden. Schon vorher hatten die Veranstalter Druck auf die Vertreter der Befreiungsbewegungen ausgeübt, sie sollten die PLO aus ihrem Kreis ausschließen.
Beim zweiten großen Friedensmarsch, am 10. Juni 1982, gehörte dann allerdings der Bundeskongreß entwicklungspolitischer Aktionsgruppen (BUKO), die überregionale Organisation der Dritte Welt-Bewegung schon zu den Trägern der Demonstration.

DOKUMENT 25:
FRIEDE IST NICHT ALLEIN ‚NICHT KRIEG'
AUS DER REDE DER BEFREIUNGSBEWEGUNGEN,
DIE SIE AUF DER FRIEDENSDEMONSTRATION
AM 10. OKTOBER 1981 NICHT HALTEN DURFTEN:

Wir demonstrieren heute gegen die Stationierung neuer Mittelstreckenraketen und neuer Atomsprengköpfe, für den Frieden. Der Friede in Europa ist bedroht. In der Dritten Welt aber herrscht schon Krieg. Die weltweite, kriegsdrohende, aggressive militärische Offensive der Reagan-Administration richtet sich direkt gegen die Völker im südlichen Afrika, im Mittleren Osten und in Lateinamerika. Die US-Regierung unterstützt die Junta in El Salvador mit massiven Waffenlieferungen und mit Militärberatern. Tag für Tag ermorden die Militärs mehr als 25 Menschen. Die FMLN/FDR ist der wahre repräsentative und legitime Vertreter des Volkes, und er wird das Volk von El Salvador führen. Die Revolution in Nicaragua wird von Söldnerheeren eingekreist, die von den USA ausgebildet und bewaffnet werden.
Mit Zustimmung der US-Administration führt Israel seinen 6. Nahostkrieg gegen das palästinensische und libanesische Volk. Höhepunkt dieses Krieges war das barbarische Massaker an der Zivilbevölkerung in Beirut. Die schnelle Eingreiftruppe, neue Militärstützpunkte und die militärisch-strategische Allianz zwischen den USA und Israel bedrohen alle Völker in dieser Region. Ohne die Errichtung eines unabhängigen palästinensischen Staates unter Führung der einzig legitimen Vertretung des palästinensischen Volkes, der PLO, wird es in dieser Region keinen Frieden geben.
In der Westsahara unterstützen die USA bedingungslos das marokkanische Regime in seinem Vernichtungskrieg gegen das saharauische Volk. Dies, obwohl die marokkanische Regierung mit allen Mitteln versucht,

die mit den Entscheidungen der OAU in Nairobi entstandene Hoffnung auf eine friedliche Lösung des Krieges im Keime zu ersticken. Hier hatte der gesamte afrikanische Kontinent beschlossen, ein freies, allgemeines und ordnungsgemäßes Referendum in der Westsahara unter der Aufsicht der OAU und der UNO zu organisieren.

Namibia wird von Südafrika illegal besetzt. SWAPO, die einzige authentische und legitime Vertreterin des Volkes von Namibia, verlangt die strikte Verwirklichung der UNO-Sicherheitsratsresolution 435 ohne jegliche Veränderungen, wie sie gerade von der westlichen Fünfergruppe betrieben werden. Das Volk von Namibia wird von den Militärstiefeln der südafrikanischen Armee unterdrückt — mit nun offener Billigung der US-Regierung. Pretoria benutzte Namibia als Sprungbrett für die Invasion in die Volksrepublik Angola, wo es mordend und brandschatzend auch heute noch gegen die Bevölkerung vorgeht.

Der geplante Militärpakt zwischen Südafrika und den südamerikanischen Diktaturen, SATO genannt, stellt eine neue Kriegsgefahr und eine konkrete Bedrohung der Völker Afrikas und Lateinamerikas dar.

Chilenische Militärberater in El Salvador und Honduras und die Beteiligung chilenischer Truppen an der letzten Aggression Südafrikas gegen Angola beweisen, daß die Pinochet-Diktatur eine wichtige Stütze der US-amerikanischen Aggressionspolitik ist. Das chilenische Volk wehrt sich völlig zu Recht gegen die Pinochet-Tyrannei und kämpft mit allen Mitteln, um der Diktatur ein Ende zu setzen.

Die von den USA produzierte Neutronenwaffe läßt sich nicht nur gegen ‚feindliche Panzerverbände' einsetzen. Sie eignet sich besonders zum Einsatz gegen Widerstandszentren in der Dritten Welt.

Friede in unseren Ländern bedeutet aber nicht allein ‚Nicht-Krieg'. Friede heißt für uns nationale Unabhängigkeit, soziale Gerechtigkeit, kulturelle Identität. Friede heißt für uns das Ende der alltäglichen Gewalt, der ungerechten Strukturen, des Hungers, des Elends, des Terrors der Herrschenden. Die Befreiungsbewegungen sind die weltweite Speerspitze im Kampf für Frieden und Gerechtigkeit. Sie stehen an vorderster Front im Kampf gegen die aggressive, kriegsdrohende Politik der USA. Unsere Völker setzen tagtäglich ihr Leben ein im Kampf für Frieden und Gerechtigkeit und sie zahlen mit ihrem Blut einen hohen Preis. Die Friedensbewegung in der BRD und Europa und die Befreiungsbewegungen in der Dritten Welt müssen deshalb Hand in Hand gehen. Gemeinsam mit allen friedliebenden Kräften der Welt werden wir Frieden und Gerechtigkeit erkämpfen. Es lebe der ANC! Es lebe die PLO! Es lebe die SWAPO! Es lebe die FDR/FMLN! Es lebe die F. Polisario! Es lebe die Unidad Popular! Es lebe die Friedensbewegung! Hoch die Internationale Solidarität![3]

1. OKTOBER 1982:
DIE WENDEREGIERUNG ÜBERNIMMT DIE MACHT

Am 6. März 1983 fanden in der Bundesrepublik vorgezogene Parlamentswahlen statt. Diesen Wahlen war am 1. Oktober 1982 ein konstruktives Mißtrauensvotum vorausgegangen. Dabei wurde der SPD-Kanzler Helmut Schmidt abgewählt und der CDU-Kandidat Helmut Kohl konnte die Bonner Regierungsgewalt übernehmen. Denn die FDP-Fraktion im Bundestag hatte unter der Führung ihrer Minister Genscher und Lambsdorff wieder einmal die ,,Koalitionsfront'' gewechselt und damit ihren früh erworbenen Ruf als Umfallerpartei erneut bestätigt. Kohl konnte sich im Parlament auf die Mehrheit aus CDU/CSU und FDP stützen. Dennoch entschied sich die Regierung für Neuwahlen im März 1983. Ihr Plan, auf diesem Weg ihre Macht zu stabilisieren, ging auf: Die konservativ-liberale Koalition gewann knapp 56 Prozent aller Stimmen und damit 278 Sitze im Bundestag. Die SPD erhielt nur 193 Sitze. Neben diesen Parteien zogen am 6. März 1983 erstmals auch DIE GRÜNEN in den Bundestag ein. Die neue Oppositionspartei erhielt 27 Sitze. Nach der Wahl schrieb ,,Die Zeit'': ,,Wenn auch das Kabinett noch mit freien Demokraten ornamiert ist, nach den Kriterien von Macht und Mehrheit ist die Bundesrepublik ein Staat der Union geworden — vollständiger, durchgängiger als je zuvor.''

Das Schlagwort von der ,,Bonner Wende'' machte die Runde. Aber schon die sozialliberale Koalition war spätestens seit 1974, mit dem Beginn der Ära Schmidt/Genscher, in vielem deutlich von links-liberalen Positionen zu einer konservativen Politik umgeschwenkt. Deshalb blieb ,,die Wende'' in vielen Bereichen weniger spektakulär als angekündigt.

In der Dritte Welt-Politik machte sich allerdings bald eine noch stärkere Anpassung der Bundesregierung an den politischen Kurs der Reagan-Regierung in den Vereinigten Staaten bemerkbar als unter Schmidt. Die vorsichtige sozialliberale Abweichung von der nordamerikanischen Außenpolitik war der CDU/CSU schon lange ein Dorn im Auge gewesen. Schon im März 1980 hatte Franz Josef Strauß im Bundestag als außenpolitische Richtlinie gefordert, ,,daß wir zu einer übereinstimmenden Beurteilung

Nach dem Wahlsieg der konservativ-liberalen Koalition kam es zu einer deutlichen Annäherung an die Dritte Welt-Politik der USA.

zwischen den USA und der Bundesrepublik Deutschland kommen".[4]

Vor allem in Mittelamerika hatte die sozialliberale Regierung sogar gelegentlich allzu brutale Einmischungen der US-Regierung kritisiert. Die Regierung Schmidt hatte sich der wirtschaftlichen Blockadepolitik der USA gegen Nicaragua nur teilweise angeschlossen. Gerade dieser Fall wurde für die Konservativen allerdings ein Musterbeispiel für die Notwendigkeit einer besseren außenpolitischen Koordinierung mit den Vereinigten Staaten. Denn die US-Blockade hatte zwar den revolutionären Prozeß in Nicaragua massiv behindert. Aber solange Nicaragua nicht auch von anderen kapitalistischen Industrienationen isoliert wurde, konnte es den USA nicht gelingen, der Revolution den entscheidenden Stoß zu versetzen.[5]

Die Regierung Kohl/Genscher dagegen gelobte auch im Bereich der Entwicklungspolitik die vollständige Unterordnung unter US-Interessen. Das allgemeine Ziel einer Stärkung der NATO sollte auch seinen „spürbaren Niederschlag" in der Entwicklungspolitik finden, erklärte Entwicklungsminister Jürgen Warnke im November 1982.[6]

Besonders in Mittelamerika müsse die Entwicklungspolitik Rücksicht auf den Bündnispartner USA nehmen.[7]

Die „Entwicklungspolitische Korrespondenz" schrieb: „Wenn Reagan hustet, dann bekommt Warnke eine Lungenentzündung."[8]

Diese US-Hörigkeit führte dazu, daß die konservativ-liberale Regierung sich bis heute (März 1986) weigert, die schon zugesagte Entwicklungshilfe an Nicaragua — insgesamt 40 Millionen Mark Finanzhilfe und einen Warenkredit über 10 Millionen Mark — auszuzahlen.[9] Dafür erhielt jedoch das Militärregime in El Salvador wieder Entwicklungshilfe. Auch die diplomatischen Beziehungen zu diesem Staat wurden wieder aufgenommen.

Zum entwicklungspolitischen Konzept gehörte auch für die Regierung Kohl der Einsatz der Entwicklungspolitik für außen- und wirtschaftspolitische Interessen der Bundesrepublik.[10]

Dabei brauchte sie allerdings nur fortzusetzen, was auch die Regierung Schmidt/Genscher schon ab Mitte der siebziger Jahre längst wieder praktiziert hatte. Nach Epplers Intermezzo hatte ja schon damals wieder eine pragmatische Politik des Eigennutzes begonnen. Sie führte schon 1980 dazu, daß sich die Entwicklungshilfe zu 125 Prozent amortisierte. Mit anderen Worten: Jeder Mark, die im Rahmen der Entwicklungshilfe vergeben wurde, standen Aufträge an deutsche Firmen in Höhe von 1,25 DM aus den Entwicklungsländern gegenüber.[11]

Das war dem neuernannten CDU-Entwicklungshilfeminister Warnke noch nicht genug. Der Bonner Rundschau erklärte er: „Für uns geht es jetzt darum, daß wir uns von anderen nicht die Butter vom Brot nehmen lassen. Wir werden alles tun, um die Absatzchancen der deutschen Wirtschaft zu verbessern."[12]

Vor dem Hintergrund der anhaltenden Millionen-Arbeitslosigkeit im eigenen Land sollten die Exportchancen bundesdeutscher Firmen gefördert werden. Ende 1982 wurde deshalb auch die

,,offene Lieferbindung" der deutschen Entwicklungshilfe formell wieder eingeführt und der Öffentlichkeit mit dem Argument der Arbeitsplatzsicherung ,,verkauft".[13]
Sie bedeutet nichts anderes als: Kredite von hier erhält nur der, der das Geld auch hier wieder ausgibt. Entwicklungspolitik ist damit wieder Wirtschaftsförderung auf Umwegen. Die Entwicklungshilfe wurde — wie zur Zeit der Hallstein-Doktrin — auch wieder zur Belohnung für politisches Wohlverhalten eingesetzt. Minister Warnke: ,,Jemand, der uns vor das Schienbein tritt, den werden wir natürlich nicht gerade als bevorzugten Partner behandeln."[14]
Die konservative Regierung will erreichen, daß sich auch in der Dritten Welt wieder die konservativen ,,Ziel- und Wertsysteme" durchsetzen, denen sich CDU und CSU verpflichtet fühlen. Das heißt nichts anderes, als die Festigung des kapitalistischen Wirtschaftssystems zu fördern. So wurden ,,private Initiativen" als ,,Motor der Entwicklung eines gesunden Wachstums"[15] besonders betont und ,,marktwirtschaftliche Modelle", ,,Eigenverantwortung" und ,,Selbsthilfe in Verbindung mit einer ausgeprägten Förderung des Mittelstandes" für die Dritte Welt propagiert.[16]
Wer dem nicht folgt, hat von der ,,Wenderegierung" nichts Gutes zu erwarten, schon gar nicht wer — wie die Sandinisten in Nicaragua — Diktatoren davonjagt, die US-amerikanische und bundesdeutsche Konzerninteressen decken.

DOKUMENT 26:
„INFORMATION STATT DENUNZIATION"
EIN OFFENER BRIEF AUS NICARAGUA
AN ENTWICKLUNGSMINISTER WARNKE, 1982:

Aus Nr. 11/82 von „Entwicklung und Zusammenarbeit" erfuhren wir über Ihren Parlamentarischen Staatssekretär Dr. Volkmar Köhler von den Bedenken der neuen Bundesregierung gegenüber der Politik der Regierung Nicaraguas.

Wir, die Unterzeichnenden, sind Deutsche, die in Nicaragua leben und hier vorwiegend in Entwicklungsprojekten arbeiten. Uns scheint eine Desinformation über Nicaragua in der Bundesrepublik vorzuliegen, und diese möchten wir, zumindest ansatzweise, mit diesem Schreiben korrigieren helfen.

1. Dr. Köhler sagt, daß die Junta Nicaraguas erklärt habe, an Wahlen sei in nächster Zukunft nicht zu denken. Dagegen steht, daß die Regierung sich mehrfach für Wahlen im Jahr 1985 ausgesprochen hat. Am 27. Januar 1983 soll das neue Parteiengesetz im Staatsrat diskutiert werden, eine Vorbedingung für die Wahlen. Bis zum 15.12.82 können die politischen Parteien ihre Vorstellungen zu diesem Gesetzentwurf einbringen. Da nach dem Sturz Somozas eine Analphabetenquote von über 50 Prozent herrschte und das Land seit Jahrzehnten kein echtes parlamentarisches System kennt und die Bevölkerung somit auch nicht mit diesem vertraut sein kann, ist eine gewisse Übergangszeit bis zu den Wahlen 1985 erforderlich.

Wir fragen Sie: wollen Sie sämtliche Entwicklungszusammenarbeit mit all den Ländern in Frage stellen, die keine demokratischen Wahlen durchführen? (Wie z.B. Chile, Argentinien, Guatemala, Haiti, etc.).

2. Dr. Köhler äußert „Sorgen über die wachsende Bedrückung der Kirchen in Nicaragua". Wir können diese Meinung aus unserer täglichen Erfahrung nicht teilen. Die katholische Kirche, der ca. 90 Prozent der Bevölkerung angehören, ist allerdings gespalten: Viele Priester unterstützen die Regierung, zwei Padres sind sogar Minister, während andere wie der Erzbischof von Managua, Obando y Bravo, eine oppositionelle Haltung einnehmen. Die Auseinandersetzung innerhalb der Kirchen und zwischen den Kirchen und dem Staat wird jedoch offen ausgetragen, für uns ein Zeichen von Demokratie. Darüber hinaus gibt es keine Einschränkungen der Kultfreiheit für die katholische und evangelischen Kirchen, diese nehmen sogar an den Diskussionen über soziale und politische Fragen aktiv in der Öffentlichkeit teil. Zwar hat es um die Jahresmitte tatsächlich einige Fälle gegeben, in denen die Bewegungsfreiheit der Kirchen eingeschränkt wurde; die Einschränkungen nahm die Regierung aber wieder zurück.

Wir fragen Sie: vertritt denn die Kirche in der Bundesrepublik eine einheitliche politische Meinung? Ist es nicht ein Ausdruck von Demokratie, daß es unterschiedliche Meinungen gibt und diese offen ausgetragen werden können?

3. Dr. Köhler vertritt die Ansicht, daß der ,,herrschende Ausnahmezustand" nicht hinreichend begründet sei. In Nicaragua wurde aufgrund der wirtschaftlichen Situation im September 1981 der ökonomische Notstand und aufgrund der andauernden militärischen Übergriffe von Honduras aus Anfang November 82 in einigen Departements der militärische Notstand ausgerufen, bis heute besteht aber kein Ausnahmezustand. Die Regierung Nicaraguas hat Ende Oktober 1982 ein ,,Weißbuch" mit dem Titel ,,Nicaragua denunziert" dem diplomatischen Corps übergeben. Dort wird auf 408 bewaffnete Grenzübergriffe aus Honduras, 60 Verletzungen des nicaraguanischen Luftraums, 15 Angriffe auf nicaraguanische Schiffe und 15 bestehende Militärlager der sog. Contras in Honduras in der Nähe zur Grenze Nicaraguas hingewiesen, alles geschehen in den letzten zwei Jahren. Allein zwischen August und Oktober 1982 hat Nicaragua 37 gefallene Soldaten, 38 Verletzte und 47 entführte unbewaffnete Personen zu beklagen.

Wir fragen Sie: Rechtfertigen diese Zahlen keine Notstandsmaßnahmen?

Nicaragua ist ein kleines Land mit ca. 2,7 Mio. Einwohnern, das nichts weiter verlangt, als seinen eigenen Weg gehen zu dürfen und Frieden zu haben. Die Regierung Nicaraguas hat immer wieder ihre bedingungslose Gesprächsbereitschaft für Friedensverhandlungen mit Honduras und den USA angeboten und besonders die mexikanisch-venezolanische Friedensinitiative unterstützt. Eine entsprechende Bereitschaft auf der Gegenseite läßt sich bisher nicht feststellen.

Wir möchten mit diesem Schreiben darauf hinwirken, daß die neue Bundesregierung ihre Politik gegenüber Zentralamerika und insbesondere Nicaragua auf eine eingehende Untersuchung vor Ort basiert und sich dabei u.a. leiten läßt von dem Grundsatz der Selbstbestimmung der Völker, den sie auch für das deutsche Volk reklamiert. Wir möchten Sie auffordern, eine Delegation nach Nicaragua zu entsenden, um sich ein eigenes Bild von den Zuständen in diesem Land zu machen.[17]

KLAUS VACK:
»EIGENBRÖDELEIEN UND BORNIERTHEIT«

,,Der neueste Trend in der Solidaritätsbewegung ist ja nun Mittelamerika. Das hängt einmal damit zusammen, daß es in Nicaragua gelungen ist, ein blutiges Diktatorenregime zu stürzen. Das hängt aber auch mit den innenpolitischen Verhältnissen in der Bundesrepublik zusammen, genauer gesagt: mit dem Regierungswechsel. Mittelamerika wird von den USA als Vorhof angesehen. Sie wollen dort keinerlei Veränderungen dulden. Veränderungen in dem Sinne, daß sich eines dieser kleinen Länder emanzipiert oder frei wird und seine Geschicke selbst in die Hand nimmt. An diesem Strang hängt letztlich die Bundesregierung mit ihrer absoluten und schamlosen Loyalität gegenüber allem, was von der gegenwärtigen amerikanischen Regierung kommt. So wichtig ich es einerseits finde, daß man für Nicaragua und für Mittelamerika Solidaritätsarbeit macht, so meine ich andererseits doch, daß sich die Solidaritätsgruppen sehr reaktiv verhalten, indem sie selbst immer nur auf etwas reagieren.

Auch die Verengung der internationalen Solidaritätsbewegung in der Bundesrepublik auf Mittelamerika ist problematisch.

Was mir heute darüber hinaus auch ein bißchen Sorge macht, ist, daß ich am ehesten in der Dritte Welt-Solidaritätsbewegung neue Momente von Dogmatismus feststelle. Da gibt es auch die Borniertheit der Vertreter von Projekten. Ein ganz konkretes Beispiel: Einige von uns, ich war auch dabei, hatten vor zwei Jahren die Idee, eine ganz große Kampagne zu starten. Ihr Ziel: Wir sammeln die Entwicklungshilfe, die Nicaragua von der Bundesregierung verwehrt bleibt. Jede Bürgerin und jeder Bürger sollte durch Straßensammlungen, Postwurfsendungen, Informationsstände und Betriebsaktionen aufgefordert werden, mindestens fünf Mark für Nicaragua zu geben. Selbst wenn man die Millionen nicht alle zusammengekriegt hätte, die Nicaragua von der Bundesregierung gesperrt worden waren und wenn man vielleicht nur zehn Millionen Mark zusammengebracht hätte, wäre das auch noch ein sehr beachtlicher Erfolg gewesen. Eine große Solidaritätsdemonstration. Dieser Plan ist gescheitert, weil die Nicara-

gua-Projektgruppen jeweils nur ihr eigenes Projekt im Auge hatten und sich quergestellt haben. Das gleiche galt für die größeren Organisationen wie ‚Brot für die Welt'. Die haben nicht das politische Gespür dafür aufgebracht, was diese Kampagne bedeutet hätte angesichts der Politik der USA gegen Nicaragua und der immer wieder angedrohten und teilweise auch praktizierten Intervention. Und das meine ich jetzt mit Dogmatismus. Die Kohl-Regierung verhält sich völlig vasallenhaft und wir haben sozusagen den schlimmsten Entwicklungsminister, den es je gab, der Dritte Welt-Staaten nur noch ausblutet, nicht allein Nicaragua. Dagegen hätte man doch ein Zeichen setzen können: Was stellt sich die Dritte-Welt-Bewegung eigentlich anderes unter Entwicklungshilfe vor als eine Entwicklungshilfe, die die Staaten unabhängig machen soll, über die sie frei verfügen können, die an nichts gebunden ist. Das wäre doch eine politische Ohrfeige für die Bundesregierung und die Regierung in den USA gewesen, wenn die Bürgerinnen und Bürger dieses Landes das Geld für Nicaragua noch mal aufgebracht hätten, das sie durch ihre Steuern eigentlich schon gezahlt hatten. Diese Idee ist geplatzt an Eigenbrödeleien. Ich merke es eben immer wieder, daß von Vertretern von Dritte Welt-Gruppen oft die Zusammenhänge vernachlässigt werden. Da wird nur noch Nicaragua gesehen, eventuell noch El Salvador und alles das, was hier im Lande vor sich geht und was noch viele andere Länder betrifft, bleibt völlig unbeachtet".

FREIES VATERLAND ODER TOD

Nicaragua und El Salvador —
Die Mittelamerika-Solidarität
der achtziger Jahre[1]

Schon Mitte der siebziger Jahre, als die Chile-Komitees auseinanderbrachen und die Solidarität mit dem Andenstaat sich immer mehr reduzierte, entstanden Komitees und Gruppen, die ihre Arbeit auf ganz Lateinamerika ausdehnen wollten. In diesen Gruppen fanden sich auch Chile-Aktivisten wieder, die von den Querelen in den Chile-Komitees genug hatten, sich aber nicht völlig aus der Solidaritätsarbeit zurückziehen wollten. Viele dieser neuentstandenen Gruppen beteiligten sich etwa an den Kampagnen gegen die Militärdiktatur in Argentinien, die ihren Höhepunkt in Aktionen vor und während der Fußballweltmeisterschaft fanden, die 1978 in diesem Land ausgetragen wurde. ,,Fußball ja — Folter nein'' — war das Motto dieser Aktionen, bei denen zum Beispiel Zeitpläne für die Fußballspiele in Argentinien als Flugblätter an Fußballfans verteilt wurden, die auf der Rückseite auch Informationen über die Lage enthielten. In dieser Zeit entstanden auch Aktionsgruppen zu vielen Ländern Lateinamerikas und Stellen zur Koordination dieser Länderarbeit wie die Peru-, Mexiko- und Brasilienkoordination.[2] Die Aktionen zu Argentinien erreichten dabei eine breite Öffentlichkeit.
Selbst die bundesdeutschen Nationalspieler, die nach Argentinien fuhren, wurden schließlich zu Stellungnahmen zu Protestresolutionen gezwungen, bei denen die meisten ebensowenig glänzten wie später auf dem Spielfeld.

DOKUMENT 27:
FRAGEN AN DIE NATIONALSPIELER, 1978:

Haben Sie die Informationen von ,,Amnesty'' über Argentinien gelesen? Bedrückt es Sie, daß dort gefoltert wird? Sollte der DFB etwas unternehmen?

Hans-Hubert Vogts, 31, Borussia Mönchengladbach, Spielführer der deutschen Nationalmannschaft:
,,Amnesty International'' sollte lieber mal in den *stern* schauen, was da über russische Lager drinsteht.

Karl-Heinz Rummenigge, 22, FC Bayern München:
Ich hatte schon vorher einen Bericht über Argentinien im Fernsehen gesehen. Nachdem ich die Petition erhalten hatte, habe ich mich noch ein-

mal eingehend erkundigt. Ich habe auch ein Schreiben der SPD-Fraktion dazu erhalten. Ich kann Folter in der Art und Weise, wie sie in Argentinien vorkommen soll, natürlich nicht dulden. Wir wurden vom DFB-Präsidenten Neuberger unterrichtet, daß er sich mit dem Botschafter in Argentinien unterhalten hat. Dem seien keine Fälle von gefolterten Deutschen bekanntgewesen. Ich weiß ehrlich nicht, ob ich die Petition unterschreiben werde.

Manfred Burgsmüller, 28, Borussia Dortmund:
Ich möchte keine unbedachten Äußerungen machen. Man hätte die Weltmeisterschaft da gar nicht hingeben sollen. Was Amnesty International machte, finde ich richtig. Aber wenn ich jetzt sage, das ist eine Schweinerei, was da in Argentinien passiert, besteht doch die Gefahr, daß man uns das aufs Butterbrot schmiert und wir da drüben vier böse Wochen erleben. Der Haken ist, wenn wir uns stark machen, kommt das vielleicht als Bumerang zurück.

Manfred Kaltz, 25, Hamburger SV:
Ist das bewiesen, daß da gefoltert wird? Ich fahr da hin, um Fußball zu spielen, nichts sonst. Nein, belasten tut mich das nicht, daß dort gefoltert wird. Ich habe andere Probleme. Sollte der DFB was tun? Dazu möchte ich nix sagen.

Bernd Franke, 30, Eintracht Braunschweig:
Ja, ich werde unterschreiben. Wir sind zwar Fußballspieler und spielen in erster Linie Fußball und die Politiker sollten sich drum kümmern, aber ich finde es dennoch gerechtfertigt, daß Amnesty die weltweite Öffentlichkeit ausnutzt und auf die Zustände hinweist. Man darf da nicht blind sein. Beim Spielen denkt man da sicher nicht dran, aber vorher. Auch der DFB sollte etwas versuchen.

Erich Beer, 31, Hertha BSC Berlin:
Ich habe das kurz durchgelesen, werde nicht unterschreiben.
Sport und Politik gehören nicht zusammen, das wird nix Gescheites. Es belastet mich auf keinen Fall, daß dort gefoltert wird. Wenn ich in Deutschland spiele, denke ich ja auch nicht daran, daß da im Krieg viele umgekommen sind. Ich denke nicht ans Foltern. Da müßte ich ja auch ein schlechtes Gewissen haben, wenn ich 200 Mark für ein Essen ausgebe und in Indien hungern welche. Nein, da habe ich auch kein schlechtes Gewissen.

Heinz Flohe, 30, 1. FC Köln:
Für einen Fußballer ist es nicht wichtig, sich mit der Politik zu befassen, das ist Sache der Regierung. Ein gutes Gefühl hat man natürlich nicht, wenn man von Militär ins Hotel geleitet wird und die ham 'ne Kanone im

Anschlag. Aber wenn das sein muß, muß das sein. Der DFB sollte uns aufklären, wie wir uns verhalten sollen.

Rüdiger Abramczik, 22, Schalke 04:
Ich habe mich damit noch gar nicht befaßt. Ich weiß nicht, was ich sagen soll, ich spiel da Fußball. Politik: alles schön und gut, aber ich habe keine Ahnung davon. Ich werde da im Stress stehen und keine großen Gedanken machen. Was man da so hört, ist alles komisch. Was der DFB machen sollte — weiß ich nicht.

Bernd Hölzenbein, 32, Eintracht Frankfurt:
Hab mir gedacht, daß Sie deswegen anrufen. Ich habe mich noch nicht damit befaßt. Aber ich werde mir das durch den Kopf gehen lassen. Wenn das zutrifft, daß da gefoltert wird, finde ich es belastend. Es scheint ja zu stimmen. Aber ich will mich vorsichtig ausdrücken. Wenn der DFB ein klares Wort dazu sagt, könnte ich mir vorstellen, daß es was nützt. Ich bin nur ein kleines Rädchen, ich kann da nichts machen.

Franz-Josef Tenhagen, 25, VfL Bochum:
Ich habe das nur oberflächlich durchgelesen. Ich interessiere mich nicht dafür und habe auch keine eigene Meinung dazu. Ich weiß nichts Genaues. Wenn ich wüßte, daß da gefoltert wird, wäre das nicht so angenehm. DFB soll nichts machen.

Rudi Seeliger, 27, MSV Duisburg:
Ich unterstütze Amnesty International. Auch der DFB sollte das tun und sagen, wir und die Spieler stehen dahinter. Ich weiß nicht, ob ich in Argentinien Gefühle entwickeln kann, vielleicht, wenn ich da bin. In jedem Fall finde ich es deprimierend, was da geschieht.

Herbert Neumann, 24, 1. FC Köln:
Sie werden es sicher nicht begreifen, aber Fußball und Folter sind zwei verschiedene Stiefel. Wir sind vom Gedanken beseelt, den Titel zu verteidigen. Da muß man alles Belastende abschieben. Aber es ist schon komisch, in einem Land in vollster Zufriedenheit zu sein, wo ein paar Meter weiter mit Elektroschocks gearbeitet wird. Das macht mir zu schaffen. Der DFB sollte klipp und klar sagen, daß er mit den Verhältnissen im Land nicht einverstanden ist.

Rolf Rüssmann, 28, Schalke 04:
Ich interessiere mich für das Problem, bleibe aber neutral. Ich bin als Sportler nicht prädestiniert, eine Meinung abzugeben. Ich sehe das Problem in Argentinien, ich sehe es aber auch in der DDR. Ich will da erst mal hinkommen.

Herbert Zimmermann, 23, 1. FC Köln:
Wenn ich auf dem Sportplatz stehe, will ich gewinnen, da denke ich an nichts anderes, da höre ich zum Beispiel auch keine Pfiffe. Wir werden sicher bewacht. Ich werde bei der Truppe bleiben, dann wird mir sicher nichts passieren.

Sepp Maier, 34, FC Bayern München:
Es war bedrückend, drei bis vier Polizeiautos mit fünf Mann drin, die mit MPi, haben uns zum Stadion eskortiert. Wahrscheinlich muß das so sein, damit a Ruh is. Daß in Argentinien Unschuldige eingesperrt werden — da muß man schon was tun. Ob ich helfen kann, weiß ich nicht. Ob ein klares Wort der deutschen Mannschaft helfen würde? Der Überzeugung bin ich nicht. Hernach kommen wir rüber, wir sprechen uns da drüben aus und dann sind wir auch verhaftet. Ich werde dem General nicht die Hand schütteln und meine Hände auf dem Rücken verstecken.

Rainer Bonhof, 26, Borussia Mönchengladbach:
Ich möchte mich dazu nicht äußern. Das wird hochgespielt. In Rußland herrschen ähnliche Zustände, und da sind 1980 Olympische Spiele. Ich war zweimal in Argentinien. Beim erstenmal hatte ich das Gefühl, da ist was nicht in Ordnung. Beim zweitenmal war es in Ordnung, da war alles ganz locker. Ich halte mich da raus.

Georg Schwarzenbeck, 30, FC Bayern München:
I hoab no koan Briaf kriagt und mogg dazua a nix sagn.[3]

Etwa zur gleichen Zeit, in den Jahren 1977 und 1978, begannen einige wenige Gruppen in der Bundesrepublik, sich auch für Nicaragua zu interessieren.

VIER US-INVASIONEN, DREI DIKTATOREN UND ZWEI GUERILLABEWEGUNGEN
ZUR GESCHICHTE NICARAGUAS

1821 zogen sich die Spanier nach mehr als 200 Jahren kolonialer Herrschaft aus Mittelamerika zurück. Doch schon bald nach Abzug der alten lagen neue Herren auf der Lauer: Die Vereinigten Staaten und Großbritannien rivalisierten um die Vorherrschaft im karibischen Raum. Beide Staaten planten einen Kanal durch die enge mittelamerikanische Landzunge, der den wachsenden Welthandel erleichtern sollte. Die Nordamerikaner wollten auch aus strategischen Gründen den Seeweg von der Ost- zur Westküste Amerikas verkürzen. Das Territorium Nicaraguas schien sich für den Kanaldurchstich am besten zu eignen. Deshalb rückte das Land — ungefähr so groß wie die Bundesländer Bayern, Hessen und Niedersachsen zusammengenommen— in den Mittelpunkt der Auseinandersetzungen zwischen Briten und Nordamerikanern. 1850 beschlossen die Regierungen in Washington und London, sich die Rechte für den Kanalbau zu teilen. Nicaraguanische Stellen wurden erst gar nicht gefragt. Schließlich bauten die USA den Kanal doch lieber in Panama. Aber nachdem ihr Interesse an Nicaragua einmal geweckt war, ließen sie nicht mehr ab von diesem Land. Nicaragua wurde wie kein anderes Land in Lateinamerika abhängig von den politischen und wirtschaftlichen Interessen der USA. Viermal fielen nordamerikanische Truppen in Nicaragua ein. Von 1912 bis 1933 blieben sie fast ununterbrochen im Land. In dieser Zeit war Nicaragua eine Quasi-Kolonie der Vereinigten Staaten.

Als die nordamerikanischen Marines 1933 endlich abzogen, geschah dies keineswegs freiwillig. Sie wurden im ersten Guerillakrieg vertrieben, der um eine nationale Befreiung in Lateinamerika geführt wurde. Der Führer der Guerilleros, der den US-Truppen eine Reihe peinlicher Niederlagen zufügte, heiß Augusto Cèsar Sandino. Er stammte aus ärmlichen Verhältnissen und hatte als Campesino und Bergmann gearbeitet. Zuletzt war er General und Truppenbefehlshaber. Die Nordamerikaner ließen jedoch nach ihrem Abzug eine ,,Nationalgarde" in Nicaragua zurück, die von ihnen ausgebildet und ausgerüstet worden war. Den

Oberbefehl über diese Truppe erhielt ein gewisser Anastasio Somoza García.

Da General Sandino mit der Vertreibung der US-Truppen sein Ziel erreicht sah, ließ er sich auf Waffenstillstandsverhandlungen mit der Regierung ein, die die Nordamerikaner in Nicaragua eingesetzt hatten. Dabei ermordete die Nationalgarde den Guerilla-Führer Sandino und mit ihm viele seiner Anhänger und deren Familien. Damit scheiterte die erste nicht von bürgerlichen Schichten getragene Volksbewegung in Nicaragua. 1936 ließ sich Anastasio Somoza García zum Präsidenten wählen. Dies war der Beginn einer Familiendiktatur in Nicaragua, die bis 1979 andauerte. Die Familie Somoza bereicherte sich in den folgenden Jahrzehnten rücksichtslos. Ganz Nicaragua geriet in den Besitz der Somozas.

1956 wurde Anastasio Somoza ermordet und die Macht übernahmen seine Söhne Luis und Anastasio Somoza Debayle. Luis wurde Präsident. Nach seinem — natürlichen — Tod übernahm sein Bruder, seit 1946 bereits Chef der Nationalgarde, das Präsidentschaftsamt im Jahre 1967.

Bereits 1961 hatte sich aus einer Reihe zersplitterter Gruppierungen eine Guerilla-Organisation gebildet, die im bewaffneten Kampf den einzigen Weg zur Befreiung Nicaraguas von der Somoza-Diktatur sah. Die von der kubanischen Revolution inspirierte Gruppe nannte sich — im Andenken an General Augusto César Sandino — Frente Sandinista de la Liberación Nacional (FSLN).

Mitte der 70er Jahre spaltete sich die FSLN in drei Tendenzen:
1. Die Gruppe „Guerra Popular Prolongada" (Verlängerter Volkskrieg), die an der Guerilla-Strategie in den ländlichen Zonen festhalten wollte.
2. Die Tendencia Proletaria (Proletarische Tendenz), die für stärkere Agitation in den Arbeiterschichten der Städte und für die Gründung einer marxistisch-leninistischen Partei eintrat, und
3. Die Tendencia Insureccional (Aufstandstendenz), deren Vertreter auch als Terceristas (Anhänger der Dritten Tendenz) bezeichnet wurden. Diese Tendenz sah die Möglichkeit eines baldigen Volksaufstandes und trat für eine Kooperation mit der bürgerlichen Opposition gegen Somoza ein.

Seit der Revolution vom Juli 1979 stehen die Sandinisten unter starkem politischen und militärischen Druck der USA.

Seit Beginn der 70er Jahre rückte auch die Bourgeoisie in Nicaragua deutlich von Anastasio Somoza Debayle ab. 1974 gründete der Verleger Pedro J. Chamorro die Unión Democratica de Liberación (UDEL), ein Block von oppositionellen bürgerlichen Gruppen.
Im Oktober 1977, zu einem Zeitpunkt, als sich die Guerilla in der Defensive befand und die Repression Somozas auch der bürgerlichen Opposition nur wenig Spielraum ließ, starteten die Terceristas eine Reihe von eher symbolischen Kampfaktionen. Gleichzeitig veröffentlichte eine Gruppe von zwölf nicaraguanischen Intellektuellen, die im Exil in Costa Rica leben mußten, einen Aufruf, in dem sie für eine Beteiligung der FSLN an einer politischen Lösung nach dem Sturz Somozas eintraten. Dieser Aufruf schuf die Voraussetzungen für ein informelles Bündnis zwischen Teilen der unzufriedenen Bourgeoisie und der FSLN.
Als Somoza im Januar 1978 den Führer der bürgerlichen Opposition, Pedro Chamorro, ermorden ließ, folgten erste Aktionen zivilen Ungehorsams in den Städten, die von der Nationalgarde brutal unterdrückt wurden. Trotzdem kam es immer wieder zu spontanen Streiks und lokalen Aufständen der Bevölkerung, deren Heftigkeit selbst die FSLN-Gruppen überraschte:

Der Kampf gegen Somoza hatte alle Schichten erfaßt. Es kam zum Bündnis zwischen den Terceristas und der bürgerlichen Opposition, für die Konsum- und Lebensstil der USA nach wie vor bestimmend war. Daraus ergab sich die ausschließliche Konzentration der politischen Stoßrichtung auf den Sturz der Diktatur. Zum anderen aber entsprach die Forderung ,,Weg mit Somoza!'' auch dem Bewußtseinsstand eines Volkes, das alles Übel in erster Linie in der Diktatur und der Repression sah.[4]
Erst im März 1979 kam es zur Wiedervereinigung der drei FSLN-Tendenzen, die den Befreiungskampf so gemeinsam erfolgreich beenden konnten. Am 17. Juli 1979 mußten Somoza und der Generalstab der Nationalgarde nach Miami fliehen. Somoza entführte so viel von seinem Vermögen aus Nicaragua, wie er eben konnte. Dabei nahm er auch 24 Millionen Dollar mit, die der Internationale Währungsfond (IWF) der Somoza-Diktatur noch neun Wochen zuvor ausgezahlt hatte. Am 19. Juli 1979 befand sich Managua unter Kontrolle der FSLN. Die Sandinisten übernahmen die Macht.

EINE REVOLUTION FÜR ALLE
DIE NICARAGUA-SOLIDARITÄT BIS 1979

Im Juni 1977 veröffentlichte amnesty international den Bericht einer Beobachtungsdelegation, die sich in Nicaragua aufgehalten hatte. In diesem Bericht wurde auf die Unterdrückung der Bevölkerung durch das Somozaregime, die älteste Familiendiktatur der Welt, hingewiesen. Auch von der nicaraguanischen Widerstandsorganisation FSLN war die Rede.
1978 erschien in der Bundesrepublik ein Buch mit dem Titel: ,,Unidos Venceremos — 20.000 Kilometer durch Lateinamerika''.[5]
Auf einer langen politischen Informationsreise hatten die Autoren acht süd- und mittelamerikanische Länder sowie Kuba besucht. Von Costa Rica aus waren sie direkt nach Honduras gereist. Das Land dazwischen — Nicaragua — hatte sie nicht interessiert. Von diesem Nicaragua nahm die Öffentlichkeit hierzulande — auch die an Lateinamerika interessierte — erst zu einem

Zeitpunkt Notiz, als die Autoren von ,,Unidos Venceremos" ihr Manuskript bereits abgegeben hatten.
Erst mit der Ermordung von Pedro Chamorro im Januar 1978 und nach einer spektakulären Besetzung des Nationalpalastes in Managua durch die FSLN im Sommer 1978 begannen sich auch die bundesdeutschen Medien — und im Anschluß daran auch die Dritte Welt-Gruppen hierzulande — stärker für die ,,Bananenrepublik" in Mittelamerika zu interessieren.
Schon seit 1966 verlegte der Wuppertaler Peter Hammer Verlag allerdings die Gedichte eines Priesters aus Nicaragua namens Ernesto Cardenal. Der Trappistenmönch mit Baskenmütze und Bart setzte sich in seiner Lyrik kritisch mit der Diktatur in Nicaragua auseinander und fand allmählich — besonders in kirchlichen Kreisen — einen größeren Leserkreis. Die Glaubwürdigkeit, mit der Cardenal den christlich humanistischen Charakter des Widerstands in Nicaragua vermittelte, trug ohne Zweifel Ende der siebziger Jahre zum Aufbau einer breiten Solidarität mit Nicaragua bei. Von dem Priester Cardenal angeregt, engagierten sich für Nicaragua deshalb auch solche Kreise, die sich vorher an Solidaritätsbewegungen und Solidaritätsaktionen noch nie beteiligt hatten.
Für diese, meist christlichen Gruppen, stand die humanitäre Unterstützung des kämpfenden Volkes in Nicaragua im Vordergrund des Engagements. So besetzten am 21. Februar 1978 Studenten und Pfarrer die Botschaft Nicaraguas in Bonn, um ihrer ,,Empörung über den bedrückenden Zustand und den Völkermord in diesem Land" Ausdruck zu verleihen. Bei der Aktion, die parallel zu ähnlichen Besetzungen in Italien, Frankreich, Spanien, Schweden und den Niederlanden stattfand, wurden der Rücktritt des Diktators und die Einführung demokratischer Verhältnisse in Nicaragua gefordert.
Insofern war es danach kein Zufall mehr, daß auf dem Katholikentag 1978 in Freiburg ein hoher Spendenbetrag für Nicaragua gesammelt werden konnte und die Vorgänge in dem mittelamerikanischen Land relativ breit diskutiert wurden. Nach dem Katholikentag gründeten sich ständig mehr Nicaragua-Solidaritätskomitees in der Bundesrepublik und in West-Berlin.
Für die Lateinamerika-interessierte Linke wurde Nicaragua zum

langersehnten Hoffnungsschimmer. Während in Südamerika von Chile bis Brasilien, von Argentinien bis Peru rechte Militärregimes keine Aussichten auf demokratische Veränderungen eröffneten, war in Nicaragua mit der FSLN eine Guerilla im Anmarsch, die zum ersten Mal seit der ,,Bewegung des 26 Juli" in Kuba Erfolgsaussichten zu haben schien.

Diesen Gruppen war die Bedeutung der Kämpfe in Nicaragua für die gesellschaftliche Entwicklung in ganz Lateinamerika klar: Ihre Solidarität war daher von Anfang an politisch motiviert.

Ansatzpunkte für die Nicaragua-Arbeit fanden die politisch orientierten linken Komitees darüber hinaus in den Wirtschaftsbeziehungen zwischen der Bundesrepublik und Nicaragua. Die Bundesrepublik war 1978 der drittwichtigste Handelspartner Nicaraguas. Viele bundesdeutsche Konzerne hatten Zweigstellen in dem mittelamerikanischen Staat: BASF, Bayer, Siemens, VW, AEG und Mercedes Benz. Generalvertreter von Mercedes Benz war der Diktator selbst: Anastasio Somoza Debayle.[6]

Das wachsende Interesse der Öffentlichkeit an den Vorgängen in Nicaragua führte schon 1978 zur Einrichtung einer Informationsstelle für Nicaragua in Wuppertal. Dadurch verfügte die rasch wachsende Nicaragua-Solidarität sehr frühzeitig über eine funktionierende Informations- und Koordinationsstelle. Im November 1978 fand bereits das dritte nationale Treffen von Nicaragua-Komitees statt. Doch zu diesem Zeitpunkt bestanden rund 30 Solidaritätsgruppen für Nicaragua. Deshalb wurde beschlossen, neben der zentralen Koordination noch vier regionale Koordinationsstellen einzurichten.

In der Solidaritätsbewegung spielten auch weiterhin kirchliche Gruppen (evangelische wie katholische) eine starke Rolle. Gering war dagegen die Beteiligung von Aktivisten aus den K-Gruppen, die immerhin noch manche der letzten Chile-Komitees dominieren konnten. Zahlreich engagieren sich dagegen bis heute in der Nicaragua-Solidarität Einzelpersonen und Gruppen aus der ,,undogmatischen Linken", vor allem aus den Basisgruppen an den Universitäten. In fast allen Komitees fiel von Anfang an auch die große Zahl aktiver junger Leute auf, die andere Solidaritätsbewegungen nur noch vom Hörensagen kannten und von deren — positiven wie negativen — Erfahrungen wenig wußten. Das For-

schungs- und Dokumentationszentrum Chile-Lateinamerika schrieb dazu in einem Artikel zu seinem zehnjährigen Bestehen: „Die neuen Aktivisten hatten zum Teil 1973 noch die Schulbank gedrückt. Symptomatisch dafür war, daß der Ausdruck ‚der 11.'' (am 11. September 1973 war der Putsch in Chile, d. Verf.) nicht mehr von allen ohne weiteres verstanden wurde."[7]
Es gibt mehrere Gründe dafür, daß die Nicaragua-Solidarität so schnell wuchs, daß sie so viele junge Leute anzog und daß sie sich von kirchlichen Gruppen über die Lateinamerika-interessierte Linke bis hin zu SPD- und Gewerkschaftsgruppen erstreckte:
In Nicaragua herrschte mit Somoza ein Diktator, gegen den jeder sein konnte und mußte. Nicht einmal die bürgerlichen Medien hegten Sympathien für ihn. Anders als etwa in Chile stand auch die Opposition in Nicaragua trotz ihrer Unterschiede wie ein geschlossener Block gegen den Diktator. Die FSLN kämpfte zumindest ohne nach außen hin sichtbare interne Konflikte. Anfang 1979 kam es zudem noch zur formellen Vereinigung der drei unterschiedlichen Tendenzen und sogar die bürgerliche Opposition schloß mit der FSLN ein Bündnis gegen Somoza. Schließlich probte in Nicaragua nicht irgendeine Guerilla-Vorhut mit Avantgarde-Ansprüchen den Aufstand, sondern der Widerstand gegen den Diktator wurde deutlich sichtbar vom Volk getragen.
Mit anderen Worten: Die Fronten waren klar. Gut und böse waren deutlich getrennt. Auf der einen Seite stand die brutale Diktatur, auf der anderen die Vereinigte Opposition — vom Campesino bis zum Finanzmakler, vom Unternehmerverband bis zur Guerilla. Hinzu kam, daß die Solidaritätsbewegung mit der Infostelle über sehr gute Kommunikationsverbindungen nach Nicaragua und zur FSLN verfügte: Per Telex kamen täglich die neuesten Meldungen von den Erfolgen der Frente Sandinista oder von den Massakern Somozas in einer bis dahin nicht bekannten Schnelligkeit nach Europa und auch ins Wuppertaler Solidaritätsbüro. Die Bewegung war deshalb nicht allein auf die Berichterstattung in den bürgerlichen Medien angewiesen. Darüber hinaus hatte sie einen direkten persönlichen Ansprechpartner: Enrique Schmidt, ein Deutsch-Nicaraguaner, der in Köln studierte, war gleichzeitig der Vertreter der FSLN in Europa.
Ein wichtiger Grund für das schnelle Anwachsen der Nicaragua-

Die Probleme in der Nicaragua-Solidarität fingen erst mit dem Sieg der sandinistischen Revolution im Juli 1979 an.

Solidarität dürfte allerdings auch der schnelle Sieg der FSLN gewesen sein. Vom Zeitpunkt, als sich die ersten Nicaragua-Gruppen bildeten, bis zum Einmarsch der Sandinisten in Managua verging nur ein Jahr. In diesem kurzen Zeitraum wurde die FSLN immer erfolgreicher, die Zweifel am Sieg der Revolution folglich immer geringer. Die Solidaritätsgruppen brauchten bis 1979 also weder einen langen Atem noch befiel die Aktivisten Unsicherheit über die Strategie der Sandinisten. Auch über das, was die Solidaritätsbewegung zu tun hatte, bestanden keine Zweifel: Die brutale Somoza-Diktatur mußte angeprangert, die politischen und wirtschaftlichen Verbindungen zwischen den Industrienationen — vor allem der BRD — und dem Somoza-Regime mußten angegriffen werden. Darüber hinaus galt es, der Öffentlichkeit über die Vermittlung der jüngeren Geschichte Nicaraguas klarzumachen, daß ein bewaffneter Kampf die einzige Chance der Nicaraguaner war, sich von der Diktatur zu befreien. Schließlich konnte die Solidarität auch sehr konkret über die materielle Unterstützung des Befreiungskampfes geübt werden.

Diese Aufgaben löste die bundesdeutsche Nicaragua-Solidarität bis 1979 ausgezeichnet: Eine breite Bewegung entstand, die sich offen für die ,,Revolution" und den ,,bewaffneten Befreiungskampf" aussprach und sich dennoch der Sympathie eines großen Teils der Öffentlichkeit sicher sein konnte. Auch das Spendenaufkommen auf dem Solidaritätskonto wuchs beständig. Die Sandinisten hielten den bundesdeutschen Beitrag zur internationalen Solidaritätsbewegung für den ,,zweitwichtigsten" und er hat sicher mit zum Sturz Somozas beigetragen.
Vor Problemen standen die bundesdeutschen Solidaritätsgruppen erst nach der Befreiung dieses Landes.

SANDINISTEN, BOURGEOISIE UND CONTRA
DER AUFBAU DES FREIEN NICARAGUA

Der 19. Juli 1979, der Tag der endgültigen Befreiung von der Somoza-Diktatur, war für Nicaragua keineswegs eine ,,Stunde Null", die alle Möglichkeiten bot. Im Gegenteil: Der Spielraum der Regierungsjunta, in der Vertreter der verschiedenen gesellschaftlichen Gruppen saßen, war von vornherein begrenzt durch eine Reihe von vorgegebenen Bedingungen: Die Wirtschaft des Landes war seit langem auf den Weltmarkt ausgerichtet. Nicaragua war auf Lieferungen aus den westlichen Industrienationen, vor allem aus den USA, angewiesen, die — wenn überhaupt — nur langfristig durch Importe aus den sozialistischen Ländern zu ersetzen waren. Und die Produktion war nur aufrechtzuerhalten mit Teilen der Bourgeoisie, mit den alten Ingenieuren, Technikern und Managern, die auch schon unter Somoza an diesen Stellen gearbeitet hatten.
Große Teile der nicaraguanischen Bevölkerung hatten zwar für die Befreiung von Repression und Diktatur gekämpft. Aber weitergehende Vorstellungen — etwa über eine sozialistische Gesellschaftsordnung — waren vielen Nicaraguanern fremd geblieben. Deshalb lehnten selbst die Gruppen der Sandinisten, die sich längerfristig die Möglichkeit einer sozialistischen Gesellschaft in Nicaragua offenhalten wollten, nach der Befreiung die rasche Ab-

koppelung des Landes vom Weltmarkt und die Enteignung aller Großunternehmen ab. In der neuen Regierungsjunta fand sich schließlich die Bandbreite der politischen Kräfte wieder, die gemeinsam gegen Somoza gekämpft hatten. Dieses Regierungsbündnis entschied sich für eine „economia mixta", für das Konzept einer gemischten Wirtschaft.
Durch die Enteignung der Somoza-Besitztümer ging rund ein Viertel der Produktionsanlagen und des landwirtschaftlich nutzbaren Grund und Bodens in die Hand des Staates über. Die restlichen drei Viertel blieben jedoch weiterhin in privater Hand, der größte Teil davon in den Händen von Großunternehmern. Die Banken und das gesamte Finanzsystem wurden zwar nationalisiert. Aber auch diese Maßnahme hatte zunächst eher symbolischen Charakter. Denn entscheidend für die Geldpolitik und die Liquidität des Landes waren ausländische Kredite und nicht das einheimische Bankensystem.[8]
Durch eine Reihe von wirtschaftspolitischen Maßnahmen wollten die sandinistischen Planer zunächst die Produktion ankurbeln. Dann sollte die Wirtschaft in dem Maße umgewandelt werden, in dem sich in der Bevölkerung ein antikapitalistisches Bewußtsein verankern ließ und eine neue Generation von Technikern heranwuchs. Auf dieser Grundlage sollte dann langfristig eine Transformation der kapitalistischen Produktionsverhältnisse in sozialistische Produktionsformen stattfinden.
Die Bedingungen, die die Regierungsjunta 1979 in Nicaragua vorfand, legten ein solches Konzept nahe. Für diese Wirtschaftspolitik sprach im übrigen auch der Bewußtseinsstand der FSLN-Kommandanten selbst: Die sandinistische Bewegung war schließlich auch aus dem städtischen Kleinbürgertum entstanden, dessen Vorstellungen und Lebensperspektiven vom „American Way of Life" geprägt worden waren. In der aktiven Guerilla kämpften nur verhältnismäßig wenige Campesinos oder Arbeiter mit.
Bei der Auseinandersetzung mit marxistischen Theorien hatten die FSLN-Kader kaum die Möglichkeit, auch unorthodoxe Diskussionen oder Ideen der Industriekritik kennenzulernen.
„Fast ausnahmslos sind die Revolutionäre, ihre Kommandanten eingeschlossen, Teil einer überfremdeten Kultur und aufgewachsen mit einer Erziehung, die nicht nur in technischer Hinsicht oft

schlecht war, sondern die auch Umweltbewußtsein oder historisches Verständnis gegenüber den Tieflandindianern an der Atlantikküste nicht zuließ. So wie die Nicaraguaner, Sandinisten eingeschlossen, in dieser Hinsicht Nachkommen der spanischen Kolonisatoren sind (und ihre Indianerpolitik das gleiche Unverständnis gegenüber der indianischen Kultur verrät), so ist der Kern ihrer Vorstellungen von industriellem Fortschritt weiter geprägt vom jahrzehntelangen Einfluß der nordamerikanischen Konsumgesellschaft."9

Mit diesem Ausbildungs- und Bewußtseinsstand und ohne jede administrative Erfahrung mußten die Kommandanten 1979 versuchen, das von Somoza völlig ruiniert hinterlassene Land wieder aufzubauen. Die Erfolge, die dabei vor allem im Gesundheits- und Bildungsbereich erreicht wurden, sind bemerkenswert, um so mehr, als der politische und ökonomische Druck von außen gegen Nicaragua ständig zunahm, und bis heute (März 1986) noch wächst. Die ohnehin geringen Spielräume der Regierung in Managua waren noch zusätzlich eingeengt, weil schon zugesagte ausländische Kredite dem Land vorenthalten und Produkte aus Nicaragua von den USA boykottiert wurden.

Die stärkste Gefahr drohte (und droht) Nicaragua jedoch von den konterrevolutionären Truppen, den Contras, die in den USA ausgebildet und von der Regierung in Washington finanziert werden. Im Norden Nicaraguas operiert die ,,Frente Democratico Nacional'' (FDN), die sich vor allem aus ehemaligen Angehörigen von Somozas Nationalgarde, ausländischen Söldnern, aber auch aus Teilen der Miskito-Indianer aus dem nicaraguanischen Tiefland zusammensetzt. Im Süden kämpfen Anhänger von Eden Pastora, ehemals einer der prominentesten FSLN-Kommandanten, der sich 1982 gegen die Sandinisten stellte. Daneben agieren die Gefolgsleute von Alfonso Robelo, einem Unternehmer, der nach der Befreiung zunächst auch Mitglieder der Regierungsjunta gewesen, aber schon bald zurückgetreten war.

Die vorläufige Bilanz der Contra-Angriffe: ,,2817 Tote, 3020 Verwundete, 2825 Entführte, 6239 Waisen, 142.980 ins Innere geflüchtete Bauern und Indianer..."10

Der Norden Nicaraguas befindet sich im Kriegszustand: Kleinere Dörfer werden immer wieder von den Contras angegriffen.

Manchmal morden die Eindringlinge wahllos. Oft töten sie gezielt führende Gewerkschafter, Landarbeiterfunktionäre oder das Personal der Gesundheitsposten. Demonstrative Manöver der USA in Honduras und vor den Küsten des Landes (in einem Fall mit Beteiligung der Bundesmarine) und vor allem die militärische Invasion der Nordamerikaner auf Grenada im Herbst 1983 zwingen Nicaragua zu ständiger Alarmbereitschaft. Die Gefahr einer militärischen Intervention der USA ist auch in Nicaragua ständig gegeben.

In dieser bedrohlichen Situation fanden am 4. November 1984 in Nicaragua die ,,ersten freien Wahlen des Jahrhunderts" statt. Sie brachten klar zum Ausdruck, daß mehr als die Hälfte der Bevölkerung hinter den Sandinisten steht. Dem Aufruf der bürgerlichen Opposition zu einem Boykott der Wahl folgten weniger als ein Fünftel der Wahlberechtigten. Das eigentliche Ziel der Wahlen, die Legitimation der sandinistischen Regierung in der westlichen Welt zu dokumentieren, wurde nicht erreicht.

DOKUMENT 28:
UNSERE STÄRKEN UND SCHWÄCHEN
DANIEL ORTEGA, 1981:

Die nicaraguanische Revolution muß im Zusammenhang mit den großen Spannungen in der Welt gesehen werden, mit der globalen Ungerechtigkeit, die es wenigen hochindustrialisierten Ländern erlaubt, einen Lebensstandard zu erreichen, der doppelt so hoch ist wie der der Bevölkerung der Dritten Welt.
Wir sind als ein Volk der Dritten Welt mit geringen Ressourcen schwerwiegend von Ungerechtigkeit betroffen. Die Völker der Dritten Welt kämpfen für eine neue Weltwirtschaftsordnung: Wir kämpfen dafür, liebe nicaraguanische Brüder, daß Kaffee, Baumwolle und Zucker, daß das Fleisch und die anderen Exportgüter, die unsere Arbeiter im Schweiße ihres Angesichts herstellen, nicht jedes Jahr schlechter bezahlt werden und daß uns die Traktoren, Maschinen, Ersatzteile und Arzneimittel, die wir importieren, nicht jedes Jahr teurer verkauft werden.
Inmitten dieser ökonomischen Ungerechtigkeit in der Welt gibt es zusätzlich noch eine spezifische Situation, die uns in schwere Sorge versetzt. Ein Land, das als Weltmacht große Verantwortung trägt, ein Land, das unser Territorium mehrfach angegriffen und mit Blut getränkt hat, betreibt unserer Revolution gegenüber eine aggressive Poli-

tik. Ihr alle versteht, daß ich damit die Vereinigten Staaten meine.
Im Januar 1981, als in den Vereinigten Staaten eine neue Regierung antrat, war eine der ersten Entscheidungen, die sie traf, die Streichung eines zugesagten, aber noch nicht ausgezahlten 20-Millionen-Dollar-Kredits für Nicaragua. Im April, vier Monate später, entscheidet dieselbe Regierung, die noch ausstehenden 15 Millionen eines unterzeichneten 70-Millionen-Kredits einzufrieren. Im gleichen Monat streicht man uns ebenfalls 11,4 Millionen für wirtschaftliche Entwicklung und 14,7 Millionen für den Ankauf von Weizen und Speiseöl. Und jetzt, im Juni, verweigert man uns jene 20 Millionen, die für das Finanzjahr 1982 vorgesehen waren. Die Gesamtsumme, die die Vereinigten Staaten einem Land, dem gegenüber sie eine große Schuld abzutragen haben, seit Januar 1980 verweigert, beträgt 81,1 Millionen Dollar.

Darüber hinaus toleriert die nordamerikanische Regierung mit ausgesprochenem Wohlwollen, daß sich auf ihrem Territorium ehemalige Nationalgardisten Somozas auf militärische Aktionen vorbereiten, ja, sie rechtfertigt die Existenz dieser Ausbildungscamps auch noch...
Zur schwierigen internationalen Situation kommt unsere eigene Situation hinzu: Sie ist noch komplexer und schwieriger. Welches Erbe haben wir am 19. Juli angetreten! Wir haben ein Land geerbt, das ausgeplündert war vom Imperialismus und von einem Wirtschaftssystem, das den Interessen einer in- und ausländischen Minderheit diente: ein Land, ausgeplündert von der Familie Somoza und ihren Handlangern, schwer getroffen durch das Erdbeben, schließlich auch noch zerstört im Befreiungskrieg. Ein Land ohne eigenes Kapital, hochverschuldet, mit einer am Boden liegenden Industrie. Zusammengenommen hat das Volk von Nicaragua am 19. Juli Verluste von mehr als 2 Milliarden Dollar und Schulden in Höhe von mehr als 1,65 Milliarden geerbt. So sieht sie aus, die Frucht der somozistischen und kapitalistischen Effizienz.

Wie haben sich angesichts aller dieser Tatsachen die verschiedenen sozialen Gruppen des Landes verhalten?
Sprechen wir zunächst vom Bereich der privaten Wirtschaft in dem Sinne, in dem er in Nicaragua vorhanden ist und nicht in der Definition der Interessenvertreter des Kapitals: als ein breites Spektrum, vom Campesino mit seiner kleinen Parzelle über den Eigentümer einer großen Viehzucht bis zum Industrieunternehmer. In diesem privatwirtschaftlichen Bereich gab es nach zwei Jahren Revolution zwei unterschiedliche Verhaltensweisen:
Da war das patriotische Verhalten all der Campesinos und Landwirte, die ihr Land effizient bewirtschaften, Kaffee, Zucker und Baumwolle anbauen und heute in ihrer Mehrheit in der *Nationalen Union der Land-*

wirte (UNAG) zusammengeschlossen sind. Und der Gerechtigkeit halber muß erwähnt werden, daß es in diesem Land auch Großunternehmer gibt, die ihre Ländereien und Betriebe effizient bewirtschaften.
Auf der anderen Seite gibt es die negative Haltung der Unternehmer mit nicht-patriotischer Einstellung, derjenigen, die ihren Fabriken und ihrem Grundbesitz das Kapital entzogen haben, derjenigen, die 1978, zu Zeiten Somozas, noch 1,26 Milliarden Córdobas in diesem Land investierten und heute kaum noch 589 Millionen. Es sind jene, die allein im Handelsbereich mehr als 1,5 Milliarden Córdobas als Gewinne eingesteckt haben (Wechselkurs 1978: 1 Dollar = 7 Córdobas, 1980:1:10).
Diese selben Leute sind es auch, die ihre Pflicht zu produzieren mit politischen und ideologischen Konzessionen der Revolution verknüpfen wollen. Sie wollen erreichen, daß all die erwähnten Länder ihre Hilfe für Nicaragua einstellen und wir vom Ausland isoliert werden. Sie gehen immer engere Bindungen mit dem Somozismus ein, nehmen sogar jene verbrecherischen Nationalgardisten, die im Gefängnis sitzen, in Schutz und unterstützen die vom Ausland aus vorbereiteten Verschwörungen.
Diese Privatwirtschaftler spielen mit dem Feuer, sie wollen die Volksmacht zerstören und jene wieder an die Macht bringen, die das Volk ausrauben und unterdrücken.

Wir haben also eine wirtschaftlich, politisch und militärisch gespannte Lage, ein aggressives, abenteuerliches und gefährliches Verhalten der Vereinigten Staaten und ernsthafte Beeinträchtigungen der Wirtschaftsstrukturen — und wir haben schließlich auch zu kämpfen mit Fehlern im Inneren der Revolution.
Auch zu den Fehlern, die wir in diesen zwei Jahren Revolution selbst begangen haben, den Fehlern der revolutionären Regierung, müssen wir stehen. Umsetzungskapazitäten haben gefehlt, als Kredite für bestimmte Projekte zur Verfügung standen. Es gab einen Mangel an Effizienz dort, wo wir nicht in der Lage waren, den Devisenbedarf sinnvoll im Verhältnis zur Produktion einzusetzen.

Da gab es auch einen fehlenden Zusammenhalt der revolutionären Regierung. Die Korruption in der Verwaltung haben wir noch nicht wirklich ausrotten können. Da gab es von einem Teil der Regierung Widerstände, sich wirklich auf die Massen zu stützen. Dienstleistungen für die arbeitende Bevölkerung, gerade auch im Gesundheitswesen, waren nicht ausreichend. In vielen Bereichen war die politische Beteiligung nicht groß genug. Da gibt es Regierungsangestellte, die immer noch meinen, in Nicaragua habe sich nichts geändert. So etwas zeigt sich auch in der spärlichen Teilnahme an den Milizen und der freiwilligen Arbeit.
So sehen die Schwächen aus, die wir zu verantworten haben.

Im Innern unserer Revolution begegnen wir auch Unzulänglichkeiten, die von der Basis, von den Arbeitern selbst ausgehen: Da gibt es z.B. die Sabotage der nationalen Wirtschaft, fehlende Disziplin am Arbeitsplatz und die Forderung nach Tarifvereinbarungen, die keine Rücksicht auf die schwierige Situation dieses Landes nehmen. Da gibt es wirtschaftliche Sabotage durch Gewerkschaftszentralen, die einen Teil unserer Arbeiter in die Irre führen, statt wirklich ihre Interessen zu vertreten.
Im allgemeinen hat sich die Arbeiterklasse Nicaraguas jedoch, das gilt auch für die Regierungsangestellten, bewußt und diszipliniert verhalten. Und dieses Verhalten war und ist ausschlaggebend dafür, daß wir vorangekommen sind und auf diesem Weg weitergehen können.
Außenpolitisch werden wir den Weg zur ökonomischen Unabhängigkeit fortsetzen — für die Selbstbestimmung und die Nicht-Intervention. Zugleich werden wir unsere Beziehungen zu allen Ländern, die es wünschen, vertiefen. Auch gegenüber den Vereinigten Staaten sind wir flexibel — aber wir bleiben standhaft. Sie müssen die Ausbildungslager in Miami verbieten und müssen aufhören, die Arbeit der Konterrevolutionäre gegen Nicaragua, die so viele Tote gekostet hat und kostet, weiter zu stützen. Sie dürfen in Zentralamerika nicht intervenieren — so wie sie es heute schon in El Salvador tun. Sie müssen aufhören, uns wirtschaftlich zu bekämpfen. Statt der Rolle des Abenteurers sollten sie die der politischen Verantwortung übernehmen. Wir sagen ihnen, daß wir, dies vor allem, weiterhin Anti-Imperialisten sind.
Mit aller Kraft werden wir Bürokratie und Korruption bei den Regierungsangestellten bekämpfen. Auch das Dekret über Vergehen am Volkseigentum wird mit aller Entschiedenheit angewendet.
Die Beteiligung der Massenorganisationen an der Regierungsarbeit muß weiter verstärkt werden. Auf dem Gebiet der Produktion werden wir gegen ungerechtfertigten Streik, gegen Besetzungen und mangelnde Arbeitsdisziplin ankämpfen, denn auch sie sind Formen der Produktionsbehinderung — von der Basis her.
Wir werden uns bemühen, das Bewußtsein der Arbeiterklasse dafür zu verbessern.
Wir werden eine Antwort geben auf die Erwartung jener politischen Gruppen und jener Unternehmer, die unserer Wirtschaft die Basis für die Produktion entziehen wollen, eine Antwort auf diese Versuche, die Volksmacht in Frage zu stellen. Wir sagen ihnen: Wir stärken die Volksmacht, und ihr müßt lernen, mit dieser Volksmacht zu leben.[11]

MIT WIDERSPRÜCHEN LEBEN
DIE NICARAGUA-SOLIDARITÄT SEIT 1979

Anders als in der Algerien- und Vietnam-Bewegung und anders als in der Afrika-Solidarität der siebziger Jahre für Angola, Mozambique und Guinea Bissao bedeutete die Machtübernahme der Befreiungsbewegung in Nicaragua nicht das Ende der breiten Solidarität in der Bundesrepublik. Die Nicaragua-Gruppen wurden sogar noch stärker. Ohne die Frage nach der Gewalt beantworten zu müssen, war es zunächst noch mehr Menschen möglich, mit Nicaragua solidarisch zu sein.
Hinzu kam, daß die Machtübernahme überaus human verlief: Es gab keine Rachefeldzüge und keine Lynchjustiz der Sieger. Im Gegenteil: Die Todesstrafe wurde abgeschafft und selbst die schlimmsten Schlächter der Somoza-Diktatur wurden relativ korrekt behandelt. Damit schien sich das Bild zu bestätigen, das vor allem der christliche Botschafter der nicaraguanischen Revolution, Ernesto Cardenal, immer wieder vermittelt hatte. Das Bild einer zutiefst menschlichen, weil christlich motivierten Revolution.

DOKUMENT 29:
IN NICARAGUA KÜSSEN SICH
FRIEDEN UND GERECHTIGKEIT
ERNESTO CARDENAL, 1980:

In meinem Land hat es eine Revolution gegeben, die dazu geführt hat, daß sich jetzt der Frieden und die Gerechtigkeit küssen. Es ist ein Frieden, der durch einen sehr harten Kampf erreicht wurde, einen Kampf, der Nicaragua zurückließ wie Deutschland nach dem Weltkrieg.
Es war falsch und verfehlt, daß sich gewisse Hirten der Kirche dazu hergaben, die Waffen der Unterdrücker zu segnen. Aber es ist etwas anderes und sogar völlig Gegensätzliches, die Waffen der Unterdrückten zu segnen. Zum ersten, weil die einen dazu dienen, die Unschuldigen anzugreifen, und die anderen, die Unschuldigen zu verteidigen. Und zum zweiten, weil es sich um sehr ungleiche Waffen handelt. Das Schwert Goliaths zu segnen ist nicht dasselbe, wie die Schleuder Davids zu segnen. Mir kommt dieser Vergleich in den Sinn, weil, während Somoza die aufständische Stadt León mit weißem Phosphor bombardieren ließ, der Bischof von León durchs Telefon und mitten im Bombenlärm dem Journalisten

einer internationalen Nachrichtenagentur zuschrie: „Dies ist ein so ungleicher Kampf wie der zwischen David und Goliath." Aber genau wie in der Bibel besiegte in Nicaragua David den Goliath.

Es gibt Christen, die kompromißlose Pazifisten sind ... Ein nordamerikanischer Jesuit, der ein Freund von mir und einer dieser kompromißlosen Pazifisten ist, schrieb mir einen offenen Brief, in dem er meine Verteidigung des sandinistischen Kampfes verurteilt und mir sagt, kein noch so hohes Prinzip wiege soviel wie das Leben eines einzigen Kindes. Ich habe ihm geantwortet, damit sei ich vollkommen einverstanden, die Sandinisten kämpften für das Leben von Tausenden von Männern und Frauen, Alten und Kindern, die Tag für Tag ermordet werden, und kein noch so hohes Prinzip, nicht einmal das des kompromißlosen Pazifismus, wiege soviel wie das Leben eines einzigen dieser Kinder.

Die an diesem Kampf teilnahmen, wollten weniger den Tod der einen als das Leben der anderen. Ich kannte viele dieser jungen Kämpfer persönlich, einige von ihnen haben lange in meiner Kommune von Solentiname gelebt. Ich kann Ihnen sagen: Sie griffen aus Liebe zu den Waffen, weil sie ein Land voller Schulen, Krankenhäuser und Kindergärten wollten, ein Land ohne Analphabeten, ohne Bettler und ohne Ausbeutung. In Nicaragua erlebten wir in den aufständischen Städten, wie ein ganzes Volk das Evangelium in die Praxis umsetzte. Einer opferte sein Leben für den anderen...

Wir haben nun einen Krieg beendet und sofort einen neuen begonnen. Vor kurzem begannen die nicaraguanischen Zeitungen, neue Kriegsberichte zu veröffentlichen. Einer von ihnen lautete: „Die verschiedenen Taktiken, die wir nach sorgfältiger Planung einsetzten in unserem Kampf gegen die Unwissenheit, zeitigten einen so nachhaltigen und durchschlagenden Erfolg, daß die Kampfmoral unserer Truppen in hohem Maße gestärkt wurde." Und ein anderer: „Nach intensiver Erkundung der Kampfzone gelang es uns, das vom Feind hinterlassene Potential des Analphabetismus aufzuspüren." ... Und weiter: „Wir haben alle Gegenden, in denen der Feind, die Unwissenheit, unserem Angriff widerstand, belagert. Wir haben die Situation unter Kontrolle dank unseres Schnellfeuers aus Buchstaben und Liebe, und wo wir noch auf Widerstand stoßen, beseitigen wir ihn Schuß um Schuß." In einem anderen dieser neuen Kriegsberichte heißt es: „Unsere unerbittlichen Angriffe werfen den Feind immer mehr zurück. Die Feinde unserer Revolution sollen wissen, daß der Kampf, und sei er noch so hart, weitergeht, bis die Unwissenheit besiegt ist." Und ein weiterer: „Wir führen einen harten Kampf gegen unseren Feind, die Unwissenheit. Um auch den letzten Widerstand zu beseitigen, greifen wir schon ab zwei Uhr nachmittags an.

Die heftigsten Kämpfe finden jedoch jeden Nachmittag zwischen vier und sechs Uhr statt." „Wir haben dem Feind hart zugesetzt, da wir Waffen von großer Durchschlagskraft einsetzten, wie zum Beispiel: A E I O U. Selbstverständlich verbreiteten diese Waffen Angst und Schrecken im feindlichen Lager."
Diese Schlacht ist nun gewonnen. Mehr als die Hälfte der nicaraguanischen Bevölkerung konnte weder lesen noch schreiben. In fünf Monaten alphabetisierte die eine Hälfte die andere...[12]

Die Teile der Solidaritätsbewegung allerdings, die den Befreiungskampf in Nicaragua weniger aus einem christlich humanitären und stärker aus einem politischen Blickwinkel heraus verfolgt hatten, zeigten sich schon bald nach der Befreiung verwirrt. Vor allem jene, die auch in Nicaragua wieder den schnellen Aufbau des Sozialismus erhofft hatten, waren von der Beteiligung von Unternehmern an der Regierungsjunta genauso enttäuscht wie vom Modell der „economia mixta". Die zunächst von der Euphorie über die siegreiche Befreiung verdeckte Ratlosigkeit der Linken über die ökonomischen Grundsatzentscheidungen der Regierungsjunta enthüllte schon bald nach dem Sieg ein grundlegendes Manko der Solidaritätsarbeit: Kaum jemand in der Bewegung hatte sich mit der Struktur der nicaraguanischen Gesellschaft beschäftigt. Kaum jemand hatte erkannt, daß die Auseinandersetzungen in Nicaragua nicht Klassen-, sondern Befreiungskampf waren. Kaum jemand hatte zur Kenntnis genommen, daß die tonangebende Tendenz der Sandinisten gerade jene war, die für eine enge Kooperation mit dem Bürgertum eingetreten war und auch nach der Befreiung noch eintrat.
Insofern existierten in der Solidaritätsbewegung nur wenige realistische Einschätzungen über den engen wirtschafts- und gesellschaftspolitischen Spielraum der Sandinisten.
Dies kam schon wenige Monate nach der Befreiung in einem Leserbrief an die „Lateinamerika Nachrichten" zum Ausdruck, den die Redaktion im Novemberheft 1979 — herausragend plaziert — unter dem Titel „10 Thesen zu Nicaragua" abdruckte.[13] 40.000 Tote — so die Quintessenz der „Thesen" — wären wohl kaum für ein Bündnis mit der Bourgeoisie und ein Nicaragua „unter kapitalistischen Verhältnissen" gestorben.
Im darauffolgenden Heft der „Lateinamerika Nachrichten" (De-

zember 1979) wies die Redaktion die ‚‚Thesen'' dann scharf zurück: ‚‚In der Tradition der westdeutschen ‚Neuen Linken' gibt es eine Geschichte der Ausblendung ökonomischer Zwänge, in denen sich die Befreiungsbewegungen befinden, vor allem dann, wenn sie sich siegreich durchgesetzt haben ... Diese Ausblendung ist — auch wenn sie kennzeichnend für den ‚spontanen Massencharakter' der antiimperialistischen Bewegung war — dafür verantwortlich, daß die emotionale Identifikation zusammenbricht, wenn die Politik der entsprechenden Befreiungsbewegungen unter ökonomische Zwänge gerät und dadurch der Linken fremd wird. So ist es ganz typisch, daß die breite Bündnispolitik der FSLN vor dem Sieg auf große Anerkennung der Linken traf, aber sofort nach dem Sieg, als die Bündnispolitik fortgesetzt wurde und sich in konkreten Zugeständnissen an die Bündnispartner niederschlug, mit Skepsis bis Ablehnung bedacht wurde.''[14]

Der Konflikt und die Form, in der er ausgetragen wurde, weisen auf eine Besonderheit der Nicaragua-Solidarität hin: Anders als in der Algerien-, Vietnam- oder in der Chilebewegung werden Form und Grundlage der Solidarität in der Nicaraguabewegung ständig problematisiert. Seit 1979 läßt sich die Diskussion über die Grenzen von notwendiger und kritischer Solidarität kontinuierlich in den Zeitschriften der Bewegung verfolgen. So schließt auch das Editorial der ‚‚Lateinamerika Nachrichten'' vom März 1986 mit dem Satz: ‚‚Der Artikel zu Nicaragua in diesem Heft könnte vielleicht ein Beitrag sein, die so notwendige Diskussion um solidarische Kritik, kritische Solidarität, Solidarität ohne Kritik oder Kritik ohne Solidarität weiter voranzubringen.''[15]

Die Solidarität mit Nicaragua hat als breite Bewegung schon heute eine länger anhaltende Konjunktur als jede andere Ländersolidarität zuvor. Dies dürfte auch der offen geführten Diskussion über Zweifel an der Solidarität zu verdanken sein. Denn solche Zweifel kamen den einzelnen Aktivisten der Solidaritätsbewegung oft: Schon kurz nach der Revolution schloß die Regierung in Managua die maoistische Zeitung ‚‚El Pueblo''. Das Blatt hatte zu Streiks aufgerufen und die Wirtschaftspolitik der Junta scharf kritisiert. Auch die Zeitung ‚‚La Prensa'', das Blatt der bürgerlichen Opposition, wurde im Verlauf des Jahres 1981 mehrfach kurzzeitig geschlossen. Im September 1981 riefen die

Sandinisten den wirtschaftlichen Notstand aus: Streiks, Fabrik- und Landbesetzungen wurden dadurch verboten. Aufgrund dieser Notstandsverordnungen wurden im Oktober 1981 vier Mitglieder des Unternehmerverbandes COSEP und vier Mitglieder der orthodox-marxistischen Gewerkschaft CAUS verhaftet und verurteilt.

Im April 1982 verriet Eden Pastora, nach der Befreiung stellvertretender Verteidigungsminister und Chef der Milizen, die sandinistische Revolution und wechselte zur Contra.

Im Oktober 1985 wurde in Nicaragua der nationale Notstand, der schon im März 1982 verhängt und dann zur Zeit der Wahlen, Ende 1984, eingeschränkt worden war, wieder voll in Kraft gesetzt und sogar erweitert. Der Notstand schränkt individuelle und soziale Bürgerrechte, wie freie Meinungsäußerung, Versammlungsfreiheit, Freizügigkeit im Land, Recht auf Unverletzlichkeit der Wohnung, Brief- und Telefongeheimnis sowie das Streikrecht ein. Die Begründungen aus Managua für die erneute Verhängung des Notstandes waren widersprüchlich.[16]

Im Februar 1986 stellte amnesty international fest, daß auch die Sandinisten Menschenrechte verletzten.

Diese Probleme wurden von vielen Solidaritätsgruppen nicht einfach verdrängt, sondern aufgegriffen und mehr oder weniger breit diskutiert. Die Auseinandersetzungen machten deutlich, daß Teile der Bewegung nach der Befreiung strengere Maßstäbe an die revolutionäre Entwicklung in Nicaragua anlegten als in der Zeit des Krieges. Viele Solidaritätsgruppen hakten dort nach, wo sie Widersprüche und Brüche im revolutionären Prozeß vermuteten.

Allerdings blieb die offene Kritik an einzelnen Maßnahmen und politischen Entscheidungen der Sandinisten in der Solidaritätsbewegung immer umstritten. Die Gegner dieser Kritik führten an, daß solche Einmischung neokoloniale Züge trüge: Schon wieder maßten sich Europäer an, den Lateinamerikanern zu zeigen, was richtig und was falsch wäre. Darüber hinaus berücksichtigte solche Kritik selten die objektiven Bedingungen, unter denen in Nicaragua gehandelt und Politik gemacht werden müßte. Ihr lägen in aller Regel deutsche Erfahrungen und theoretische Erkenntnisse zugrunde. Die Wirklichkeit in Managua oder am Rio San Juan

se zugrunde. Die Wirklichkeit in Managua oder am Rio San Juan sei aber nun mal nicht so, wie deutsche Linke sie sich an ihren Schreibtischen in Berlin, Freiburg oder Köln vorstellten. So argumentierten mehrfach auch Deutsche, die als Entwicklungshelfer oder als Brigadisten in Nicaragua gearbeitet hatten. DED-Entwicklungshelfer für Nicaragua hatten schon 1980 — vor ihrer Abfahrt — im ,,DED-Brief'' gewarnt: ,,Wir beobachten den sandinistischen Weg Nicaraguas mit einem sehr theoriegeschulten linken Bewußtsein. Führt nicht gerade unser Frust über die Schwierigkeiten von Veränderungen deutscher Verhältnisse zu einer Ungeduld mit der nicaraguanischen Revolution, d.h. übertragen wir nicht unsere unerfüllten Wünsche auf ein anderes Land?''[17]
Demgegenüber argumentierten die Befürworter einer kritischen Auseinandersetzung mit Nicaragua: Solidarität könne nur glaubwürdig sein, wenn sie sich auch das Recht auf Kritik nehme. Es sei jedenfalls unglaubwürdig, sich über den Knüppeleinsatz der Polizei auf dem Kudamm zu empören, aber bei willkürlichen Verhaftungen in Nicaragua nur mit den Achseln zu zucken. Widersprüche und Fehler der Sandinisten dürften nicht verdrängt, sondern müßten diskutiert werden.
Gleichzeitig gab es in der Solidaritätsbewegung immer mehr Aktivisten und Solidaritätsgruppen, die sich, wenig beeindruckt von dieser Grundsatzdiskussion, in Nicaragua ein ,,Projekt'' aussuchten und sich fortan nur der Projektunterstützung widmeten. Andere zogen es vor, ohne große Diskussion das Objekt ihrer Solidarität zu wechseln und sich auf die Befreiungskämpfe in El Salvador zu konzentrieren. Dort wurde noch gekämpft und schon deshalb war es einfacher, dort Stellung zu beziehen.
Dennoch ist die Bewegung — alles in allem — mit den oben genannten Konflikten und Widersprüchen des revolutionären Aufbaus in Nicaragua relativ gut fertiggeworden.
Nachdem die Berichterstattung der bürgerlichen Oppositionszeitung ,,La Prensa'' eingehender analysiert und eine Verbindung zu Medienoperationen der CIA in Chile und Jamaica hergestellt worden war, bestanden in der Bewegung kaum noch Zweifel: Die zeitweilige Schließung der Zeitung durch die Sandinisten ging in Ordnung.
Bei den Verboten von Streiks, Fabrik- und Landbesetzungen ak-

zeptierten weite Teile der Bewegung nach einigem Zögern, daß diese Maßnahmen nicht an den eigenen Wünschen, sondern an der wirtschaftlichen und politischen Lage Nicaraguas zu messen waren. Nach einer genaueren Betrachtung des realen Handlungsspielraums der Sandinisten hatte man Verständnis für die Maßnahmen. Mehr Probleme bereitete die Verhaftung der vier CAUS-Gewerkschafter. Nach einer genaueren Auseinandersetzung mit der Politik der CAUS erschien vielen in der Bewegung die Verhaftung und anschließende Verurteilung der Gewerkschafter verständlicher. Die Strategie der CAUS wurde als unsolidarisch bezeichnet. Dennoch wurde den Sandinisten vorgeworfen, statt langfristiger politischer Lösungen kurzfristige, dirigistische Maßnahmen vorgezogen zu haben.

In den ,,Blättern des iz3w" glossierten Nina Boschmann und Willibald Fredersdorf die Unsicherheit der Solidaritätsbewegung bei Maßnahmen der Sandinisten, die nicht der Erwartung der deutschen Aktivisten entsprachen: ,,Eigentlich wäre es uns am liebsten, wenn die Frente Ökosozialismus machen würde, wie auch immer man sich den vorstellen mag, zumindest müßte sie aber Produktionsmittel vergesellschaften, Entfremdung beseitigen, Frauen befreien, Indianer und Homos selbstredend auch, den Managua-See saubermachen und Petersilie in den Barrios anpflanzen, statt Baumwolle mit Pestiziden hochzuzüchten. Wenn die Comandantes Fahrrad fahren würden, wär auch nicht schlecht.

Die Comandantes fahren aber nicht Fahrrad und finden Klimaanlage und Mercedes ganz gut. Auch unsere wirtschaftspolitischen Vorschläge finden vorerst nicht viel Anklang ... Dann richten wir unser Augenmerk auf die sogenannten ‚bürgerlichen Freiheiten'. Doch auch hier gibt es Enttäuschendes zu melden. Die periodischen Schließungen von ‚La Prensa' verkraften wir noch relativ leicht, die von ‚El Pueblo' schon weniger; ... aber das mit den Miskitos ist uns peinlich."[18]

SOLIDARITÄT AUF DEM PRÜFSTAND
DER KONFLIKT MIT DEN MISKITO-INDIANERN IN NICARAGUA

Der Miskito-Konflikt wurde in den Jahren 1981 und 1982 zum zentralen Punkt der Auseinandersetzung zwischen der deutschen Solidaritätsbewegung und den Sandinisten. Die Hintergründe: Im Februar 1981 ließen die Sandinisten die Führung der Organisation MISURASATA verhaften. MISURASATA war erst im Herbst 1979 gegründet worden — als Kooperationsstelle der Sandinisten mit den Indianerstämmen Miskito, Sumu und Rama an der Atlantikküste Nicaraguas. Die besondere Situation im Osten Nicaraguas machte eine solche Organisation notwendig. An der Atlantikküste leben heute drei Indianergruppen: die Sumu (mit heute 15.000 Mitgliedern), die Rama (1000) und die Miskito (150.000). Anders als an der Pazifikküste im Westen Nicaraguas, war es den Spaniern nie gelungen, die Indianergebiete der Atlantikküste im Osten des Landes zu kolonisieren. Dieser Küstenbereich geriet allerdings bereits im 17. Jahrhundert unter englischen Einfluß.

Die Engländer unterstützten die Miskito — auch damals die stärkste Indianergruppe — und setzten 1687 einen Miskito-König als regionalen Regierungschef ein, der aber völlig von London abhängig war. 1860 verzichteten die Engländer auf die nicaraguanische Region an der Atlantikküste. Seitdem gehörte sie, allerdings als Reservat mit Selbstverwaltung, zu Nicaragua. Im Zuge eines wirtschaftlichen Aufbauprogramms zur endgültigen Eingliederung der ehemals britischen Region in den nicaraguanischen Nationalstaat, siedelten sich Ende des 19. Jahrhunderts nordamerikanische Unternehmen zu günstigen Bedingungen an der Atlantikküste an. Die mit den Briten betriebene Tauschwirtschaft ersetzten die Miskito-Indianer erst danach durch die Geldwirtschaft. Sie verpachteten ihr bis dahin kollektiv genutztes Land an die nordamerikanischen Konzerne, für die sie fortan als Lohnarbeiter arbeiten mußten.

Die Nordamerikaner schufen auch ein neues Wertesystem: An die Stelle der indianischen Kollektive trat Konkurrenz um individuelle Aufstiegschancen in den US-amerikanischen Unternehmen. Deshalb brachten die Indianer schon den Guerilla-Angriffen der Truppen des Generals Sandino auf die nordamerikanischen Konzerne in den 20er und 30er Jahren dieses Jahrhunderts kein Verständnis entgegen. Sie empfanden die Angriffe als Einschränkung ihrer Möglichkeiten zur Lohnarbeit und damit als Behinderung ihrer Aufstiegswünsche. Als die nordamerikanischen Konzerne Ende der sechziger Jahre endgültig abgewandert waren, ließen sie vom Geld abhängige, lethargische und hoffnungslose Miskito-Indianer zurück. Die Somoza-Dynastie hatte die Region an der Atlantikküste immer vernachlässigt. Die für die Küste zuständigen Statthalter hielten sich lieber in den Strandcafés von Miami auf. Deshalb fehlte den Bewohnern der Atlantik-Region auch das direkte Feindbild der Somoza-Diktatur. Und so bedeutete ihnen der Befreiungskampf der Sandinisten wenig. Entsprechend groß war das Mißtrauen, das der Regierung des befreiten Nicaragua entgegenschlug, als sie 1979 begann, die Atlantikregion und ihre Bewohner in den Rest des Landes zu integrieren.

Als Ausdruck der gegenseitigen Kooperationsbereitschaft wurde MISURASATA gegründet — ein Zusammenschluß, der einen Kompromiß darstellte zwischen einer sandinistischen Indianer-Organisation und der Wunsch der Indianer, von der spanischsprachigen Kultur des Landes unabhängig zu bleiben.

Die kulturellen Unterschiede zwischen Pazifik- und Atlantikküste führten schon bald zu ersten Konflikten zwischen Sandinisten und Indianern: Die — auf Spanisch — durchgeführte Alphabetisierungskampagne wurde von der indianischen Bevölkerung weitgehend boykottiert, weil die Indianer kaum Spanisch sprechen.

Die Regierungsjunta korrigierte diesen Fehler sofort. Gemeinsam führten MISURASATA und das Erziehungsministerium eine neue Alphabetisierungskampagne durch: in Miskito, Sumu und Englisch.

Schwerer wog der Konflikt zwischen den Sandinisten und MISURASATA, der sich an der Landfrage entzündete: Gleich nach der Befreiung hatten die Sandinisten die Verstaatlichung sämtlicher Ländereien angeordnet, für die keine privaten Eigentumsurkunden existierten. Für das Land, das die Indianer seit jeher nutzen, hatten nie private Urkunden existiert. Die Regierung begann trotzdem — ohne die Klärung von traditionellen, nicht verbrieften Rechten — mit der Ausbeutung von Edelhölzern in diesen indianischen Gebieten. Darüber kam es zum Konflikt mit MISURASATA. Im Frühjahr 1981, als sich der Konflikt zuspitzte, ließ die Regierung die gesamte Führung von MISURASATA verhaften.

Bis auf Steadman Fagoth Muller, den Vertreter von MISURASATA im Staatsrat, wurden alle Verhafteten jedoch nach drei Wochen schon wieder auf freien Fuß gesetzt. Steadman Fagoth war eine Agententätigkeit in Somozas Geheimdienst nachgewiesen worden.

Es kam zu Massendemonstrationen für Fagoths Freilassung, die von der FSLN gewaltsam aufgelöst wurden. Rund 3000 Miskito flüchteten daraufhin nach Honduras.

Im Mai 1981 wurde Fagoth freigelassen. Auch er setzte sich nach Honduras ab. Dort arbeitete er fortan mit den bewaffneten Contra-Organisationen der ehemaligen Nationalgardisten Somozas zusammen. Über deren Radiostation in Honduras rief er zur Befreiung der Miskito vom Sandino-Kommunismus auf. Die MISURASATA-Führer, die noch mit den Sandinisten zusammenarbeiteten, wurden über diesen Sender durch Morddrohungen unter Druck gesetzt.

Bei den Verhandlungen über den Landbesitz kam es dann im August 1981 zum endgültigen Bruch zwischen MISURASATA und der nicaraguanischen Regierung. Die Indianerführer hatten das gesamte Territorium beansprucht, auf dem die Indianer seit jeher lebten. Darüber hinaus hatten sie die alleinige Verfügungsgewalt über sämtliche Naturressourcen in diesem Gebiet gefordert.

Im August 1981 verabschiedete die Regierung jedoch eine anderslautende Grundsatzerklärung zur Indianerpolitik. Sie garantierte den Bewohnern des Tieflandes zwar den Erhalt ihrer Sprache, ihrer kulturellen Ausdrucksformen und ihres kommunalen Landbesitzes. Allerdings bestanden die Sandinisten mit dieser Erklärung auf der Kontrolle der Naturschätze in der Indianerregion.

Im September 1981 schloß sich Brooklyn Rivera, ein weiterer MISURASATA-Führer dem bewaffneten Widerstand gegen die Sandinisten an. Im Dezember 1981 entschloß sich die nicaragua-

nische Regierung aufgrund der zunehmenden Contra-Angriffe aus Honduras, entlang des Grenzflusses Rio Coco eine rein militärische Zone zu schaffen. Dafür mußten tausende Miskito umgesiedelt werden. Bei dieser Umsiedlung stürzte ein Hubschrauber der nicaraguanischen Luftwaffe ab, und 75 Miskitokinder kamen ums Leben.
Insgesamt wurden etwa 8000 Miskito in fünf neue Dörfer mit festen Häusern, Schulen und Gesundheitsposten gebracht.
Ende November 1982 kam es am oberen Flußlauf des Rio Coco zu einer zweiten Umsiedlung von rund 7500 Miskito- und Sumu-Indianern.
Für die Dritte-Welt-Bewegung war der Miskito-Konflikt in Nicaragua ein schwerer Brocken. Denn in diese Auseinandersetzung waren zwei bevorzugte Objekte der Solidarität verwickelt: auf der einen Seite die Indianer. Verfolgt von Labrador bis Patagonien, ist Solidarität mit diesen Ureinwohnern des amerikanischen Kontinents selbstverständlich. Die Rettung dieser Kulturen liegt der Bewegung schon deshalb am Herzen, weil sie im mythologischen Verhältnis der Indianer zu Land und Natur Ansätze zur Lösung auch der gravierenden ökologischen Probleme der Industrienationen zu entdecken glaubt. Auf der anderen Seite standen die Sandinisten, die einen brutalen Diktator besiegt, eine sympathisch-humane Revolution begonnen und gerade eine ebenso fürsorgliche wie effektive Alphabetisierungskampagne beendet hatten. Damit sind auch schon die Fronten innerhalb der Solidaritätsbewegung im Miskito-Konflikt markiert.
Diejenigen, die dazu neigten, die ,,ursprüngliche" Indianerkultur zu überhöhen, suchten die Schuld nur bei den Sandinisten. Eine kritische Analyse des Verhaltens der Indianerführer und der indianischen Forderungen an die Sandinisten unterblieb zumeist. Ein bedrängter Indianer muß ein guter Indianer sein. Genauso kam bei den Kritikern der Umsiedlungsaktionen die Analyse des Spielraums zu kurz, den die Sandinisten angesichts der Contra-Angriffe in den traditionellen Miskitogebieten überhaupt hatten. Es ging schlicht und einfach um die Frage: Sollten sie die Contra, um den Konflikt mit den Indianern zu vermeiden, dort einmarschieren lassen und ihnen damit einen Stützpunkt im eigenen Land überlassen oder nicht?

Für einige Gruppen bestand Solidaritätsarbeit darin, im Interesse der eigenen Ideologie die Wirklichkeit zu beschönigen.

Dieser Haltung stand die Position der „Einhundertprozentigen" gegenüber, die — sandinistischer als die Sandinisten selbst — jeden Zweifel am Vorgehen der nicaraguanischen Regierung zu zerstreuen suchten. Jede Kritik an Maßnahmen der Sandinisten wurde mit dem Hinweis auf den Kriegszustand in Nicaragua pauschal abgetan. Kritik an den Maßnahmen der Revolutionäre galt als Verrat an der Revolution selbst. Peinlich wurde das dort, wo die Selbstkritik der Sandinisten die Abwiegelungsversuche ihrer Apologeten unterlief.

So schrieb das DKP-nahe Antiimperialistische Solidaritäts Bulletin (AIB): „Ein beliebter Mythos ist, daß die Sandinisten den Miskitos die spanische Sprache aufgezwungen hätten, während die Alphabetisierungskampagne von 1980 dort in Wirklichkeit in der Miskito-Sprache durchgeführt und ein Gesetz verabschiedet wurde, das den Schulunterricht in allen Fächern in der Muttersprache der Gemeinschaften vorschreibt."[19]

So war es eben nicht. Erst *nachdem* die Alphabetisierungskampagne bei den Indianern auf Widerstand stieß, änderte das Erziehungsministerium sein Konzept und berücksichtigte die Indianersprachen.

Pauschale Kritik hier — blinde Solidarität da, Extrem-Positionen dieser Art bezogen Teile der Nicaragua-Solidarität auch noch in anderen Fragen: Den einen ging die ganze Revolution nicht schnell genug. Als es dann auch noch Entwicklungen gab, die mit der Theorie und den Wunschvorstellungen nicht übereinstimmten, die hier mit der Revolution dort verbunden waren, „starb" Nicaragua für diesen Teil der Bewegung. Die anderen hingegen hatten und haben unbegrenztes Vertrauen in die Sandinisten. Kritik jeglicher Art wurde mit der Antwort begegnet: Die Sandinisten vor Ort wüßten schon am besten, was zu tun sei. Aber auch bei der vehementen Abwehr jeder Kritik an der Agrarreform in Nicaragua mußten sich diese Aktivisten von der Selbstkritik der Sandinisten blamieren lassen. Denn die Regierung in Managua bestätigte, daß die Agrarreform unbefriedigend verlief.

Erst allmählich vergrößerte sich zwischen diesen extremen Positionen die Gruppe derer, für die Kritik und Solidarität sich nicht ausschlossen. Solidarität bestand für diese Gruppe nicht darin, die Wirklichkeit zu beschönigen. Sie bedeutete vielmehr, auch Fehler aufzuzeigen und sich mit den Sandinisten über Fehler auseinandersetzen zu können. Eine solche Haltung vertritt bis heute — neben anderen Gruppen — die Redaktion der „Lateinamerika Nachrichten", die schon in einer Reihe von Berichten und Editorials die Notwendigkeit betont hat, über Widersprüche und Fehler der sandinistischen Politik offen zu diskutieren.[20]

Im Hinblick auf den Miskito-Konflikt stellte dieser kritische Teil der Solidaritätsszene zum einen klar, daß unkritische Indianerromantik den Blick für die Wirklichkeit verstellte. Zum anderen wurde betont: Die FSLN hatte im Verhalten den Miskito gegenüber Fehler gemacht. Sie hatte schlecht ausgebildete Kader an die Atlantikküste geschickt. Sie hatte bei der Alphabetisierung die indianischen Sprachgewohnheiten völlig übersehen. Sie hatte schließlich die Klärung der Landbesitz-Frage unnötig lange herausgezögert. Im Anschluß daran wurden jedoch auch die Ursachen für das Unverständnis der Sandinisten gegenüber den Indianern diskutiert. Der Konflikt zwischen den nationalen Interessen an den Rohstoffen und dem indianischen Interesse an der Landnutzung wurde ebenso herausgearbeitet wie der Konflikt bei der Umsiedlung zwischen den Erfordernissen der Landesverteidi-

gung und dem Recht der Indianer, dort zu leben, wo sie wollen. Die Ergebnisse dieser kritisch-solidarischen Auseinandersetzung mit den Sandinisten beschreibt Erich Süßdorf, früher Mitglied des Westberliner Chile-Komitees, seit kurzem Beauftragter des Deutschen Entwicklungs-Dienstes (DED) in Nicaragua, so:
,,Es wurde deutlich, daß die Innenpolitik der Sandinisten bezogen auf die Miskito-Indianer, bezogen auf die Alphabetisierung, bezogen auf eine ganze Serie anderer Fragen, hier sehr viel intensiver diskutiert wurde, als das in Vietnam nach dem Abzug der Amerikaner je getan wurde. Das heißt, hier wurde geprüft, was passiert eigentlich in diesem Land, nach dem Sturz der Diktatur? Da würde ich wirklich sagen, dieser Prozeß hat sich intensiviert. Da hat nicht einfach ein Zurückstecken stattgefunden, sondern da hat Kritik und Auseinandersetzung stattgefunden. Diese Kritik ist auch an die Ohren der Sandinisten vorgedrungen. Die haben sehr deutlich wahrnehmen können, was in Westeuropa passiert, wenn sie eine Indianerpolitik betreiben, die vielleicht vor dem Hintergrund ihres Nationalismus verständlich, dennoch aber herzlichst zu kritisieren ist. Da hat ein gegenseitiger Prozeß stattgefunden, der es mittlerweile nicht mehr so leicht möglich macht, aus den unerfüllten Hoffnungen in die Resignation zu verfallen."

UNSERE SCHULE, UNSER KRANKENHAUS, UNSERE WASSERLEITUNG
DIE PROJEKTUNTERSTÜTZUNG FÜR NICARAGUA

Die Unzufriedenheit der westdeutschen Solidaritätsbewegung mit der Politik der Revolutionsregierung in Nicaragua führte zu deutlichen Schwankungen der Solidarität. Um die Jahreswende 1980/81 kam es zu einer ersten Abschwächung der Nicaragua-Arbeit. Parallel dazu stieg das El-Salvador-Interesse merklich an. 1982 war ein weiterer deutlicher Einbruch der Nicaragua-Solidarität zu verzeichnen.
In diesem Jahr reduzierten immer mehr Nicaragua-Aktivisten ihre Solidarität auf die Unterstützung von einzelnen Projekten in Nicaragua. Von 1980 bis 1983 verzeichnete das Informationsbü-

Im August 1980 kam es zu einer Protestaktion gegen die El Salvador-Politik der Bundesregierung an der Westberliner Gedächtniskirche — Symbol für den Aufschwung der El Salvador-Solidaritätsbewegung.

ro in Wuppertal eine stetig wachsende Zahl der Projekte. Anfang 1986 wurde die Zahl der aus der Bundesrepublik in Nicaragua geförderten Maßnahmen auf rund 400 geschätzt.
Dabei unterstützen die einzelnen Solidaritätsgruppen „ihr" Projekt in Nicaragua in erster Linie durch das Sammeln von Geld. Diesem Zweck dient auch vor allem die — meist projektbezogene — Öffentlichkeitsarbeit. Das Spektrum der geförderten Projekte reicht von Kindergärten über Schulbüchereien, einen Bücherbus, Druckereien, Werkstätten für angepaßte Technologie, Produktionsstätten für Sojamilch bis hin zur Resozialisierung von Prostituierten. Die Vorteile der Projektarbeit sind klar: Projekte sind überschaubar. Die Bedürfnisse der nicaraguanischen Partner sind klar feststellbar. Es lassen sich oft persönliche Kontakte aufbauen. Der Effekt der Unterstützung ist für die Solidaritätsgruppen schnell und konkret spürbar und nachvollziehbar. So kommt die konkrete Projektarbeit jenem großen Teil der Nicaragua-Bewegung entgegen, der lieber handelt als lange diskutiert. Sie ist einfacher als die Unterstützung eines relativ abstrakten revolutionären Gesamtprozesses. Dabei ist dann allerdings die Gefahr sehr groß, daß die Fördergruppen irgendwann nur noch „ihr" Projekt im Auge haben, ohne den politischen Gesamtzusammenhang zu sehen. So stockte denn auch 1982 — trotz vieler Projekte — die breite politische Solidarität mit Nicaragua.
Für die Sandinisten hatte die Projektunterstützung durch die Solidaritätsbewegung angesichts der wirtschaftlichen Schwierigkeiten Nicaraguas große Bedeutung gewonnen. Allerdings wäre es der FSLN trotzdem häufig lieber gewesen, Mittel zu erhalten, die nicht an Projekte gebunden waren.
1983 wurde jedoch auch das politische Interesse an Nicaragua wieder breiter. Die offenen Interventionsdrohungen der USA gegen Nicaragua und die US-Intervention auf der Karibikinsel Grenada machten die Verhältnisse wieder klarer: Jetzt hieß es nicht mehr Sandinisten gegen Miskito oder Sandinisten gegen Oppositionelle — jetzt stand wieder das befreite Nicaragua der imperialistischen Supermacht gegenüber. Das erleichterte die Solidarität und die Reihen schlossen sich wieder. Hinzu kam, daß auch die konservativ-liberale Koalition im eigenen Land mit ihrer Mittelamerikapolitik ein neues und eindeutiges Feindbild lieferte. Am

bundesweiten Aktionstag der Nicaragua-Solidarität, im April 1983, kam es deshalb neben anderen Aktionen auch zur Besetzung von Büros der CDU in verschiedenen deutschen Städten. Im Juni 1983 folgte eine weitere Aktionswoche und am 21. Oktober 1983 blockierten Dritte Welt-Gruppen, darunter viele Nicaragua-Aktivisten, das Bundesministerium für wirtschaftliche Zusammenarbeit in Bonn im Rahmen der Aktionswoche der Friedensbewegung gegen die Stationierung von Mittelstreckenraketen in der BRD.

ZWISCHEN FRONT UND KAFFEEPLANTAGE
BRIGADISTEN IN NICARAGUA

Als 1983 der militärische Druck auf Nicaragua zunahm, überlegten Mitglieder des Berliner Gesundheitsladens mit staatlichen Stellen in Nicaragua, wie eine von den offiziellen Instanzen der Bundesrepublik unabhängige medizinische Hilfe für Nicaragua organisiert werden könnte. Die Überlegungen liefen auf eine ,,internationale Gesundheitsbrigade" hinaus, die in den Regionalkrankenhäusern aushelfen sollte, wenn das einheimische Personal in den Kampfgebieten beim Krieg gegen die Contra gebraucht würde.
Am 9. November 1983 bat das Gesundheitsministerium in Managua — per Fernschreiben — um die schnelle Entsendung mehrerer Gesundheitsbrigaden. Mitte Dezember flogen die ersten beiden deutschen Medizinbrigaden nach Nicaragua. Sie nannten sich Zampopera I und II — nach dem Dorf, in dessen Nähe acht Monate zuvor der deutsche Entwicklungshelfer Albrecht Pflaum und 13 Nicaraguaner von Contras ermordet worden waren.
Im Januar 1984 folgte eine dritte Gesundheitsbrigade, die sich ,,Tamara Bunke" nannte. (Tamara Bunke wurde in Argentinien geboren, kehrte nach dem Ende des Zweiten Weltkriegs in die DDR zurück und ging später nach Kuba. Dann schloß sie sich der Guerilla Che Guevaras in Bolivien an, wo sie den Tod fand.)
Nach dem Überfall der USA auf Grenada konkretisierten sich auch in der Solidaritätsbewegung Vorstellungen, Arbeitsbrigaden nach Nicaragua zu schicken. Diese Gruppen sollten bei der

Vor der BRD-Botschaft in Managua, der Hauptstadt Nicaraguas, protestierten Bundesbürger im November 1984 gegen die Mittelamerika-Politik der Bundesregierung.

Kaffee-Ernte helfen. Denn auf den Kaffee-Plantagen fehlten viele Arbeitskräfte, die zur Verteidigung des Landes an die Front geschickt werden mußten. Gleichzeitig versprach sich die Solidaritätsbewegung zwei politische Effekte: Zum einen sollte die Anwesenheit von mehreren hundert Ausländern in Nicaragua eine mögliche US-Invasion politisch erschweren. Zum anderen hoffte die Bewegung, durch die Entsendung von Brigadisten die Diskussion um die offizielle Unterstützung Nicaraguas durch die Bundesregierung verstärken zu können. Auch die Sandinisten versprachen sich einen politisch-diplomatischen Effekt von der Anwesenheit zahlreicher Bürger aus NATO-Staaten in ihrem Land. Ende 1983 reisten die ersten 162 Ernte-Brigadisten nach Nicaragua ab. Sie waren von mehr als 1000 Bewerbern übriggeblieben, die sich auf den ersten Aufruf gemeldet hatten. Bis Anfang 1986 sind ihnen rund 1500 weitere Brigadisten gefolgt, die in Gesundheits-, Ernte-, Bau- und Technikerbrigaden arbeiten. Eine Gruppe wurde auch in einem salvadorianischen Flüchtlingslager in Nicaragua eingesetzt.

An den Aufrufen zur Brigadistenarbeit entzündete sich allerdings eine heftige Diskussion. Es gab schließlich drei verschiedene Fassungen. Hintergrund dieser Konflikte war die Diskussion über den gewaltfreien Widerstand, die mit dem Aufkommen der Friedensbewegung auch in der Dritte-Welt-Bewegung wieder einmal an Bedeutung gewann.

DOKUMENT 30:
DIE „FRIEDENSBEWEGTE" SOLIDARITÄT
INITIATIVE FÜR EINE KAMPAGNE, 1983:

Lagebeschreibung: In einem Interview, das am 18.11.83 in der Wochenzeitung „Die Zeit" erschien, sieht der Erziehungsminister der Revolutionsregierung Nicaraguas, Carlos Tünnermann Bernheim, angesichts der militärischen Eskalation „den Augenblick gekommen, um historisch neue Formen der Solidarität und der Verteidigung zu entwickeln: etwa in der Art eines weltweiten Marsches nach Managua, eines großen Stroms von Jugendlichen und Erwachsenen, die den Weltfrieden herbeisehnen und begriffen haben, daß dieser Frieden in Mittelamerika gefährdet ist."
Funktion der Brigaden: Wir stellen uns vor, daß aus vielen Ländern Menschen nach Nicaragua kommen sollten — mit Schiffen, Bussen, Flugzeugen, daß also eine internationale Bewegung „Frieden für Nicaragua" entsteht: eine friedliche Initiative, die die Bemühungen Nicaraguas zur Verhinderung der drohenden Invasion unterstützen will...
Von Managua und anderen Ankunftsorten aus könnte sich die Bewegung verzweigen: an die Grenzen, um dort in grenznahen Dörfern Friedenscamps und Mahnwachen zu errichten, aber auch in das Landesinnere und in wichtige Küstenregionen.
Die Teilnehmer der Friedenskampagne sollten während ihres Aufenthaltes sowohl symbolische Aktionen durchführen, als auch in der Gemeinde- und Landesentwicklung mitwirken — also beispielsweise bei der Ernte helfen, in der Landwirtschaft, in den Schulen, beim Bau von Kanalisationen, beim Wiederaufbau zerstörter Einrichtungen. Hier könnten die Infrastruktur und Erfahrungen der Alphabetisierungskampagne und der Kampagne zur Verbindung von Lernen und Arbeiten genutzt werden.
Die Bewegung sollte vor allem von Friedenskräften aus Ländern getragen werden, deren Regierungen in enger Beziehung zu den USA stehen: Wir denken an die NATO-Länder, an asiatische Länder wie Japan, an Australien, an lateinamerikanische Länder ...
Wir sehen eine Chance, daß sich an dieser Kampagne Menschen verschiedenen Alters, verschiedener sozialer Zusammenhänge und politischer Orientierungen beteiligen, ebenso existierende Bewegungen wie die Friedensbewegung, die Frauenbewegung, die Jugendverbände, kirchliche, politische und gewerkschaftliche Organisationen. Wir denken auch daran, daß durch die Mitwirkung international bekannter Persönlichkeiten (Schriftsteller, Künstler, Friedens-Nobelpreisträger, Wissenschaftler) besondere Akzente in die Kampagne eingebracht werden könnten.

Die verschiedenen Personen, Gruppen und Organisationen könnten ganz unterschiedliche Beiträge leisten:
mit dem Einsatz der eigenen Person in Nicaragua im vollen Bewußtsein des Risikos, das sie damit auf sich nehmen;
mit politischer und moralischer Unterstützung der Teilnehmer in der Öffentlichkeit ihrer Länder;
mit materieller Unterstützung durch Geldspenden, technische Ausstattung.
Der Ablauf einer solchen Friedenskampagne müßte von dem Moment an, in dem sicher ist, daß sie stattfindet, mit großer Transparenz und Öffentlichkeit durchgeführt werden. Über die Bewegung von Friedensschiffen auf Nicaragua hin beispielsweise müßte die Weltöffentlichkeit fortlaufend und genau informiert sein, auch und gerade dann, wenn mit Verminung oder Blockade gedroht wird oder wenn die Invasion dieser Bewegung zuvorkommen sollte.

Manfred Kappeler, Angelika Krüger, Manfred Liebel, Jürgen Zimmer, Ruth Zimmer[21]

DOKUMENT 31:
DIE ,,BEWAFFNETE" SOLIDARITÄT
AUFRUF DES EL SALVADOR-KOMITEES WESTBERLIN, 1983:

Lagebeschreibung: Spätestens die Invasion Grenadas durch die US-Marines hat uns allen klar gemacht: Für den US-Imperialismus ist bei dem Versuch, die revolutionären Fortschritte der Völker und Befreiungsbewegungen Zentralamerikas rückgängig zu machen, nur die militärische ,,Lösung" übriggeblieben ...

In Nicaragua ist der von der Contra gegen die Sandinisten geplante Volksaufstand ausgeblieben, der von der US-Regierung und dem CIA massiv mit Geld, Material und logistischer Beratung vorangetrieben und von Somoza-Truppen und Söldnern über militärische Angriffe von Honduras und Costa Rica aus provoziert werden sollte. Angesichts der Bedrohung findet in der Bevölkerung eine Solidarisierung mit der sandinistischen Regierung statt, die quer durch alle Schichten und politische Positionen geht ...

Die FMLN El Salvadors hat in den letzten beiden Jahren immer wieder versucht, den Krieg auf dem Verhandlungsweg abzukürzen, den Völkermord, den die USA mit ihrer massiven Unterstützung faschistischer Kräfte in der Armee El Salvadors in Kauf nehmen, zu verhindern. Sie hat aber immer klar gemacht, daß eine politische Lösung des Konfliktes nur auf der Grundlage ihrer militärischen Stärke möglich ist. Die anhaltenden militärischen Erfolge der FMLN, der gleichzeitige Zerfall der Kampffähigkeit und -bereitschaft der salvadorianischen Armee und die Spaltung innerhalb des rechten Lagers zwingen die Yankees zu neuen Entscheidungen. El Salvador rückt damit in den Mittelpunkt der US-amerikanischen Invasionspläne, die sich gegen die gesamte mittelamerikanische Region richten.

Unsere Unterstützung der salvadorianischen Befreiungsbewegung über das Konto ,,Waffen für El Salvador" hat mit zur militärischen Stärke beigetragen. Die FMLN konnte verhandeln und kämpfen. Der erzwungene und dennoch notwendige Krieg ist trotzdem nicht zu Ende. Im Gegenteil: Er ist am Punkt des alles oder nichts angelangt. Weil die FMLN dabei ist, den Krieg zu gewinnen, planen die USA die direkte Invasion. Deshalb fordern wir Euch auf, dem Herrschaftsanspruch der USA etwas entgegenzusetzen und — wie vor drei Jahren — dem Volk El Salvadors die moralische und materielle Unterstützung zu geben, die zum schnellstmöglichen Sieg beiträgt: Waffen für El Salvador.

Weil die US-Militärkonzeption ganz Zentralamerika betrifft, ist Nicaragua nach dem politisch-ökonomischen Krieg der letzten vier Jahre jetzt von US-Truppen direkt bedroht. Die Truppen der Contra allein können weder politisch noch militärisch durchgreifende Erfolge erringen. Um die Regierung der FSLN zu stürzen, müssen die USA selber massiv eingreifen.

Doch dieses Volk ist stark. Nicaragua ist auf die Invasion seit vier Jahren vorbereitet, das Volk ist bewaffnet.

Funktion der Brigaden: Trotzdem braucht Nicaragua unsere sofortige Unterstützung. Es ist unsere Aufgabe, Nicaragua beizustehen, den Krieg gegen den US-Imperialismus — in welcher Form er auch immer auftritt — zu gewinnen. Arbeitsbrigaden für Nicaragua sollen im Land Positionen am Arbeitsplatz derjenigen einnehmen, die das Land mit der Waffe in der Hand verteidigen, den Krieg gewinnen müssen, um den Frieden zu erkämpfen. Die Brigaden sollen dazu beitragen, die Versorgung der Bevölkerung zu sichern und Lücken in der Produktion zu schließen. Wir müssen den politischen Preis einer Invasion so hochschrauben, daß sie unmöglich wird. Wir müssen handeln, bevor sie stattfindet.

Für das Selbstbestimmungsrecht der Völker Mittelamerikas!
Waffen für El Salvador!
Brigaden für Nicaragua![22]

DOKUMENT 32:
DIE „BÜNDNISPOLITISCHE" SOLIDARITÄT
DER AUFRUF DER NICARAGUA-KOMITEES, 1983:

Lagebeschreibung: Nie wieder Krieg! Millionenfach haben wir in den letzten Wochen mit Demonstrationen, Blockaden und anderen Aktionen gegen Aufrüstung und Krieg protestiert.
Nie wieder Krieg — und doch ist Krieg in Zentralamerika. In Grenada sind drei Tage nach den größten Friedensdemonstrationen die US-Truppen einmarschiert. In Nicaragua versuchen seit langem schon die ehemaligen Nationalgardisten Somozas, bezahlt und befehligt von der CIA, durch Terroraktionen gegen die Zivilbevölkerung und gezielte Wirtschaftssabotage die Revolution zu destabilisieren. An den Grenzen Nicaraguas konzentrieren sich außerdem Tausende von honduranischen Soldaten und Elite-Truppen der US-Armee, an den Grenzen zu El Salvador stehen die Armeen von Honduras und Guatemala zum Einmarsch bereit, um einen möglichen Sieg der Befreiungsfront FMLN blutig niederzuschlagen. Das alles macht uns deutlich: Die sandinistische Regierung Nicaraguas und die Befreiungsbewegung in El Salvador stellen die Vormacht der USA in ihrem „Hinterhof" Zentralamerika in Frage, denn sie treten für die Selbstbestimmung und soziale Veränderung zugunsten ihrer Völker ein, die sich gegen unerträgliche Ausbeutung und Unterdrückung erhoben haben.
Funktion der Brigaden: Unser Kampf gegen die Kriegspolitik der US-Regierung in Zentralamerika und unser Kampf gegen die atomare Aufrüstung und Kriegsvorbereitung in Europa sind Teil einer einzigen Sache. Denn hier wie dort geht es darum, daß mit militärischer Drohung und Gewalt die Vormacht der USA aufrechterhalten werden soll.
Zur Unterstützung und zum Schutz Nicaraguas rufen wir dazu auf, Arbeitsbrigaden zu bilden und nach Nicaragua zu entsenden. Diese Arbeitsbrigaden sollen dabei mithelfen, die gefährdete Kaffee- und Baumwollernte einzubringen. Darüber hinaus sollen Brigaden von Technikern in der Landwirtschaft, im Gesundheitswesen und im Energiesektor bei Aufbauprojekten helfen. Durch unsere Anwesenheit in Nicaragua wollen wir demonstrieren, daß Nicaragua seinen Weg des Aufbaus einer neuen Gesellschaft nur im Frieden gehen kann. Und wir machen deutlich, daß jeder Angriff auf Nicaragua auch ein Angriff auf die weltweite Friedensbewegung wäre. Wenn die USA offen in Nicaragua intervenieren, müssen sie wissen, daß sie auch auf Deutsche, US-Amerikaner, Italiener, Franzosen, Engländer, auf Menschen aus der ganzen Welt schießen werden ...
Die Entsendung von Arbeitsbrigaden ist ein Schritt der konkreten Hilfe,

Brigadisten der DGB-Jugend in Nicaragua.

der konkreten internationalen Solidarität für das wirtschaftlich und militärisch bedrohte Nicaragua, der aber nur dann politisch wirksam wird, wenn er eine breite Unterstützung bei uns bekommt und weitere Initiativen zur Folge hat. Diese Initiativen müssen konkrete Aktionen gegen diejenigen Kräfte einschließen, die von hier aus die Kriegspolitik in Zentralamerika mitbetreiben oder tolerieren und die von der täglichen Ausbeutung und Unterdrückung in Zentralamerika profitieren.
Verschiedene Personen, Gruppen und Organisationen können ganz unterschiedliche Beiträge leisten:
mit dem eigenen persönlichen Einsatz, im vollen Bewußtsein des Risikos, das sie dadurch auf sich nehmen;
mit der politischen und moralischen Unterstützung der Teilnehmer in der Öffentlichkeit unseres Landes;
mit der materiellen Unterstützung durch Geldspenden, Patenschaften für die Brigadisten etc.
Laßt uns der eskalierten Aggression gegen die Völker Zentralamerikas eine neue, eine konkrete Solidarität entgegensetzen:
Durch unseren persönlichen Arbeitseinsatz in Nicaragua — durch eine breite politische Unterstützungskampagne und durch direkte Aktionen in unserem Land![23]

Den Aufruf „Frieden für Nicaragua — gegen eine Invasion der US-Regierung in Mittelamerika" hatten einige Einzelpersonen verfaßt (siehe Dokument 30).
Er wurde von den meisten Nicaragua- und El Salvador-Komitees abgelehnt, da er die Inhalte und die Formen der Massenbewegung, wie sie die bundesdeutsche Friedensbewegung praktizierte, zu unkritisch auf Mittelamerika übertrug. Die Nicaragua- und El Salvador-Komitees stritten dann allerdings untereinander darüber, inwieweit die Situation in El Salvador auch in einem Brigadistenaufruf für Nicaragua zu berücksichtigen sei. Zwar war man sich einig, daß auch El Salvador von einer US-Intervention bedroht war, doch dem Aufruf „Waffen für El Salvador — Brigaden für Nicaragua" (siehe Dokument 31) wollten die Nicaragua-Komitees nicht folgen. Ihnen erschien die Forderung „Waffen für El Salvador" in dem Aufruf nicht zweckmäßig.
In einem Interview mit der Tageszeitung (taz) begründete ein Vertreter der Informationsstelle Nicaragua das so: „Wir können bei einer Kampagne für Arbeitsbrigaden auf das Spektrum nicht verzichten, für das das Waffenkonto nicht akzeptabel ist ... Es geht uns insbesondere um den gewerkschaftlichen und kirchlichen Bereich, auch um die Sozialdemokratie."[24]
Die Nicaragua-Komitees einigten sich schließlich auf den Aufruf „Gegen die US-Intervention in Zentralamerika: Arbeitsbrigaden nach Nicaragua!"
Die Diskussionen um die Aufrufe und die Abflüge der ersten Brigadisten führten dazu, daß Anfang 1984 die Lage in Mittelamerika auch außerhalb der Solidaritätsbewegung wieder stärker als vorher zur Kenntnis genommen wurde. Dazu trugen vor allen Dingen auch sogenannte bundesdeutsche „Promis" in Nicaragua bei, wie der Bremer Sozialsenator Henning Scherf, der damalige parteilose Bundestagsabgeordnete Karl-Heinz Hansen und der Tübinger Theologieprofessor Norbert Greinacher. Sie waren einem „Prominentenaufruf" von Klaus Vack gefolgt und besuchten in Nicaragua Brigadisten aus der Solidaritätsbewegung. Im März 1984 wurde dann mit einem erneuten Aufruf auch ein neuer Akzent für die Arbeit gesetzt, er hieß: „Brigaden für das befreite Nicaragua — Unterstützung des Befreiungskampfes in El Salvador" (siehe Dokument 32).

DOKUMENT 33:
„... BEI JEDER SCHWEINEREI DABEI!"
NICARAGUA- UND EL SALVADOR-KOMITEES
IN DER BRD UND WESTBERLIN, 1984:

Lagebeschreibung: In der Nacht vom 17. zum 18. Oktober 1983 überfallen 500 Contras (von den USA finanzierte konterrevolutionäre Kräfte) im nördlichen Bergland Nicaraguas den Ort Pantasma. Sie ermorden 47 Dorfbewohner — auch Frauen und Kinder — und brennen die Lebensmittellagerhalle, die staatliche Kaffeeaufkaufstelle, die Zweigstelle der Nationalen Entwicklungsbank und andere, seit dem Sturz Somozas aufgebaute, öffentliche Einrichtungen nieder.
Neben solchen Überfällen kam es im selben Zeitraum zu Angriffen mit Schnellbooten auf Hafenanlagen, die weitgehend zerstört wurden. Die direkte Interventionsgefahr durch honduranische Truppen und US-Marines spitzte sich gefährlich zu.
In dieser Situation antwortete die nordamerikanische und westeuropäische Solidaritätsbewegung mit Nicaragua mit der Entsendung von 1500 freiwilligen Arbeitsbrigadisten (150 aus der BRD und Westberlin), die mithalfen, die bedrohte Kaffeernte einzubringen.
Eine kluge Außenpolitik der sandinistischen Regierung, die Verhandlungsbemühungen der Contadora-Gruppe (Initiative der Länder Panama, Kolumbien, Mexiko und Venezuela, die sich für eine politische Lösung im mittelamerikanischen Konflikt einsetzt) und die Tatsache einer breiten Volksbewaffnung konnten einen direkten Einmarsch abwenden. Aber die gezielte Zerstörung ökonomisch und strategisch wichtiger Zentren der nationalen Versorgung nahm zu: Verminung der Häfen, Luftangriffe bis weit in das Landesinnere hinein.
Der bisher durch Sabotage verursachte Schaden beläuft sich auf 400 Mio. US-Dollar. Im Februar 1984 gab der US-Senat weitere 21 Mio. US-Dollar zur Finanzierung der Contra-Aktivitäten und 60 Mio. US-Dollar für die salvadoranische Armee frei. Dies entspricht der Forderung der „Kissinger-Kommission", die militärische Lösung in Mittelamerika zu forcieren, den Wirtschaftskrieg gegen Nicaragua weiterzuführen und die Armee in El Salvador zu stärken.
Von August 1983 bis Januar 1984 fanden gemeinsame Manöver der honduranischen und der US-amerikanischen Armee statt, an denen insgesamt 25.000 US-Soldaten beteiligt waren. Der Ausbau der US-Militärbasen und Flughäfen in Honduras ist weitgehend abgeschlossen. Alarmierend ist deshalb, daß im März 1984 2500 Marines der schnellen Eingreiftruppe, die auch an der Grenada-Invasion im Oktober 1983 beteiligt waren, aus der Panama-Kanalzone an die Grenze von Honduras zu El Salvador verlegt wurden. Ab Ende März 1984 sollen 20.000 salvadoria-

nische Flüchtlinge aus dem honduranischen Grenzgebiet ins Landesinnere von Honduras verlegt werden, um dieses Gebiet für einen militärischen Aufmarsch freizumachen.

Die vereinigte Opposition FDR/FMLN in El Salvador hat alles unternommen, um ein weiteres Eingreifen der USA in El Salvador zu verhindern. Im Februar 1984 unterbreitete sie ein Angebot zur Bildung einer ,,provisorischen Übergangsregierung mit breiter Beteiligung", um eine Lösung des internen Konfliktes der salvadorianischen Gesellschaft auf dem Verhandlungsweg zu erleichtern. Dieses Angebot ist von der Militärdiktatur El Salvadors und den USA kategorisch abgelehnt worden.

Die im Kissinger-Bericht formulierte Strategie gibt die Guerilla und die sie unterstützende Bevölkerung zum Abschlachten frei. Voraussetzungen für die von der FDR/FMLN angestrebte politische Lösung sind daher — nach wie vor — die militärische Stärke der Guerilla und unsere Solidarität mit dem salvadorianischen Befreiungskampf.

Funktion der Bundesregierung: Die deutsche Bundesregierung hat sich — wie in anderen Fragen der ,,Sicherheit des Westens" auch — die Haltung der US-Regierung zu Mittelamerika zu eigen gemacht. Im Februar 1983 führte Entwicklungshilfeminister Warnke in Washington Gespräche mit Expertenstäben der Reagan-Administration. Diese Gespräche wurden als ,,erste umfassende deutsch-amerikanische Abstimmung auf dem Gebiet der Entwicklungshilfepolitik" gefeiert. In dieser Entwicklungspolitik soll das allgemeine Ziel der Stärkung der NATO künftig seinen ,,spürbaren Niederschlag" finden (Warnke). ,,US-amerikanische Sicherheitsinteressen müssen als legitim akzeptiert werden und jeder moralischen Belehrung entzogen werden" (BMZ-Staatssekretär Köhler).

Deshalb schickt die deutsche Bundesregierung nach drei Jahren jetzt wieder einen Botschafter nach San Salvador. Außerdem nimmt sie die Entwicklungshilfe für das Mörderregime in El Salvador in Höhe von insgesamt etwa 50 Mio. DM wieder auf. Gleichzeitig friert die Bundesregierung die bereits 1981 zugesagte Entwicklungshilfe von 40 Mio. DM für Nicaragua endgültig ein. Mit der Zurückhaltung dieser Mittel hatte bereits die frühere SPD-Regierung versucht, die Sandinisten zu erpressen. Die jetzige Bundesregierung setzt darüber hinaus den Deutschen Entwicklungsdienst (DED) und andere nicht-staatliche Hilfsorganisationen unter Druck, Entwicklungshilfe und den Einsatz von Entwicklungshelfern nach und in Nicaragua zu beschränken oder ganz einzustellen.

Kürzlich wurde bekannt, daß die Konrad-Adenauer-Stiftung als Überbringer von etwa 1,5 Mio. US-Dollar CIA-Gelder an die konterrevolutionäre Organisation Edén Pastoras aufgetreten ist.

Damit ist der Schulterschluß in der Kriegspolitik der NATO jetzt auch in Mittelamerika hergestellt:
— wie schon im Vietnamkrieg, als auf dem Frankfurter Flughafen Truppen- und Waffentransporte der US-Army zwischenlandeten,
— wie mit dem Bau der Startbahn-West für weitere Einsätze im Nahen und Mittleren Osten.
Bereits im Oktober 1981 nahm die Fregatte ,,Augsburg" der Bundesmarine im Rahmen der NATO-Manöver ,,Ocean Venture 1981" direkt an der Übung teil, mit der die Invasion auf Grenada geprobt wurde.
Seit 1983 werden im Rahmen der NATO-Strategie in der Bundesrepublik Pershing II und Cruise Missiles aufgestellt.
Die akute Gefahr der von der NATO betriebenen Regionalisierung des Krieges in Mittelamerika erfordert eine entschlossene Antwort von uns.
Konsequenzen für die Solidaritätsbewegung: Wenn die Contras Einrichtungen zerstören, die die Errungenschaften der Revolution dokumentieren, bauen wir diese in den Arbeitsbrigaden zusammen mit den Nicaraguanern wieder auf.
Damit wollen wir in Nicaragua das verteidigen, wofür die Befreiungsbewegung in El Salvador kämpft:
— für die Möglichkeit eines eigenständigen Entwicklungsweges ohne äußere Einmischung;
— für die Abschaffung der Ausbeutung durch soziale Revolution (z.B. Agrarreform);
— für bessere Lebensbedingungen der vormals unterdrückten Schichten der Bevölkerung (z.B. Alphabetisierung, Verbesserung des Gesundheitswesens);
— für einen revolutionären Prozeß, der eine demokratische Partizipation der Bevölkerung ermöglicht (z.B. Massenorganisationen).
Unsere uneingeschränkte Solidarität gehört deshalb auch der FMLN/FDR in El Salvador.
Wir wollen bis Ende des Jahres 1984 in dieser Kampagne 200.000 DM sammeln:
— 100.000 DM für den Wiederaufbau der Agrarkooperative in Pantasma und die Neuansiedlung von Flüchtlingen im Süden Nicaraguas
— 100.000 DM zur Unterstützung der FDR/FMLN.

Die Solidarität mit den Völkern in Mittelamerika gehört untrennbar zusammen mit dem Kampf gegen die Kriegsvorbereitungen bei uns. So beteiligen wir uns in der BRD an den vielfältigen direkten Aktionen gegen diejenigen Kräfte, die hier die Kriegspolitik gegen Mittelamerika vorantreiben und von der Ausbeutung profitieren.
Wir wenden uns gegen jegliche Kriminalisierung dieser Aktionen![25]

Mit diesem Aufruf wurde der Akzent eindeutig auch auf die Opposition gegen die Politik der konservativ-liberalen Koalition in Mittelamerika und in der BRD gesetzt. Aber — mit dem Aufruf wurde in der Solidaritätsbewegung kaum gearbeitet. Überhaupt unterblieb weitgehend eine breite öffentliche Auseinandersetzung mit der Bonner Politik gegenüber Nicaragua und Mittelamerika, die zu stärkeren Aktionsschwerpunkten hierzulande hätte führen müssen.

Während die nicaraguanische Regierung ihr Interesse an weiterem medizinischen und technischen Personal bekundete, hielt sie sich mit der Anforderung von Erntebrigaden zurück. Für sie hatte die Arbeit der Brigadisten auf den Kaffee-Plantagen eher symbolischen Wert: Die nicaraguanischen Campesinos kannten danach internationale Solidarität nicht mehr nur aus der Zeitung. Allerdings wurde gelegentlich auch kritisiert, daß sich manche Brigadisten in Nicaragua äußerst unsensibel verhielten und sich gedankenlos über traditionelle Werte und Normen der nicaraguanischen Bevölkerung hinwegsetzten und daß die Brigadistenreisen zum ,,Revolutionstourismus'' auszuarten drohten.[26] Kritikpunkte, die eigentlich eher einer breiteren Diskussion bedürften als die Übertragbarkeit von Konzepten der bundesdeutschen Friedensbewegung auf Nicaragua. . .

P.S.: Zum letzten Stand der Nicaragua-Solidarität:
Im März 1986 hatte das Informationsbüro Nicaragua 334 Gruppen und Komitees registriert, die ausschließlich oder zum Teil Nicaragua-Solidaritätsarbeit leisteten. Sicher fehlt noch manche Gruppe in der Kartei des Informationsbüros. Die Nicaragua-Solidarität ist 1986 im Umfeld der Kirchen genauso zu finden wie an der Gewerkschaftsbasis. Nicaragua-Solidarität gibt es in Jugendverbänden der Parteien ebenso wie in unabhängigen Stadtteilgruppen, bei den GRÜNEN wie bei der DKP. In mehreren bundesdeutschen Städten haben sich Initiativen zum Aufbau von Städtepartnerschaften mit nicaraguanischen Kommunen gegründet.

„DIE HEIMAT IST WEIT, DOCH WIR SIND BEREIT"
ZUR TRADITION DER INTERNATIONALEN BRIGADEN

Als 1983 die ersten Brigaden nach Nicaragua aufbrachen, sprachen viele in der Mittelamerika-Bewegung von einer „neuen Form internationaler Solidarität".[27]
Tatsächlich übten schon vor 50 Jahren tausende Deutsche als Brigadisten internationale Solidarität: im Spanischen Bürgerkrieg von 1936-1939. Sie standen in der Tradition des „proletarischen Internationalismus" und des „antifaschistischen Kampfes"
Auch damals gab es heftige politische Kontroversen unter diesen sozialistischen, kommunistischen und trotzkistischen Brigadisten, allerdings nicht um die Fragen, ob Aktionsformen wie „Schweigen für den Frieden", „Mahnwachen" oder „Menschenketten" vielleicht doch geeignetere Mittel gegen Francos Truppen seien als der bewaffnete Widerstand. Die meisten Brigadisten griffen zur Waffe. Allerdings wurden auch Auseinandersetzungen untereinander zum Teil gewaltsam ausgetragen.
Über 5.000 deutsche Antifaschisten zogen in den dreißiger Jahren nach Spanien, um in den internationalen Brigaden die Republik gegen die putschenden Truppen des Generals Franco zu verteidigen. Im Juni 1936 hatte Franco die monarchistischen Generäle und konservativen Kräfte des Landes gesammelt, um den Bürgerkrieg gegen die vier Monate zuvor gewählte demokratische Volksfrontregierung aus Kommunisten, Sozialisten und Linksrepublikanern anzuzetteln. In den fünf internationalen Brigaden, die den regierungstreuen, republikanischen spanischen Truppen zu Hilfe kamen, kämpften insgesamt 40.000 Antifaschisten aus mehr als 50 Nationen. Die Deutschen stellten nach den Franzosen sogar das zweitstärkste Kontingent.[28] Diese deutschen Kämpfer kamen — ähnlich wie die italienischen Brigadisten — fast alle aus der Emigration. Sie hatten Verfolgung, Zuchthaus, Ausbürgerung und Illegalität hinter sich, seit die Nationalsozialisten 1933 in Deutschland die Macht übernommen hatten. Der Spanische Bürgerkrieg war für viele von ihnen deshalb auch eine Befreiung

aus der Ohnmacht des Exils. Ihr Einsatz dort war immer auch ein Kampf gegen den Faschismus in ihrer Heimat.
Manche der internationalen Brigaden trugen auch die Namen von deutschen Antifaschisten. So gab es Bataillone, die nach Kommunisten wie Hans Beimler und Ernst Thälmann benannt waren. Nicht selten standen die deutschen und italienischen Brigadisten in Spanien tatsächlich faschistischen Landsleuten gegenüber, die an der Seite Francos kämpften. Vier vollständige Divisionen Mussolinis und 50.000 Elitesoldaten des Hitler-Regimes kämpften für die spanischen Faschisten und machten Spanien damit zum Testgebiet für den Zweiten Weltkrieg. Zu den deutschen Soldaten und Offizieren, die die Nazis nach Spanien schickten, gehörten auch die Fliegerstaffeln der ,,Legion Condor''. Der Name ,,Legion Condor'' steht für die brutale Bombardierung vieler spanischer Städte. Am 26. April 1937 verwandelte die deutsche Legion an einem einzigen Tag die baskische Stadt Guernica in Schutt und Asche. Mit Hilfe der Nationalsozialisten siegten Francos Faschisten in Spanien und errichteten eine brutale Diktatur, die bis in die siebziger Jahre ihre Macht erhalten konnte. Die deutschen Brigadisten hatten mit dem Spanischen Bürgerkrieg auch den Kampf gegen den deutschen Faschismus verloren. 3.000 der 5.000 deutschen Antifaschisten ließen dafür in Spanien ihr Leben.
Noch heute gibt es Augenzeugen aus den internationalen Brigaden von damals in der Bundesrepublik. Aber ihr Internationalismus zahlte sich in diesem Land nicht aus, blieb bis heute — auch in der Dritte Welt-Bewegung — weitgehend unbeachtet. Die Überlebenden konnten und können ihre Zeit in Spanien nicht einmal auf ihre Renten anrechnen lassen. Brigadisten, die in Spanien verwundet worden waren oder als Invalide zurückblieben, hatten in der Bundesrepublik nie Ansprüche auf Kriegsopferversorgung. Anders die Soldaten, die in Hitlers Auftrag für die Faschisten in Spanien kämpften: Offiziere der ,,Legion Condor'' erhalten bis heute ihre Dienstzeit in Spanien als ,,Kriegszeiten'' sogar doppelt auf ihre Soldaten-Pension angerechnet.[29]
Aber selbst in der Bundesrepublik gab es schon lange vor den Ernteeinsätzen in Nicaragua internationale Brigadisten.
Schon in den fünfziger Jahren arbeiteten während des Befrei-

Die Brigadistenbewegung (hier Brigadisten in Nicaragua) hat eine lange Tradition. Schon im spanischen Bürgerkrieg kämpften Deutsche in Spanien gegen die putschenden Truppen General Francos.

ungskampfes in Algerien Brigadisten aus der Bundesrepublik in Munitionsfabriken in Marokko für die algerische Befreiungsbewegung FLN. Zusammen mit Kollegen aus Argentinien, Venezuela, Frankreich, den Niederlanden und Griechenland halfen sie 1960/61 in Casablanca und Rabat mit, Produktionsanlagen für Waffen der Befreiungstruppen aufzubauen. Einige deutsche Brigadisten bewarben sich sogar um die direkte Teilnahme am Befreiungskampf, die die Algerier allerdings in der Regel ablehnten. Andere halfen auch von Marokko aus mit, die Desertionskampagne für deutsche Fremdenlegionäre, die in der französischen Kolonialarmee Dienst taten, zu organisieren.

Als es Mitte der sechziger Jahre Überlegungen in der Studentenbewegung gab, bundesdeutsche Brigadisten auch zur Unterstützung Vietnams einzusetzen, nahm Ho Tschi Minh persönlich dazu Stellung. Er lehnte internationale Brigaden für Vietnam ab mit dem Hinweis, gerade Deutsche und Nordamerikaner dienten der Sache Vietnams am wirkungsvollsten durch den Kampf für die Veränderung der politischen Zustände in ihren Heimatländern. Auch in Vietnam gab es jedoch in den befreiten Gebieten Einsätze ausländischer Hilfskräfte, vor allem in der Gesundheitsversorgung.

Als 1983 die ersten Brigaden nach Nicaragua fuhren, war diese Aktionsform also alles andere als ,,neu''

DOKUMENT 34:
„NO PASARAN"
BRIGADISTEN IN SPANIEN, 1937:

Hubert Ramm: Um fünf Uhr morgens marschiert unsere inzwischen etwa dreihundert Mann starke Gruppe zum Bahnhof, wo schon ein Personenzug bereitsteht. Mittags treffen wir in Barcelona ein. Mit Musik marschieren wir durch die Millionenstadt und werden von der Bevölkerung jubelnd empfangen. Von allen Seiten werden uns Blumen und Erfrischungen gereicht. Wir singen unsere alten Kampflieder, und die Internationale, in acht bis zehn verschiedenen Sprachen gesungen, übertönt den Marschtritt. Die Begeisterung der Bevölkerung ist unbeschreiblich. Immer wieder hören wir die Rufe „No pasaran!", „Viva los Internacionales!", „Viva la republica!" Keiner von uns hat wohl je etwas Ähnliches erlebt. In der „Carlos-Marx"-Kaserne gibt es für alle ein Mittagessen. Anschließend marschieren wir wieder zum Bahnhof zurück und fahren weiter über Valencia nach Albacete. In Albacete werden wir einer der fünf Brigaden zugeteilt und in der Kaserne „Garde National" untergebracht. Am nächsten Tag erhalten wir Uniformen und Lederzeug, fast sind wir schon richtige Soldaten — nur die Waffen fehlen noch. Unsere privaten Kleidungsstücke spenden wir zum größten Teil der „Roten Hilfe", die sie für Flüchtlinge aus den faschistisch besetzten Gebieten verwendet. Am anderen Tag werden wir in der Stierkampfarena nach Waffengattungen aufgeteilt. Ich melde mich für die Maschinengewehrkompanie ...

Wir finden Quartier in Strohschobern und in einer leeren Backstube. Am Morgen werden wir von den Dorfbewohnern geweckt, die uns verwundert anschauen, offensichtlich hatten sie von unserem Kommen nichts bemerkt. Als sie erfahren, daß wir Internationale sind, wollen sie uns nicht eher fortlassen, bis sie uns bewirtet haben...
Es gibt Kaffee mit Milch, dazu Brot und Ziegenkäse. Hinterher bietet uns jeder Bauer von seinem Wein an. Wir singen einige deutsche Lieder, und der Alcalde (Bürgermeister) hält eine Rede ... Wir verabschieden uns herzlich von unseren Gastgebern. Immer wieder rufen sie uns zu „Viva los Internacionales!" und „No pasaran!"

Am Nachmittag des vierten Februar erreichen wir Requena. Auch hier löst unsere Ankunft helle Begeisterung bei der Bevölkerung aus. Für die Nacht werden wir in der Kirche untergebracht...
Am 13., morgens, kommen wir vor Almeria an. Die Stadt ist in der Nacht schwer bombardiert worden. Ganze Häuserreihen sind niedergerissen, Trümmer versperren die Straßen. Überall liegen zerbombte Autos und von Bomben zerrissene Pferde und Menschen. Vermutlich hat der Bom-

benangriff uns gegolten, denn die Faschisten haben von unserem Transport Wind bekommen und wollen die Straße nach Malaga sperren, um uns aufzuhalten.

Die Weiterfahrt geht nur langsam vonstatten, denn Tausende und Abertausende von Flüchtlingen aus der Provinz Malaga versperren die Straßen. Wagen an Wagen, mit Hausrat beladen, zieht an uns vorbei. Wir sehen immer wieder dasselbe Bild: ein Mann, der seinen Esel oder sein Maultier führt, auf dem Mutter und Kind sitzen, während die größeren Kinder nebenherlaufen. Tagelang sind sie schon unterwegs, auf der Flucht vor den Faschisten.[30]

Alfred Kantorowicz: 1. Januar 1937, Prost Neujahr. Pasaremos. Auch die Nazis haben uns Prost Neujahr gewünscht. Um Mitternacht setzten sie zielgenau zwölf Granaten auf die Puerta del Sol, die der traditionelle Sammelpunkt der Madrider in den Silvesternächten ist. Zum Glück hat man diesmal von der Ansammlung abgesehen, daher waren die Opfer an Menschenleben gering. Auf einem Blindgänger fand man eingeritzt die deutschen Worte ,,Herzliche Neujahrswünsche". Nazihumor.

Spanische Milizionäre brachten uns dies vorsorglich präparierte Geschoß ins Kommissariat, und wiewohl das nur ein Zeichen des Vertrauens mehr war, fühlten wir Deutsche uns wie Verbrecher, denen man das Korpus delikti, das sie belastet, vorlegt. Denn es waren ja deutsche Worte, von Deutschen in eine deutsche Granate geritzt, die von deutschen Kanonieren gegen die Madrider Zivilbevölkerung abgeschossen worden war. Aber nach dem Augenblick der Scham ergriff uns erneut das Bewußtsein davon, wie wichtig auch für unser Volk unser Kampf und Dasein auf der republikanischen Seite Spaniens, auf der Seite der Freiheit und Gerechtigkeit, sei. Hans Beimlers Opfertod hat dem deutschen Volk in Spanien ebensoviel genützt wie hundert Bombardements durch die Junker ihm schaden können. Wie konkret begreift sich nun die Formel, daß wir mit unserem Kampf hier nicht nur der Freiheit des spanischen Volkes zu helfen suchen, sondern auch dem eigenen Volk. Der Mut und die Tüchtigkeit deutscher Kameraden in den Internationalen Brigaden sind im unverfälschten Sinne des mißbrauchten Begriffs: patriotische Tugenden...

5. Januar 1937: Wir durchleben schwere Stunden. Die Faschisten haben mit voller Wucht angegriffen. Mit einer bisher in diesem Krieg unbekannten Masse schweren Materials, Flugzeugen, Tanks aller Kaliber, schwerer und leichter Artillerie, und mit rücksichtslosem Einsatz ihrer besten Stoßtruppen, Falangisten, Moros, Fremdenlegionäre, geführt beziehungsweise vorangetrieben von deutschen, italienischen Offiziers- und Spezialistenkadern, haben sie unsere ersten Linien überrannt. Maja-

dahonda ist in ihrem Besitz, vermutlich auch schon Las Rozas, und damit ist die Hauptstraße nach dem Escorial und der Sierra Guadarrama gesperrt. Villanueva de la Canada, Romanillos, Villafranca del Castillo und das befestigte Castillo selbst sollen in ihrem Besitz sein. Und noch ist ihre Stoßkraft nicht gebrochen. Alles, was man sagen kann, ist, daß auch unsere Abwehrkraft keineswegs gebrochen ist, sondern sich nach den Stunden der ersten Verwirrung nun wieder konsolidiert und konzentriert.

Madrid liegt unter schwerem Feuer. Madrid erduldet alle paar Stunden ein Luftbombardement. Madrid brennt an allen Ecken und Enden; sie werfen Brandbomben. Aber die Bevölkerung Madrids eilt auf die Barrikaden. In diesen Stunden ist das ,,No pasaran!'' kein Schlagwort, es hat den Akzent der Redensart verloren, es wird zwischen zusammengepreßten Lippen hervorgestoßen. Wieder wie in den Novembertagen scheinen die Madrider entschlossen, eher unter den Trümmern ihrer Stadt zu sterben, als sich dem Faschismus zu ergeben. ,,Madrid sera la tumba del fascismo''. . .

Wir sind in großer Sorge um das ,,Thälmann''-Bataillon, das irgendwo im Brunete-Sektor vorgeschobene Flankenposition innehat und dessen Rückzugslinien nach dem Verlust von Las Rozas abgeschnitten sind. . .

Es ist nach Mitternacht. Die Kanonade ins Zentrum der Stadt wird vom Krachen der Fliegerbomben übertönt ... Es gehört zur Zermürbungstaktik der Faschisten, Panik unter der Zivilbevölkerung hervorzurufen. Ihre Überfälle gelten nicht den militärischen Objekten, mit Vorliebe treffen sie Mietshäuser der dichtbevölkerten Arbeiterviertel und repräsentative Gebäude der Innenstadt, letztlich ist ihnen gleich, wo es trifft, wenn es nur trifft.[31]

DOKUMENT 35:
KONTAKT IN CASABLANCA
BRIGADISTEN FÜR ALGERIEN, 1960:

Kurt Henker: Ich war schon länger für das Stuttgarter Büro der algerischen Gewerkschaft UGTA aktiv, habe Quartiere, Papiere und so weiter besorgt. Wir hatten uns schon den Kopf zerbrochen, wie man den Leuten noch weiterhelfen könnte, das fanden wir nicht genügend. Da wurde bekannt, daß sie Facharbeiter suchten. Wir sind zu zweit aus Stuttgart runtergegangen, ausgehend von der Falken-Gruppe und vermittelt über ,,die Vierte''. Obwohl wir zu den Trotzkisten eigentlich nur lockere Beziehungen hatten, sind wir praktisch in ihrem Namen gegangen. Hier brauchte das niemand zu wissen; offiziell sind wir nach Kanada ausge-

wandert. Die Fabriken gab es schon länger, und wir kamen dann so im Januar 1961. Fast hätten wir gleich wieder umkehren müssen, weil schon die erste Anlaufadresse nicht stimmte, aber wir haben uns dann über die UGTA in Casablanca eigenständig in die „Fabriken" durchgeschlagen. Der Entschluß, jetzt Waffen zu produzieren, bedeutete für mich einiges, wo ich gerade in Deutschland den Wehrdienst verweigert hatte. Aber wir waren damals davon überzeugt, daß Anstöße für die sozialistische Politik in Deutschland nicht mehr von innen kommen würden, das mußte von außen kommen. Und wir hatten große Hoffnungen, daß diese Revolution, dieser Krieg in Algerien auch neue Impulse für Europa bringen würde, und deshalb war uns jedes Mittel recht. Damals wurde sehr viel geträumt von internationalen Brigaden, und wir haben uns als eine solche gefühlt. Wir sahen dort eine Möglichkeit, schneller etwas zu verwirklichen, als wir es in Deutschland hätten können. Wir dachten, mit physischer Arbeit können wir am meisten ausrichten. Wir wären damals auch bereit gewesen, mit der Waffe zu kämpfen. Abgesehen davon war da natürlich auch eine Menge Abenteuerlust dabei ...
Wir haben unglaublich viel gearbeitet. Den Achtstundentag kannten die da nicht grade. In die politische Organisation der Algerier haben wir uns nicht eingemischt, aber wir haben uns um gute persönliche Kontakte bemüht...
Insgesamt war die Moral im Lager unheimlich gut. Manche haben buchstäblich 24 Stunden am Stück gearbeitet, manchmal mit verrückten Ideen, die Produktion zu verbessern und zu sparen, aber immer mit dem besten Willen. Wir haben versucht, uns zu integrieren, ich habe z.B. den Ramadhan mitgemacht. Und der Kontakt zu den Algeriern war auch nach Jahren noch gut, wenn wir uns mal wieder begegnet sind. In die Vierte waren wir zwangsläufig integriert, obwohl ich ja nur „halboffizielles" Mitglied war und mir das sekticrerische Gehabe teilweise etwas lächerlich vorkam, wenn da z.B. Gedenkfeiern für Natalja Trotzki im Garten stattfanden.

Heinz Peiffer: Ich weiß gar nicht mehr so genau, wo das war, irgendwo in Rabat, aber wo genau, weiß ich gar nicht. Man konnte ja nur ab und zu was durch einen Schlitz draußen sehen, das war alles verhangen. Wir fuhren rein mit 'nem Lastwagen, dann ging das große Tor zu. Das muß ein verlassenes Fabrikgelände gewesen sein, oder 'ne verlassene Villa oder sowas. Die Räume in dem Haus waren sehr großzügig, noch mit altem Brennofen. Das ganze Leben spielte sich in der Fabrik ab, es gab Algerier, die wochen- und monatelang nicht draußen waren. Die Lebensmittel und das Gemüse wurden da reingefahren, in der Küche wurde gekocht. Später wurden wir verlegt, in eine Orangenplantage, da war es schon angenehmer, weil man draußen an die frische Luft konnte, und man hatte auch die Möglichkeit, mal in die Stadt zu fahren und einen Ausflug zu machen.[32]

DOKUMENT 36:
„NO PASARÁN!"
BRIGADISTEN IN NICARAGUA, 1984:

Baubrigade El Pochote: Ich habe die Ankunft von zwei Brigaden mitbekommen, das war total unterschiedlich. Die erste Brigade kam hier nachts auf einem Transporter — sie war ziemlich groß — völlig aufgedreht an. Sie haben alles abgeladen, wollten anfangen, alles aufzubauen, sich richtig breit machen. Am nächsten Tag haben sie dann gleich ein Transparent ins Dorf gehängt. Ich habe das als unangenehmen, vereinnahmenden Zug empfunden, alles erstmal ranklatschen und das Dorf damit konfrontieren. Die nächste Brigade war anders, auch die Bedingungen ihrer Ankunft. Sie war kleiner, kam tagsüber an, hat's ruhig angehen lassen. Die Leute haben sich erstmal eingefühlt, schauten, was hier im Dorf so Sitte ist und überlegten, wo man sich langsam einbringen kann. Das empfinde ich auch immer als die größte Schwierigkeit bei Ankunft einer neuen Brigade, daß einigen Leuten die Sensibilität abgeht.
Vielen fehlt auch einfach ein Verständnis dafür, daß sie, auch wenn sie im Rahmen der Solibewegung hier am Bau arbeiten, doch meist nur Gäste für einige Wochen sind. Daß die ganzen BRD-Maßstäbe, und seien sie noch so gut gemeint, von Ökologie bis zu solidarischem Zusammenleben hier erstmal außer Kraft gesetzt sind. Man muß erstmal schauen, was die Leute hier für Traditionen, für eine Kultur haben.
Es gibt hier Traditionen, die auch nach fünf Jahren Revolution nicht rauszukriegen sind, bestimmt auch nicht in zehn Jahren. Diese Verhältnisse theoretisch zu erklären, heißt noch lange nicht, sie auch nachvollziehen zu können. Wir können uns nicht einmischen, wenn Juán Morales den Chef raushängen läßt, weil uns das nicht unmittelbar betrifft. Oder es geht auch nicht in der augenblicklichen Lage hier, die Forderung zu stellen, daß Industrien umweltfreundlicher zu gestalten seien, weil ihnen absolut das Geld fehlt, um einen Filter einzubauen. Oder die Latrinen. Der Bauplatz ist aller Wahrscheinlichkeit nach für den Latrinenbau ungeeignet, weil er reiner, gewachsener Fels ist. Man kann da keine Löcher reinbohren, zum anderen wird bei gewachsenem Fels kein Wasser mehr absorbiert, Scheißgruben sind innerhalb eines Jahres voll und man müßte neue bauen. Wir liegen hier einige hundert Meter vom Meer weg, das

Revolutionsdenkmal in der nicaraguanischen Hauptstadt Managua.

naheliegendste und ökonomischste wäre, alles ins Meer zu leiten. Unsere Idee war dann, die ganze Scheiße in ein Becken zu leiten und eine Biogasanlage zu bauen. Hervorragende Idee, aber dazu bräuchte man Toiletten mit Wasserspülung. Das Problem ist, daß wir hier nur einen Brunnen haben, der auf eine Kapazität von 1.000 Leuten für Trinkwasserversorgung angelegt ist. Der Brunnen bringt in der Regenzeit seine Leistung aller Wahrscheinlichkeit nach, aber in der Trockenzeit bestimmt nicht. Diese Idee ist aus Wasser- und auch aus Kostengründen nicht zu verwirklichen, denn wir bräuchten einen 100.000-Liter-Tank für die Klospülung. Das andere Problem, daß man für eine Biogasanlage eine große Klärgrube bräuchte, die aber mindestens ein bis zwei Kilometer vom Dorf entfernt sein muß. Dazu kommt, daß es hier keine Erfahrungen gibt, wie eine Biogasanlage in dieser Größe unter den hiesigen Bedingungen funktioniert. Es gibt auch keine Techniker, die diese Anlage warten könnten. Aus Devisenmangel kann man es sich auch nicht erlauben, diese Sachen aus dem Ausland zu importieren und für eine Versuchsanlage sind diese Kosten zu hoch...

Ich empfinde es manchmal als peinlich, daß ein Brigadist z.B. im knappen Tigerbadehöschen über den Dorfplatz läuft. Das würde er sich zu Hause, in seinem Dorf im Hunsrück oder in Bayern, nie getrauen. Unser comedor ist praktisch die Kneipe, der Dorfmittelpunkt, wo sich die Leute treffen. Man geht doch nicht in der Unterhose in die Kneipe. Das ist Kulturimperialismus der Linken. Eine andere Sache ist, daß den Leuten nicht im Kopf ist, daß hier Papierknappheit herrscht. Papier wird importiert, oft hat die Bevölkerung keines. Wir werden bevorzugt behandelt, obwohl wir es gar nicht wollen, haben wir immer unser Toilettenpapier. Ich erinnere mich an ein Beispiel, wo wir Papier bestellt hatten, es aber kein Papier gab, und die Compas in der Junta in San Juan ihre drei Rollen Klopapier einsammelten, um sie uns mitzugeben. Peinlich genug. Aber noch peinlicher finde ich es, wenn hier mit dem Papier geaast und es in der Regenzeit einfach auf den Boden gestellt wird, statt unter dieses kleine Dach, das wir hierfür gebaut haben. Werte, die wir von der BRD aus nicht kennen, müssen wir hier erst wieder lernen. Es geht nicht, zu Hause Umweltschutzpapier zu verwenden und solche Sachen hier nicht zu beachten. Ich denke öfter daran, daß so etwas in sechs bis acht Wochen einfach nicht zu verändern ist...
Was wir vorhin bezüglich des Projektes gesagt haben, daß man an Material, Planung etc. nicht mit deutschen Maßstäben herangehen kann, das Gleiche kann man auch zur Bewaffnung sagen. Man kann hier nicht aufteilen in Steinewerfer und Friedliche. Die Frage der Bewaffnung stellt sich hier ganz anders. Als ich in Deutschland von Bewaffnung und krie-

gerischer Auseinandersetzung gehört habe, hatte ich viel mehr Schiß als hier, obwohl ich jetzt viel näher dran bin. Wir haben keinen Krieg bei uns, war für mich von daher auch nicht vorstellbar. Ich sehe hier die Leute, mit denen ich zusammenlebe, wie sie arbeiten, vigilancia machen, danach, wie sie kaputt nach Hause kommen im Morgengrauen; ich sehe die Frage von Bewaffnung ganz anders, sehe was Imperialismus bedeutet.[33]

Gesundheitsbrigade Tamara Bunke:[34] Ende Februar war der OP fertig, und wir konnten mit den ersten Operationen beginnen. Wir führten zwar einige kleinere geplante und auch Notfall-OP's durch, und wir mußten auch verletzte Compas versorgen, aber es waren nicht so sehr viele.
Wenn wir die Compas fragten, wo sie herkamen, so war die Antwort meistens ,,adelante de Rio Blanco" oder ,,adelante de Mulucucu" oder von Zelaya central, also immer von ziemlich weit weg. Hin und wieder wurden auch Tote gebracht, die im Krankenhaus zur Aufbahrung präpariert werden.
In den letzten drei Monaten nun (d.h. von Mai bis Juli) hat sich die Situation jedoch zunehmend verschärft. Fast täglich müssen wir jetzt Compas mit Schuß- oder Granatsplitterverletzungen behandeln und vor allem auch mehr Schwerverletzte mit Schüssen in Bauch und Brustkorb.
Hätten wir jetzt den OP nicht, wäre sicher der eine oder andere auf dem Weg in das nächstgrößere Krankenhaus Matagalpa gestorben. Glücklicherweise ist die Situation noch nicht eingetreten, daß mehrere Schwerverletzte auf einmal gebracht worden sind. Dann müßten wir entscheiden, wen wir selbst sofort operieren und wen wir auf den beschwerlichen Weg schicken, denn dann wären unsere Kapazitäten erschöpft.
Und wenn wir jetzt die Compas fragen, woher sie kommen, ist die Antwort: von Pancasan oder Saiz oder Paiwita, das alles liegt ,,ahi no mas", wie die Nicas sagen, also nahe bei ...
Der Krieg rückt näher; wir erfahren ihn direkter als vorher. In Matiguas hat es zwei Alarme innerhalb kurzer Zeit gegeben. In der Bevölkerung macht sich die Angst bemerkbar. In der Sprechstunde berichten Patienten, daß sie und ihre Kinder aus Angst vor der Contra nicht mehr schlafen könnten ...
Trotzdem sind wir zuversichtlich: No pasarán!
19. Juli 1984, 5. Jahrestag der Revolution in Matiguas:
Geplant war ein großer Acto (politische Versammlung mit Festcharakter) mit Vertretern der Frente und der Massenorganisationen zur Feier des Tages. Eine Theatergruppe aus Matagalpa hatte ihr Zelt im Dorf aufgebaut, es sollte ein fröhlicher Tag werden.
Die Contra hatte allerdings angekündigt, diesen Tag zu stören. Deshalb war Alkoholverbot im ganzen Land.

Morgens um 7.00 Uhr hörte man die ersten Schüsse, aber die hört man so oft, scheinbar nichts besonderes. Gegen 9.00 Uhr ging ich zum Krankenhaus, um die anderen zum Acto abzuholen.
Plötzlich große Aufregung. Die Contra habe auf der Straße nach Rio Blanco einen Hinterhalt gelegt, hieß es; es habe Tote und Verletzte gegeben. Viele Menschen versammelten sich vor dem Krankenhaus. Frauen und Kinder weinten, Gerüchte schwirrten, wer angeblich dabei war und tot oder verletzt sein sollte. Ein ängstliches Warten.

Gerade als eigentlich der Acto beginnen sollte, kamen die ersten Verletzten an. Sie erzählten, was passiert war. Darunter war ein 14jähriger Miliciano, dem das Erlebte noch vom Gesicht abzulesen war. Wir versorgten die Verletzten. Keiner wußte, wieviele noch kommen würden. Es gab keinen Strom, das bedeutet, kein Licht, kein Röntgen. Wir hätten nicht operieren können.
Mit einer Stunde Verspätung begann der Acto, auf dem der Vertreter der FSLN eine kämpferische Rede hielt, daß wir gerade in dieser Situation den Jahrestag erst recht begehen müßten, auch wenn nur wenige Leute aus dem Dorf gekommen waren. Viele hatten Angst ...
Nach uns endlos erscheinder Zeit kam schließlich die Camioneta mit unseren Compas aus Matiguas. Einer der Totgesagten sprang leichtverletzt heraus, großes Aufatmen, da sah ich auf der Ladefläche Anibal liegen. Bleich, die Därme hingen ihm aus dem zerschossenen Leib, Angst und Unruhe standen ihm im Gesicht geschrieben. Wir alle kannten ihn gut. Er war fast jeden Tag im Krankenhaus, hatte vor kurzem noch selbst Blut gespendet für einen verletzten Compa. Es war das eingetreten, was wir schon lange befürchtet hatten: daß gute Freunde und Bekannte unter den Toten und Verletzten waren. Eine ohnmächtige Wut stieg in mir hoch. Gott sei Dank gab es wieder Licht; wir konnten Anibal gleich operieren und ihm das Leben retten, das ihm fünf Kugeln nicht haben nehmen können. Danach kam es noch schlimmer. Die Leichen von vier Compas und zwei Zivilisten wurden gebracht, und zu unserem Entsetzen war Javier darunter, ein 19jähriger Compa, ein guter Freund von uns allen. Wenige Tage vorher hatte er mich noch zum Schutz eines Patiententransportes nach Matagalpa begleitet. Jetzt war er tot, ohne Arm, das Gesicht zerschossen.

7. August 1984, Regen, Pfützen, Dunkelheit:
Vor der Waschküche strahlt eine Lampe grelles Licht. Aasgestank. Vor dem Tor steht ein Militärlaster mit laufendem Motor. Die Ladung ist bitter — es sind sechs Säcke, sie werden einzeln abgeladen. Compas mit Tüchern vor dem Mund, Handschuhen; unzählige Tüten mit Chlorkalk. Sind die Compas 16 oder 17 Jahre alt?

Vier Frauen in langen, grünen Kitteln, Stiefeln, Handschuhen, Mundschutz. Ich erkenne Nieves, die Nonne, Sorayda, die Krankenschwester. Schwarze Plastiksäcke werden ausgebreitet, bestrahlt vom grellen Licht, der Chlorkalk darauf verteilt, die eingebündelte Ladung daraufgelegt und aufgeschnitten — wieder Gestank. Ist es Pablo aus Chinandega oder Pedro aus Matagalpa? Kopfschuß oder Rückenschuß? Chlorkalk über Kopf und Körper; wird eingewickelt in schwarze Plastikplane und verschnürt.
An der Leine in der Waschküche hängen sechs Uniformen, frischgewaschen. Sie werden nicht mehr gebraucht, es ist drei Tage zu spät, die Leichen können nicht mehr aufgebahrt werden. Ein Holzsarg wird zugenagelt — Chinandega steht drauf.
Das nächste Bündel, dieselbe Prozedur; ein großes — der Gordito davor Flaquito. War er 14 oder noch jünger? Neue Pakete mit Chlorkalk. Absolute Ruhe. Es regnet weiter, die Grillen zirpen weiter, es ist wie immer. Die rostige alte Trage wird neu beladen; der nächste Sack, die nächste Plastiktüte. Und ich spüre eine Mischung aus Traurigkeit und Wut, spüre meinen Haß immer größer werden, will diese sechs Toten den Verantwortlichen der US-Regierung vor die Füße legen, will sie zwingen, diese Arbeit zu verrichten, jedoch ohne Handschuhe, ohne Mundschutz. Müssen den Müttern erklären, warum? Die Verantwortlichen sind dieselben, die in Deutschland Atomraketen stationieren.
Der Verletzte ist operiert, wird er überleben? Der letzte Tote ist präpariert. Nieves nimmt den Besen, fegt die Tüten zusammen, spült mit Wasser das Blut von der Trage. Am nächsten Morgen sieht alles aus wie immer. Eine gespenstische Situation, eine alltägliche Situation. Ein Beispiel — stellvertretend für tausende. Und es gibt immer noch Leute, die die Revolution als etwas Romantisches betrachten.[35]

WAHLEN, WAFFEN, WIDERSPRÜCHE

Die El Salvador-Solidarität
der achtziger Jahre[1]

Der Sieg der sandinistischen Revolution in Nicaragua wurde in ganz Lateinamerika, von Mexiko bis Chile, mit außerordentlichem Interesse zur Kenntnis genommen. Besonders in den Diktaturen schöpften viele neue Hoffnung. Der erste Sieg einer Guerilla-Organisation seit der kubanischen Revolution gab ihnen neue Perspektiven, vor allem in Mittelamerika, in der unmittelbaren Umgebung Nicaraguas. So spitzte sich in Guatemala die bürgerkriegsähnliche Situation Anfang der achtziger Jahre zu. Vor allem aber in El Salvador, dem nordwestlichen Nachbarland Nicaraguas, erhielt die Oppositionsbewegung durch die sandinistische Revolution ungeheueren Auftrieb: 1980 brach dort der offene Bürgerkrieg aus.

Etwa zur gleichen Zeit erwachte das Interesse der westdeutschen Solidaritätsbewegung für den kleinen mittelamerikanischen Staat.

Bereits im Januar 1980 hatten die Nicaragua-Komitees beschlossen, den Blickwinkel ihrer Solidarität auf ganz Mittelamerika zu richten. Das drückte sich bald praktisch darin aus, daß es während einer ,,Anti-Interventionskampagne'' im Frühjahr 1982 nicht mehr allein um Nicaragua ging, sondern immer auch um El Salvador, Honduras und Guatemala. Der Höhepunkt der Kampagne, der Kongreß gegen die US-Intervention in Zentralamerika, im März 1982 in Münster, wurde so auch vom Informationsbüro Nicaragua, von der Infostelle El Salvador und von der Informationsstelle Guatemala gemeinsam veranstaltet.

MILITÄRS, TERROR UND EIN ERMORDETER BISCHOF
ZUR LAGE IN EL SALVADOR

Von 1931 bis 1984 herrschte in El Salvador, dem kleinsten Staat der mittelamerikanischen Landzunge, ununterbrochen das Militär. In den siebziger Jahren entstanden daneben noch rechte, paramilitärische Verbände, von denen die Bevölkerung mehr und mehr terrorisiert wurde. Zur berüchtigtsten Gruppierung wurde dabei die Terrororganisation ORDEN (Organisación Democratica Nacional). Zur gleichen Zeit gründeten sich verschiedene Guerilla-Organisationen. Sie nahmen den bewaffneten Kampf gegen die Militärdiktatur in El Salvador auf. Nach dem Sieg der Sandinistischen Befreiungsfront erstarkte auch die Guerilla in El Salvador.

Um eine Entwicklung wie in Nicaragua zu verhindern, unterstützte der amerikanische Geheimdienst CIA deshalb den „Putsch der jungen Offiziere" im Oktober 1979, durch den der Präsident, Oberst Carlos Humberto Romero, gestürzt wurde. Romero selbst hatte sich 1977 durch die Fälschung von Wahlergebnissen an die Macht gebracht.

Die „Reformregierung" der „jungen Offiziere" sollte die revolutionären Tendenzen im Lande auffangen. In ihr waren Sozialdemokraten, Kommunisten, Christdemokraten, Unternehmer und Militärs vertreten. Das Kernstück der „Reformregierung", eine umfassende Agrarreform, scheiterte allerdings am Widerstand der Bourgeoisie. Anfang Januar 1980 traten die regierende Junta und das Kabinett schließlich geschlossen zurück, weil sie keine Möglichkeit sahen, sich gegen die Allianz von paramilitärischen Organisationen, Armeeführung und Großgrundbesitzern durchzusetzen. Die Militärs kontrollierten die Macht. Sozialdemokraten, Kommunisten und der größte Teil der Christdemokraten mußten in den Untergrund gehen.

Am 22. Januar 1980 konnte die Opposition trotzdem eine Massendemonstration mit mehr als 150.000 Menschen in der Hauptstadt San Salvador organisieren.

Zu dieser Zeit gewannen in den Streitkräften, die mit einem Rest der Christdemokratischen Partei unter Napoleon Duarte die Regierung bildeten, extrem rechte Kräfte zunehmend an Einfluß. Allein in den ersten Märzwochen ermordeten die ihnen nahestehenden Sicherheitsdienste und Terrorbrigaden der Großgrundbesitzer 160 Menschen. Auch der Erzbischof von El Salvador, Oscar Romero, bezog immer deutlicher Stellung gegen die Regierung, in der die Militärs klar das Sagen hatten. Am 24. März 1980 wurde der Bischof deshalb während einer abendlichen Messe am Altar der Kathedrale von San Salvador erschossen. Als Drahtzie-

her dieses Mordes galt der Major Roberto D'Aubuisson, Chef der später gegründeten ARENA-Partei (Nationalistische Republikanische Allianz).
Bei der Beerdigung Romeros kam es zu einem Massaker. 80.000 Menschen waren zur Trauerfeier zusammengekommen, als Soldaten vom Nationalpalast aus das Feuer eröffneten. Sie schossen wahllos in die Menge: 40 Menschen starben.
Im Frühsommer 1980 setzten sich die ultrarechten Kräfte in den Streitkräften endgültig durch. Daraufhin schlossen sich die bürgerlichen und linken Oppositionsparteien im Untergrund zur Demokratischen Revolutionsfront (FDR) zusammen. Auch die verschiedenen Guerilla-Verbände einigten sich nun auf eine gemeinsame Bündnisorganisation. Daran beteiligten sich: die Volksbefreiungskräfte Farabundo Marti (FPL-FM), das revolutionäre Volksheer (ERP), die bewaffneten Kräfte des nationalen Widerstandes (FARN), die Kommunistische Partei El Salvadors (PCS), die sich seit Januar 1980 bewaffnet hatte, und die Partei der revolutionären Arbeiter Zentralamerikas (PRTC).
Alle Organisationen schlossen sich zur Frente Farabundo Marti de Liberación Nacional (FMLN) zusammen. Diese Guerilla war der bewaffnete Teil der Opposition, als deren politische Vertretung die FDR auftrat. Farabundo Marti war Führer eines Arbeiter- und Bauernaufstandes im Jahre 1932 gewesen, der mehr als 10.000 Tote gefordert hatte, davon 1000 auf Seiten der Armee.
Ende November 1980 kam die sechsköpfige Führungsspitze der im Untergrund arbeitenden Oppositionsparteien der FDR auf Empfehlung des nordamerikanischen Botschafters White zu einem Gespräch mit der Regierung in die Hauptstadt San Salvador. Das Gespräch fand nicht statt. Die Oppositionspolitiker wurden stattdessen von Polizei und Armee-Einheiten verhaftet und auf der Stelle erdrosselt. Im Januar 1981 riefen die FDR und ihr militärischer Arm, die FMLN, zu einer Offensive gegen die Militärjunta auf, die als ,,End''-Offensive angekündigt, später jedoch ,,General''-Offensive genannt wurde. Es gelang der FMLN — trotz beachtlicher militärischer Erfolge — noch nicht, die Regierungstruppen zu besiegen.
Seither stehen sich in El Salvador eine starke Guerilla und eine von den USA hochgerüstete Armee gegenüber. Die Guerilla kon-

trolliert zwar „befreite Gebiete" im Land, ist aber bislang nicht in der Lage, die Armee-Einheiten endgültig auszuschalten.

VON DER KATHOLISCHEN JUNGEN GEMEINDE BIS ZU DEN HAUSBESETZERN
DER AUFSCHWUNG DER EL SALVADOR-SOLIDARITÄT

Im Verlauf des Jahres 1980 rückte El Salvador in den Vordergrund des Interesses der bundesdeutschen Dritte Welt-Bewegung. Am 26. September 1980 besetzten Mitglieder der El Salvador-Solidaritätsgruppen den Kölner Dom, um dort symbolisch um Asyl nachzusuchen. „Wir verstanden uns dabei als Handelnde im Auftrag des salvadorianischen Volkes, welches sich nicht zuletzt mit der mutigen Unterstützung seiner Kirche im verzweifelten Widerstand gegen ein menschenverachtendes Gewaltregime befindet".[2]

Im Dezember 1980 veröffentlichte die taz den Spendenaufruf „Waffen für El Salvador" (siehe Dokument 37). Dieser Aufruf löste heftige Diskussionen aus. Wochenlang druckte die taz zustimmende und ablehnende Meinungen zu dem Aufruf ab. Die Gegner machten vor allem moralische und ethische Gründe geltend und verwiesen — wieder einmal — darauf, daß es im Widerspruch zu den Zielen der hiesigen Friedensbewegung stehe.

Bis März 1986 wurden auf das Konto „Waffen für El Salvador" rund vier Millionen Mark eingezahlt.[3]

DOKUMENT 37:
„WAFFEN FÜR EL SALVADOR"
taz, 1980:

Der Krieg in El Salvador ist in eine neue Phase getreten. Die Militärregierung, unterstützt von den USA, Guatemala und Honduras, hat mit ihren Truppen und den von den USA bezahlten, ausgerüsteten und befehligten Söldnerkommandos eine großangelegte militärische Offensive zur Ausrottung der Opposition eingeleitet.

Auf diese Offensive sind die Chancen der Regierungsjunta und sogar des gesamten oligarchischen Herrschaftssystems zusammengeschrumpft, an der Macht zu bleiben.

Doch dadurch ist auch die Opposition gezwungen, alle ihre Kräfte jetzt aufbringen zu müssen, um die Chance für einen grundlegenden politischen und sozialen Wandel in El Salvador zu erhalten.

Die Opposition wird von allen politischen Strömungen gebildet, die nicht direkt an den militärischen Machtapparat oder an die Interessen der Oligarchie gebunden sind. Die in der Demokratischen Revolutionären Front (FDR — Frente Democrático Revolucionario) zusammengeschlossenen Kräfte, die von den noch ein Jahr zuvor an der Regierung beteiligten Christdemokraten über Sozialdemokraten, Kirchenleute bis hin zu revolutionären Volksorganisationen der Landarbeiter reichen, haben sich in einem langen Prozeß der Auseinandersetzung und Vereinheitlichung auf das Programm einer Demokratischen Revolutionären Regierung geeinigt und eine Gegenregierung gebildet.

Spätestens seit dem Zusammenschluß der schon seit Monaten unter gemeinsamem Oberkommando operierenden Guerilla-Organisationen zur einheitlichen Befreiungsarmee FMLN (Frente Farabundo Marti de Liberación Nacional) hat sich die Opposition eine politisch-militärische Organisation geschaffen, die mit breitester Unterstützung aus der Bevölkerung rechnen kann, vor allem aber der Landarbeiter und der Bewohner städtischer Elendsviertel.

In Nicaragua war gerade dies die entscheidende politische Voraussetzung dafür, ein von den USA im eigenen Hinterhof etabliertes Militärregime zerschlagen zu können, wie jetzt in El Salvador: die Gleichzeitigkeit von militärischem Kampf und politischer Mobilisierung, wobei die Befreiungsarmee schlagartig eine allgemeine Volkserhebung in einen organisierten Volkskrieg überführen kann. Um dieser Strategie zuvorzukommen, ist die Militärjunta jetzt in die Offensive gegangen.

Denn noch ist die Guerilla militärisch nicht stark genug, den Kampf bestehen zu können. Was das entscheidende ist: Es fehlt ihr an Waffen, um eine Bevölkerung, die nur noch im bewaffneten Aufstand ihre Überlebenschance sieht, zu bewaffnen.

Die Großoffensive der Regierungstruppen seit Anfang Oktober und die massive Intervention der USA sollen die Widerstandskräfte zerschlagen. Das heißt aber heute in El Salvador: einen Völkermord am eigenen Volk zu begehen.

So hat das Militär, um die Guerilla zu zerschlagen, damit begonnen, die Landbevölkerung auszurotten. In der gegenwärtig militärisch eingeschlossenen Provinz Morazán fielen mindestens 3.000 Bauern dem Bombardement zum Opfer und etwa 70.000 Menschen befinden sich auf der

Flucht, obwohl es in diesem kleinen Land längst keine Zuflucht mehr gibt.
Das Vorgehen des salvadorianischen Militärs zeigt die Handschrift seiner USA-Berater. Es ist die Handschrift des Vietnamkrieges, des ,,Phoenix-Programms'': Wo die Guerilla starken Rückhalt in der Bevölkerung hat, gibt es keine Zivilbevölkerung mehr — es darf auf alles geschossen werden, was sich bewegt...
Diesen Vernichtungskrieg wird das Volk El Salvadors nur überstehen können, wenn es siegt. Ein anderer Frieden ist nicht möglich — er würde bedeuten, die ganze Bevölkerung schutzlos einem Regime auszuliefern, das nicht zögert, Hunderttausende zu ermorden, um seine Herrschaft auf Jahrzehnte zu sichern, wie ein hoher Heeresoffizier ankündigte.
Dies ist nicht etwa nur eine Rechtfertigung von seiten der Guerilla; es ist der einhellige und erklärte Standpunkt der Kirche, der Menschenrechtskommission, der Sozialdemokraten, der Christsozialen El Salvadors.
,,Sieg oder Tod''...
...diese Parole ist in El Salvador blutiger Ernst. Zum Sieg aber bedarf es der Waffen.
Wir fordern Euch auf, der nordamerikanischen Intervention entgegenzutreten und das Volk von El Salvador nicht waffenlos seiner Vernichtung zu überlassen!
Die taz hat sich noch nie mit einem Aufruf wie diesem an ihre Leser und an die deutsche Linke gewandt. Seit Bestehen der Zeitung haben wir versucht, ausführlich, kritisch und doch parteilich über die politischen Auseinandersetzungen in Mittelamerika zu berichten. Das war auch der Versuch, das Schweigen und die Lügen der bundesrepublikanischen Medien zu durchbrechen und das Entstehen einer Solidaritätsbewegung zu unterstützen.
Wenn wir nach langer und kontroverser Diskussion diesen Aufruf an Euch richten, so ist uns die politische Problematik bewußt. Die Entwicklung, die Widersprüche, auch das Scheitern oder die Perversion von Befreiungsbewegungen und Revolutionen, die in den letzten Jahrzehnten unsere Solidarität gefordert haben, muß die Linke sehr kritisch diskutieren.
Aber: Wer in Deutschland im Warmen sitzt und sagt: ,,Wer gibt mir die Garantie, daß die salvadorianische Revolution nicht ebenso in bürokratischem Sozialismus oder in weiterem Blutvergießen endet wie andere zuvor?'', muß sich den Vorwurf gefallen lassen, das Recht der Völker auf Selbstbestimmung zu mißachten — und zwar auch auf Selbstbestimmung über den Charakter der Revolution und auf die Bewältigung der Widersprüche in jeder Revolution.
Die Solidaritätskomitees haben mit ihren Veranstaltungen, Veröffentli-

chungen, Aktionen, Besetzungen darum gekämpft, die Öffentlichkeit zu informieren und zu mobilisieren. Auch sie stehen vor der Notwendigkeit, selbstverständlich weiterhin die Unmenschlichkeit der Lebensverhältnisse, die ständige Verletzung der Menschenrechte darzustellen und humanitäre Unterstützung zu mobilisieren, andererseits aber nicht dabei stehenzubleiben. Sie müssen die politische Alternative, die revolutionäre Umwälzung, benennen und unterstützen — und der einzige Weg dahin ist in El Salvador der bewaffnete Kampf.
Waffen für El Salvador!
Spendet für das Überleben und den Sieg eines Volkes!
Postscheckkonto Berlin/West 288 59-107, Bankleitzahl 100 100 10, Freunde der alternativen Tageszeitung e.V., 1000 Berlin 65; Sonderkonto.
Wir garantieren dafür, daß das Geld direkt an die FMLN (Frente Farabundo Marti de Liberación Nacional) in El Salvador weitergeleitet wird.
Die Mehrheit in der Tageszeitung.

Zur ersten zentralen El Salvador-Demonstration am 31. Januar 1981 in Frankfurt kamen — auch für die Veranstalter überraschend — 20.000 Menschen. Das Spektrum der Demonstranten reichte von den Jusos bis zur DKP, von den GRÜNEN bis zu den Christen für den Sozialismus, von diversen trotzkistischen Gruppierungen bis hin zu den Vertretern der damals — vor allem in Berlin — aktiven Hausbesetzerszene. Damit war die El Salvador-Bewegung von vorneherein ähnlich breit wie die Nicaragua-Solidarität, und der SPIEGEL schrieb verwundert: „Gegen den ‚Terror in El Salvador' macht die Bundesfrauenkonferenz des DGB ebenso Front wie der DKP-Ortsverein Köln-Klettenberg. Der Hauptvorstand der IG-Druck brachte mit der Kampagne ‚ein Stundenlohn für El Salvador' bis jetzt etwa 180.000 Mark zusammen. Bei der Vereinigung ‚Christen für El Salvador' in Münster kamen allein in den vergangenen acht Wochen 150.000 Mark an Spenden ein... Dabei sind die Katholische Junge Gemeinde Baden-Baden ebenso wie das ‚Dritte Welt und Umweltschutzforum Regentropfen' in Offenburg, das den ‚letztjährigen Gewinn' von 1500 Mark für ‚Bewußtseinsbildung und Flüchtlingshilfe' in El Salvador spendete. ‚Christen für El Salvador' boten am verkaufsoffenen Samstag in der Fußgängerzone in Münster Bananen an ... und überwiesen einen Überschuß von 529 Mark."[4] Begünstigt wurde auch die Breite der El Salvador-Solidarität zunächst durch die Möglichkeit zur problemlosen Identifikation mit dem Befreiungskampf. In El Salvador kämpfte eine demokratische Front, die von den Christdemokraten über Sozialdemokraten bis zu den Kommunisten reichte, gegen ein Terrorregime, das schon zehntausende von Menschen umgebracht hatte. Während es im befreiten Nicaragua erste Schwierigkeiten gab, schien in El Salvador wieder alles klar und — aus der Ferne betrachtet — einfach. Viele Mitglieder der Dritte Welt-Bewegung, die sich inzwischen mit der Politik der Sandinisten in Nicaragua nicht mehr identifizieren konnten, wechselten deshalb über zur — scheinbar unkomplizierten — Solidaritätsbewegung mit El Salvador. Zum Teil waren es ganze Nicaragua-Gruppen, die geschlossen ihr Tätigkeitsfeld nach El Salvador verlagerten. Einige Gruppen erweiterten ihr Tätigkeitsfeld auf ganz Mittelamerika.

Hinzu kam, daß sich für El Salvador — wiederum ähnlich wie bei Nicaragua — von vorneherein auch viele Christen engagierten. Spätestens die Ermordung des Erzbischofs Romero während des Gottesdienstes am Altar, das Massaker der Militärs bei den Trauerfeierlichkeiten und der Mord an vier amerikanischen Ordensschwestern durch die salvadorianische Zollpolizei lösten unter den Christen hierzulande große Empörung aus. Koordinationsstellen für die kirchliche El Salvador-Solidarität wurden die ,,Christliche Initiative El Salvador" und die ,,Evangelische Studentengemeinde Essen".

1982 arbeiteten zusätzlich schon 120 El Salvador-Komitees im gesamten Bundesgebiet. Als Koordinierungsstelle bestand die ,,Informationsstelle El Salvador". Eine wichtige Informationsquelle für die El Salvador-Bewegung blieb bis heute der ,,Informationsdienst El Salvador" (IDES), den eine Redaktionsgruppe aus Westberlin seit 1980 wöchentlich herausgibt.

,,Wir verstehen IDES als Beitrag zur Solidaritätsbewegung — insofern werden unsere Nachrichten ,parteilich' sein", hieß es in einer Erklärung der Redaktionsgruppe in der ersten Ausgabe des Dienstes. Die Redaktion schrieb in der ersten Nummer über ihre Informationsquellen:

,,Wir werden eng zusammenarbeiten mit den salvadorianischen Volksorganisationen, vertreten durch den Frente Democrático

Revolucionario. Der FDR hat eine europäische Vertretung in Brüssel und ein Sekretariat in Deutschland eingerichtet. Wir arbeiten außerdem eng zusammen mit der Informationsstelle El Salvador, welche die Aktivitäten der Solidaritätsbewegung in Deutschland koordiniert (...)'"[5]. Später hieß es: ,,Der IDES hat sich Informationsquellen erschlossen, die es uns erlauben, aktueller, präziser und gezielter zu berichten. Außer den allgemein zugänglichen, wie den Berichten von Nachrichtenagenturen afp, Reuter, dpa, sind dies folgende: unabhängige Nachrichtendienste, wie die in Costa Rica wöchentlich herausgegebenen ‚Notas de El Salvador'; der in London ebenfalls wöchentlich erscheinende ‚Latin American Weekly Report' und dessen monatlich erscheinender ‚Mexico and Central America Report'; das in Guatemala erscheinende Informationsbulletin ‚inforpress' und dessen englische Ausgabe ‚Central America Report'; die unabhängige mittelamerikanische Agentur apia. Dazu kommen Kontakte mit in Mittelamerika arbeitenden Journalisten, mit den Solidaritäts-Komitees in den mittelamerikanischen Ländern und nicht zuletzt mit der FDR und den in ihr zusammengeschlossenen Volksorganisationen."[6]

Durch den ,,Informationsdienst El Salvador" konnte der Informationsfluß im Vergleich zu Nicaragua noch weiter verbessert werden. Dazu trug auch die offizielle Vertretung der Befreiungsbewegung bei, die 1980 in Bonn ein Büro eröffnete. Dennoch waren es gerade fehlende Informationen oder auch das Gefühl, aus El Salvador falsch informiert zu werden, die bis heute zu mehrfachen schweren Krisen der El Salvador-Solidaritätsarbeit führten. Schon bei der Offensive der Guerilla im Januar 1981 zeigte sich die Bewegung verwirrt über die flinke Umbenennung des Geschehens durch die FMLN von einer ,,Endoffensive" in eine ,,Generaloffensive". Aber dies führte trotz einiger Diskussionen in einzelnen Gruppen nicht zur Beunruhigung in der Solidaritätsbewegung insgesamt. Kritischer wurde es schon, als die Widersprüche in der Berichterstattung aus El Salvador zu den Wahlen im Frühjahr 1982 zunahmen.

Für den 28. März 1982 waren in El Salvador Wahlen für eine Verfassung gebende Versammlung angesetzt worden. Diese Wahlen sollten — nach den Plänen des nordamerikanischen Außenmini-

steriums — die Regierung Duarte aufwerten, die weltweit nur als Marionette der Militärs galt. Darüber hinaus sollte der Gang zu den Urnen die Verbindungen zwischen den um Duarte gescharten Resten der Christdemokratischen Partei und dem gemäßigten Teil der Armee festigen. Denn es gelang den Anhängern der Ultrarechten in den Streitkräften zusammen mit den Großgrundbesitzern immer wieder, selbst Duartes bescheidene ,,Reformvorhaben" zu blockieren. Mit solchen ,,Reformen" aber sollte international das Image El Salvadors verbessert werden.
FDR und FMLN weigerten sich, an den Wahlen teilzunehmen, solange Kriegsrecht und Ausnahmezustand im Land eine normale politische Arbeit der Opposition unmöglich machten. Ein Teil der FMLN propagierte eine allgemeine Erhebung, um die Wahlen zu verhindern. Ein anderer Teil der Befreiungsbewegung trat für eine massenhafte Wahlenthaltung der Bevölkerung ein. Beides wurde so auch in der bundesrepublikanischen Solidaritätsbewegung publiziert. Aber weder das eine noch das andere geschah. Die Wahlen fanden — wenn auch unter Druck und mit Manipulationen — statt und viele Menschen gaben ihre Stimmzettel ab, obwohl nur rechte Parteien zur Wahl standen. Die Wahlen brachten den Christdemokraten eine relative Mehrheit. Dennoch blieb die Partei Duartes gegenüber einer vereinigten Front ultrarechter Gruppierungen in der Minderheit. Vor allem der hohe Stimmenanteil, der auf die ultrarechte ARENA-Partei D'Aubuissons entfiel, überraschte. ARENA wurde zweitstärkste Partei und D'Aubuisson vom Terroristen zum Präsidenten der Verfassung gebenden Versammlung.
Ein halbes Jahr nach der Wahl, im September 1982, erschien in den ,,Lateinamerika Nachrichten" ein Artikel mit der Überschrift ,,El Salvador — BRD, zum Problem der Solidaritätsarbeit". Darin hieß es:
,,Vor einiger Zeit erhielten die Lateinamerika Nachrichten einen Leserbrief, in dem gefragt wurde, weshalb wir nichts zu den Wahlen in El Salvador geschrieben haben.
Bekanntlich sind diese Wahlen anders ausgegangen, als die Analysen und Propaganda von Seiten der Widerstandsbewegung von El Salvador und damit auch der bundesrepublikanischen Komitees vermuten ließen. Diese waren einhellig der Meinung gewe-

sen, daß eine massive Wahlenthaltung sowie zahlreiche Widerstandsaktionen zum Wahltermin die Wahlfarce deutlich machen und das Bestreben der USA ad absurdum führen würden, geordnete und saubere Wahlen durchzuführen.

Nach den Wahlen, als klar wurde, daß die Ultrarechten ‚gesiegt' hatten, sprach man zunächst im Brustton der Überzeugung von einem klaren Beweis des Wahlbetrugs und der Manipulation. Viele Fragen sind danach offen geblieben.

Wie kommt es, daß die Wahlbeteiligung relativ hoch war? Denn aus allen Zahlen, wenn sie auch noch so sehr mit Vorsicht zu genießen sind, geht hervor, daß kein massiver Wahlboykott stattgefunden hat. Wie kommt es, daß die Rechte so viele Stimmen bekommen hat? Denn auch hier gilt, daß sie — auch wenn man alle möglichen Fälschungen unterstellt — relativ viele Stimmen bekommen hat.

In den Solidaritätskomitees begann man diese Fragen zu diskutieren, weil viele Unterstützer und Sympathisanten mit Verwunderung feststellten, dieses Wahlergebnis sei aus den Informationen nicht zu erklären, die sie bisher über El Salvador erhalten hatten. Viele dachten, die Antwort werde demnächst von der FDR/FMLN kommen, doch das war nicht der Fall.

Auf dem nationalen Treffen der El Salvadorkomitees in Köln Ende Juni ist das Wahlthema noch einmal als sehr dringend angesprochen worden. Wieder Schweigen. Weder die Kölner Infostelle noch die BRD-Vertretung der FDR/FMLN haben etwas veröffentlicht.

Inzwischen sind in den Komitees auf eigene Faust Analysen gemacht worden und man hat gelegentlich mit Vertretern der FDR diskutiert. Dabei hat sich gezeigt, daß die Existenz einer relativ starken faschistischen Bewegung im Mittelstand bisher von der Opposition nie thematisiert worden ist. Eine solche gibt es aber — wie die Wahlen zeigen — offensichtlich und daraus kann man folgern, daß die Junta lange nicht so extrem isoliert ist, wie wir das immer behauptet haben. Es gibt Leute in der FMLN, die jetzt sagen, daß die Arbeit der Opposition in der Mittelschicht vernachlässigt wurde, daß sie schleunigst aufgebaut werden muß. Auch das Problem, daß die paramilitärische Organisation ORDEN

hunderttausend Mitglieder, meist einfache Bauernsöhne hat, wird jetzt diskutiert.
Offiziell gibt es immer noch nichts von der FDR."[7]
Die Solidaritätsbewegung hatte sich bis zu diesem Zeitpunkt als bundesdeutsche Vertretung der FDR/FMLN gefühlt. Auch der IDES war mehr oder weniger zum Mitteilungsblatt der salvadorianischen Widerstandsorganisationen geworden. Die Bewegung hatte sich auf deren Informationen verlassen und nichts veröffentlicht, was dazu im Widerspruch stand.
Deshalb unterblieb auch jetzt in den meisten Solidaritätsgruppen noch die Diskussion darüber, weshalb sich die Opposition in El Salvador und in ihrem Gefolge die bundesdeutsche Solidaritätsszene so hatten täuschen können. Die Bewegung ging zur Tagesordnung über. Erst später hieß es in den ,,Lateinamerika Nachrichten": ,,Wir mußten feststellen, daß wir zu vielen Punkten nicht in dem Ausmaß informiert worden sind, das notwendig gewesen wäre, um unsere Solidaritätsarbeit so umfassend und gründlich zu machen, wie es die hiesigen Bedingungen erfordern."[8] Als weitere Beispiele für nicht ausreichende Informationen führten die ,,Lateinamerika Nachrichten" an: ,,Wir haben weder über die End-Generaloffensive vom Januar 1981 noch über die ‚Affäre Roque Dalton' noch über die angeblichen Verhandlungen von D'Aubuisson mit der Guerilla genügend erfahren, um ein paar hervorragende Beispiele zu nennen.
Fazit: Wir können den Leserbrief nur in der Form beantworten, weil wir über die Wahlen auch nichts wissen und uns bisher damit abgefunden haben, daß anscheinend nichts zu erfahren ist.
Hinter dieser ganzen Problematik steckt eine wenig geführte, immer wieder erfolgreich verdrängte Diskussion, die in allen Solidaritätsbewegungen auftaucht und es gibt viele Appelle, die vor den verheerenden Folgen warnen, die auf uns zukommen, wenn sie weiterhin unterbleibt."[9]
Bei dieser ,,Warnung" bezogen sich die ,,Lateinamerika Nachrichten" auch auf die Auseinandersetzungen um den Tod des salvadorianischen Dichters und Aktivisten des ,,Revolutionären Volksheeres" (ERP), Roque Dalton, im Frühjahr 1982. Dabei zeigte sich, wie verhängnisvoll es war, daß die Solidaritätsbewegung und ihre Informationsorgane (neben dem IDES noch der

,,mittelamerika informationsdienst" — mid) sich nicht mit den einzelnen Organisationen und verschiedenen Strömungen in der salvadorianischen Guerilla beschäftigt hatten.

So blieb es der Frankfurter Alternativzeitung ,,Pflasterstrand" überlassen, sich in einem Essay des mexikanischen Schriftstellers Gabriel Zaid mit der Guerilla in El Salvador auseinanderzusetzen. Als der Essay im März 1982 in der taz nachgedruckt wurde, erregte er bundesweites Aufsehen. Denn Zaid schrieb unter anderem, der Dichter Roque Dalton sei vom Kommandanten des ,,Revolutionären Volksheeres" (ERP), Joaquin Villalobos, erschossen worden. Die Diskussion über Zaids Essay, die daraufhin in der taz geführt wurde[10], ließ bald keine Zweifel mehr daran, daß Dalton tatsächlich von Mitgliedern des ERP umgebracht worden war. Diese Version war in der El Salvador-Bewegung bis dahin allenfalls als Gerücht verbreitet worden. Erst diese Diskussion machte deutlich, daß sich die Solidaritätsbewegung dringend mit Herkunft, Zielsetzung und Entwicklung der einzelnen FMLN-Organisationen auseinandersetzen mußte. Denn es gab Hinweise darauf, daß es schon öfter zu Morden an Revolutionären gekommen war, deren Täter aus den eigenen Reihen der Guerilla kamen. Klaus Meschkat kommentierte in der taz im April 1982: ,,Es ist an der Zeit, die selbstmörderische Logik politisch militärischer Organisationen anzugreifen, die in ihrer Mischung aus Militarismus und Leninismus das Gegenteil der Antizipation einer freien Gesellschaft darstellen."[11]

Diese Diskussion wurde nur ansatzweise geführt. Die Folgen dieses Versäumnisses waren gravierend. Das zeigte sich schon ein Jahr später. Im April 1983 meldeten die ,,Lateinamerika Nachrichten":

,,In der Nacht vom 5. zum 6. April wurde in Managua die Guerillakommandantin Ana-Maria auf grausame Weise ermordet. Sie war Mitglied des Generalstabs der salvadorianischen Befreiungsarmee und eine der bekanntesten Persönlichkeiten der Guerillaorganisation FPL, welche Mitglied der FMLN ist.

Der Bericht über die Ermordung klingt grauenvoll: ,Die Autopsie der Leiche ergab, daß die Kommandantin Ana-Maria mit einem Bettuch geknebelt und ihr rechter Arm so weit nach hinten gedreht wurde, daß er brach. Über den ganzen Körper verteilt, wur-

den ihr mit einem Eispickel Stichwunden beigebracht, die zwar zu einem großen Blutverlust, aber nicht zum Tod der Ermordeten führten. Erst danach wurden ihr mit einem Messer die Halsschlagader und die Kehle durchschnitten. Offensichtlich sollte damit eine Affekthandlung vorgetäuscht werden.' (Auszug aus einer Pressemitteilung).
Melida Anaya Montes, 54 Jahre, Lehrerin von Beruf, ging 1980 nach überstandener Verhaftung und Folter in den Untergrund und wurde ‚Comandante Ana-Maria'. Sie hatte viele Jahre lang die Lehrergewerkschaft ANDES aufgebaut und geleitet.
Zur Zeit ihrer Ermordung war sie in Managua (Nicaragua) dabei, politische Kontakte und Verbindungen herzustellen. Es liegt nahe anzunehmen, daß sie ein Opfer des CIA geworden ist, auch der Innenminister von Nicaragua, Tomas Borge, hat anläßlich einer Trauerrede auf diese Möglichkeit hingewiesen.

Das Bekanntwerden der gewaltsamen Auseinandersetzung innerhalb der FPL-Führung führte zu einer Verunsicherung über den weiteren Weg der Solidaritätsarbeit.

Wenn man überhaupt noch meint, bei Mordtaten, die der CIA begeht, nach Motiven fragen zu müssen, so liegt im Falle der Comandante Ana-Maria die Erklärung auf der Hand, daß durch diese Tat bewiesen werden sollte, daß die FMLN ihre Kommandozentrale in Nicaragua hat. Seit Ausbruch des Bürgerkrieges in El Salvador wird ja von den USA behauptet, die dortige Guerilla werde von den Sandinisten aufgebaut und ausgehalten. Gerade in der Zeit der wachsenden Bedrohung wiegt jeder ‚Beweis' doppelt, der die ‚Berechtigung' solcher Vorwürfe führt. Man kann den Mord auch für eine Propaganda benützen, die bei Teilen der verunsicherten Bevölkerung offene Ohren findet und darauf zielt, den Leuten zu sagen, daß die Sandinisten ausländische Kriege finanzieren, anstatt die eigenen Landsleute zu schützen.

Die FMLN hat kurz nach dem Tod von Ana-Maria bekanntgegeben, daß sie ihn mit einer Reihe von offensiven Aktionen beantworten will, die ihren Namen tragen sollen."'[12]

Eine Befreiungskämpferin war ermordet worden und es lag nahe, an den nordamerikanischen Geheimdienst CIA zu denken. Die CIA und ihre weltweit tätigen Agenten werden in der Solidaritätsbewegung, wie überhaupt in der Linken, oft zu Recht angeklagt, manchmal aber auch, wenn andere Erklärungsansätze versagen. Am 9. April 1983 wurde Ana-Maria in Managua beerdigt. Zur Trauerfeier reiste der erste Führer der FPL, Cayetano Carpio, genannt Kommandant Marcial, aus Libyen an, wo er sich zu einem Besuch aufgehalten hatte.

Am 22. April gab die FMLN bekannt, Kommandant Marcial habe sich am 12. April das Leben genommen. Darüber hinaus wurde mitgeteilt, der Mord an der Kommandantin Ana-Maria wäre auf Betreiben des dritten Führers der FPL, Kommandant Marcelo, verübt worden. Als dies nach Beweisen des nicaraguanischen Geheimdienstes einwandfrei festgestanden hätte, hätte sich Marcial aus Kummer umgebracht.

Diese Erklärung, die 14 Tage nach dem Tod Marcials verbreitet wurde, traf die bundesdeutsche Solidaritätsbewegung völlig unvorbereitet. Sie warf viele Fragen auf. Erst ganz allmählich sickerte durch, daß es in der FPL — offensichtlich — Streitigkeiten über die politische Linie gegeben hatte. In dieser Auseinandersetzung habe Ana-Maria eine andere Haltung eingenommen als Marcial und Marcelo. Anlaß des Streits waren Verhandlungsangebote gewesen, die die FDR seit Herbst 1982 der salvadorianischen Regierung und Teilen der Streitkräfte unterbreitet hatte. Die FDR hatte gehofft, sich dadurch den Kräften in der Regierung des Landes annähern zu können, die ihrerseits auf Distanz zu den ultrarechten Kräften um Roberto D'Aubuisson gegangen waren.

Ana-Maria hatte sich offensichtlich im Einklang mit den anderen Organisationen der Guerilla für die Verhandlungen stark gemacht. Marcial und Marcelo waren offensichtlich dagegen gewesen. In diesem Klima allgemeiner Verunsicherung diskutierten die ,,Lateinamerika Nachrichten" den Weg der weiteren Solidaritätsarbeit (siehe Dokument 38).

DOKUMENT 38:
,,JETZT ERST RECHT" ODER ,,SO NICHT"
LATEINAMERIKA NACHRICHTEN, 1983:

Der erste große Schock über den Mord an der Genossin Ana-Maria und den Selbstmord von Marcial scheint überwiegend zwei Reaktionen auszulösen: ,,Jetzt erst recht" oder ,,so nicht".

Jetzt erst recht, weil wir das Volk im Kampf gegen den Imperialismus unterstützen, die Führer nicht die Massen sind, weil wir trotz Trauer, Ratlosigkeit und Wut gerade jetzt nicht locker lassen dürfen.

So nicht, weil wir keine Organisation unterstützen, in der offensichtlich nicht einmal in elementarsten Ansätzen das praktiziert wird, was nach einem Sieg verwirklicht werden soll, nämlich eine gewaltlose, freie, demokratische Ordnung. So nicht, weil dies der Anfang ist einer Entwicklung, wie wir sie sattsam aus anderen Befreiungsbewegungen und deren Praxis als Sieger kennen.

,,Ein Pol Pot ist genug", weil Organisationen solcher Couleur über die Köpfe der Menschen hinweg Politik machen und es falsch ist, sie dabei zu unterstützen.

Beide Positionen sind Folge einer Solidaritätsarbeit, wie wir sie bisher überwiegend gemacht haben. Sie war getragen von einem großen Vertrauen in die Befreiungsorganisationen, der Überzeugung, daß wir uns nicht in deren innere Angelegenheiten zu mischen hätten, und dem Ziel, in der BRD eine Solidaritätsbewegung zu schaffen, die erkennt, wie eng der Kampf in Mittelamerika mit unserer politischen Realität verflochten ist.

Die Eröffnung des ,,Waffenkontos" und die Kampagne ,,Waffen für El Salvador" markierten einen qualitativen Sprung in dieser Arbeit. Sie machte es möglich, die sogenannte Gewaltfrage bei vielen Leuten positiv zu verändern, die bis dahin nicht begreifen wollten, daß ein Befreiungskrieg nicht ohne Waffen geführt werden kann. Viele kirchliche und hu-

manitäre Menschen haben unsere Argumentation akzeptiert, daß die Guerilla nur dort Gewalt ausübt, wo sie von den Herrschenden angegriffen wird und ,,Gegengewalt" absolut nicht vermeidbar ist.
Wir haben denjenigen, die die Ermordung Roque Daltons aufkochten, das Maul gestopft und erklärt, daß Organisationen innerhalb von einigen Jahren sehr viel lernen können.
Die Solidaritätsbewegung hat mit Recht immer darauf hingewiesen, daß sie die Auseinandersetzungen innerhalb der Organisationen nicht als die Kernpunkte ihrer Arbeit betrachtet, sondern deren Lösung den Genossen und Genossinnen drüben überläßt. Sie hat es sich damit aber auch oft zu leicht gemacht und mit diesem Argument vieles unter den Teppich gekehrt, was jetzt hochkommt und beantwortet werden muß.
Im Moment wissen wir fast nichts zu sagen. Wir sind überhaupt nicht vorbereitet auf eine solche Situation. Das führt zu einer Art Lähmung, die überwunden werden muß.
Wir täuschen uns, wenn wir meinen, nach einigen ,,Erklärungen" wieder zur Tagesordnung übergehen zu können.
Auch wenn wir glauben, daß es sich nicht lohnt, den kleinbürgerlichen Skeptikern, die es ja schon immer gewußt haben, große Redeschlachten zu liefern, müssen wir doch denjenigen Rede und Antwort stehen, die sehr ernsthaft und engagiert Solidaritätsarbeit machen, die zurecht die Ereignisse hinterfragen, denen es nicht ausreicht, was die Komitees und die Genossen aus El Salvador bisher an Erklärungen abgegeben haben, die nicht akzeptieren, daß das unterdrückte Volk von Führern gelenkt wird, die sich gegenseitig bestialisch ermorden, denen der Hinweis nicht reicht, daß dort extreme Bedingungen herrschen, daß der Krieg die Menschen kaputt macht und daß wir am besten unbeirrt so weitermachen wie bisher.
Es gibt zu viele Beispiele von Organisationen, darunter viele Befreiungsorganisationen aus der Dritten Welt, die gelehrt haben, daß es nach dem Sieg keine ,,Befreiung" für das Volk gegeben hat, um sich jetzt noch in die Brust werfen und behaupten zu können, daß Assoziationen in diese Richtung nur Verleumdungen sind.
Wir wissen zu wenig über die Vorgänge in Managua, um ein ,,erst recht" so vorbringen zu können, daß es von dem Verdacht frei ist, eine hilflose Krücke derjenigen zu sein, denen die Angelegenheit zu brenzlig ist.
Wir müssen ein ,,jetzt erst recht" auf Antworten aufbauen können, die wir bisher nicht haben und müssen solange Fragende und Bohrende bleiben, bis sie da sind. Wir müssen unsere Solidaritätsarbeit in vielen Stücken gewaltig verändern.
Es wird schwer sein, unter den gegebenen Umständen der breiten Unterstützung näher zu kommen, die unser Ziel sein muß.

Wir werden es ganz bestimmt nicht erreichen, wenn wir diejenigen mit einer Handbewegung abweisen, die erst einmal nicht mehr können, denen die Fragen hochkommen, die sie immer verschluckt haben, die genug haben vom vielen Vereinfachen, Verschweigen, Glätten.
Wer glaubt, daß zu viel Dreck hochkommt, wer meint, daß kritische Solidarität dem Verrat gleichkommt, wer diejenigen beschimpft, die echte Zweifel haben, wird alleine bleiben, sagen wir fast, denn ein Häuflein von Gerechten hat sich noch jedes Mal zusammengefunden."[13]

Daraufhin veröffentlichten Redaktionsmitglieder verschiedener Dritte Welt-Zeitschriften einen offenen Brief an die Informationsstelle El Salvador, die Nachrichtenagentur APIA und an die FMLN:
„Wir als Mitglieder der Redaktionen der Dritte-Welt-Zeitschriften der BRD haben die Verpflichtung, über alle Fragen der nationalen Befreiungsbewegungen zu berichten, mit denen wir solidarisch sind. Wir sehen es als unsere vorrangige Aufgabe an, über den gerechten Kampf und die Erfolge dieser Bewegungen zu berichten und die Unterstützung dafür in der BRD zu fördern und zu verbreiten. Um die Solidaritätsarbeit effektiv und glaubwürdig zu erhalten, ist es notwendig, auf Probleme und Kritik einzugehen und zu ungeklärten Fragen Stellung zu beziehen.
Die Ermordung der Kommandantin Ana-Maria und der Tod des Kommandante Marcial haben die Solidaritätsbewegung tief getroffen. Die Umstände und Zusammenhänge dieser Ereignisse sind nach wie vor ungeklärt. Die Solidaritätsbewegung unterstützt den Kampf, der zu einer freien, demokratischen und gewaltlosen Ordnung in El Salvador nach dem Sieg führen soll; hier sind Fragen und Zweifel aufgetaucht, die nicht ausgeräumt werden konnten und die die Solidaritätsarbeit stellenweise lähmen...
Die Eröffnung der Kampagne ‚Waffen für El Salvador' hat einen qualitativen Sprung in der Solidaritätsarbeit ermöglicht. Es ist möglich geworden, die sogenannte Gewaltfrage bei vielen Leuten positiv zu verändern, die bis dahin nicht begreifen wollten, daß ein Befreiungskampf nicht ohne Waffen geführt werden kann. Viele kirchliche und humanitäre Menschen haben unsere Argumentation akzeptiert. Wir können nun über die genannten Probleme nicht einfach zur Tagesordnung übergehen. Wir sind uns

selbst gegenüber zur Klärung verpflichtet. Darüber hinaus ist diese Klärung unverzichtbar, um die notwendige gemeinsame politische Grundlage mit der Friedensbewegung in der BRD zu schaffen, die eine Verbindung herstellt zwischen der Unterstützung des Befreiungskampfes in Mittelamerika und dem Widerstand gegen die Raketenstationierung durch die USA in Westeuropa. Deswegen fordern wir euch auf, uns durch eine bessere Informationspolitik bei der Klärung dieser Fragen zu unterstützen."[14]
Unterzeichner: iz3w, epk, IDES, ila-Info, IKA, Istmo, Lateinamerika Nachrichten, Peripherie, AIB.
Aber auf Briefe wie diesen an die FMLN kamen allenfalls nichtssagende Antworten. Im Verlauf des Frühsommers 1983 erschienen in der taz mehrere Artikel, die den Spekulationen über den Mord in Managua und den anschließenden Selbstmord neue Nahrung gaben, und die Diskussion über das Verhältnis der „Solidaritätsbewegung zur Guerilla" anheizten.[15]
Schon vorher war die taz in ihrem redaktionellen Teil und auf ihrer Leserbriefseite zum Forum für diese Auseinandersetzungen geworden. Auf einem Bundestreffen nahmen dann auch die Vertreter der El Salvador-Gruppen kritisch Stellung: „Dieser Mord bringt nur den Feinden der Revolution Nutzen. Um so dringender fragen wir nach den Ursachen dafür, daß die Auseinandersetzung innerhalb einer Befreiungsorganisation in einer solchen Tat zum Ausdruck kommen kann. Dies stellt auch den Aufbau und die Formen politischer Entscheidungsfindung zur Diskussion... Was hingegen nicht zur Diskussion steht, ist die Glaubwürdigkeit und Legitimation des Kampfes des salvadorianischen Volkes gegen die wirtschaftliche, soziale, politische und militärische Unterdrückung. Diese verdient und fordert unsere umfassende Solidarität in den Stadtteilen, Gewerkschaftsgruppen, Parteien und kirchlichen Organisationen bis hin zur Unterstützung des bewaffneten Kampfes durch die Aktion ‚Waffen für El Salvador'."[16]
Aber gerade dieser Spendenaufruf für Waffen wurde nun auch wieder kontrovers diskutiert. Andere Stellungnahmen lauteten etwa so: „Nach allen Bruchstücken von Informationen, die sie unseren Korrespondenten zugelassen haben, können wir nicht zur Tagesordnung übergehen und die Geldsammlung fortsetzen..."[17]

Anfang Mai meldete die taz jedoch, daß die Spendensammlung fortgesetzt würde.[18]

In redaktionellen Kommentaren und Leserbriefen, die in der taz erschienen, wurde bei der Diskussion möglicher Konsequenzen für die Solidaritätsarbeit immer wieder auf den schmalen Pfad hingewiesen, auf dem die Bewegung wandele. Zwischen der bedingungslosen, gelegentlich auch ,,skrupellosen" Identifikation und der Aufgabe der Solidaritätsarbeit müsse eine kritische Solidarität ohne Illusionen zur Kenntnis nehmen, daß Befreiungsbewegungen auch nur aus Menschen bestünden, mit all ihren Schwächen und Fehlern.

Viele Aktivisten zogen trotzdem persönliche Konsequenzen. Sie wandten sich von der Solidarität mit El Salvador ab. Im Verlauf des Jahres 1983 entdeckten viele — auch deshalb — in Nicaragua wieder das Objekt ihrer Solidarität. Darunter waren nicht wenige, die kurze Zeit vorher erst ihre Nicaragua-Arbeit zugunsten El Salvadors aufgegeben hatten. Nach den schockierenden Berichten aus El Salvador bot Nicaragua letztendlich doch ,,problemlosere" Solidaritätsmöglichkeiten. Ernte-Einsätze, die Organisation von Hilfsgütern, die Unterstützung von Projekten dort oder hierzulande waren jedenfalls wesentlich überschaubarer.

Manche El Salvador-Gruppen machten aber auch nach den Diskussionen über Mord und Selbstmord so weiter wie zuvor. Noch ein Jahr nach diesen Ereignissen kam Rose Gauger in den ,,Blättern des iz3w" zu dem Schluß: ,,Eines hat die Ermordung Ana-Marias nicht gebracht: daß spätestens nach diesem Ereignis hier offener und kritischer diskutiert wurde, man die Informationen und Kommuniquées von drüben etwas sorgfältiger studierte.

Im Gegenteil, ich habe den Eindruck, daß die Reihen noch fester geschlossen, die Scheuklappen noch weiter heruntergezogen wurden. Die nächste Überraschung kommt bestimmt. Wir haben uns in erschreckender Art und Weise daran gewöhnt, daß Solidaritätsarbeit das Verkündigen von heldischen Taten bedeutet, daß uns etwas Alternatives dazu nicht mehr einfällt. Da scheinen jahrzehntelange Erfahrungen folgenlos zu sein, da helfen keine Erinnerungen an den Stil sogenannter K-Gruppen, die in ihren ‚Roten Fahnen' nur von heldenhaften Völkern und mörderischen Imperialisten berichtet haben. Da täte manch eine/r aus der Soli-

daritätsbewegung gut daran, sich diese Lektüre einmal zu Gemüte zu führen, um sie dann mit unseren eigenen Veröffentlichungen zu vergleichen; wir haben nicht viel dazugelernt."[19]
In diesem Artikel diskutierte Rose Gauger den Mord an Ana-Maria und den anschließenden Selbstmord Marcials zum ersten Mal in Zusammenhang mit der politisch-militärischen Entwicklung in El Salvador und den Diskussionsprozessen innerhalb der FDR/FMLN.
Zusammengefaßt beschrieb sie die Ereignisse so: Im Februar 1984 legte die Führung der FDR/FMLN in Mexiko-City einen Vorschlag vor, der eine politische Lösung des Bürgerkrieges in El Salvador ermöglichen sollte. Die Guerilla bot darin die Bildung einer ,,Regierung der breiten Beteiligung" an, die übergangsweise bis zu dem Zeitpunkt amtieren sollte, zu dem in El Salvador demokratische Wahlen stattfänden. Aufgerufen zu dieser Großen Koalition wurden alle politischen, militärischen und wirtschaftlichen Kräfte des Landes, mit Ausnahme der Gruppen, die den Großgrundbesitzern (und damit Roberto D'Aubuisson und den mit ihm verbundenen Militärs und Terrorkommandos) nahestanden.
Beim Vergleich dieses Vorschlags mit der Plattform zur Bildung einer ,,Demokratischen Revolutionären Regierung", die 1980 veröffentlicht worden war, war eine fundamentale Veränderung der dort festgelegten Positionen zu erkennen: 1980 war das Ziel noch die Eroberung der Macht und Einsetzung einer revolutionären Regierung gewesen. Nach dem neuen Vorschlag sollten sich alle die Macht teilen — als gleichberechtigte Partner. Rose Gauger folgerte: ,,Wir müssen davon ausgehen, daß die Auseinandersetzungen über dieses neue Verhandlungsangebot sich über Monate, wenn nicht Jahre erstreckten und es darüber zum tödlichen Zerwürfnis kam."[20]
Die Solidaritätsbewegung erfuhr von diesen inhaltlichen Auseinandersetzungen innerhalb der FPL, der größten Organisation innerhalb der FMLN(!), so gut wie nichts. Dies war um so bedenklicher, da der Hintergrund der Konflikte breit hätte diskutiert werden müssen. Denn es handelte sich um eine der Kernfragen in der Geschichte revolutionärer Bewegungen: Gab es Umstände, die ein Bündnis mit der Bourgeoisie gegen Faschismus oder Diktatur

rechtfertigten? Offensichtlich schätzten weite Teile der Guerilla in El Salvador die Aussichten des militärischen Kampfes so negativ ein, daß sie — auf der Suche nach einer politischen Lösung — ein Bündnis mit großen Teilen der bürgerlichen Kräfte vorzogen. In der bundesdeutschen Solidaritätsbewegung wurde dieser neue Verhandlungsvorschlag der FDR/FMLN auch dann noch nicht unter diesen Gesichtspunkten diskutiert, als er bekanntgeworden war. Auf dem Bundestreffen der El Salvador-Komitees im April 1984 kam ,,klar zum Ausdruck, daß — mit Ausnahme des Berliner Komitees — keine einzige Gruppe Schwierigkeiten damit hatte, den neuen Verhandlungsvorschlag umstandslos zu verdauen".[21]

An diesem Punkt offenbarte sich das fehlende politische Problembewußtsein großer Teile der Mittelamerika-Solidaritätsbewegung. Viele der Komitee- und Gruppenmitglieder ziehen sich auch heute noch zurück, wenn politisch diskutiert wird, historische Parallelen gezogen oder ökonomische und politische Rahmenbedingungen analysiert werden. Sie werden erst wieder aktiv, wenn es um konkrete Aktionen geht: um die nächste Veranstaltung, um die Organisation eines Kaffee-Boykotts oder praktische Projektunterstützung.

Die Probleme der El Salvador-Solidarität angesichts fehlender, unklarer oder falscher Informationen von seiten der Befreiungsbewegung FDR/FMLN, zeigten sich auch weiterhin. So erschienen im Sommer 1985 zwei Publikationen von Aktivisten der Solidaritätsbewegung, die sich kritisch mit der Lage in El Salvador und der Verfassung der FMLN auseinandersetzten. Einmal handelte es sich um einen Artikel im ila-Info.[22] ,,No future in El Salvador?", fragte dort ein Paul Haru und zog eine entmutigende Bilanz: Die FMLN habe versagt, und es fehle ihr ein politisches Konzept.

Bezeichnend war, daß der Autor es nicht wagte, sein Urteil unter seinem richtigen Namen zu veröffentlichen, sondern ein Pseudonym wählte.

Die zweite Veröffentlichung war eine Broschüre der Informationsstelle El Salvador mit dem Titel: ,,El Salvador 1985, Krieg und Dialog".[23] Die Autoren dieser Broschüre sahen angesichts der Übermacht der Armee auch nur eine politische Lösung in einem breiten Bündnis für das Land.

Diesen pessimistischen Berichten standen aber äußerst zuversichtliche Lagebeurteilungen gegenüber, die — ebenfalls im Sommer 1985 — von der FMLN selbst veröffentlicht und von der Solidaritätsbewegung übersetzt wurden:

,,Innerhalb der Wiederangleichung, die wir z.Zt. durchführen, ist die Eroberung von Terrain nicht unser augenblickliches Ziel. Was wir anstreben, ist ein Expansionsprozeß, der es uns ermöglicht, die Bevölkerung zu integrieren, zu organisieren, dort die revolutionäre Streitmacht zu entwickeln, wo es eine große Sympathie mit der FMLN gibt, wo konkrete Auseinandersetzungen im Volkskampf stattfinden und wo es Leute gibt, deren Bewußtseinsstand sogar höher entwickelt ist, als bei der Bevölkerung in unseren kontrollierten Zonen. Jetzt schon gibt es genug Beweise, die zeigen, daß der Plan der FMLN funktioniert. All die Erklärungen, die das Regime bezüglich der Sabotage gegen die Energieversorgung abgegeben hat, über die Transportstillegungen, die Zerschlagung der lokalen Machtinstanzen, die Zermürbung der Offensiven, die Aktionen in den Städten, die Aktivität im Westen des Landes, zeigen ganz deutlich, daß die FMLN in diesen Momenten einen militärischen Vorteil genießt."[24]

Wieder stand also die El Salvador-Solidarität vor dem Problem, mit Informationen der FMLN arbeiten zu müssen, die ein zu positives Bild vom Stand des Befreiungskampfes zu vermitteln schienen. Seit 1982 war dieses Problem in der Solidaritätsbewegung mit El Salvador bekannt. Aber nur selten wurde es in der Bewegung offen thematisiert. Große Teile der Bewegung drückten sich auch um diese Auseinandersetzung herum. Wieder warnten die Lateinamerika Nachrichten: ,,Das Problem von vielen ist es immer mehr, die Politik der FMLN zu verteidigen, die Jubel- und Erfolgsberichte, die Terrorakte und das Dialoggebaren verständnisvoll unter die Leute zu bringen. Diejenigen, die es nicht mehr können, ziehen sich ... aus der Solidaritätsbewegung zurück. Diese schrumpft auf die wenigen Getreuen, die es immer gibt, zusammen."[25] Tatsächlich bestanden schon im März 1986 nur noch 15 von den ehemals 120 El Salvador-Komitees. Weitere 20-25 Gruppen beschäftigen sich noch — unter anderem — mit El Salvador.

VOM FREUNDESKREIS ZUR DOMBESETZUNG
DER POLITISIERUNGSPROZESS DER
„KINDERHILFE LATEINAMERIKA" IN KÖLN

Zu den vielen Solidaritätsgruppen, die sich zuletzt auch mit El Salvador beschäftigten, gehörte bis 1985 auch die Kinderhilfe Lateinamerika in Köln. Elf Jahre lang war diese Gruppe vor ihrer Auflösung in der Lateinamerika-Solidarität aktiv gewesen. Von ehemaligen Mitgliedern der Kinderhilfe haben wir uns die Geschichte der Politisierung dieser Gruppe erzählen lassen. Diese Geschichte kann als Beispiel gelten für die Entwicklung und Schwierigkeiten vieler Solidaritätsgruppen.
Es begann mit einem etwas holprigen Flugblatt-Text:
„Lateinamerikaner aus Uruguay und Argentinien erzählten ihren deutschen Freunden in Köln aus ihrer Heimat — und immer wieder von der Not der Kinder. Diese sind besonders betroffen, wenn ihre Väter arbeitslos oder im Gefängnis sind, denn es gibt in diesen Ländern kein Netz sozialer Sicherheiten, das ihnen ein menschenwürdiges Heranwachsen garantiert.
So entstand in Köln ein Freundeskreis. Es war im Jahre 1974, als sie sich entschlossen, die Kinderhilfe Lateinamerika e.V. zu gründen. Deutsche und Lateinamerikaner arbeiten in der Kinderhilfe zusammen. Mit zwei Zielen: Sie wollen die deutsche Öffentlichkeit informieren und sie wollen Hilfe schaffen. Sie wollen sich nicht zufriedengeben mit der Hoffnung auf Besserung, die vielleicht später einmal eintreten wird. Denn der Hunger der Kinder ist der Hunger von heute...
Die Lateinamerikaner hatten auch davon berichtet, daß in den Elendsvierteln der Städte Männer und Frauen Nachbarschaftshilfen begründet haben, in der einer dem anderen hilft, so gut es geht. Diese Nachbarschaftsgruppen wurden Partner der Kinderhilfe Lateinamerika... Hier gibt die Kinderhilfe Hilfe zur Selbsthilfe.
Und sie braucht noch viele Freunde. Denn viele Kinder hungern in Lateinamerika."
Mit diesem Flugblatt warb Mitte der siebziger Jahre in Köln die „Kinderhilfe Lateinamerika e.V.". Diese Kinderhilfe unter-

schied sich deutlich von der damaligen Kölner Solidaritätsszene. Dort dominierten das ,,Chile-Komitee'', in dem der Kommunistische Bund Westdeutschland (KBW) und die Gruppe Internationale Marxisten (GIM) den Ton angaben, sowie das DKP-nahe ,,Komitee Freiheit für Chile''.
Vor allem die Aktivisten aus dem ,,Chile-Komitee'' nahmen die Kinderhilfe nicht ernst. Der Name, der humanitäre Arbeitsansatz und das Symbol der Gruppe, eine Zeichnung mit drei Kindern, disqualifizierte die Kinderhilfe in den Augen der Komitee-Mitglieder als unpolitische Initiative. Argwohn erweckte bei den ,,Politischen'' auch die Organisation der Gruppe als eingetragener Verein mit einem prominenten Ehrenpräsidium, dem unter anderen Heinrich Böll, Günter Wallraff, Martin Niemöller, Walter Fabian, Helmut Gollwitzer und Dorothee Sölle angehörten. Auch als Bündnispartner war die Kinderhilfe Lateinamerika für die Komitees zunächst uninteressant. Zumal sich auch noch ein Teil der Gruppe abspaltete, um als ,,Kinderhilfe Chile'', angelehnt an das ,,Komitee Freiheit für Chile'', ausschließlich für die Solidarität mit dem Andenstaat zu arbeiten. Der Rest der Gruppe lehnte die Konzentration auf nur ein Land bewußt ab. Exilanten aus Uruguay und Argentinien hatten betont, daß in vielen Ländern Lateinamerikas Menschen verfolgt und unterdrückt würden. Deshalb müßte an der Arbeit für ganz Lateinamerika festgehalten werden. Nach der Spaltung bestand die Kinderhilfe Lateinamerika allerdings nur noch aus sechs Personen.
1976 organisierte diese Gruppe die ,,Lateinamerika-Tage '76'' in Köln. Fast zwei Wochen lang fanden täglich politische und kulturelle Veranstaltungen zu Lateinamerika statt. Im Informationsblatt von damals heißt es:
,,Die Absicht der Lateinamerika-Tage ist, innerhalb der engen Grenzen dieser sehr kurzen Zeit einen Ausschnitt der Wirklichkeit dieses riesengroßen Kontinents, der von schweren sozialen, politischen und wirtschaftlichen Problemen bedrückt wird, aufzuzeigen. Wir sind uns bewußt, daß der Umfang des Themas uns lediglich erlaubt, einen Beitrag vergleichbar der Größe eines Sandkorns zu leisten, und daß die Information, die wir anzubieten haben, notwendigerweise unvollständig bleiben muß. In jedem Fall glauben wir aber, daß der bescheidene Beitrag, den wir

durch die verschiedenen Veranstaltungen im Rahmen der Lateinamerika-Tage leisten können, geeignet ist, einen wahren Eindruck von diesem Kontinent und seinen Problemen zu vermitteln, der in keiner Weise mit dem oberflächlichen, folkloristisch gefärbten Bild übereinstimmt, das uns in vielen Fällen durch die Medien erreicht — Medien, die keinerlei Interesse haben, die Wirklichkeit zu zeigen, wie sie ist. Der Gesamterlös der Lateinamerika-Tage wird zur Unterstützung von Kindern politischer Gefangener und Flüchtlinge in Argentinien verwendet. Wir bitten um Spenden."

Das Angebot, eine Mischung aus politischen Diskussionen, Dichterlesungen, Musik- und Filmveranstaltungen, lockte sehr viele Kölner an. Es kamen auch solche, die sich bei den Veranstaltungen der Chile-Komitees nie sehen ließen. Gesteigert wurde das Interesse an den Lateinamerika-Tagen noch durch einen spontanen Auftritt des Sängers Wolf Biermann. Aber sicher trug auch der ,,unverdächtige" Name ,,Kinderhilfe" zu den großen Besucherzahlen in diesen zwei Wochen bei. Auch die Lokalzeitungen, die von anderen Solidaritätsgruppen in Köln keinerlei Notiz nahmen, berichteten ausführlich über die Lateinamerika-Tage. Wegen des großen Erfolges veranstaltete die Kinderhilfe Lateinamerika schon 1977 die zweiten Lateinamerika-Tage, wiederum mit viel Resonanz.

Danach war die Kinderhilfe bekannt in Köln. Langsam änderten auch vereinzelte Aktivisten des ,,Chile-Komitees" ihre Meinung über die Gruppe: ,,Man hat gespürt, die versuchen, etwas zu vermitteln. Das hat Authentizität gehabt, egal, ob man das jetzt ideologisch richtig fand oder nicht. Da war eine Echtheit, die ich bei uns im Komitee immer weniger erlebte. Dort standen bestimmte abstrakt theoretische Diskussionen zwischen den K-Gruppen an, bei denen die Realität aus dem Blick verlorenging."

Andererseits wuchs auch in der Kinderhilfe die Unzufriedenheit darüber, Solidaritätsarbeit in erster Linie als kulturelle Arbeit zu verstehen. Die ersten Ansätze einer stärker politischen Tätigkeit, etwa die Unterstützung von Widerstandsgruppen in Argentinien, bezeichnen die ehemaligen Mitglieder der Kinderhilfe heute selbst als ,,eine naive Form von politischer Arbeit. Das hat für Leute, die aus Gruppen mit eindeutig politischem Zusammenhang kamen, zum Teil sicher ein bißchen verrückt ausgesehen. Wir haben uns erst einmal mit Personen auseinandergesetzt, zu denen wir Vertrauen hatten. Erst ganz weit dahinter fand gelegentlich eine Auseinandersetzung mit politischen oder ideologischen Fraktionen oder Richtungen statt."

Anfang 1978 beschloß die Kinderhilfe Lateinamerika, sich an der Boykottkampagne zur Fußballweltmeisterschaft 1978 zu beteiligen, die in Argentinien ausgetragen werden sollte. Dies war für die Gruppe ein erster Schritt hin zu praktischen Solidaritätsaktionen. Einige Monate später beschlossen die Argentinien-Komitees, amnesty international und die Evangelischen Studentengemeinden eine gemeinsame Kampagne unter dem Motto ,,Wo sind die Verschwundenen". Im Rahmen dieser Kampagne organisierte die Kinderhilfe, in der Frauen immer in der Mehrzahl waren, die erste Reise der ,,Mütter von der Plaza de Mayo" durch die Bundesrepublik. Diese ,,Mütter" kämpften während der argentinischen Militärdiktatur unter großem persönlichen Risiko für die Aufdeckung des Schicksals von 20.000 Verschwundenen in ihrem Land. Die Vertreterinnen der ,,Mütter" fürchteten sich auch auf ihrer Reise durch die Bundesrepublik vor der Verfolgung durch die Militärs in ihrer Heimat und waren entsprechend vorsichtig: ,,Wir waren voller Emotionen und Erwartungen. Diese Frauen aber waren zunächst sehr zurückhaltend, was wir nicht verstanden haben. Wir hatten sie in verschiedenen Wohnungen untergebracht. Aber noch in derselben Nacht waren die Frauen plötzlich verschwunden. Am nächsten Morgen sollte eine Pressekonferenz stattfinden. Das zu organisieren, war nicht einfach gewesen. Und jetzt warteten wir die ganze Nacht und wußten nicht, was wir machen sollten. Wir waren enttäuscht und wütend. Später tauchten die ‚Mütter' dann wieder auf. Sie hatten einfach Angst gehabt und waren zusammen in ein Hotel gegangen. Als sie dann anfingen, von Argentinien zu erzählen, da war das für uns eine direkte Konfrontation mit der Brutalität dort. Ich erinnere mich noch an mein Gefühl dabei, ich glaube, es war das Gefühl von uns allen: Wir schämten uns. Wir hatten soviel organisiert hier. Wir dürfen nicht vergessen, wie schwirig es war, Fernsehen und Presse zu interessieren.

Aber langsam wurde uns klar, um was es für diese Frauen ging.

Demonstration der „Kinderhilfe Lateinamerika" vor der argentinischen Botschaft in Bonn 1978.

Noch in der gleichen Nacht wußten wir, wir können nicht mehr so weitermachen wie bisher."
Die Kinderhilfe übernahm die bundesweite Koordination der Argentinien-Solidarität und organisierte eine Demonstration vor der argentinischen Botschaft in Bonn. „Die Frauen, die jeden Donnerstag auf der Plaza de Mayo in Buenos Aires demonstriert hatten, durften das nicht mehr. Da haben wir gesagt, wir machen das hier vor der Botschaft stellvertretend für die Frauen in Argentinien. Es war deshalb eine Demonstration speziell für Frauen. Wir hatten aufgerufen, da sollten vor allem Frauen hinkommen mit Kindern. Wir hätten ja nie im Leben gedacht, daß es da Komplikationen geben könnte.

Und dann kam es vor der Botschaft zu einer massiven Auseinandersetzung mit der Polizei. Die kamen sofort mit Schlagstöcken und Hunden und haben uns auseinandergetrieben. Drei Frauen wurden verhaftet. Wir erlebten sowas zum ersten Mal und waren überhaupt nicht vorbereitet. Mit so einer Reaktion hatte niemand gerechnet. Das war ein Schock für viele. Das hat dann dazu geführt, daß wir uns gesagt haben, jetzt erst recht. Das war ein Sprung in der Entwicklung der Gruppe."

Eine erste Reaktion der Kinderhilfe war die Veranstaltung einer regelmäßigen Mahnwache vor der argentinischen Botschaft. Einmal im Monat fuhren Frauengruppen und Argentinien-Komitees, zunächst aus dem Kölner Raum, später aus der gesamten BRD, zur Mahnwache nach Bonn. Diese Mahnwachen wurden immerhin mehr als ein halbes Jahr lang durchgeführt.

Obwohl Argentinien 1978 den Schwerpunkt der Kinderhilfe-Arbeit bildete, beschäftigte sich die Gruppe zumindest sporadisch auch mit den Problemen in anderen Ländern. Etwa mit dem deutsch-brasilianischen Atomgeschäft und 1978 auch schon mit Nicaragua. Enrique Schmidt, selbst Angehöriger der Sandinistischen Befreiungsfront, studierte damals in Köln und konnte unmittelbar von der Situation und dem Befreiungskampf in seinem Land berichten. ,,Ich glaube, was uns damals sehr stark motiviert hat, da mal genauer hinzusehen, war diese starke Vermittlung, die der Enrique geschafft hat. Der kannte einfach unsere Verhältnisse hier und unsere Fragestellungen."

Die erste Aktion für Nicaragua, an der Mitglieder der Kinderhilfe teilnahmen, war ein Hungerstreik in Düsseldorf. ,,Aber was ich am stärksten in Erinnerung behalten habe, ist, daß wir da zum ersten Mal aufgefordert wurden, Geld für Waffen zu sammeln. Wir haben das damals diskutiert und für uns war die Berechtigung des bewaffneten Kampfes klar. Das war für uns schon eine Selbstverständlichkeit, daß ein Volk, das über Jahrzehnte versucht hatte, gewaltfrei Widerstand zu leisten, dann mit Waffen kämpft. Wir haben dann auch gesammelt, aber nicht offen, mehr so unter uns, unter Freunden. Eine andere Möglichkeit gab es nicht, denn um eine Auseinandersetzung darüber in der Öffentlichkeit haben wir uns damals noch gedrückt." Trotz vereinzelter Aktionen zu Nicaragua blieb Argentinien zunächst der Arbeitsschwerpunkt der

Kinderhilfe. Gleichzeitig kam es häufiger zu Diskussionen, inwieweit sich der Anspruch der Kinderhilfe, zu ganz Lateinamerika und nicht länderspezifisch zu arbeiten, noch aufrechterhalten ließ, vor allem, als 1980 die Forderungen lauter wurden, sich ganz auf El Salvador zu konzentrieren.

,,Die Argentinien-Arbeit hatte uns bis dahin viel Arbeit gekostet. Aber wir hatten etwas in der Öffentlichkeit erreicht, mit den wenigen Leuten, die wir hatten. Sollten wir das jetzt liegenlassen, weil viele fanden, daß es politisch notwendig war, El Salvador-Arbeit zu machen? Manche von uns fühlten sich wie Verräter, weil sie es einerseits nicht verantworten konnten, mit der Argentinien-Arbeit aufzuhören, und andererseits nicht darum herumkamen, sich mit El Salvador zu beschäftigen! Ausdruck dieses Zwiespalts war ein Flugblatt, das im Frühjahr 1981 zum fünften Jahrestag des Militärputsches in Argentinien von der Kinderhilfe geschrieben wurde. Es endete mit den Sätzen:

,Gegen die Versuche der Regierungsjunta in Argentinien wie in El Salvador, ihre Verantwortung für die Massaker an ihren Völkern zu leugnen. Demo zu den Botschaften von El Salvador und Argentinien am 20.3.' ''

1980 fiel die Entscheidung der Kinderhilfe, massiv in die El Salvador-Arbeit einzusteigen. Den letzten Anstoß gaben die Berichte eines Gruppenmitglieds nach einer Reise durch Mittelamerika. Danach kam die Gruppe zu dem Schluß, ,,daß Mittelamerika ein wichtiger Krisenherd ist, an dem sich einiges entscheiden wird für Mittelamerika, für ganz Lateinamerika und für uns hier in der Bundesrepublik. Und weil wir nur so wenige waren, mußten wir uns genau überlegen, wo wir unsere Kräfte einsetzen sollten. Auf der anderen Seite standen die Erfahrungen mit der Argentinien-Arbeit: immer weniger Resonanz, immer weniger Unterstützung selbst bei den Argentiniern.

Nachdem wir so lange dafür gekämpft hatten, daß die argentinischen Flüchtlinge in die BRD kommen durften, haben die sich, nachdem sie einmal hier waren, unheimlich schnell in dieses tolle Wohlstandsland integriert.''

Auf einem Bundestreffen der El Salvador-Gruppen 1980 in Berlin kam einigen Aktivisten die Idee, friedlich den Kölner Dom zu besetzen. Mit einer solchen spektakulären Aktion hofften die

Gruppen, endlich das Schweigen der bundesdeutschen Medien und der Amtskirche über die Vorgänge in El Salvador brechen zu können. Denn trotz der Ermordung des Erzbischofs Romero, trotz der erschütternden Informationen, die die Solidaritätsgruppen aus El Salvador erhielten, war die Lage in dem mittelamerikanischen Land hierzulande noch kein Thema.

Obwohl den Mitgliedern der Kinderhilfe klar war, daß nur durch eine spektakuläre Aktion etwas erreicht werden könnte, wurde über die Besetzung des Kölner Doms heftig diskutiert: ,,Wir hatten gleichzeitig Angst. Denn wir wußten nicht, ob eine solche Besetzung, und dann noch des Kölner Domes, die Leute nicht verprellen würde. Einige hatten Zweifel, ob wir in der Öffentlichkeit nicht nachher nur als ,Radikalinskis' dastehen würden. Andere dagegen hielten die Dombesetzung genau für die richtige Aktion, um El Salvador hier in die Öffentlichkeit zu bringen. Vor allen Dingen auch, weil unbedingt erreicht werden sollte, daß die katholische Amtskirche Stellung bezieht."

Als die Kinderhilfe sich für die Dombesetzung entschieden hatte, folgte die Auseinandersetzung mit anderen Gruppen, vor allem aus dem kirchlichen Bereich. ,,Die haben gesagt, wenn ihr das macht, dann macht ihr unsere Arbeit kaputt, die wir im kleinen, in den kirchlichen Basisgruppen machen."

Dennoch suchte und fand die Kinderhilfe für die geplante Besetzung auch Zustimmung an der Kirchenbasis: ,,Wir haben extra ein Seminar von Religionslehrern besucht, sogenannten Multiplikatoren der katholischen Kirche. Wir haben versucht, denen zu erklären, warum wir die Aktion für richtig halten, und die waren nachher auch überzeugt, daß das richtig war."

Am 26. September 1980 besetzten Mitglieder der Kinderhilfe Lateinamerika zusammen mit Vertretern anderer El Salvador-Gruppen den Kölner Dom. In einer Dokumentation veröffentlichte die Kinderhilfe später den ,,chronologischen Ablauf der symbolischen Asylsuche von Solidaritätsgruppen für das verfolgte und unterdrückte Volk von El Salvador."

DOKUMENT 39:
CHRONOLOGISCHER ABLAUF DER SYMBOLISCHEN ASYLSUCHE IM KÖLNER DOM, 1980:

Freitag, 26. September 1980

10.00 Uhr El Salvador-Solidaritätsgruppen aus den verschiedenen Diözesen der Bundesrepublik, darunter viele Theologen, Priester, Kirchenangestellte und Theologiestudenten, ersuchen stellvertretend für das geknechtete Volk in El Salvador Asyl im Dom;

10.10 Uhr Portale werden geschlossen; Kirchenschweizer werden gegen zwei Frauen gewalttätig, reißen Transparente herunter und treten darauf herum; inzwischen wird der Domprobst (Hausherr) benachrichtigt;

10.15 Uhr Der Domprobst erscheint im Kreis der Asylanten und läßt sich über das Anliegen informieren; Touristen und Dombesucher verlassen teilweise auf Ersuchen der Kirchenschweizer den Dom; der Domprobst verspricht, den Generalvikar zu einem Gespräch mit den Solidaritätsgruppen zu bitten; Termin gegen 13.00 Uhr;

10.30 Uhr Mitglieder der Gruppe, die zu dieser Zeit noch nicht im Dom waren, unterrichten inzwischen vor dem Dom die Öffentlichkeit über den Grund der Domschließung, verteilen Handzettel, erläutern die Forderung an die deutschen Bischöfe;

11.15 Uhr Die Solidaritätsgruppen für El Salvador dürfen zunächst auf Entscheid des Domprobstes im linken Kirchenschiff „ohne laute Proklamationen" die Dombesucher informieren, Transparente aufhängen, die Informationstische aufbauen, mit der Auflage, nicht störend für die Besucher aufzutreten; die Portale werden für die Besucher wieder geöffnet;

11.20 Uhr Auf der Domplatte werden Transparente aufgehangen, ein Bücher- und Informationsstand aufgebaut, Gespräche geführt, über die Ursache der stellvertretenden Asylsuche informiert, Flugblätter verteilt; die Bevölkerung wird vor und in dem Dom auf die Situation der Verfolgten und Unterdrückten in El Salvador aufmerksam gemacht;
Hinweise im WDR auf die Geschehnisse im Kölner Dom;

15.00 Uhr Pressekonferenz mit Vertretern benachrichtigter Zeitungen, an der auch ein Ordensoberer mittelamerikanischer Jesuiten teilnahm (eine Redakteurin der Frankfurter Rundschau war seit Beginn der Asylsuche im Dom)

16.00 Uhr Eine Delegation von drei Vertretern der Asylanten führt mit dem Generalvikar Feldhoff und dem Domprobst ein klärendes Gespräch; sie wollen in einem Sachgespräch die Gründe der Asylsuche und die Forderung an die Vertreter der deutschen katholischen Kirche verdeutlichen; der Generalvikar erklärt sich bereit, Fürbitten vor dem Lochneraltar zu beten sowie das Anliegen an den Kardinal weiterzuleiten unter der Voraussetzung, daß die Gruppen den Dom verlassen. Die Delegation gibt sich nicht zufrieden, da sie eine inhaltliche Auseinandersetzung um die Problematik El Salvadors mit der stellvertretenden Kirchenleitung führen möchte.

17.00 Uhr Zweites Verhandlungsgespräch mit dem Generalvikar Feldhoff, in dem er die Asylsuchenden vor die Situation stellt, den Dom bis zur Schließungszeit zu verlassen, da ansonsten der Tatbestand des Hausfriedensbruches bestehe und er die Polizei holen müsse; sogar Ablehnung der Bitte, mit Priestern in der Gemeinschaft der Asylsuchenden einen Wortgottesdienst zu gestalten.

17.45 Uhr Plenum der Gesamtgruppe; Überlegungen zu entsprechendem Verhalten, falls der Dom gewaltsam auf Anordnung seitens der Kirchenleitung geräumt werden sollte; gewaltloser Widerstand; jedem Beteiligten an der Asylsuche wird freigestellt, im Dom zu bleiben bzw. ihn zu verlassen.

19.00 Uhr Die Domportale werden geschlossen, der Tatbestand des Hausfriedensbruches ist somit für die Kirchenleitung erfüllt;

19.15 Uhr Ein evangelischer Pastor hält mit ca. 50 Anwesenden einen Wortgottesdienst; währenddessen erfolgt bei der Predigt über Mikrophon die erste Aufforderung durch Generalvikar und Dompropst, den Dom zu verlassen; die Fürbitten werden vom Dompropst durch seine zweite Aufforderung verhindert;

19.30 Uhr Alle Glocken des Kölner Domes läuten für die folgende Stunde das Domweihfest ein; Mitglieder der Solidaritätsgruppen informieren die sich ansammelnde Menschengruppe über den Stand der Asylsuchenden.

21.00 Uhr Mit der dritten Aufforderung, den Dom zu verlassen, umstellt die Polizei den Dom.

21.30 Uhr Gewaltsam werden Mitglieder des Solidaritätskomitees von der Polizei aus dem Dom entfernt; zwei Personen werden verletzt; die Asylanten leisten gewaltlosen Widerstand, indem sie sich tragen bzw. schleifen lassen, sich vor die Mannschaftswagen der Polizei setzen und stellen, um sie am Abtransport der Solidaritätsmitglieder zu hindern, die Polizei schafft sich den Weg, indem sie in die Menge fährt.

22.15 Uhr Erkennungsdienstliche Behandlung von 31 Personen im Polizeipräsidium; Anzeige auf Hausfriedensbruch wird von der Kölner Kirchenleitung erstattet;

Samstag, 27. September 1980

10.00 Uhr Plenum aller Solidaritätsgruppen in der KSG (Kath. Studentengemeinde) Köln; weiteres Vorgehen wird abgesprochen, wobei klar ist, daß der Schwerpunkt der nächsten Aktion immer auf der Problematik des verfolgten und unterdrückten Volkes von El Salvador liegt;

11.00 Uhr Auf der Domplatte findet eine Spontandemonstration statt; mit Handzetteln, Gesprächen, Transparenten und Pantomime wird Bewußtsein für das unterdrückte Volk geschaffen. Aufgrund einer Standgenehmigung für den Wallraffplatz vor dem WDR wird ein Bücher- und Infotisch aufgebaut; die Bitte um eine hl. Messe im Dom am Nachmittag wird von der Kirchenleitung wegen einer Hochzeit abgelehnt!

17.00 Uhr Der Pfarrer der ESG in Essen hält vor dem Dom einen Wortgottesdienst mit allen Betroffenen für El Salvador.

18.00 Uhr Alternativ zum gewünschten Gottesdienst im Kölner Dom wird eine Messe in der St. Agnes Kirche in Köln-Nippes aus Verbundenheit mit den Verfolgten in El Salvador gehalten.
19.30 Uhr Paralleler Gottesdienst in Düsseldorf.

Sonntag, 28. September 1980

10.00 Uhr Auf der Domplatte wird die Öffentlichkeit in ähnlicher Art und Weise wie zuvor über die Geschehnisse in und um den Dom und die unmenschlichen Verhältnisse in Salvador aufmerksam gemacht.

12.00 Uhr Abschließend ein Theaterstück der Solidaritätsgruppen zur Verfolgung und Unterdrückung in El Salvador.
18.00 Uhr Letztes Plenum aller Beteiligten.
Mittwoch der übernächsten Woche werden vor dem Dom täglich von 10.00-23.00 Uhr Mahnwachen abgehalten, Flugblätter verteilt, Gespräche geführt.
Am Sonntag, den 5.10.80, wird zum letzten Mal mit einer größeren Gruppe von Mitgliedern der El Salvador-Komitees mit Transparenten, Flugblättern und Erklärungen gegen die Unterdrückung und Verfolgung des salvadorianischen Volkes protestiert.

Aus Anlaß der Dombesetzung veröffentlichte Erich Fried das folgende Gedicht:

DIE KLERISEI

> *„Er ragt verzweifelt schwarz empor,*
> *Das ist der Dom von Köllen."*
>
> Heine

Zwischen Erzbischof Romero
in San Salvador
und der Kirchenleitung in Köln
gibt es einige Unterschiede

Erstens in ihrer Haltung
zu denen die in die Kirche
kamen weil ihnen die Freiheit
am Herzen lag

Zweitens in ihrer Haltung
zu den Behörden
und drittens darin daß
(im Gegensatz zu Romero)

Generalvikar Feldhoff
noch nicht erschossen wurde
was zwar sicher gut ist doch ihm
vielleicht das Verständnis erschwert

Für die Mitglieder der Kinderhilfe Lateinamerika war die Dombesetzung eine ähnliche Erfahrung wie zwei Jahre vorher die Demonstration vor der argentinischen Botschaft. „Wir waren uns sicher, daß es notwendig war, politisch etwas zu machen und daß wir moralisch im Recht waren. Und dann kam eine Reaktion darauf, die auf einer vollkommen formaljuristischen Ebene ablief; eine Reaktion, die dermaßen massiv und stark war, wie wir sie, obwohl wir jetzt ja ein paar Jahre weiter waren und mehr politische Erfahrung hatten, nicht erwartet hätten. Wir wurden mit allen polizeistaatlichen Mitteln da rausgeschmissen und es gab keinerlei Möglichkeit, irgendetwas inhaltlich zu diskutieren."
Trotz Zeitungs- und Rundfunkmeldungen über die Besetzung des Domes blieb die erhoffte bundesweite Diskussion über El Salvador zunächst aus. Sie begann erst einige Monate später. Schon während des Befreiungskampfes in Nicaragua hatten die Mitglieder der Kinderhilfe durch Geldspenden für Waffenkäufe zum

Ausdruck gebracht, ,,daß für uns der Standpunkt klar war: Bestimmte gesellschaftliche Veränderungen kann man nur erreichen, wenn man auch ‚ja' sagt zum bewaffneten Kampf. Nicht, weil man das gut findet, sondern weil es keine andere Möglichkeit gibt. Deshalb haben wir uns zusammen mit der Berliner El Salvador-Gruppe entschlossen, den Aufruf der taz ‚Waffen für El Salvador' zu machen. Auch, wenn wir wußten, daß dies ein totales Tabuthema war."

Dieser Aufruf, der Ende 1980 von der taz veröffentlicht wurde, sorgte endlich für bundesweites Aufsehen (siehe Dokument 38). Die taz wurde wochenlang zum Forum für zustimmende und ablehnende Lesermeinungen.

Für die Kinderhilfe hatte der Waffenaufruf von 1980 direkte Folgen: Das Ehrenpräsidium der Gruppe trat zum Teil zurück: Heinrich Böll, Walter Fabian und Günter Wallraff wollten mit dem Waffenaufruf nichts zu tun haben. Dorothee Sölle, Martin Niemöller und Helmut Gollwitzer akzeptierten den Aufruf.

Günter Wallraff, der im Gegensatz zu Heinrich Böll mit sich reden ließ, kehrte erst nach langen Diskussionen und angesichts der Tatsache, daß schon eine Million Mark auf das Spendenkonto eingezahlt worden waren, in das Ehrenpräsidium zurück. Andere schlugen eine taktische Spaltung der Kinderhilfe vor: Die offizielle Gruppe sollte sich zurückhalten und ein ‚pro forma' abgetrennter ,,militanter" Flügel sollte zu dem Waffenaufruf stehen. ,,Die Diskussion über diesen Vorschlag war vielleicht die wichtigste, die wir je geführt haben. Es hat sich aber die Meinung durchgesetzt: Wir sind die Kinderhilfe, die vor Jahren die kulturellen Lateinamerika-Tage organisiert hat und die heute den Waffenaufruf für El Salvador propagiert! Die Auseinandersetzungen über den Aufruf haben unser Gefühl bestärkt, daß es notwendig ist, eine bestimmte Grenze zu überschreiten. Aber sie haben uns auch gezeigt, daß dieser Schritt in die Isolation führen kann."

Per Gerichtsbeschluß wurde der Kinderhilfe Lateinamerika die Gemeinnützigkeit entzogen, was einen Rückgang der Geldspenden zur Folge hatte. Viele vor allem kirchliche — Gruppen, die bis dahin eng mit der Kinderhilfe zusammengearbeitet hatten, zogen sich zurück. Sie befürchteten Schwierigkeiten bei weiterer Zusammenarbeit mit der Kölner Gruppe.

Die Auseinandersetzungen um den Waffenaufruf bildeten den Höhepunkt in der politischen Arbeit der Kinderhilfe.
Wenige Monate später kam es zu Konflikten innerhalb der Gruppe, die schließlich zum Ende der Kinderhilfe führten.
Auslösender Anlaß war die Verlegung der Informationsstelle El Salvador nach Köln. Ein führendes Mitglied der Kinderhilfe machte die Solidaritätsarbeit in der Info-Stelle fortan hauptamtlich. An den damit verbundenen Problemen wie Spezialistentum, Informationsvorsprung, bezahlte Solidaritätsarbeit, die von den anderen weiterhin nebenher gemacht werden mußte, zerbrach die Gruppe, deren Kern über all die Jahre nie mehr als zehn Leute umfaßt hatte. Bestehen blieben in Köln eine ,,Infostellen-Gruppe'' und die Kinderhilfe. Die Kinderhilfe eröffnete 1983 in der Kölner Südstadt einen Infoladen: ,,El Sótano''. Die Lateinamerika-Solidarität sollte damit im Stadtteil verankert werden. Das Konzept scheiterte, zumal der Eigentümer des angemieteten Ladenlokals der Gruppe die Kündigung schickte.
Anfang 1985 stellte die Kinderhilfe Lateinamerika ihre praktische Arbeit fast völlig ein. Die Diskussion über die endgültige Auflösung oder eine mögliche Weiterarbeit ist noch nicht abgeschlossen.

„HIER DAFÜR SORGEN, DASS KEINE RUHE IM LAND HERRSCHT!"
GESPRÄCH MIT MITGLIEDERN DES EL SALVADOR-KOMITEES BERLIN[27]

Was hat euch zum Eintritt in das El Salvador-Komitee veranlaßt?

Brigitte: Ich arbeite seit 1980 im El Salvador-Komitee. Ende 1979 hatte ich zunächst im Nicaragua-Komitee begonnen. Anlaß war für mich der Sieg in Nicaragua gewesen. Dann kam im Frühjahr 1980 ein Genosse aus El Salvador zurück, der dort Zeuge des Massakers auf dem Platz vor der Kathedrale in San Salvador bei der Beerdigung des Bischofs Romero geworden war. Der Genosse hat uns klargemacht, daß es unabdingbar ist, daß die Nicaragua-Bewegung sich auch El Salvadors annimmt. Und dann haben wir uns vom Nicaragua-Komitee getrennt und nur noch für El Salvador gearbeitet. Das mache ich jetzt seit fünf Jahren.
Tommy: Ich bin vor eineinhalb Jahren ins El Salvador-Komitee gekommen, über eine Unterstützungsaktion für eine salvadorianische Druckerei in Nicaragua. Zur Zeit des Häuserkampfes in Berlin war 1980/81 unser Ziel, uns auch mit anderen Inhalten zu beschäftigen. Damals war gerade El Salvador sehr im Gespräch und darüber bin ich auf Dritte Welt-Probleme und zur Unterstützung von Befreiungsbewegungen gekommen.
Stefan: Mein Zugang war eher ein folkloristischer. Ich bin eines Tages auf das Nicaragua-Komitee gestoßen und später in die politische Arbeit dort eingestiegen. Anfang 1980 habe ich mich dann dem El Salvador-Komitee angeschlossen.

Ihr alle habt erst Nicaragua-Arbeit gemacht und seid dann zu El Salvador übergewechselt. Gibt es so etwas wie eine Solidaritätskonjunktur?

Brigitte: Es gab Kuba, es gab Vietnam, es gab Portugal. Und dann kamen die revolutionären Auseinandersetzungen in Nicaragua. Das war ein bißchen anders als vorher. Vor dem Sieg der Sandinisten gab es keine intensive Solidaritätsbewegung, aber nach dem Sieg war Nicaragua interessant und ist es ja bis heute. Anfang der achtziger Jahre gab es für El Salvador einen Aufschwung, dann aber sehr bald auch die Abwärtsbewegung bis heute, da El Salvador einerseits nicht mehr so häufig in den internationalen Nachrichten erscheint, aber auch für die Solidaritätsbewegung ein kompliziertes Thema geworden ist, jedenfalls offensichtlich nicht so spannend wie Nicaragua und nicht so konkret.

Worin liegen die Gründe für das Abflauen der El Salvador-Solidarität im einzelnen?

Brigitte: Das ist eine schwierige Frage. Wir haben da mehrere Thesen. Die erste ist: Die Linke oder die Solidaritätsbewegung verbindet sich solange mit einer Befreiungsbewegung, wie deren direkte bewaffnete Auseinandersetzung stattfindet, der Imperialismus im Lande steht und die Bewegung militärisch stark ist und wenn militärische Erfolge an der Tagesordnung sind. Sei es, daß Kasernen eingenommen werden, oder — wie in El Salvador 1982 — praktisch 70 Prozent der Luftwaffe in einem Handstreich der Befreiungsbewegung zerstört werden.

Das waren immer so Punkte, wo die Soli-Bewegung hier aufatmete und sagte: Aha, da tut sich was. In dem Moment, wo die spektakulären Ereignisse wegfielen, gab es hier keine Schlagzeilen mehr und damit war ein Abflauen des Interesses zu verzeichnen.

Warum folgt die Bewegung diesen Aktualitäten?

Brigitte: Eine Erklärung wäre vielleicht die, daß da schon eine bestimmte politische Denkfaulheit und Analysefaulheit dahintersteckt. Man macht sich zuwenig klar, was eigentlich Revolution ist. Revolution ist eben nicht militärischer Kampf. Militärischer Kampf ist wichtig, aber die Revolutionen entstehen aus elenden ökonomischen Verhältnissen, die die Mehrheit der Bevölkerung betreffen und es wird darum gekämpft, die ökonomischen Verhältnisse zu verbessern, den Reichtum des Landes möglichst breit zu verteilen. Der Weg dahin geht eben auch immer über eine militärische Auseinandersetzung. Aber es ist ja nicht das Ziel, in Waf-

El Salvador-Gruppen besetzten im August 1980 die Botschaft Venezuelas in Bonn. Sie protestierten damit gegen die Waffenlieferung von Venezuela an die salvadorianische Regierung.

fen zu stehen. Es geht irgendwann darum, das Land aufzubauen. Ich glaube, das ist genau das Problem, das die Soli-Gruppen nicht weitgehend genug diskutiert haben. Wie in Nicaragua. Teilweise war dort eine bestimmte Faszination weggefallen, seitdem der Kampf nicht mehr so offensichtlich war. Bei Nicaragua kam allerdings dann eine andere Komponente dazu, die das ein bißchen abgefangen hat: Nicaragua ist ein Land, da gibt es Solidarität zum Anfassen. Seit 1983 gibt es die massive Reisebewegung von Brigadisten, die rüberfahren. Die sind in der Kaffee-Ernte tätig oder die bauen dort Häuser für umgesiedelte Bauern. Anders als bei anderen Revolutionen gibt es dort auch die Möglichkeit, sich hautnah, ganz dicht mit dem Prozeß auseinanderzusetzen und darüber auch wieder einen klaren Kopf zu kriegen, wie die tatsächlichen Verhältnisse im Land sind. Aber schlimmerweise ist das ja auch nicht so gelaufen, daß die Brigaden unbedingt zur tiefergehenden Politisierung beigetragen haben. Viele dieser Brigade-Aktivitäten sind auch an der Oberfläche hängengeblieben. Viele sagen: toll, wir haben da jetzt ein schönes Projekt, wir haben unser Haus gebaut, wir haben unsere 300 Pfund Kaffee geerntet, das war eine dufte Sache und damit ist das erledigt. Das ist ja auch eine Parallele zu dem, was hier in der alternativen Szene an Rückzug in alternative Projekte und handwerkliche Kleinprojekte angesagt ist. Das wird auch übertragen auf Nicaragua. Da können wir halt mal mit unseren Händen zugreifen und so...

Ist Solidaritätsarbeit damit eine Flucht, weil vielen politisch hierzulande nichts mehr machbar erscheint?

Lothar: Wenn wir eben gesagt haben, daß die Solidarität mit Nicaragua, diese Solidarität zum Anfassen, irgendwann mal wieder zugenommen hat, dann seh ich das auch im Zusammenhang mit dem völligen Verschwinden der Häuserkampf-Bewegung hier in Berlin und in der BRD. In dem Augenblick, wo bestimmte Ziele nicht erreicht worden sind, haben die Leute sich einfach anderen Sachen zugewandt. Damals verstärkt der Dritte Welt-Problematik, um dadurch den Frustrationen hier und der Repression ein Stück zu entfliehen.

Aber diese Leute werden auch die Solidaritätsarbeit wieder fallenlassen, wenn es nicht so läuft, wie sie es sich erträumt haben.

Lothar: Völlig richtig. In dem Augenblick, in dem man sich Gedanken gemacht, sich über die Strukturen auseinandergesetzt und sicherlich die Erfahrung gemacht hat, daß die revolutionären Vorstellungen, die wir hier haben, in den wenigsten Fällen für Situationen in anderen Ländern zutreffen, wird man zwangsläufig wieder auf den Punkt kommen: Wir müssen auch hier die Situation verändern, wir müssen hier genauso stark, mit genau derselben Intension, genau denselben Inhalten die Solidarität betreiben. Nicht nur dahin fahren und Häuser bauen, sondern wir müssen hier dafür sorgen, daß keine Ruhe im Land herrscht.

Habt ihr den Eindruck, die Mitglieder der Dritte Welt-Gruppen halten sich zu stark aus den innenpolitischen Auseinandersetzungen hier heraus?

Tommy: Meiner Meinung nach sind alle — nicht nur die Internationalismus-Bewegung — sehr unbewegt in der BRD...

Brigitte: Andererseits muß man schon sagen, daß in den vergangenen Jahren in der Linken eine gewisse Arbeitsteilung stattgefunden hat. Es hat die Startbahn-West-Bewegung gegeben, die Anti-AKW-Bewegung, den Häuserkampf und es gab dann die große Friedensbewegung und die Solidaritätsbewegung dazu. Jeder hat sein Feld beackert. Arbeitsökonomisch gesehen ist das gut verständlich. Ich denke, daß wir es schaffen müssen, die Dritte Welt-Arbeit zu verbinden mit der Arbeit hier. Ich hätte ein großes Bedürfnis, diese Internationalismusarbeit frei zu machen von diesem diskreditierenden Begriff der ‚Revolutionsromantik'. Das ist vielleicht für manche so, aber man darf auf keinen Fall aus dem Auge verlieren, daß Internationalismusarbeit eine absolute Notwendigkeit ist. Es ist notwendig, Bewegungen auf der Welt, die dem US-Imperialismus und dem Imperialismus des eigenen Landes entgegenstehen, zu unterstützen. Das ist, glaube ich, auch das Interesse der Linken. Wenn sie sieht, daß eine Bewegung eine gewisse Stärke erreicht hat, wie meinetwegen jetzt in El Salvador, in Nicaragua, und dort in diesem Moment der Yankee-Imperialismus eine Abfuhr erteilt kriegt, muß es unser Interesse sein, das zu unterstützen. Insofern sollte das eigentlich für einen bewußten Linken wenig mit Revolutionsromantik zu tun haben. Aber, was dann für jeden einzelnen konkret dahintersteht, und was er damit für diffuse Wünsche verbindet, das ist noch mal was anderes. Die Hoffnung auf das, was da kommen soll nach so einer Revolution, ist ziemlich undifferenziert in den Köpfen. Und sobald Länder oder Revolutionen, die gesiegt haben, sich klar hinorientieren auf sozialistische, wirklich sozialistische Systeme und sich demzufolge auch auf die existierenden sozialistischen Länder hinorientieren, läßt das Interesse hier nach. Denn wir sind uns noch nicht im klaren darüber, was wir eigentlich in unserem eigenen Land wollen.

Bedeutet das nicht, daß die Solidaritätsbewegung sich sehr viel mehr mit sich selbst beschäftigen müßte, sich sehr viel stärker Gedanken darüber machen müßte, was sie eigentlich will und wie sie es will?

Brigitte: Ich glaube schon, daß das notwendig ist. Viele Leute in vielen Ecken im Land fangen an zu fragen, wie soll es eigentlich weitergehen? Wie und welche Fragen müssen wir uns stellen? Wie muß unsere Arbeit hier aussehen in diesem Land? In diesem Zusammenhang wird die Frage nach mehr inhaltlicher, theoretischer Arbeit auftauchen. Die Sponti-Bewegung nach '68 kam mit den Slogans ‚Weg mit der Theorie', ‚Das ganze kopflastige Gequatsche brauchen wir nicht' und so weiter. Das erweist sich heute als eine Schwäche. Viele Leute merken einfach, daß sie schwanken, daß sie gar nichts wissen, keine Kategorien haben, keine Analysen machen können. Sie sind nicht in der Lage dazu. Aber das Bedürfnis danach wächst.

3000 AKTIONSGRUPPEN ZU 50 LÄNDERN

Dritte Welt-Solidarität heute

In Duisburg-Walsum lädt eine Gruppe aus der katholischen Pfarrgemeinde alle paar Monate zu einem „Reissonntag" ein. Nach der Messe wird beim gemeinsamen Reisessen das für den Sonntagsbraten Ersparte gesammelt. Die Gelder gehen an Projekte auf den Philippinen.

In Bremen organisieren Mitglieder der „Gesellschaft der Freunde des Sahrauischen Volkes" eine Handwerksausstellung aus der Westsahara. Mit Unterstützung des Senats war auch schon eine Schulklasse aus den Flüchtlingslagern der Sahrauis im gemeinsamen Ferienlager mit Bremer Kindern.

Die Wuppertaler Terre-des-Hommes-Gruppe — eine von 120 — besteht nur aus Frauen. Hervorgegangen aus einer Gruppe von Eltern thailändischer Adoptivkinder, beschäftigen sich die Frauen heute mit „Kinderarbeit in Thailand" und unterstützen ein Kinderschutzzentrum in Bangkok.

Die Anne-Frank-Schule in Lennestadt im Sauerland hält Kontakt mit einer Partnerschule in Mozambique. Lehrer- und Schülervertreter waren schon zu Gast in dem afrikanischen Land und haben ihrerseits Besuch von dort empfangen. Die Gäste erzählten in der Schule von den Greueln des Krieges gegen die Revolutionsregierung in Mozambique. In Postkartenaktionen wandten sich die Schüler daraufhin an Politiker und forderten sie auf, die Unterstützung für die von Südafrika und den ehemaligen portugiesischen Kolonialherren unterstützten „Banditen" einzustellen.

Im Hof der „Reisenden Schule" in Menne bei Warburg steht der bunt bemalte Bus der Pharma-Kampagne. An manchen Wochenenden kommen hier die Mitglieder der Pharma-Gruppe zusammen, um ihr Straßentheater zu proben, mit dem sie die Leute auf die Geschäfte bundesdeutscher Pharmakonzerne in der Dritten Welt hinweisen wollen.

Während bei einem Wochenendseminar in Düsseldorf über die internationale Verschuldungskrise und mögliche Gegenstrategien diskutiert wird, bereitet sich eine evangelische Frauengruppe in Frankfurt im Rahmen der Südafrika-Solidarität auf einen „Tag der Banken" in der Bundesrepublik vor.

Die Aufzählung ließe sich beliebig weiterführen. Die Dritte Welt-Solidaritätsarbeit in der Bundesrepublik ist heute so breit und facettenreich wie nie zuvor. Die Inhalte reichen von der Bitte um

„ein Prozent des Lohns für die Dritte Welt" bis zur Forderung „Zerschlagt die NATO, das Zentrum des Weltimperialismus". Die Zahl der Dritte Welt-Gruppen in der Bundesrepublik wird heute auf etwa 3000-4000 geschätzt. Allein in der Kartei des Bundeskongresses der entwicklungspolitischen Aktionsgruppen (BUKO) in Hamburg sind 1100 aktive Gruppen aufgeführt. Dazu kommen viele Gruppen, die nur gelegentlich eine Dritte Welt-Aktion machen: die Pfarrgemeinde, die einen Weihnachtsbasar für Äthiopien durchführt, die Friedensgruppe, die eine Ausstellung über El Salvador organisiert, die Umweltgruppe, die sich mit den Auswirkungen der Atombombentests im Pazifik beschäftigt, oder die Hausfrauengruppe, die Stoffbilder aus Chile verkauft und mit dem Erlös Frauen in den Elendsvierteln von Santiago unterstützt. Großorganisationen wie Terre des Hommes, amnesty international und medico international haben jeweils einige dutzend Regionalgruppen überall verstreut in der Bundesrepublik.[1]
In Veröffentlichungen über die „Neuen sozialen Bewegungen" ist in der Regel immer nur von Friedens-, Frauen-, Anti-Atom- und Umweltbewegungen die Rede. Dabei fällt eine der breitesten und aktivsten „sozialen Bewegungen" heraus: die „Dritte Welt-Bewegung".
Nach den ersten sporadischen Anfängen der Algerien-Generation hat sich insbesondere nach 1968 und dann verstärkt in den siebziger und achtziger Jahren eine Vielzahl von unterschiedlichen Gruppen herausgebildet, die zur Dritte Welt-Bewegung zu rechnen sind. 1986 bilden die Mittelamerika-Gruppen den größten Teil der Bewegung. Allerdings geht ihre Zahl zurück. Andere aktuelle Befreiungskämpfe rücken langsam in den Mittelpunkt des Interesses der Solidaritätsszene. Nach einem zwischenzeitlichen Aufschwung der Solidarität mit Zimbabwe Mitte der siebziger Jahre, beschäftigen sich Mitte der achtziger Jahre mehr Gruppen mit dem südlichen Afrika als je zuvor.
Dabei gibt es bis heute zwei Hauptströmungen der Bewegung. Da sind diejenigen (eher studentisch-intellektuellen), die sich auch theoretisch mit dem Verhältnis zwischen Erster und Dritter Welt beschäftigen, die Abhängigkeitsstrukturen diskutieren und die auch direkt politische Schlußfolgerungen für Veränderungen im eigenen Land ziehen. Weitaus größer ist allerdings die Zahl der

Gruppen in der Bewegung, deren Motivation für die Solidaritätsarbeit zunächst eher aus moralischer Empörung über die ,,Mißstände in der Dritten Welt", über ,,Hunger, Elend und Ausbeutung" entsteht. Eine solche Ausgangsmotivation ist vor allem in christlichen Gruppen weit verbreitet. Sie führt dazu, eher mit Spenden und Projekthilfen direkt lindernd einzugreifen, als sich theoretisch mit Abhängigkeitsstrukturen auseinanderzusetzen. Oft genug allerdings führt auch eine christlich-humanitäre Ausgangsmotivation für die Dritte Welt-Arbeit zur Politisierung und zu Schlußfolgerungen für die Umgestaltung der eigenen Gesellschaft. An der Aktion Dritte Welt in Freiburg und der Kinderhilfe Lateinamerika in Köln haben wir Politisierungsprozesse, wie sie in vielen Solidaritätsgruppen laufen, aufgezeigt. Die Berechtigung, von einer Dritte Welt-Bewegung zu reden, beweisen auch die gefestigten Strukturen der Solidaritätsarbeit, die längst nicht mehr nur von einigen wenigen ,,Ehrenamtlichen" getragen wird. Selbst in kleineren Städten gibt es inzwischen häufig hauptamtliche Solidaritätsarbeiter, nicht nur als Angestellte der großen kirchlichen Organisationen, sondern auch in unabhängigen Zentren der Bewegung. Oft sind solche Dritte Welt-Zentren und -Häuser gekoppelt mit einem Dritte Welt-Laden, von denen es in der Bundesrepublik und in Westberlin etwa 250 gibt. Dazu gehört ein zum kleinen Basar umgewandelter Raum in einem Pfarrhaus im rheinischen Dormagen ebenso wie der große Laden in der Trierer Innenstadt. Dazu gehört der von einer Schülerinitiative betriebene ,,Eine-Welt-Laden" in Köln-Porz ebenso wie der Mannheimer Laden, der fast nur noch Bücher und Informationsmaterial anbietet.[2]

Die von Hauptamtlichen geführten Zentren der Bewegung sind Anlaufstellen, Versammlungsorte, Archive und Koordinationsstellen der Solidaritätsarbeit. Wie in den anderen sozialen Bewegungen wird auch in der Solidaritätsszene gelegentlich kritisch diskutiert, ob nicht die mittlerweile große Zahl der ,,Hauptamtlichen" ein Niveau der politischen Aktivitäten vortäuscht, dem in manchen Aktionsfeldern keine breite Basis entspricht.

In Hamburg sind neben den Büros des BUKO-Koordinationsausschusses und der Kulturwerkstatt, die Musiktourneen von Gruppen aus der Dritten Welt, Ausstellungen und Theater organisiert,

noch ein gutes Dutzend Gruppen in den vier Stockwerken des großen Altbaus im Nernstweg untergebracht. Veranstaltungen finden unten im Raum neben dem Cafe statt. In Bielefeld gibt es ein Dritte Welt-Haus, ebenso wie in Münster.
Das Berliner Forschungs- und Dokumentationszentrum Chile und Lateinamerika (FDCL) ist vor allem eine Anlaufstation für die Lateinamerika-Solidaritätsgruppen.
Das Informationszentrum Dritte Welt in Freiburg (iz3w) hat ein zweistöckiges Gebäude in einem Hinterhof in der Innenstadt gemietet. Zur Zeit wird der neue Computer mit den 7000 Adressen der Zeitungsabonnenten gefüttert. Die ,,Blätter des iz3w" gehören zu den wichtigsten Publikationen der heutigen Dritte Welt-Szene. Darüber hinaus kann die Bewegung zwischen ein paar dutzend Zeitungen und Zeitschriften wählen: von der ,,Entwicklungspolitischen Korrespondenz", ,,epk" (Hamburg) bis zum ,,ila-info" der Informationsstelle Lateinamerika (Bonn) und ,,Issa", der Informationsstelle südliches Afrika (Bonn); von den theoretischen Publikationen ,,Peripherie" und ,,Istmo" (Münster), den ,,Lateinamerika Nachrichten" (Berlin) bis zu länderspezifischen Blättern wie dem ,,Sahara-Info" (Bremen) oder dem ,,Südostasien-Info" (Bochum).
Neben den speziellen Dritte Welt-Blättern spielt für die Solidaritätsbewegung auch die 1978 gegründete taz eine wichtige Rolle, die einen Schwerpunkt ihrer Arbeit auf Berichte aus Mittel- und Lateinamerika gelegt hat. Darüber hinaus gibt es heute Buchverlage, die sich fast vollständig auf Dritte Welt-Literatur konzentriert haben. So geben etwa die Verlage Lamuv, Hammer und Union gemeinsam die Reihe ,,Dialog Dritte Welt" heraus. Dort erscheinen Bücher von Lateinamerikanern, Texte von Afrikanern, Asiaten, den australischen Ureinwohnern, ebenso, wie alljährlich ein Dritte Welt-Kalender. Spezialisierte Verleihe bieten Filme und Videos aus und über die Dritte Welt an. Und es gibt kaum noch einen Zipfel der Erde, über den sich nicht auch schon von Dritte Welt-Gruppen erstellte Unterrichtsmaterialien finden ließen.[3]
Die Solidaritätsbewegung bemüht sich, ihre Arbeit inhaltlich und organisatorisch zu koordinieren. Neben den länder- oder regionsspezifischen Treffen, von den Lateinamerika-Tagen bis zu Mit-

telamerika- und Südafrika-Kongressen, neben den regelmäßigen Treffen der Mitarbeiter von Dritte Welt-Zeitungen und themenbezogenen Kampagnen, gibt es seit Anfang der siebziger Jahre überregionale Treffen für alle Gruppen der Solidaritätsbewegung. Es begann mit Zusammenschlüssen auf Länderebene wie in Baden-Württemberg, die heute noch existieren, und führte schließlich 1977 zum ersten Bundeskongreß der entwicklungspolitischen Aktionsgruppen (BUKO) in München. An diesem Kongreß nahmen Delegierte von 200 Gruppen teil. Nach einer Diskussion über eine gemeinsame politische Plattform blieb es jedoch beim eher lockeren, informellen Zusammenschluß. Aber immerhin gab es die Übereinkunft, einen solchen Bundeskongreß einmal im Jahr durchzuführen. Der zweite BUKO fand in Nürnberg statt. Auf dem dritten in Köln (1979) erhielt der gewählte Koordinationsausschuß des BUKO dann doch ein beschränktes politisches Mandat und damit das Recht, für die Solidaritätsbewegung zu bestimmten, aktuellen Themen politisch Stellung zu nehmen. Nach dem BUKO 1980 wurde eine Geschäftsstelle in Hamburg eingerichtet, die bis heute von hauptamtlichen Aktivisten geleitet wird. Zu den Aufgaben des BUKO gehören vor allem: die Koordination der Gruppen, der Erfahrungsaustausch untereinander und die Organisation von Fortbildungsseminaren. Mit dem ,,FORUM" gibt der BUKO auch eine eigene Zeitung für Mitteilungen an und aus der Bewegung heraus. Die Bundeskongresse haben zunehmend auch Diskussionen über politische Fragen aufgegriffen. Eine Folge dieser Diskussionen war 1980 die Initiierung einer ersten länderübergreifenden, inhaltlichen Aktion des BUKO: die Pharma-Kampagne. Später folgten die Rüstungs- und Futtermittelkampagne, die bis heute arbeiten. Waren sowohl die Regionalzusammenschlüsse wie auch der BUKO anfangs finanziell sehr stark vom Bundesministerium für wirtschaftliche Zusammenarbeit (BMZ) abhängig und so sehr auf dessen Projektpolitik fixiert, kam es aufgrund einer politischen Diskussion über die regierungsamtliche Dritte Welt-Politik bald zu einer kritischen Haltung gegenüber dem Bonner Ministerium. Ein weiterer, unfreiwilliger Schritt zur ,,politischen Abkopplung von den Staatsgeldern" war die Unterstützung des BUKO für den Aufruf ,,Waffen für El Salvador", der in der Zeitung FORUM abge-

druckt wurde. Die Reaktion des BMZ kam prompt: Ein zugesagter Zuschuß von 35.000 DM für 1981 wurde von der damals noch sozialliberalen Regierung verweigert.
Auf dem fünften Bundeskongreß in West-Berlin verurteilten die Delegierten diese Zensur der Bundesregierung, die damit Druck auf die Dritte Welt-Bewegung auszuüben versuchte. Die Mitgliedsbeiträge für die im BUKO zusammengeschlossenen Aktionsgruppen wurden von 40 auf 120 DM angehoben, um so die Unabhängigkeit und Arbeitsfähigkeit der Bewegung zu wahren. 1982 gab es dann noch einmal 60.000 DM BMZ-Mittel für den BUKO. 1983 drehte die konservativ-liberale Regierung endgültig den Geldhahn zu. Die Begründung war der Aufruf des BUKO zur Blockade des Bundesministeriums für wirtschaftliche Zusammenarbeit im Rahmen der Aktionen von Friedensbewegung und Dritte Welt-Gruppen gegen die Raketenstationierung im Herbst 1983. Auf eine Anfrage der GRÜNEN im Bundestag antwortete der zuständige Parlamentarische Staatssekretär in ,,erfrischender Offenheit'':

,,Angesichts der augenblicklichen Haushaltssituation kann die Vereinigung ‚Bundeskongreß entwicklungspolitischer Aktionsgruppen' (BUKO) in diesem Jahr finanziell nicht bezuschußt werden. Eine weitere Bezuschussung wird von der künftigen Haushaltssituation und den entwicklungspolitischen Bildungsvorhaben abhängen, für die eine Förderung beantragt wird. Dabei wird zu gegebener Zeit auch zu prüfen sein, welche Möglichkeiten des Zusammenwirkens mit dem BUKO nach der von diesem geplanten Blockierung des Bundesministeriums für wirtschaftliche Zusammenarbeit bestehen.''

DRITTE WELT IM HOHEN HAUS
ENTWICKLUNGSPOLITISCHE INITIATIVEN DER GRÜNEN IM BUNDESTAG

Mit dem Einzug der GRÜNEN in den Bundestag (1983) fanden die Themen der Dritte Welt-Bewegung erstmals breitere Berücksichtigung in den parlamentarischen Debatten. Plötzlich waren im Bundestag völlig neue Töne zu hören. Zum Beispiel zu Mittelamerika (siehe Dokument 40).

DOKUMENT 40:
„DIE DRITTE WELT HAT IHRE EIGENEN ENTWÜRFE"
GABY GOTTWALD, 1984:

Zentralamerika ist die ärmste Region Lateinamerikas mit den größten sozialen Gegensätzen, der größten Armut und Repression und dadurch mit den härtesten politischen Konflikten. Seit dem Versuch Nicaraguas 1979, aus dieser Situation auszubrechen, findet verstärkt eine konsequente Militarisierung der sozialen und politischen Gegensätze in der Region statt.
(Dr. Pinger, CDU/CSU: Auch durch Nicaragua!)
Die USA, Herr Pinger, führen Krieg in Zentralamerika und der Karibik, um mit allen Mitteln ein zweites Nicaragua zu verhindern.
Was ist eigentlich am 19. Juli 1979 in Nicaragua passiert? Was hat ein so kleines Land gemacht, daß es den Zorn des mächtigsten Staates der Welt und vieler seiner Bündnispartner auf sich gezogen hat?
(Klein, München, CDU/CSU: Und die Wirtschaftshilfe damals zugezogen!)
Nach dem Sturz Somozas wurde in Nicaragua der systematische Versuch unternommen, eine Gesellschaft aufzubauen, die aus der einseitigen Abhängigkeit von den USA und dem Weltmarkt nur ein Stück weit auszubrechen versucht. Das Spezifische an der sandinistischen Revolution ist der Versuch, die Produktion auf die Bedürfnisse der Bevölkerung bei gleichzeitiger Aufrechterhaltung des privaten Wirtschaftssektors umzustellen. Das ist wichtig. Das muß man noch einmal sagen.
(Dr. Pinger, CDU/CSU: Aber mit welchen Mitteln?)
Wesentliche Kennzeichen dieser gemischten Wirtschaft sind die Umstrukturierung der landwirtschaftlichen Produktion, die Agrarreform, die gezielte Produktion von Grundnahrungsmitteln — sehr ungewöhnlich für Mittelamerika — und die Integration der Bauern in die politischen Entscheidungsprozesse.
Daß die wirtschaftlichen und politischen Umstrukturierungen zu veränderten politischen Machtverhältnissen führten und die ehemaligen Nutznießer der alten Verhältnisse in ihrer Interessendurchsetzung beschnitten wurden, ist unumgänglich und war überdies Sinn und Zweck der Revolution. Das sollte man auch nicht vergessen. Es ist die gleiche Frage, die auch für die anderen Länder Zentralamerikas ansteht. Will man die soziale und politische Situation verändern, dann müssen die Interessenge-

gensätze zugunsten der Mehrheit entschieden werden, die bislang unterdrückt und ausgebeutet wurde.
(Beifall bei den GRÜNEN und bei Abgeordneten der SPD — Dr. Pinger, CDU/CSU: Aber doch nicht durch eine Ein-Parteien-Diktatur!)
So einfach ist das. Es ist ganz banal eine Frage von Interessen, wobei sich alle zu fragen haben, auf welcher Seite sie eigentlich stehen.
(Beifall bei den GRÜNEN und bei Abgeordneten der SPD)
Nicaragua hat sich entschieden und seine Gegenspieler auch. Es gibt die gemischte Wirtschaft, die zu fast 50 Prozent vom Privatsektor getragen wird, weswegen es im Lande nach wie vor soziale Interessengegensätze gibt, auf denen externe Kräfte ihr Süppchen kochen. Niemals zuvor sind in Nicaragua die Interessengegensätze so öffentlich ausgetragen worden und hat die Opposition ein so breites, sogar internationales Agitationsfeld gehabt. Diesem Land vorzuwerfen, es gewährleiste keinen wirtschaftlichen und politischen Pluralismus, ist absurd. Es gibt in Nicaragua zwar keine politische Demokratie nach westlichem Muster,
(Dr. Pinger, CDU/CSU: Aber politische Gefangene!)
was jedoch nicht bedeutet, daß es keine Partizipation der Bevölkerung an politischen Entscheidungen gibt. In Nicaragua sind große Teile der Bevölkerung viel direkter Träger der sozialen und politischen Prozesse als in der Bundesrepublik.
(Klein, München, CDU/CSU: Geheimpolizisten!)
Die Voraussetzungen für Demokratie und ihre Formen in der Dritten Welt sind ganz anders als bei uns.
(Dr. Stercken, CDU/CSU: Und die Menschenrechte auch?)
Meine Herren, es ist nicht möglich, am grünen Tisch Entwürfe für Demokratieformen in der Dritten Welt zu machen.
(Beifall bei den GRÜNEN — Dr. Bötsch, CDU/CSU: Aber auch nicht mit einem grünen Pullover!)
Es ist auch gar nicht nötig. Die Bevölkerung in der Dritten Welt hat ihre eigenen Entwürfe. Sie fallen vielleicht viel direkter aus, als Sie es sich wünschen, wie sich in Nicaragua zeigt. Sie sollten dann aber auch sagen, daß Ihnen diese Modelle nicht passen,
(Klein, München, CDU/CSU: Das sagen wir!)
und nicht so heuchlerisch vorgeben, Sie sorgten sich um die Armen in der Dritten Welt. Das sind zwei ganz verschiedene Sachen.[4]

Gaby Gottwald und Walter Schwenninger, die entwicklungspolitischen Sprecher der GRÜNEN-Fraktion, waren als Mitglieder von Solidaritätsgruppen für die GRÜNEN in den Bundestag gekommen. Im Zuge der Rotation wurden beide 1985 durch Uschi Eid und Ludger Vollmer abgelöst. Die Parlamentsarbeit der GRÜNEN führte schon bald dazu, daß entwicklungspolitische Themen im Bundestag nicht mehr nur aus der technokratischen Sicht von Ministerialbeamten oder aus dem eurozentrierten Blickwinkel konservativer christ- oder sozialdemokratischer Politiker debattiert wurden. So nutzte Walter Schwenninger die Beratung über das Internationale Kaffeeabkommen 1984 zur Problematisierung solcher Handelsvereinbarungen, die in der Öffentlichkeit kaum bekannt sind und — in aller Regel — auch in der Solidaritätsbewegung nicht diskutiert werden (siehe Dokument 41).

DOKUMENT 41:
„ICH SEHNE MICH NACH EINEM BUNDESKANZLER,
DER NICARAGUA-KAFFEE TRINKT"
WALTER SCHWENNINGER, 1984:

Frau Präsidentin! Meine Damen und Herren! Um es gleich vorweg zu sagen: Die Fraktion der GRÜNEN wird der Verlängerung des Internationalen Kaffee-Übereinkommens vom Jahre 1976 und dem neuen Übereinkommen von 1983 zustimmen.
(Kittelmann, CDU/CSU: Donnerwetter!)
Wir begrüßen es jedoch, daß heute eine Debatte dazu stattfindet, und haben sie auch mit initiiert. Immerhin dreht es sich beim Kaffee um das Volksgetränk Nummer eins in der Bundesrepublik,
(Widerspruch des Abg. Dr. Bötsch, CDU/CSU)
und es dreht sich hierbei um ein wenig Genuß im Alltag für viele Menschen — für Sie sicherlich auch.
(Dr. Bötsch, CDU/CSU: Auch!)
Es geht aber auch um gute Geschäfte. Der Wert des jährlich umgesetzten Kaffees beträgt mehr als 10 Milliarden Dollar, womit Kaffee nach Erdöl der zweitwichtigste Rohstoff ist.
Doch für viele Menschen in der Dritten Welt geht es um weitaus mehr, nämlich um ihre Existenz. Für viele Erzeugerländer, wie z.B. Äthiopien, Uganda, Kolumbien, El Salvador und Nicaragua, ist Kaffee von entscheidender wirtschaftlicher Bedeutung, da er das mit Abstand wichtigste Exportprodukt darstellt. Sie sind auf Gedeih und Verderb auf den Kaffeepreis auf dem Weltmarkt angewiesen, einen Preis, der sich auf einem Niveau wie vor dem Krieg bewegt.

Nur eine Minderheit der Millionen von Menschen, die weltweit mit der Produktion, der Verarbeitung, dem Transport und der Vermarktung des Kaffees beschäftigt sind, sind die Gewinner bei diesem Geschäft. Nur ein Drittel des Verkaufspreises bleibt im Schnitt in den Produzentenländern, und im Vergleich zu den Kosten für Importe bleiben diese Erlöse immer mehr zurück.

Außerdem sind es in der Regel einige wenige Familien — Großgrundbesitzer kolonialen Ursprungs zumeist —, die den Kaffeeanbau beherrschen. Wenn Sie im Flugzeug sitzen, kriegen Sie immer ein entsprechendes Bild mit einem schönen Text, auf dem Sie das sehen können.

(Werner, CDU/CSU: Sie fahren doch Rad!)

Darüber hinaus schneidet sich der Staat in diesen Ländern ein großes Stück von diesem Kuchen ab, und den Staat beherrschen meist ebenfalls Angehörige der Oberschicht. Verdienen können aber vor allem die Spekulanten an den Kaffeebörsen in London, in New York und natürlich die Kaffeekonzerne.

Das Internationale Kaffee-Übereinkommen stellt einen Versuch dar, wenigstens die heftigsten Preisschwankungen auszugleichen. Verhindern kann es — wie andere Rohstoff-Übereinkommen auch — die weitere Verelendung der Dritten Welt nicht, allenfalls verstetigen. Insofern können die GRÜNEN das Kaffee-Übereinkommen nur als kurzfristige Notlösung unterstützen.

Zu einer grundsätzlichen Verbesserung der Lage der Dritten Welt wäre eine autozentrierte Entwicklung erforderlich. Das heißt, der Entwicklungsschwerpunkt müßte auf einer Agrarreform liegen, damit verbundenen handwerklich-industriellen Aktivitäten, einer Diversifizierung der Exportsektoren und vor allem der Entwicklung des Binnenmarktes, verbunden mit einer regionalen Zusammenarbeit statt einer Exportorientierung.

Ein Land aber, das eine solche Entwicklungsstrategie zum Wohle der Bevölkerung verfolgen will, wird von denjenigen, die zur Zeit an Ausbeutung, Unterdrückung und Exportabhängigkeit verdienen, rigoros bekämpft. Ein Land jedoch, das die Voraussetzungen für eine solche Ausbeutung schafft und aufrechterhält, wird von ihnen unterstützt.

Am Beispiel Mittelamerikas läßt sich das sehr deutlich darstellen. In Nicaragua stürzte die Diktatur Somozas durch einen Volksaufstand. Die neue Regierung der Sandinisten versucht, eine autozentrierte Entwicklungspolitik zum Wohle der armen Bevölkerung zu betreiben. Vorerst ist sie jedoch noch auf den Export von Kaffee angewiesen. Doch die ICO, die Internationale Kaffee-Organisation, kürzt die Ausfuhrquoten für Kaffee im Rahmen des Kaffee-Übereinkommens immer mehr zusammen, z.B. von 1,45 % im Kaffeejahr 1980/81 auf 1,28 % im Jahre

1983/84. Dadurch kann ein erheblicher Teil der Kaffee-Ernte Nicaraguas nicht im Rahmen der ICO-Quote vermarktet werden, und das geschieht mit Zustimmung der Bundesregierung. Demgegenüber versuchen viele Dritte Welt-Gruppen in der Bundesrepublik, durch den Verkauf von Nicaragua-Kaffee die Hoffnungen der Menschen in Nicaragua zu unterstützen. Deswegen steht darauf auch: ,,Den neuen Aufbau stärken.''
Auf der anderen Seite beteiligen sich deutsche Kaffeekonzerne und staatliche Stellen über den Kaffeehandel an der Finanzierung des Mörderregimes in El Salvador.
(Zuruf von den GRÜNEN: Tchibo!)
Richtig. — Besonders erwähnenswert ist die Bernhard Rothfos KG in Hamburg. Sie ist beteiligt an der Erntevorfinanzierung in El Salvador über die Firma Ibero. Sie importiert die Hälfte der Kaffee-Ernte El Salvadors mit einer Ausnahmegenehmigung der ICO sofort nach Hamburg, wodurch die 14 Kaffeefamilien versuchen, sie vor dem Zugriff der Guerilla in Sicherheit zu bringen. Sie sorgt zusammen mit der senatseigenen Hamburger Hafen- und Lagergesellschaft für die Lagerung des Kaffees, dazu noch zum Sondertarif. Sie ist in der Deutsch-Südamerikanischen Bank engagiert, die bereits zum Zeitpunkt der Einlagerung etwa 60 % des Kaffeepreises im voraus bezahlt. Schließlich sorgt sie für die Röstung und Vermarktung des Kaffees. Ein wahrhaft blutiges Geschäft angesichts der 30.000 Menschen, die seit 1979 durch Militär und Todesschwadronen ermordet wurden! Kaffee kann also sehr politisch sein.
Verschiedene Gruppen aus der Friedensbewegung und der Dritte Welt-Bewegung
(Kittelmann, CDU/CSU: Trinken schon keinen Kaffee mehr!)
drückten durch eine Blockade des Hamburger Freihafens am 18. Oktober letzten Jahres ihren Protest gegen den Salvador-Deal aus. Auch Boykottaktionen gegen El-Salvador-Kaffee wurden schon früher durchgeführt.
Die GRÜNEN fordern die Bundesregierung angesichts dieser Tatsachen erstens auf, die Mitwirkung des bundesdeutschen Vertreters in der ICO, der vorhin erwähnten Kaffeeorganisation, einer parlamentarischen Kontrolle zugänglich zu machen, indem z.B. in regelmäßigen Abständen oder bei wichtigen Entscheidungen dem Parlament ein Bericht vorgelegt wird.
Die GRÜNEN fordern die Bundesregierung zweitens auf, bei ihrer Mitarbeit in der ICO nicht zu einer reinen Interessensvertretung der deutschen Kaffeeindustrie zu werden, sondern entwicklungspolitische Ziele, vor allem eine autozentrierte Entwicklung zum Wohle der armen Bevölkerung in den Vordergrund zu stellen.

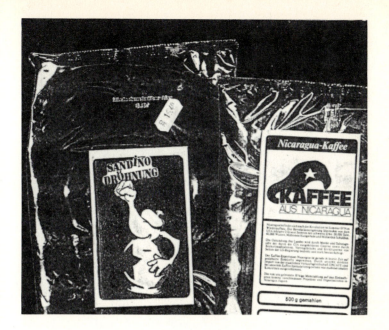

Drittens fordern wir von der Bundesregierung, die Spekulation mit Rohstoffen zu unterbinden und dazu außenpolitische Initiativen zu ergreifen.
Viertens fordern wir von der Bundesregierung, nicht die Einfuhr von verarbeitetem Kaffee durch hohe Zölle zu erschweren. Wir weisen auf den Art. 46 des Kaffeeabkommens hin.
Fünftens. Wir wiederholen die dringende Forderung, nicht durch eine Sonderbehandlung die Unterstützung des Mörderregimes und der Oligarchie in El Salvador zu fördern.
Auch an die Bevölkerung appellieren wir, ihren Kaffee mit wachem Verstand zu trinken. James Howell schrieb 1660: ,,Es ist erwiesen, daß der Kaffee die Völker nüchtern macht. Während Handwerker und Kaufmannsgehilfen früher Ale, Bier und Wein als Morgentrunk genossen, sich dadurch einen dumpfen Kopf holten und zu ernsthaften Geschäften unfähig wurden, haben sie sich jetzt an dieses wachhaltende bürgerliche Getränk gewöhnt."
Zitiert nach der Kaffeebroschüre der GEPA.
Für dich wäre es auch gut gewesen, du hättest es vorhin getrunken.

(Fischer, Frankfurt, GRÜNE: Ich kann vor lauter Kaffee schon gar nicht mehr aus den Augen gucken!)
Hoffentlich führt dieser wache Verstand bei immer mehr Menschen dazu, solidarisch mit den Menschen in der Dritten Welt für eine gerechte Entwicklung einzutreten. Das fängt z.B. auch schon beim Kaffee an. Manche lachen darüber.
Hoffentlich dient der Kaffee auch bei der Bundesregierung nicht dazu, Gemütlichkeit herzustellen, sondern dazu, sich auch mit diesen Argumenten auseinanderzusetzen.
Im übrigen sehne ich mich nach einem Bundeskanzler, der nicht mit litergroßen Weingläsern der Bevölkerung zuprostet — leider ist er nicht da —, sondern bewußt täglich seinen Nicaragua-Kaffee aus dem Dritte Welt-Laden trinkt — als unterstützende kleine Maßnahme dieses hoffnungsvollen eigenen Weges eines Volkes der Dritten Welt.
Danke schön.
(Beifall bei den GRÜNEN — Dr. Bötsch, CDU/CSU: Wir machen beides, wir trinken Kaffee und Wein, dann sind wir wieder einig!)[5]

Die Arbeitsgemeinschaft Dritte Welt der GRÜNEN im Bundestag legt laut Selbstdarstellung ,,besonderen Wert auf eine enge Zusammenarbeit mit entwicklungspolitischen Aktionsgruppen, Organisationen und Institutionen ... Auch wenn unsere Kapazitäten nur begrenzte Möglichkeiten der Zusammenarbeit und Kontaktpflege zulassen, so verdanken wir doch dieser Kooperation eine große Menge von wichtigen Impulsen für unsere Arbeit.''[6]
Beispiele dafür, daß die Bewegung ihre Arbeitsschwerpunkte über die GRÜNEN zu Tagesordnungspunkten im Parlament machen konnte, sind mehrere Anfragen des Abgeordneten Walter Schwenninger zum Rüstungsexport bundesdeutscher Konzerne. Schwenninger griff das Thema im Parlament auf, als Dritte Welt-Gruppen über den Bundeskongreß Entwicklungspolitischer Aktionsgruppen (BUKO) eine Kampagne gegen Rüstungsexporte in die Dritte Welt starteten. Schwenninger konnte die Arbeitsergebnisse der Gruppen über schriftliche und mündliche Anfragen im Parlament vortragen und gleichzeitig die außerparlamentarische Kampagne mit Informationen aus dem ,,Hohen Haus'' versorgen. Mit Unterstützung der Aktionsgruppen und von amnesty international formulierte der Abgeordnete eine Reihe von parla-

mentarischen Anfragen zur Exportpraxis der Rüstungsfirma Heckler und Koch. Die Antworten der Bundesregierung wiederum wurden in der BUKO-Kampagne und in einem Film „Südfrüchte aus Oberndorf" verwertet. Oberndorf ist der Sitz der Firma Heckler und Koch.
Andererseits gelang es den GRÜNEN, in ihren Parlamentsinitiativen gelegentlich auch Themen anzusprechen, die in der Solidaritätsbewegung noch nicht breit diskutiert wurden. So brachte die Fraktion der GRÜNEN im Herbst 1984 drei große Anfragen im Bundestag ein: zur internationalen Verschuldung, zur Weltbank und zum Internationalen Währungsfonds (IWF). Trotz der großen Bedeutung für die Dritte Welt war dieses Themenspektrum bis dahin in der Solidaritätsbewegung nur vereinzelt aufgegriffen worden. Anfang Mai 1985 wurde mit Hilfe der GRÜNEN in Bonn ein Tribunal gegen den „Weltwirtschaftsgipfel" veranstaltet. Im Parlament selbst fühlte sich Bundesfinanzminister Stoltenberg genötigt, eine Regierungserklärung zu den Fragen der GRÜNEN abzugeben. Die anschließende dreistündige Parlamentsdebatte fand ein großes Echo in den Medien: Die internationale Verschuldung und die Rolle der Bundesregierung in den internationalen Finanzorganisationen wurden so — auch ganz offiziell — zum Politikum (siehe Dokument 42).

DOKUMENT 42:
UNWISSENDE TÖLPEL UND IWF-POLITIK
MARIE-LUISE BECK-OBERDORF, 1984:

Sehr geehrte Damen und Herren! Ich möchte nicht unsere erfreute Verwunderung verhehlen, daß sich der Herr Finanzminister heute genötigt fühlt, eine Regierungserklärung über die IWF-Jahrestagung abzugeben. Immerhin ist das eine Novität in diesem Hause. Wir gehen davon aus, daß wir mit unserer Kritik vor zwei Wochen ins Schwarze getroffen haben, als wir uns gegen das exklusive Gebaren der Bundesregierung in Fragen der IWF-Politik gewandt haben.
Sie haben uns ja, wie Sie das so gerne tun, Herr Stoltenberg, in der Aktuellen Stunde vor zwei Wochen als die unwissenden Tölpel hingestellt, die sich mit ihrer Forderung, die IWF-Politik wieder ins Parlament hereinzuholen, vollkommen im Abseits bewegen.
Wir haben inzwischen ein wenig recherchiert. Zum Vorschein kam fol-

gendes: Der Vorsitzende des Wirtschaftsausschusses des Bundestages forderte schon am 28. September 1977: „Der Vorsitzende regt an, daß das Parlament künftig, anders als jetzt, mit den aktuellen Fragen des Internationalen Währungsfonds befaßt wird, bevor der Bundesfinanzminister und der Bundesbankpräsident zu der Tagung des Fonds fahren. Das würde die Verhandlungsposition der deutschen Vertreter stärken." Das war, wie gesagt, vor sieben Jahren. Der damalige Ausschußvorsitzende war der heutige Parlamentspräsident Dr. Barzel. Ich freue mich, Herr Barzel, daß wir als GRÜNE vor zwei Wochen Ihrem Wunsch nachkommen konnten, diesen Weg nun einzuschlagen.
(Beifall bei den GRÜNEN)
Sie, Herr Stoltenberg, haben uns vor zwei Wochen auch weiszumachen versucht, daß die Mitwirkung des Parlaments an den Entscheidungen über eine Quotenerhöhung des IWF nicht vorgesehen und die Bundesbank dafür allein verantwortlich sei. Das ist ein Musterbeispiel dafür, wie Sie Tatsachen verdrehen und das Parlament für dumm verkaufen. Dies will ich belegen. In der Begründung zum IFW-Gesetz von 1970 steht: Die sich aus der IWF-Mitgliedschaft ergebenden Ansprüche und Verpflichtungen werden im Innenverhältnis auf die Bundesbank übertragen. Der Bund bleibt im Außenverhältnis als Mitglied des IWF berechtigt und verpflichtet. Diese Aussagen, die übrigens auch für das IWF-Gesetz von 1978 gelten, sind eindeutig. Nicht die Bundesbank allein entscheidet über die bundesdeutsche Politik beim IWF, sondern die Bundesregierung entscheidet, natürlich in enger Abstimmung mit der Bundesbank.
Wir haben also sehr wohl recht mit der Forderung, daß die Debatte um die IWF-Politik in dieses Parlament hineingehört.
(Beifall bei den GRÜNEN)
Jetzt zu den Washingtoner Entscheidungen. „Leichen pflastern seinen Weg", schreibt Wolf-Dietrich Schwarz in der „Frankfurter Rundschau" über die Politik des Internationalen Währungsfonds und zitiert aus der in unserer Anfrage dokumentierten Liste der Hungeraufstände, bei denen die Ärmsten der Armen in ihrer Not Zuflucht suchen. Da geht es nicht an, Herr Stoltenberg, zu sagen: Natürlich gibt es Hunger in der Welt. Es geht um Hungeraufstände, die sich direkt an bestimmte Auflagen des IWF angeschlossen haben. So ist es gewesen. Es ist eine Vertuschung, wenn Sie das so allgemein abtun.
(Beifall bei den GRÜNEN — Frau Fischer, CDU/CSU: Das ist eine Verdrehung!)
Dieser Kurs der Ausbeutung der Entwicklungsländer wurde in Washington weitergefahren. Immer schon hat der IWF durch seine Auflagenpolitik einen engen makroökonomischen Rahmen gesetzt, der nicht nur den

Entwicklungsländern eigenständige Entwicklungswege abschnitt, sondern auch die Projektpolitik der Weltbank bestimmte. Ab jetzt wird die IWF-Politik direkt in die Weltbank hinein verlängert. Davon zeugt die politische Aufwertung des bis dahin recht unbedeutenden gemeinsamen Entwicklungsausschusses von IWF und Weltbank, die dem Fonds nun erlaubt, direkt in die Bank hineinzuwirken. Die Weltbank, gedacht als Instrument der internationalen Entwicklungsfinanzierung, wird umdefiniert zum Vollstreckungsorgan der Finanztechnokraten in New York, London und Frankfurt. Sie, meine Herren, haben nichts dazu getan, um die Verschuldung und die Entwicklungsprobleme der Dritten Welt wirklich zu lösen. Sie waren nicht einmal bereit, mit den Dritte Welt-Ländern über ihre Forderungen nach globalen Entschuldungsprogrammen nach einheitlichen Kriterien zu debattieren. Statt dessen haben Sie angeboten, im nächsten Frühjahr mit der Dritten Welt ein wenig über ihre Probleme zu plaudern — auf einer Tagung ohne Beschlußkompetenz und ohne daß das internationale Finanzsystem in Frage gestellt werden dürfe. Was wir befürchtet haben, ist also geschehen: Sie haben den Pfahl — ich sage es noch einmal — des finanzpolitischen Kolonialismus nur noch tiefer in die Wunden der Dritten Welt hineingebohrt.

Wie recht wir mit dieser These haben, belegt eine Stellungnahme von Fritz Leutwiler — das müßte nun eigentlich Sie interessieren, weil er als Chef der Schweizer Nationalbank von Ihrer Seite kommt —, wenn er sagt: ,,Ich möchte diese Länder auch etwas unter Druck halten" — damit meint er die Entwicklungsländer —, ,,weil ich glaube, daß sonst überhaupt nichts getan wird, um die Lage zu verbessern." Herr Leutwiler erläutert auch, wer letztlich hinter dem IWF steht, wenn er ausführt: ,,Ich nehme den Währungsfonds insofern in Schutz, als er in der Anfangsphase hohe Bedingungen für die Schuldnerländer stellen mußte, weil die Geschäftsbanken das verlangten. Die Banken wollten rasche Sanierungserfolge sehen. Der Währungsfonds kann nicht mehr tun, als ihm seine mächtigen Mitglieder zu tun erlauben."

Und wer ist das wohl, Herr Stoltenberg? Das können doch wohl nur die USA sein und in deren Gefolge eben die Bundesrepublik.

(Beifall bei den GRÜNEN)

Hier bestätigt Herr Leutwiler die Kritik der GRÜNEN, daß der IWF ein Instrument der westlichen Industrieländer darstellt, und es wird zum Nutzen der westlichen Industrieländer benutzt.

(Beifall bei den GRÜNEN)

Meine Damen und Herren, die Drittweltländer brauchen ein sofortiges Schuldenmoratorium. Wenn es nicht nur darum geht, unsere Interessen zu sichern — in der Debatte der Aktuellen Stunde ist gesagt worden, eine Kuh, die man melken will, darf man nicht schlachten, und das ist die Mo-

tivation für diese Politik —, dann brauchen wir ein global angelegtes Entschuldungsprogramm nach einheitlichen Kriterien, damit nicht weiterhin die Entwicklungsländer auseinanderdividiert werden können; denn nur deswegen zeigen sie so ein Wohlverhalten auf den internationalen Konferenzen, weil es gelingt, sie auseinanderzudividieren, weil jedem einzelnen das Wasser bis zum Halse steht.
Wir fordern, daß die erlassenen Gelder in nationale und regionale Entwicklungsfonds eingezahlt werden, die unter der Stimmenmehrheit der Drittweltländer und nicht unter unserer stehen, und die eigenständige, binnenorientierte Entwicklungswege finanzieren können, die der Versorgung der Masse der armen Bevölkerung mit Grundbedarfsmitteln dienen, und nicht auf den Export ausgerichtet sind. Stutzen Sie den IWF zurück auf seine ursprüngliche Funktion des Ausgleichs von kurzfristigen Reserveschwankungen. Berücksichtigen Sie bei der Genehmigung von IWF-Krediten und Weltbankprojekten soziale, ökologische und politische Mindeststandards, und verstärken Sie durch mehr Mittel der finanziellen Entwicklungszusammenarbeit die regionalen Entwicklungsbanken, wenn sie diesen gerade geforderten Kriterien genügen! Das, meine Damen und Herren, wäre ein Weg, der den Entwicklungsländern wirklich eine Chance eröffnen würde.
(Beifall bei den GRÜNEN)[7].

Wie in den anderen sozialen Bewegungen, so ist auch in der Dritte Welt-Bewegung das Verhältnis zur parlamentarischen Arbeit der GRÜNEN umstritten. Manche in der Solidaritätsbewegung kritisieren, daß die Partei der GRÜNEN keinerlei entwicklungspolitische Konzeption vorweisen könne. Die GRÜNEN zögen lediglich Leute aus der Bewegung ab und erweckten mit dem Verweis auf parlamentarische Reformmöglichkeiten allenfalls Illusionen, auch in Bezug auf eine mögliche Koalition mit der SPD. Andere loben die Zusammenarbeit mit einzelnen Parlamentariern. Schließlich hätten diese viele aktuelle Themen aus den Aktionsgruppen direkt in den Bundestag gebracht. Auch die Konzentration der GRÜNEN Parlamentsarbeit auf übergeordnete Probleme des Verhältnisses zwischen Erster und Dritter Welt sei positiv. Aber auch bei einer positiven Einschätzung der Initiativen einzelner Parlamentsabgeordneter der GRÜNEN ist offensichtlich, daß es keine breite Diskussion oder Verankerung der Dritte Welt-Arbeit an der Parteibasis der GRÜNEN gibt. Auf ihrem ersten

Internationalismus-Kongreß im Oktober 1985 in Kassel versuchten die GRÜNEN in breiterem Rahmen über ihr Verständnis von Dritte Welt-Arbeit zu diskutieren. In der Einleitung zum Kongreß-Reader hieß es selbstkritisch:
„Es gehören keine besonderen detektivischen Fähigkeiten dazu, die theoretischen Defizite der GRÜNEN im außen- und entwicklungspolitischen Bereich aufzudecken. Sämtliche Programme, die in der fünfjährigen Parteigeschichte verabschiedet wurden, offenbaren diese Schwäche. Nimmt man noch die Wahlkampfmaterialien hinzu, so wird das Bild vollends düster..."[8].
Düster blieb das Bild allerdings auch auf dem Kongreß. GRÜNE Parteimitglieder oder gar Abgeordnete waren kaum anwesend. Dabei wollten die GRÜNEN mit ihrem Kongreß eine grundsätzliche Diskussion der Internationalismus-Arbeit anregen. Deshalb hatten sie zwei kritische Referate an den Beginn des Kongresses gestellt (siehe Dokument 49 und 50). Die Vertreter der Solidaritätsbewegung, die praktisch unter sich waren, nahmen darauf allerdings kaum Bezug. Die Kritik in den Referaten an der Solidaritätsarbeit und dem Internationalismus-Verständnis wurde von den Vertretern der Bewegung überhört oder in den Arbeitsgruppen abgeblockt. Generell kann für die Dritte Welt-Bewegung gesagt werden, daß selbstkritische Diskussionen über das internationalistische Selbstverständnis nur sehr schwer zustande kommen. Wir haben dies auch bei den Recherchen zu diesem Buch feststellen können: Viele langjährige Aktivisten waren der Meinung, eine Diskussion über Sinn, Zweck und mögliche Fehler der Bewegung sei dringend notwendig für die Verbesserung der Arbeit. Aber alle betonten auch, daß diese Diskussion fast nirgendwo geführt würde. So gibt es zwar ein weitverbreitetes ungutes Gefühl über die „Konjunkturanfälligkeit" der Bewegung, die sich heute, weil es aktuell ist, wieder für Südafrika interessiert, aber morgen vielleicht schon für Neukaledonien. Aber die Grundsatzdiskussion über die Ursachen der „Flackerhaftigkeit" ist in der Dritte Welt-Bewegung bislang in den ersten Ansätzen stecken geblieben. Dazu gehört auch, daß bislang die Auseinandersetzung mit der Geschichte der Bewegung weitgehend ausblieb; wohl auch, weil sich daran alle Probleme unübersehbar deutlich zeigen. Die Schwierigkeit scheint vor allem darin zu lie-

gen, daß für viele mit der Problematisierung ihrer Dritte Welt-Politik auch die Infragestellung ihrer persönlichen Identität einhergeht. Mechthild Maurer erzählte von den Problemen, die das Freiburger Informationszentrum Dritte Welt hatte, als es 1982 das Internationalismusverständnis zu einem Schwerpunktthema in den ,,Blättern" machen wollte: ,,Der Arbeitskreis, der gebildet wurde, um dieses Heft zu erstellen, ist zweimal zusammengebrochen. Erst im dritten Anlauf ist es gelungen, Veranstaltungen zu dem Thema zu organisieren und schließlich auch das Schwerpunktheft zu schreiben. Es kam dabei auch zu sehr persönlichen Auseinandersetzungen, weil die eigenen Ansprüche in Frage gestellt waren. Die Frage hieß: Ist es eigentlich richtig, was wir mit unserer Dritte Welt-Arbeit machen. Verdrängen wir damit nicht Probleme, die hier in unserer Gesellschaft auftauchen?"

MODE, MYTHOS ODER MASSENBEWEGUNG

Zur Kritik der Dritte Welt-Bewegung

Schon ein flüchtiger Blick auf die Geschichte der Dritte Welt-Arbeit in der Bundesrepublik beweist das ständige Auf und Ab der Solidaritätsbewegung und damit auch, wie notwendig eine intensive Auseinandersetzung mit den Ursachen dieser Schwankungen der Solidarität ist. Wir wollen deshalb zum Schluß dieses Buches dazu anregen, sich kritischer als bisher mit dem internationalistischen Selbstverständnis zu beschäftigen. Wir können dabei nur in Auszügen auf einige der wenigen theoretischen Versuche verweisen, die es zu diesem Thema gibt. Ihnen voranstellen wollen wir die biographische Schilderung einer Aktivistin aus der Mittelamerika-Solidarität in Berlin. In diesem Bericht werden alle die Punkte angesprochen, die eine selbstkritische Solidaritätsbewegung aufgreifen müßte (siehe Dokument 43).

DOKUMENT 43:
MIT HUT UND SONNENBRILLE FÜR DIE BEFREIUNGSBEWEGUNG
MECHTHILD SCHÖNEN, 1985:

Mein Weg zur Dritte Welt-Bewegung begann in der BRD. Ich habe zunächst mal sehr bewußt in Aachen für das Lehramt studiert, Deutsch und Theologie. Das war noch im Zuge der Bildungsreform. Ich wollte mich stark machen für den Klassenkampf im Klassenzimmer, setzte also große Hoffnungen darauf, daß über Schule und Bildung politisch etwas zu ändern sei. Ich bin dann auch vom ersten Studientag an hochschulpolitisch sehr engagiert gewesen. Später habe ich mir dann extra eine Schule in einer Obdachlosensiedlung ausgesucht und da jeden Tag unterrichtet. Es ging mir also zunächst einmal um Veränderungen in der BRD. Dabei habe ich eigentlich in der Schule sehr gute Erfahrungen gemacht, gerade in der Obdachlosensiedlung. Notgedrungen kam dann aber die Elternarbeit dazu und das Rumschlagen mit den Sozialämtern. Ich hab erst dann die Erfahrung gemacht, erst dann, wenn man versucht, etwas zu ändern, merkt man, wie das System wirklich ist. Nach dem geflügelten Wort: Um zu wissen, wie die Birne ist, muß man reinbeißen. Daraufhin hab ich Knastarbeit gemacht. Denn bei vielen unserer Jugendlichen war abzusehen, daß die über kurz oder lang im Knast landen würden. Wir hatten schon in der Klasse große Alkoholprobleme. Zusätzlich habe ich Gewerkschaftsarbeit gemacht, zunächst mal in der GEW (Gewerkschaft Erziehung und Wissenschaft). Wir haben Flugblätter vor Fabriktoren verteilt. usw. Ich war auch aktiv in Bürgerinitiativen. Es ging um Verkehrsplanung. Ich habe dann aber zunehmend gedacht, daß die Widersprüche nicht nur hier liegen, daß man die internationale Lage, den Weltmarkt usw. mit bedenken muß. Ich habe so den Bogen zur Dritten Welt geschlagen. Angeregt worden war dies über mein Pädagogikstudium, über das Konzept der Basisbildung von Paulo Freire. Und im Theologiestudium war gerade von der Theologie der Befreiung die Rede und von schwarzer Theologie in Afrika. Ich selbst fühlte mich zudem unfähig, den Schülern was zu vermitteln in der Schule. Ich hab meine Ausbildung zwar abgeschlossen, wollte dann aber diese Realitätserfahrung erst einmal selber machen, bevor ich wieder auf Schüler losgelassen würde. Ich wollte die politische Realität auch im internationalen Zusammenhang erst mal selbst erleben. So habe ich mich entschlossen, nach Lateinamerika zu fahren, einmal, weil es relativ leicht ist, sich als europäische Frau allein in Lateinamerika durchzuschlagen. Dann sind Kultur, Religion und Wertevorstellungen dort auch noch relativ europäisch. Die Hautfarbe ist da nur ein kleines Problem, weil es viele Weiße in Lateinamerika gibt und die Sprache ist relativ leicht zu lernen. Deshalb fiel meine Entscheidung für Lateinamerika und nicht für Afrika oder den Nahen oder Fernen Osten.

Das war 1978. Im März 1979 bin ich nach Mexiko geflogen und hab mich da durchgeschlagen. Im ersten Monat war das reiner Tourismus. Ein erstes Kennenlernen der Kultur. Dann hab ich mich in Guatemala mal niedergelassen, weil die vielen exotischen Eindrücke mich einfach überwältigten.

Ich war auch verunsichert durch diese ständigen Kontakte mit Indianern. Mir war das zwar klar über den Kopf, daß das Menschen sind wie du und ich, aber emotional waren sie mir doch fremd. Ich habe mich zunächst auf diese Unsicherheit eingelassen und versucht festzustellen, welche Identität die Indianer haben und gemerkt, daß die Ich-Identität für ein indianisches Individuum gar nicht so wichtig ist wie für Europäer. Ich habe zunächst einmal wirkliche Lateinamerikaerfahrung mit guatemaltekischen Indianerfrauen gemacht, bin dann auch mehr zufällig dort in ein Gesundheitsprojekt eingestiegen. Aber dann erschien die Situation in Nicaragua immer brenzliger. Dort wurde zur Endoffensive mobilisiert. Mein schlechtes Gewissen rührte sich, da ich ja in der BRD auch immer einen sozialistischen Anspruch gehabt hatte. Die Erfahrungen mit dem deutschen Faschismus fielen mir ein. Ich komme ja aus Aachen und habe nie verstanden, weshalb der Widerstand gegen den Nationalsozialismus aus Belgien und Holland nicht stärker gewesen war. Plötzlich sah ich mich in einer ähnlichen Situation. Ich lebte schön in Guatemala mit den Indianerfrauen, während nebenan im Nachbarland der Befreiungskrieg lief. Ich saß da bequem und wurde nicht aktiv. Um eine konsequente Politik zu machen, habe ich mich dann schweren Herzens dazu durchgerungen, Kontakt aufzunehmen zu einem Mittelsmann der FSLN, der Sandinistischen Befreiungsfront Nicaraguas. Ich habe meine Mitarbeit angeboten. Natürlich war mir das zuerst einmal nicht geheuer. Die Vorstellung, eventuell mein Leben einsetzen zu müssen für ein Land, in dem ich vorher noch nie war, wo ich keinen kannte, wo ich nicht genau wußte, wer sich hinter den Sandinisten verbarg und was für Pläne da eigentlich im Geheimen ausgeheckt worden sind. Zum andern fiel es mir auch sehr schwer, mich mit dem Gedanken anzufreunden, wirklich zur Knarre zu greifen, Menschen zu töten. Ich wurde dann auch gefragt, ob ich Angst hätte oder Bedenken, mich in die Guerilla zu integrieren. Da hab ich offen und ehrlich gesagt, es käme mir schon komisch vor, in der Guerilla hier zur Knarre zu greifen. Die Mittelsmänner der FSLN haben so schnell festgestellt, daß ich noch nicht ausreichend ,,lateinamerikanisiert'' war. Ein richtiger Lateinamerikaner hätte immer gesagt, nein, er hätte keine Angst. Ich wurde dann immerhin eingesetzt, um Briefe an die honduranische Grenze zu transportieren, als Touristin, verkleidet mit besonders nordamerikanischer Aufmachung, mit Hut und Sonnenbrille. Das war auch relativ ungefährlich. Das waren meine ersten Kontakte zur FSLN. Ansonsten wartete ich darauf, irgendwann an die Südfront eingezogen zu werden. Ich hätte dann über Nicaragua wegfliegen müssen nach Costa Rica, um mich in die Südfront zu integrieren. Glücklicherweise aber kam der Ruf nicht. Der Triumph der Revolution kam ihm zuvor. Mir fiel ein riesiger Stein vom Herzen. Trotz alledem war für mich klar, daß ich mich wenn schon nicht im Kampf, so doch zumindest für den Wiederaufbau, den Aufbau der Revolution, einsetzen müßte. In den ersten Augusttagen 1979 bin ich dann auch nach Nicaragua gereist und hab mich wieder erstmal alleine durchgeschlagen, hab Kontakte aufgenommen. Das ging damals noch sehr leicht, weil sich alle Commandantes im Hotel Interconti trafen. Das war das einzige Hotel, das in Managua noch stand. Da konnte man noch sehr leicht einem der ,,Leader'' von hinten auf die Schulter klopfen und fragen: ,Haste nicht 'ne Stelle für mich?' Es war eben 'ne sehr euphorische Stimmung. Trotz alledem erschien es den Nicaraguanern zunächst nicht ganz geheuer, mich da so ohne weiteres einzustellen, 'ne Europäerin, die politisch gebildet ist, sich auskennt im historischen Materialismus, mit der Dialektik, die Marx und Engels gelesen hat und aus der Bourgeoisie kam und dann noch aus Europa.

Aber ich habe nicht lockergelassen und so auch einen Job gefunden in Nicaragua, sogar eine ziemlich verantwortungsvolle Stelle. Ich hab im Bereich des Ministeriums für Agrarreform eine Sozialplanung erarbeitet, und zwar für diese brenzlige Gegend des Miskitogebietes. Die Erfahrungen, die ich in Nicaragua gemacht habe, waren alles andere als rosig. Ich habe wahnsinnig viel darüber gelernt, wie eine Revolution von innen aussieht, und wie es aussieht, wenn man unter Zugzwang steht, wenn man die Macht hat und sie auch nutzen muß. Trotz alledem habe ich beschlossen, zurück nach Europa zu gehen. Ich hatte doch nach 2 Jahren festgestellt, das ist nicht mein Land, für immer könnte ich nicht in Nicaragua leben. Ich hab mich dann ab Frühjahr 1982 verzweifelt in ein neues Studium gestürzt, Technik studiert, um als Lehrerin für Erwachsenenbildung und Technik wieder zurückzugehen in die Dritte Welt. Das war mein Hauptmotiv: nicht nur über das Bewußtsein Dritte Welt-Arbeit zu machen, über Bewußtseinsveränderungen nach Paolo Freire, sondern das zu koppeln an ein anderes Verständnis von Technik, zu koppeln an eine Technikerziehung. Die Industrienationen haben ja über die Technologie weiter Zugang oder Zugriff auf die Dritte Welt, obwohl sich das Bewußtsein der Völker dort sehr stark geändert hat in Richtung auf mehr Selbstbewußtsein und Eigenkultur. Aber technisch bleiben sie abhängig und werden auch abhängig gehalten. Es gibt sehr wenige Ansätze zur Entwicklung eigener Technologien in der Dritten Welt. Aus diesen Gründen also mein Technikstudium. Ich hab mich da auch durchquälen müssen. Daneben habe ich mich bemüht, Kontakte zur Solidaritätsbewegung aufzunehmen. Ich hatte das Bedürfnis, mich mit Menschen auszutauschen, die eben auch aktiv Dritte Welt-Arbeit machen. Da lag es natürlich zuerst mal nahe, für Nicaragua zu arbeiten. Von den Nicaragua-Komitees war ich allerdings sehr enttäuscht, weil das ausschließlich Jubelkomitees waren. Fernab von jeder Realität wollten die auch gar nicht wissen, wo da die Knackpunkte sind, wo die Schwierigkeiten in Nicaragua liegen. Ich hab mich auch sehr bemüht, in Wuppertal bei der Infostelle zu Nicaragua über meine Erfahrungen in der Zusammenarbeit mit Miskitos zu berichten. Aber das war damals noch nicht so bekannt. Keiner hatte Interesse daran, auch mal was Negatives über die nicaraguanische Revolution zu erfahren. Dabei stehe ich zu dieser Revolution in Nicaragua. In Nicaragua selbst, als ich noch in der Regierungsstelle gearbeitet habe, war ich sehr kritisch eingestellt gegenüber der Regierung, gegenüber dem gesamten nicaraguanischen Prozeß. Trotzdem werde ich hier die nicaraguanische Regierung immer wieder in Schutz nehmen und die Revolution immer wieder verteidigen.

Dort konnte ich ja auch intern versuchen, Diskussionen auszulösen und etwas zu verändern. Hier aber geht es darum, zunächst einmal für das Recht der Nicaraguaner zu kämpfen, ihre eigene Revolution durchzuführen. Das muß aber durchaus kein unkritisches Zujubeln sein. Ich habe auch hier durchaus noch eine kritische Distanz zum nicaraguanischen Prozeß, dennoch werde ich mich jedoch immer wieder dafür einsetzen, daß die nicaraguanische Revolution bestehen kann und auch weitergehen kann.

Ich glaube, man muß mit den Widersprüchen einfach klarkommen. Sie sind nicht eindeutig zu lösen: Ich lebe mit den Widersprüchen. Da bietet auch die deutsche Dialektik eine sehr große Hilfe. Ich habe mich, als ich aus Lateinamerika zurückkam, zunächst in die ‚Kritische Theorie' gestürzt. Die war eine Hilfe dabei, mich auch auf die Widersprüche einzulassen. Das ist wieder eine Sache, die ich einfach nicht verstehe: weshalb die deutsche Solidaritätsbewegung so unkritisch und so undialektisch auf der Suche nach der absoluten Identifikation ist und nicht damit klarkommt, nicht damit umgehen kann, sich auf Widersprüche einzulassen. Mir ist sehr schnell aufgefallen, daß es in vielen Komitees auch gar nicht darum geht, Internationalismus zu praktizieren oder wirkliche Solidaritätsarbeit zu leisten, sondern bei sehr vielen ein persönliches Interesse dahintersteckt, die persönliche Identifikation mit einer Bewegung, mit einem Land. Wenn man die Commandantes und so ein bißchen von der Geschichte kennt, ist es sehr leicht, sich kompetent zu fühlen und Aussagen zu machen. Das ist auch meines Erachtens der Grund, weshalb so viele ausschließlich zu Lateinamerika arbeiten und viel weniger etwa zum Libanon oder zu Afrika. Dort sind die Strukturen für uns einfach viel komplizierter und es ist schwerer, da mitzureden. Und das ist bei vielen Gruppen auch der Grund, weshalb sogar weniger zur BRD selbst gearbeitet wird. In Lateinamerika erscheint alles leichter. Da ist alles schwarz oder weiß und damit leichter zu durchblicken, auf welcher Seite man zu stehen hat.
Auch die El Salvador-Arbeit ist zum großen Teil Jubelarbeit. In dem Moment, wo die militärischen Erfolge ausbleiben, bricht auch die Solidarität zusammen. Und die Guatemala-Arbeit ist meist eher folkloristisch, weil sie an der Indianer-Arbeit ansetzt. Sehr viele, die Guatemala-Arbeit leisten, waren selbst dort und sind vor allem fasziniert von den ‚guten Indianern'. Dabei fehlt oft der politische Durchblick, daß 'ne Revolution immer knallhart und wenig euphorisch ist. In der Revolution, im Kampf kommt es vor allem darauf an, strategisch vorzugehen und nicht unbedingt die reine Ideologie hochzuhalten.
Eine Revolution durchzuführen, bedeutet auch Disziplin halten. Da stößt man immer auf die Frage: Heiligt der Zweck die Mittel oder nicht? Gerade in Nicaragua war es zum Beispiel so, daß zunächst erst einmal die Reihen gesäubert werden sollten, daß man sich um die Kader der FSLN bemühte und versuchte, andere eher anarchistisch angehauchte Kämpfer aus verantwortlichen Positionen rauszudrücken. Dann ist ja auch ,,El Pueblo", eine linkskritische Zeitung, in Nicaragua verboten worden. Diese Zeitung vertrat die Meinung, daß man die Revolution weiterführen und die Bourgeoisie aus den politischen Entscheidungsgremien rausdrängen müsse. Diese Zeitung wurde in Nicaragua verboten. Daraufhin

gab es hierzulande großen Protest. Der kam vorrangig aus Berlin. Das war noch die erste Solidaritätsgarde. Sehr viele haben sich danach enttäuscht abgewandt und der Nicaragua-Solidarität den Rücken gekehrt. Ein weitaus kleinerer Teil ist dabeigeblieben, ist also noch solidarisch geblieben mit Nicaragua. Es kam die zweite Generation und heute werden die Solidaritätsgruppen sehr stark von Jüngeren geprägt. Das ist jetzt schon die dritte Garde. Das sind zum größten Teil Leute, die in Erntebrigaden in Nicaragua waren.

Viele Leute haben Nicaragua aufgegeben, weil die Identifikation mit der Revolution nicht mehr so leicht war. Unsere Hoffnungen und unsere Wünsche an die Revolution waren in jedem Fall politische. Wir legen ja weniger Wert auf materielle Veränderungen. Denn für uns sind ja die Grundbedürfnisse bereits befriedigt. In Nicaragua mußte die Revolution aber zunächst eine Veränderung der materiellen Lebensbedingungen beinhalten. An zweiter Stelle kam erst die wirkliche Basisdemokratie. Als dann aber unsere Hoffnungen auf mehr Mitbestimmung, mehr Mitentscheidung nicht erfüllt wurden — wobei in Nicaragua auch sehr viel Fehler gemacht worden sind — haben sich viele enttäuscht von Nicaragua oder von der Solidaritätsarbeit insgesamt abgewandt. Hinzu kam, daß die Älteren dann auch Kinder hatten, mehr ans Haus gebunden waren und nicht mehr so viel Zeit hatten, an Gruppensitzungen teilzunehmen.

Andererseits wurden große Geldmengen aufgebracht von der Solidaritätsbewegung und aus dem Dunstkreis. Die kommen zum großen Teil von den Intellektuellen, die keine aktive Solidarität mehr leisten. Böse Stimmen sagen: Die kaufen sich frei, die beruhigen ihr schlechtes Gewissen. Aber ich glaube schon, daß oft eine konkrete Solidarität gemeint ist. Die sagen: Wir können da nicht eingreifen oder wir wollen da nicht eingreifen, aber zumindest stellen wir Geld bereit, damit die Revolution in Nicaragua oder El Salvador ihren Lauf nehmen kann.

Inzwischen haben sich auch die Methoden verändert. Mehr als früher werden kleine Projekte unterstützt. Dadurch ist die Solidaritätsarbeit auch unpolitischer geworden. Es geht manchen nur noch darum, sich mit einem ganz kleinen Projekt in einem kleinen Dorf zu identifizieren, und dieses kleine Projekt voranzutreiben, nicht um den internationalen Prozeß. Das kann man kaum Internationalismus nennen.

Ich glaube, daß das ein generelles Problem ist. Solidaritätsarbeit wird oft mit Internationalismus gleichgesetzt. Aber das, was wir als Nicaragua- oder El Salvador-Engagement sehen, ist eher Solidaritätsarbeit als Internationalismusarbeit, weil es sich meistens nur auf ein Land bezieht. Gerade auf das eine Land, mit dem man sich persönlich identifiziert. Das läuft ja oft auch über die persönliche Identifikation. Man war in einem

Land oder ist befreundet mit einem Commandante oder Mitkämpfer. Und sehr oft ist diese Identifikation derart intensiv, daß andere Länder außer acht bleiben. So kommt es vor, daß Leute, die sich für die El Salvador-Solidarität stark machen, die Probleme Nicaraguas nicht mehr sehen, und auch gar nicht sehen wollen, und schon gar keinen Zugang haben zu Honduras und Guatemala. Die El Salvador-Gruppen sind oft viel radikaler. Deshalb setzen sich Gruppen, die Nicaragua-Arbeit machen, manchmal von diesen radikalen El Salvador-Gruppen ab — und umgekehrt.

Ein konkretes Beispiel dafür war die Vorbereitung der Demonstration während der Lateinamerikatage letzte Woche. Die El Salvador-Gruppen wollten unbedingt den Vertreter El Salvadors sprechen lassen. Die eher gewerkschaftlich orientierten Gruppen sagten, es ginge aktuell um die Gelder des amerikanischen Kongresses für die Contras in Nicaragua. Deshalb sollte auf jeden Fall ein Vertreter Nicaraguas sprechen. Andere waren der Meinung, sie wollten lieber jemand von der deutschen Solidaritätsbewegung hören. Dann gab es die Diskussion, ob nicht ein Vertreter der amerikanischen Solidaritätsbewegung die Kundgebung bestreiten sollte. Eine andere Gruppe wiederum wollte unbedingt, daß Peru mit reinkommt, weil sie zu Peru arbeitete, sollte die Problematik auf Gesamt-Lateinamerika ausgedehnt werden. Jede Gruppe sah also nur ihr kleines Problem und wollte das auf jeden Fall mit drin haben. An solchen konkreten Punkten zeigt sich auch das Dilemma der Solidaritätsbewegung, daß es nicht um Internationalismus, sondern immer nur um Solidarität mit einem kleinen Ausschnittsproblem geht.

Die Solidaritätsbewegung ist auch oft, um die Reinheit der Lehre zu behalten, nicht bereit, strategische Bündnisse einzugehen. So stehen die radikalen Soli-Gruppen, die immer wieder bedingungslos die militärischen Aktivitäten in den Vordergrund stellen, oft christlichen Gruppen feindlich gegenüber, denen es mehr um eine breitere Einheit geht.

So legen sich die Gruppen gegenseitig Steine in den Weg. Aus dem gleichen Grund fehlt oft der Bezug zu politischen Aktivitäten hier in der Bundesrepublik, weil das Maximale gefordert wird und nicht Bündnisse auch mal mit der SPD, die sicher nicht revolutionär ist, oder mit den Gewerkschaften gesucht werden. So wird auch das Geld oft ausschließlich an Projekten in Nicaragua, El Salvador und anderswo verschickt und damit der bundesdeutschen Solidaritätsarbeit entzogen. Deshalb fehlen sehr oft Gelder, um hier überhaupt funktionsfähig linke oder progressive Politik machen zu können. Das ist meines Erachtens eine vollkommen falsche Geldverteilung, weil sich die Solidaritätsbewegung damit selber lahmlegt. Das ist purer Aktionismus. Es geht nur noch darum, ein kleines Projekt voranzutreiben und möglichst schnell Geld rüberzuschicken, statt sich wirklich Zeit zu lassen, kritisch zu diskutieren, ob es nicht noch Alternativen gibt, von der Entwicklung eigener Strategieansätze innerhalb der Bundesrepublik ganz zu schweigen.

Ich glaube prinzipiell, daß die größte Hilfe für die Länder der Dritten Welt darin besteht, hier eine fortschrittliche Politik zu machen. Es hilft wenig, wenn ständig vereinzelte Internationalisten, wie ich es ja auch gemacht habe, rüberreisen und versuchen, da mitzumischen oder Stellung zu beziehen. Ganz davon abgesehen ist es den Bewegungen, die unter dem Zugzwang der Revolution stehen, auch relativ egal, was die bundesdeutsche Solidaritätsbewegung meint und sagt.

Unterlassen sollte man die Solidaritätsarbeit hierzulande bei aller Kritik allerdings auf keinen Fall. Das öffentliche Bewußtsein wird mit jeder Aktion ein bißchen breiter und ein bißchen tiefer. Die Zeitungen sind ja auch inzwischen voll von Problemen der Dritten Welt.

Es hat sich doch in den letzten zehn Jahren sehr viel getan im öffentlichen Bewußtsein in Bezug auf die Dritte Welt. Egal, ob es jetzt um Afrika oder Lateinamerika geht. Ich glaube schon, daß die Dritte Welt-Gruppen dazu beigetragen haben. Es gehört ja inzwischen zu den Unterrichtsinhalten, auch in der Schule über die Dritte Welt zu reden, nicht alles nur auf den ‚Ost-West-Konflikt' zu reduzieren, sondern auch den Nord-Süd-Konflikt zu behandeln. Das ist auch ein Erfolg der Solidaritätsbewegung.

Diese bemerkenswert selbstkritische, biographische Skizze kann als beispielhaft gelten. Denn sie beinhaltet nahezu alle Widersprüche und Unsicherheiten, die sich als Probleme der Solidaritätsarbeit in der Bundesrepublik ausmachen lassen und die — wenngleich in ganz anderer Form — auch von den wenigen ,,Theoretikern" der Bewegung beschrieben und kritisiert werden. Der biographische Bericht einer einzelnen Aktivistin läßt sich so nutzen, um einige Hauptprobleme der Solidaritätsarbeit zu illustrieren:

Die Beschäftigung mit der Dritten Welt wird oft zur Flucht vor der politischen Realität im eigenen Land.

Mechthild hat in der Schule, Gewerkschaft und in Bürgerinitiativen gearbeitet, war also zunächst in der Bundesrepublik selbst politisch aktiv. Der richtigen Einsicht, daß viele Prozesse heutzutage von internationalen ökonomischen, politischen und militärischen Zusammenhängen bestimmt werden, stand auf der anderen Seite die Frustration über die Schwierigkeiten der politischen Arbeit hier gegenüber. Zu den Problemen mit den Eltern ihrer Schüler und den Behörden kommen die Zweifel an dem Sinn der Lehrertätigkeit überhaupt, oder allgemeiner ausgedrückt: auch den Möglichkeiten konkreter Veränderungen hier und jetzt in der eigenen Gesellschaft. Darin spiegelt sich auch die — für die Bewegung durchaus typische — Verunsicherung linker Intellektueller kleinbürgerlicher Herkunft in und gegenüber ihrer Gesellschaft. Das Beispiel ist deshalb typisch für eine Vielzahl von Solidaritätsarbeitern in der Bundesrepublik, die zumeist aus diesem linksintellektuellen Milieu stammen. Von der frühen Algerien-Solidarität bis zu den El Salvador-Gruppen von heute suchten und suchen viele häufig aufgrund ihrer Resignation angesichts der innenpolitischen Verhältnisse ihr revolutionäres Heil außerhalb des eigenen Landes.

In der Dritten Welt wird nicht so sehr das Unbekannte, Fremde gesucht, sondern eher das schon Bekannte, Nahe, möglichst Europäische, vor allem aber das Einfache.

Mechthild fährt nach Lateinamerika, weil es dort europäischer ist als anderswo in der Dritten Welt, von der Religion bis zur Musik. Das bedeutet nichts anderes, als daß dort der Kolonialismus bis heute besonders erfolgreich war. Auch die Solidaritätsbewegung sucht sich häufig Anknüpfungspunkte, die unserem Denkschema am weitesten entgegenkommen: seien es Befreiungsbewegungen, die europäische Theorien in ihren politischen Kampf übernommen haben, seien es Länder, die uns kulturell am nächsten stehen. Chilenische Melodien klingen für bundesdeutsche Ohren vertrauter als libanesische und vertrauter erscheinen auch die politischen Prozesse in den Ländern Lateinamerikas. Ganz allgemein scheinen politische Verhältnisse und Zusammenhänge in der Dritten Welt einfacher zu sein als die gesellschaftliche Wirklichkeit hierzulande. Das liegt allerdings nicht daran, daß die Verhältnisse dort tatsächlich einfacher sind, sondern nur an dem Schwarz-Weiß-Bild, das sich die Solidaritätsbewegung von ihnen macht. Die Philippinen sind heutzutage das Land in Asien, das die meiste Aufmerksamkeit der bundesdeutschen Dritte Welt-Bewegung erfährt. Das liegt nicht nur an der gewaltfreien Ablösung des Diktators Marcos oder am bewaffneten Befreiungskampf, mit dem sich Identifikationsmöglichkeiten ergeben, sondern auch daran, daß 300 Jahre spanischer und ein halbes Jahrhundert amerikanischer Kolonialzeit die Philippinen zum einzigen katholischen Land Asiens gemacht haben, in dem die Leute zudem von der Schulzeit an Englisch lernen müssen. Kurzum, die Philippinen sind ein Land, das für die Solidaritätsarbeit einfach zu handhaben erscheint. Diese eigennützige Auswahl der Solidaritätsobjekte sucht und verstärkt die europäischen Elemente in der Dritten Welt eher, als daß sie dort eigenständige Prozesse beobachtet und fördert. Darin kann eine neue Form des Kulturimperialismus verborgen liegen.

Die Objekte der Solidarität sind jederzeit austauschbar.

Mechthild betreibt zunächst den — inzwischen ebenso häufig praktizierten wie kritisierten — typischen Dritte Welt-Tourismus. Von Mexiko geht es nach Guatemala. Dort läßt sie sich nieder, nicht aus einem originären Interesse an den Menschen und Verhältnissen in diesem Land, sondern weil die exotischen Eindrücke der Dritten Welt zu überwältigend sind. Sie lernt Indianerfrauen kennen und arbeitet in einem Gesundheitsprojekt. Aber als die Revolution ruft, meldet sich auch das „sozialistische Gewissen". Sie geht nach Nicaragua. Was wurde aus den Menschen, mit denen sie in Guatemala gearbeitet hat?
Zu dieser Sprunghaftigkeit der Solidarität von einem Land zum anderen, von einer Erfahrung zur spannenderen nächsten, die den eigenen Utopien eher entspricht, braucht nicht mehr viel gesagt zu werden. Davon erzählt dieses Buch:
Von der enttäuschten Erwartung in Algerien ging die Solidarität ohne genauere Prüfung über nach Vietnam. Weil dann die Chilenen der Erfüllung unseres Sozialismus-Modells näher waren, wandten sich die Interessen ihnen zu, auch wenn es dafür längst zu spät war. Ein Grund mehr, sofort nach Portugal zu greifen, um es ebenso schnell fallen zu lassen, als endlich einmal Schwarze

in Angola, Mozambique oder Zimbabwe ,,Revolution machten". Heute stehen Südafrika und Mittelamerika hoch im Kurs. Aber auch dort konzentriert sich die Bewegung mal auf Nicaragua und mal auf El Salvador. Und als die USA im April 1986 Tripolis bombardierten, gingen spontan Zehntausende gegen die USA für Libyen auf die Straße, für ein Land, über das kaum jemand irgend etwas weiß. Die Entwicklung in den früheren Ländern der bundesdeutschen Solidarität erschien zu schwierig oder zu kompliziert oder zu unerfreulich. Die Menschen sind ohnehin austauschbar, das heißt: Fremde geblieben.

Revolution ist gut, aber es ist besser, wenn andere sie für uns machen.

Mechthild geht nach Nicaragua. Sie sieht die Notwendigkeit des revolutionären Kampfes, hat jedoch verständlicherweise Hemmungen, bis zur letzten Konsequenz mitzumachen, und ist froh, daß die Revolution auch ohne ihren konkreten Kampfeinsatz siegt.
Schon die Abkehr von der politischen Realität in der Bundesrepublik und die Hinwendung zu den revolutionären Prozessen in der Dritten Welt offenbaren die Haltung, andere für uns die Revolution anderswo durchführen zu lassen. Sie erscheint überall — vor allem, solange man nicht genau hinschaut — einfacher und erfolgversprechender als ausgerechnet bei uns. Wenn sie auch hier, vielleicht wichtiger wäre, um selbstbestimmte Prozesse anderswo zu erleichtern. Die Vereinfachung der Verhältnisse vereinfacht zudem die Identifikation. Damit ist zugleich eine wesentliche Ursache der Konjunkturanfälligkeit benannt. Eine Solidarität, die die realen Kräfteverhältnisse, Widersprüche und Probleme innerhalb einer Befreiungsbewegung nicht zur Kenntnis nimmt, kann sich — wenn all das nach der Befreiung offen zutage tritt — nur noch pikiert abwenden. Die zunächst jungfräulich scheinende Revolution hat sich hinterher noch immer als Prostituierte der Realpolitik und der Macht erwiesen.

Wer die Schwierigkeiten einer Revolution nicht kennt, kann ihre Fehler nicht verstehen.

Über die tatsächlichen Verhältnisse in den Solidaritätsländern ist hierzulande oft nur wenig bekannt.

Mechthild erfährt bei ihrer Arbeit in Nicaragua, wie hart und schwierig die Prozesse nach der Revolution sind. Sie sieht, was es heißt, errungene Macht in konkrete Politik umzusetzen.
Die Solidaritätsgruppen können die immer wiederkehrende Enttäuschung über revolutionäre Prozesse nach einer Befreiung nur vermeiden, wenn sie sich die nachrevolutionären Bedingungen, die immer zu Problemen und Fehlern führen, genau klarmachen. Viele in der Solidaritätsbewegung haben jedoch weder die völlige Abhängigkeit des befreiten Algeriens von der Wirtschaft Frankreichs, noch die Zerstörung Vietnams und historisch gewachsene Feindschaften in Indochina, noch die Rahmenbedingungen der sandinistischen Revolution in Nicaragua zur Kenntnis genommen.

Kritische Informationen stören die Idealbilder von der Dritten Welt.

Mechthild erfährt nach ihrer Rückkehr, daß ihre Informationen über Nicaragua und über die Probleme der Sandinisten mit den Miskito-Indianern nicht gefragt sind. Sie passen nicht in das Bild von Nicaragua, das sich die Solidaritätsbewegung hier zurechtgelegt hat.

Das heißt, daß die Bewegung nicht solidarisch mit Nicaragua ist, sondern nur mit der eigenen Projektion, wie Nicaragua sein sollte. Im Extremfall ist dies eine Solidarität, die sich letztendlich auf eine Fiktion bezieht und entsprechend schnell zusammenfällt, wenn die Fiktion als solche erkannt wird. Die Geschichte der Dritte Welt-Bewegung ist voll von Beispielen dafür — von der blinden Verehrung des Vietcong bis zur realitätsfremden Hoffnung in die chilenische Linke nach dem Putsch.

Solidaritätsarbeit ist nicht gleich Internationalismus.

Mechthild beschreibt, wie kleinkariert manche Solidaritätsgruppen nur auf ,,ihr" Projekt, auf ,,ihr" Land, auf ,,ihr" Problemgebiet schauen, ganz gleich, ob es um die finanzielle Unterstützung geht oder darum, wer auf einer Demonstration sprechen darf.

Der ausschließliche Bezug auf die jeweils ,,eigenen" Projekte in der Dritten Welt ist eher in kirchlichen Solidaritätsgruppen festzustellen. Dabei werden oft übergreifende politische Strukturen außer acht gelassen. Die Solidarität wird damit unpolitisch und auf die provinzielle Scheuklappenbreite der jeweiligen Dritte Welt-Gruppe zugeschnitten. Sie dient damit auch weniger dem eigentlichen Objekt der Solidarität als der Durchsetzung der jeweiligen Gruppeninteressen und damit der Selbstbestätigung ihrer Mitglieder hier bei uns.

Militärische Auseinandersetzungen werden überbetont.

Anhand der El Salvador-Solidarität beschreibt Mechthild, wie wichtig für den Erhalt der Solidaritätsarbeit militärische Erfolge sind und wie sehr die militärische Komponente der Befreiung von manchen Gruppen in den Vordergrund gestellt wird.

Aus den Lehnstühlen der West-Berliner oder Westdeutschen Solidaritätszentren läßt sich leicht die Forcierung der militärischen Auseinandersetzungen anderswo fordern. Die Glorifizierung der Gewalt hatte wohl ihren Höhepunkt im Vietnamkrieg, wo militärische Erfolge „wie Fußballsiege" aufgenommen wurden. Eine Folge war sowohl die blinde Übernahme lateinamerikanischer Stadtguerilla-Strategien durch die RAF als auch die ungebrochene Unterstützung mancher K-Gruppen für das gewaltsame Pol-Pot-Regime in Kambodscha. Oft sind es jedoch die gleichen Gruppen, die einerseits der militärischen Seite des Befreiungskampfes applaudieren, sich aber andererseits sofort enttäuscht abwenden, wenn sich die damit entstandenen hierarchisch-militärischen Strukturen nicht sofort nach der Befreiung auflösen. Das war so in Algerien wie in Vietnam, in Kuba wie in Nicaragua. Und das wird auch in El Salvador und Südafrika nicht anders werden. Es wäre sinnvoll, sich frühzeitig darauf einzustellen, nicht um deshalb die Solidarität aufzukündigen, aber um sie von Illusionen über die Möglichkeiten nach den Befreiungskämpfen zu lösen.

Das Gegenteil von Idealisierung und Blindheit ist oft Einmischung und Bevormundung.

Mechthild erzählt das Beispiel der linkskritischen Zeitung „El Pueblo", die in Nicaragua verboten wurde. Und sie erzählt, wie dies von einigen zum Anlaß genommen wurde, ihre Solidaritätsarbeit einzustellen.
In diesem Beispiel ist eine weitere wichtige Ursache für die Konjunkturanfälligkeit der Bewegung angesprochen. Viele wenden sich ab vom Objekt ihrer Solidarität, wenn die eigenen utopischen Ideale dort nicht erfüllt werden. Oder auch dann, wenn die Bedingungen, die hierzulande gestellt werden, nicht berücksichtigt werden. Diese Haltung ist vor allem in den theoretisch versierteren Kreisen der Solidaritätsszene beheimatet. Dort, wo die Rezepte für Revolutionen im eigenen Land zwar verlorengegangen sind, man aber immer noch meint, Konzepte für fremde Länder in anderen Kontinenten zu kennen.
Diese Haltung hat sich gegenüber der Befreiungsbewegung in El Salvador gezeigt, nachdem interne Konflikte dort gewaltsam aus-

getragen wurden. Sie führte ebenso zur Abkehr von Nicaragua, weil die Sandinisten Schwierigkeiten hatten, akzeptable Lösungen des Miskito-Problems zu finden. Sie zeigt sich in der Südafrika-Solidarität, wo eine schon lange anhaltende Auseinandersetzung darüber stattfindet, welche Befreiungsbewegung nach Meinung der Solidaritätsgruppen hierzulande die authentische ist.
Zu dieser Haltung gehört auch die Einbindung der Solidaritätsobjekte in unsere ideologischen Korsetts, seien sie nun Moskau- oder Peking-orientiert, autonom, unabhängig oder christlich geprägt. Sobald die Auseinandersetzung mit Dritte Welt-Ländern dogmatisch wird, sind einerseits Blindheit und andererseits Einmischung die Folgen.

Die ,,Reinheit der Lehre'' läßt sich eher in der Ferne erhalten als im eigenen Land.

Mechthild beschreibt die Schwierigkeiten der Solidaritätsbewegung, Bündnisse einzugehen und Kompromisse zu machen, auch als eine Ursache für die Abkehr von politischen Aktivitäten in der Bundesrepublik.
Im eigenen Land sind die ,,reinen Lehren'' schon allzuoft an den herrschenden politischen Verhältnissen zerbrochen. Sie haben sich als unbrauchbar für politische Arbeit erwiesen, die nicht auf persönliche Selbstbestätigung, sondern auf konkrete politische Veränderungen zielt. Die Verwirklichung der ,,reinen Lehre'' wird deshalb in der Dritten Welt gesucht.
Letztlich läuft die bevorzugte Beschäftigung mit Veränderungen in der Dritten Welt darauf hinaus, den Menschen dort ihre Fehler und ihre Widersprüche, kurz: ihre Menschlichkeit abzusprechen. Denn warum sollte ausgerechnet im zerbombten, entlaubten, vergifteten Dschungel von Vietnam der Sozialismus leichter aufzubauen sein als in den wohlgepflegten Gegenden der Eifel oder des Schwarzwaldes. Warum soll der ,,neue Mensch'' eher nach jahrelangen kriegerischen Kämpfen mit Blut und Elend und Tod aus einem salvadorianischen Guerilla-Lager kommen als aus einer Wohngemeinschaft in West-Berlin, die viel Muße und Ruhe und Geld hat, um Bücher zu lesen und über sozialistische Wege nach-

zudenken. Und warum sollten sich basisdemokratische, nicht hierarchische, machtfreie, konfliktarme Verhältnisse ausgerechnet in einem wirtschaftlich abhängigen, vom Krieg zerschundenen, von Invasionen bedrohten und weiter zerstörten Land wie Nicaragua auf nationaler Ebene durchsetzen, wenn sie doch schon in den Solidaritätsgruppen selbst nirgendwo anzutreffen sind. Dabei bestehen die doch meist nur aus einem Dutzend Menschen, die sich nur alle zwei Wochen treffen und miteinander auskommen müssen.

Aus dem biographischen Bericht lassen sich zwei einfache, aber wichtige Empfehlungen ableiten:
Die Solidaritätsbewegung sollte die immer und überall vorhandenen Widersprüche und Probleme der politischen Entwicklungen in der Dritten Welt nicht verdrängen, sondern zur Kenntnis nehmen und bewußt damit umgehen, ohne von ihrer kurzfristigen Bewältigung die weitere Solidarität abhängig zu machen.
Die Bewegung sollte weiterhin Idealisierung, Projektionen und Wunschvorstellungen gegenüber anderen Ländern aufgeben und sich stattdessen um die Veränderung der politischen Verhältnisse im eigenen Land kümmern, weil darin auch der wichtigste Beitrag für positive Veränderungsmöglichkeiten in der Dritten Welt liegt.
Das sind Empfehlungen, die — inhaltlich gleich, aber anders formuliert — auch in den meisten theoretischen Publikationen über das Internationalismusverständnis der heutigen Dritte Welt-Bewegung gegeben werden.
Es ist möglich, daß viele Aktivisten der Dritte Welt-Bewegung längst diesen Empfehlungen entsprechen. Es ist möglich, daß sie kritisch mit den Objekten ihrer Solidarität umgehen, dabei doch Kontinuität in der Arbeit bewahren. Und dies auch über Jahre, trotz aller Enttäuschungen und Rückschläge. Es ist möglich, daß sie zudem noch an der Veränderung der Bedingungen im eigenen Land arbeiten. Dennoch muß eine breite Diskussion dieser Punkte in der Dritte Welt-Bewegung beginnen. Sie könnte dazu führen, der nach wie vor starken Fluktuation der Aktivisten und der Konjunkturanfälligkeit der Solidarität insgesamt entgegenzuwirken, und damit die Bewegung stabiler und gerade im eigenen Land politisch wirksamer zu machen.

ANALYSEN, THESEN UND PROVOKATIONEN
EINE SUBJEKTIVE AUSWAHL VON TEXTEN ZUM THEMA

„Ein Mann aus Lu schenkte dem König Yüan von Sung einen Knoten. Der König ließ einen Befehl durch das ganze Land gehen, daß alle geschickten Leute kommen sollten, um (zu versuchen), den Knoten aufzulösen. Aber niemand vermochte ihn aufzulösen.
Ein Schüler des (Redemeisters) Erh Shuo bat, sich ebenfalls an die Aufgabe heranwagen zu dürfen. Aber es gelang ihm nur, die eine Hälfte des Knotens zu lösen, die andere konnte er auch nicht aufbekommen. Da sprach er: ‚Es ist nicht so, daß man (diesen Knoten) auflösen kann und nur ich nicht imstande bin, es zu tun, sondern er läßt sich überhaupt nicht auflösen'. Man befragte den Mann aus Lu (von dem der Knoten stammte), und der sagte: ‚Ja, man kann ihn tatsächlich nicht auflösen. Ich habe ihn (selbst) gemacht und weiß daher, daß er nicht auflösbar ist. Aber einer, der ihn nicht gemacht hat und doch weiß, daß man ihn nicht lösen kann, muß noch kunstfertiger sein als ich'. So hat der Schüler des Erh Shuo den Knoten dadurch gelöst, daß er ihn nicht gelöst hat."[1]
Wir sind auch heute noch nicht in der Lage, die Knoten der Internationalismusarbeit zu lösen. Wir können immer noch nur darauf hinweisen, daß es sie gibt und daß sich manche nicht lösen lassen. Die Erkenntnis dieser Tatsache ist jedoch schon ein Schritt in die richtige Richtung.
Die Diskussion über das Verständnis von Internationalismus in der bundesdeutschen Linken begann Ende der siebziger Jahre. Zunächst einmal waren da noch die Vietnam-Bewegung, ihre Idealisierungen und ihr Verfall aufzuarbeiten. Ganz Indochina hatte ja Hoffnungen sowohl geweckt als auch zerschlagen. Die einen hatten sich „blind" mit Vietnam, die anderen ebenso blind mit Kambodscha identifiziert. Über allem stand, vor allem für die K-Gruppen, die Volksrepublik China, an der sich in diesem Jahrzehnt alle maoistischen Geister aufrichteten und zerstritten. Tilman Spengler schrieb:

,,Die Sehnsucht nach funktionierenden Modellen einer sozialistischen Gesellschaft ist durch die Erfahrungen mit bislang bekannten Prototypen nicht geringer geworden. Im Gegenteil. Und da weder Stalin noch seine Nachfolger als Märchenprinzen einer konkreten Utopie eine glückliche Figur machten, drängten sich einer leitbildlosen Linken Alternativen auf, die durch die Tugend ihrer Fremdheit auch den Zweifel an ihrer Glaubwürdigkeit zu entkräften schienen. Wenn schon die Idee der Revolution ausgewandert war und sich in der Theorie und Praxis des Partisanenkampfes verkörperte, in Indochina oder in Lateinamerika, auf den Philippinen oder in Südafrika, warum konnte dann nicht auch die Bauvorlage für eine neue sozialistische Gesellschaft aus der anderen, der Armen Welt kommen? Chinamann, geh' Du voran!"[2]

Tom Nairn bezeichnete die Internationalisten als die ,,großen Vereinfacher", die vor allem über die nationalen Besonderheiten der verschiedenen Länder und Völker hinwegsähen. Er nannte als Voraussetzung für Veränderungen auch die Beachtung der eigenen nationalen Besonderheiten, das heißt: der politischen Bedingungen im eigenen Land, von denen die Internationalisten sich allzu gerne abwenden:

,,Wer kennt ihn nicht: den internationalen Sektierer, wie er mit gewichtiger Miene den einen oder anderen fernen Triumph der Bewegung gegen diese und jene vernichtende Niederlage zu Hause ins Feld führt. Sein eigenes nationales Proletariat bereitet ihm eine Enttäuschung nach der anderen, ist eine einzige Schande. Er kann es freilich nicht einfach entlassen; um die Lage einigermaßen auszuhalten, muß er also vollends in die Ferne schweifen. Die entlegensten Bauernvölker tun mehr für die Emanzipation der Menschheit als die ,fortgeschrittenen' Arbeiter! Bis zum logischen Endpunkt, der da heißt: nationaler Nihilismus zu Hause und blinde Romantisierung überall sonst (die mit wachsender psychologischer Entfernung zunimmt', gehen nur wenige. Aber jeder kennt diese beiden extremen Pole und ihren Einfluß aufs linke Gefühlsleben... Um einen herum herrscht tiefste Finsternis, die Vernunft bricht sich woanders Bahn. Nichts leichter, als sich in dieser Lage... eine handfeste Stellvertreter-Existenz aufzubauen — mittels jener nimmermüden Solidarität — mit all den fernen

Siegern, die der Solidarität des Lotsenfischchens mit dem Hai vergleichbar ist."³

Detlev Claussen beschrieb die Extreme, zwischen denen die Dritte Welt-Bewegung bis heute eine Konjunktur nach der anderen durchlebt, so: ,,Das Verlangen nach Emanzipation weicht einem zwiespältigen Realismus: entweder abstrakte Parteinahme für die jeweils gelobten Länder oder aber enttäuschte Kritik an den ehemals geliebten Revolutionen."⁴

In einem Rückblick auf die Studentenbewegung meinte Dietrich Wetzel zehn Jahre danach: ,,Wäre uns '68/69 mehr bekannt gewesen über das Schicksal der vietnamesischen Revolution, hätten wir über größere Voraussicht verfügt, als wir tatsächlich hatten, wie hätten wir uns dann eigentlich verhalten angesichts der Bomberflotten über diesem Land, angesichts des militärischen Einsatzes der USA und ihrer politischen Unterstützung durch die verschiedensten industrialisierten Länder einschließlich der Bundesrepublik? Ich wüßte nicht, ob ich mich dann wirklich anders als damals verhalten würde."⁵

Seit Anfang der achtziger Jahre haben einige Gruppen der Solidaritätsbewegung über ihr Internationalismusverständnis diskutiert. Meist im kleineren Kreis versuchten sie, sich über mögliche Illusionen und Fehleinschätzungen klarzuwerden. Bei den Recherchen zu diesem Buch haben wir jedenfalls häufiger den Satz gehört: ,,Ach ja, zu dem Thema haben wir ja auch mal ein Papier gemacht, das haben wir auch mal diskutiert." Leider sind diese Diskussionen nie auf breiter Ebene geführt worden und viele solcher interner Diskussionspapiere sind nicht mehr auffindbar. Ein Beispiel für diese ,,verborgenen" Diskussionen sind etwa die Thesen von Martin Schaedel von der ,,Gesellschaft der Freunde des Sahrauischen Volkes". Auch er sieht in den Enttäuschungen der Linken über die problematischen Befreiungsprozesse in der Dritten Welt vor allem ein Problem von enttäuschten Linken hierzulande. Er betont, daß man gerade auch in der Dritten Welt nie Idealtypen vorfände, sondern immer nur die Wahl des ,,kleineren Übels" habe, ,,die viele Internationalisten fluchtartig hinter sich lassen wollen." Er plädiert nicht für eine generelle Aufgabe der Solidaritätsarbeit, sondern für eine bewußte(!) Entschei-

dung in jedem Einzelfall darüber, ob Befreiungsbewegungen weiter unterstützt werden sollen oder nicht (siehe Dokument 44).
Im Dezember 1981 trafen sich in Tübingen 1000 Menschen auf Einladung der Basisgruppen im Verband Deutscher Studentenschaften (VDS) und des ,,Internationalismus-Ausschuß der Fachschaftsräte-Vollversammlung der Ernst-Bloch-Universität" zu einem Internationalismus-Kongreß. Dieser Kongreß des ,,unabhängigen" oder ,,autonomen" Spektrums der Bewegung war vielleicht das größte Forum innerhalb der letzten zehn Jahre, in dem über das Internationalismusverständnis der Linken gestritten wurde. Anlaß dieses Kongresses war der zweite Todestag von Rudi Dutschke. Mit dem Kongreß wurde der Versuch gemacht, an die Internationalismusdebatten der Studentenbewegung anzuknüpfen. Jedenfalls bestand Einigkeit über die von Dutschke vorgeschlagene Strategie, die den wirksamsten Beitrag der internationalen Solidarität in der ,,Schwächung der Zentren des Imperialismus" sah und schon Ende der sechziger Jahre eine ,,Anti-NATO-Kampagne" gefordert hatte. Eine Forderung, die bis heute nichts von ihrer Aktualität verloren hat.
Im Einleitungsreferat warnte Michael Schneider vor der Übertragung unserer Hoffnungen auf die Dritte Welt. Er verdeutlichte dies mit einer schönen Parabel von Ernst Bloch (siehe Dokument 45). Schneiders Fazit hieß: Notwendig ist der Rückbezug auf die politischen Auseinandersetzungen im eigenen Land.
Da sich die Diskussion jedoch in einer Vielzahl von Arbeitsgruppen verzettelte und wieder von Polen bis zum Iran über weite Teile der Welt debattiert wurde, blieb in der abschließenden Plenumsdiskussion kaum Raum, die eingangs formulierten Fragestellungen eingehend zu diskutieren. Immerhin beschäftigten sich die Teilnehmer dieses Kongresses in einer ersten Konsequenz auch konkret mit den Verhältnissen in ihrer unmittelbaren Umgebung: Sie führten eine Demonstration gegen ein Tübinger Asylantenlager durch. (Motto der Arbeitsgruppe: ,,Versetzen Sie sich einmal in unsere Lage(r)!")
Kennzeichen für die Solidarität mit fremden Menschen und Völkern ist bis heute, daß sie kaum geübt wird, wenn diese Menschen in unserer Nachbarschaft wohnen. Uns sind die Campesinos, zehntausend Kilometer entfernt, näher als die Türken im Teehaus

um die Ecke. Die sind einfach zu nah, um als Lieferanten von idealisierten Hoffnungen zu dienen. Sie sind von verwertbaren Schablonen zu Menschen geworden, mit denen es viel schwieriger ist, sich zu solidarisieren als mit unseren selbstgezimmerten Kunstfiguren von ,,Völkern'' und ,,Freiheitskämpfern'' in aller Welt.

Seit Anfang 1980 erscheint die Zeitung ,,Peripherie'', die gelegentlich kritische Analysen zum Internationalismus — anhand einzelner Länderbeispiele — veröffentlicht. Eckart Garbe publizierte dort 1980 ,,Reflektionen zu Indochina'', die in ihrer Einleitung auch einiges zum Thema Internationalismuskritik beitragen. Er sieht viele Widersprüche, die nach der Befreiung eines Landes auftauchen, schon in der Zusammensetzung und in den Interessenkonflikten innerhalb der Befreiungsbewegungen angelegt. Würden sie zu Zeiten der Befreiungskämpfe mehr zur Kenntnis genommen, würden auch die Konjunkturen der Solidarität zurückgehen. So produzierten wir ,,unsere Niederlagen'' selbst. Eine Kritik, die auch auf die Nicaragua-Solidarität zutrifft: Die Hoffnungen nach dem Sieg konnten nur deshalb ,,enttäuscht'' werden, weil weder die Rahmenbedingungen der Revolution noch die politischen Absichten der stärksten Tendenz innerhalb der Sandinistischen Befreiungsfront zur Kenntnis genommen wurden. Darüber hinaus kritisiert auch Garbe die Funktionalisierung des Internationalismus für unsere eigenen politischen Interessen (siehe Dokument 46).

Als die Mitarbeiter des Informationszentrums Dritte Welt in Freiburg (iz3w) zur 100. Jubiläumsnummer der ,,Blätter'' über die Internationalismusarbeit nachdenken wollten, ergaben sich typische Schwierigkeiten, die aufrichtigerweise im Heft selbst offengelegt wurden: ,,Als wir uns dazu entschlossen, konnten wir nicht ahnen, auf was wir uns damit einließen. Um es kurz zu machen: Es gab wenig Themenblöcke, die uns derart viele Probleme bereiteten wie dieser. Es gibt in der Solidaritätsbewegung offensichtlich nur wenige, die sich mit diesem Problem befaßt haben. Zu einigen Themen (z.B. Kultur, Indianermythos) konnten wir trotz vielfältiger Bemühungen keine(n) Autor(in) finden. Aber diese redaktionellen Schwierigkeiten sind nur ein anderer Ausdruck für die Schwierigkeiten, die wir alle mit unsrem internationalistischen Selbstverständnis haben."[6]

Der Grundsatzartikel in diesem Heft (Horst Pöttker: ,,Blinde Flecken in unserem politischen Weltbild") beschäftigt sich mit dem ,,Flackern und Pulsieren der Solidaritätsbewegung" und versucht, Gründe dafür zu benennen. Im einzelnen lauten die Kritikpunkte: ,,Schiefheit unserer Öffentlichkeitsarbeit"; die Fragwürdigkeit der Kriterienkataloge, mit denen wir Befreiungsbewegungen messen; die Überbetonung der Gewaltfrage; die Verkennung der ,,Besonderheiten der Klassenstrukturen in der Dritten Welt", die darin liegen, daß das ,,Proletariat dort erst im Entstehen" und Befreiungsbewegungen deshalb eher ,,kleinbürgerlich" seien. Auch würden ,,Nationalismus und Ethnozentrismus übersehen" und die ,,Rolle der Sowjetunion in der Dritten Welt verdrängt" (siehe Dokument 47).

Neben der ,,Rolle der Sowjetunion" wird auch die Rolle der ,,Volksrepublik China" in der Solidaritätsszene verdrängt. Seit der Kollaboration mit dem Schah-Regime und den freundschaftlichen Beziehungen zum chilenischen Diktator Pinochet hat sie auch nicht gerade außen- und entwicklungspolitischen Vorbildcharakter gezeigt.

1984 erschien Pascal Bruckners Polemik ,,Das Schluchzen des Weißen Mannes" in deutscher Sprache. Diese scharfe, manchmal überspitzte Kritik hat immerhin einige Diskussionen auslösen können. Von einigen wurde sie zurückgewiesen. Bei anderen hat sie die Bereitschaft verstärkt, sich mit ihrem internationalistischen Selbstverständnis kritisch auseinanderzusetzen. Bruckner beschreibt die Solidaritätsarbeit als ,,sühnenden politischen Aktivismus", der letztendlich weniger der Dritten Welt als vielmehr seinen Betreibern selbst diene. Wie auch immer man zu einzelnen Schlußfolgerungen seines polemischen Verrisses der Dritte Welt-Bewegung stehen mag, so enthält das Buch doch wichtige und zudem noch brillant formulierte Fragestellungen, auf die die Solidaritätsbewegung — will sie glaubwürdig bleiben — Antworten finden muß (siehe Dokument 48).

Leopoldo Marmora forderte auf dem Ersten Internationalismus-Kongreß der GRÜNEN 1985 die Solidaritätsbewegung auf, an die Stelle der ,,Fremdidentifikationen" eine ,,nationale politische Identität" zu setzen, ohne „nationale Borniertheit" und im Rahmen einer „breiten Vernetzung mit anderen sozialen Bewegungen". Er verwies auf die Geschichte der internationalistischen Bewegung, die in ihren Anfängen immer mit nationalen Gedanken und Interessen verbunden gewesen sei. Er forderte eine „stärkere Verankerung in der eigenen Realität" und eine „kritische Distanz" zu den Befreiungsprozessen in anderen Ländern. Damit allein sei „langfristig die Kontinuität der Solidaritätsbewegung (zu) garantieren" (siehe Dokument 49).

Uli Mercker plädierte auf dem gleichen Kongreß der GRÜNEN für eine „Grüne Enthaltsamkeit in der Dritten Welt", was seine Rede zur umstrittensten auf der gesamten Veranstaltung machte. Frei nach Dutschke betonte er, daß das beste, was wir für uns wie für die Dritte Welt tun könnten, die „frontale Stellung" gegen das „todbringende Räderwerk dieses Systems" hierzulande sei. Mit einer „politischen Abkoppelung" von den Befreiungsbewegungen der Dritten Welt würde auch klargestellt, „daß wir uns nicht für kompetent halten, den Bevölkerungen der Dritten Welt irgendwelche Vor- oder Ratschläge zu geben". Konsequenterweise forderte er unter anderem auch die „Einstellung aller alternativen Entwicklungshilfe-Projekte" und statt Delegationsreisen in die Dritte Welt Einladungen an Vertreter der Dritten Welt zu Besuchen bei uns. Er plädierte nicht für den Abbruch aller Kontakte gegenüber der Dritten Welt, sondern nur für eine erhebliche Zurückhaltung, und für eine stärkere Konzentration der Kräfte auf die politischen Probleme in der Bundesrepublik (siehe Dokument 50).

DOKUMENT 44:
„WORAUF LÄSST SICH SOLIDARITÄTSARBEIT
IN DER DRITTEN WELT EIN?"
MARTIN SCHAEDEL, 1980:

1. In mehreren Fällen, wo Solidaritätsgruppen in den Metropolen Befreiungsbewegungen in der Dritten Welt unterstützten, hat die gesellschaftliche Entwicklung nach dem Erfolg dieser Bewegungen Enttäuschung bis hin zu polemischer Gegnerschaft ausgelöst. Die Ursache hierfür liegt im wesentlichen nicht in einem Bruch zwischen dem Charakter

der revolutionären Bewegung und dem Charakter des später etablierten politischen Systems, sondern in Fehleinschätzungen des Charakters der Befreiungsbewegungen seitens der Linken in den Metropolen.
Befreiungsbewegungen, oft als ,,Front"-Organisationen konzipiert, oft Verbindung von nationalistischer und sozialrevolutionärer Bewegung, sind stets heterogene politische Kräfte. In ihnen sind nicht nur ‚vertikale' Bruchlinien im Sinn von Fraktionsbildungen angelegt, sondern auch horizontale Trennlinien einer zukünftigen Struktur gesellschaftlicher Herrschaft. Radikalisierte ‚kleinbürgerliche' ‚intellektuelle' Führungsgruppen und Angehörige derjenigen (meist ländlichen) Klassen, die die Mehrheit der Bevölkerung ausmachen, gehen beide in die Bewegungen ein, aber nicht in gleichen Funktionen und nicht unter Verlust, sondern ,,nur" unter Transformation ihrer Klassenidentität. Und so sehr es Erfolgsbedingung der Befreiungsbewegung ist, wirklich an den Interessen der Masse der Bevölkerung anzusetzen, so wenig ändert dies an der Tatsache, daß im Anschluß nicht ,,das Volk", sondern jene kleinbürgerlichen intellektuellen Führungs-Gruppen den Staatsapparat und in verschiedenem Ausmaß die Kontrolle der Wirtschaft übernehmen.
Die Errungenschaft des Befreiungskampfes kann daher nicht in Herrschaftsfreiheit, Basisdemokratie, in der Realisierung sozialistischer Utopie bestehen, sondern nur in der Etablierung eines Staates, der legitimatorisch und praktisch (d.h. zur politischen und wirtschaftlichen Leitungstätigkeit) auf die Billigung und mobilisierbare Unterstützung der Masse der Bevölkerung angewiesen ist, unvergleichlich stärker jedenfalls als die vorangegangenen Regimes, die ihre Existenz primär ihrer Funktion für den Imperialismus dankten.
2. Inwieweit eine Befreiungsbewegung eine solche, durch die Kampftradition und die aus dem Kampf hervorgehende Klassenkonstellation gewährleistete, ,,gezähmte" Herrschaft errichtet wird, inwieweit sie auf die terroristischen Methoden früherer Regimes verzichtet (bzw. verzichten muß), inwieweit die ökonomische, kulturelle u.a. Besserstellung der Bevölkerung zur ‚Logik' der mit dem Sieg entstehenden gesellschaftlichen Verhältnisse gehört — dies sind meines Erachtens die einzigen nicht von vornherein absurden Kriterien für die Orientierung internationaler Solidarität.
Die Probleme liegen dabei auf der Hand: Die Analyse ist schwierig, man muß notwendigerweise mit vorläufigen Annahmen arbeiten, wenn man die praktische Arbeit nicht bleibenlassen will. Und die beste Analyse sagt wenig darüber, was in 10 oder 20 Jahren aus einem politischen System werden kann. Wenn man sich jedoch nicht an der hausgemachten Utopie orientiert, sondern die Unterschiede diesseits der Utopie zu bewerten weiß, so liefern die Realität des Imperialismus, das Ausmaß von Repres-

sion und Elend in der Dritten Welt, in den Problemen der Orientierung von Solidarität oft schon eine gewichtige Entscheidungshilfe.
Überlegungen über die Entwicklung internationaler Kräfteverhältnisse, über die Block-Orientierung einer Bewegung bzw. Regierung sind dagegen allein ebensowenig ein brauchbares Kriterium wie ihre offizielle Ideologie: Versionen des ,,Marxismus-Leninismus'' haben sich schon als zu geeignet für die Legitimation auch solcher Militärregimes erwiesen, die mit aller Brutalität bürokratische Herrschaft über die Masse der Bevölkerung organisieren, als daß Bekenntnisse dieser Art allein viel über den Charakter der betreffenden politischen Kräfte aussagen könnten.

Andererseits kann die Tatsache, daß unter der neuen Staatsmacht erneut Herrschaft ausgeübt wird, materielle Ansprüche von Bauern oder Arbeitern blockiert werden, Produzenten diszipliniert werden, erneut Hierarchien und Privilegien installiert werden — kurz: daß gegen unsere sozialistische Utopie verstoßen wird — nicht automatisch der Anlaß zur Aufkündigung von Solidarität sein. Gerade in der Dritten Welt ist jene Frage nach dem kleineren Übel, die viele Internationalisten fluchtartig hinter sich lassen wollen, die einzige, die sich historisch überhaupt stellt, und für die Lebensbedingungen oder gar das Überleben der Betroffenen von größter Bedeutung.* Erst das Abrücken von der Gewohnheit, Maßstäbe unseres Landes und unserer sozialen Schicht in die Dritte Welt zu exportieren,** kann zur Aufhebung der Entfremdung beitragen, in der wir heute den Entwicklungen dort oft noch gegenüberstehen. Jene Art von Internationalismus, die nur wegen der unendlichen Beschwerlichkeiten gesellschaftlichen Fortschritts in den Metropolen den leichten Totalerfolg im fernen Ausland sucht, wäre damit erledigt.

3. Diese Haltung gegenüber ‚fortschrittlichen' Bewegungen und Regierungen, die einerseits die fortdauernde innere Widersprüchlichkeit der von ihnen regulierten gesellschaftlichen Verhältnisse nicht verschweigt, andererseits am Maßstab der Lebensverhältnisse der Bevölkerung und historisch möglicher Alternativen orientiert internationale Solidarität begründet, gerät in zwei Konflikte zugleich. Zum einen widerspricht die Feststellung und Analyse der bleibenden Widersprüche (v.a. wenn konkret angegeben) meist dem offiziellen Selbstverständnis der betreffenden Regierungen bzw. Bewegungen, zum anderen gerät das Anlegen ‚realistischer' Maßstäbe schnell zur Rechtfertigung oder Beschönigung repressiver Praktiken. Wissenschaftliches oder moralisches sich-selbst-treubleiben gerät in Widerspruch zur Notwendigkeit, in Zusammenarbeit mit dem unmittelbaren Adressaten — und das sind die Befreiungsfront, die Partei, die Regierung, nicht ‚das Volk'*** — zu bleiben.

Politisches Engagement außerhalb der ‚eigenen' Gesellschaft muß sich viel mehr noch als Engagement innerhalb auf diejenigen politischen Kräfte einlassen, die man vorfindet. Es kann sich nicht auf diese oder jene gewünschte Modifikation in der Politik von Bewegung oder Partei, sondern allein auf das real Existierende und dessen Perspektiven beziehen, es annehmen oder ablehnen, aber nicht umsteuern. Dies ist nicht beklagenswert, ganz im Gegenteil.
Im Bereich von Analyse, Darstellung, Argumentation ist dieses ,,friß oder stirb'' zwar nicht gleichermaßen stark wie in der praktischen Unterstützung. Die unmittelbaren Adressaten der Solidarität ziehen hier mehr oder weniger weite Grenzen bezüglich der Standpunkte, der Relativierungen und kritischen Haltungen, von denen aus Solidarität akzeptiert wird. An diesen Grenzen stellt sich das Problem allerdings erneut. Sie zu überschreiten und dennoch, gegen den Willen der Adressaten, seine feinsäuberlich relativierte ‚Solidarität' zu formulieren, ist höchstens zu Zwecken akademischer Selbstrechtfertigung interessant. Internationale Solidarität seitens metropolitaner Linker kann letztlich nichts anderes sein als die (wie auch immer bescheidene) Verstärkung realer Kräfte und Entwicklungen in anderen Gesellschaften. Ab einem bestimmten Grad der Distanzierung endet Solidarität, ob man will oder nicht, weil man sich auf nichts zu verstärkendes mehr bezieht. Ob zu Recht oder zu Unrecht entscheidet sich im Einzelfall, es sollte nur in jedem Fall *bewußt* entschieden werden.

* Daniel Cohn-Bendit über Befreiungskriege: ,,(...) es ist klar, daß sie (die Massen) in diesen Kriegen und dem, was dabei herauskommt, die eine Unterdrückungsherrschaft gegen eine andere Unterdrückungsherrschaft eintauschen, so daß meine Position nicht eine taktische Solidarität mit einer der beiden Unterdrückungsherrschaften sein kann.'' (Kursbuch 57, 1979, ,,Der Mythos des Internationalismus'', S. 219 f.)

Der ,Begriff' der Unterdrückungsherrschaft ist geschicktschwammig gewählt und bezeichnet offenbar *alles*, was im Gegensatz zu unserer Utopie von Herrschaftsfreiheit, Basisdemokratie, freier Assoziation der Produzenten usw. steht — ein Fall von Maßstabs-Export. Interessant wäre, ob Cohn-Bendit bei näherem Hinsehen nicht doch solidaritätsrelevante Unterschiede etwa zwischen der ,,Unterdrückungsherrschaft'' Batistas und derjenigen Castros, zwischen der ,,Unterdrückungsherrschaft'' des portugiesischen Kolonialismus und derjenigen von Frelimo oder MPLA ausmachen könnte.

** Dietrich Wetzel: ,,Es ist doch so, daß mit dem revolutionären Protest oder genauer mit dem Prozeß der Befreiung von imperialistischer Herrschaft bei diesen Ländern noch nicht die Zukunft gesetzt ist, die wir aber stillschweigend mitgesetzt haben: nämlich ein rätedemokratisches Vietnam...''

Reimut Reiche: ,,Das gehört aber zum Kapitel Mythenerzeugung! Das ist ein Mythos, den wir selber geschaffen haben — unsere Utopie der freundlichen Welt!'' (ebd. S. 206).

*** Daniel Cohn-Bendit 1979: ,,Um die Solidarität mit den Opfern des imperialistischen Völkermordes am vietnamesischen Volk: darum ging es damals oder hätte es eigentlich gehen müssen, nicht um die Solidarität mit einer politischen Bewegung wie der des Vietcong. Diese Solidarität mit den Opfern haben wir untergeordnet oder haben mit ihr zugleich ein politisches System verkauft'' (ebd. S. 220). Wie hätte denn solche Solidarität ,direkt und allein mit dem Volk' aussehen sollen? Hätte Cohn-Bendit inmitten des Krieges unter der Parole demonstrieren wollen ,Amis und Vietcong raus aus Vietnam, keine Macht für niemand'?

DOKUMENT 45:
,,HEIMKEHR AUF UMWEGEN''
MICHAEL SCHNEIDER, 1981:

Ernst Bloch, zu dessen Schülern auch Rudi Dutschke gehörte, erzählt in den ,,Spuren'' die Geschichte eines Mannes, der im Schlaf eine erstaunliche Stimme zu hören glaubt. Diese sagt ihm, unter dem zweiten Pfeiler der alten Brücke in Prag liege ein Schatz, der schon seit vielen Jahren auf seinen Heber warte. Der Mann nahm den Traum ernst, machte sich nach Erwachen reisefertig und auf den Weg nach Prag. Dort bekam er die Erlaubnis, unter dem Pfeiler zu graben oder graben zu lassen, das störte ja nicht den Verkehr. Der Effekt war und blieb: Kies, Kies und nichts als Kies. Der enttäuschte Schatzsucher zog ernüchtert ab nach Hause. Die Geschichte ist noch nicht zu Ende. Doch halten wir sie an dieser Stelle einen Augenblick an! Die Heimkehr des ernüchterten Schatzsuchers — ist sie nicht ein Gleichnis für viele von uns? Für viele Internationalisten der sechziger und siebziger Jahre, die das gelobte Land des Sozialismus in der Ferne suchten — im Fernen Osten oder in der Karibik, und statt des erträumten Eldorados nur ,,Kies, Kies, nichts als Kies" gefunden hatten, um im Bloch'schen Bilde zu bleiben? Sind wir nicht mehr oder weniger alle damals mit Wunschvorstellungen von Kuba, Vietnam und der Volksrepublik China herumgelaufen? Die kubanische und vietnamesische Revolution, die chinesische Kulturrevolution haben wir uns so rein und makellos vorgestellt wie Dante sich Beatrix vorgestellt hat. Und an dieser Projektion konnten wir deshalb so lange festhalten, weil wir unsere politische Fern-Geliebte nie wirklich berührt haben. Als wir dann feststellten, daß die soziale Revolution, vor allem in der asiatischen Zone, nicht nur ihre schönen, sondern auch ihre häßlichen und despotischen Züge hat, da liefen viele von uns enttäuscht vondannen.

Es ist vielleicht an der Zeit, unsere eigenen Wunschprojektionen einmal in Frage zu stellen! Warum sollen ausgerechnet die ausgebeuteten, ehemals kolonisierten Völker der Dritten Welt auf Anhieb jenen idealen und humanen Sozialismus verwirklichen, den wir europäischen Sozialisten und Kommunisten mit unserer hundertfünfzigjährigen Geschichte der Arbeiterbewegung, auf dem eigenen Kontinent, im eigenen Lande, bis heute nicht zustande gebracht haben? Woher nehmen wir eigentlich das Recht, von den sozialen Revolutionen in diesen Ländern, wo es zunächst einmal um die Beseitigung des gröbsten Hungers und des Analphabetismus geht, mehr Humanität, Freiheit und Sozialismus zu fordern, als wir, die Bewohner der reichen Länder, bei uns selbst zu realisieren vermögen? — Verlangen wir von den Revolutionären Afrikas, Lateinamerikas und Asiens nicht, daß sie jene ,,saubere" und ,,untadelige" Revolution machen, von der wir selbst meilenweit entfernt sind und die in unserer eigenen Geschichte — der Geschichte der bürgerlichen Revolution, die bekanntlich die jakobinische Guillotine zum Geburtshelfer hatte — auch nicht aufzufinden ist! Verlangen wir von ihnen nicht, daß sie — gleichsam stellvertretend für uns — jenen ,,neuen Menschen" schaffen, der bei uns noch nicht einmal in den Kinderschuhen steckt! Kurzum: Befreien wir die Befreiungsbewegungen in den Ländern der Dritten Welt zuerst einmal von unseren eurozentristischen Projektionen und privilegierten Wunschträumen! Das wäre der erste Schritt zur kritischen Solidarität mit ihnen. Unterstützen wir, so gut wir können, die kämpfenden Bauern in El Salvador! Aber knüpfen wir an unsere Hilfe nicht wieder die Bedingung, daß sie es, nach der Machtübernahme, uns auch besonders recht machen! Ersetzen wir die ,,Solidarität um jeden Preis", die fast immer mit überzogenen Wunschvorstellungen befrachtet war und zu entsetzli-

chen Ernüchterungen geführt hat, durch eine ,,Solidarität mit Risiko'', wie Lothar Baier jüngst im ,,Freibeuter'' vorgeschlagen hat; durch eine Solidarität, die nicht mehr auf Nummer sicher gehen will, sondern das volle Risiko eines politischen Fehlschlages auf sich nimmt. — Das wäre zugleich ein Schritt, um als kritische Internationalisten und Sozialisten bei unserem eigenen Inhalt anzukommen!
Und nun das Ende der Bloch-Geschichte: Als er, der enttäuschte Schatzsucher, in seiner Klitsche wieder angekommen war, nach der Ausfahrt und der traurigen Heimkehr, fand er kein Holz mehr, seinen Ofen anzuheizen, riß darum — es war nun alles gleich — den Boden auf, um Holz zu haben und fand — siehe da! — endlich seinen Schatz. Damit endet die Geschichte, in die Ferne schweifen und das Gute lag so nah. — Blochs Resümee: ,,Der wirkliche, Schätze suchende Kopf, kann das Wort, das zu ihnen führt, oft genau an entlegener Stelle hören und den Schlüssel zu dem finden, was zu Hause auf ihn wartet... Die berichtete Geschichte, soweit sie eine Merke hat, läßt freilich nicht nur nach Prag reisen. Sie hebt auch die Dielen in der Klitsche ihres Bewohners hoch und auf — Umweg auch hier, nicht Treue zum Angestammten.''[7]

DOKUMENT 46:
,,REFLEKTIONEN ZU INDOCHINA''
ECKART GARBE, 1980:

Das unerwartete Geschick der Revolutionen in Indochina hat vor Ort irreparable Schäden verursacht und den Bevölkerungen der indochinesischen Region neue schwere Leiden zugefügt. Anders im Westen: Bei uns haben lediglich die Reste der antiimperialistischen Bewegung, die von jeher nur eine gesellschaftliche Randerscheinung war, angesichts dieser nachrevolutionären Tragödie in Indochina erneut Schiffbruch erlitten. Kontroversen und strittige Fragen spalten die Bewegung für eine internationale Solidarität in Richtungen, Lager, Blöcke. Anfeindungen und peinliche Ausrutscher bestimmen das Klima der neuerlich entbrannten Indochina-Debatten, die nur in Ausnahmefällen die Form breiter und differenzierter politischer Kritik annehmen, in aller Regel jedoch zu Zerreißproben und Übungen in unbeirrbarem Dogmatismus ausarten. Dies ist ein Hinweis auf die Zustände in unseren eigenen Reihen, die durch das Echo auf die Vorgänge in Indochina nur noch einmal mehr deutlich markiert werden.
Es ist im Grunde kein wirklich neues Phänomen, daß die internationale Solidarität immer wieder an den Klippen der Realpolitik zerschellt, in genau dem Moment, in dem die Befreiungsbewegungen siegreich sind und zum Staat werden. In genau dieser Situation treten doch sehr scharfe Wi-

dersprüche, die aus den unterschiedlichen Bedürfnissen ganz unterschiedlicher Revolutionen resultieren, hervor und verwandeln sich in Konflikte zwischen neubefreiten Staaten und deren Parteien und Bewegungen. Diese Konflikte sind zu einem Teil das Ergebnis der ungleichzeitigen und ungleichmäßigen Entwicklung unter dem Kapitalismus, die verschiedenartige Bedürfnisse und reale Differenzen unter den revolutionären Bewegungen hervorbringt. Unter Umständen des Kolonialismus, Neokolonialismus und peripheren Kapitalismus wiegt dies Problem der sich in die Zukunft fortschreibenden Verzerrungen und Strukturdefekte besonders schwer. Zudem gibt es Auseinandersetzungen über Verschiedenheiten der politischen Wege und schon in den Befreiungsprozessen konkurrieren verschiedene Sozialismus-Konzepte miteinander, die durch die Dynamik unterschiedlicher Bedürfnisse vor dem Sieg der Revolution oder durch nationalstaatliche Interessen nach dem Sieg der Revolution rasch in Widersprüche ernster Natur transformiert werden können.

Ein Internationalismus im Westen, der euphorische Revolutionsbilder liebte und die periphere Revolution zur Wallfahrtsstätte pervertierte, sich jedoch über weite Strecken durch beharrliche sture Blindheit gegenüber den komplizierten nachrevolutionären Prozessen der Rekonstruktion und Transformation und sich sehr schnell verändernden internationalen Kräftekonstellationen auszeichnete, programmierte seine permanenten Niederlagen von vornherein ein. Zu den Eigenarten eines derart eindimensionalen Internationalismus gehört ein spezifisches Produkt: die Illusion.

Die Unterstützung antikolonialer und antiimperialistischer Kämpfe an der Peripherie wurde in ihrer ersten Phase in der metropolitanen Solidaritätsbewegung immer von politischem Optimismus getragen, Analyse und Kritik der Befreiungskämpfe spielten nur eine ganz untergeordnete Rolle. Die Motive des Engagements waren zu diesem Zeitpunkt noch sehr heterogen, sie reichten von einer humanitären Haltung zu den Menschenrechten, zu den Leiden und zum Elend der Völker in der unterentwickelten Welt bis zu Positionen, die aus der Revolutionstheorie eine monokausale Kette vom Aufruhr an der Peripherie zum Umsturz der Gesellschaftsordnung in den Metropolen ableiteten. Am einen Pol dieses Spektrums schwächte dann zusehends das Ausbleiben direkter Rückwirkungen der revolutionären Prozesse auf die Innenstruktur der Metropolen das solidarische Engagement, am anderen Pol schwanden mit den Hoffnungen auf eine Überwindung von Hunger, Krieg und Repression die Kräfte und schlugen nicht selten in Resignation und Desinteresse um. Der Euphorie folgte ein ausgeprägter Katzenjammer.

Der Internationalismus war schon immer ein Problemkind der Linken.

Als die internationale Konjunktur des Antiimperialismus zur Neige ging, geriet dieser rein rhetorische Hurra-Internationalismus sofort in eine neue tiefe Krise. Die Auswirkungen dieser Krise wurden vor allem bei den Teilen der kritischen Opposition spürbar, deren politische Identität sich zuvor nur noch aus Ansätzen zu globalen weltweiten Klassenkampfanalysen speiste, oder für die der Internationalismus eine Art Geburtshelfer politischer Praxis gewesen war. Nun setzte ein Zerfall der antiimperialistischen Solidaritätsbewegung ein oder die internationalen Fragen gingen ganz in einem provinziell beschränkten politischen Alltag verloren. Die Basis der Solidaritätsarbeit schrumpfte fortan immer mehr, die Strukturen der Träger, Organisatoren und Protagonisten des Internationalismus bluteten aus und breite Wellen internationalistischer Unterstützung für die kämpfenden Völker blieben aus. Die Deformation von Diskussions- und Lernprozessen in der auseinanderfallenden metropolitanen Solidaritätsbewegung verhinderte eine Umkehr dieser Tendenzen. Es wäre eine eurozentrische Anmaßung, die Krise des westlichen Internationalismus allein dem Scheitern von peripheren Revolutionen anlasten zu wollen, zumal die Praxis internationaler Solidarität in rückwärtsgewandten, unreflektierten Formen verlief. Die Gründe für den weitgehenden Zerfall und die Zerstrittenheit in der metropolitanen Solidaritätsbewegung sind primär in der Situation in den Metropolen zu suchen. Als das revolutionäre Klima nach Algerien, Kuba und Vietnam, nach der Rebellion der Schwarzen in den USA und dem Wiederaufschwung der Arbeiterkämpfe in Westeuropa am Ende der sechziger Jahre erneut umschlug, setzte der politische Niedergang der radikalen Protestbewegungen in den Metropolen ein. Diese Bewegungen, die sehr stark internationalistisch orientiert gewesen waren, aber in ihrer politischen Praxis keine Verbindung mit den alltäglichen Interessen der Bevölkerungsmehrheiten ihrer Länder zustande brachten, verloren an Macht und Bewegungskraft. Die Tendenzwende kündigte sich an, als im Innern dieser antiimperialistischen Bewegungen ein Bruch der Solidarität eintrat und die Aktionseinheit der Linken zerbrach. Fraktionen und Sekten entstanden, die den Internationalismus zu einem organisierten Antiimperialismus umformten, der wiederum bald zu einer blind taktierenden, konjunkturellen und einseitig beschränkten Parteinahme verkam. Derartiges Engagement wurde zu einer Karikatur.

Der Internationalismus steckte schon immer voller Widersprüche, Krisensymptome und Kontroversen. Aber an einzelnen Fragen konnten doch zeitweise Berührungsängste überwunden, Anknüpfungspunkte für eine internationale Solidarität aufgenommen und entwickelt werden. Iran, Palästina, Südafrika — typische Fälle, an denen ein Konsens machbar war. Aber mit dieser Eintracht war es bald vorbei. Die auseinanderfallende Solidaritätsbewegung fuhr sich in Routine, in versteinernden Aktions- und Demonstrationsritualen fest und das Phänomen des Dogmatismus rückte immer stärker in den Vordergrund. Unter diesen Umständen vermochte der Internationalismus keine Inspiration und keine Impulse für den politischen Alltag hierzulande mehr zu geben. Er wurde vielmehr zu einem Hemmschuh und Konfliktfeld für die Linke. Vietnam, Chile, Portugal — nach der Hochkonjunktur der Kämpfe kehrte bei den metropolitanen Zaungästen rasch der Normalzustand zurück. Aber es blieben Streitpunkte, an denen sich die Geister des Internationalismus schieden. Und dies verstärkte und beschleunigte die Dynamik der Zersplitterungstendenzen in der Solidaritätsbewegung. Die Bewegungsformen der internationalen Solidarität wurden zunehmend durch nur noch reagierende Merkmale gekennzeichnet.

In diesem Zeitabschnitt geriet jedoch die politische Klassengeographie quer zu den Blöcken und Lagern immer mehr in Bewegung. Periphere Revolutionen, die viel von ihrer Faszination und ihrem Image verloren, entsprachen den Bedürfnissen der metropolitanen Opposition kaum noch. Angola, Äthiopien, Afghanistan — Beispiele für Kämpfe in fernen Ländern, die komplexer und widersprüchlicher wurden und deren reale Entwicklungen anders verliefen als in den Projektionen der westlichen Solidaritätsbewegungen. In diesen Fällen ging bald der lange Atem verloren, breitete sich der Nährboden für Resignation aus. Die Gewalt des Faktischen bewies dann oft genug eine weit größere Ausdauer als das solidarische Engagement. Unter derartigen Umständen wurde das Blickfeld immer enger, gab der Internationalismus nicht einmal mehr Einblick in die komplizierten Emanzipationskämpfe der Völker. Und zudem kann diesem Internationalismus alter Machart zu Recht vorgehalten werden, nach der Logik politischer Opportunität funktioniert zu haben. Biafra, die Hungerkatastrophe im Sahel-Gürtel, das Kurdenproblem im Mittleren Osten, die Indianerfrage in Südamerika, der Shaba-Aufstand in Zaire — diese Themen blieben Tabu, weil sie sich nicht als Vehikel für metropolitane Bedürfnisse eigneten.

Die Krise des westlichen Internationalismus hat ihre Ursachen primär in der Situation der Opposition in den Metropolen und in den Verkehrsformen innerhalb dieser oppositionellen Bewegungen. Der Internationalismus ist zu einem Unthema geworden, er steckt in einer Sackgasse. Die Wurzeln dieser Degeneration liegen bei der Linken in den Metropolen. Aber auch der vorläufige emanzipatorische Bankrott und Offenbarungseid einer ganzen Reihe von Revolutionen an der Peripherie hat zu dieser Krise beigetragen, sie verschärft, vertieft und beschleunigt. Konflikte in fremden Kontinenten und fernen Ländern haben seither die

Konfusion und Desorientierung in zahlreichen internationalen Fragen weiter zugespitzt. Die Indochina-Frage ist so ein Fall...[8]

DOKUMENT 47:
„BLINDE FLECKEN IN UNSEREM POLITISCHEN WELTBILD"
HORST PÖTTKER, 1982:

...Ausgangspunkt der folgenden Überlegungen ist, daß die Solidaritätsbewegung sich seit langem in einem unbefriedigenden Zustand befindet. Er kommt vor allem darin zum Ausdruck, daß ihr zwar fast professionelle Spezialisten angehören, die kontinuierlich die Entwicklungen überall in der Dritten Welt verfolgen, daß aber die Öffentlichkeit, zu deren Entfaltung die Arbeit des organisierten Kerns beitragen will, sich stets nur auf ein oder wenige Länder konzentriert und unruhig flackert, ohne nennenswert zu wachsen. In den vergangenen fünfzehn Jahren hat es nacheinander große Kampagnen zu Indochina, Chile, den portugiesischen Kolonien, Zimbabwe, Iran und Nicaragua gegeben, die alle im Sande verlaufen sind, ohne daß wir dabei unserem Ziel näher gekommen wären, eine breite kritische Öffentlichkeit in der Bundesrepublik hervorzurufen, die die Strukturen der internationalen Abhängigkeit kennt und sich für Unabhängigkeit und sozialen Fortschritt in der Dritten Welt einsetzt. Gegenwärtig ist El Salvador der Solidaritäts-Schlager, aber es ist absehbar, daß auch von der augenblicklichen Begeisterung für dieses „Volk" nur ein paar Experten übrigbleiben werden, wenn der akute militärische Konflikt dort in dieser oder jener Weise entschieden ist.
Weil die Dritte Welt-Szene ihre selbstgesteckte Aufgabe als Agentur der politischen Sozialisation schlecht erfüllt, ist auch die Art der Unterstützung verfehlt, die sie für die Befreiungsbewegungen hervorruft. Der Umfang dieser Unterstützung ist von Moden abhängig. Das muß ihre Adressaten in der Dritten Welt in zusätzliche Schwierigkeiten bringen.
Wir haben uns angewöhnt, das Flackern und Pulsieren der Solidaritätsbewegung so zu erklären, daß es als zweckmäßig, belanglos oder wenigstens unvermeidlich erscheint. Eine solche Erklärung: Es sei nützlich, daß die Kräfte des Fortschritts in aller Welt sich immer dort konzentrieren, wo der Imperialismus seine nächste Niederlage erleiden könnte, wo also Krisen akut werden und bewaffnete Kämpfe stattfinden. Eine andere: Die kontinuierliche Arbeit des organisierten Kerns der Solidaritätsbewegung sei von den wechselnden Moden kaum beeinträchtigt. Eine dritte: Die Adressaten unserer Informationsarbeit seien weitgehend von den etablierten Massenmedien beeinflußt, die nun einmal Sensationsberichterstattung betreiben. Ich halte solche Erklärungen für Selbstbetrug, der

uns davon abhält, jenen Anteil an unserem Versagen zu erkennen, der bei uns selbst liegt. Nur wenn die Solidaritätsbewegung sich eine selbstkritische Analyse gestattet, hat sie die Chance, ihren unbefriedigenden Zustand zu überwinden und politisch erfolgreich zu werden...

Die Flackerhaftigkeit der von uns hervorgerufenen Öffentlichkeit ist u.a. auch eine Folge von Schiefheiten und blinden Stellen in unseren Vorstellungen von den Verhältnissen in der Dritten Welt.

Diese Schlagseiten haben alle irgendwie damit zu tun, daß unsere Sichtweise zu sehr davon geprägt ist, was unseren hier in der Bundesrepublik gewonnenen Erfahrungen und Auffassungen nach dort in der Dritten Welt sein sollte, und daß wir uns zu wenig um das kümmern, was tatsächlich dort vor sich geht...

Wir stellen zum Beispiel Kriterienkataloge der Fortschrittlichkeit auf, die Befreiungsbewegungen erfüllen sollen, damit sie unsere Unterstützung verdienen. Unser Bild von den Befreiungsbewegungen wird dann mehr von diesen Kriterienkatalogen bestimmt als davon, wie die soziale Zusammensetzung und die Politik der Befreiungsbewegungen tatsächlich aussehen. Das führt teilweise sogar dazu, daß Vertreter von Befreiungsbewegungen sich bei ihrer Selbstdarstellung unseren Kriterienkatalogen anpassen, um sich unsere Unterstützung zu sichern. Beispiel: Vor einigen Jahren reisten drei Vertreter der ZANU gleichzeitig, aber getrennt durch die Bundesrepublik, um auf Informationsveranstaltungen zu Zimbabwe zu sprechen. Ihre Rundreisen waren von einander bekämpfenden Flügeln der Solidaritätsbewegung organisiert worden. Hinterher stellte sich heraus, daß jeder der drei ZANU-Vertreter auf seinen Veranstaltungen genau das gesagt hatte, was die Organisationen, die für seine Rundreise verantwortlich waren, hören wollten. Ich erwähne das hier nicht, um die ZANU zu kritisieren, sondern die Art und Weise, in der wir mit den Befreiungsbewegungen umzugehen pflegen. Aufgrund solcher falschen Herangehensweisen spannen wir unsere Erwartungen an das Ringen um Unabhängigkeit in der Dritten Welt meist viel zu hoch. Das führt dann zu Enttäuschungen und Frustrationen, die dem unruhigen Pulsieren der Solidaritätsbewegung zugrunde liegen...

Überbetonung der Gewaltfrage: Wenn man Zeitschriften und Broschüren der Solidaritätsbewegung durchsieht, gewinnt man den Eindruck, daß die militärische Eroberung der Staatsmacht durch Befreiungsbewegungen für die alles entscheidende Phase des Ringens um Unabhängigkeit in der Dritten Welt gehalten wird. Die großen Kampagnen haben sich jedenfalls immer daran entzündet, daß eine Befreiungsbewegung (Vietcong, PAIGC, MPLA, Frelimo, ZANU), eine fortschrittliche Regierung (Allende) oder ein oppositionelles Parteibündnis (FDR) in einer

gewaltsamen Auseinandersetzung gegen repressive, mit dem Imperialismus verbundene Kräfte sind...
Jedenfalls sind die großen Kampagnen der Solidaritätsbewegung immer dann wieder abgeflaut, wenn die militärische Auseinandersetzung um die Staatsmacht entschieden war — sei es mit einem Sieg (wie in Indochina, den portugiesischen Kolonien, Iran oder Nicaragua), sei es auch mit einer Niederlage (wie in Chile).
Nach der Lösung des vermeintlichen Hauptproblems erwartet die Solidaritätsbewegung, daß in einem ,,befreiten Land" sozialer Fortschritt bereits nach kurzer Zeit sichtbar wird. Ist das nicht der Fall, sucht sie sich bald ein anderes ,,Volk", das gerade den bewaffneten Kampf führt, um die Staatsmacht zu erobern. Dabei übersieht sie, daß sozialer Fortschritt sich gar nicht rasch einstellen kann, denn die sozialen und ökonomischen Strukturen der Abhängigkeit werden durch einen Bürgerkrieg ja nicht beseitigt. Der bewaffnete Kampf ist ein meist notwendiger, aber nur sehr kleiner Schritt in Richtung Unabhängigkeit. Danach, teilweise auch schon davor und währenddessen, stellen sich viel schwierigere Probleme: Zum Beispiel, wie man Monokulturen allmählich in eine leistungsfähige Landwirtschaft für den eigenen Bedarf verwandelt, wie man die ausländischen Experten loswird, ohne daß die Fabriken stillstehen, wie man ein Gesundheitswesen aufbaut, das jeden erreicht usw. Es gibt viele revolutionäre Bewegungen in der Dritten Welt, denen es gelungen ist, militärisch die Staatsmacht zu erobern. Aber von keiner, heute wissen wir: noch nicht einmal von der chilenischen KP, läßt sich mit Sicherheit sagen, daß es ihr gelungen ist, die Strukturen der Abhängigkeit ein für allemal zu beseitigen. Viele an die Macht gelangte Befreiungsbewegungen scheitern an dieser Aufgabe, so gut ihre Absichten auch gewesen sein mögen. Um sie zu lösen, braucht es viel Zeit. Weniger revolutionäre Gewalt ist dabei gefragt als Geduld, List, Hartnäckigkeit, Einsicht. Die einzige Alternative dazu ist erneute Repression...
Die Gewalt ist in vielen Ländern der Dritten Welt nicht so sehr ein Problem der Legitimität als eine lebenswichtige Notwendigkeit. Für den, der Hunger und Folter am eigenen Leib erfährt, hat die Frage, ob es berechtigt sei, mit der Waffe in der Hand um die Veränderung solcher Lebensbedingungen zu kämpfen, einen geringen Stellenwert. Die Gewalt des Elends ist ein Bestandteil seines Alltags und die Gewalt, mit der er sich dagegen wehrt, ebenso — neben vielen anderen Formen und Techniken des Überlebens. Demgegenüber betont die westdeutsche Solidaritätsbewegung die Legitimitätsfrage, und zwar auch und gerade jene überwiegende Mehrheit in ihr, die den bewaffneten Kampf für berechtigt hält. Das Bekenntnis zum bewaffneten Kampf wird oft herausposaunt als hinge das Seelenheil davon ab oder als wäre das schon eine Garantie für die

Überwindung der Abhängigkeit. Diese Überbetonung spiegelt falsches Bewußtsein: Sie problematisiert und verselbständigt etwas bis zum Äußersten in unseren Köpfen, was in der Dritten Welt eines unter vielen selbstverständlichen Mitteln ist, das Leben herzustellen.

Die Unabhängigkeitsbewegungen sind nicht sozialistisch: Wenn die Solidaritätsbewegung von jenen politischen Kräften in der Dritten Welt redet, die sie unterstützen will, nennt sie sie ,,demokratisch", ,,fortschrittlich", ,,oppositionell", ,,national", ,,Widerstand" oder ,,Volk" (das Adjektiv hieße übrigens ,,völkisch"). Die Bezeichnung ,,sozialistisch" wird in diesem Zusammenhang nur ganz selten verwendet. Dennoch habe ich den Eindruck, daß wir von den Befreiungsbewegungen im Grunde unseres Herzens immer erwartet haben, daß sie eine sozialistische Politik betreiben, die höchstens aus taktischen Rücksichten für eine gewisse Übergangszeit zurückgestellt werden darf. Mit ,,sozialistisch" meinen wir dabei eine radikale Politik, die im Interesse der Arbeiterklasse gegen das Privateigentum an den Produktionsmitteln gerichtet ist.

Ein Indiz für diese heimliche Erwartung der Solidaritätsbewegung ist, daß sie in der Praxis immer diejenigen Organisationen bevorzugt hat, bei denen es z.B. der marxistischen Sprache ihres Programms nach so schien, als würden sie am ehesten für eine sozialistische Politik gut sein: die ZANU (im Vergleich zur ,,kleinbürgerlichen" ZAPU), MIR und MAPU (im Vergleich zur ,,reformistischen" Partei Allendes) usw. Ein anderes Indiz ist, daß von vielen in der Solidaritätsbewegung nachdrücklich die Auffassung vertreten wird, daß ein Land der Dritten Welt nur dann wirklich unabhängig werden kann, wenn die einheimische Bourgeoisie enteignet, entmachtet und unterdrückt wird, da sie doch immer wieder mit dem internationalen Kapital kollaboriert. Das heißt: Nur sozialistischen Kräften ist der Unabhängigkeitskampf im Grunde zuzutrauen. Es fällt auch auf, daß in den Zeitschriften und Broschüren der Solidaritätsbewegung mit Vorliebe die Lebensbedingungen der Arbeiterklasse dargestellt werden, wenn es darum geht, auf das soziale Elend in der Dritten Welt hinzuweisen: Lohnabbau und steigende Lebenshaltungskosten, Unterdrückung der Gewerkschaften, Streiks und Fabrikbesetzungen sind bevorzugte Themen.

Auch diese Erwartung ist ein folgenschwerer Irrtum. Folgenschwer, weil sie einer der Gründe ist, warum die Solidaritätsarbeit immer wieder frustriert abflaut. Wenn sich nämlich herausstellt, daß eine Regierung wie die Mugabes in Zimbabwe, von der man eigentlich eine sozialistische Politik erhofft hatte, offenbar nicht nur aus taktischen Gründen und für eine Übergangszeit mit bürgerlichen Kräften zusammenarbeitet und keine Anstalten macht, Erwerbseigentum zu kollektivieren, zieht man sich enttäuscht von ihr zurück. Irrtum deshalb, weil Befreiungsbewegungen auf-

grund der besonderen Klassenstrukturen in ihren Ländern und aufgrund ihrer eigenen sozialen Zusammensetzung in der Regel gar nicht anders handeln können als Mugabe. Die Besonderheiten der Klassenstrukturen in der Dritten Welt verkennt die Solidaritätsbewegung notorisch. Kapitalismus und damit ein Proletariat sind dort ja erst im Entstehen... Von ungleich größerer Zahl und Bedeutung als in den Industrieländern ist in der Dritten Welt nach wie vor die Klasse der Kleinproduzenten: Bauern, Handwerker, Händler. Daneben steht die Masse derjenigen, die einmal Kleinproduzenten waren, aufgrund des Eindringens von ausländischen Waren und ausländischem Kapital aber ihre Existenzgrundlage verloren haben und nun — überwiegend in den städtischen Zentren — als Schuhputzer, fliegende Händler, Lastenträger usw. ihr Leben fristen... Sowohl die regelrechten Kleinproduzenten als auch die Deklassierten, die es einmal waren, hängen am Privateigentum, das ihre Existenzgrundlage ist. Die einen verteidigen es erbittert gegen ausländische und industrielle Konkurrenz, die anderen träumen davon, seine letzten Reste wieder zu vermehren. Eine sozialistische Politik, die das Privateigentum in Frage stellt, können die Unabhängigkeitsbewegungen unter diesen Verhältnissen kaum durchführen, ohne einen großen und wichtigen Teil der Bevölkerung gegen sich aufzubringen. Wenn es überhaupt einen halbwegs zutreffenden Begriff in unserer Sprache dafür gibt, dann müssen wir sagen, daß die Befreiungsbewegungen — mit regionalen Besonderheiten und Ausnahmen natürlich — kleinbürgerlich orientiert sind. Darüber sollte uns auch nicht hinwegtäuschen, daß sie und die Regierungen, die sie stellen, nicht selten das Attribut „sozialistisch" in ihrem Namen führen.
Für die kleinbürgerliche Orientierung der Unabhängigkeitsbewegungen gibt es noch einen anderen Grund: In den Kolonien war die mittlere Verwaltung größtenteils mit Franzosen, Portugiesen usw. besetzt. Die ausgebildete einheimische Mittelschicht (ebenfalls eine Form des Kleinbürgertums) hatte daher sehr schlechte Berufschancen. Unabhängigkeitsparteien rekrutierten sich häufig aus unzufriedenen Mitgliedern dieser neuen Mittelschicht, die auf Stellensuche waren...
Ich meine nicht, daß wir aufhören sollten, die Befreiungsbewegungen zu unterstützen, nur weil sie nicht proletarisch und sozialistisch, sondern meistens kleinbürgerlich orientiert sind. Auch Kleinbauern, Handwerker, Basaris, Beamte und vor allen Dingen die Deklassierten in den Elendsgürteln der großen Städte leiden darunter, daß der Imperialismus ihre Gesellschaft durchdringt und verformt. Wir sollten uns nur darüber klarer werden, wen und was wir eigentlich unterstützen, damit wir weniger Enttäuschungen erleben und unsere Arbeit kontinuierlicher wird.
Nationalismus und Ethnozentrismus werden übersehen: In der Solidari-

tätsbewegung (ist) seit jeher (eine Auffassung) vorherrschend gewesen: Die Massen in der Dritten Welt leisten Widerstand, schließen sich Befreiungsbewegungen an oder unterstützen Unabhängigkeitsparteien, erstens weil sie wirtschaftlich ausgebeutet werden und in materiellem Elend leben, und zweitens weil sie politisch unterdrückt werden und sich nicht frei nach ihren Interessen organisieren können. Die Berichte in unseren Zeitschriften und Broschüren über Hunger, Krankheiten, Wohnungsnot, Verhaftungen, politische Prozesse und Folter sind Legion. Diese Auffassung übersieht ein drittes Motiv, das mindestens so wirkungsvoll ist wie die beiden anderen. Menschen in der Dritten Welt werden nicht nur ausgebeutet und unterdrückt, der Imperialismus bedroht vor allem auch ihre hergebrachte Lebensweise. Er zwingt oder verlockt sie, ihre besondere Art zu wohnen, sich zu kleiden, zu essen und zu trinken, Feste zu feiern, Krankheiten zu behandeln, Kinder zu erziehen, ihre Sexualität, ihre Sprache, ihre Arbeitsteilung, kurz: ihre besondere Kultur aufzugeben. Damit bringt er sich in einen Zustand des Weltverlustes und der Anomie. Diesen Zustand können Menschen, die ja ihren Mangel an verhaltensregelnden Instinkten dadurch wettmachen müssen, daß sie kulturelle Normen hervorbringen und verinnerlichen, vielleicht am allerwenigsten ertragen, noch weniger als Hunger und Folter...
Alles, was die Optik einer europäischen und nordamerikanischen Großstadt prägt, findet sich heute auch in den Hauptstädten Afrikas, Asiens oder Lateinamerikas: Autogewühl und Airport, Hochhäuser aus Glas und Beton, Levi's Jeans und Coca-Cola-Reklame, Aktenköfferchen und Fernsehantennen...
In Europa und Nordamerika hat sich die industrielle Einheitskultur immerhin eigenständig und kontinuierlich entwickelt und findet deshalb — trotz wachsenden Widerstands gegen ihre ängstigende Seite — immer noch die Duldung breiter Massen. In der Dritten Welt dagegen ist sie nur aufgesetzt und fremd. Eine wachsende Zahl von Menschen dort reagiert auf die verunsichernde Überfremdung nicht mehr mit unterwürfiger Anpassung, sondern mit Haß, der verbunden ist mit einer Besinnung auf die Symbole der eigenen kulturellen Tradition: die großen Momente in der eigenen Geschichte, die großen literarischen Zeugnisse der eigenen Sprache, vor allem aber: die hergebrachte Religion...
Die Solidaritätsbewegung hat bisher übersehen, daß Fremdenhaß und Ethnozentrismus, die sich im Falle der islamischen Länder noch mit religiösen Inhalten anreichern, im Kampf um Unabhängigkeit eine wesentliche Rolle spielen. In bestimmten Phasen dieses Kampfes können sie als einende und stimulierende Momente eine entscheidende Bedeutung bekommen. (Das war jedenfalls im Volksaufstand gegen das Schah-Regime in hohem Maße der Fall.) Dementsprechend spielen bei den Befrei-

ungsbewegungen Nationalismus und teilweise sogar Tribalismus (es sei hier nur auf die immer noch aktive UNITA in Angola hingewiesen) eine viel größere Rolle, als die Solidaritätsbewegung es bisher wahrhaben wollte. Für sie ist es überraschend und deshalb eine besonders große Enttäuschung, daß ausgerechnet Länder, deren Bevölkerungen besondere Anstrengungen unternommen haben, um sich vom Imperialismus zu befreien, so oft in kriegerische Konflikte untereinander verwickelt sind: Vietnam, Kampuchea, China, Iran, Tansania, die Reihe ließe sich weiterführen. Die Solidaritätsbewegung müßte nicht überrascht und enttäuscht sein, wenn sie den Nationalismus als antreibende Kraft von Unabhängigkeitskämpfen in der Dritten Welt ernst nehmen würde, anstatt die Augen davor zu verschließen...

Die Einsicht, daß in allen Ländern der Dritten Welt und auch bei den Befreiungsbewegungen aufgrund der Sehnsucht nach kultureller Identität Fremdenhaß, Ethnozentrismus und Nationalismus eine wichtige Rolle spielen, was Klassenkämpfe und sozialen Fortschritt behindert, herrschende Cliquen stabilisiert und sogar Kriege auslösen kann, sollte wiederum kein Grund sein, die Unterstützungsarbeit einzustellen. Sie sollte aber dazu beitragen, daß diese Arbeit auf einer realistischeren Grundlage erfolgt als bisher. Wir sollten sehen, daß der Nationalismus der Befreiungsbewegungen auch schon während des bewaffneten Kampfes eine ideologische Komponente hat, und wir sollten damit rechnen, daß diese Komponente nach der Eroberung der Staatsmacht zur Hauptsache werden kann. Unterstützung der Bevölkerung heißt von diesem Moment an: Kritik üben, jedenfalls nicht verschämt schweigen und sich aus der Solidarität hinwegstehlen...

Die Rolle der Sowjetunion in der Dritten Welt wird verdrängt: Wir haben uns immer sehr wenig darum gekümmert, welche Politik die Sowjetunion und die anderen Länder des ,,real existierenden Sozialismus" gegenüber der Dritten Welt betreiben und welche Einflüsse von ihnen auf die Befreiungsbewegungen ausgehen. Wir scheuen uns sichtlich, uns mit diesem Thema zu befassen, sparen es in unseren Analysen aus oder sind — wie die maoistischen Organisationen — in einer Art Überkompensation bei diesem Thema noch schablonenhafter als sonst, was ja auch keine wirkliche Auseinandersetzung mit den entsprechenden Fragen und vor allem keine wirksame Informationsarbeit ist. Wenn überhaupt, dann begründen wir dies damit, daß wir in der Bundesrepublik leben und uns deshalb mit den Machenschaften der westlichen Konzerne und Politiker zu befassen haben, getreu der Devise ,,Charity begins at home". Mir kommt diese Begründung wie ein Vorwand vor, denn gerade die Solidaritätsbewegung befaßt sich ja laufend mit den Problemen fremder Länder, wobei sicher auch ein gewisser Eskapismus im Spiele ist. Wenn

Im Iran war vor allem der fanatische Nationalismus die Triebfeder des Befreiungskampfes. Aus diesem Grunde blieb eine kritische und solidarische Auseinandersetzung mit dieser Revolution bis heute weitgehend aus.

der uns so zuwider wäre, warum arbeiten wir dann ausgerechnet in der Dritte Welt-Szene und nicht in einer linken Knastgruppe oder einer Anti-AKW-Initiative mit? Ich vermute daher, daß hinter unserer Scheu in Sachen ,,sozialistische Länder'' etwas ganz anderes steckt: Diese Länder sind weltpolitische Gegner, zumindest Konkurrenten der multinationalen Konzerne und des US-Imperialismus, die auch wir bekämpfen wollen. Die falsche Logik, von der sich die Solidaritätsbewegung nicht freimachen kann, ist die, daß der Feind des Feindes ein Freund, zumindest ein Neutraler sein müsse, den man nicht angreifen sollte. Das Gefährliche an diesem Kalkül ist, daß in ihm substantielle Vernunft, für die die Qualität von Zielen vorrangig ist, von instrumenteller verzehrt wird, die nur noch Mittel kennt. Eine politische Bewegung, die solcher Zweckrationalität folgt, muß auf die Dauer erfolglos bleiben, weil ihr die überzeugenden Inhalte abhanden kommen...
Zusammenfassend läßt sich sagen, daß die militärischen, politischen und wirtschaftlichen Beziehungen der UdSSR zu den Ländern der Dritten Welt schon seit vielen Jahren darauf hinauslaufen, diese abhängig zu machen. Die Sowjetunion hat zumindest nach außen das Erscheinungsbild einer imperialistischen Supermacht, was auch immer die Gründe in ihrem Innern dafür sein mögen.[9]

DOKUMENT 48:
„DAS SCHLUCHZEN DES WEISSEN MANNES"
PASCAL BRUCKNER, 1984:

„Der Kampf der Vietnamesen bekam beispielhaften Charakter durch die Niederlagen, die sie dem Imperialismus bereiteten, und nicht so sehr durch das Gesellschaftsmodell, das sie anzubieten hatten. Wir setzten uns dafür ein, ‚in Saigon einem Regime an die Macht zu verhelfen, von dem wir in Prag nichts mehr wissen wollten'... denn der Schlag ins Gesicht des US-Goliath war uns tausendmal wichtiger als die Zukunft irgendeines kleinen Landes hinten in Asien. . ." (S. 23/24)

In der Dritte Welt-Ideologie gab es „von Anfang an rentable Arme, d.h. solche, die der Theorie entsprachen und unproduktive Arme, deren Unglück nicht in unseren Rahmen paßte und deshalb keinerlei Beachtung verdiente... Die spezifische Kultur und Tradition jedes Landes wurde also zugunsten der jeweiligen politischen Linie, d.h. der Gemeinsamkeiten mit uns, fallengelassen... In unserem Mangel an wirklicher Neugierde war die spätere Herabwürdigung dieser Länder bereits angelegt. Die Dritte Welt-Anhänger standen den jeweiligen Kulturen feindselig gegenüber; sie behandelten sie wie überholte Bewußtseinsrückstände, die von der triumphierenden Revolution berichtigt werden würden. Sie setzten stattdessen die sozio-ökonomischen Strukturen an die erste Stelle. Das riesige Uhrwerk der marxistischen Analyse mußte in Gang gehalten werden. Religionen und Bräuche wurden als unbedeutend abgetan..." (S. 30)

„Die Dritte Welt-Solidarität, das war die den Afrikanern, Lateinamerikanern, Chinesen und Indonesen gnädig gewährte Erlaubnis, im gigantischen weltweiten Wettrennen um die sozialistische Weltrevolution für uns die Kohlen aus dem Feuer zu holen..." (S. 31)

„Weit weg von der Dritten Welt wurden die Auseinandersetzungen dort für die Bewegung hier zur Idee. Alles wurde ‚derselbe Kampf'. Egal, ob es Guerilleros in Venezuela, Fedajin in Palästina, Bo Dai in Vietnam oder Hafenarbeiter in Nantes waren, die kämpften, ...derselbe Kampf, das bedeutet, alle Orte, alle Völker, alle Kämpfe des Planeten sind austauschbar, keiner ist mehr wert als der andere, das Konkrete hat sich in der Abstraktion verflüchtigt. Alles wurde einfach und wiederholte sich endlos, wie eine Litanei. Wir tauchten ein in die lateinamerikanische Revolution wie in den von den Roten Garden entfesselten Sturm; wir durchquerten Breitengrade und Klimazonen mit Siebenmeilenstiefeln und jonglierten mit schmetternden Parolen und Erklärungen, der Erdball war nur noch ein Kleiderständer, an dem wir unsere Traumvorstellungen aufhängen konnten...' Da wir nicht die geringste Aussicht hatten, uns jemals im Zentrum des Geschehens wiederzufinden, kompensierten wir unsere Frustration mit Hilfe mimischer Riten... Der größte Solidaritätsakt zahlloser Sympathisanten der extremen Linken erschöpfte sich im Tragen von Ches Bart und Baskenmütze, von Maos Jacke, von Fidels Zigarre und — bis heute — von afghanischen Turbanen. Mit Hilfe einer solchen Kostümierung wurde der kleinste Spaziergang auf den Bürgersteigen Berkeleys, auf den Boulevards des Quartier Latin und in den Straßen Berlins zum Langen Marsch..." (S. 33)

„Die Dritte Welt-Solidarität ging... davon aus, daß ein stummer Pakt die Befreiungsbewegungen mit ihr verband, daß diese Bewegungen sich selbst als Garanten für die Zukunft des internationalen Klassenkampfes sahen. Die südliche Hemisphäre war für die multinationalen Konzerne eine wunderbare Rohstoffreserve, für eine gewisse Linke wurde sie zu einer phantastischen Mine von Illusionen; von ihr ging die erregende Trunkenheit eines Morgenrots der Menschheit aus. Das ehrliche Bestreben nach weltweiter Brüderlichkeit; die Fähigkeit, sich für fremde Revolutionen zu begeistern; dann eine erste Enttäuschung; die Übertragung der Hoffnungen auf neue Bewegungen, eine zweite Enttäuschung; ein Wiederaufflammen des Glaubens; eine Folge von Bindungen; eine Folge von Unbeständigkeiten: In dieser Entwicklung erkennen wir die ureigene Logik des Don-Juanismus wieder, die Unbekümmertheit, mit der der große Herr eine Frau fallenläßt, sobald ihm eine andere aufregender erscheint. Ein komischer Reigen von Hingerissenheit und Verleugnung wandelt die Dritte Welt-Solidarität in eine Folge von Trauerepisoden um vergangene Liebschaften..." (S. 44)

„Chinesen, Kubaner, Vietnamesen, Inder und Lateinamerikaner, alle hatten wir sie infantilisiert, indem wir ihnen unsere Absichten unterstellten und die wesentliche Freiheit verweigerten, nämlich diejenige, Fehler zu begehen und selbst schuldig zu werden..." (S. 46/47)

„Im Überschwang ihrer Begeisterung hatte (die) Linke Menschen und Dinge so gründlich nach ihren Vorstellungen umgemodelt, daß sie lange brauchte, um ihren tragischen Irrtum festzustellen. Offensichtlich nahmen wir die Reinheit der Dritten Welt viel wichtiger, als es diese Welt selbst tat. Die alten Solidaritätskämpfer wurden verbittert und desillusioniert..." (S. 47)

„Sie regen sich jedoch keineswegs über sich selbst auf, nein, sie strafen die ehemals angebeteten Länder, indem sie ihnen den Rücken kehren..." (S. 49)

„Die fortschrittlichen Intellektuellen zeichnen in Schwarz ein ebenso stereotypes Bild der armen Länder, wie es die Lehrbücher der Kolonialzeit in Weiß taten..." (S. 97)

„Wir stellen in diesem Zusammenhang fest, daß sich jeder die Welt nach seinen ganz persönlichen Vorlieben aufteilt: Lateinamerika ist das bevorzugte Feld der Gegner der USA; vor allem seit der Invasion Afghanistans ist Asien zum Terrain der anti-sowjetischen Aktivisten neueren Datums geworden; Afrika ist zu gleichen Teilen zwischen den Kritikern des US-Imperialismus und denen seines kleinen Bruders Frankreich aufgeteilt; die Apolitischen wählen Länder, die relativ weit von den Einflußzentren der Großmächte entfernt liegen. Kurz, es gibt keinen anderen objektiven Notstand als den, den ich selbst ausgerufen habe: Wir allein entscheiden über die Unerträglichkeit einer Situation, und wir haben alle bevorzugte Einflußgebiete." (S. 102)

,,Der Haß auf die eigene Gesellschaft (ist) nicht synonym mit der Liebe zur anderen... und ... es (gibt) keine Achtung vor einer fremden Kultur ohne ein Minimum an Kenntnis und Wertschätzung der jeweils eigenen..." (S. 120)

,,Die erste Voraussetzung für eine wirkliche Öffnung gegenüber den anderen besteht darin, daß wir unsere eigene Kultur achten; werden wir wieder zu Freunden unserer selbst, um die der anderen werden zu können." (S. 183)

,,Es ist immer wieder dieselbe Pendelbewegung vom Loblied zum Bannfluch, von der Anbetung des anderen zur Abscheu vor ihm, sobald er nicht die Güte und Freundlichkeit zeigt, die man in ihn investiert hatte. Der Wille zur Beherrschung durch das Kompliment, der die Dritte Welt zu einem zentralen, kontrollierbaren Objekt erklärt, wird zu ohnmächtigem Zorn, sobald sich herausstellt, daß der Guerillero, der Eingeborene oder der Wilde eine vielseitigere Persönlichkeit ist als angenommen". (S. 142)

,,Die Ära der Kolonialisierung hat unseren Höherwertigkeitskomplex geprägt — heute steht es nicht mehr in unserer Macht, über das Schicksal der Patagonen, der Zulus oder der vietnamesischen Moi zu entscheiden, aber wir ertragen es nicht, im Abseits zu stehen, und mittels einer massiven Selbstüberschätzung sehen wir Europa weiterhin als den Nabel der Welt... Wir beteuern, an unserer Gesellschaft sei nichts Besonderes außer ihrer Schädlichkeit und betonen diese Schädlichkeit jedoch so sehr, daß wir uns letzten Endes eine absolute, unerhörte Eigenartigkeit zusprechen!" (S. 144)

In der Auseinandersetzung zwischen den beiden Geisteshaltungen der Solidarität und des Kolonialismus schälen sich ,,gemeinsame Hypothesen heraus: derselbe Drang, anstelle der eigenen vorrangig die Probleme anderer zu lösen; dieselbe Tendenz, die ganze Welt als innenpolitisches Problem zu betrachten...; derselbe Glaube an eine Welt des Guten und des Bösen, die jeweils im Norden bzw. im Süden angesiedelt wird; dieselbe Umwandlung Asiens und Afrikas in so etwas wie ein Handelsgehege im einen Fall, in eine Art Reservat für Wunschvorstellungen im anderen; ein gemeinsames Bemühen also, Afrikaner und Asiaten in einem Zustand des politischen Infantilismus zu halten; derselbe missionarische Eifer, derselbe Opportunismus mit dem Ziel, das eigene Lager unter allen Umständen zu verteidigen; dieselbe Blindwütigkeit, mit der die gleichen lobhudelnden Grabreden auf andersartige Gesellschaften gehalten werden..." (S. 160)

,,Das Gute ist nirgendwo gegeben, der Eintritt in die Geschichte verunreinigt zwangsläufig, und die Dritte Welt muß uns erst enttäuschen, um damit ihre Authentizität unter Beweis zu stellen..." (S. 166)

,,Um unserem Bedürfnis nach über unsere Grenzen hinausgehender politischer Aktivität und Sympathie zu genügen, müssen wir uns einen ganz bestimmten Abschnitt aus dem Katalog des Engagements herausnehmen, denn darüber hinaus gibt es nur noch die verschwommene Brücke der Medien... Eine Solidarität, die sich allgemein solidarisiert und nicht einmal die Namen derer zu nennen vermag, denen sie zu helfen vorgibt, eine solche Solidarität ist nicht mehr als das Gebrüll von Salonlöwen. Sie stirbt an ihrer Reinheit, sie erstickt daran, alles zu wollen... Die gleichen, die im Dezember für Polen eintreten, unterstützen im Juli mit ähnlichen Argumenten die PLO, und sie werden sechs Monate später irgendeine andere Widerstandsbewegung verteidigen. Die jeweiligen Besonderheiten werden aufeinandergeschichtet und eingeweckt, die historischen Bedingungen, die jedesmal konkret analysiert und aus denen klare Lehren gezogen werden müssen, werden auf einige Kernpunkte reduziert... Das ist die Solidarität der Aktualitätssöldner, die schnell und ohne tiefer zu dringen, alle heißen Punkte des Planeten berühren... Unsere Bindung zur Fremde darf aber nicht dem Rhythmus der Ereignisse folgen, auch wenn wir uns für sie interessieren müssen. Lernen wir, uns von der Augenfälligkeit der großen Überschriften und der Schlagzeilen zu lösen und an diesem und jenem Punkt des Erdballs Fuß zu fassen. Presse und Fernsehen können uns dabei in keinem Fall leiten: Die Länder, von denen in den Nachrichten nicht mehr die Rede ist, existieren auch weiterhin. Wenn wir unsere Sicht der Welt aus den Nachrichten beziehen, verfallen wir in die Unstetigkeit der Öffentlichkeit, die an einem Tag für die eine Seite Partei ergreift und am nächsten für die andere. Das ist die technologische Solidarität des Eiligen, der sich hier und dort verzettelt..."
(S. 200/201)

,,Was bleibt denn außer den Un- und Wechselfällen? Das Wesentliche, nämlich Beständigkeit und Treue. Es gibt keine Solidarität ohne Entscheidung für ein im Relativen verhaftetes, das heißt auf das Netz unserer Bekanntschaften beschränktes Bewußtsein..." (S. 202)[10]

DOKUMENT 49:
„FÜR EINE NATIONALE IDENTITÄT"
LEOPOLDO MARMORA, 1985:

Meine These ist, daß die Identifikation mit Befreiungsbewegungen in fernen Ländern das politische Engagement für effektive Veränderungen im eigenen Land nicht ersetzen kann und daß für die westdeutsche Solidaritätsbewegung die Vernetzungen mit den anderen sozialen Bewegungen zu einer gemeinsamen gesamtgesellschaftlichen nationalen Identität wichtiger ist als ihre bisherigen Fremdidentifikationen. In den Anfängen der sozialistischen Bewegung in Europa war der internationalistische Gedanke eng mit dem nationalen Gedanken verknüpft, selbstbewußt bezogen sich die deutschen Sozialisten auf die eigene Nation und auf die revolutionären Kräfte, die im deutschen Volk schlummerten. Marx und Engels glaubten sogar, dem deutschen Volk käme eine besondere emanzipatorische Bedeutung für ganz Europa zu. Der internationalistische Gedanke war eng verknüpft mit dem Bestreben der deutschen Revolution nach nationaler Einheit...

Die Auswüchse des Nationalismus in Europa, die Weltkriege und schließlich die faschistische Barbarei untergruben das europäische, vor allem aber das deutsche Selbstbewußtsein. Dennoch trug der antifaschistische Kampf in dem von deutschen Truppen besetzten Europa nationalen Charakter. Ihm hatten sich die Linksintellektuellen massenhaft angeschlossen. Nachdem der Kalte Krieg jedoch voll in Gang gekommen war, und sich die neue Konfrontationsgrenze in Europa verfestigte, wandten sich viele Linksintellektuelle Ende der 50er Jahre enttäuscht von diesem Europa ab, das sie nun endgültig verloren glaubten. Unfähig, sich und die Welt vor einem neuen Unglück zu bewahren, schien von der Mitte Europas erneut eine Kriegsgefahr auszugehen. Von diesem Europa, das nichts aus seiner unseligen Vergangenheit gelernt zu haben schien. Die aufkommenden nationalen Befreiungsbewegungen der Dritten Welt bestätigten und bestärkten die enttäuschte Linksintelligenz in ihrer Auffassung, daß Europa bzw. der Westen überhaupt durch und durch dekadent und korrumpiert war. Trotz seiner universalistischen Lippenbekenntnisse für die Menschenrechte trat es diese nach wie vor überall auf der Welt mit Füßen. Viele europäische Intellektuelle machten sich wie Jean Paul Sartre die Worte von Frantz Fanon zu eigen: „Verlassen wir dieses Europa, das nicht aufhört, vom Menschen zu reden, und ihn dabei niedermetzelt, wo es ihn trifft." Sartre dazu: „Das ist das Ende. Europa ist an allen Ecken leck. Was ist geschehen? Sehr einfach, wir haben aufgehört, die Subjekte der Geschichte zu sein." In der ideologischen Überhöhung Jean Paul Sartres z.B. erhielt die antikoloniale Gewalt eine befreiende und reinigende Funktion. Durch sie sollte der neue Mensch erwachsen, der ein besserer Mensch sein würde, und schließlich würde er auch Europa retten, welches ohne diese befreiende Gewalt von außen, d.h. aus der Dritten Welt, sonst verloren sei. Diese These ist in den 60er und Anfang der 70er Jahre zwar nicht unumstritten gewesen, sie war in verschiedenen Varianten, von denen die Sartre'sche nur eine war, jedoch Bestandteil einer Dritte Welt-Ideologie, des Tiersmondisme, die einen nicht unerheblichen Teil der Solidaritätsbewegungen in Europa und in der BRD beeinflußte. Die Enttäuschung über das Verhalten der europäischen Bourgeoisie und später des europäischen Proletariats sowie die unerwartete Verlagerung der revolutionären Ereignisse in die Peripherien, was sich zunächst mit der Oktober-Revolution in Rußland ankündigte und seit 1917 immer deutlicher zur Realität wurde, untergrub das Missionsbewußtsein des kritischen Europäers. Die Dritte Welt-Ideologie trug dieser Tatsache Rechnung. Sie hatte sich schon in den theoretischen Arbeiten Lenins über die Bestechung eines Teils der Arbeiterklasse der Metropolen mit Hilfe kolonialer Extraprofite angekündigt, so daß der Hebel für die Durchsetzung der Weltrevolution nunmehr im antiimperialistischen Kampf gesehen wurde. Nikolai Bucharin hatte diesen Gedanken seit 1926 in der Sowjetunion offizielle Bedeutung verschafft, indem er verkündete, der Kampf zwischen Kapital und Arbeit in den Metropolen habe aufgehört, Motor der geschichtlichen Entwicklung zu sein; an seine Stelle trete nun stattdessen der Kampf Sowjetrußlands gegen den Weltimperialismus. In dem Programm der Kommunistischen Internationale hieß es seither: Aufgabe der Kommunisten aller Länder sei in erster Linie die Verteidigung und Stärkung der Sowjetunion. Nach dem Zweiten Weltkrieg nun orientierte sich die europäische, besonders aber die deutsche systemkritische Linke an den weltweiten Kämpfen gegen den Imperialismus besonders in der neu erwachten Dritten Welt und an deren selbsternannter neuer Führungsmacht: der Volksrepublik China. Enttäuschung, Perspektivlosigkeit und Resignation über die Entwicklung im eigenen Lande führten zur Flucht in die Fremdidentifikation und in Außenprojektionen. Nun läßt sich rückblickend sagen, die Erwartungen oder Illusionen der Solidaritätsbewegung hinsichtlich der befreienden universalistischen Mission der Dritten Welt erfüllten sich nicht. Der Antiimperialismus hat sich selbst diskreditiert. Irans Kohmeni, Kambodschas Pol Pot, Argentiniens Galtieri, sie alle haben sich seiner bedient. Mit der Zeit war es nicht mehr zu übersehen, daß Antiimperialismus, soziale Emanzipation und Demokratie nicht automatisch übereinstimmen. Antiimperialismus kann nicht ein höherer Wert sein als Menschenrechte, als Demokratie und soziale Gerechtigkeit. Zwar beinhalten letztere den Antiimperialismus, dies gilt jedoch nicht umgekehrt. Die antiimperialistische oder tiersmondistische Ideologie mißt den inneren Verhältnissen keine Bedeutung zu, sondern führt alles auf die Abhängigkeit, d.h. auf Außenfaktoren zurück. Nur der Imperialismus von außen verhindere die Realisierung von Gerechtigkeit und Demokratie in diesen Ländern. Die Erneuerungskräfte im Inneren wurden auf diese Weise maßlos überschätzt und idealisiert, während der Imperialismus zu einem allmächtigen, teuflischen und allwissenden Monster mystifiziert wurde, was wiederum die eigene Verzweiflung und Resignation nachträglich rechtfertigte und zementierte. Das überzogene Gewicht, das die externen Faktoren der Abhängigkeit erhielten, überdeckte das Desinteresse oder die Unkenntnis über die inneren, von Fall zu Fall völlig voneinander abweichenden Verhältnisse in diesen Ländern. Die eigenen Projektionen und Kriterien, die eine soziale, politische oder kulturelle Befreiungsbewegung für die hiesige Solidaritätsszene identifikationswürdig machen oder nicht, verstellen und verzerren den Blick für die Besonderheiten und die Komplexität der Verhältnisse in dem jeweiligen Land. Die überzogenen Erwartungen, die man an das Identifikationsobjekt stellt, werden regelmäßig und zwangsläufig enttäuscht, woraufhin dann eine schroffe Abwendung erfolgt und die Solidarität einen tiefen Knacks bekommt oder völlig versickert.

Meine These ist, daß die Befreiungsbewegungen anderer Länder keinen Ersatz darstellen können für eine gemeinsame, alle sozialen Bewegungen im eigenen Lande übergreifende Identität. Eine nationale Identität bzw. ein konstruktiver, nicht resignativer Bezug zur eigenen Geschichte und zur eigenen Realität würde viele Mängel der Dritte Welt-Bewegung in der BRD beseitigen. Der Blick für die dortigen Verhältnisse könnte von verzerrenden Projektionen und Illusionen befreit werden. Durch die stärkere Verankerung in der eigenen Realität könnten zudem die Techniken zur Vermittlung der Dritte Welt-Problematik an eine breitere Öffentlichkeit verbessert werden. Die Formen und Inhalte der Solidarität würden sich anders entwickeln, nötigenfalls kritischer, dafür aber möglicherweise kontinuierlicher. Nur kritische Distanz und die genaue und illusionsfreie Kenntnis der Befreiungsprozesse in anderen Ländern kann heute Enttäuschungen, die schroffe Abwendung und moralische Abkopplung von der Dritten Welt verhindern und somit langfristig die Kontinuität der Solidaritätsbewegung garantieren. Die Überwindung von Resignation und moralisch politischer Überheblichkeit gegenüber der eigenen Bevölkerung sowie die positive Artikulation einer nationalen Identität scheinen mir Voraussetzungen für eine effektive internationale Solidarität zu sein. Der traditionelle Internationalismus jedenfalls bietet schon lange keine Zuflucht mehr. Der Internationalismus der sozialdemokratischen und kommunistischen Arbeiterbewegung hat die ehemaligen Kolonien und heutigen Länder der Dritten Welt allzu oft in ihren Emanzipationsbestrebungen behindert. In der Geschichte der sozialistischen und kommunistischen Internationalen führte die Unkenntnis der eigenen nationalen Realität in den Metropolen zur Mißachtung der nationalen Realität fremder Völker. Mit dem Anspruch oder der Illusion von Internationalität wurden eigene Nationalinteressen verschleiert und den Sozialisten und Kommunisten anderer Länder aufoktroyiert. Diese Tradition ist unter orthodoxen Kommunisten noch ungebrochen, unter weniger orthodoxen Linken und Grün-Alternativen aber auch noch nicht restlos überwunden. Bei der Erstellung jeglichen Kriterienkataloges für die Entwicklungshilfe oder Solidarität fließt immer der subjektive Standpunkt mit ein, der sich aus dem eigenen sozialen oder politischen Zusammenhang ergibt. Es kann somit keinen objektiven Kriterienkatalog geben, weder die Ökologie noch die Frauenfrage noch die Blockfreiheit allein können die Grundlage bilden für einen neuen Internationalismus...

Es gibt keinen standpunktlosen Internationalismus. Mein Plädoyer für nationale Identität und nationales Bewußtsein etwa gegenüber der Dritten Welt muß darum nun nicht zur Folge haben, daß man die eigene nationale Borniertheit rechtfertigt, verklärt oder gar zum Maßstab erhebt. Gemeint ist vielmehr, daß man sich ihrer Existenz überhaupt bewußt werden soll, um eine kritische Distanz zu sich selber wahren zu können...

Die Hinwendung zu den Werten der eigenen nationalen Realität und Geschichte sollte nicht zur Belebung der unseligen Blut-und-Boden-Tradition, zu Kulturrelativismus oder zur moralischen und politischen Abkopplung vom Rest der Welt führen...

Menschenrechte und Demokratie, ursprünglich europäische Produkte, sind inzwischen universelles Allgemeingut aller Kontinente geworden, wo sie heute aufgegriffen und erweitert werden. Nicht den Export dieser Ideen muß man den Europäern zum Vorwurf machen. Imperialistisch waren sie, weil sie sich selbst nicht daran hielten, weil sie ihre eigenen Werte verleugneten und überall in der Welt mißachteten und verletzten, was wiederum zu ihrer eigenen Demoralisierung und zum Verlust des europäischen Selbstbewußtseins geführt hat. Nicht Demokratie und Menschenrechte müssen als angeblich kulturimperialistisch abgelehnt und bekämpft werden, sondern ihre Nichteinhaltung oder inkonsequente Durchsetzung durch die eigenen Regierungen und herrschenden Kreise. Hierin, scheint mir, liegt der Schlüssel und die Chance für eine Vernetzung der neuen sozialen Bewegungen untereinander und für die Herausbildung einer neuen deutschen und europäischen Identität.[11].

DOKUMENT 50:
„FÜR DIE POLITISCHE ABKOPPLUNG VON DER DRITTEN WELT"
ULI MERCKER, 1985:

Das Ganze ist ein Plädoyer für grüne Enthaltsamkeit in der Dritten Welt, die Empfehlung an die Grüne Partei, sich vorübergehend politisch abzukoppeln von den Befreiungsbewegungen der Dritten Welt...
Zunächst einmal negativ eingegrenzt verbirgt sich dahinter nicht eine pauschale Absage gegenüber jeglichen Kontakten mit der Außen-, in diesem Falle mit der Dritten Welt, weder im aktiven noch im passiven Sinne. Dahinter steckt nicht die Meinung, daß wir nichts aus den Dritte Welt-Ländern lernen könnten. Es bedeutet nicht die rigorose Zurückhaltung von Informationen über unseren politischen Prozeß, geschweige denn die generelle Verweigerung angeforderter materieller Hilfsmittel, sofern diese nicht sinnfälliger im eigenen politischen Kampf eingesetzt bzw. benötigt werden. Wenn diese übersandt werden, dann jedoch bitteschön bedingungslos und ohne daran geknüpften Kriterienkatalog. Positiv ausgedrückt meint die Empfehlung vielmehr folgendes: Die auf ungleichem Tausch und historisch gewachsener ungleicher Arbeitsteilung beruhende Weltwirtschaftsordnung mit all ihren politischen, sozialen und kulturellen Folgewirkungen, die überall auf einen kosmischen Einheitsbrei hintendieren, bleibt zunächst einmal unabhängig von dem Wirken einer bundesrepublikanischen Grünen Partei, ob inner- oder außerhalb des Parlaments, bestehen. Diese Tatsache anzuerkennen, bedeutet bereits einen fundamentalen Schritt in Richtung auf eine realistische Selbsteinschätzung. Alles andere wäre meiner Ansicht nach realpolitische Verblendung im Stile von Reformvorschlägen für den internationalen Währungsfonds...
Solche Forderungen an die internationalen Entwicklungsinstanzen zu stellen, halte ich für genauso verfehlt wie an nationale Regierungen gerichtete Appelle gleichen Inhalts...
Der wirkungsvollste Beitrag für die Befreiungsbewegungen in der Dritten Welt besteht meiner Meinung nach in der Mobilisierung und Konzentration aller Ressourcen auf das nur im nationalen Rahmen definierbare Ziel, eine menschen- und naturgerechte Entwicklung trotz hochgradiger Industrialisierung und Entfremdung in dem uns allen am besten bekannten Raum neu einzuleiten. Ich meine, wir müssen den Mut aufbringen, den Menschen in der Dritten Welt deutlich zu machen, daß wir ihnen nichts zu sagen haben, daß wir im Unterschied zu den Entwicklungsexperten unserer Gesellschaft nicht der Meinung sind, daß der Widerspruch zwischen nördlicher und südlicher Erdhälfte mit dem zwischen

Entwicklung und Unterentwicklung gleichzusetzen ist, sondern vielmehr in dem Bezugspaar hochgradige soziale und Natur-Entfremdung versus intaktere soziale und Mensch-Natur-Beziehung zu suchen ist. Ich will an diesem Punkt nicht darüber streiten, daß die sogenannten intakteren Sozialbeziehungen auch so unerfreuliche Eigenschaften wie Autoritarismus, Patriarchat, Kinderarbeit, in gewissem Sinne das Darwinistische Faustrecht des Stärkeren beinhalten können. Was ich jedoch bestreiten möchte, ist, daß Gesellschaften mit solchen Kennzeichen jemals in die Lage hätten kommen können, die gesamte Menschheit an den Rand des Untergangs zu bringen. Dies kann nur durch gesellschaftliche Formationen geschehen, in denen Herrschaft eine vollends unpersönliche Gestalt angenommen hat, verwissenschaftlicht ist und als solche materiell bis in die letzten Poren des Alltagslebens ununterbrochen hineinwirkt. In sogenannten unterentwickelten Gesellschaften hingegen ist Herrschaft noch viel persönlicher und damit auch transparenter, tritt als solche immer nur punktuell auf und läßt auf diese Weise ihren Objekten immer noch die Chance, sich vorübergehend auf individuelle oder kollektive Freiräume zurückzuziehen oder sich gegen die die Macht verkörpernden Personen aufzulehnen...

Allein die Tatsache, daß wir — jeder auf seine Weise — der eine in Form von Abgeordneten-Diäten, der andere in Form von Arbeitslosen- oder Sozialhilfe, von dem eingangs genannten ungleichen Tausch indirekt mit profitieren, macht uns objektiv zu Komplizen eines weltweit sich ausbreitenden Systems, in dem, wenn schon nicht Harrisburg, so doch zumindest Bhopal nicht Ausnahmen sind, sondern zur Regel werden. Unsere Unschuld können wir nicht dadurch wiedererlangen, daß wir uns gewissermaßen am Rande des Systems mit ein paar Millionen Solidaritätsgroschen oder auch etlichen tausend Seiten scharfsinniger Analysen über die strategischen und taktischen Ein- oder Fehleinschätzungen dieser oder jener politischen Gruppierung in der Dritten Welt von seinem — also des Systems — todbringenden Räderwerk distanzieren, sondern nur, indem wir frontal dagegen Stellung beziehen und hier und heute konkrete Alternativen dagegensetzen. Unsere ,,Schuld'', und ich benutze bewußt moralische Begriffe, sowohl der eigenen Bevölkerung als auch den Völkern der Dritten Welt gegenüber, wächst in dem Maße, in dem wir fortfahren, Solidarität gewissermaßen zu vermarkten für eigene politische Zwecke.

Die Solidaritätsaktionen werden gehandelt wie Wertpapiere auf dem internationalen Börsenmarkt. Gegenwärtig stehen die Nicaragua-Aktien hoch im Kurs. Um sie auf dieser Höhe zu halten, dürfen aber nicht gewisse Stützungskäufe für ihre kleineren Ableger, die Miskito-Aktien, unterlassen werden. Oder um im Block-Kontext zu sprechen: Der weltpoliti-

schen Ausgewogenheit halber darf auch das Afghanistan-Aktienpaket nicht in Vergessenheit geraten. Überhaupt ist heute Vielseitigkeit Trumpf. Die Börsenmakler der Solidarität sind überall tätig im Nahen und Fernen Osten, in Lateinamerika, in Afrika, ja sogar im südlichen Pazifik. Die Ein-Punkt-Investitionen gehören der Vergangenheit an. Ich erinnere nur an die katastrophalen Kursstürze in Sachen Algerien, Kuba, Vietnam, Chile, Portugal, China, Kambodscha in den 60er und 70er Jahren. Heute ist man um Differenziertheit bemüht. Aber die Kontrollmechanismen sind ja auch wesentlich verbessert worden. Die Informationskanäle sind erweitert. Heute kann man sich die Ansprechpartner sorgfältig aussuchen und an erfolgversprechenden Kriterien messen. Der Kommunikationsfluß ist erleichtert worden, die Mobilität rasant gestiegen. Inzwischen sprechen auch viel mehr Menschen in der Dritten Welt unsere Sprache. Früher gemachte Fehler können dadurch vermieden werden. Die Solidarität kann rationeller, zielgerichteter und effektiver geübt werden.
Auch sie ist verwissenschaftlicht worden. Meine These ist jedoch, daß eine solchermaßen rationalisierte Solidarität weder dem Emanzipationsprozeß der Völker in der Dritten Welt dient, noch dazu beiträgt, die für uns überlebenswichtige Strategie der industriellen Abrüstung zu entwickeln und in politische Aktionen hier umzusetzen. Solange Europa nach wie vor als Inbegriff von Zivilisation, Entwickeltheit und Kultur gilt, solange es weiter mit der Aura menschlichen Fortschritts umgeben wird und unter diesem Deckmantel andere Zivilisationen und Kulturen mit zerstören hilft, sollten wir nicht auch noch dazu beitragen, den europäischen Mythos sozusagen von links her zu erweitern bzw. anzureichern. Wir wissen um die Hohlheit der Fundamente, auf denen diese spezifische Entwickeltheit errichtet wurde, spüren täglich deutlicher die Gefahr, daß das gesamte Kulturgebäude, soeben noch verzweifelt darum bemüht, sich mit neuen Technologien einen frischen Anstrich zu geben, von seiner inneren Fäulnis ausgezehrt zu werden droht. In der Dritten Welt besteht dieser Mythos noch, hält sich in weiten Kreisen immer noch der Glaube, daß die Europäer einfach weiter entwickelte Wesen seien, von denen es zu lernen gelte. Dies kann auch nicht verwundern, wenn man sich vor Augen hält, daß von A bis Z alles, was gemeinhin mit Fortschritt in Verbindung gebracht wird, vom Auto bis zur Zellteilung, von der Armbanduhr bis zur Zeitung, kurzum jegliche Wissenschaft und darauf aufbauende Technologie aus diesem unserem Kontinent stammt. Aber es führt auch ein gerader Weg vom Auto zur Unwirtlichkeit der Städte, von der Zellteilung zur Atombombe, von der Armbanduhr zur Beherrschung des lebendigen Raumes durch tote Zeit, von den Zeitungen zu den die Menschen buchstäblich entmündigenden Massenmedien.

Es führt ein gerader Weg ...

Davon ist in den Gesellschaften der Dritten Welt vorerst nur ein keimhaftes, nur in Eliten verankertes Bewußtsein vorhanden, weil sie überwiegend erst am Anfang dieses Weges stehen, ihr Alltagsleben noch nicht so tief davon durchdrungen ist. Im Vergleich zu der von den Industrienationen ausgehenden imperialistischen Überbauung der Dritten Welt auch auf kulturellem Gebiet kann eine von den GRÜNEN betriebene andere Intervention nur wie ein bedeutungsloses Mauerblümchen in der ansonsten grauen Betonlandschaft wirken. Strukturelle Veränderungen im Verhältnis zwischen Erster und Dritter Welt herbeizuführen, hat die Partei vorläufig weder Macht noch Mäuse. So verkommt eine solche Politik damit zum Alibi. Aus diesem Grund halte ich den bewußten Verzicht auf die wenn auch mit anderen Vorzeichen beabsichtigte, Teilnahme an dem von den Metropolen ausgehenden Einmischungsgeschäft für den einzig gangbaren Weg, um den Bevölkerungen in der Dritten Welt klarzumachen, daß wir uns nicht für kompetent halten, ihnen irgendwelche Ratschläge für den von ihnen einzuschlagenden Entwicklungsprozeß zu geben, daß wir es aber sehr wohl als eine der wichtigsten Aufgaben für unseren politischen Kampf hier ansehen, den todbringenden Einfluß unserer Länder auf ihre Entwicklung so weit wie möglich zurückzudrängen.

Mit den vielzitierten „Brückenköpfen", den „einheimischen Eliten", können nur die jeweiligen Gesellschaften fertigwerden. Es hilft nichts, wenn sie von außen demaskiert und vielleicht durch fortschrittlichere ersetzt werden. Der Emanzipationsprozeß der Dritten Welt hebt da an, wo von einem Großteil ihrer Völker erkannt wird, daß von der industrialisierten Welt keine Hilfe, sondern nur fortschreitende Abhängigkeit und Verarmung, kulturelle Überfremdung und Ausbeutung zu erwarten sind. Machen wir einen Schritt zur Erleichterung dieser Erkenntnis.
Praktische Konsequenzen aus der von mir vorgeschlagenen bewußten Nichtintervention der GRÜNEN in die Belange der Dritten Welt sehen demnach wie folgt aus:
Einstellung jeglicher alternativer Entwicklungshilfe-Projekte, auch der ausschließlich politisch verstandenen. Wo humanitäre Hilfe zwingend notwendig ist, müßte sie noch genauer definiert werden.
Verzicht auf Mitarbeit in offiziellen Entwicklungshilfe-Institutionen — sowohl in nationalen als auch internationalen. Stattdessen noch stärkere Kritik an der interventionistischen Praxis dieser Institutionen.
Einrichtung einer Kommission für nationale Entwicklung, die einen umfassenden alternativen Entwicklungsplan unter besonderer Berücksichtigung der gegenwärtig bestehenden Einbindung Westdeutschlands in das neokoloniale Ausbeutungssystem gegenüber der Dritten Welt erstellen soll.
Verstärkte Durchführung und Unterstützung von Solidaritätsaktionen hier im Lande, die gegen imperialistische Interventionen der BRD in der Dritten Welt gerichtet sind.
Einladung von Vertretern politischer, sozialer und kultureller Bewegungen und Organisationen aus der Dritten Welt hierher statt der Delegationsreisen dorthin.
Ziel aller dieser Maßnahmen soll sein, die politische, soziale und kulturelle Realität der Dritten Welt hier stärker präsent werden zu lassen, nicht unsere Präsenz in der Dritten Welt zu verstärken. Vielleicht kann das dazu beitragen, einen globalen Umkehrprozeß im Verständnis von Entwicklung und Fortschritt einzuleiten. Wir brauchen Unterstützung aus dem Munde Berufener und Betroffener bei der Kritik an unserem abendländischen Zivilisationsmodell. Die Betroffenen brauchen unsere Argumentationshilfe nicht...[12]

ZEHN GRÜNDE FÜR DIE DRITTE WELT-ARBEIT VOR DER EIGENEN HAUSTÜR

Für die in den voranstehenden Texten geforderte Rückbesinnung auf die bundesdeutsche Realität spricht auch, daß die Veränderungen der politischen Verhältnisse immer dort ansetzen sollten, wo sich jeder am besten auskennt: im eigenen Land. Nicht daß uns hier die Revolution besser gelänge, ist entscheidend, aber hier treffen uns zumindest unsere politischen Fehler selbst.
Gerade in Bezug auf die Dritte Welt gilt, daß die wesentlichen Rahmenbedingungen, die dort gelten, vor allem hier in der Bundesrepublik verändert werden können. Beispielhaft nennen wir zehn Gründe, mit dem Engagement für die Dritte Welt vor der eigenen Haustür zu beginnen.

1. Die Bundesrepublik ist der größte Exporteur von Industrieerzeugnissen in der Welt.
2. Die Bundesrepublik hat auf den Märkten der Dritten Welt die drittstärkste Handelsposition.
3. Bundesdeutsche Konzerne nahmen schon in den siebziger Jahren die dritthöchsten Direktinvestitionen im Ausland vor.
4. Die Bundesrepublik war Anfang der achtziger Jahre im Bereich Entwicklungshilfe das drittstärkste ,,Geberland." Für jede als Entwicklungshilfe gezahlte Mark kommen 1,25 Mark als Aufträge für bundesdeutsche Unternehmen zurück.
5. Die Bundesrepublik hat in den beiden wichtigsten internationalen Finanzinstitutionen, dem Internationalen Währungsfonds (IWF) und der Weltbank, den drittgrößten Einfluß.
6. Bei bundesdeutschen Banken ist die Dritte Welt mit schätzungsweise 150 Milliarden Dollar verschuldet.
Bundesdeutsche Banken sind damit der zweitwichtigste Gläubiger für die Dritte Welt.
7. Die Bundesrepublik ist der größte Exporteur von Waffenfabriken. Bei der Ausfuhr von Großfeuerwaffen liegt die Bundesrepublik auf Platz sechs, bei Handfeuerwaffen auf Platz drei.
8. Die Bundesrepublik stellt die stärkste europäische Armee in-

nerhalb der NATO. Erklärtes strategisches Ziel dieses westlichen Militärbündnisses ist die militärische Absicherung des Zugriffs auf die Rohstoffe in der Dritten Welt.
9. Die bundesdeutsche Chemie-Industrie nimmt auf dem Weltmarkt einen Spitzenplatz ein. Gemessen am Umsatz liegt sie auf Platz vier. Sowohl bei Pestiziden als auch bei Pharmaprodukten sind bundesdeutsche Chemiekonzerne mit Abstand die größten Exporteure der Welt.
10. Die Bundesrepublik gehört mit ihren Kulturinstituten, Stiftungen, Nachrichtenagenturen, Fernseh- und Radiostationen sowie Satellitenprogrammen zu den größten Exporteuren westlicher ,,Kultur'' in die Dritte Welt.
Diese Rahmenbedingungen sind für jedes Land der Dritten Welt bedeutender als jede Projektpatenschaft, Hungerhilfe oder Waffenspende. Sie sind nur veränderbar, wenn die Dritte Welt-Bewegung sich aus ihrer zum Teil selbstgeschaffenen Isolation befreit und im Bündnis mit anderen politischen Kräften in dieser Gesellschaft zu einer breiten politischen Mobilisierung beiträgt. Diese Mobilisierung muß sich an die Sozialdemokraten ebenso wenden, wie an die Gewerkschaften und an die Belegschaften einzelner Betriebe. Die Berührungspunkte mit den anderen sozialen Bewegungen liegen auf der Hand. Bei Fragen des Uranabbaus etwa in Australien und Namibia oder beim Verkauf bundesdeutscher Atomkraftwerke nach Brasilien treffen sich die Interessen der Dritte Welt-Bewegung mit der Anti-Atom-Bewegung ebenso wie bei der Auseinandersetzung mit den Folgen der Atombombentests und der Atommüllagerung im Pazifik. Von der Startbahn West und ihrer Funktion für militärische Einsätze im Nahen Osten bis zu den NATO-Plänen zur Beherrschung ganz Afrikas (AirLand Battle-Konzept) zur Sicherung von Rohstoffen für die Mitgliedsländer ergeben sich gemeinsame Aktionsansätze mit der Friedensbewegung. Desgleichen bei Fragen der Rüstungsexporte, internationaler Militärstrategien oder der Ressourcenverschwendung auf Kosten der Dritten Welt für die weltweite, gigantische Aufrüstung. Vom Pestizid-Export bis zur Verlagerung gefährlicher Produktionen in die Dritte Welt, von Tests von Chemikalien und Pharmaerzeugnissen in der Dritten Welt bis hin zur Diskussion von Technologien, die den Bedingungen von Dritte

Welt-Ländern angepaßt sind, reicht die gemeinsame Themenpalette mit der Ökologiebewegung.

Die Welt-Frauen-Konferenz in Nairobi war ein Ansatz für gemeinsame Diskussionen zwischen Dritte Welt-Bewegung und Frauen-Bewegung. Schließlich läßt sich über die Produktionsverlagerungen in die Dritte Welt, die dort Billiglohnarbeit und hier Arbeitsplatzvernichtung bedeuten, mit der Arbeitslosenbewegung reden.

Die Themen der Dritte-Welt-Bewegung müssen zudem auch in den Kirchen mit einer eindeutig politischen Stoßrichtung weiter verbreitet werden und wieder zu einem zentralen Punkt der Auseinandersetzungen an den Hochschulen werden.

Die Beispiele für mögliche breitere Aktionsbündnisse ließen sich beliebig erweitern. Erste Ansätze hat es — wenn auch zum Teil nur unter großen Schwierigkeiten — schon gegeben. So wurde 1985 die Konferenz ,,Atombomben made in Germany" von Friedens-, Ökologie- und Dritte Welt-Bewegung gemeinsam in Bonn veranstaltet.[13] Ebenfalls von diesen Bewegungen gemeinsam getragen war die zentrale Demonstration gegen den Weltwirtschaftsgipfel im Mai des gleichen Jahres. Nur über breitere politische Bündnisse und Kampagnen dieser Art ist langfristig die Überwindung des kapitalistischen Wirtschaftssystems in unserem eigenen Land möglich, die allein die Voraussetzung für eine Verhinderung imperialistischer Politik in weltweitem Maßstab durch die Bundesrepublik liefern kann.

Wenn gerade die Dritte Welt-Bewegung, die schon so vielen Utopien in allen Teilen der Welt nachgejagt ist, diese Utopie für die Veränderbarkeit des eigenen Landes verleugnet, so muß sie sich auch über die Konsequenzen im klaren sein: Wenn wir keine Hoffnung mehr auf die Veränderbarkeit unserer eigenen Gesellschaft haben, haben wir auch keine Hoffnungen mehr auf die Befreiung der Dritten Welt von dem tödlichen ökonomischen und militärischen Klammergriff, der von der Bundesrepublik ausgeht und den wirtschaftlichen und militärischen Bündnissen, denen sie angehört. Er ist es, der jeglichen Versuch eines selbstbestimmten, unabhängigen Weges zur Emanzipation der Dritten Welt verhindert.

KLAUS VACK:
»RESIGNATION — NEIN DANKE!«

,,In diesem Jahr kann ich eigentlich das feiern, was anderswo Berufsjubiläum heißt. Seit 25 Jahren arbeite ich hauptberuflich, das heißt gegen Bezahlung, wenn auch geringe, für die außerparlamentarische Opposition. Für mich gilt die Erkenntnis in der Dritte Welt-Solidarität, im Internationalismus, noch immer, daß ich die Veränderungen hier in diesem Lande mit der gleichen Vehemenz betreiben muß wie die Unterstützung für ein Projekt, für ein Land in der Dritten Welt. Wenn ich das eine unterlasse, also mich nur hier für die Friedensbewegung und gegen Berufsverbote und für Bürgerrechte in diesem Land einsetze und so tue, als würden nicht täglich Tausende verhungern und Hunderttausende Not leiden, dann ist das für mich untragbar. Dann verhalte ich mich von meinem eigenen Selbstverständnis her diesen Dingen gegenüber pervers. Wenn ich mich andererseits nur auf die Dritte Welt-Arbeit konzentriere oder gar nur auf ein Projekt in der Dritten Welt, liegt dem zweifellos das Moment der Flucht aus den Problemen, die wir hier haben, zugrunde. Aber, was viel wichtiger ist, es ist einfach unpolitisch. Es ist unpolitisch deshalb, weil ich die Verhältnisse etwa in Nicaragua nicht allein dadurch bessern kann, daß ich mich auf Nicaragua konzentriere. Für eine internationalistische Perspektive kann ich überhaupt nur etwas erreichen, wenn ich auch hier alle Mißstände angreife, die ich nur irgendwie bekämpfen kann. Wozu meine Kraft ausreicht, wozu meine Möglichkeiten ausreichen, das muß ich auch tun. Also es geht darum, den Zusammenhang von beidem herzustellen. Ich kämpfe zum Beispiel hier im Odenwald-Kreis und insgesamt in der Bundesrepublik in der Anti-Tiefflieger-Bewegung gegen die Tiefflieger. Tiefflieger fliegen aber auch in Labrador und die Bundesregierung verhandelt mit der Türkei darüber, Tiefstflüge dort üben zu dürfen. Ich hab gerade einen Kommentar für eine Zeitschrift geschrieben, in dem es heißt: Verflucht nochmal, wir wollen die Tiefflieger weghaben. Aber wenn sie schon fliegen, dann sollen sie hier fliegen. Dann sollen sie uns um die Ohren fliegen. Dann sollen sie uns den Dreck und den Müll, den sie produ-

*zieren, um die Ohren schmeißen, dann sollen sie uns die Wälder vergiften und nicht den armen Bauern in der Türkei und nicht den Indianern in Labrador. Und diese Perspektive, finde ich, die dürfen wir nie aus dem Auge verlieren. Denn wenn man diese Perspektive aus dem Auge verliert und sich nur auf das eine konzentriert, kann man nur an Symptomen herumkurieren. Aber man verliert dabei das Ziel und die Hoffnung, die ich auch noch nicht aufgeben möchte. Die Hoffnung, daß wir trotz der riesigen Bedrohungen, denen wir ausgesetzt sind, in die Speichen greifen und die Dinge zum Besseren wenden und verändern können, so verändern, daß langfristig die in den Menschen angelegten guten Qualitäten und solidarischen Fähigkeiten weiterentwickelt werden und wir zu einer friedlichen und solidarischen Welt kommen. Ich finde, daß auch die sozialen Bewegungen insgesamt stark genug sind, nicht mehr nur zu reagieren, sondern selbsttätig Schwerpunkte zu setzen. Das heißt für die Solidaritätsbewegung, auch Länder und Probleme aufzugreifen, die in der Öffentlichkeit noch völlig unbekannt sind, mit denen sich nur einzelne Spezialisten befassen. Dabei muß es darum gehen, den ganzen kausalen Zusammenhang klarzumachen, wie die reiche nördliche Welt die sogenannte Dritte Welt und die sogenannte Vierte Welt schamlos ausbeutet und ausbluten läßt.
Warum resigniert man nicht? Und warum resignieren andere? Warum gibt es welche, die sich irgendwo mal stark engagieren und dann wieder weg sind? Und warum gibt es welche, wenige eigentlich, die das länger machen? Von Niedergeschlagenheiten, Resignation und depressiven Stimmungen bin ich auch in keiner Weise frei. Trotzdem habe ich nicht nur über den Kopf erkannt, daß ich es vor mir selbst nicht verantworten kann, wenn so viel Schlimmes in dieser Welt passiert, wenn so viele Gefahren bestehen, wenn so viel Unrecht passiert, wenn so viel Ungerechtigkeit existiert, daß ich als privilegierter Mensch, der hier in dieser Bundesrepublik Deutschland lebt, der genug zu essen hat, der ein Haus hat, in dem er wohnt, der eine Arbeit hat, der er nachgehen kann, daß das eigentlich, ich sag das mal so auch als Herausforderung an andere, eine Unverschämtheit wäre, wenn ich nicht das tun würde, was ich tun kann. Ich bin jetzt 50 und arbeite politisch seit 30 Jahren. Ich möchte eigentlich so weitermachen, vielleicht*

noch mal 30 Jahre. Sicher wird es mit zunehmendem Alter weniger intensiv sein, aber mir schwebt nicht vor, mit 60 Jahren in Pension zu gehen und den Winter auf Mallorca zu verbringen und den Sommer auf der Insel Sylt oder so was. Ich finde, daß es lohnt, weiterzumachen, solange uns eine Chance dazu gegeben ist. Die Rüstungstürme und Kriegsgefahren, die falsche Dritte Welt-Politik, die der Norden macht, der die Verelendung vorantreibt, das alles ist zwar sehr beängstigend, aber ich käme mir wie ein Lump vor, wenn ich nicht alle meine Kraft dafür einsetzen würde, um dagegenzusteuern."

ANHANG

Anmerkungen

EINLEITUNG

1 Wir sind uns der Problematik des Begriffes ,,Dritte Welt'' durchaus bewußt. Mit diesem Begriff werden pauschal eine Vielzahl verschiedenartige Länder vom Südpazifik bis Zentralafrika bezeichnet und als Einheit behandelt, trotz all ihrer Eigenarten. Zudem setzt dieser Begriff vier Fünftel der Erde schon allein sprachlich zwei Stellen hinter unsere ,,Erste Welt''. Doch ist von der ,,Dritten Welt'' auch in der Solidaritätsbewegung ständig die Rede. Deshalb haben wir diesen Begriff — trotz einiger Bedenken — in diesem Buch übernommen. Andere Bezeichnungen wie ,,Peripherie'' setzen die ,,Metropolen'' ebenso ins Zentrum, und statt ,,unterentwickelten Ländern'' müßte es auch eher ,,hinunterentwickelte Länder'' heißen. Bei ,,Entwicklungsländern'' bleibt immer die Frage, wohin sie sich denn ,,entwickeln'' sollen.

2 Auf die möglichen Schrägstrich/Anhängsel hinter jedem/r Aktivisten/in haben wir spätestens ab dem Zeitpunkt verzichtet, als man/frau darüber zu diskutieren begann, ob man/frau neben Algeriern/innen, Vietnamesen/innen und Capesinos/as auch Diktatoren/innen, Regierungschefs/innen, Faschisten/innen oder gar Kolonialherren/damen schreiben müsse, was den Text unleserlich gemacht hätte.

HOCH DIE INTERNATIONALE SOLIDARITÄT... MIT DEN DEUTSCHEN

1 aus: Deutsche Literatur im Exil 1933—1945, Band I: Dokumente, Herausgegeben von Heinz Ludwig Arnold, Frankfurt/M. 1974, S. 9 ff.
2 zit. nach: Paris 1935, Erster internationaler Schriftstellerkongreß zur Verteidigung der Kultur, Herausgegeben von der Akademie der Wissenschaften der DDR, Zentralinstitut für Literaturgeschichte, Berlin 1982, S. 201
3 vgl. Weber, Gaby, ,,Krauts'' erobern die Welt — Der deutsche Imperialismus in Südamerika, Hamburg 1982, S. 66
4 Pablo Neruda, zit. nach Kießling, Wolfgang, Alemania libre in Mexiko, Band 2, Berlin 1974, S. 32
5 Pfeiffer, Hans-Ernst, Unsere schönen alten Kolonien, Berlin 1941, S. 116
6 Zitate aus: Falk, Rainer, Die heimliche Kolonialmacht, Bundesrepublik und Dritte Welt, Köln 1985, S. 67

DIE STUNDE NULL DES INTERNATIONALISMUS

1 Huster, Ernst-Ulrich u.a., Determinanten der westdeutschen Restauration 1945—49, Frankfurt/M. 1972, S. 360. Das Buch beschreibt die Restitution der kapitalistischen Wirtschafts- und Gesellschaftsordnung in Westdeutschland, die Grundlagen der Spaltung, die Politik der Besatzungsmächte und der Nachkriegsparteien. Es enthält einen ausführlichen, gut ausgewählten Dokumentenanhang.
2 ebd., S. 361
3 ebd., S. 368
4 ebd., S. 356
5 ebd., S. 357
6 ebd., S. 361
7 ebd., S. 335ff
8 ebd., S. 429ff
9 Kalter Krieg und Capri-Sonne: die fünfziger Jahre: Politik — Alltag — Opposition, zusammengestellt von Eckhard Siepmann, Berlin 1981, S. 38
10 Hinz, Manfred u.a. (Hrsg.), Weiß auf Schwarz — 100 Jahre Einmischung in Afrika, Berlin 1984, S. 130
11 vgl. Pomorin, Jürgen, Geheime Kanäle, Der Nazi-Mafia auf der Spur, Dortmund 1982
12 vgl. auch weitere Literatur zur Restaurationszeit:
Schmidt, Ute/Fichter, Tilman, Der erzwungene Kapitalismus, Klassenkämpfe in den Westzonen 1945—1948, August 1975. Auch dieses Buch belegt die ,,erzwungene Rekonstruktion des Kapitalismus'' und diskutiert vor allem das Verhältnis von SPD und KPD in den Nachkriegsjahren. (Ausgewählte Bibliographie im Anhang)
Pirker, Theo, Die verordnete Demokratie, Grundlagen und Erscheinungen der ,,Restauration'', Berlin 1977
Theissen, Hans, Die ,,Vorgeschichte'' der 50er Jahre, Deutschland 1945—1949, in: Kalter Krieg und Capri-Sonne, a.a.O.; Der Artikel ist eine gute Zusammenfassung der wichtigsten politischen und wirtschaftlichen Weichenstellungen in der unmittelbaren Nachkriegszeit.

STILLSTAND STATT BEWEGUNG

1 Jungwirth, Nikolaus/Kromschröder, Gerhard, Die Pubertät der Republik, Die 50er Jahre der Deutschen, Frankfurt/M. 1978, S. 191
2 vgl. Falk, Rainer, Die heimliche Kolonialmacht, Bundesrepublik und Dritte Welt, Köln 1985
3 Die Sowjetunion blieb damals aus Protest gegen die Teilnahme Nationalchinas den Sitzungen des Weltsicherheitsrates fern und konnte deshalb kein Veto gegen den als UNO-Einsatz deklarierten Krieg der USA in Korea einlegen
4 zitiert nach: Tägliche Rundschau, 13.2.1951

5 vgl. Literatur über die fünfziger Jahre:
Siepmann, Eckhard, (Zusammenstellung), Kalter Krieg und Capri-Sonne: Die fünfziger Jahre: Politik — Alltag — Opposition. Ein Buch mit ,,Fotos, Texten, Comics und Analysen", das einen ausgezeichneten Überblick über die wichtigsten Ereignisse der fünfziger Jahre (auch sinnlich) vermittelt: von den Grundlagen des ökonomischen Aufbaus über die Entwicklung der Gewerkschaften bis hin zu Alltagsgeschichten wie der Nierentisch-Mode.
Rupp, Hans Karl, Außerparlamentarische Opposition in der Ära Adenauer, Köln 1970/1980. Detaillierte Beschreibung des Kampfes gegen die Atombewaffnung und der außerparlamentarischen Aktivitäten der Kampagne ,,Kampf dem Atomtod". (Mit ausführlicher Literaturliste)
Blanke, Bernhard u.a., Die Linke im Rechtsstaat, Bedingungen sozialistischer Politik 1945—1965, Fulda 1976. Analyse verschiedener Aspekte der bundesdeutschen Nachkriegsgeschichte (von verschiedenen Autoren) vom Wirtschaftswunder bis zum KPD-Verbot, von der Sozialstruktur bis zur Gewerkschaftspolitik
Albrecht, Ulrich u.a., Beiträge zu einer Geschichte der Bundesrepublik Deutschland, Köln 1979. Ausführliche Analyse verschiedener Aspekte der Nachkriegsgeschichte. Für dieses (wie für andere Kapitel) besonders zu erwähnen: Geschichte der Außenwirtschaftsbeziehungen der Bundesrepublik und Analyse der bundesdeutschen Außenpolitik.

DIE ALGERIEN-SOLIDARITÄT

1 ,,Schlußfolgerung" aus: Frantz Fanon, Die Verdammten dieser Erde, Frankfurt 1981, S. 263—267
2 Es ist Leggewies Recherchen und Veröffentlichungen zu verdanken, daß die Aktivitäten der ,,Algerien-Generation" vergleichsweise breit und geschlossen dokumentiert sind. Wir stützen uns in diesem Kapitel neben eigenen Recherchen und Interviews vor allem auf Leggewies Arbeiten:
1. Leggewie, Claus, Kofferträger, Das Algerien-Projekt der Linken im Adenauer-Deutschland, Berlin 1984
Dieses Buch ist die spannendste, lesbarste und anregendste Zusammenfassung einer einzelnen ,,Solidaritätsbewegung", die bislang erschienen ist. Vor dem Hintergrund der konservativen Grundstimmung im Adenauer-Deutschland schildert Leggewie detailliert, wie kleine, manchmal recht abenteuerliche, politische Gruppen und Einzelpersonen über die Beschäftigung mit dem Algerienkrieg zu internationalistischem Engagement mit teilweise hohem persönlichem Risiko (zurück-)fanden.
(Die im folgenden Kapitel gelieferte Zusammenfassung soll keinesfalls die Lektüre dieses Buches ersetzen, sondern im Gegenteil dazu anregen. Zitate daraus sind mit Leggewie 1 und der Seitenzahl gekennzeichnet. Das Zitat oben erhält so die Bezeichnung Leggewie 1, S. 9f).

2. Leggewie, Claus, Kofferträger, Das Algerien-Projekt in den 50er und 60er Jahren und die Ursprünge des ‚Internationalismus' in der Bundesrepublik Aus: Politische Vierteljahresschrift, 25. Jahrgang, Heft 1, 1984
Eine systematische Übersicht der Algeriensolidarität. (Im Text als Leggewie 2 gekennzeichnet).
3 Leggewie 2, a.a.O., S. 180
4 ebd., S. 171
5 Leggewie 1, a.a.O., S. 129
6 Leggewie 2, a.a.O., S. 172
7 Leggewie 1, a.a.O., S. 97
8 zit. nach ebd., S. 117
9 Rede von Hans Magnus Enzensberger zur Eröffnung einer Algerien-Wanderausstellung in Frankfurt im Juni 1961. Zitiert nach: Leggewie, Claus; Kofferträger, Das Algerien-Projekt der Linken im Adenauer-Deutschland, Berlin 1984, S. 76
10 Leggewie 2, a.a.O., S. 171
11 ebd, S. 180
12 Leggewie 1, a.a.O., S. 69 f
13 Leggewie 2, a.a.O., S. 181
14 Leggewie 1, a.a.O., S. 123
15 siehe auch weitere Literatur über Algerien während und nach dem Befreiungskrieg:
Elsenhans, Hartmut, Frankreichs Algerien, Entkolonialisierungsversuch einer kapitalistischen Metropole, München 1974. Die ausführlichste Studie über den Algerienkrieg in deutscher Sprache.
Leggewie, Claus, Algerien zwischen Etatismus und Massendemokratie, in: Hanisch/Tetzlaff (Hrsg), Staat und Entwicklung, Frankfurt/M. 1982
Elsenhans, Hartmut, Algerien, Koloniale und postkoloniale Reformpolitik, Institut für Afrikakunde, Hamburg 1977
Entwicklungspolitische Korrespondenz, Hamburg, 1/1985. Themenheft: Algerien
Eckl, Jürgen, Algerien — Sozialismus in einem islamischen Land, Frankfurt/M. 1971
Tibi, Bassam, Der Dekolonisationsprozeß Algeriens. Vom revolutionären Befreiungskrieg zum Militärregime, in: Grohs, Gerhard und Tibi, Bassam (Hrsg.), Zur Soziologie der Dekolonisation in Afrika, Frankfurt/M. 1973
16 Leggewie 1, a.a.O., S. 202 f.

VON ALGERIEN BIS VIETNAM

1 vgl. iz3w (Hrsg.), Entwicklungspolitik, Hilfe oder Ausbeutung? Die entwicklungspolitische Praxis der BRD und ihre wirtschaftlichen Hintergründe, Freiburg 1984, S. 33
2 Falk, Rainer, a.a.O., S. 28

3 ebd., S. 29
4 vgl. Autorenkollektiv, Der Zerfall des Kolonialsystems und der Aufschwung der nationalen Befreiungsbewegung, Berlin 1967
5 Gawora, Dieter, Zur Entwicklung der internationalen Solidarität in der Bundesrepublik, Kassel 1983, S. 34
Der Text ist die Veröffentlichung von Gaworas Diplomarbeit, bei der er sich mit der Kuba-, Chile-, Nicaragua- und El Salvador-Solidaritätsbewegung auseinandersetzt. Gawora gibt einen knappen Überblick über die Solidarität mit diesen Ländern. Vor allem die Kapitel zu Kuba und Chile bleiben oberflächlich, weil sie sich lediglich auf Publikationen in den Kursbüchern bzw. Chile-Nachrichten stützen.
6 ebd., S. 34
7 ebd., S. 35
8 ebd., S. 36
9 ebd., S. 38
10 zit. nach ebd., S. 40
11 ebd., S. 39
12 ebd., S. 44
13 ebd., S. 47
14 Knauth, Christopher, Fragen zu Kuba..., Blätter des iz3w, Nr. 101, Mai 1982, S. 57, Anm. 3
15 ebd.
16 ebd., S. 53
17 zit. nach ebd.
18 vgl. zu den sechziger Jahren auch: Siepmann, Eckhard, Che, Schah, Shit, Berlin 1984

VIETNAM IST DEUTSCHLAND

1 Otto, Karl A., Vom Ostermarsch zur APO, Geschichte der außerparlamentarischen Opposition in der Bundesrepublik 1960-1970, Frankfurt/Main, New York 1977.
Detaillierte Beschreibung der Entstehungsgründe, des Verlaufs, der Höhepunkte und des Niedergangs der Ostermarschbewegung. Das Buch ist die genaueste Beschreibung der Friedensbewegung der sechziger Jahre und ihres Einflusses auf die politische Entwicklung in diesem Jahrzehnt.
2 ebd., S. 70
3 ebd., S. 73
4 ebd., S. 85
5 ebd., S. 119
6 ebd., S.145 f
7 vgl. auch zu den folgenden Absätzen: Werkmeister, Frank, Die Protestbewegung gegen den Vietnamkrieg in der Bundesrepublik Deutschland 1965-1973, Dissertation an der Universität Marburg, Marburg/Lahn 1975: Diese Disser-

tation klammert die Vietnam-Solidarität der Studentenbewegung um den SDS bewußt aus und behandelt vor allem die Aktivitäten der Initiative Internationale Vietnam Solidarität und der Hilfsaktion Vietnam, die die Solidaritätsarbeit auch nach 1969 fortsetzten, als der SDS wie die Ostermarschbewegung sich auflösten bzw. spalteten. Werkmeister selbst war im Exekutivausschuß der Initiative und ist heute im Vorstand der „Gesellschaft für die Freundschaft zwischen den Völkern in der Bundesrepublik Deutschland und der Sozialistischen Republik Vietnam e.V."

8 ebd., S. 55
9 ebd., S. 56 f
10 Otto, Karl A., a.a.O., S. 154
11 ebd., S. 155
12 Fichter, Tilman/Lönnendonker, Siegward, Kleine Geschichte des SDS, Berlin 1977.
Das Buch gibt einen kritischen Überblick über „die Geschichte des Sozialistischen Deutschen Studentenbundes von 1946 bis zur Selbstauflösung." Ein sehr empfehlenswertes Standardwerk zur Geschichte von unten in der Bundesrepublik.
13 ebd., S. 15
14 ebd., S. 23
15 ebd., S. 28
16 ebd., S. 38
17 ebd., S. 55
18 ebd., S. 9
19 ebd., S. 173 f, Anm. 129
20 ebd., S. 72
21 zit. nach: Miermeister, Jürgen/Staadt, Jochen (Hrsg.), Provokationen, Die Studenten- und Jugendrevolte in ihren Flugblättern 1965-1971, S. 74/75
Ausgezeichnet kommentierte und zusammengestellte Dokumentation der Flugblätter dieser Zeit, die einen nahen Eindruck von Phantasie und Utopie, Lust und Frust der damals Aktiven vermitteln.
22 Rabehl, Bernd: Von der antiautoritären Bewegung zur sozialistischen Opposition, in: Bergmann, Uwe/Dutschke, Rudi/Lefèvre, Wolfgang/Rabehl, Bernd, Rebellion der Studenten oder Die neue Opposition, Reinbek 1968, S. 160-162.
Ein Standardwerk der Studentenbewegung, geschrieben von vier ihrer Wortführer, das von Mai bis Juli 1968 155.000mal verkauft wurde. Nach wie vor eine gute Übersicht und Analyse der Hintergründe und Entstehungsgeschichte der Studentenbewegung.
23 Werkmeister, Frank, a.a.O., S. 20
24 zit. nach ebd., S. 14
25 zit. nach ebd., S. 15
26 ebd., S. 19
27 Gallasch, Börries (Hrsg.), Ho-Tschi-Minh-Stadt, Die Stunde Null, Reportagen vom Ende eines dreißigjährigen Krieges, Reinbek 1975
28 Buro, Andreas/Grobe, Karl, Vietnam! Vietnam? Die Entwicklung der Sozia-

listischen Republik Vietnam nach dem Fall Saigons, Frankfurt a.M. 1984. Die einzige neuere Publikation, die sich detailliert mit der Nachkriegsentwicklung Vietnams beschäftigt. Das Buch enthält auch einen kurzen Überblick über die Geschichte des Vietnamkrieges.

29 vgl. ebd., S. 22
30 ebd., S. 28 f
31 zit. nach: Chaussy, Ulrich, Die drei Leben des Rudi Dutschke, Darmstadt und Neuwied 1983
32 aus: Ho Chi Minh, Gegen die amerikanische Aggression, Reden — Aufsätze — Interviews, München 1968, S. 93-95
33 aus: Meinhof, Ulrike Marie, Die Würde des Menschen ist antastbar, Aufsätze und Polemiken, Berlin 1984, S. 71-73
34 Siepmann, Eckhard, Vietnam — Der große Katalysator, in: Che, Schah, Shit: Die Sechziger Jahre zwischen Cocktail und Molotow (Red. Siepmann, Eckhard u.a.), Berlin 1984, S. 125
Dieser Bild-Text-Band hat die gleiche Qualität wie das entsprechende Buch zu den fünfziger Jahren aus dem gleichen Verlag (Elefantenpress). Er liefert einen vorzüglichen Überblick über diese bewegten Zeiten vom Twist bis zur APO, von den ersten Kinderläden bis zur Unterordnung der letzten Antiautoritären unter die Autoritäten des Marxismus-Leninismus in den maoistischen Kaderparteien.
35 Fichter/Lönnendonker, a.a.O., S. 129, Anm. 130
36 Ein Ergebnis dieses Arbeitskreises ist die Dokumentation: Horlemann, Jürgen/Gäng, Peter, Vietnam — Genesis eines Konfliktes, Frankfurt 1966
37 Chaussy, Ulrich, a.a.O., S. 74
38 Fichter/Lönnendonker, a.a.O., S. 91
39 Miermeister/Staadt, a.a.O., S. 80 f
40 vgl. Fichter/Lönnendonker, a.a.O., S. 90
41 ebd., S. 91
42 Miermeister/Staadt, a.a.O., S. 72
43 Bergmann u.a., a.a.O., S. 19
44 aus: Miermeister/Staadt, a.a.O., S. 82
45 Bergmann u.a., a.a.O., S. 19
46 Fichter/Lönnendonker, a.a.O., S. 93
47 ebd., S. 178
48 Bergmann u.a., a.a.O., S. 20
49 Fichter/Lönnendonker, a.a.O., S. 95
50 Miermeister/Staadt, a.a.O., S. 72
51 ebd., S. 73 f
52 ebd., S. 97
53 Kraushaar, Wolfgang, Notizen zu einer Chronologie der Studentenbewegung, in: Mosler, Peter, Was wir wollten, was wir wurden — Studentenrevolte — zehn Jahre danach, Reinbek 1977, S. 264
54 ebd., S. 265
55 Fichter/Lönnendonker, a.a.O., S. 180
56 ebd., S. 181

57 Die Politiker-Statements sind zitiert nach Werkmeister, Frank, a.a.O., S. 1-6
58 Bergmann u.a., a.a.O., S. 24
59 ebd.
60 Fichter/Lönnendonker, a.a.O., S. 101
61 ebd.
62 ebd., S. 103 f
63 Bergmann u.a., a.a.O., S. 27
64 Miermeister/Staadt, a.a.O., S. 92
65 Bergmann u.a., a.a.O., S. 30
66 Dieser Brief wurde als Flugblatt bei den Demonstrationen am 2.6.1967 verteilt, bei denen Benno Ohnesorg erschossen wurde, zit. nach: Siepmann, Eckhard, a.a.O., S. 112-114
67 Fichter, Tilman/Lönnendonker, Siegward, in: Ruetz, Michael, ,,Ihr müßt diesen Typen nur ins Gesicht sehen'' (Klaus Schütz, SPD), APO Berlin 1966-1969, Frankfurt 1980
68 Bergmann u.a., a.a.O., S. 30
69 Kraushaar, a.a.O., S. 270
70 Miermeister/Staadt, a.a.O., S. 98
71 Fichter/Lönnendonker (1977), a.a.O., S. 106
72 Rede auf dem Kongreß ,,Bedingungen und Organisationen des Widerstandes'' in Hannover. Die Veranstaltung fand eine Woche nach der Ermordung Benno Ohnesorgs am 9.6.1976 statt.
Zit. nach: Vesper, Bernward (Hrsg.), Der Kongreß in Hannover, Voltaire Flugschrift 12, Berlin 1967, S. 83-87
73 Fichter/Lönnendonker (1977), a.a.O., S. 109
74 ebd., S. 110 f
75 ebd., S. 112
76 Miermeister/Staadt, a.a.O., S. 103
77 ebd., S. 104
78 Kraushaar, a.a.O., S. 272
79 ebd., S. 273
80 Miermeister/Staadt, a.a.O., S. 89 f
81 Die Protokolle des Tribunals sind abgedruckt in: Russell, Bertrand/Sartre, Jean-Paul, ,,Das Vietnam-Tribunal oder Amerika vor Gericht'', Reinbek 1968 und ,,Das Vietnam-Tribunal II oder die Verurteilung Amerikas'', Reinbek 1969
82 Kraushaar, a.a.O., S. 274
83 Fichter/Lönnendonker (1977), a.a.O., S. 123 f
84 Auszüge aus: Guevara, Ernesto Che, Schaffen wir zwei, drei, viele Vietnam!, eingeleitet und übersetzt von Gaston Salvatore und Rudi Dutschke, Berlin 1968
85 ebd., S. 8
86 Miermeister/Staadt, a.a.O., S. 113 f
87 Chaussy, Ulrich, a.a.O., S. 176-183
88 ebd., S. 182
89 Auszug aus der Rede Rudi Dutschkes auf dem Internationalen Vietnam-

Kongreß im Februar 1968 in West-Berlin, zit. nach: Dutschke, Rudi, Geschichte ist machbar, Berlin 1980, S. 105-121
90 zit. nach: Benneter, Klaus-Uwe u.a., Februar 1968 — Tage, die Berlin erschütterten, Frankfurt 1968
91 Chaussy, Ulrich, a.a.O., S. 184 f
92 vgl. Benneter u.a., a.a.O., S. 52
93 Tagesspiegel, Die Welt und BZ, 21.2.1968, zit. nach: ebd., S. 53 f
94 vgl. Chaussy, Ulrich, a.a.O., S. 187 f
95 vgl. Benneter, a.a.O., S. 97 ff sowie Dokumente aus dem Schallarchiv des WDR, Köln
96 vgl. Fichter/Lönnendonker, a.a.O., S. 127
97 Miermeister/Staadt, a.a.O., S. 127
98 ebd., S. 265
99 zit. nach Mosler, in Kraushaar, a.a.O., S. 55
100 vgl. Vesper, Bernward, (Hrsg.), Andreas Baader, Gudrun Ensslin, Thorwald Proll und Horst Söhnlein, Vor einer solchen Justiz verteidigen wir uns nicht. Schlußwort im Kaufhausbrandprozeß, Voltaire Flugschrift 27, Frankfurt 1969, S. 26 f
101 Miermeister/Staadt, a.a.O., S. 132 f
102 zit. nach Wolff, Frank/Windaus, Eberhard, Studentenbewegung 1967-69, Frankfurt 1977, S. 234—243
103 Kraushaar, a.a.O., S. 283 f
104 Miermeister/Staadt, a.a.O., S. 198
105 ebd., S. 190
106 Otto, a.a.O., S. 171
107 vgl. Werkmeister, a.a.O., S. 95 ff
108 zit. nach ebd., S. 105
109 ebd., S. 115
110 zit. nach ebd., S. 120
111 vgl. ebd., S. 121 f, Anm. 90
112 zit. nach ebd., S. 322
113 ebd., S. 123
114 vgl. ebd., S. 131 ff
115 vgl. ebd., S. 178
116 zit. nach ebd., S. 208
117 vgl. Clasen, Jens u.a., Vietnam, Laos, Kambodscha, Dokumentation zu den Bonner Thieu-Prozessen, Bonn 1978, S. 7
118 zit. nach Werkmeister, a.a.O., S. 255
119 zit. nach ebd., S. 241
120 zit. nach ebd.
121 zit. nach ebd., S. 242 f
122 vgl. hierzu ebd., S. 247 f
123 ebd., S. 266
124 Über den Einsatz von chemischen Giftstoffen im Vietnamkrieg durch die US-Armee und seine verheerenden Folgen vgl. auch Fabig, Karl-Rainer, Vietnam und seine Folgen, in: Arbeitskreis Chem. Industrie u.a., Dioxin — Tatsachen

und Hintergründe, Köln 1984, S. 27 ff
125 Buro/Grobe, a.a.O., S. 47 f
126 Die kritische Analyse von Andreas Buro und Karl Grobe ,,Vietnam! Vietnam? — Die Entwicklung der Sozialistischen Republik Vietnam nach dem Fall Saigons" (Frankfurt 1984), die ,,Reflektionen zu Indochina" von Eckart Garbe, in: Peripherie II, 9/80 oder die Broschüre des Arbeitskreises ,,Eine Welt" in Münster (,,Annäherung an Vietnam — 10 Jahre nach der Befreiung", Münster 1985) sind allenfalls Ausnahmen von der Regel, wonach Indochina schon seit 1973 (wieder) in Vergessenheit geraten ist.
Weitere Literatur zu Vietnam nach 1975:
Georg W. Alsheimer (Pseudonym für Erich Wulff), Eine Reise nach Vietnam, Frankfurt 1979. Alsheimer besuchte nach einigen Jahren das ,,befreite" Vietnam wieder, die Orte, an denen er früher als Arzt gearbeitet hatte. Er war erschrocken und erstaunt, schrieb seine subjektiven Eindrücke nieder.
Giesenfeld, Günter, Land der Reisfelder. Vietnam, Laos, Kambodscha — Geschichte und Gegenwart, Köln 1981. Informationen zu Geschichte, Tradition, Kultur und politischer Gegenwart dieser Länder. Giesenfeld ist Vorsitzender der Freundschaftsgesellschaft BRD-Vietnam.
Krebs, Peter, Die Kinder von Vietnam, Bilanz eines modernen Krieges, Hamburg 1984. Ein Buch zum Film von P. Krebs über die Kriegsfolgen in Vietnam.
Schmidt, Klaus Jürgen, Leben im Reisfeld. Reportagen aus Vietnam, Laos und Kambodscha, Wuppertal 1984 (Reportagen bis 1980).
127 siehe 20 Jahre Hilfsaktion Vietnam, September 1985
128 Miermeister/Staadt, a.a.O., S. 248
129 Publikationen: Gäng, Peter/Horlemann, Jürgen, Vietnam, Genesis eines Konfliktes, Frankfurt 1966, Gäng, Peter/Reiche, Reimuth, Modelle der kolonialen Revolution, Frankfurt 1967

VOM POLITISCHEN FRÜHLING ZUM DEUTSCHEN HERBST

1 Neben den im Text gesondert ausgewiesenen Quellen stützt sich dieses Kapitel im wesentlichen auf die nachstehenden Veröffentlichungen:
Wolffsohn, Michael, Die sozialliberale Koalition. Von der Deutschland- zur Außenpolitik in: Franz Schneider (Hrsg.), Der Weg der Bundesrepublik, München 1985, S. 102 ff
Mayer-Tasch, Peter Cornelius, Die Sozialliberale Koalition, Innenpolitische Entwicklungen, in: ebd. S. 132 ff
Grube, Frank/Richter, Gerhard, Der SPD-Staat, München 1977
Rupp, Hans Karl, Politische Geschichte der Bundesrepublik Deutschland, Stuttgart 1978
Langguth, Gerd, Protestbewegung, Köln 1983
Pulte, Peter, Die Neue Linke, in: Münch, Ingo von (Hrsg.), Aktuelle Dokumente, Berlin 1973

Kukuck, Margareth, Student und Klassenkampf, Hamburg 1977
Shriver, Ansgar, Das Konzept der Hilfe ist falsch, Wuppertal 1977
Schwarz, Ali/Ernst, Manfred, Denn sie wissen was sie tun. Zwischen Solidarität und Boykott, BRD und Nicaragua, hrsg. vom FDCL, Berlin 1985
Lesenswerte Darstellung sowohl der bundesdeutschen Entwicklungshilfe — allgemein (einschließlich staatlicher, nichtstaatlicher und kirchlicher Entwicklungshilfe-Initiative) und konkret der Bonner Entwicklungshilfe politisch gegenüber den Sandinisten — als auch der bundesdeutschen Solidarität mit Nicaragua. Das Buch enthält ausführliche Interviews mit Brigadisten und Projektarbeitern.
Gawora, Dieter, a.a.O., S. 22 ff
Aktion Dritte Welt, Cabora Bassa, Daten zum größten Staudammprojekt Afrikas, hekt. Ms., Freiburg o.J.
Topf, Henning, My Lai in Afrika — Warum wir gegen Cabora Bassa sind, hrsg. von der Aktion Dritte Welt, hekt. Ms., Freiburg o.J.
Stingl, Georg, Aktion Solidarische Weihnacht, Eine Materialsammlung zur Weihnachtsaktion 1970, hrsg. von der Aktion Dritte Welt Freiburg, Sept. 1970
Aktion Dritte Welt, Das Bemühen um den Aufbau einer Lobby für die Dritte Welt, hekt. Ms., o.O. o.J. (iz3w-Archiv Freiburg)
Aktion Dritte Welt, Eine Lobby für die Dritte Welt — Alternative zur SDS-Strategie, Eigendruck ADW, Freiburg o.J.

2 Regierungserklärung, Steno. Bericht Nr. 5/6 vom 28.10.1969
3 Wolffsohn, a.a.O., S. 102 ff
4 Die „Zeit" vom 4.4.1969
5 Skriver, a.a.O., S. 15
6 Miermeister/Staadt, a.a.O., S. 190
7 Blätter des iz3w, Nr. 89, Okt. 1980, S. 37
8 Pulte, a.a.O., S. 53 ff
9 Aust, Stefan, Der Baader Meinhof Komplex, Hamburg 1985, S. 576 f
10 Herbstrith, Bernhard M., Daten zur Geschichte der BRD, Düsseldorf 1984, S. 211 f
11 aus der Materialsammlung zur Solidarischen Weihnacht 1970, entnommen dem iz3w-Archiv, Freiburg
12 Brief der Befreiungsfront von Mozambique (FRELIMO) vom 19.3.1976, zit. nach: Maslowski, Rudi, Der Skandal Portugal, München 1971, S. 223 ff
13 ebd., S. 182
14 Die Arbeit der Aktion Dritte Welt, hrsg. von ADW, a.O., o.J.
15 BMZ-Reihe, Materialien Nr. 3
16 Der mühsame Weg politischer Bewußtwerdung und Organisierung, in: Blätter des iz3w, Nr. 89, Nov. 1980, S. 33
17 ebd., a.a.O, S. 3
18 Blätter des iz3w, Nr. 20, 1973, S. 5
19 ebd.
20 ebd., S. 6
21 Blätter des iz3w, Nr. 8, S. 35
22 ebd.

23 ebd.
24 ebd., S. 35 f
25 ebd., S. 37
26 ebd., S. 36

GEMEINSAM TRAUERN, GETRENNT DEMONSTRIEREN

1 aus der Rede Salvador Allendes vor dem Plenum der 27. UN-Vollversammlung am 14.12.1972, zit. nach ,,Für Chiles Freiheit'', Kongreßreader, Münster 1983
2 Müller-Plantenberg, Urs, Schwierigkeiten mit dem Klassenkampf in Chile, in: Leviathan 4/73, Düsseldorf 1973, S. 419 f
3 ebd., S. 427
4 Entwicklungspolitische Korrespondenz (epk) 5/6, Hamburg 1973
5 Böll, Heinrich, Plädoyer für Ruhe und Ordnung. Böll hat diesen Text für die Langspielplatte ,,Chile Solidarität 70-73'' gesprochen.
6 Brandt, Willy, Rede vor den Vereinten Nationen in New York am 26.9.1973, zit. nach epk-Dokumentation Nr. 44/73, Frankfurt 1973
7 Frankfurter Allgem. Zeitung vom 21.9.1973
8 Chile Nachrichten Nr. 16 vom 22.5.1974
9 Chile Nachrichten Nr. 10 vom 1.12.1973, S. 8 f
10 Chile Nachrichten Nr. 17 vom 19.6.1974
11 ebd.
12 Dokumentation der Berliner Weltmeisterschaftsaktion, hrsg. vom Komitee ,,Solidarität mit Chile'', Berlin o.J. (1974)
13 Chile-Solidarität Nr. 1, Heidelberg 1974, S. 8
14 aus dem Protokoll des Delegiertentreffens der westdeutschen Chile-Komitees vom 26.10.1974 in Frankfurt
15 Chile-Solidarität Nr. 1, a.a.O., S. 1
16 Erklärung des Chile-Komitees West-Berlin zum Ausschluß des KBW, 21.11.1976, Quelle: iz3w-Archiv
17 vgl. Lateinamerika-Nachrichten Nr. 100, Februar 1982, S. 5
18 taz vom 11.7.1983
19 Müller-Plantenberg, Urs, Chile 1973-1978: Fragen an unseren Internationalismus, in: kritik Nr. 18, Berlin 1978, S. 89 ff
20 Diesem Kapitel liegen zudem die Informationen aus folgenden Publikationen zugrunde:
Boris, Dieter/Boris, Elisabeth/Ehrhardt, Wolfgang, Chile auf dem Weg zum Sozialismus, Köln 1971
Münster, Arno, Chile — friedlicher Weg?, Berlin 1972
Chile-Schwarzbuch, Köln 1974
Husmann, Wilfried, Dieser Augenblick rückt näher, Reportagen aus Chile, Köln 1983
Eine der wenigen nicht-wissenschaftlichen Publikationen, die sich mit der chi-

lenischen Wirklichkeit nach dem Putsch beschäftigen. Die einzelnen Berichte sind gut lesbar und dennoch sehr informativ.
Gawora, a.a.O., S. 52 ff. Gawora verkürzt die Chile-Solidarität allerdings auf die „Chile Nachrichten". Insofern ist seine Analyse eher dünn.

FRIEDENSBEWEGUNG UND WENDEREGIERUNG

1 Fichter, Tilman/Lönnendonker, Siegward, Von der APO nach TUNIX, in: Richter, Claus (Hrsg.), Die überflüssige Generation, Königstein/Taunus 1979
2 vgl. Kron, Manfred, Friedensbewegung und Befreiungskampf, in: Materialien zum Kongreß gegen die US-Intervention in Zentralamerika, 18.-21. März 1982 in Münster, S. 265 ff
3 ebd., S. 281 f
4 zit. nach: Kron, Manfred, Neue deutsche Wende. Skizze zur deutschen Außenpolitik nach Helmut Schmidt, in: Istmo, Heft 2 Oktober 1982, S. 40
5 ebd., S. 36
6 Warnke, Jürgen, im November 1982 auf einer internationalen Strategietagung der CSU-nahen Hanns-Seidel-Stiftung, vgl. Falk, Rainer, Die Rechtskoalition und die Dritte Welt, in: Blätter für deutsche und internationale Politik, Heft 11 1983, S. 1467 und Gottwald, Gaby, Ideologie und Praxis konservativer Entwicklungspolitik in: Istmo, Heft 3/4, S. 50
7 Falk, a.a.O., S. 1467
8 epk, Heft 2 1984, S. 6
9 Schwarz, Ali/Ernst, Manfred, FDCL edition, Bd. 7, Berlin 1985, S. 61
10 Falk, a.a.O., S. 1.471
11 Gottwald, Gaby, a.a.O., S. 49
12 Bonner Rundschau vom 23.12.1982, zit. nach ebd.
13 Falk, a.a.O., S. 1.475
14 epk, Heft 2 1984, S. 3
15 Regierungserklärung vom 14.10.1982
16 vgl. Falk, a.a.O., S. 1.472
17 Lateinamerika Nachrichten Nr. 111, Jan. 1983, S. 7 f

FREIES VATERLAND ODER TOD

1 Dieses Kapitel beruht neben den gesondert ausgewiesenen Quellen auf folgender Literatur zum Thema:
Gottwald, Ursula, Möglichkeiten und Grenzen internationalistischer Arbeit am Beispiel der Nicaragua-Solidarität. Schriftliche Hausarbeit, Bielefeld 1984, erhältlich über: Mediothek im Dritte Welt Haus e.V. Bielefeld.
Faktenreiche, aber dadurch auch stellenweise etwas unübersichtliche Aufarbeitung der gesamten Nicaragua-Solidarität. Vor allem der Miskito-Konflikt

wird ausführlich referiert. Handlicher ist die Kurzfassung dieser Hausarbeit für die Uni:
dies., Nicaragua-Solidarität, Reihe BRD und Dritte Welt, Bd. 20, Kiel 1984
Informationsbüro Nicaragua, Nicaragua — ein Volk im Familienbesitz, Reinbek 1979. Berichte und Materialien aus der Geschichte und der vorrevolutionären Zeit Nicaraguas.
Gawora, a.a.O., S. 71 ff
ila-Info, Nr. 36 und Nr. 37, Die Nicaragua-Solidaritätsbewegung in der BRD, Teil 1 (Nr. 36), Teil 2 (Nr. 37), Bonn Juni und Juli/August 1980
Eine sehr frühe Aufarbeitung der Nicaragua-Solidarität, die sich mit dem Unverständnis der bundesdeutschen Linken über die ersten Maßnahmen der Sandinisten nach der Revolution auseinandersetzt.
Rediske, Michael, Nicaraguas Revolution zwischen Stabilisierung und Transformation wirtschaftlicher Strukturen, in: Blätter des iz3w, Nr. 101, Mai 1982, S. 34 ff. Der Artikel ist auch in der Zeitschrift Peripherie, Heft 7, erschienen. Ein grundlegender Aufsatz, der sich mit den Ausgangsbedingungen und den wirtschaftspolitischen Vorstellungen der Sandinisten auseinandersetzt. Voreilige linke Kritiker sollten diesen Aufsatz unbedingt lesen.
Schwarz/Ernst, Denn sie wissen was sie tun, a.a.O.
Das Buch beschäftigt sich vor allem auf den Seiten 242 ff mit der bundesdeutschen Nicaragua-Solidarität, bietet einen knappen Überblick der wichtigsten Ereignisse und setzt sich vor allem mit Brigadentätigkeit und Projektarbeit auseinander.
Und ich weiß, daß ich noch bleiben will, Gesundheitsbrigaden in Nicaragua, edition „Schwarze Risse", Berlin 1984
Sehr direkte Erlebnisberichte von Gesundheitsbrigadisten, die vom Berliner Gesundheitsladen aus nach Nicaragua gingen. Das Buch bietet darüber hinaus gute Informationen zur medizinischen Versorgung in Nicaragua.
Revolutionäre, Indianer und Unsereiner, in: Lateinamerika Nachrichten, Nr. 112, Februar 1983, S. 47 ff. Guter Hintergrundbericht zum Miskito-Konflikt.
An Nicaraguas Nordgrenze neue Indianerumsiedlung, in: ebd., S. 55 ff
Hansen, Karl-Heinz, Schwerelose Sachlichkeit, in: konkret, Heft 3, März 1986, S. 28
Paul, Reimar, Zwischen den Jahren, Mit den Arbeitsbrigaden in Nicaragua, Göttingen 1984
Boris, Dieter/Rausch, Renate, Zentralamerika, Köln 1983.

2 vgl. ila-info Nr. 36, Juni 1980, S. 15
3 Pramann, Ulrich (Hrsg.), Fußball und Folter, Reinbek 1978, S. 9 ff
4 vgl. Rediske, Michael, Nicaraguas Revolution zwischen Stabilisierung und Transformation wirtschaftlicher Strukturen, in: blätter der iz3w, Heft 101, Mai 1982, S. 36
5 Noll, Fritz/Kurz, Ingrid/Gross, Horst E., Unidos Venceremos, 20.000 Kilometer durch Lateinamerika, Dortmund 1978
6 vgl. Informationsbüro Nicaragua, Nicaragua — ein Volk im Familienbesitz, Reinbek 1979, S. 80 ff
7 Lateinamerika Nachrichten Nr. 132, Dez. 1984, S. 56

8 Rediske, a.a.O., S. 37
9 ebd., S. 41
10 Hansen, Karl-Heinz, konkret 3/86, S. 28
11 Ortega, Daniel, Koordinator der Regierung des Nationalen Wiederaufbaus und heutiger Präsident Nicaraguas, hielt am 2. Jahrestag der Revolution, 1981, auf dem ‚Platz des 19. Juli' vor Hunderttausenden von Menschen diese Rede, zit. nach: Rincon, Carlos/Tebbe, Christa (Hrsg.), Nicaragua — vor uns die Mühen der Ebene, Wuppertal 1982, S. 91 f
12 Auszüge aus der Rede Ernesto Cardenals anläßlich der Verleihung des Friedenspreises des Deutschen Buchhandels, am 12. Okt. 1980
13 Lateinamerika Nachrichten Nr. 76, Nov. 1979, S. 45 ff
14 dies., Nr. 77, Dez. 1979, S. 23 f
15 dies., Nr. 146, März 1986, S. 3
16 dies., Nr. 143, Dez. 1985, S. 44 ff
17 DED-Brief Nr. 1, 1980, Sept. 1980, S. 20
18 Blätter des iz3w, Nr. 101, Mai 1982, S. 44
19 Gottwald, Ursula, Nicaragua Solidarität, in: BRD und Dritte Welt Bd. 20, Heft 1/84, S. 39
20 Diese Position einer kritischen Solidarität läßt sich auch aus anderen Publikationen herauslesen. Zu nennen ist hier vor allem: Informationsbüro Nicaragua (Hrsg.), Nationale Revolution und indianische Identität, Der Konflikt zwischen Sandinisten und Miskito-Indianern an Nicaraguas Atlantikküste, Wuppertal Sept. 1982. Den einleitenden Artikel in diesem Buch schrieben Michael Rediske und Robin Schneider. Auf diesen Text stützt sich die Diplomarbeit von Ursula Gottwald in den Kapiteln über den Miskitokonflikt, a.a.O.
21 taz vom 1.12.1983
22 ebd.
23 ebd.
24 taz vom 2.12.1983
25 Informationsbüro Nicaragua u.a. (Hrsg.), Gemeinsam werden wir siegen!, Wuppertal 1984, S. 71 ff
26 Schwarz/Ernst, a.a.O., S. 71 ff
27 Gottwald, Ursula, a.a.O., S. 91
28 Jaenecke, Heinrich, Es lebe der Tod, Hamburg 1980, S. 51
29 Schäfer, Max (Hrsg.), Spanien — Erinnerungen von Interbrigadisten aus der BRD, Frankfurt/M., S. 6
30 Herbert Ramm war einer der 5.000 deutschen Interbrigadisten in Spanien. Er war gebürtiger Aachener. 1933 hatten die Nazis ihn zum ersten Mal festgenommen. Ende 1936 hatte er einen Hinweis erhalten, daß seine erneute Verhaftung bevorstände. Ramm floh über die Niederlande nach Paris, wo er sich 1937 als Freiwilliger für die internationalen Brigaden meldete. Im Januar 1937 zog die Brigade Ramms von Figueras in der Nähe der französisch-spanischen Grenze in ihren ersten Standort, nach Albacete.
31 zit. nach Kantorowicz, Alfred, Spanisches Kriegstagebuch, Frankfurt/M. 1982. Kantorowicz, Jurist, Literat und Journalist kam aus dem Pariser Exil nach Spanien. In seinem Kriegstagebuch, erschienen 1949, beschreibt er die

Kämpfe an der spanischen Zentralfront, bei denen er selbst schwer verwundet wurde.
32 zit. nach: Leggewie, Claus, a.a.O., S. 119 ff
   Heinz Pfeiffer und Kurt Henker, Dreher aus Köln bzw. Stuttgart, haben als Brigadisten für die algerische Befreiungsfront in Marokko gearbeitet.
33 Schwarz/Ernst, a.a.O., S. 282 ff
34 Am 25. Januar 1984 traf die Gesundheitsbrigade „Tamara Bunke" aus Westberlin in Nicaragua ein. Die Brigade, eine Operationsschwester (OP), ein Anästhesiepfleger, ein Krankenpfleger und ein Arzt arbeiteten in Matiguas, einer Kleinstadt im Zentrum Nicaraguas.
35 zit nach: Und ich weiß, daß ich noch bleiben will, Gesundheitsbrigaden in Nicaragua, a.a.O., S. 159 ff

WAHLEN, WAFFEN, WIDERSPRÜCHE

1 Diesem Kapitel liegen neben den gesondert angemerkten Quellen folgende Texte zugrunde: Gawora, a.a.O., S. 99 ff, und Heckhorn, Manfred, Länderbericht El Salvador, in: Lateinamerika — Analysen und Berichte 7, Hamburg 1983
2 Kinderhilfe Lateinamerika Köln e.V. (Hrsg.), El Salvador Dokumentation o.O. (Köln) o.J.
3 taz vom 25.3.1986
4 SPIEGEL vom 19.5.1982
5 zit. nach Gawora, a.a.O., S. 102 f
6 ebd.
7 Lateinamerika Nachrichten, Nr. 106, Sept. 1982, S. 5
8 ebd.
9 ebd.
10 vgl. taz vom 12.3., 14.3., 5.4. und 14.4.1982
11 taz vom 5.4.1982
12 Lateinamerika Nachrichten, Nr. 114, April 1983, S. 22 f
13 Lateinamerika Nachrichten, Nr. 115, Mai 1983, S. 6 f
14 Lateinamerika Nachrichten, Nr. 116, Juni 1983, S. 36
15 vgl. etwa das Interview von Klaus-Dieter Tangermann mit Salvador Samayoa, einem führenden Mitglied der FPL, abgedruckt in: taz vom 24.6.1983
16 taz vom 28.4.1983
17 taz vom 2.5.1983
18 ebd.
19 Blätter des iz3w, Nr. 118, Juni 1984, S. 15
20 ebd.
21 ebd., S. 16, vgl. auch Metzger, Jan, Länderbericht El Salvador, in: Lateinamerika, Analysen und Berichte 8, Hamburg 1984
22 ila-info vom Juli 1985
23 Informationsstelle El Salvador (Hrsg.), El Salvador 1985, Krieg und Dialog, Bonn 1985

24 Lateinamerika Nachrichten, Nr. 142, Nov. 1985, S. 51, zuerst veröffentlicht auf einer Pressekonferenz der FMLN, übersetzt und abgedruckt in IDES Nr. 258
25 ebd., S. 51 f
26 Das Gespräch führten wir im Juni 1985 während der Lateinamerika-Tage in West-Berlin mit Lothar Werner, Brigitte Helms, Tommy Didier und Stefan Sack vom El Salvador-Komitees Berlin.

3000 AKTIONSGRUPPEN ZU 50 LÄNDERN

1 A.F.C.-S.T.M., agib, BUKO u.a. (Hrsg.), Aktionshandbuch Dritte Welt, Wuppertal 1982. Das Buch gibt einen guten Überblick für die entwicklungspolitische Aktions- und Bildungsarbeit. Neben einer Beschreibung der „entwicklungspolitischen Szene" geben die Herausgeber Aktionserfahrungen und Tips weiter. Ausgesprochenen Handbuchcharakter erhält das Buch durch einen umfangreichen Adress- und Registerteil sowie durch eine Aufführung wichtiger Medien und Materialien zum Thema.
2 vgl. zur Entwicklung der Dritte Welt-Läden: AG Dritte Welt-Läden e.V., Der Dritte Welt-Laden, Darmstadt 1980
3 Treml, A. (Hrsg.), Pädagogik-Handbuch Dritte Welt, Wuppertal 1982
4 Gottwald, Gaby, Die GRÜNEN, Rede vor dem Dt. Bundestag, Protokoll der 51. Sitzung, Bonn, 27. Jan. 1984, S. 3650 f
5 Schwenninger, Walter, Die GRÜNEN, Rede vor dem Dt. Bundestag, Protokoll der 56. Sitzung, Bonn, 23. Febr. 1984, S. 4031 f
6 Die GRÜNEN im Bundestag (Hrsg.), Dritte Welt im Hohen Haus, Bonn 1985, S. 6
7 Beck-Oberdorf, Marie-Luise, Die GRÜNEN, Rede vor dem Dt. Bundestag, Protokoll der 87. Sitzung, Bonn, 3. Okt. 1984, S. 6350 f
8 vgl. Reader zum 1. Internationalismus-Kongreß der GRÜNEN, Kassel, 4.-6. Okt. 1985, Bonn 1985, S. 5

MODE, MYTHOS ODER MASSENBEWEGUNG

1 Kursbuch 57, Der Mythos des Internationalismus, Berlin 1979, S. 1
2 Spengler, Tilman, in: ebd., S. 10
3 Nairn, Tom, in: ebd., S. 149 f
4 Claussen, Detlev, in: ebd., S. 165
5 Webel, Dietrich, in: ebd., S. 206
6 Blätter des iz3w, Nr. 101, Mai 1982
7 Aus dem Redebeitrag von Michael Schneider während der ‚Internationalismus-Tage' in Tübingen im Dez. 1981, zit. nach der Dokumentation der Internationalismus-Tage, Tübingen 1982, S. 8 ff
8 Garbe, Eckhard, in: Peripherie II, September 1980

9 vgl. Anm. 6, S. 24 ff
10 vgl. Bruckner, Pascal, Das Schluchzen des weißen Mannes, Frankfurt 1984
11 Marmora, Leopoldo, Rede vor dem 1. Internationalismus-Kongreß der GRÜNEN am 4. Okt. 1985 (Tonbandprotokoll)
12 Mercker, Uli, ebd. (Tonbandprotokoll)
13 vgl. Trägerkreis der Konferenz ,,Atombomben — Made in Germany''? (Hrsg.), Atombomben — Made in Germany?, Köln 1986

Verzeichnis der Dokumente

1: ,,Wir bitten Euch, uns zu hören'',
   Bund Proletarisch-Revolutionärer Schriftsteller, 1934 22
2: ,,Gemeinsam gegen den Faschismus'',
   Maxim Gorki, 1935 24
3: ,,Los, meine Kampfgefährten...'',
   Frantz Fanon, 1961 69
4: ,,Algerien ist überall'',
   Hans Magnus Enzensberger, 1961 72
5: ,,Appell an die Nation'',
   Ho Chi Minh, 1966 138
6: Vietnam und Deutschland,
   Ulrike Marie Meinhof, 1966 140
7: Offener Brief an Farah Diba,
   Ulrike Marie Meinhof, 1967 159
8: Bedingungen und Organisation des Widerstandes,
   Bahman Nirumand, 1967 173
9: ,,Schaffen wir zwei, drei, viele Vietnam!'',
   Che Guevara, 1967 185
10: ,,Die geschichtlichen Bedingungen für den
    internationalen Emanzipationsklassenkampf'',
    Rudi Dutschke, 1968 192
11: ,,Proletarier aller Länder, vereinigt Euch.'',
    Kleine Zitatensammlung: Karl Marx, 1884;
    Rosa Luxemburg, 1911; Karl Liebknecht, 1915;
    Rosa Luxemburg, Karl Liebknecht, Clara Zetkin,
    Franz Mehring, 1918; W. I. Lenin, 1920; Leo Trotzki,
    1929; Mao Tse-tung, 1958 200

12: Ausgewählte Rückblicke der Aktivisten von gestern
Rudi Dutschke, 1979; Jürgen Miermeister, Jochen Staadt, 1980; Andreas Buro, Karl Grobe, 1984; Erik Nohara, 1985; Günter Giesenfeld, 1985 242
13: „Das Konzept Stadtguerilla",
Ulrike Meinhof, 1971 272
14: „Exzellenz, ihr Land unterstützt den Kolonialismus",
Brief der Befreiungsfront von Mozambique (FRELIMO) an Bundeskanzler Willy Brandt, 1970 286
15: „Wer zahlte die 205-prozentige Gewinnsteigerung der Firma Kennecott?",
Salvador Allende, 1972 307
16: „Man bezieht einen Standpunkt, wie man eine Wohnung bezieht",
Urs Müller-Plantenberg, 1973 311
17: „Plädoyer für Ruhe und Ordnung",
Heinrich Böll, 1973 321
18: Fehler und Differenzen bei der Solidarität,
Chile Nachrichten, 1974 326
19: „Auch Sie haben Asylrecht genossen...",
Brief der Chile-Komitees an Willy Brandt, 1973 329
20: Die „nicht reformistische" Solidarität,
Aus dem Flugblatt zur Demonstration am 14.9.1974 340
21: Die „DKP-Solidarität",
Aus dem Flugblatt zur Demonstration am 11.9.1974 342
22: Die „KPD-Solidarität",
Aus dem Flugblatt für den eigenen Demonstrationsblock am 14.9.1974 344
23: „Agenten, Sozialimperialisten und Konterrevolutionäre",
Erklärung des Chile-Komitees West-Berlin zum Ausschluß des KBW, 1976 350
24: „Fragen an unseren Internationalismus",
Urs Müller-Plantenberg, 1978 360
25: „Friede ist nicht allein Nicht-Krieg",
Aus der Rede der Befreiungsbewegungen, den sie auf der Friedensdemonstration am 10. Oktober 1981 nicht halten durften. 382
26: „Information statt Denunziation",
Ein offener Brief an Entwicklungsminister Warnke, 1982 388
27: Fragen an unsere Nationalspieler, 1978 394
28: Unsere Stärken und Schwächen,
Daniel Ortega, 1981 409

29: In Nicaragua küssen sich Frieden und Gerechtigkeit,
Ernesto Cardenal, 1980 413
30: Die ,,friedensbewegte" Solidarität,
Initiative für eine Kampagne, 1983 431
31: Die ,,bewaffnete" Solidarität,
Aufruf des El Salvador-Komitees West-Berlin, 1983 432
32: Die ,,bündnispolitische" Solidarität,
Der Aufruf der Nicaragua-Komitees, 1983 434
33: ,,... bei jeder Schweinerei ist die BRD dabei!",
Nicaragua und El Salvador-Komitees in der BRD und
West-Berlin, 1984 437
34: ,,No Pasaran",
Brigadisten in Spanien, 1937 444
35: Kontakt in Casablanca,
Brigadisten für Algerien, 1960 446
36: ,,No Pasaran",
Brigadisten in Nicaragua, 1984 448
37: ,,Waffen für El Salvador",
taz 1980 459
38: ,,Jetzt erst recht" oder ,,so nicht",
Lateinamerika Nachrichten 1983 471
39: Chronologischer Ablauf der symbolischen Asylsuche im
Kölner Dom, 1980 487
40: ,,Die Dritte Welt hat ihre eigenen Entwürfe",
Gaby Gottwald, 1984 508
41: ,,Ich sehne mich nach einem Bundeskanzler,
der Nicaragua-Kaffee trinkt",
Walter Schwenninger, 1984 510
42: Unwissende Tölpel und IWF-Politik,
Marie-Luise Beck-Oberdorf, 1984 515
43: Mit Hut und Sonnenbrille für die Befreiungsbewegung,
Mechthild Schönen, 1985 524
44: ,,Worauf läßt sich Solidaritätsarbeit in der Dritten Welt ein?",
Martin Schaedel, 1980 546
45: ,,Heimkehr auf Umwegen",
Michael Schneider, 1981 550
46: ,,Reflektionen zu Indochina",
Eckart Garbe, 1980 552
47: ,,Blinde Flecken in unserem politischen Weltbild",
Horst Pöttker, 1982 556
48: ,,Das Schluchzen des weißen Mannes",
Pascal Bruckner, 1984 564

49: „Für eine nationale Solidarität",
Leopoldo Marmora, 1985 568
50: „Für die politische Abkopplung von der Dritten Welt",
Uli Mercker, 1985 572

Register

STICHWORTE

Adenauer-Regierung, 48, 52, 54, 57, 59, 78, 80, 111
Adveniat, 284
African National Congress (ANC), 381, 383
Afrika-Solidarität, 413
Aktion Dritte Welt (ADW), 269, 290, 292f, 504
Aktion Dritte Welt-Handel, 284
Aktionismus, purer, 530
Aktionsgemeinschaft „Dienst für den Frieden", 381
Aktionsgemeinschaft für die Hungernden, 282
Aktionskreis Kritischer Konsum, 284
Aktion „Solidarische Weihnacht", 284
Aktion Sühnezeichen, 381
Algerienkrieg, 61, 64f, 80, 84, 96, 99, 107, 123
Algerienprojekt, 79, 93
Algerien-Solidarität, 16, 60, 68, 75, 77, 84f, 109, 532
Alianza Republicana Nacionalista (ARENA), 458
amnesty international, 233, 279, 329, 343, 351, 366, 394f, 401, 417, 482, 503, 514
Andes, 469
Anti-AKW-Bewegung, 497, 503, 563
Antiimperialistisches Informationsbulletin (AIB), 249, 474
Antiimperialistisches Solidaritätsbulletin, 324, 424

Antiimperialistisches Solidaritätskomitee, 324
Antiinterventionskampagne, 456
Antikriegstag, 117
Anti-NATO-Kampagne, 543
Anti-Springer-Kampagne, 215, 254
Anti-Terror-Gesetz, 18, 279
Apartheid-Politik, 107
Appell für Frieden in Vietnam, 119
apia, 464, 473
Arbeiterbewegung, 35, 42, 61, 79, 86, 112, 190, 191, 193, 194, 551
Argentinien-Komitees, 482, 484
Argentinien-Solidarität, 483
Argument, das, 116
Armée de la Libération Nationale (ALN), 65, 66, 83
ATÖF Türkische Studentenvereinigung, 345
Außerparlamentarische Opposition (APO), 50, 51, 93, 117, 118, 126, 142, 157, 170, 183, 215, 218, 225, 261, 264, 580
Bandung-Konferenz, 99
Basisgruppen, 403, 543
Bayern-Kurier, 153
Bensberger Kreis, 126
Berliner Gesundheitsladen, 429
Berliner Mauer, 111, 124, 146
Berufsverbote, 18, 51, 269, 270, 280, 281, 297, 580
Bewegung Zweiter Juni, 276
BILD-Zeitung, 45, 156, 274, 334
Black Panther, 92

Blätter des iz3w, 104, 293f, 297, 474f, 505, 520, 544
Blockfreie Staaten, 34, 92
Boatpeople, 240
„Bonner Wende", 384
Brasilien Koordination, 394
Brigaden, 429f, 433, 434, 436, 439, 440, 443, 447, 448, 495, 529
Brot für die Welt, 284, 391
Bundeskongreß entwicklungspolitischer Aktionsgruppen (BUKO), 248, 382, 503, 504, 506, 507, 514f,
Bundesministerium für wirtschaftliche Zusammenarbeit (BMZ), 30, 96, 97, 266, 267, 292, 429, 438, 506, 507
Bund Proletarisch-Revolutionärer Schriftsteller, 22
Cabora-Bassa, 14, 284f, 289, 290, 294, 295, 297
Campaign for Nuclear Disarmament (CND), 117
Canto Nuevo, 331
Caritas, 283
CAUS, 417
Central America Report, 464
Central Intelligence Agency (CIA), 98, 100, 101, 134, 161, 302, 303, 334, 346, 362, 367, 432, 434, 438, 457, 468, 470
Central Unicade Trabajadores (CUT), 330, 339, 341
Chicago Boys, 356
Chile-Bewegung, 297, 416
Chile-Komitee, 320, 323ff, 328, 342, 345, 347f, 363, 369, 394, 403, 426, 480, 481
Chile Nachrichten, 310, 323, 325, 326, 331, 333, 351f
Chile-Solidarität, 15, 16, 41, 301, 311, 320, 325, 328, 330f, 348, 349, 352, 354, 357f, 363, 369, 371
„Chile-Solidarität" (Zeitung), 339, 347
Christen für den Sozialismus, 462
Christen für El Salvador, 462
Christlich-Demokratische Union (CDU), 39, 40, 51, 53, 56, 59, 84, 85, 89, 110f, 117, 148, 149, 152, 153, 172, 210, 228, 243, 264, 276, 322, 346, 384, 387, 429, 508f, 514, 516
Christliche Initiative El Salvador, 463

Christlich-Soziale Union (CSU), 39, 40, 51, 56, 59, 84, 110f, 117, 126 153, 264, 279, 387, 508f, 514, 516
Contadora-Gruppe, 437
Contras, 389, 406, 408, 417, 422, 423, 429, 432, 433, 437, 439, 451, 452, 530
Cousejo Superior de la Empresa Privada (COSEP), 417
„cuba libre" (Zeitung), 103
Demokratische Arabische Republik Sahara, 92
Demokratische Republik Vietnam, 130, 135, 137, 227, 231, 232, 234, 236
Deutsch-Algerische Gesellschaft, 90
Deutsche Angestellten-Gewerkschaft (DAG), 208, 343
Deutsche Friedensunion (DFU), 343
Deutsche Kolonialgesellschaft, 40
Deutsche Kommunistische Partei (DKP), 103, 221, 225, 227, 228, 237, 271, 319, 323f, 327, 331, 340, 342, 345, 349, 354, 376, 424, 440, 462, 480
Deutsche Partei (DP), 40
Deutscher Beamtenbund, 208
Deutscher Entwicklungsdienst (DED), 426, 438
Deutscher Fußballbund (DFB), 394f,
Deutscher Gewerkschaftsbund (DGB), 44, 53, 54, 56, 59, 60, 80, 109, 116, 126, 180, 207, 209, 218, 232, 330, 343, 462
Deutscher Herbst, 263, 279
Deutsch-Iranische Gesellschaft, 164
Dien Bien Phu, 132, 133
Dombesetzung (Köln), 486, 490
Domino-Theorie, 137, 142
Dow Chemical, 198
Dritte Welt-Haus, 505
Dritte Welt-Läden, 44, 284, 504, 514
Ejército Revolucionario Popular (ERP), 458, 467, 468
„El Pueblo" (Zeitung), 416, 528, 537
El Salvador-Bewegung, 462, 468
El Salvador-Komitees, 432, 436, 437, 463, 466, 477, 478, 489, 493
El Salvador-Solidarität, 455, 459, 463, 464, 477, 478, 494, 530, 536
„El Sótano", 492
Entwicklungshilfe, 30, 161, 179, 291, 292, 386, 387, 390, 391, 438, 546, 571, 576, 577
„Entwicklungspolitische Korrespon-

denz" (epk), 320, 386, 474, 505
„Entwicklung und Zusammenarbeit"
  (E + Z), 388
Eritrea-Konflikt, 106
Ethnozentrismus, 561, 562
Europäische Verteidigungsgemein-
  schaft, 54
European Recovery Program (ERP),
  38
Evangelische Studentengemeinde
  (ESG), 127, 360, 463, 482, 489
Exilchilenen, 321, 324, 331, 354, 355,
  357, 359
Falken, 44, 54, 61, 77, 81, 86, 152,
  153, 226, 334, 446
Faschismus, 22, 24, 26, 28, 31, 35, 37,
  40f, 61, 195, 231, 344, 356, 442, 476,
  525
Forschungs- und Dokumentationszen-
  trum Chile-Lateinamerika (FDCL),
  289, 403, 505
„FORUM" (Zeitschrift), 506
Frankfurter Allgemeine Zeitung
  (FAZ), 299, 323
Frankfurter Rundschau (FR), 487,
  516
Frauenbewegung, 431, 503, 579
Free-Speech-Movement, 150
Free Strike Zones, 134
„Freibeuter" (Zeitschrift), 552
Freie Demokratische Partei (FDP),
  40, 59, 83, 96, 111, 112, 126, 172,
  227, 264, 267, 271, 328, 344, 384
Freie Deutsche Jugend (FDJ), 52, 54,
  121
„Freies Deutschland" (Zeitung), 28
Fremdenlegionäre 75f, 81, 83, 84,
  88, 132, 443, 445
Frente Democrático Revolucionario
  (FDR), 381f, 438, 439, 458, 460,
  463f, 470, 476, 477, 557
Frente Democrático Nacional (FDN),
  408
Frente Farabundo Marti para la
  Liberación Nacional (FMLN),
  381-383, 432-434, 438, 439, 458, 460,
  462, 464f, 473ff, 557
Frente de Libertação de Moçambique
  (FRELIMO), 286, 287, 550, 557
Frente Polisario, 92, 381
Frente Sandinista de Liberación
  National (FSLN), 399, 400f, 407,
  408, 416, 422, 425, 428, 433, 452,
  526, 528
Freunde der Publizistik e.V., 164
Freundschaftsgesellschaft BRD-Kuba,
  103, 104
Friedensbewegung, 18, 53, 59, 61, 79,
  87, 103, 111, 377f, 383, 430, 431,
  434, 436, 440, 459, 474, 497, 503,
  507, 512, 578f
Front de Libération Nationale (FLN),
  64f, 73, 80-83, 91, 443
Front National de Libération (FNL),
  134f, 150, 154, 182, 184, 190,
  198, 231, 234, 235
Fuerzas Armadas de Resistencia
  Nacional (FARN), 458
Fuerzas Populares de Liberación
  (FPL), 458, 468, 470
Futtermittel-Kampagne, 506
Genfer Abkommen, 132, 133, 139
Gemeinnützige Gesellschaft zur För-
  derung der Partnerschaft mit der
  Dritten Welt mbH (GEPA), 513
Gesellschaft für die Freundschaft
  zwischen den Völkern in der Bundes-
  republik Deutschland und der Sozia-
  listischen Republik Vietnam, 241
Gewerkschaft Erziehung und Wissen-
  schaft (GEW), 270, 524
Gewerkschaft Öffentliche Dienste,
  Transport und Verkehr (ÖTV), 208,
  330
Godesberger Programm, 59, 60, 122
Göttinger Appell, 56, 57
Göttinger Aufruf, 340
Go-in, 184
Greenpeace, 54
Grenada-Invasion, 437
Große Koalition, 110, 113, 117, 153,
  154, 193, 195, 215, 216, 268
GRÜNEN, die, 51, 85, 261, 377, 384,
  440, 462, 507, 509ff, 546, 572,
  575, 576
Grundlagenvertrag, 265
Gruppo „Guerra Popular Pro-
  longada", 399
Gruppe Internationaler Marxisten
  (GIM), 325, 332, 347, 348, 480
Gruppe „Subversive Aktion", 147
GSG 9, 277
Häuserkampf, 493, 496, 497
Hallstein-Doktrin, 96, 97, 265, 266,

291, 387
Happening, 155
Hausbesetzer, 459, 462
Hermes-Bürgschaften, 289
Hilfsaktion Vietnam, 241f,
Hiroshima-Tag, 117
Humanistische Union, 171
IKA — Zeitschrift für Kulturaustausch und internationale Solidarität, 474
ila-info, 104, 474, 477, 505
Indochina-Krieg, 51, 98
Industriegewerkschaft Druck und Papier, 270, 462
Industriegewerkschaft Metall (IGM), 152, 232, 270
Informationsdienst El Salvador (IDES), 463, 464, 466, 467, 473, 474
Informationsstelle El Salvador, 456, 463, 464, 477, 492
Informationsstelle Guatemala, 456
Informationsstelle Nicaragua, 403, 426, 436, 440, 456, 527
Informationsstelle Südliches Afrika (ISSA), 290, 505
Informationszentrum Dritte Welt (iz3w), 505, 520, 544
Initiative Internationale Vietnam-Solidarität, 224, 227, 233, 234, 237, 241
Internationale Brigaden, 441f, 445, 447
Internationale der Kriegsgegner, 219
Internationaler Bund Freier Gewerkschaften, 50
Internationale Schriftsteller-Kongreß Verteidigung des Kultur, 24
Internationaler Vietnam-Kongreß, 184
Internationaler Vietnamtag, 150, 225
Internationaler Währungsfond (IWF), 47, 267, 401, 515f, 572, 577
Internationales Kaffeeabkommen, 510f
Internationalismus-Kongreß der Grünen (Kassel), 519, 545
Internationalismus-Kongreß Tübingen, 543
Invasion in der Schweinebucht, 101
Istmo, 474, 505
ITT-Affäre, 314
ITT-Papiere, 304

Jahrbuch Lateinamerika, 104
Jubelperser, 165, 166, 171
Jugendkarawane für den Frieden, 54
Jungdemokraten, 226, 369
Junge Europäische Föderalisten, 343
Junge Union, 148, 208
Jungsozialisten (Jusos), 208, 209, 226f, 232, 265, 324, 327, 334, 343, 345, 350, 353, 369, 462
Juso-Hochschulgruppen, 269
Kampagne Christliche Weihnacht, 284
Kampagne ,,Ein Stundenlohn für El Salvador'', 462
Kampagne für Abrüstung, 117, 119, 150, 155, 183
Kampagne für Demokratie und Abrüstung, 120, 224, 225
Kampagne gegen Atomwaffen, 127
Kampagne gegen Rüstungsexporte, 514
Kampagne ,,Wo sind die Verschwundenen'', 482
,,Kampf dem Atomtod'', 18, 56, 59, 60, 109, 116, 122, 378, 380
K-Gruppen, 221, 223, 224, 229, 233, 236, 237, 271, 272, 298, 310, 376, 403, 475, 481, 537, 540
Kinderhilfe Chile, 480
Kinderhilfe Lateinamerika e.V., 479f, 490, 491, 492, 504
Kinderhilfe Vietnam, 241
Kissinger-Kommission, 437
Kölner Arbeitskreis der Freunde Algeriens, 82
Kolonialherren, 26, 31, 34, 64, 68, 130, 502
Kolonialinteressen, 28, 36, 201
Kolonialkrieg, 57, 60, 66, 83, 122, 285, 293, 296
Kolonien, 26, 29, 31, 40, 46, 58, 66, 80, 175, 187, 200, 203f, 285, 293, 296, 398, 558, 560, 570
Komitee Freiheit für Chile, 324, 355, 357, 359, 480
Komitee für Grundrechte und Demokratie, 18
Komitee ,,Solidarität mit Chile'', 310, 361, 367
Komitee Südliches Afrika, 351
Komitee zur Wahrung der Rechte der Vietnamesen in der BRD, 230

Kommando Holger Meins, 276
Kommando Siegfried Hausner, 277
Kommando Ulrike Meinhof, 276
Kommune I, 155, 156, 168, 213
Kommunistische Partei Chinas, 349
Kommunistische Partei der Sowjetunion, 103
Kommunistische Partei Deutschlands (KPD), 36, 37, 39, 44, 50, 52, 121, 153, 203, 223, 234, 236, 237, 271, 319, 340, 344, 345, 349
Kommunistische Partei El Salvadors (PSC), 458
Kommunistischer Bund Westdeutschland (KBW), 325, 332, 347, 349f, 480
Kommunistischer Studentenverband (KSV), 223, 234, 237, 345
Konferenz ,,Atombomben made in Germany'', 579
Konferenz der Blockfreien, 99
Kongreß ,,Bedingungen und Organisation des Widerstands'', 177
Kongreß ,,Demokratie vor dem Notstand, 145
Kongreß ,,Für Chiles Freiheit'', 357, 358
Kongreß gegen die US-Intervention in Zentralamerika, 456
Kongreß ,,Notstand der Demokratie'', 152
,,konkret'', 116, 122
Konrad-Adenauer-Stiftung, 438
Kontaktsperregesetz, 278, 279
Kopfwichser, 376
Korea-Krieg, 47f, 51, 57, 101
KPD-Verbot, 51
Kuba-Krise, 101, 117
Kuba-Solidarität, 101, 102, 104
Kulturimperialismus, 259, 450, 533
Kuratorium ,,Notstand der Demokratie'', 120
,,Kursbuch'', 101-103
Lateinamerika Nachrichten, 353, 357, 358, 415, 416, 465, 467, 468, 471, 474, 478, 505
Lateinamerika-Solidarität, 101, 479, 492
Lateinamerika-Tage, 480, 481, 491
Latin-American Weekly Report, 464
Legion Condor, 27, 442
Liga gegen den Imperialismus, 223, 234, 340, 345

Main Rouge, 75, 77, 83
Manila-Pakt, 141
Marokko-Krise, 201
Marshall-Plan, 38, 39, 46
medico international, 503
Menschenrechte, 129, 281, 462, 509, 568, 569, 571
Mexiko and Central American Report, 464
Mexikokoordination, 394
Miskito-Indianer, 408, 420, 421, 423, 426, 527, 536
Miskito-Konflikt, 420, 423, 425, 538
Missing Meal, 282
MISURASATA, 420f
mittelamerika Informationsdienst (mid), 468
Mittelamerika-Solidarität, 16, 381, 477, 524
Mogadischu, 277
Moskauer Vertrag, 265
Movimiento de Acción Popular Unitaria (MAPU), 559
Movimiento de Izquierda Revolucionaria (MIR), 303, 313, 324, 325, 559
Marxistischer Studentenbund (MSB) Spartakus, 221, 225, 234f, 324, 343
Movimento Popular de Libertaçao de Angda (MPLA), 351, 550, 557
Mütter der Plaza de Mayo, 482
My Lai, 77, 136, 224, 227, 228
Nationalsozialismus, 22, 43, 355
Nationalsozialistische Deutsche Arbeiterpartei (NSDAP), 113
NATO-Doppelbeschluß, 59, 377, 378, 380
Naturfreundejugend, 44, 60, 61, 75f, 86, 107, 116, 128, 153, 226
Neue Weltinformationsordnung, 92
Neue Weltwirtschaftsordnung, 92, 409
Nicaragua-Bewegung, 428
Nicaragua-Kaffee, 510, 512, 514
Nicaragua-Komitee, 403, 434, 436, 437, 456, 493, 527
Nicaragua-Solidarität, 259, 401f, 406, 413, 416, 425, 426, 429, 440, 462, 529
North Atlantic Treaty Organization (NATO), 43, 46, 54, 55, 59, 60, 73, 84, 85, 98, 140, 182, 190f, 194,

198, 232, 285, 378, 386, 430, 431, 438, 439, 503, 578
Notas de El Salvador, 464
Notgemeinschaft für den Frieden Europas, 53
Notstandsgesetze, 51, 110, 111, 116, 118, 120, 153, 164, 182, 212, 218, 219, 245, 273, 345
Ökologie-Bewegung, 377, 579
Ohne-uns-Bewegung, 53
Organisation für Afrikanische Einheit (OAU), 99, 286, 287, 383
Organisation armée secrète (OAS), 66, 126
Organización Democrática Nacional (ORDEN), 456, 466
Ostermarschbewegung, 18, 109, 116, 118, 120, 126, 127, 152, 220, 224, 378
Ostpolitik, 265, 266, 270
Ostverträge, 265
Palestine Liberation Organization (PLO), 92, 258, 381f, 567
Pariser Friedensabkommen, 233, 246
Pariser Mai, 218
Partido Revolucionario de Los Trabajadores Centroamericanos (PRTC) 458
Pax Christi, 232
Pentagon-Papiere, 247
,,Peripherie'', 474, 544
Peru Koordination, 394
Pflasterstrand, 377, 468
Pharma-Kampagne, 258, 502, 506
Phoenix-Programm, 461
Piff-Paff-Solidarität, 367
Poder Popular, 306
Politisches Nachtgebet, 283, 330
,,La Prensa'', 416
Projektunterstützung, 426, 428, 477, 504
Radikalenerlaß, 269, 270
Reisende Schule, 502
Remilitarisierung, 42, 44, 46, 53, 55, 121
Republikanischer Club, 170
Revolution, kubanische, 99, 103, 104, 107, 187, 189, 302, 399, 456, 551
Revolution, portugiesische, 369
Revolution, salvadorianische, 461
Revolution, sandinistische, 417, 456
Revolution, vietnamesische, 142, 184, 190, 195, 197, 199, 235, 236, 542, 551

Revolutionstourismus, 440
Ring Christlich-Demokratischer Studenten (RCDS), 148, 152, 154
Robin Wood, 54
Rohrzuckerkampagne, 284
Rohstoffe, 29, 39, 46, 58, 96, 98, 137, 175, 203, 425, 510, 511, 513, 565, 578
Rote Armee-Fraktion (RAF), 271f, 537
Rote Fahne, 236, 237, 475
Rote Hilfe e.V., 345, 444
Rote Khmer, 89, 240
Rote Presse Korrespondenz, 235
Rüstungs-Kampagne, 506
Russell-Tribunal, 18, 281
Sahara-Info, 505
Sandinisten, 387, 401, 406, 408, 409, 414, 415, 417, 420f, 428, 430, 432, 438, 463, 470, 493, 511, 526, 536, 538
Siemens, 287, 288, 294, 295, 403
Sit-In, 151
Somoza-Diktatur, 399, 401, 405, 406, 413, 421
Sozialdemokratische Partei Deutschlands (SPD) 35 , 42, 44, 53, 54, 56, 59f, 78, 80 , 86, 109, 110, 112, 116, 117, 121f, 126, 153, 171, 172, 192, 199, 201f, 207f, 218, 224, 226f, 232, 233, 252, 265, 267, 269, 270, 279, 291, 319, 325, 328, 334, 344, 352, 353, 384, 395, 404, 438, 509, 518, 530
Sozialdemokratischer Hochschulbund, 122, 171, 269
Sozialistische Deutsche Arbeiterjugend (SDAJ), 324, 343
Sozialistische Einheitspartei Deutschlands (SED), 121, 148
Sozialistische Einheitspartei West-Berlin (SEW), 334
Sozialistischer Bund, 123
Sozialistischer Deutscher Studentenbund (SDS), 44, 60, 61, 77, 78, 86, 109, 116, 120f, 143f, 150, 152, 154f, 164, 170f, 178, 182 , 190, 207, 212, 214, 216, 219, 221, 223, 224, 229, 231, 249, 251, 253, 258, 269, 271, 272, 276, 284, 291, 376
Sozialistischer Hochschulbund, 343
Sozialistisches Büro, 18, 225, 226, 281, 298, 371
Sozialliberale Koalition, 96, 263, 264, 266, 268, 270, 271, 289, 298, 305

South-West-African Peoples Organisation (SWAPO), 92, 381, 383
Spanischer Bürgerkrieg, 26, 142, 441, 442
Spartakusbund, 203
Spaziergang-Demonstration, 155
SPIEGEL, 82, 127, 462
SPIEGEL-Affäre, 112
Spontis, 271, 323, 376, 377, 498
Springer-Hearing, 184
Springer-Konzern, 146, 182, 184, 196, 210, 212, 275
Springer-Presse, 143, 172, 210, 219, 249, 251, 256, 299
Südafrika-Solidarität, 502, 538
Südostasien-Info, 505
Schah von Persien, 98, 157, 158, 160f, 164f, 173, 178, 179, 181, 213, 244, 253, 268, 545, 561
Stadtguerilla, 272f, 537
Stalinismus, 118
Startbahn-West-Bewegung, 497, 578
Studentenbewegung, 101, 142, 143, 150, 152, 184, 214, 219, 224, 232, 240, 264, 268, 272, 273, 283, 376, 443, 542, 543
Tag der Banken, 502
Tag der Menschenrechte, 119
Tageszeitung (taz), 436, 459, 461, 462, 468, 474, 475, 491, 505
Tag für Afrika, 34
Teach-In, 129, 157, 327, 334
Tendencia Insurreccional, 399
Tendencia Proletaria, 399
Terceristas, 399-401
Terre des Hommes, 241, 502, 503
TeT-Offensive, 136
Theologie der Befreiung, 525
Theoriefeindlichkeit, 376
Tongking, Golf von, 135
Tribunal gegen den Weltwirtschaftsgipfel, 515
Truman-Doktrin, 38
Tupamaros, 272, 302
UGTA, 75, 446f,
Umweltbewegung, 503
Unidad Popular (UP), 302f, 310, 313, 314, 317f, 324, 327, 328, 331, 332, 338, 340, 342, 343, 358, 364, 365, 367, 381, 383
Union Democrática de Liberación (UDEL), 400

Union-Verlag, 507
União para a Independência Total de Angola (UNITA), 562
United Nations Organisation (UNO/UN), 48, 50, 66, 99, 118, 122, 279, 383
Unorganisierte, 332, 348
UNO-Sicherheitsrat, 49
UN-Vollversammlung, 289
Verband Demokratischer Juristen, 343
Verband Deutscher Studentenschaften (VDS), 145, 234, 543
Verband der Kriegsdienstverweigerer, 116, 344
Vereinigung der Verfolgten des Naziregimes — Bund der Antifaschisten (VVN), 344
Vereinte Nationen, 48, 288, 309, 322
Verschuldung, internationale, 41, 106, 502
Vertrag von Evian, 67
Vichy-Regierung, 130
Vier-Mächte-Abkommen, 265
Vierte Internationale, 83, 90
Vietcong, 134f, 141, 144, 182, 197, 209, 210, 536, 550, 557
Vietminh-Volksfront, 131, 132
Vietnam-Bewegung, 90, 127, 206, 219, 222, 228, 247, 250, 251, 253, 256, 295, 413, 416, 540
Vietnam-Komitees, 120, 143, 223, 229
Vietnam-Kongreß, 190, 198, 206, 253, 256
Vietnamkrieg, 14, 78, 88, 118-120, 126, 127, 130, 134, 140, 141, 146f, 151, 174, 181f, 206, 207, 212, 213, 219, 223, 224, 227, 228, 231, 237, 238, 241, 242, 247, 250f, 254, 271, 283, 439, 461, 537
,,Vietnam-Kurier'', 241
Vietnam-Manifestation Paulskirche Frankfurt, 228, 229
Vietnam-Solidarität, 16, 116, 141 149, 181, 183, 224, 234, 237, 241, 259
Vietnam-Tribunal, 183
Waffen für El Salvador, 93, 381, 433, 436, 459, 462, 471, 473, 474, 491, 506
Warschauer Vertrag, 265
Weimarer Republik, 34, 40
WELT, Die, 82, 153, 299
Weltappell für Vietnam, 183

Weltbank, 267, 515, 517, 518, 577
Welt-Frauen-Konferenz Nairobi, 579
Weltkonferenz über Vietnam, 183
Westeuropäisches Studentenkomitee für den Frieden in Vietnam, 150
Wiederbeschaffung, 53, 54, 56
Wirtschaftswunder, 46, 48, 112, 113, 128

Zehn Thesen zu Nicaragua, 415
ZEIT, die, 119, 267, 384, 431
Zimbabwe African National Union (ZANU), 557, 559
Zimbabwe African People's Union (ZAPU), 559
Zweiter Weltkrieg, 26, 27, 30, 31, 34, 46, 48, 119, 121, 128, 130, 132, 238, 239, 429, 442, 569

PERSONEN

Abendroth, Wolfgang, 123, 183, 221, 228
Adenauer, Konrad, 37, 40, 44, 46, 51, 53, 56, 81, 84, 85, 96ff, 111, 112, 140, 264
Ahlers, Konrad, 112
Ait, Ahmed, 66
Albertz, Heinrich, 155, 166, 170, 172, 192, 276
Alexander, Neville, 123
Allende Gossens, Salvador, 14, 41, 298, 303, 304, 306, 307, 310, 313f, 319, 321, 342, 343, 360, 362, 365, 372, 557, 559
Amann, Fritz, 107
Amrehn, Franz, 210
Anderson, Jack, 303
Augstein, Rudolf, 112
Baader, Andreas, 212, 276,
Bachmann, Josef, 210
Bachmann, Kurt, 227
Bahr, Egon, 265
Banzer Súarez, Hugo, 363
Bao, Dai,132, 133
Barbie, Klaus, 41
Barzel, Rainer, 141, 218, 516
Batista y Zaldivar, Fulgencio, 100, 550
Bebel, August, 35
Beck-Oberdorf, Marie-Luise, 515
Beimler, Hans, 442, 445
Ben Bella, Mohammed Ahmed Hossein, 66, 90, 91

Benda, Ernst, 215
Biermann, Wolf, 481
Blank, Theodor, 56
Bloch, Ernst, 153, 228, 543, 550, 552
Böll, Heinrich, 321, 480, 491
Borge, Tomás, 469
Born, Max, 56
Boudiaf, 66
Boumedienne, Houari, 67, 90
Brandt, Willy, 113, 146, 153, 193, 230, 232, 264f, 269, 270, 281, 286, 319, 322, 328, 329
Bruckner, Pascal, 545, 564
Buback, Siegfried, 276
Bucharin, Nikolai, 569
Buro, Andreas, 244
Büsch, Wolfgang, 167
Bunke Tamara, 429, 451
Caetano, Marcelo José Das Neves Alves, 363
Camacho, Manuel Arila, 28
Camus, Albert, 75
Cardenal, Ernesto, 402, 413
Castro, Fidel, 100, 102, 106, 108, 550, 565
Castro, Raoul, 104
Chamorro, Pedro J., 400, 402
Chruschtschow, Nikita Sergejewitsch, 118
Churchill, Winston, 133
Claussen, Detlev, 542
Cohn-Bendit, Daniel, 351, 550
Comandante Ana-Maria (Melida

Anaya Montes) 468f, 473, 475f,
Comandante Marcelo, 470f,
Comandante Marcial (Cayetano Carpio), 470f, 476
Dalton, Roque, 467, 468, 472
D'Aubuission, Roberto, 458, 465, 467, 476
Debray, Régis, 225
Dehler, Thomas, 59
Dillon, 97
Drenkmann, Günter von, 276
Duensing, Erich, 167
Duarte, José Napoléon, 457, 465
Dulles, John Foster, 140f,
Dutschke, Rudi, 144, 147, 156, 182, 184, 190f, 206, 209, 210, 212, 215, 219, 221, 243, 256, 543, 546, 550
Eichmann, Adolf, 41
Eid, Uschi, 510
Eisenhower, Dwight D., 98, 133
Engelmann, Bernt, 82
Engels, Friedrich, 35, 36, 526, 568
Ensslin, Gudrun, 212, 276, 277, 278
Enzensberger, Hans Magnus, 72, 163
Eppler, Erhard, 266f, 291, 292, 386
Erhard, Ludwig, 112, 145, 147, 153, 264
Fabian, Walter, 480, 491
Fagoth Muller, Steadman, 422
Fanon, Frantz, 68, 69, 75, 196, 197, 568
Farah Diba, 157f, 165
Fischer, Joschka, 514
Franco Bahamondo, Francisco 27, 370, 41, 442
Franklin, Aretha, 196
Frei Montalva, Eduardo, 302, 313
Freire, Paulo, 525, 527
Fried, Erich, 192, 490
Frings, Klaus, 212
Fritsche, Klaus, 234
Gäng, Peter, 144, 147, 152, 248
Galtieri, Leopoldo Fortunato, 569
Garbe, Eckart, 544, 552
Gaulle, Charles de, 66, 78, 80, 81, 85, 183
Gauger, Rose, 475, 476
Gawora, Dieter, 101f
Genscher, Hans-Dietrich, 268, 384, 386
Gerstenmaier, Eugen, 153, 193

Giesenfeld, Günter, 248
Glomb, Willi, 83
Göbel, Wolfgang, 276
Gollwitzer, Helmut, 519, 142, 172, 182, 228, 281, 351, 480, 491
Gorki, Maxim, 24
Gottwald, Gaby, 508f,
Greinacher, Norbert, 436
Grimmig, Jürgen, 209
Grobe, Karl, 244
Guevara, Ernesto Che, 100, 102, 106, 108, 184, 185, 196, 225, 272, 429, 565
Hahn, Otto, 56
Halberstadt, Heiner, 229
Hallstein, Walter, 96
Hansen, Karl-Heinz, 233, 436
Haru, Paul, 477
Heck, Bruno, 322
Heinemann, Gustav, 53, 59, 81, 233, 264
Henker, Kurt, 446
Heuss, Theodor, 40
Hillegaard, Heinz, 276
Hitler, Adolf, 27, 28, 40, 49, 146, 288, 442
Ho Chi-minh, 40, 130, 132f, 137, 138, 206, 207, 244, 256, 443
Horlemann, Jürgen, 144, 147, 223, 234, 235, 249
Hülsmeier, Heinz, 289
Humphrey, Hubert Horatio, 156, 160, 213
Inti Illimani, 331
Jara, Victor, 331
Johnson, Lyndon B., 134f, 139, 140, 141, 155
Jungclas, Georg (Schorsch), 61, 83, 90
Jungk, Robert, 281
Kantorowicz, Alfred, 445
Kennedy, John Fitzgerald, 98, 118, 129, 134, 146, 256
Khider, 66
Kiesinger, Kurt Georg, 113, 184, 193, 228
Kissinger, Henry Alfred, 137
Kittelmann, 510, 511
Klein, 508, 509
Klönne, Arno, 224
Klomps, 126
Knauth, Christopher, 104
Knapp, Udo, 229

Köhler, Volkmar, 388, 389, 438
Kohl, Helmut, 386, 391
Kohmeni, Ruhollah Musavi, 569
Krahl, Hans Jürgen, 221
Krüger, Angelika, 432
Krüger, Ulla, 103
Krupp, Alfred, 39
Kunzelmann, Dieter, 156
Kurras, Karl-Heinz, 169, 171, 273
Lambsdorff, Otto Graf, 384
Lamm, Fritz, 61
Langhans, Rainer, 156
Lasalle, Ferdinand, 35
Laue, Max von, 56
Leber, Georg, 154
Le Duan, 236f,
Leggewie, Claus, 79, 82, 86, 93
Lenin, Wladimir Iljitsch, 203, 204, 206, 295, 569
Lettau, Reinhard, 210
Leutwiler, Fritz, 517
Liebknecht, Karl, 201, 202, 203, 206
Löffer, Gerd, 168
Lorenz, Peter, 276
Luczak, Thomas, 234
Lübke, Heinrich, 113, 153
Lumumba, Patrice, 124
Lutz, Egon, 233
Luxemburg, Rosa, 200f, 206
Mahler, Horst, 168, 192, 276
Maier, Dieter, 358
Malcolm X, 196
Mao Tse-tung, 41, 99, 205, 206, 275, 349, 565
Marcos, Ferdinand, 533
Marcuse, Herbert, 150f,
Marighela, Carlos, 272, 272
Mármora, Leopoldo, 545, 568
Marti, Farabundo, 459
Marti, José, 103
Marx, Karl, 35, 36, 200, 265, 526, 568
Maurer, Mechthild, 520
McCarthy, Joseph, 52
McNamara, Robert Strange, 223
Mehring, Franz, 202
Meinhof, Ulrike Marie, 140, 158, 159, 163, 272, 276
Meins, Holger, 184, 276
Mende, Erich, 83
Mende, Lutz Dieter, 208, 209
Mengele, Joseph, 41
Merck, Bernhard, 291

Mercker, Uli, 546, 572
Meschkat, Klaus, 468
Miermeister, Jürgen, 222, 244
Mirbach, Andreas von, 276
Mitterrand, François, 65
Möller, Irmgard, 277, 278, 279
Möller, Walter, 228
Molt, Walter, 84, 85, 90
Moneta, Jocob, 61
Mossadegh, Mohammad, 160, 161, 162, 166
Müller, Philipp, 54
Müller-Plantenberg, Urs, 311, 360
Mugabe, Robert, 559, 560
Musil, Robert, 28
Mussolini, Benito, 102, 442
Nairn, Tom, 541
Nasser, Gamal, Abd el, 97
Neruda, Pablo, 28, 354
Neubauer, Kurt, 192, 206, 212
Ngo Dinh Diem, 133, 134, 141
Nguyen Van Thieu, 136, 233, 234, 237
Niemöller, Martin, 53, 228, 281, 480, 491
Nirumand, Bahman, 157, 163, 173
Nixon, Richard M. 136, 137, 223, 232, 233, 305
Nohara, Erik, 145, 149, 150, 154, 247
Obando y Bravo, 388
Ohnesorg, Benno, 157, 169, 171, 172, 177, 179, 180, 181, 214, 219, 243, 253
Ollenhauer, Erich, 59
Ortega, Daniel, 409
Otto, Karl A., 116
Paczensky, Gert von, 82
Palme, Olof, 232
Parra, Angel, 331
Parra, Isabel, 331
Pastora, Edén, 408, 417, 438
Peiffer, Heinz, 447
Perón, Juan Domingo, 26
Pertz, Willy, 83
Pflaum, Albrecht, 429
Pinger, Wilfried, 508f,
Pinochet, Augusto, 15, 41, 333, 338, 349, 353, 359, 383, 545
Pöttker, Horst, 545, 556
Pol Pot, 240, 471, 537, 569
Ponto, Jürgen, 277
Posser, Dieter, 81
Quilapayun, 331
Rabehl, Bernd, 124, 147, 221

Ramm, Hubert, 444
Raspe, Jan Carl, 276f
Rau, Johannes, 242
Rauff, Julius, 41
Reagan, Ronald Wilson, 382, 384, 386, 438
Redoles, L. Mauricio, 359
Reiche, Reimut, 550
Reimann, Max, 39
Richardson, Amadeo, 231
Ristock, Harry, 207
Rivera, Brooklyn, 422
Robelo, Alfonso, 408
Rodriguez, Carlos Rafael, 104
Romero, Carlos Humberto, 457
Romero, Oscar, 457, 458, 463, 486, 490, 493
Rommel, Erwin, 28
Russell, Bertrand, 183, 280
Salvatore, Gaston, 184, 190
Sandino, Augusto César, 398, 399, 421, 422
Sartre, Jean-Paul, 66, 68, 183, 276, 280, 568, 569
Seedat, Tony, 381
Seghers, Anna, 28
Semler, Christian, 234
Sickert, Walter, 180, 202, 209
Siepmann, Eckhard, 142
Sihanouk, Samdech Norodom, 137
Si Mustafa (Müller, Winfried), 75, 76 91, 107
Söhnlein, Horst, 213
Sölle, Dorothee, 480, 491
Somoza, Anastasio Garcia, 399
Somoza jr., Anastasio Debayle, 259 365, 388ff, 422, 432, 434, 437, 508, 511
Somoza, Luis Debayle, 399
Spengler, Tilman, 540
Springer, Axel, 212, 215
Süßdorf, Erich, 320, 367, 426
Schaedel, Martin, 542, 546
Scharf, Kurt, 192
Scheel, Walter, 96, 230
Scherf, Henning, 436
Schleyer, Hanns Martin, 277, 278
Schlöndorff, Volker, 82
Schmidt, Enrique, 404, 484
Schmidt, Helmut, 40, 59, 216, 217, 267, 268, 378, 384, 385, 386
Schneider, Michael, 543, 550
Schneider, René, 303, 304, 314
Schönen, Mechthild, 524, 531ff
Scholl, Geschwister, 79
Schreck, Rüdiger, 212
Schröder, Gerhard, 110
Schütz, Klaus, 192, 206, 210, 212
Schulte, Hannelis, 242
Schumacher, Kurt, 35, 59
Schwarz, Rolf-Dietrich, 516
Schwenninger, Walter, 509f, 514
Staadt, Jochen, 222, 244
Stalin, Jossif W., 205, 541
Steigerwald, 228
Stoltenberg, Gerhard, 515, 516, 517
Strauß, Franz-Josef, 46, 56, 112, 322, 384
Teufel, Fritz, 156, 168, 171
Thälmann, Ernst, 442, 446
Trotzki, Leo, 204f
Trotzki, Natalja, 447
Trumann, Harry Spencer, 38
Tschombé, Moîse, 124, 125, 251
Tünnermann Bernheim, Carlos, 431
Ulbricht, Walter, 74, 97, 155
Urbach, Peter, 212
Vack, Klaus, 17f, 42, 60, 75, 81, 86f, 107, 123, 181, 228f, 270, 280, 298, 371, 380, 390, 436, 580
Villalobos, Joaquin, 468
Vitale, Luis, 339
Voigt, Karsten, 227, 228
Vollmer, Ludger, 510
Wallraff, Günter, 480, 491
Walser, Martin, 228
Warnke, Jürgen, 30, 386, 438
Wehner, Herbert, 193
Weiss, Peter, 183
Weizäcker, Carl Friedrich von, 56
Wendler, Helmut, 89
Westmoreland, William Childs, 136
Wetzel, Dietrich, 542, 550
White, Robert, 458
Wischnewski, Jürgen, 78, 82, 85f, 277
Wolff, Frank, 228
Wulff, Erich, 183
Wuster, Georg, 276
Zaid, Gabriel, 468
Zetkin, Clara, 202
Zimmer, Jürgen, 432
Zwerenz, Gerhard, 228

Karl Rössel und Werner Balsen

Die Autoren

Werner Balsen und Karl Rössel, beide Jahrgang 1953, sind Diplom-Volkswirte und Absolventen der Kölner Schule — Institut für Publizistik.
Zusammen mit Hans Nakielski und Rolf Winkel haben sie sich 1983 zum Rheinischen Journalistenbüro zusammengeschlossen. Ihre Themenschwerpunkte: Wirtschaftspolitik, Sozialpolitik und Dritte Welt.
Bisherige Buchveröffentlichungen der Autoren des Rheinischen Journalistenbüros:
Ohne Arbeit geh'ste kaputt! — Reportagen aus dem Innenleben der Krise, Köln 1983
Die neue Armut — Ausgrenzung von Arbeitslosen aus der Arbeitslosenunterstützung, Köln (3. Auflage) 1985
99 Tips für Arbeitslose, Köln 1986.

blätter des iz3w
informationszentrum dritte welt - iz3w

Themen der letzten Nummern waren:

Frauen im Entwicklungsprozeß · Chips statt Arbeit · Türkei · Medien in der Dritten Welt · Nordkorea · Südliches Afrika · Ökologie · Entwicklungspolitik nach der Wende · Verschuldung

Die in 8 Ausgaben pro Jahr erscheinende Zeitschrift
- berichtet über die Lage der Dritten Welt, die Ursachen ihrer „Unterentwicklung" und über den Widerstand der unterdrückten Völker und Nationen
- gibt Aufschluß über den Zusammenhang zwischen der kapitalistischen Wirtschaftstruktur hier und dem Elend der Massen in der Dritten Welt
- beleuchtet die „Entwicklungshilfe", ihre Hintergründe und Auswirkungen
- gibt Einführungsmaterialien für Schüler in die Probleme der Dritten Welt heraus.

Probeexemplar und Materialliste anfordern!

Einzelpreis 5 DM, Jahresabo 40 DM, (DM 30 für Stud., ZDL, Azubi od. Arbeitsl.) bei 8 Ausgaben im Jahr

Adresse: Informationszentrum Dritte Welt — iz3w
7800 Freiburg · Kronenstraße 14 a · Postfach 5328
Tel.: (07 61) 7 40 03

Aktions HANDBUCH DRITTE WELT

Material   Gruppen/Initiativen   Aktionen

7. AUFLAGE
SEPTEMBER '86

Herausgeber: A.F.C. – S.T.M. (Luxembourg),
agib (Schweiz), BUKO (Bundesrepublik Deutschland),
ÖIE (Österreich)

Peter Hammer Verlag

Aktion Selbstbesteuerung e.V.
Friede durch gerechte Entwicklungspolitik

Die Aktion Selbstbesteuerung e.V. ist ein Zusammenschluß entwicklungspolitisch engagierter Bürger der BRD, die ihr Engagement durch eine regelmäßige, an der Höhe des Einkommens ausgerichtete Spende unterstreichen. Wir bezeichnen diese Spende als „Steuer", weil wir der Meinung sind, daß die Menschen in den sog. Entwicklungsländern ein _Recht_ auf einen Anteil an unserem Einkommen haben. Sie haben ein Recht darauf, weil unser gegenwärtiger Wohlstand gar nicht denkbar ist ohne die Ausbeutung der 3. Welt in Vergangenheit und Gegenwart.

Grundlage unserer Arbeit ist die Überzeugung, daß das Elend in der sog. 3. Welt nicht in erster Linie auf inneren Problemen dieser Länder beruht, sondern von weißen Menschen verursacht ist. Es liegt deshalb an uns, die Voraussetzungen so zu ändern, daß eine Entwicklung zum Besseren möglich wird (Abbau der ausbeuterischen Strukturen des „freien" Welthandels, Ende der Unterstützung reaktionärer Regierungen aus wirtschaftlichem Eigeninteresse).

Wir sind der Meinung, daß sich eine gerechtere Verteilung des Welteinkommens unmöglich durch Spenden und gutgemeinte private Hilfe erreichen läßt, sondern daß vielmehr die Ursache der Weltverelendung, die profitgesteuerte Privatwirtschaft, überwunden werden muß. Die aus durchsichtigen Gründen von interessierten Kreisen geschürte Angst vor jeder Form des Sozialismus kann uns in dieser Überzeugung nicht beirren.

Wir sehen deshalb unsere Aufgabe darin,
- selbst entwicklungspolitische Bewußtseinsarbeit in unserem persönlichen Bekanntenkreis zu betreiben,
- die entwicklungspolitische Bewußtseinsarbeit anderer Gruppen im Rahmen unserer, durch die Selbstbesteuerung geschaffenen Möglichkeiten finanziell zu unterstützen,
- die Zusammenarbeit mit Einzelpersonen und Gruppen zu suchen, die unseren gesellschaftskritischen Ansatz teilen und mit uns zusammen gegen die Interessen der wirtschaftlich Mächtigen eine solidarische Welt durchzusetzen versuchen,
- Material zu sammeln, das breiten Bevölkerungsschichten deutlich machen kann, daß die Interessen der unterdrückten Menschen in den armen Ländern zu einem erheblichen Teil unsere eigenen Interessen sind,
- Befreiungsbewegungen und andere Initiativgruppen in der "Dritten Welt" zu unterstützen, durch die eine Selbstbefreiung der unterdrückten Völker in Gang kommen kann.

Wir fordern deshalb von unseren Mitgliedern,
- sich und andere auf breiter Basis über die Probleme der "Dritten Welt" und ihre Ursachen zu informieren,
- solidarisch mit denjenigen zu handeln, die gegen die Nutznießer der Ausbeutung und Unterdrückung vorgehen,
- 2-3% ihres Nettoeinkommens für die o.g. Aufgaben an die "asb" als freiwillige Entwicklungssteuer abzuführen, bzw. als fördernde (nicht stimmberechtigte) Mitglieder mit einem Betrag ihrer Wahl unsere Arbeit zu unterstützen.

Weitere Informationen:
Aktion Selbstbesteuerung
Lerchenstr. 84
7000 Stuttgart 1

Zuwendungen an die asb sind steuerlich absetzbar!
Konten: Sparkasse 3062 Bückeburg
Konto-Nr.: 222 299
Postscheck-Konto Stuttgart
Konto-Nr.: 33 979-700

Herausgeberinnen: DIE GRÜNEN im Bundestag, AK Frauenpolitik &
Sozialwissenschaftliche Forschung und Praxis für Frauen e.V., Köln

Frauen gegen

Dokumentation
zum Kongreß
vom 19.–21.4.
1985 in Bonn

GENTECHNIK
und REPRODUKTIONSTECHNIK

216 Seiten, DM 19,80 · ISBN 3-923243-19-7
Kölner Volksblatt Verlag

GIFT MACHT GELD

Die Chemische Industrie
und Strategien zu ihrer Entgiftung

Hrsg. Arbeitskreis Chemische Industrie & KATALYSE

184 Seiten, DM 19,80 · ISBN 3-923243-17-0
Kölner Volksblatt Verlag

Annette Wilmes

RECHT GESCHIEHT IHNEN

Gerichtsreportagen
Vorwort von Gerhard Mauz

Kölner Volksblatt Verlag

344 Seiten, DM 18,— · ISBN 3-923243-20-0
Kölner Volksblatt Verlag

Wenn Sie mehr von uns
lesen wollen, fragen Sie in
Ihrer Buchhandlung oder
fordern Sie unseren Verlags-
prospekt an.

Kölner Volksblatt Verlag
Karolingerring 27
Postfach 250 405
5000 Köln 1
Telefon 0221 / 31 70 87

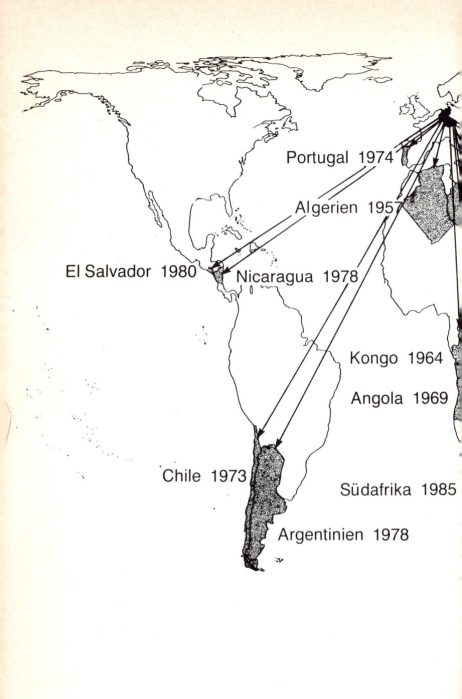